REIZ&
magazine
Wereldrei

Turki

West-Turkije
Centraal-Anatolië

Hans E. Latzke
met medewerking van Peter Daners, Volker Ohl en Wolfgang Dorn

Boottochten · BAZAAR

Inhoud

Land, volk en cultuur

Tussen Oriënt en globalisering 12
Turkije in het kort 14

Natuur en milieu 16
Het landschap 16
Flora en fauna 18

Economie, maatschappij en politiek 20
Economie in opkomst 20
Trek van platteland naar stad en
   verstedelijking 22
Hervorming door islamisering? 23

Geschiedenis 24
Jaartallen 38

Maatschappij en dagelijks leven 40
Verscheurde maatschappij 40
Islamisering als uitweg? 41
Broek of minirok? 43
Feestdagen en festivals 44

Kunst en cultuur 48
Architectuur 48
Traditie en cultuur 53

Eten en drinken 58
Turkse keuken 58
Turkse horeca 61
Culinair lexicon 62

Reisinformatie

Informatiebronnen 66
Reis- en routeplanning 69
Reis en vervoer 73
Accommodatie 80
Sport en activiteiten 82

Winkelen	88
Uitgaan	90
Goed om te weten	91
Geld en reisbudget	94
Reisperiode en reisbenodigdheden	96
Gezondheid en veiligheid	97
Communicatie	99
Woordenlijst	101

Onderweg

Istanbul en omgeving

In een oogopslag: Istanbul en omgeving	108
Istanbul – het centrum	110
Stadsstructuur en ligging · Geschiedenis	110
Sultanahmet	113
Van het Hippodroom naar Kumkapı	121
Actief: Wellness alla turca in de Cağaloğlu Hamamı	126
Van de Divanyolu naar de universiteit	127
Van de Süleymaniyemoskee naar Eminönü	130
Aksaray, Fatih en Fener	133
Karaköy en Beyoğlu	136
Beşiktaş en Ortaköy	141

Omgeving van Istanbul	150
Eyüp en de Gouden Hoorn	150
Aan de Bosporus	152
Actief: Boottocht op de Bosporus	153
De Aziatische zijde	156
De Prinseneilanden (Adalar)	158

Thracië en de Zee van Marmara

In een oogopslag: Thracië en de Zee van Marmara	162
Edirne en Thracië	164
Edirne	164
Actief: Bruggentocht naar het Beyazıt Külliyesi	170
De noordkust van de Zee van Marmara	171

Inhoud

Van Istanbul naar de westkust 174
İznik 175
Bursa 178
Actief: Per kabelbaan de Uludağ op 186
De zuidkust van de Zee van Marmara 187

De westkust

In een oogopslag: De westkust 192
Noord-Egeïsche kust 194
Çanakkale 194
Actief: Sporen van de Slag om Gallipoli 196
Troje 197
Assos 201
Aan de Golf van Edremit 204
Pergamon (Bergama) 207
Foça 211
Actief: Door de Yunt Dağı naar Aigai 212
İzmir 214
Actief: De Kemeraltıbazaar 219
In het dal van de Gediz Nehri 222
Het Çeşmeschiereiland 227

Zuid-Egeïsche kust 230
In het dal van de Küçükmenderes · Selçuk 230
Efeze (Efes) 232
Kuşadası 236
In het dal van de Büyükmenderes (Grote Meander) 239
Actief: Griekse eilanden van dichtbij 240
Pamukkale (Hierapolis) 241
Het Çinedal 244
Muğla · Priene 245
Milete 246
Didyma (Didim/Altınkum) 248
Het Bafameer en Milas 250
Bodrum 252
Actief: Een Blauwe Reis 256
Marmaris en İçmeler 260
Turunç en het Bozburunschiereiland 265
Datça 266

Knidos 267
Het Köyçeğizmeer 268
Sarıgerme 269

De zuidkust

In een oogopslag: De zuidkust 272
De Lycische kust 274
Fethiye 274
In het dal van de Eşen Çayı 279
Kalkan 284
Kaş 286
Actief: Per boot naar Kekova 287
Demre en Myra 291
Finike 292
Kemer 293
Actief: Wandeling door de Göynükcanyon 297

Antalya en de Turkse Rivièra 298
Antalya 298
De Rivièra bij Belek 305
Actief: Selge en het Nationaal Park Köprülü 307
Side 310
Actief: Manavgatwaterval en strandwandeling 314
İncekum en Alarahan 316
Alanya 317
Actief: Met de mountainbike door het
 Dimçaydal 322

De oostelijke zuidkust 324
Anamur 324
Silifke 326
Mut en Alahan 328
Kızkalesi 329
Actief: Naar het Meisjeskasteel en de necropolis 330
De Çukurovavlakte 331
Adana 333
Actief: Naar het Hettitische paleis bij
 Karatepe 338
De provincie Hatay 339
Antakya en omgeving 340

Inhoud

Gaziantep	343
Omgeving van Gaziantep	346
Actief: Met de boot naar kasteel Rumkale	349

Centraal-Anatolië en Zwarte Zeekust

In een oogopslag: Centraal-Anatolië en Zwarte Zeekust	352
Van de zuidkust naar het binnenland	354
Van Antalya naar Burdur	354
Isparta en het Eğirdirmeer	356
Actief: Over de St. Paul Trail door de Taurus	357
Akşehir	361
Beyşehir	364
Konya	366
Via Karaman naar Silifke	372
Aan het Tuz Gölü	374
Via Ereğli naar Adana	375

Afyon en het land van de Frygiërs	376
Afyon	376
Kütahya	378
Aizanoi (Aezani)	381
Het Frygische hoogland	384
Actief: Wandeling vanaf Döğer rond het Emremeer	385
Actief: Grotmonumenten in het Göynüşdal	388
Actief: Tufsteenlandschap bij Seydiler	391
Sivrihisar en Pessinus	392
Gordion	393

Ankara en omgeving	396
De moderne stad	397
De Oude Stad	398
Museum van de Anatolische Beschavingen	404
Omgeving van Ankara	408

Van Ankara naar Istanbul	410
Van Ayas naar Mudurnu	410
Bolu	411
Eskişehir	412
Van Eskişehir naar Sakarya	415

Van Ankara naar de Zwarte Zee 416
Safranbolu 416
Kastamonu 419
Tussen Amasra en İnebolu 422
Sinop 423
Samsun 426

Van Ankara naar Sivas 428
Hattusa (Hattuşaş) 428
Alaca Höyük 433
Actief: Wandeling in Hattusa naar Yazılıkaya 434
Çorum en Merzifon 436
Amasya 438
Van Amasya naar Tokat 442
Tokat 443
Sivas 446
Divriği 449

Cappadocië

In een oogopslag: Cappadocië 452
Nationaal Park Göreme 454
Göreme en omgeving 454
Actief: Ballontocht boven Cappadocië 460
Ürgüp 465
Actief: Wandeling door het 'Monnikendal'
    naar Zelve 467
Çavuşin 469
Avanos 470
Nevşehir 471

Omgeving van Cappadocië 472
Van Ürgüp naar Soğanlı 472
Van Nevşehir naar Kırşehir 474
Actief: Steden onder de grond:
    Kaymaklı en Derinkuyu 475
Kayseri 477
Van Kayseri naar Niğde 481
Niğde 482
Aksaray en omgeving 484
Güzelyurt en de Kızıl Kilise 486
Actief: Wandeling door het dal van İhlara 488

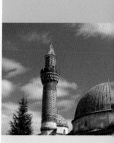

Inhoud

Thema's

Atatürk – vader der Turken	36
De islam	42
In de hamam – het Turkse bad	45
Tapijt en kelim	56
Het historische erfgoed van Istanbul	112
In de gouden kooi – de harem	117
Sinan – een Osmaanse carrière	169
Yağlı Güreş – het olieworstelen	172
De strijd om Troje en de archeologie	199
Lycische graven	280
Nasreddin Hoca, uilenspiegel en filosoof	362
De Seltsjoekse 'bosmoskeeën'	365
Dansen tot de extase – de Mevlanaorde	367
De Gordiaanse knoop, Gordios en Midas	394
Gecekondu – dorpen in de stad	403
De meerschuimsnijders van Eskişehir	413
Het traditionele Turkse woonhuis	420
De archieven van de Hettieten	432
De kunst van de Cappadocische monniken	459

Alle kaarten in een oogopslag

Istanbul in een oogopslag	109
Topkapıpaleis	115
Istanbul – Sultanahmet en Eminönü	124
Istanbul – Beyoğlu en Taksim	138
Bosporus, Prinseneilanden	152
Thracië en de Zee van Marmara in een oogopslag	163
Edirne	167
İznik	176
Bursa	182
De westkust in een oogopslag	193
Gallipolischiereiland	196
Troje	200
Bergama	208
Aigai/Yenişakran	212
İzmir	216
İzmir, Kemeraltıbazaar	219
Manisa	223
Selçuk/Efeze	234

Griekse eilanden 240
Bodrum 254
Marmaris 262

De zuidkust in een oogopslag 272
Fethiye 276
Göynükcanyon 297
Antalya 300
Nationaal Park Köprülü 307
Side 310
Side/Manavgat 314
Alanya 319
Dimçaydal 322
Kızkalesi 330
Adana 336
Antakya 341
Gaziantep 344
Birecik/Rumkale 349

Centraal-Anatolië in een oogopslag 353
Eğirdir 359
Konya 369
Afyon 379
Döğer/Emremeer 385
Frygisch hoogland 387
Seydiler 391
Ankara 400
Safranbolu 417
Sinop 424
Hattusa 431
Amasya 439
Sivas 447

Cappadocië in een oogopslag 453
Göreme 456
Zelvedal 467
Kayseri 479
Niğde 483
İlharadal 489

Atlas Turkije

Atlas Turkije 496

Register 490

Fotoverantwoording/colofon 522

Meeuwen achtervolgen de veerboot op de Gouden Hoorn

Land, volk en cultuur

Tussen Oriënt en globalisering

Turkije is een land dat heden ten dage nog altijd door veel mensen wordt geassocieerd met sultans, harems, gesluierde vrouwen en oosterse bazaars. Ondanks dat er inmiddels bijna 400.000 Turken in Nederland wonen, wordt het land nog altijd gezien als mysterieus en zelfs bedreigend.

Turkije is echter ook een westers land, dat zich spiegelt aan Europa en de VS en in het afgelopen decennium plaatselijk een omvangrijke modernisering heeft ondergaan. Plaatselijk, omdat de ontwikkeling zich uitsluitend heeft beperkt tot de kustgebieden in het westen, terwijl grote delen van het Anatolisch Hoogland vrijwel niet meeprofiteerden van de enorme groei van het toerisme en de industrie. Een reis door Turkije kan door dit verstoorde evenwicht tot zeer verschillende indrukken leiden.

Aan de kuststrook langs de Middellandse Zee heerst een subtropisch klimaat, waardoor dat gebied een populaire, mediterrane bestemming is – toch is het niet typerend voor het hele land. Dat merkt u wanneer u de steppen van het woestijnachtige binnenland bereist of de kust aan de Zwarte Zee aandoet, waar ook 's zomers dagenlange regens vrij normaal zijn. Terwijl in het binnenland de tijd lijkt te hebben stilgestaan, worden de kusten van elke idyllische baai volgebouwd met vakantiecomplexen, waar het motto 'zon, drank en seks' de boventoon voert. Dat heeft echter vrijwel niets met het echte Turkije van doen; slechts de jetset en studenten uit Istanbul en Ankara komen hier – de een omdat het 'in' is en de ander omdat je hier in een maand als ober net zoveel verdient als een dokter in een half jaar. Voor de Anatolische boeren en hun 'rijk', dat al vlak achter de kustplaatsen begint, is deze wereld net zo ver van hun bed als Europa en bovendien onbetaalbaar. Toch komen zelfs in de modernste vakantieplaatsen deze twee werelden samen. Net als in de grote steden staan hier de kinderen, die tot 's avonds laat als schoenpoetsers of handelaartjes op straat rondhangen, symbool voor de 'derde wereld' in Turkije.

Wie zich niet beperkt tot pendelen tussen zwembad en disco, zal zich moeten aanpassen aan beide culturen. Op slechts enkele kilometers van de glanzende hotelpaleizen treft u dorpjes aan, waar het voor de mensen niet vanzelfsprekend is een auto of een koelkast te bezitten, waar vrouwen al duizenden jaren lang de hele dag op het land werken en waar de theehuizen nog pure mannenaangelegenheden zijn. Toch kunt u alleen daar de beroemde, hartelijke gastvrijheid als een ware traditie ervaren – zolang u geen korte broeken of mouwloze shirts draagt en daarbij ook een beetje rekening houdt met de plaatselijke waarden en normen. Hier bent u namelijk echt in de Oriënt, waar de westerse levensstijl in geen enkel opzicht het grote voorbeeld en het 'bevrijdende' streven is.

Niet alleen kunnen toeristen problemen ondervinden door deze maatschappelijke tweedeling, ook voor Turkije zelf vormt het een bedreiging. De kloof tussen de zeer kleine groep, die sinds de neoliberale hervormingen in de jaren 1980 steeds rijker en westerser is geworden, en de grote massa die daarvan geen deel uitmaakt, wordt ieder jaar almaar groter. Dit vormt de basis voor de vele politieke geschillen, waarmee Turkije steeds weer de krantenkoppen haalt: van de toenemende islamisering tot aan het Koerdische conflict.

Het Westen en de Oriënt: dit motto slaat ook de brug naar de belangrijkste bezienswaardigheden: dit zijn geen Turkse, maar Griekse en Romeinse bezienswaardigheden. Geen enkel ander land aan de Middellandse Zee heeft een dergelijke rijkdom aan plaatsen uit de oudheid – Troje, Efeze en Pergamon zijn slechts de bekendste namen. Wanneer u op de kaart kijkt, ziet u tot uw verbazing dat er daadwerkelijk meer plaatsen uit de oudheid zijn dan moderne steden. Turkije is als een landschap met een dubbele cultuur daarmee doeltreffend beschreven: westerse oudheid naast het moderne Turkije

en maar al te vaak is dit met elkaar verweven, zoals een Turks dorp dat bovenop de ruïnes van een vroegere metropool is gebouwd.

Maar ook voor wie zich daar niet zo voor interesseert komt aan de Turkse kust aan zijn trekken. De prachtige stranden – eindeloos lang in het zuiden en in het westen verscholen langs kleine baaien – zijn legendarisch, zeker gezien de trots van Turkije over het schoonste water van het Middellandse Zeegebied te beschikken. Watersport staat vrijwel overal hoog in het vaandel: duiken, zeilen, parasailen en surfen zijn de trefwoorden voor een actieve vakantie. Zelfs voor fervente wandelaars en skiërs heeft Turkije avontuurlijke, ongerepte gebieden in petto.

De haven van het kleine vakantieoord Foça aan de Egeïsche kust

Turkije in het kort

Feiten en cijfers

Naam: Türkiye Cumhuriyeti (Republiek Turkije)

Oppervlakte: 780.576 km², waarvan 3% in Europa

Hoofdstad: Ankara

Talen: Turks als officiële taal, aan de kust ook vaak Engels, Duits en Russisch

Inwoners: 78 miljoen (schatting 2010), Turken ca. 70%, Koerden ca. 20%, Arabieren ca. 2%

Religie: 99% moslim, waarvan ca. 70% soennieten, ca. 30% alevieten, daarnaast kleine christelijke minderheden in Istanbul en in het zuidoosten

Levensverwachting: 70 jaar voor mannen, 74 jaar voor vrouwen

Bevolkingsgroei: 1,3%

Valuta: Sinds de geldhervorming in 2009 *Turkse Lira* (TL) van 100 *kuruş*

Tijdzone: Oost-Europese Tijd (OET). Het is er een uur later dan bij ons en men hanteert zomertijd.

Landnummer: + 90
Kentekencode: TR
Internetextensie: .tr

Vlag: De Turkse nationale vlag toont een witte halvemaan en een witte ster op een rode ondergrond. Deze vlag is in de huidige vorm in 1936 officieel ingevoerd, maar gaat terug naar een die al in 1844 werd gebruikt. De halvemaan en ster zijn de antieke symbolen voor Constantinopel, die door de Osmaanse sultans werden overgenomen – er zijn echter ook veel andere legenden die de symboliek trachten te verklaren.

Geografie

Turkije staat qua grootte op de 37e plaats in de wereld en is behalve Rusland groter dan welk Europees land ook. Van de totale oppervlakte van 780.000 vierkante kilometer is 1,3% water, 26% bos, 36% cultuurgrond en 26% overig gebied. De maximale lengte van oost naar west bedraagt 1660 km, de maximale afstand van het noorden naar het zuiden is 600 km. Omdat het land in het noorden, westen en zuiden wordt omgeven door zee, komt de totale kustlengte van Turkije uit op 8272 km, wat ongeveer de afstand is van Nederland naar Texas. Alleen al de kustlijn van de Egeïsche Zee met zijn talloze baaien bedraagt 2805 km.

Turkije grenst in het westen aan Griekenland en Bulgarije, en in het oosten aan Georgië, Armenië, Azerbeidzjan, Iran, Irak en Syrië. Het land strekt zich uit tussen 35°51' en 42°6' noorderbreedte en tussen 25°40' en 44°48' oosterlengte.

Met 5165 m is de Ararat (Büyük Ağrı Dağı) het **hoogste punt** van Turkije; deze berg staat in het uiterste oosten, aan de grens met Armenië en Iran. Alpiene hoogten worden bereikt door de toppen van de Taurus, waarvan de Erciyes Dağı bij Kayseri (3916 m) de hoogste is; in de Küre Dağları aan de Zwarte Zee bereikt de Hasan Dağı 2020 m.

Verreweg de **dichtstbevolkte agglomeratie** is Groot-Istanbul met naar schatting tussen de 13 en 17 miljoen mensen; de gemeente zelf telt 10,8 miljoen inwoners. De hoofdstad Ankara heeft er ca. 3,9 miljoen, İzmir ca. 2,7 miljoen, Bursa ca. 1,6 miljoen en Adana ca. 1,5 miljoen.

Bevolking

Met ongeveer 1,3% is de bevolkingsgroei relatief hoog; jaarlijks neemt het inwoneraantal met zo'n miljoen mensen toe. Omdat ruim 40% van de bevolking jonger is dan 25, is de verwachting dat over ca. 15 jaar de grens van 100 miljoen inwoners wordt overschreden. De totale bevolkingsdichtheid is met 98 inwoners per vierkante kilometer weliswaar niet hoog, maar concentreert zich wel in een klein aantal gebieden. Naast de agglomeraties van Istanbul, Ankara en İzmir hebben de kustprovincies aan de Middellandse Zee ruim een verdrievoudiging van de bevolking in de afgelopen 25 jaar gezien. Naar het oosten toe neemt de bevolkingsdichtheid steeds meer af. De verstedelijkingsgraad is op grond van de grote trek naar de steden met bijna 75% stadsbevolking zeer hoog.

Staatsvorm

Turkije is een parlementaire republiek. Het parlement, Türkiye Büyük Millet Meclisi (Grote Turkse Volksvertegenwoordiging) met 550 afgevaardigden, wordt steeds voor vijf jaar gekozen. Het benoemt de minister-president (momenteel Tayyip Erdoğan, AKP) op advies van de staatspresident (vanaf 2007 Ahmet Gül), die sinds de grondwetswijziging uit 2007 voor vijf jaar direct door het volk wordt gekozen. Grondwetswijzigingen hebben ook de macht van de Nationale Veiligheidsraad en daarmee de hoogste militaire leiding aanzienlijk beperkt.

Bestuur

Aan de top van elk van de 81 provincies *(il)* staat een door de minister van Binnenlandse Zaken aangestelde gouverneur *(vali)*; onder hem valt ook de Jandarma (gendarmerie), een paramilitaire strijdmacht onder toezicht van de minister van Binnenlandse Zaken, die het bevel voert over de politie. De provincies zijn onderverdeeld in districten *(ilçe)*, die elk door een *kaymakam* worden bestuurd. Alle steden die zetel zijn van een *vali* of *kaymakam*, beschikken over een eigen bestuur *(belediye)* en worden vertegenwoordigd door raadsvergaderingen, terwijl dorpen onder het districtsbestuur vallen.

Economie

Terwijl de landbouw over het algemeen ouderwets, maar voordelig produceert, liet de industrie (vooral de bouw, de textielbranche en de auto- en elektronica-industrie) tot 2008 een bovengemiddelde groei zien (tussen 5% en 8%), maar in het crisisjaar 2009 kromp deze sector met ca. 6%. De stijging van het bruto nationaal product heeft voor een aanzienlijke koopkrachtverbetering gezorgd (bnp per hoofd van de bevolking in 2008: US$10.400, Nederland: US$39.000), toch leeft ruim 18% van de Turken onder de armoedegrens. Na extreme waarden van 150% in de jaren 1990 bedraagt de inflatie nu zo'n 6%. De import bestaat voornamelijk uit machines, consumptie- en hightechgoederen; geëxporteerd worden industrieproducten en agrarische goederen. Handelspartners zijn Rusland, de EU-lidstaten, de VS evenals Oost-Europa en het Midden-Oosten.

Natuur en milieu

Het landschap en de natuurgebieden van Turkije behoren tot de spectaculairste ter wereld – van de turquoise baaien aan de Egeïsche kust tot de afgeslepen erosiekegels van Cappadocië. Toch is het niet alleen goud dat er blinkt: ook hier hebben industrialisering en een enorme stedelijke groei in de dichtbevolkte gebieden hun sporen nagelaten.

Het landschap

Het grondgebied van Turkije, met 780.576 km² bijna negentien maal groter dan Nederland, ligt met iets meer dan 3% op het Europese vasteland, de vroegere zuidoostelijke punt van het Thracische rijk. De rest ligt op de de landmassa tussen Europa en Azië dat ofwel **Klein-Azië** wordt genoemd, naar het Latijnse Asia Minor, of **Anatolië**, naar het Turkse Anadolu (van het Griekse Anatolikon, 'land van de zonsopkomst').

Dit schiereiland maakt deel uit van de Alpiene gordel, die zich van de Alpen via het Balkangebergte tot aan de Himalaya uitstrekt. Door de noordwaartse beweging van de Arabische plaat zijn twee grote bergketens ontstaan: in het noorden het **Pontisch Gebergte** (*Küre* of *İfendiyar Dağları* en *Doğu Karadeniz Dağları*), in het zuiden de **Taurus** (*Toros Dağları*); er tussenin ligt een zone van middengebergten rond de boog Balıkesir–Nevşehir–Sivas.

Rivieren en reliëf

Wat op landkaarten vrijwel niet te zien is, maar vanuit een vliegtuig des te duidelijker is, is de opdeling van het landschap door bergketens, waartussen grote **vlakten** liggen, die in het Turks *ova* heten. Ze vormen de karakteristieke landschapsvorm: een gesloten geografische eenheid, meestal rondom een grotere stad en zelfs tegenwoordig nog slechts verbonden met het volgende gebied via bochtige bergwegen. Deze structuur, die aan de kust door afzettingen van rivieren en in het binnenland door erosie van bergen is opgebouwd, heeft een zeer grote invloed gehad op de geschiedenis van Klein-Azië (zie blz. 24).

Het meest overheersend is het reliëf in oostwestelijke richting, dat vanuit het bergland in Oost-Turkije (met een gemiddelde hoogte van 1800 m) afloopt naar het westen. Daardoor ontwatert het gehele westen van Anatolië op de Egeïsche Zee. De langste rivier aldaar is de **Büyükmenderes**, in de oudheid Maiandros (Maeander) geheten, in Centraal-Anatolië is dat de **Sakarya Nehri** ten westen van Ankara en ten slotte mondt de **Kızılırmak** (in de oudheid Halys) ten oosten van Ankara uit in de Zwarte Zee.

Tussen hun brongebieden en de Taurus ligt het afgesloten bassin rond de **Tuz Gölü**, een door steppen omringd zoutmeer. Ten zuiden van de waterscheiding van de Taurus stromen daarentegen (met uitzondering van de Göksu Nehri bij Silifke en de Ceyhan Nehri bij Adana) slechts korte, maar waterrijke rivieren met de voor een kalksteengebergte karakterisitieke karstverschijnselen.

De **zee-engtes** tussen Europa en Klein-Azië zijn van grote politieke betekenis. Daarmee worden ten eerste de Bosporus bij Istanbul bedoeld (breedte 600 m tot 1,5 km) en ten tweede de Dardanellen (breedte 1,2 tot 7 km). In de afgelopen 4500 jaar zijn er talloze oor-

logen gevoerd om de controle over deze zee-
straat – te beginnen met de Trojaanse oorlog
tijdens de bronstijd.

Vegetatiezones

Geografisch gezien ligt het land weliswaar in
zijn geheel in het **mediterrane subtropische gebied**, maar komt het klimaat van
het door gebergten van zee geïsoleerde Mid-
den-Anatolië geheel overeen met het **landklimaat** van Centraal-Azië. Terwijl de kustgebieden worden gekenmerkt door hete (in
het zuiden) tot warme (in het noorden) zomers en regenachtige, maar vorstvrije winters, kent het binnenland strenge winters en
valt er over het geheel genomen zeer weinig
neerslag.

De gebieden met de meeste neerslag liggen aan de kust van de **Zwarte Zee**, waar
zich door de zeer vochtige klimaatomstan-
digheden een vegetatie heeft ontwikkeld die

vergelijkbaar is met die van Midden-Europa,
en aan de zuidkust, waar de regen zich tijdens jaren met droge zomers beperkt tot de
wintermaanden.

Op het dorre **Anatolisch Hoogland** ligt
de neerslaghoeveelheid onder de 400 mm per
jaar; tussen maart en mei wordt er op dit step-
penlandschap wintergraan verbouwd (ondanks het risico op droogte).

Aardbevingsgevaar

De grote aardbeving van 1999, die zo'n 45.000
levens heeft geëist, heeft aangetoond hoe in-
stabiel het fundament is waarop Klein-Azië
rust. De oorzaak hiervoor zijn de sterk opge-
deelde aardplaten in dit gebied, waardoor er
zowel langs de noord- en westkust, maar ook
in het binnenland achter de Taurus actieve
aardbevingsgebieden liggen (het grondgebied
van Turkije ligt dan ook, voor zover bekend,
op de kleinste continentale plaat). De tekto-

De bizarre bergflanken rond het Sakarya Nehridal zijn door erosie gevormd

nische activiteit zorgt in het binnenland voor ondergronds vulkanisme, dat aan de oppervlakte vooral via warmwaterbronnen merkbaar is.

Het grootste gevaar dreigt aan de noordkust. Wetenschappers beweren zelfs de plek zeer nauwkeurig te kunnen bepalen: het epicentrum van de volgende grote aardbeving ligt in de Zee van Marmara, op 60 km van Istanbul. Het kan nog twintig tot vijftig jaar duren voordat de stad niet alleen wordt getroffen door een aardbeving met een kracht van zes tot zeven op de schaal van Richter, maar ook kan rekenen op een reusachtige tsunami. Geen goed vooruitzicht voor Istanbul en zijn kunstschatten!

Flora en fauna

De regenachtige kustgebieden vertonen tot hoog in de bergen over het algemeen een weelderige plantengroei. Uitgestrekte dennenbossen begroeien berghellingen en lager gelegen ziet u in het zuiden palmen, kurkeiken, olijfbomen en eucalyptussen, maar ook de karakteristieke hardloofgewassen van de maquis, zoals kermeseik, aardbeiboom, laurier en cistussoorten.

In het noorden groeien overal beuken, eiken, iepen, linden, tamme kastanjes en notenbomen; tot aan de boomgrens op 2200 m staan dennenbossen tussen ondergroei van rododendron.

Het Anatolisch Hoogland

Dit beeld verandert echter drastisch wanneer u de bergen oversteekt en in het achterland komt. Uitgestrekte boomloze steppen, deels zelfs halfwoestijnen met cactussen en distels, en kale, sterk geërodeerde bergflanken vormen hier het gebruikelijke landschap.

Kleine restanten van eiken- en dennenbossen tonen echter aan dat deze steppevorming niet op natuurlijke wijze, maar door menselijke exploitatie is veroorzaakt. De kap voor brandhout, de overbeweiding en de extreme uitbreiding van landbouwgrond sinds de jaren 1950 zijn daarvan de oorzaak.

Het Egeïsche gebied

Het westen van het land neemt een bijzondere plaats in en vertoont met zijn vele dwarsdalen deze duidelijke scheiding in het landschap niet. Subtropische vegetatievormen strekken zich langs de stroomgebieden van de rivieren uit tot diep in het binnenland. De bergkammen zijn meestal bedekt met bos: zeer weelderig in het noorden, vooral in het regenachtige, aan de noordenwind blootgestelde Bithynisch Gebergte (Ala Dağları) tussen Bursa en Bolu, en het Idagebergte (Kaz Dağı) ten zuiden van de Dardanellen. In het centrale Egeïsche gebied ziet u natuurlijke bossen als in het nationale park Samsun Dağı, productiebossen, zoals bij Marmaris en Fethiye, en boomloze hoogten – deels ontstaan door verkarsting, zoals de Yuntdağı bij Bergama, en deels door overexploitatie, zoals de Boz Dağları ten oosten van İzmir.

Exotische voedingsgewassen

Het agrarische gebruik van het land is relatief intensief; Turkije is een van de weinige landen ter wereld dat niet afhankelijk is van de import van voedingsmiddelen. In de centrale steppegebieden worden vooral wintergraan, suikerriet, zonnebloemen, fruit en zelfs wijn (in de Kızılırmakgordel) verbouwd, aan de Zwarte Zee thee en hazelnoten. Aan de kust ten zuiden van İzmir worden talloze gebruiksgewassen geteeld, die de toerist hier waarschijnlijk voor het eerst ziet: katoen, tabak, citrusfruit en olijven; op de vochtige laagvlaktes van de Asi Nehri bij Antakya wordt ook gierst en rijst verbouwd.

Opvallend aan de zuidkust is bovendien de hoge groenteproductie in kassen, waardoor er drie maal per jaar kan worden geoogst. Het centrum van de katoenteelt ligt in de Çukurovavlakte bij Adana aan de zuidoostkust, maar ook bij Antalya en in de vallei van de Büyükmenderes ligt de nadruk op de productie van katoen.

De dierenwereld onder druk

Ontginning voor landbouw en ontbossing van vrijwel alle vlakke gebieden hebben een enorme negatieve impact gehad op de die-

Katoenteelt levert de grondstof voor de belangrijkste textielindustrie

renwereld. De in Klein-Azië nog in de oudheid voorkomende leeuw is natuurlijk allang verdwenen, maar ook tegenwoordig decimeert grootschalige jacht (als gewoonterecht, maar ook in de vorm van georganiseerde jacht voor toeristen) ook het vossen-, everzwijnen-, dassen- en moeflonsbestand in de overgebleven bossen.

Terwijl het voorkomen van bruine beren en wolven steeds onzekerder wordt, komen er nog altijd kamelen voor, die echter vrijwel uitsluitend als toeristische attractie worden gehouden. In de plattelandsgebieden dienen (muil)ezels nog altijd als rij- en trekdieren. Daarentegen is het aantal schapen en geiten groot, die naast runderen voor het merendeel voor de vleesproductie zorgen. Varkensvlees geldt in de islam als onrein en wordt in Turkije niet verkocht.

Van de vogels, die ook met arenden, gieren, wouwen, buizerds en enkele valkensoorten zijn vertegenwoordigd, verdienen vooral de ooievaar en de duif een speciale vermelding. De laatste, omdat die als een soort heilige vogel bij moskeeën wordt gevoerd en in grote zwermen voorkomt. De ooievaar is langs de rivieren bij de kusten in groten getale te zien (bij Selçuk in de Meanderdelta en bij Silifke). Vrijwel alle ooievaarpopulaties uit Midden-Europa trekken over Turkije en de Bosporus.

Turkije heeft voor ornithologen interessante, zeer gevarieerde vogelreservaten, die een belangrijke rustplaats vormen in de Oost-Europese trekvogelroutes, zoals het Kuşcennetipark aan de Zee van Marmara, de Meanderdelta en de Sultanmoerassen van Cappadocië, waar zelfs flamingo's zijn te zien.

Economie, maatschappij en politiek

Sinds de ingrijpende verandering van de wereldeconomie door de globalisering heeft Turkije zich ontwikkeld van een onderontwikkelde, oosterse staat tot een economisch succesvol, jong industrieland met enorme groeicijfers. Weliswaar beperkt deze modernisering zich tot een klein aantal centra; het merendeel van het platteland profiteert hier slechts in geringe mate van.

Economie in opkomst

Ondanks de grote financiële crisis valt te constateren dat de economische positie van Turkije sinds 2001 sterk is verbeterd. Tijdens de ontwikkeling van landbouwstaat tot dienstverleningsmaatschappij is het land enorm opgeklommen. De beroepsbevolking in de agrarische sector is van bijna 50% tot 24% gedaald, terwijl de dienstverlenende en industriële sector inmiddels 88% van het nationale inkomen bepalen. In de dienstensector is vooral de toeristenindustrie van enorm belang; toch heeft het land in de laatste twintig jaar onmiskenbaar een grote succesvolle industrialisering doorgemaakt. De industriesector, die ongeveer 30% van het bruto nationaal product uitmaakt, concentreert zich in de gebieden rond Istanbul en Ankara, aan de Egeïsche Zee rond İzmir en aan de zuidkust – daar vooral in de vrijhandelsgebieden van Mersin en Antalya, evenals rond Adana.

Industriële opmars

De belangrijkste branches zijn de textielverwerking en de elektronische industrie – 45% van alle in de EU verkochte tv's wordt in Turkije geproduceerd. Ook de autoindustrie is van grote betekenis, die niet alleen de lokale markt voorziet, maar ook bedrijfs- en personenwagens aan de EU levert. Het Duitse Magirus-Deutz laat bussen en MAN vrachtwagens in Turkije maken. Op geruime afstand volgen de bouw, die profiteert van de grote vraag naar woonruimte door jonge gezinnen en de chemische industrie, die voornamelijk meststoffen voor het eigen land produceert.

De eerste stappen om zich te ontworstelen aan de staatscontrole over de Turkse economie, een vorm die stamde uit de tijd van het kemalisme (zie blz. 34), zijn gezet tijdens de door wijlen Turgut Özal doorgevoerde hervormingen van 1992. Daarbij balanceerde Turkije wel steeds op het randje van de afgrond en kreeg het land te maken met een extreem hoge werkloosheid en een op hol geslagen inflatie. De handelsbalans was notoir negatief en de grootschalige programma's om de infrastructuur uit te breiden (wegen- en woningbouw, evenals de enorme GAP-stuwdammen in Zuidoost-Anatolië) konden slechts worden gefinancierd door het bijdrukken van geld, waardoor de Turkse lira tussen 1990 en 1998 zo'n 10.000% devalueerde.

Pas na de hernieuwde liberalisering van de markten in 2001, wat vooral een einde betekende van de staatsinmenging en de daarmee gepaard gaande problemen door corruptie, viel er een duidelijke verbetering vast te stellen. Toch is het inkomen van de beroepsbevolking gedaald vanwege het koopkrachtverlies door de inflatie in de jaren 1990, maar ook de enorme stijging van de benzineprijs betekende een bijkomende belasting. Het werkloosheidspercentage lag in 2009 officieel op 14% en in sommige regio's loopt dat tegen de

30%. Mede gezien het feit dat er door de hoge bevolkingsgroei zich per jaar ruim 700.000 jongeren melden op de arbeidsmarkt, betekent dit een zware last op de schouders van de Turkse economische politiek.

EU-toetreding

In oktober 2005 zijn de onderhandelingen over toetreding van Turkije tot de EU officieel begonnen. Voor die tijd heeft de conservatieve islamitische regering van Erdoğan allerlei maatregelen getroffen, van het afschaffen van de doodstraf tot het uit zijn macht ontzetten van de nationale veiligheidsraad (MGK). Toch is er over het algemeen veel weerstand tegen toetreding, zowel vanuit conservatieve Europese kringen als vanuit de nationalistische Turkse hoek. In de huidige situatie zou Turkije vooral in het achtergestelde oosten een grote inhaalslag moeten maken om aan de toetredingseisen te voldoen. Niet in de laatste plaats vormen de staatsschuld en de nationale kredietcrisis zeer grote problemen.

Sinds de financiële crisis en vooral door de daaruit voortkomende eurocrisis in 2009 en 2010 is de interesse van de AKP-regering voor Europa afgenomen – de betrekkingen met Iran en Centraal-Azië moeten daarentegen worden verbeterd. Ook de conservatieve overheden van Duitsland, Frankrijk en Italië staan sceptisch tegenover de toetreding van Turkije. Toch verzekert het uitzicht op EU-lidmaatschap binnen de Turkse politiek de positie van westers ingestelde politici en bevolkingsgroepen in de gebieden aan de uiterst gevoelige grens met het Midden-Oosten. Misschien zou de toetreding van Turkije wel een laatste redmiddel zijn om het toenemende vergrijzingsprobleem in Europa op te lossen.

Natuurbeheer

De economische groei en de specifieke maatregelen om steeds meer mensen te voeden, leiden ook in Turkije tot een reeks ingrijpende milieuproblemen. De belangrijkste daarvan zijn gronderosie door ontbrekende bebossing, bodemverzilting vanwege irrigatie en het wa-

termanagement in de Eufraatregio in het algemeen. Met name de GAP-stuwdammen in het zuidoosten, door Turkije gepland om de ontwikkeling van dit achtergebleven gebied te bevorderen, zouden de naburige Syriërs en Irakezen afsluiten van water, wat zou kunnen leiden tot een grotere oorlogsdreiging. De landbouwproductie in Haran zou weliswaar worden verhoogd, toch zijn door bodemver zilting grote problemen voor de toekomst te verwachten. Daarnaast hebben alle dichtbevolkte gebieden, zoals Istanbul, Bur-sa/Kocaeli en vooral Adana, 's zomers te maken met een enorme luchtvervuiling.

Bovendien wordt u als toerist ook geconfronteerd met een reeks problemen die ontstaan uit de grote maatschappelijke dynamiek. Over het algemeen heeft de verzorging van het landschap al van oudsher geen hoge prioriteit, zoals in alle landen rond de Middellandse Zee. Des te problematischer is de situatie in de onder hoge verstedelijkingsdruk staande gebieden rond Istanbul, maar ook aan de zuidkust en de kust van de Egeïsche Zee. Ongecontroleerde bebouwing, slechte riolering en afvalverwerking, evenals krachtcentrales en fabrieken zonder zuiveringsinstallaties vormen slechts het topje van de ijsberg.

Toch valt het niet te ontkennen dat de met aanzienlijke geldmiddelen doorgevoerde herbebossingsprogramma's successen zijn geboekt en bovendien worden tegenwoordig kinderen al op jonge leeftijd bewust gemaakt van het belang van het behoud van de bossen. Wanneer u echter de (vaak zeer kleine) nationale parken bezoekt, kunt u zich niet aan de indruk onttrekken dat de natuur hier eerder voor het toerisme in stand wordt gehouden dan dat het er tegen wordt beschermd: het grootste nationale park rondom Kemer is tegelijkertijd een van de belangrijkste 'vakantieparadijzen' van Turkije.

De AKÇEP (Akdeniz Çevre Platformu) zet diverse milieugroeperingen in ten behoeve van natuurbescherming, vooral aan de Middellandse Zeekust. Momenteel protesteren de activisten vooral tegen de verwoesting van de Göksuregio bij Silifke, waar een kerncentrale, een reusachtige werf in de beschermde rivierdelta en enorme stuwdammen in de Göksuvallei op de planning staan.

Trek van platteland naar stad en verstedelijking

Het inwonertal van Turkije is in de afgelopen zestig jaar ongeveer verviervoudigd en groeit in het huidige tempo met ca. een miljoen mensen per jaar. Als gevolg hiervan is bijna de helft van alle Turken jonger dan 25 jaar. Aan de ene kant leidt dit tot grote problemen op de arbeidsmarkt, maar anderzijds zorgt dit ook voor een zeer dynamische maatschappij, zoals is terug te zien in de verstedelijking en de trek van platteland naar stad. Op het regionale vlak is de bevolkingsontwikkeling zeer opvallend. Een Turks gezegde luidt: 'Het goud ligt op straat.' Hier worden natuurlijk de straten in de steden mee bedoeld en dan met name die van Istanbul, maar ook van steden als Ankara, İzmir, Bursa, Kocaeli en Adana. Iedereen wil daarheen, zodat al deze steden in zeer korte tijd tot miljoenenmetropolen zijn uitgegroeid en enorme agglomeraties vormen met bovengemiddelde groeicijfers.

De toch al dunbevolkte hooggelegen gebieden van Centraal-Anatolië en de oostelijke bergregio's hebben zwaar te lijden onder het wegtrekken van de bevolking. Daar worden de mensen door versnippering van landbezit en door werkloosheid, maar ook door het ontbreken van enige hoop op een positieve verandering in afzienbare tijd, gedwongen te verhuizen naar welvarender plaatsen. Deze uittocht van de plattelandsbevolking heeft er inmiddels toe geleid dat zo'n 75% van de Turken in de steden woont.

Ethnische groeperingen

Ten opzichte van de jaren 1960 speelt de destijds zeer duidelijke etnische diversiteit onder de Turkse staatsburgers tegenwoordig een kleinere rol. De **Grieken**, die vroeger een meerderheid uitmaakten in de dorpen in het westen, moesten het land in 1923 verlaten (zie blz. 34). Ook de **Armeniërs**, die vroeger op de Çukurovavlakte bij Adana en aan het Vanmeer in het oosten leefden, moesten hun aanspraak op en eigen staat met uitzetting bekopen.

Arabische invloeden zijn nog altijd aan de grens met Syrië (in Hatay, Şanlıurfa en Mardin) te bespeuren. Daar wonen ook nog enkele honderden Syrisch-orthodoxe **Arameeërs**, in het Turks *Süryaniler* geheten. Ze hangen een orthodox-christelijk, monofysitistisch geloof aan, waarvan de leer is ontwikkeld in de tijd van Christus. De meeste Turkse Arameeërs zijn echter sinds de jaren 1980 vertrokken, van wie het merendeel naar Zweden en Duitsland.

In het gebied rond Bursa hebben veel bewoners **Tsjerkessen** als voorvader, in het achterland van het Egeïsche gebied komen veel mensen oorspronkelijk van de Balkan **(Bosniërs, Albanezen)** en zelfs afstammelingen van Afrikaanse slaven zijn hier vertegenwoordigd. **Pomaken** (islamitische Bulgaren) zijn te vinden in Thracië, **Lasen** (islamitische Georgiërs, die overigens vaak blond zijn) in het oostelijke Zwarte Zeegebied.

Voor al deze groeperingen geldt in elk geval dat ze volledig zijn geïntegreerd in de Turkse maatschappij en dat daardoor de oorspronkelijke etnische verschillen vrijwel niet meer bestaan. Al deze mensen voelen zich tegenwoordig Turk en zijn daar, naar de uitspraak van Atatürk (zie blz. 37), trots op.

Als grootste etnische groepering met een eigen moedertaal en een sterk bewustzijn van de eigen tradities zijn de **Koerden** (Turks: *kürt*), die met ca. twintig miljoen mensen zijn vertegenwoordigd in Turkije. Koerdische vestigingsgebieden zijn te vinden van Zuidoost-Anatolië tot in Irak en Iran. Het aantal Koerden in de miljoenensteden in het westen is door immigratie echter enorm gestegen. Dat de Turkse regering decennialang heeft verzuimd de eigen cultuur van de Koerden, die in Oost-Anatolië niet konden meeprofiteren van de modernisering in de westelijke delen van het land, te erkennen, is de voornaamste reden voor het bloedige conflict in de jaren 1990 en zorgt nog steeds voor spanningen.

Hervorming door islamisering?

Sinds de islamitisch geöriënteerde AKP van Recep Tayyip Erdoğan sinds 2002 het land regeert, is de politieke ontwikkeling van Turkije in veel rustiger vaarwater beland. Door hervormingen en economische successen kon het aangetaste imago van Turkije, dat niet alleen bijna bankroet was, maar ook vanwege het Koerdische conflict en zwaarwegende corruptieschandalen, worden opgepoetst. Toch heeft deze politieke aardverschuiving, waarbij voor het eerst sinds de jaren 1950 weer een absolute parlementsmeerderheid tot stand kwam, de grote crisis aan het licht gebracht, waarin de vroegere staatsideologie, het westers geöriënteerde, anti-religieuze kemalisme (zie blz. 34), inmiddels verzeild was geraakt.

Het partijenstelsel

De gematigd-islamitische *Adalet ve Kalkınma Partisi* (Gerechtigheids- en Ontwikkelingspartij, AKP), die in 2001 met een absolute meerderheid der parlementsverkiezingen won, wortelt in de in de jaren 1990 meermaals verboden islamistische partij van Necmettin Erbakan. Samen met een afsplitsing hiervan en met een radicale vleugel hangt de partij nu een technocratische, islamitisch geöriënteerde moderniseringsideologie aan, waarin de term 'hervorming' een vrijwel vergelijkbare betekenis heeft als bij Europsese conservatieven.

Tijdens de laatste verkiezingen in 2007 kwam de *Demokrat Partisi* (Democratische Partij, DP), een fusie tussen de volkspartijen *Doğru Yol Partisi* (Partij van de Juiste Weg, DYP) en de *Anavatan Partisi* (Moederlandpartij, AnaP), niet verder dan ruim 5% van de stemmen en behaalde daarmee niet de vereiste kiesdrempel van 10%. Alleen de links-republikeinse partij, vertegenwoordigd in de door Atatürk opgerichte *Cumhuriyet Halkçı Partisi* (Republikeinse Volkspartij, CHP), kon met bijna 20% van de stemmen toetreden tot het parlement, evenals de rechtse *Milliyetçi Hareket Partisi* (Partij van de Nationalistische Beweging, MHP) met 14%.

Deze aardverschuiving binnen het Turkse partijenstelsel weerspiegelt een snel groter wordende kloof tussen de westerse levensstijl van het kleine aantal mensen dat van de modernisering en globalisering kan profiteren en de grote groep verliezers die door deze ontwikkeling is ontstaan. Het ingrijpende effect van de verarming drijft grote bevolkingsgroepen tot een islamitische denkwijze, waarvan de basisprincipes worden gezien als een rechtvaardige wereldorde.

De militaire hoeders

In de jaren 1990 was een islamitische partij al uitgegroeid tot de grootste van het land, maar werd in 1998 onder druk van de generaals verboden. In feite zet het leger zich in als beschermer van de seculiere staat: een staat zonder religieuze grondslag en een democratie naar westers voorbeeld. Sinds de dood van Atatürk hebben de generaals drie maal een staatsgreep gepleegd – en tot 2003 hadden de militairen via de Nationale Veiligheidsraad nog de mogelijkheid de politieke richting te bepalen. Het was een van de eerste maatregelen van de AKP om met hun meerderheid de grondwet drastisch te wijzigen om deze macht in te perken.

De rol van de militairen blijft symptomatisch, want de westerse oriëntering van de Turkse maatschappij was al sinds de oprichting van de staat een van bovenaf opgelegd proces. Analysten spraken daarom over het systeem van de 'geleide democratie'. Met de succesvolle economische ontwikkeling en de hoge hervormingsverwachtingen van de EU-landen lijken de militairen het verlies van hun macht vooralsnog te accepteren.

Aan de andere kant zijn er steeds meer mensen die waarschuwen voor een sluipende integratie van islamitisch geöriënteerde personen op belangrijke posities binnen de regering, aan de universiteiten, maar ook in het leger. Aan het begin van 2006 werd er nog geprobeerd een islamitische rechtsgeleerde aan te stellen als hoofd van de centrale bank, wat op het laatste moment door de staatspresident kon worden tegengehouden. Tegenwoordig is hij echter wel een partijgenoot van Erdoğan.

Geschiedenis

De vorming van het huidige Turkse geografische gebied – het kruispunt tussen Mesopotamië, de Aziatische steppen en Europa – heeft zich in de loop van de geschiedenis op een zeer grillige manier ontwikkeld. In de gehele historie van duizenden jaren heeft het land, dat door het reliëf in vele kleine vestigingsgebieden is versplinterd, bij elkaar slechts enkele eeuwen onder één heerschappij gestaan. Daarom is het nagenoeg onmogelijk een algemene geschiedenis over dit land te beschrijven, dat zich afhankelijk van de geografische ligging van de betreffende gebieden – grenzend aan de Egeïsche Zee, in de steppen van het zuidoosten of in de bergen van de Kaukasus – op zeer verschillende manieren ontvouwde.

Vroege geschiedenis

In het gebied van Antalya is aangetoond dat er tijdens het late paleolithicum (ca. 40.000 jaar geleden) Neanderthalers hebben geleefd (grotten van Karain en Beldibi). De opmars van de nieuwe mens, *Homo sapiens*, is volgens de huidige kennis niet met zekerheid vast te stellen; het is echter aannemelijk dat het Anatolisch Hoogland tijdens de ijstijd vrijwel onbewoonbaar gebied was en de vestigingsgebieden zich voornamelijk in regio's bevonden die nu door zee zijn overstroomd. Pas 13.000 jaar geleden zorgde de stijging van de zeespiegel (tot ca. 100 m) voor de scheiding van de Egeïsche eilanden en het vasteland.

Tussen 7000–6000 v.Chr. vormden zich de eerste 'stedelijke' nederzettingen van dicht opeen gebouwde lemen hutten, die op indiaanse *pueblos* leken. De opgravingen in de *höyüks* (nederzettingen op heuvels) van Çatal Höyük bij Konya, Hacılar bij Burdur en Yümüktepe bij Mersin weerspiegelen de jagerverzamelaarscultuur op de drempel van de neolithische revolutie, de ontwikkeling van vaste woonplaatsen en akkerbouw. Naast geometrisch versierd keramiek en cultusbeeldjes zijn er muurschilderingen met jachttaferelen en in Çatal Höyük zelfs een die de stad toont tijdens een vulkaanuitbarsting. Al zeer vroeg, zo'n 6000–5000 jaar v.Chr., is hier ook metaalbewerking ontwikkeld.

Bronstijd (3000–2000 v.Chr.)

Sinds het 3e millennium v.Chr. werden dit soort nederzettingen zetels van 'regionale vorsten' en de door handel en metaalbewerking gegroeide welvaart laten de opgegraven artistieke sieraden en gereedschappen zien. Troje II, Beycesultan bij Uşak, Alaca Höyük bij Hattusa, Horoztepe aan de Zwarte Zeekust en Kültepe bij Kayseri zijn de belangrijkste nederzettingen van deze Anatolische boerencultuur.

Over de verdere ontwikkeling bestaat een onopgeloste controverse: rond 2300 v.Chr. zetten nomaden vanuit Oekraïne de aanval in op Klein-Azië en veroverden de bestaande stadstaten. In hun eigen taal heetten ze Luwiërs, andere onderzoekers zien ze als de grondleggers van de proto-Indogermaanse Koergancultuur, die als eerste paarden temden en karakteristieke grafheuvels oprichtten. De groepen vielen deels vanuit Thracië, deels vanuit de Kaukasus aan en taalkundigen onderscheiden ze volgens de drie verwante talen: Palaïsch, Luwisch en Hattisch (Hettitisch).

Sinds het begin van het 2e millennium dreven Assyrische kooplieden handelskantoren in Anatolië, in de buurt van Kaneš (Kültepe), maar ook in andere vorstendommen, zoals die van Hattusa. Ze introduceerden ook het spijkerschrift, dat de Hettieten later overnamen.

Hettieten (2000–1200 v.Chr.)

Met koning Anitta van Kuššar ontstond rond 1720 v.Chr. het oude rijk van de Hettieten. Hij veroverde Hattusa (Hattuša), de hoofdstad van de regionale vorst van Hatti. Op het enorme kleitablettenarchief (zie blz. 432) noemden de koningen zichzelf 'Hatti' of 'vorst van Hatti'. De term 'Hettieten' stamt weliswaar uit de Bijbel, maar is ook in de wetenschap overgenomen.

Een eeuw later verplaatste de dynastie haar zetel naar Hattusa en niet lang daarna veroverden haar troepen gebieden tot aan Syrië en Babylon. De opkomst van de Mitanni in Syrië begrenste het rijk tot het kerngebied van Centraal-Anatolië. Pas onder Šuppiluliuma I (1380–1354 v.Chr.) ontstond door de verovering van geheel Klein-Azië en Noord-Syrië het wereldrijk van de Hettieten.

In de twee eeuwen daarna stond de Egeïsche kust, waar Troje door de handel met het Myceense Griekenland zijn hoogtijdagen beleefde, in de schaduw van deze macht; de Amazonen van de Trojaanse oorlog waren hoogstwaarschijnlijk gladgeschoren, langharige Hettieten. Na de Slag bij Kadeš in 1285 v.Chr. werd koning Muwatalliš door farao Ramses II zelfs als gelijkwaardig erkend. Toch was het niet meer dan een eeuw later, kort na 1200 v.Chr., dat het Hettitische Rijk door de invasie van de Zeevolken uit Zuidoost-Europa werd verwoest, waarbij ook Troje werd platgebrand.

Terwijl de periode van het Hettitische Rijk door aantekeningen op de kleitabletten in het archief van Hattusa nog relatief goed is gedocumenteerd, braken na de invasie van de Zeevolken de 'donkere eeuwen' aan. In het zuidoosten hielden Aramees beïnvloede kleine rijken de Hettitische cultuur in stand, tot ze in de 8e eeuw werden onderworpen aan de Assyriërs. In Oost-Anatolië waren het de Hurrieten, tegenhangers en leermeesters van de Hettieten in het gehele 2e millennium v.Chr., die in de 9e eeuw v.Chr. het rijk Urartu stichtten, waarvan de metallurgietechnieken tot in Griekenland werden overgenomen. Dit rijk is in de 7e eeuw v.Chr. verwoest door de Meden (Perzen). In de vlakten van West-Anatolië drongen andere volkeren binnen.

Griekse kolonisatie (1100–600 v.Chr.)

Gedurende de Griekse volksverhuizing, die door de trek van de Dorische Grieken uit Albanees gebied naar de Peloponnesos werd opgewekt, was het in de gehele Egeïsche regio onrustig. Griekse volken uit Thessalië (Aeoliërs, noordelijk Egeïsch gebied), Attika (Ioniërs, centraal Egeïsch gebied) en in een eindfase ook de Doriërs zelf (zuidelijk Egeïsch gebied) trokken naar het oosten en stichtten kolonies. Details over deze kolonisatie, die over het algemeen gepaard ging met het verdringen of de onderwerping van de inheemse bevolking, zijn onbekend en slechts uit de mythologie af te leiden.

De nieuwe steden, die zeer typerend vlak bij de kust op rotsheuvels boven vruchtbare vlakten werden gebouwd, sloten volgens stamverwantschap losse bondgenootschappen met elkaar. Historisch gezien speelden de Ioniërs de belangrijkste rol, vooral tijdens de grote kolonisatie in de 7e-6e eeuw v.Chr. Ze ontwikkelden een verrassend 'moderne' filosofie, wiskunde en astronomie en golden als grondleggers van het ontstaan van het Griekse alfabet, op basis van het Fenicische schrift (7e eeuw v.Chr.). Ook ontwikkelde zich de toonaangevende Ionische orde van de tempelbouw aan de

kusten van Klein-Azië. De eerste stenen bouwwerken dateren uit de 8e eeuw v.Chr.: vroegere
houten gebouwen naar voorbeeld van het megaron uit de bronstijd werden als antentempel
uitgeevoerd, maar dit veranderde al snel in monumentale, meerzuilige architectuur. Rond
560 v.Chr. ontstond ten slotte met het Artemision in Efeze het eerste marmeren heiligdom
ter wereld.

Frygiërs (8e–7e eeuw v.Chr.)

Al aan het eind van de 12e eeuw v.Chr. had het
Thracisch-Macedonische volk van de Frygiërs
(Muški) zich in Anatolië gevestigd. Als rondtrekkende strijdgroepen drongen ze door tot
aan Syrisch gebied, waar ze werden gestuit. Ze
stichtten ten slotte in de 8e eeuw v.Chr. met de
hoofdstad Gordion een rijk dat de kerngebieden van het Hettietenrijk omvatte. Reeds rond
690 v.Chr. viel dit rijk onder leiding van de
'goudkoning' Midas (zie blz. 394) ten prooi aan
een aanval van het ruitervolk van de Cimmeriërs, die het land tot aan Milete brandschat-
ten. Pas onder Lydisch bewind ontstonden de
beroemde rotsheiligdommen in het bergland
tussen Ayfon en Eskişehir, die alle gewijd waren aan de enige godin van de Frygiërs – de
grote moedergodin, die door de Hurrieten al
als Kubaba werd vereerd en die de Grieken op-
namen in hun Artemis.

Lydiërs (7e–6e eeuw v.Chr.)

Na de ondergang van de Frygiërs werd het rijk
van de Lydiërs met als hoofdstad Sardis ten oosten van İzmir de overheersende macht in Centraal-Anatolië. Na het verslaan van de Cimmeriërs werden door de koningen Gyges (ca.
680–652 v.Chr.) en Alyattes (605–560 v.Chr.) de
grenzen uitgebreid tot aan de Hellespont (Dardanellen) en de Halys (Kızılırmak). De enorme
goudvoorraad van Lydië werd van cultuurhistorisch belang: in de ruilhandel met Griekse
kustplaatsen, waar zich in deze periode de ar-

chaïsche stijl ontwikkelde, werd het geld 'uitgevonden', eenvoudige druppels elektron (een
legering van zilver en goud), die van een reli-
ëfstempel als teken van staatswaardegarantie
waren voorzien. In de eerste helft van de 6e
eeuw v.Chr. bereikte het rijk onder koning
Croesus (Kroisos, 560–546 v.Chr.) door onderwerping van de Griekse steden (met uitzondering van Milete) het hoogtepunt van zijn
macht. Kroisos was echter zeer onder de indruk van de Griekse cultuur en gaf bevel op
grote schaal Griekse tempels te bouwen. Ge-
sterkt door het Orakel van Delphi, dat tegen
hem zei dat 'hij een groot rijk zou verwoesten,
wanneer hij de Halys zou oversteken', viel Kroisos in 547 v.Chr. Perzië aan en verwoestte daarmee inderdaad een groot rijk: dat van hemzelf.

Perzen (546–334 v.Chr.)

Het Lydische rijk, de Griekse steden, maar ook
de in kleine dynastieke rijken versplinterde
vestigingsgebieden van de Kariërs en Lyciërs
werden in 546 v.Chr. veroverd door de Perzen
onder leiding van koning Cyrus II. Met uitzondering van Sardis stonden de steden
slechts in naam onder Perzisch bewind, dat
door een als satraap (Perzische stadhouder) benoemde inheemse vorst werd uitgevoerd. Cultureel gezien beleefden de Griekse steden in
het oosten, die door de Perzen met de Babylonische tradities in aanraking kwamen, hun
hoogtijdagen, evenals Karië en Lycië. De oorsprong van deze twee volken is onduidelijk (de
Kariërs vestigden zich in de 2e eeuw v.Chr. op
de Egeïsche eilanden en de Lyciërs worden
vanwege hun Luwisch-Hettitische taal als
Indo-Germaanse immigranten uit de 2e eeuw
v.Chr. gezien). Door versmelting van Griekse
en oriëntaalse invloeden ontwikkelden beide
volken een eigen bouwstijl (vooral monumentale grafarchitectuur).

In 499 v.Chr. veroorzaakte een politieke
breuk de Ionische opstand tegen de Perzen.
Onder aanvoering van Milete, dat de Zwarte
Zeehandel door de Perzische controle over de
Hellespont (sinds 514 v.Chr.) in gevaar zag ko-
men, verzamelden de Grieken zich aan de

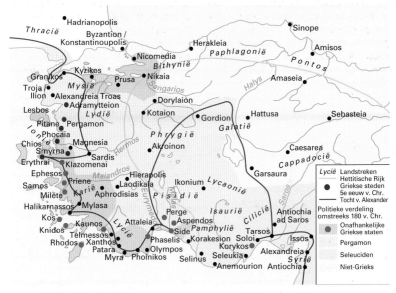

Klein-Azië in de oudheid

westkust en de satrapenstad Sardis werd plat-gebrand. In de beslissende Zeeslag bij Lade in 495 v.Chr. kwamen echter de Perzen als win-naar uit de strijd; Milete en Priene werden to-taal verwoest. De volgende aanvallen van de Perzen, onder leiding van Darius I en Xerxes, konden echter door de verenigde Grieken op het vasteland bij Marathon (490 v.Chr.), Sala-mis (480 v.Chr.) en Plataiai (479 v.Chr.) worden afgeslagen. Met de Attisch-Delische Zeebond van alle Griekse steden in het Egeïsche gebied konden onder aanvoering van Athene zelfs tot aan de zuidkust van Anatolië aanvallen wor-den ingezet (Zeeslag bij Aspendos 465 v.Chr.). Dit succes werd echter weer de kop ingedrukt tijdens de Peloponnesische Oorlog (431–404 v.Chr.), waarbij ook de Klein-Aziatische steden betrokken waren. De overwinnaars, de Spar-tanen, werden later door de Perzen verslagen in de Zeeslag bij Knidos (394 v.Chr.).

Toch bleef ook daarna de Perzische over-heersing niet onbevochten. Vorsten als Mau-solos van Karië en Perikles (Pirekli) van Lycië konden zich halverwege de 4e eeuw v.Chr. in

de 'satrapenopstand' ontworstelen aan de overheersing en de economisch voortvarende steden in Pamphylië aan de zuidkust zelfs dus-danig dat ze eigen munten sloegen.

Alexander de Grote en het hellenisme

Vanaf 334 v.Chr. veroverde Alexander de Grote in een ongeëvenaarde militaire zege-tocht het Perzische Rijk. Tussen zijn eerste grote overwinning bij Granikos aan de Helles-pont en de tweede bij Issos, dicht bij İsken-derun, 'bevrijdde' de 21-jarige Aristoteles-leerling in sneltreinvaart – zowel Perzische als Griekse weerstand brekend – in iets meer dan een jaar geheel Klein-Azië. De periode tussen zijn vroege dood in 323 v.Chr. en het begin van het Romeinse Keizerrijk wordt aan-geduid als de hellenistische periode. Op cul-tureel gebied bereikte de Griekse beeld-houwkunst tijdens het hellenisme zijn hoogtepunt (Pergamonaltaar, Nikè van

Samothrake, Laocoöngroep); de grote vorstensteden werden met tempels en monumentale openbare gebouwen uitgerust.

Het begin van dit tijdperk wordt gekenmerkt door gevechten om de opvolging tussen Macedonische veldheren, de Diadochen, waarbij Klein-Azië diverse malen werd opgedeeld. Antigonos I, Monophtalmos (de Eenoog), heerste twintig jaar onbedreigd; hij stierf in 301 v.Chr. in de strijd tegen Lysimachos, de koning van Thracië, die Anatolië tot aan de Taurus veroverde. In 281 v.Chr. verloor Lysimachos zijn rijk en zijn leven in de strijd tegen Seleukos, de koning van Syrië, die zo de heerschappij over het grootste deel van Anatolië kon overnemen, maar wel aan de zuidwestkust de nadrukkelijke aanwezigheid voelde van Ptolemaeus, de koning van Egypte.

Na 280 v.Chr. onstond naast deze grootmachten het rijk van Pergamon. Noord-Anatolië, dat gevrijwaard was gebleven van Alexanders veroveringen, was verdeeld in het koninkrijk Bithynië, dat het gebied rond Prusa (Bursa) en Nikomedia (İzmit) besloeg, het rijk Ponto en de Zwarte Zeekust en in het oosten Armenië als erfenis van het oude rijk Urartu. Daarnaast waren er talloze kleine staten, die over het algemeen in een tribuutverhouding stonden tot de Diadochenrijken, zoals de Commagenendynastie ten oosten van het Seleucidische Cilicië en 'tempelstaten' als Olba nabij Silifke en Pessinus tussen Eskişehir en Ankara.

Vanaf 250 v.Chr. trokken Keltische stammen, die de Grieken Galaten noemden, plunderend door Klein-Azië. De overwinning van de koning van Pergamon, Attalos I, beperkte zich tot nederzettingen in het barre centrale hoogland rond Ankyra (Ankara), dat vanaf toen Galatië werd genoemd – Pergamon begon met dit succes zijn opmars tot de grootste macht in westelijk Klein-Azië. Toen koning Eumenes II ten slotte de Romeinen op een beslissende manier hielp met de zege op de Seleucidische Antiochos III bij Magnesia (Manisa), kreeg Pergamon gebieden van Ankara in het oosten tot Pamphylië in het zuiden – tegelijkertijd was Rome echter uitgegroeid tot de nieuwe ordehandhaver van Klein-Azië.

Romeinen (133 v.Chr. tot 3e eeuw n.Chr.)

Toen Attalos III in 133 v.Chr. het rijk van Pergamon bij testament aan de Romeinen vermaakte, vormden de kerngebieden daarvan de eerste provincie van de nieuwe grootmacht in Azië. Toch stond de nieuwe orde nog op lemen voeten: de steden aan de zuidkust, die door de Romeinen onafhankelijk waren gelaten, vielen al snel in handen van zeerovers, die uit de kustgebieden van Isaurië en Cilicië kwamen. Het handelsverkeer met het oosten had ruim vijftig jaar te lijden onder deze wetteloze toestand, terwijl de piratenmarkten van Side en Phaselis zeer winstgevend waren. Het lakse optreden van de Romeinen vormde uiteindelijk de basis voor de opstand van de koning van Pontos, Mithridates VI (88 v.Chr.), die – in een verbond met andere rijken en vorsten van Klein-Azië – de provincie Asia binnenviel. Bijna alle door de Romeinen bezette steden werden getroffen door de 'Aziatische Vespers', waarbij bijna 80.000 Romeinse belastinginners, soldaten en kooplieden zouden zijn gedood.

Met de krijgstochten van Sulla en vooral die van Pompeius (67 v. Chr.) werd de inlijving van Klein-Azië bij het imperium afgerond. Na de overwinningen op de Cilicische piraten bij Korakesion (Alanya), op Mithridates en op de Armeense koning Tigranes stichtte Pompeius in het oosten de provincies Cilicia en Syria, en in het noorden Bithynia en Pontus. Tijdens de Romeinse burgeroorlog na de moord op Caesar kreeg Antonius na zijn zeges op Cassius en Brutus het opperbevel over het oosten. In Tarsus sloot hij een verbond met Cleopatra, de Grieks-Ptolemaeïsche koningin van Egypte. Toch was het pas met de zege van Octavianus (de latere keizer Augustus) op dit tweetal dat voor de Klein-Aziatische steden de bijna 300 jaar durende bloeiperiode van de *Pax Romana* aanbrak.

Gedurende deze door Augustus als 'wereldvrede' gekenmerkte periode ontstond het merendeel van de nog altijd zichtbare antieke gebouwen, die in de regel bovenop oude hellenistische fundamenten werden neergezet.

Theaters werden afgesloten met hoge toneel-muren van enkele verdiepingen, gevels werden opgetuigd met zuilen en agora's omringd met zuilengalerijen. Authentieke Romeinse noviteiten waren de uitvinding van het bouwen in baksteen en beton, waarmee gigantische gewelfconstructies werden opgetrokken, de techniek om deze goedkope muren te bekleden met dure steensoorten of marmerplaten, de 'verwarming' met het hypocaustumsysteem, waarmee verwarmde lucht onder de vloer en achter muren circuleerde, en de aquaducten, die het water van grote afstand naar de steden konden vervoeren.

Niet in de laatste plaats werden ook stadsmuren overbodig en de steden breidden zich uit in de vlakten onder de Griekse burchtnederzettingen. Het abrupte einde van deze vredesperiode, ingezet door de invallen van Goten en Herulen in 253 als voorbodes van de Grote Volksverhuizing, kwam als een volslagen verrassing. De vrijwel defensieloze steden moesten machteloos toezien hoe de barbaren plunderden – en pas in de 4e eeuw, op het hoogtepunt van de laatantieke economische crisis, werd weer begonnen met het optrekken van beschermende muren rond de stadscentra.

Al in het jaar 46 beleefde Klein-Azië met de eerste reis van de apostel Paulus het begin van de christelijke missie; tot aan het eind van de 1e eeuw voltrok zich dit echter meer als een hervorming van bestaande Joodse gemeenschappen en hun openstelling voor 'onbesnedenen' dan als een nieuwe richting. Pas in de 2e eeuw leidden de overname van hellenistisch-antieke elementen (contemplatie, mysteriecultus, het platonische logosidee en de Stoa) tot een unieke leer. Toch bleef het christendom – dat sporadisch werd vervolgd (voor het laatst onder Diocletianus vanaf 299), maar over het algemeen ongestoord kon bestaan – naast Egyptische en Perzische cultussen slechts een van de talloze oriëntaalse verlossingsreligies die het imperium spiritueel gezien versplinterden. Pas toen keizer Constantijn de Grote onder het teken van het kruis zegevierde, begon een nieuwe periode waarin Klein-Azië uitgroeide tot het centrum van het vroege christendom.

Byzantijnse Rijk (330– 1453)

De transformatie van het Romeinse Rijk in het Oost-Romeinse of Byzantijnse Rijk was een lang proces, dat niet eerder dan in de 7e eeuw werd afgerond, toen keizer Heraklios het Grieks als officiële voertaal uitriep. In 330, toen keizer Constantijn de Grote (324–337) de regeringszetel naar het destijds Nova Roma geheten Byzantion aan de Bosporus (later Constantinopel, Tèn Polis ('De Stad') en tegenwoordig Istanbul genoemd) verplaatste, kreeg het christendom als staatsreligie voet aan de grond. Toch werd de nieuwe stad bouwtechnisch (op zeven heuvels), bestuursmatig (veertien stadsdelen) en staatkundig (verplaatsing van de senaat) nog geheel naar het voorbeeld van Rome aangelegd. Ook toen het West-Romeinse rijk door de inval van Germaanse stammen verloren was gegaan, gaf de keizer zijn aanspraak op de suprem.atie over de barbarenkoningen in het westen nooit op.

In de ruim 1000 jaar oude geschiedenis onderging het Byzantijnse Rijk expansieperiodes, zoals onder keizer Justinianus I (527–565), die Italië en Noord-Afrika heroverde, maar kende ook grote bedreigingen. De uit het noorden tegen de onneembare muur van keizer Theodosius II (408–450) opdringende horden Goten, Germanen, Avaren en Slaven, die nog konden worden geneutraliseerd door ze te recruteren voor de strijdmacht en vestigingsgebieden toe te wijzen, zodat ze woonplaatsen hadden. In het oosten drongen de legers van de Perzische Sassaniden echter diep door tot in het hart van Klein-Azië. Hun vloten plunderden de steden aan de zuidkust; in 540 hadden zij met Antiochia (Antakya) een van de grootste metropolen van het rijk in handen.

Net toen Heraklios (610–641) het Sassanidengevaar door diverse veldslagen had afgewend, begon de aanval van de Arabieren onder de groene vlag van de islam. In 636 viel Cilicië ten prooi aan de Omajjaden en dertig jaar later stonden de Arabieren aan de poorten van Constantinopel. In de 7e en 8e eeuw was niet alleen het gehele oosten en

Noord-Afrika verloren gegaan, ook veel steden aan de Klein-Aziatische kust moesten worden opgegeven of werden verbouwd tot verkleinde defensieposten. Na 950 kon weliswaar onder de keizers van de Macedonische dynastie Cilicië nog eenmaal worden heroverd en werd onder Basileios II (976–1025) het Bulgaarse Rijk vernietigd, maar toen werd de oostgrens weer bedreigd door Turkse ruiternomaden uit Centraal-Azië.

De interne ontwikkeling van het Byzantijnse Rijk was nauw verbonden met het christendom, dat zich in 392 door de tempelsluiting onder keizer Theodosius I (379–395) tegen de heidense cultus als staatsreligie vestigde. De grote oecumenische concilies op Klein-Aziatische bodem vormden de beslissende factoren voor de ontwikkeling van het geloof: in 325 werd in Nikaia (İznik) het arianisme, in 431 in Ephesos het nestorianisme en in 451 in Chalcedon het monofysitisme verworpen. Vanwege de dreiging van het rooms-katholieke pausdom door de Longobarden en zijn toenadering tot het Frankische Rijk, verslechterden na 751 de betrekkingen tussen de oosterse en westerse kerk steeds meer en leidde uiteindelijk in 1054 tot een schisma, de breuk tussen de Latijns-katholieke en de Grieks-orthodoxe kerk.

Seltsjoeken en kruisvaarders (1071 tot 14e eeuw)

Toen de Byzantijnen in 1071 in de Slag bij Mantzikert (Malazgirt) een vernietigende nederlaag leden tegen het leger van de Seltsjoeken, leek het einde van het rijk nabij. De Seltsjoeken waren een stammendynastie van Turkse nomadenvolken, die voor de Mongolen uit Centraal-Azië waren gevlucht, zich halverwege de 10e eeuw hadden bekeerd tot de islam en vanaf 1055 als beschermleger van de soennitische kaliefen in Bagdad woonden. Na 1071 drongen Turkse nomadentroepen onder bevel van Sulayman ibn Kutulmuş, een neef van de Seltsjoekensultan Malik Şah, door tot in het hoogland van Anatolië. Vijf jaar later

hadden de Turken al het Egeïsche gebied bereikt en Smyrna (İzmir) veroverd. In 1078 riep Sulayman Nikaia (İznik) uit tot hoofdstad (tot 1097) van het rijk der Rûm-Seltsjoeken, zoals de Anatolische tak nu werd genoemd, om onderscheid te maken met de Perzische Groot-Seltsjoeken.

In de jaren daarna kon het rijk zich onder keizer Alexios I (1081–1118), de eerste van de Comnenendynastie, weliswaar stabiliseren en de westelijke kustprovincies heroveren, toch had de Byzantijnse heerschappij over Anatolië onherstelbaar verlies geleden. Tegelijkertijd verschenen serieuze opponenten uit Europa op het strijdtoneel.

Tegen de Noormannen, die vanuit hun koninkrijk Sicilië tegen de Byzantijnen opereerden, moest de keizer in 1083 de Venetianen om hulp vragen, die daarvoor (evenals later de Genuezen) verstrekkende handelsprivileges verkregen en bases aan de kust konden oprichten. Niet in de laatste plaats was Mantzikert (naast de bezetting van Jeruzalem door de Seltsjoeken) ook oorzaak voor de kruistochten, die diverse malen door Klein-Azië voerden en tot de oprichting hebben geleid van zelfstandige kruisvaartstaten in het oosten, zoals het vorstendom Antiochia (Antakya), Armenia Inferior in Cilicië en het koninkrijk van de Lusignans op Cyprus.

Pas door de bezetting en plundering van Constantinopel tijdens de vierde kruistocht (1204) kregen de Seltsjoeken weer ruimte om uit te breiden. Op aandringen van de Venetianen en de Franken (Fransen) werd het Latijnse Keizerrijk uitgeroepen, dat tot 1261 heeft bestaan en voornamelijk de Egeïsche eilanden en de kustvestingen in Griekenland omvatte; het Byzantijnse keizerrijk overleefde ondertussen in ballingschap in westelijk Klein-Azië. De grootste Seltsjoekensultan, Alaeddin Keykubat I (1219–1236), regeerde vanuit zijn hoofdstad Konya (het voormalige Ikonium) over een gebied dat zich uitstrekte van Sinop en Samsun aan de Zwarte Zee tot aan Adalia (vroeger Attaleia, tegenwoordig Antalya) en Alaiye (vroeger Korakesion, tegenwoordig Alanya) aan de Middellandse Zee.

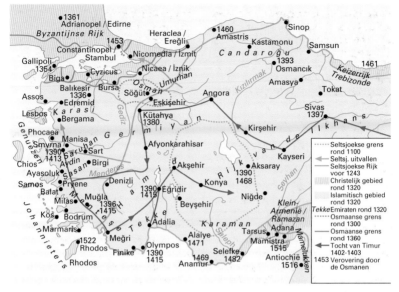

Islamitisch Klein-Azië

Halverwege de 13e eeuw raakten de Seltsjoeken vanuit het oosten en zuiden in het gedrang. In 1243 versloeg het leger van het door Dzjengis Khan (overleden in 1228) gegrondveste Mongoolse Rijk de Seltsjoeken ten oosten van Siva en stichtte het Rijk van de Ilkhans, dat van Perzië tot Centraal-Anatolië reikte. De Seltsjoekendynastie bestond tot het begin van de 14e eeuw voort in een vazalverhouding, maar toch wisten zich nu talloze Turkse vorsten onafhankelijk te maken. Ten tijde van de emiraten, waarvan die van de Karamanen uit de bergen ten zuiden van Konya en de Menteşe uit de streek rond Milas het belangrijkst waren, vielen nu ook de kustgebieden (behalve enkele legerbases, zoals van de Genuezen en van de johannieterorde) definitief onder Turkse heerschappij. Tegelijkertijd hadden in Egypte de Mamelukken, een door het Ajjoebidische kalifaat opgerichte Turkse militaire kaste, de macht overgenomen en drongen via Palestina en Syrië, waar ze in 1299 de laatste kruisridders verdreven, door tot in Anatolië. Ondanks de verbeterde bouwtechniek was het rijk van Armenia Inferior hiertegen niet opge-

wassen (toch kwam het pas tot een einde in 1375, na de inname van de koninklijke burchten van Anazarbus en Sis). Ook de Mongolen moesten voor de met de emiraten verbonden Mamelukken naar Oost-Anatolië uitwijken. Aan de zuidkust bleef alleen Korykos (bij Kızkalesi) in christelijke handen, dat tot 1448 vanuit Cyprus werd bestuurd.

Naast het rijk van de Lusignans op Cyprus bood in het westen ook een andere kruisvaardersstaat weerstand: de kruisridders van de orde van het Hospitaal van St. Jan (johannieters), die al sinds de 12e eeuw talloze burchten langs de de kust in bezit hadden, veroverden in 1309 het eiland Rhodos; in Bodrum bouwden ze in 1522 de mooiste burcht van Turkije, tot ze door de Osmanen naar Malta werden verdreven.

Cultureel gezien werd deze periode gekenmerkt door de Seltsjoeken. Het hofleven in Konya bleef Perzisch beïnvloed. Zeer opvallend was – zoals binnen de gehele soennitische islam in die tijd – de grote tolerantie tegenover Joden, christenen en niet-orthodoxe moslims.

Osmanen (1326–1923)

Een van de emiraten in de laat-Seltsjoekse tijd zou geschiedenis schrijven. Halverwege de 13e eeuw had de clan van Ertoğrul zich bij Söğüt aan de grens met het Byzantijnse Rijk gevestigd. Vooral zijn zoon Osman (1289-1326) trad als *gazi* (strijder voor de islam) naar voren, verzamelde een strijdmacht om zich heen en kon zo het vestigingsgebied uitbreiden. Kort voor zijn dood veroverde zijn zoon Orhan de belangrijke Byzantijnse stad Brussa (tegenwoordig Bursa) – wat de opstap betekende voor de regionale machtsovername.

Orhan, die zichzelf al als sultan aanduidde, stichtte een staand leger en het elitekorps van de *yeniçeri.* Hiervoor werden de mimlitaire slaven gerekruteerd uit christelijke knapen, die al snel door de Grieken onder de naam janitsaren werden gevreesd. Zijn expansiedrang richtte zich logischerwijs op de christelijke gebieden en tevens op Europa. In 1331 bezette hij Nikaia (İznik) en niet veel later Nicomedia (İzmit/Kocaeli). In 1354 was met de verovering van Gallipoli (Gelibolu) het eerste bruggenhoofd in Thracië in Osmaans bezit en kort voor Orhans dood (1362) ook Adrianopel (Edirne), dat na Bursa de tweede hoofdstad van de dynastie werd.

Onder sultan Orhan was Constantinopel al volledig omringd door Turks territorium, toch bleef de stad een eeuw lang, tot de introductie van de gevreesde Osmaanse artillerie, onneembaar. De twee volgende sultans, Murat I (1362-1389) en Beyazıt I, drongen ver door tot in de Balkan en Griekenland en ook in Anatolië konden talloze emiraten schatplichtig worden gemaakt. De inval van de Mongolen onder de medogenloze Timur Lenk, die voor de veroverde steden piramiden van schedels opstapelde, stopte zijn zegetocht echter in 1402. Sultan Yıldırım ('Bliksem') Beyazıt I werd gevangen genomen door Timur en maandenlang rondgesjouwd in een kooi; grote delen van Anatolië ontworstelden zich aan de Osmaanse heerschappij. Pas met Murat II (1421-1451) konden de Osmanen verloren terrein terug-

winnen; deze sultan voerde ook het systeem van het *devşirme* ('kinderoogst') in. Dit had als doel christelijke kinderen te ronselen, die werden opgeleid om zich in dienst te stellen van het rijk. Zijn zoon Mehmet II (1451-1481), bijgenaamd Fatih ('Veroveraar'), lukte het uiteindelijk Constantinopel in te nemen, waarmee het Byzantijnse Rijk ten onder ging. Constantinopel (dat pas in 1923 onder Atatürk de naam Istanbul kreeg) groeide met grootschalige bouw en een volledige metamorfose uit tot het centrum van een nieuw wereldrijk.

Sultan Selim I (1512-1520), bijgenaamd Yavuz ('de Barse'), omdat hij elk van zijn ministers na maximaal acht maanden liet onthoofden, veroverde Perzië en Egypte. Zijn opvolger Süleyman I (1520-1566) drong door tot vlak bij Wenen en breidde het rijk uit tot aan Tunesië. Onder deze sultan, door Europeanen 'de Prachtlievende', maar door de Turken zelf Kanuni ('de Wetgever') werd genoemd, omdat hij de wetgeving van het rijk op schrift liet zetten, bereikten de Osmanen in de 16e eeuw het hoogtepunt van hun macht.

Toch was het ook deze sultan, die de harem verplaatste naar het Topkapıserail, het voormalige paleis van de heerser en zijn soldaten – wat verstrekkende gevolgen had. De sultans genoten liever van het goede leven en lieten de oorlog- en bewindvoering over aan hun viziers. Hofintriges bepaalden het leven in het serail. In de provincies werden de paşas, beys en ağas, de stadhouders en landheren, vrijwel onafhankelijke heersers. Het economisch door veeteeltnomaden en boeren gevormde Centraal-Anatolië werd verwaarloosd en het laatantieke cultuurlandschap raakte steeds meer in verval. Alleen een aantal kustplaatsen, over het algemeen dat met veel Griekse bevolking, kon zijn vroegere handelspositie tot op een geringer niveau in stand houden.

Onder Süleymans opvolger Selim II was het rijk echter over zijn hoogtepunt heen. Kreta en Cyprus konden weliswaar nog worden veroverd, maar de nederlagen op zee bij Lepanto in 1571 en de mislukte tweede aan-

Sultan Selim I, bijgenaamd Yavuz, de Barse (ansichtkaart uit 1910)

val op Wenen in 1683 maakten duidelijk dat de Osmanen niet langer de overheersende militaire macht in Europa waren. Het rijk kreeg aan het eind van de 17e eeuw te maken met territoriale verliezen toen Venetië, Habsburg en Rusland een anti-Osmaanse coalitie vormden.

Dit proces werd versneld, toen de vele volkeren van allerlei etniciteit in het rijk begonnen te streven naar onafhankelijkheid. Al tijdens de Russisch-Turkse Oorlog, die tot de vernietiging van de Osmaanse vloot bij Çeşme (1770) leidde, draaide het ook om de onafhankelijkheid van de Grieken, die later, in 1821–1830 met hulp van Engeland, Frankrijk en Beieren op het vasteland streden voor een eigen staat. Op hetzelfde moment kreeg de pasja *(paşa)* van Egypte, Mehmet Ali, het oude Cilicië en Palestina in zijn macht; ook op de Balkan, waar Serven, Bulgaren en Roemenen in 1877 onafhankelijk werden, was het onrustig.

Op politiek vlak kwam het in de 18e eeuw tot een culturele uitwisseling met Europa, dat zijn weerslag vond in de *Lâle Devri*, de 'Tulpenperiode', de regeringsperiode van Ahmet III (1703–1730). De voorheen strakke architectuur kreeg barokke invloeden en de Fanarioten, rijke Griekse aristocraten in Istanbul, kregen diplomatieke functies. Tegelijkertijd doken de eerste hervormingsideeën op. Ahmet III werd bij een janitsarenopstand gedood en pas een eeuw later, na de bloedige vernietiging van het elitekorps in 1826 onder Mahmut II (1808–1839), was de weg vrij voor een hervorming van de krijgsmacht en het bestuur.

De *tanzimat* ('verordeningen') van Abdülmecit (1839–1861) probeerden over te gaan op een constitutionele monarchie met een geordende openbare rechtspraak. Toch werden de grondwet en het parlement alweer geschorst door Abdülhamit (1876–1909), die het land regeerde met behulp van zijn alom aanwezige geheime politie.

De weerstand hiertegen openbaarde zich in het leger, dat westers georiënteerd en zeer hervormingsgezind was – deels vanwege de invloed van Europese militaire adviseurs halverwege de 19e eeuw (onder wie Helmuth von Moltke, later veldmaarschalk van het Pruissische leger), maar vooral op grond van de superioriteit van Europese militaire techniek. De oprichting van het 'Comité voor Eenheid en Vooruitgang' betekende enerzijds het begin van de Jong-Turkse beweging, maar zorgde anderzijds voor een Turks nationalisme, dat tot op de dag van vandaag de geschiedenis van Turkije bepaalt. In 1908 konden de zogeheten Jong-Turken de inwerkingstelling van de grondwet afdwingen en zorgden in 1909 zelfs voor het aftreden van Abdülhamit II, die werd vervangen door Mehmet V (1909–1918). De poging het rijk te moderniseren kwam echter te laat.

De Eerste Wereldoorlog, waarin de Jong-Turken de zijde van Duitsland kozen, eindigde met een totale nederlaag. Terwijl de geallieerden in 1919 Mehmet VI, de laatste sultan van de Osmaanse dynastie, opdeling van het rijk dicteerden en de Fransen het zuidoosten, Italianen het zuidwesten en Grieken de westkust van Klein-Azië bezetten, trok Mustafa Kemal Paşa, later Atatürk genoemd, zich terug naar Samsun.

Daar hergroepeerde de na de Dardanellencampagne (zie blz. 196) bekendste krijgsheld van Turkije de gevluchte troepen en riep als president van de volksvertegenwoordigingen in Sivas (1919) en Ankara (1920) op tot de Turkse Onafhankelijkheidsoorlog. De geallieerden, die nog in 1920 kanonneerboten voor het Dolmabahçepaleis in Istanbul hadden laten afmeren om zo de sultan te dwingen het Verdrag van Sèvres te ondertekenen, trokken zich na de eerste successen van het Turkse leger (1921, Slag bij de Sakarya dicht bij Ankara) terug.

Zo werd de vrijheidsstrijd een oorlog tussen Turkije en Griekenland, die met grote wreedheden gepaard ging en aan het einde talloze verwoeste steden tot gevolg had: Afyon, Bursa, Balıkesir en Smyrna (İzmir), die in een bloedige strijd met tienduizenden doden werden veroverd, gingen in 1922 in vlammen op – de laatste sultan vluchtte met een Brits schip naar Malta. Het Verdrag van Lau-

sanne, een revisie van dat van Sèvres, legde de erkenning van de Turkse Republiek als natie vast en tegelijkertijd werd een 'bevolkingsruil' overeengekomen: alle Klein-Aziatische Grieken (ca. 1,3 miljoen) moesten het land verlaten en 600.000 Turken keerden terug uit Griekenland.

Turkse Republiek (vanaf 1923)

Na de oprichting van de Turkse Republiek werd Atatürk staatspresident. Hij verplaatste de hoofdstad naar Ankara en begon met het doorvoeren van een radicale hervormingspolitiek. Op basis van de 'zes principes van het kemalisme' (republicanisme, nationalisme, populisme (macht aan het volk), etatisme (geleide econnomie), reformisme en laïcisme) wilde hij van Turkije een westerse staat maken. Vanaf 1924 zorgde hij voor afschaffing van het kalifaat, introduceerde hij de islamitische sharia en sloeg hij opstanden van met name Koerdische stamhoofden uit het oosten neer. Verboden werden eveneens de fez (als symbool van de Osmanen) en polygamie. Daarnaast werden de Gregoriaanse kalender en het Latijnse schrift ingevoerd en in 1934 verkregen vrouwen kiesrecht.

Na aanvankelijk goede betrekkingen met de Sovjet-Unie kwam het in 1936 tot een toenadering tot de westerse machten, die Turkije de controle over de Dardanellen en de zuidoostelijke provincie Hatay teruggaven. Zo bleef Turkije in de Tweede Wereldoorlog neutraal – het leverde weliswaar chroom aan de wapenindustrie van het nazistische Duitsland, maar bood ook veel emigranten een veilig asiel. Atatürk stierf al in 1938, toch bleef het eenpartijenstelsel van zijn Republikeinse Volkspartij (CHP), waarvan de leiding werd overgenomen door zijn strijdmakker İsmet İnönü, bestaan tot 1950, toen de conservatieve Democratische Partij aan het bewind kwam.

De jaren 1950 werden gekenmerkt door een eerste afwijking van de 'kemalistische' (staatssocialistische) idealen van Atatürk, de toetreding tot de Navo, een groeiende economische crisis met een exploderende inflatie, die in 1960 met een staatsgreep van links-kemalistische officieren eindigde; minister-president Adnan Menderes werd berecht en een jaar later geëxecuteerd. Net als bij alle latere ingrepen van de militairen ging het om een mislukte poging de sociale eenheid in de verscheurde natie terug te krijgen. Toch kon de kloof tussen de kleine groep mensen, die steeds rijker werd (in de jaren 1950 vaak door de staat gesteunde industrialisering en tegenwoordig door het toerisme) en het leeuwendeel van de bevolking dat almaar armer werd niet worden gedicht. Na een 'aangekondigde' tweede staatsgreep in 1971 volgde in de jaren 1970 een toenemende radicalisering, zowel naar links als naar rechts, die ten slotte in 1979 uitmondde in burgeroorlogachtige onlusten. Het decennium dat volgde op de derde militaire staatsgreep in 1980 werd gekenmerkt door de neoliberale econoom Turgut Özal (ANAP), die economische hervormingen invoerde en uitbreiding van de toeristensector forceerde. Toch bleken zijn hervormingen wederom alleen maar gunstig uit te pakken voor de kleine, al zeer welgestelde elitegroep. Aan het eind van de jaren 1980 zette de inflatie de bevolking, en nu zelfs tot aan de middenklasse, dusdanig onder druk dat in 1995 de islamitische Welstandspartij (RP) de grootste van het land werd.

In de jaren daarna vond er in de binnenlandse politiek van Turkije een groeiende islamisering plaats, terwijl de volkspartijen op grote schaal stemmen bleven verliezen: sinds de verkiezingen in 2001 zijn ze zelfs niet meer vertegenwoordigd in het parlement. De regering wordt sindsdien gevormd door de conservatief-islamitische partij AKP. Deze gebruikte zijn absolute meerderheid behendig om een sluipende verandering door te voeren in de maatschappij en de politiek. Vooral de door de EU vereiste hervormingen hebben geleid tot het uit de politieke macht zetten van de militairen die lange tijd voor stabiliteit zorgden. Hoogtepunt van het conflict was de arrestatie van talloze hooggeplaatste militairen in februari 2010, die beschuldigd werden van het vormen van de geheime organisatie

Optocht op de nationale feestdag

Ergenekon en een staatsgreep in 2004 zouden hebben beraamd.

Daarmee had de kemalistische elite, die in 2008 nog had geprobeerd de AKP te verbieden, de strijd om Turkije waarschijnlijk voor altijd verloren. Terwijl het westers georiënteerde model van Atatürk terzijde werd gelegd, ging de hervormingsdrift van de AKP onverminderd door en kwam het steeds vaker tot het beperken van de persvrijheid (zowel in de kranten als op tv), werd het steeds moeilijker ergens een biertje te kopen en komen er steeds meer klachten over islamitische knokploegen tegen republikeinen.

Atatürk – vader der Turken

Het gezicht met de priemende ogen valt al meteen op de luchthaven op, waar zijn portret namelijk boven elke paspoortcontrole en in elk bankfiliaal is te zien – en voortaan zult u hem overal tegenkomen. Vrijwel nooit heeft een politicus zo zijn stempel gedrukt op een land en zo'n onuitwisbare indruk achtergelaten als Mustafa Kemal Atatürk, de stichter en van 1923–1938 de president van de Turkse Republiek.

Toen hij op 10 november 1938 overleed aan een door alcohol verwoeste lever, had hij in de 20e eeuw meer bewerkstelligd dan wie ook. Hij wist een verloren wereldoorlog in winst om te zetten en stichtte uit het niets een eigen natie.

Mustafa Kemal, geboren in 1881 in Thessaloniki, begon zijn carrière in het leger en sloot zich daar aan bij de modernistische en tegelijkertijd pan-Turks georiënteerde 'Jong-Turkse Beweging' tegen sultan Abdülhamit II, van wie de leiders in 1909 aan het bewind kwamen. Na zijn zowel glansrijke als wrede verdediging van de Gallipoligrotten in 1915 (zie blz. 196) werd hij generaal. Zijn grootste succes behaalde hij echter pas toen het Osmaanse Rijk na de Eerste Wereldoorlog dreigde te worden opgedeeld tussen de geallieerde strijdmachten en Griekenland. De Jong-Turken waren door de nederlaag politiek uitgerangeerd, maar Kemal, die zijn bijnaam Atatürk pas in 1934 verwierf, zette zich nu in voor het 'Klein-Turkse' nationalisme.

In 1919 en 1920 behoedde hij de legers in Oost- en Centraal-Anatolië voor ontwapening en organiseerde op de congressen van Erzurum en Sivas en daarna op de eerste volksvertegenwoordiging in Ankara op 23 april 1920 de verdediging van het land. Wanneer uitsluitend wordt gekeken naar de militaire successen (de overwinningen op de Armenen in 1919 en op de Grieken in 1922), wordt al snel zijn

daadwerkelijke prestatie uit het oog verloren: door gebruik te maken van de organisatiestructuren binnen het door perspectiefloosheid bedreigde officierenkorps wist hij Turkse grootgrondbezitters, die met een jaloerse blik keken naar de landerijen van de tijdens de Osmaanse periode succesvolle Grieken en Armenen, voor zijn nationale beweging te winnen. De Turkse boeren waren daarentegen oorlogsmoe en waren pas weer te mobiliseren toen de Griekse bezetting van westelijk Klein-Azie begon.

Wat volgde op de stichting van de republiek op 28 oktober 1923, was programmatisch gezien grotendeels vergelijkbaar met de herstructurering en de ontmanteling van het feodalisme in Rusland. Als dragende krachten fungeerden in het 'nieuwe' Turkije echter de bourgeoisie en het leger, die tegenwoordig nog altijd een grote invloed hebben op de politieke ontwikkeling. De herverdeling van het landbezit voltrok zich vrijwel probleemloos, maar de anti-islamitische politiek van Kemal stuitte wel op grote weerstand. De afschaffing van het kalifaat in 1924, waarmee de gehele islamitische wereld van zijn geestelijk leider werd beroofd (vergelijkbaar met de afschaffing van het pausdom), was de oorzaak van talloze opstanden in Oost-Anatolië, die vooral door Koerden werden gesteund. Deze onlusten werden op bloedige wijze neergeslagen en dat vormde de basis voor een conflict, waar

Turkije nog altijd mee te maken heeft en dat voor veel onrust zorgt.

Ondanks dat de 'zes principes' van het kemalisme (zie blz. 34) nog altijd constitutioneel zijn beschermd, is het ideologische concept van Atatürk intussen bijna volledig uitgehold. De staat heeft zich vrijwel geheel teruggetrokken uit de economie, de kloof tussen volk en regering wordt almaar groter en de islam krijgt er als 'reddingsbeweging' steeds meer volgelingen bij. De liberalisering wordt steeds verdachter. Gebleven is wel het uitgesproken nationalisme, dat al met de paplepel wordt ingegoten: Atatürks uitspraak *Ne mutlu Türküm diyene* ('Wie zich Turk mag noemen, is een gelukkig mens') wordt voor ieder lesuur door de leerlingen gescandeerd en daarin blijven rechts en links, de islamisten en de bourgeoisie altijd eensgezind – wat ook de reden is waarom de in Nederland opgegroeide Turken zo veel aanpassingsproblemen hebben wanneer ze terugkeren naar hun land van oorsprong. Atatürks nalatenschap is zeer zwaarwegend. Degene die in staat is de moderniseerder van Turkije te moderniseren, moet zich helaas nog melden.

Schoolkinderen voor het wassen beeld van Atatürk

Jaartallen

6000–3000 v.Chr.	Eerste landbouwculturen en nederzettingen van lemen hutten.
3000 v.Chr.	In het oosten stedelijke cultuur onder invloed van Akkad; in het westen opkomst van Troje, in Centraal-Anatolië vanaf 2300 v.Chr. volkeren uit Midden-Europa; begin van de metaalbewerking.
1800 v.Chr.	Begin van het Hettietenrijk, in het westen Minoïsche nederzettingen.
11e eeuw v.Chr.	De Grieken koloniseren de westkust, in het oosten kleine, laat-Hettitische staatjes.
8e/7e eeuw v.Chr.	Rijk van de Frygiërs, aan de kust verdere Griekse kolonisatie.
7e/6e eeuw v.Chr.	Rijk van de Lydiërs.
546 v.Chr.	De Perzen (Meden) veroveren Klein-Azië.
334/333 v.Chr.	Alexander verslaat het Perzische Rijk; begin van het hellenisme.
281 v.Chr.	Klein-Azië onder overheersing van de Seleuciden, daarnaast kleine staten als Armenie, Bithynië, Pontos en Pergamon.
133 v.Chr.	Rome erft het rijk Pergamon.
63 v.Chr.	Herverdeling van Klein-Azië door Pompeius: de Romeinse provincies worden omringd door vazalstaatjes.
27 v.Chr.	Slag bij Actium; de dood van Marcus Antonius en Cleopatra; Octavius wordt als keizer onder de naam Augustus heerser van het rijk.
1e/2e eeuw n.Chr.	*Pax Romana*, Klein-Azië wordt een cultureel kerngebied van het Romeinse Rijk.
330	Constantijn de Grote roept Byzantium aan de Bosporus, het latere Constantinopel, uit tot de nieuwe hoofdstad van het rijk.
638	De Arabische invasie bereikt Klein-Azië, vanaf 672 belegering van Constantinopel, Zuidoost-Anatolië gaat verloren.
867	Met Basileus I begin van de Macedonische dynastie (midden-Byzantijnse periode); militaire successen en culturele bloei.

Nederlagen van de Byzantijnen tegen de Seltsjoeken bij Mantzikert; begin van het sultanaat van de Rûm-Seltsjoeken.	**1071**
Eerste kruistocht, vorming van 'Latijnse' (aan de westelijke keizer ondergeschikte) staatjes, zoals die van de Armenen in Cilicië.	**1096**
Verovering en plundering van Constantinopel door de vierde kruistocht; stichting van het Latijnse Keizerrijk in Constantinopel.	**1204**
Sultan Alaeddin Keykubat, grootste expansie van de Seltsjoeken.	**1220—1236**
Na de invasie van de Mongolen, opening van toegangswegen naar China zo'n 60 jaar later, de handel bloeit (Marco Polo's reis in 1260).	**1243**
Osman Gazi, vorst van een Turkse nomadenstam, verovert het Griekse Nikaia – wat geldt als stichting van het Osmaanse Rijk.	**1299**
Orhan, zoon van Osman, neemt na de verovering van Brussa (nu Bursa) de titel van sultan aan.	**1326**
Sultan Fatih Mehmet II verovert Constantinopel.	**1453**
Sultan Süleyman I maakt het rijksterritorium twee keer zo groot, zijn vloot heerst over bijne de gehele Middellandse en Arabische Zee.	**1520—1566**
Wenen wordt vergeefs belegerd, de ondergang van het rijk begint.	**1683**
Na gebiedsverlies in de Balkanoorlog (1912/1913) verval van het rijk door nederlagen in de wereldoorlog, na 1920 begin van de onafhankelijkheidsoorlog onder Atatürk tegen westerse machten en Grieken.	**1918**
Stichting van de Turkse Republiek, begin hervormingen van Atatürk.	**1923**
Tansu Çiller (DYP) wordt de eerste vrouwelijke minister-president.	**1992**
De gematigd islamitische AKP verkrijgt de absolute meerderheid.	**2001**
Door de financiële crisis worden de onderhandelingen over de toetreding van Turkije tot de EU gestaakt, Erdoğan versterkt betrekkingen met Iran.	**2009**
AKP laat militairen arresteren vanwege het beramen van een coup.	**2010**

Maatschappij en dagelijks leven

Maatschappelijk gezien begeeft Turkije zich tussen twee uitersten: aan de ene kant de traditionele normen en waarden en aan de andere de zeer snelle modernisering en het overnemen van de West-Europese levensstijl. Ondanks dat deze kloof moeilijk te dichten is, lijkt zich steeds meer een synthese te ontstaan die de tradities oppakt en met een internationale blik naar de toekomst kijkt.

Verscheurde maatschappij

Voor veel toeristen, die vanuit hun luxehotels naar de bergdorpen en het binnenland rijden, voelt het extreme verschil tussen het stads- en dorpsleven als een cultuurshock. Op amper een uur rijden van de hotelcomplexen bevindt u zich in dorpjes waar een koelkast nog een luxeartikel is, en loopt u tussen houten hutten, waar de vrouwen op open vuur *sac böreği* bakken, het flinterdunne ronde brood van de nomaden. Het is een sprong naar een wereld van armoede, die door de ontwapenende vrijgevigheid de rijke 'gast' maar al te vaak in verlegenheid brengt.

In de *gecekondu* (zie blz. 403), de sloppenwijken aan de randen van de grote steden, ziet het er al niet veel beter uit. Deze 'dorpen binnen de stad' zijn een verzamelplaats voor de vluchtelingen van het binnenland, over het algemeen mensen die veelal uit hetzelfde dorp afkomstig zijn, om zo het systeem van burenhulp in stand te kunnen houden. Slechts weinigen van hen vinden vast werk en daarom worden, terwijl de mannen driftig op zoek zijn naar een baan, de kinderen tot laat op de avond op straat gestuurd als schoenpoetser of snoepverkoper.

Kinderarbeid en armoede van de plattelandsbevolking zijn slechts de opvallendste verschijnselen van de sociale problemen in Turkije. Ongeveer twee derde van de beroepsbevolking werkt als zelfstandig ondernemer.

Dat lijkt erg mooi, maar het betreft vaak kleine boeren, handelaars of familiebedrijven als restaurants en pensions, waar alle gezinsleden deels mee moeten helpen in de zaak, deels door bijbaantjes aan het huishouden moeten bijdragen.

Sinds het systeem van prijsregulering door de staat is verlaten, is het inkomen van de plattelandsbevolking drastisch gekelderd. Over het geheel genomen zijn de Turkse maandlonen sowieso laag: ambtenaren kunnen op zo'n €800-1000 rekenen, leraren op ca. €650 en het minimumloon voor arbeiders ligt bij ongeveer €350. Daarentegen kan het loon in een toeristenrestaurant tot wel €3000 per maand oplopen – voor de gewone bevolking een astromisch bedrag.

Met zo'n baan behoort men al tot de kleine groep die van de economische hervormingen kan profiteren: de grootindustriëlen en nieuwkomers die in een paar jaar een vermogen hebben verdiend. Daartoe behoren ook de leidinggevenden die werkzaam zijn bij de grote multinationals in het westen van Turkije; bedrijven die op internationaal niveau aan de absolute top staan – vóór India en op grote afstand volgen de Europese landen. Slechts 20% van de bevolking verdient twee derde van het totale nationale inkomen. Deze sociale kloof is ten slotte ook de reden voor het groeiende heimwee naar de culturele en religieuze tradities van 'de goede oude tijd'.

Islamisering als uitweg?

Traditie betekent in Turkije natuurlijk als eerste de islam, waar 99% van de Turkse staatsburgers volgeling van is. Overwegend behoren ze tot de soennitisch-hanafitische stroming, die als vrij gematigd bekend staat. Ongeveer een derde volgt de liberaal-alevitische richting, onder wie bekende intellectuelen en kunstenaars (Aziz Nesin, de in 1995 overleden grootheid uit de Turkse literatuur, was ook alevitisch).

Toch is de opmars van islamitisch georiënteerde instellingen onmiskenbaar: zo worden er per jaar bijna 1500 nieuwe moskeeën gebouwd en het aantal afgestudeerden aan de religieuze Imam-Hatipscholen ligt inmiddels boven 100.000 per jaar. Al diegenen die de verwesterlijking van Turkije als de wortel van alle kwaad zien, verzamelen zich sinds halverwege de jaren 1990 in de islamitische partijen, die diverse malen verboden zijn en steeds weer onder een nieuwe naam heropgericht werden. Onder aanvoering van leider Erdoğan is hun kader nu vertegenwoordigd in de AKP (zie blz. 23), die sinds 2001 twee derde meerderheid heeft in het parlement.

De AKP-kiezers zijn de 'vergeten' mensen die buiten de moderne centra wonen en een grotere sociale gelijkheid wensen. Van de religieuze normen en waarden verwachten ze een nieuwe maatschappelijke solidariteit – maar op zijn minst een verkleining van de sociale kloof, die als een gevolg van de modernisering van het land alom aanwezig is.

Islam in Turkije

De omgang met de islamitische geboden is in de laatste tien jaar sterk veranderd. Was het

Ontmoeting van twee verschillende culturen

De islam

De islam is door het internationale terrorisme weer net zo verdacht geworden als het in de 19e eeuw was door de mahdiopstand. Voor de moderne wereldburger is het daarnaast moeilijk te begrijpen dat het geloof voor moslims geen privékwestie kan zijn, maar zich manifesteert in het openbaar naleven van de geloofsregels.

Islam betekent niets anders dan 'onderwerping aan Gods wil' – bedoeld wordt een sociaal regelstelsel, waardoor het geloof *(din)* het gehele doen en denken bepaalt. De islamitische wereld verenigt een strikte codex van gebedsregels met plichten, die des te vitaler is, als deze regels dagelijks in het openbaar moeten worden nageleefd. Centraal staat het geloof in één god, die dezelfde is als van de Joden en oorspronkelijk ook van de christenen. De moslim dient de belangrijkste geboden, de zogeheten **'vijf zuilen'**, na te leven:

Ten eerste de **geloofsbelijdenis** *(şahadet)* in de formule *Eşhedü en la ilahe ill Allah ve Muhammeden resul ullah* ('Ik getuig dat er geen god is dan alleen Allah en Mohammed is zijn profeet'). Deze woorden maken ook deel uit van de *ezan*, waarmee de *müezzin* de gelovigen vijfmaal per dag tot het gebed aanroept.

Daarnaast is er het **gebed** *(namaz)*, dat vijfmaal per dag moet worden verricht. Na de reiniging bij de *şadırvan* (de bron die voor elke moskee staat) keert de moslim zich in de richting van de *kıble* (qibla) en daarmee naar de heilige stad Mekka. Het gebedsritueel begint vervolgens rechtopstaand met de regel *Allahu ekber* ('God is groot'), waarop men een buiging maakt tot de handen op de knieën rusten. Dan werpt de gelovige zich neer tot het voorhoofd de grond raakt, richt zich weer op, spreekt de *şahadet* uit en buigt opnieuw naar de grond. Het belangrijkste gebed is op vrijdagmiddag, dat onder leiding van een hogere geestelijke *(imam)* plaatsvindt.

De derde zuil is het **vasten**: tijdens de *ramazan* (ramadan) mag de gelovige van zonsopkomst tot zonsondergang niet eten, niet drinken, niet roken, niet naar muziek luisteren en geen seks hebben.

Door het geven van **aalmoezen** *(zekat)* kan men zich reinigen van zonden en een beloning verwachten in het paradijs. Tegenwoordig wordt de zekat gebruikt voor de bouw van moskeeën, hetgeen als het vroomste van alle vrome goede werken wordt gezien. Vroeger diende de aalmoezengift om de sociale ellende te verzachten.

Ten slotte moet de moslim eenmaal in zijn of haar leven de **pelgrimstocht naar Mekka** *(hac* of hadj) ondernemen. Het bezoek aan de Ka'aba, het heiligste heiligdom van de islam, is in de tijd van het toerisme heel wat eenvoudiger geworden; vroeger was deze lange, gevaarlijke tocht door de grote woestijn een beslissende levensfase. Wie gezond terugkeerde, mocht voortaan de titel 'hacı' dragen.

De grote religieuze **feesten** van de islam (zie blz. 44) zijn *Ramazan Bayramı*, in de volksmond *Şeker Bayramı* (suikerfeest) genoemd, en *Kurban Bayramı*, het offerfeest ter herinnering aan het offer van Abraham (die in vervulling van Gods bevel zijn zoon wilde doden). De feesten worden over het algemeen in familieverband gevierd. Men slacht een schaap of een koe, waarna het vlees wordt verdeeld, ook onder armen – voor de meeste Turken zijn dat de niet meer werkende ouders.

geloof in de jaren 1990 nog tolerant en nauwelijks zichtbaar, nu worden de regels strenger nageleefd en door fanatici deels met openlijk geweld doorgedrukt. In 2009 vond er een treurig hoogtepunt plaats toen er iemand, die tijdens de ramadan op straat stond te roken, als een hond werd geslagen. Ook het alcoholverbod krijgt steeds meer 'aanhangers' – zelfs de grote brouwerij Efes klaagde onlangs over grote omzetverliezen. In de belangrijkste toeristenplaatsen zijn er weliswaar nog geen beperkingen, toch lijkt het er op dat deze liberale enclaves beperkt gaan worden tot de hotelzones.

Tijdens het vrijdagsgebed barsten de moskeeën *(cami,* spreek uit: dsjami) uit hun voegen. Maar ook op andere dagen laat de oproep van de *müezzin* aan de gelovigen tot bidden, de sterke sociale aanwezigheid van de islam zien. Zodra zijn gezang, de *ezan* (zie blz. 42) klinkt, gaat in alle restaurants meteen de muziek uit (met uitzondering van de toeristenplaatsen en de trefpunten van de high society). Toch kunt u zelfs in de toeristenplaatsen ooggetuige zijn van een openbare slachting voor het offerfeest. Zo presenteert zich de moslim in navolging van Abraham als goede gelovige.

De islam van de gewone bevolking wordt nog sterk bepaald door voor-islamitische, sjamanistische invloeden. Overal vereert men heilige stenen en bronnen, maar vooral lokale heiligen (soefi's), van wie de grafstenen vaak de bestemming zijn van heuse pelgrims-tochten. Bijzonder populair (en inmiddels ook vaak verkocht als souvenir) is het 'blauwe oog' *(mavi boncuk),* dat symbool staat voor geluk en welvaart.

Broek of minirok?

Ook dat is een vraag die Turkije in een tweespalt brengt. Vrijwel alles wat men over dit thema kan zeggen, is altijd slechts de halve waarheid. Geheel in het zwart gehulde vrouwen, zoals in Konya en andere Centraal-Anatolische steden, horen net zo goed bij Turkije als de bikinimeisjes uit Istanbul op de stranden aan de zuidkust. Vrouwen worden al

sinds de hervormingen van Atatürk weliswaar gelijkberechtigd, maar deze gelijkheid in de landelijke gebieden tot op de dag van vandaag slechts een papieren formaliteit. Vrouwen uit de betere kringen zijn daarentegen vaak zeer zelfbewust en hebben grotere kansen in de maatschappij; het aandeel van vrouwen in academische beroepen en het management is zelfs groter dan in Europa. De voormalig minister-president Tansu Çiller is daarvan een voorbeeld.

Het traditionele uitgebreide gezin is nog maar sporadisch aan te treffen, maar nog altijd bepaalt de vader nagenoeg overal wat er moet gebeuren en wie wat moet doen. Net als voorheen wonen veel kinderen bij hun ouders tot ze volwassen zijn en doneren hun inkomen, behalve wat zakgeld, in de huishoudpot – dat verzekert de sociale zekerheid van alle gezinsleden, want het pensioen en ziektekostenverzekering helpen vrijwel niet. En net als vroeger is de huiselijke omgeving het 'natuurlijke' domein van de vrouw en mag ze alleen een baan zoeken als haar man dat goed vindt (tot 2001 was dat zelfs nog in de wet vastgelegd).

Vrouwen alleen thuis

De traditionele regels zijn streng en worden hoe dieper u in het binnenland komt, hoe verder u naar het oosten rijdt en hoe hoger u de bergen intrekt, steeds strenger nageleefd. Daarbij valt de strikte scheiding van deze werelden het meest op: de mannen zijn op straat of in het theehuis te vinden en domineren het openbare leven. De *çayevi,* het middelpunt van de mannenwereld, waar niet alleen *tavla* (backgammon) wordt gespeeld en zaken worden gedaan, maar ook wordt gerookt en gevloekt, zal een vrouw nooit betreden.

Aan de andere kant hebben mannen overdag thuis niets te zoeken. Dat is de ontmoetingsplaats voor buurvrouwen, waar ze kletsen en samen het huishouden doen; de enige plek, waar vrouwen zich vrij kunnen bewegen. In deze vrouwenwereld zijn de relaties persoonlijker en meer solidair dan onder de mannen, die permanent bezig zijn hun eer op te houden.

Tussen deze werelden bestaan traditioneel weinig overeenkomsten. Tederheid en begrip spelen in de verhouding tussen man en vrouw vrijwel geen rol. Het charmante gedrag van Turkse mannen tegenover Europese vrouwen is alom bekend, maar zodra ze zijn getrouwd, gelden de regels van de familie en de vriendenkring – en daar wordt vaak een uitgesproken machogedrag verlangd om de eigen eer hoog te houden.

De *kızkaçırma*, de ontvoering van een maagd, waarbij een meisje – met toestemming of tegen haar wil – wordt 'ont-eerd' om op die manier de familie te dwingen toestemming te verlenen voor het huwelijk en de hoogte van de verlangde bruidsschat (ter compensatie voor het verlies van de bruid als arbeidskracht) te verlagen, komt vrijwel niet meer voor. Toch betekent in veel regio's een huwelijk (wettelijke minimumleeftijd is 15 jaar) een onderhandeling tussen de betrokken families.

Besnijdenisfeest

Ook de traditionele verschillen in de opvoeding tussen jongens en meisjes worden door grote delen van de bevolking in stand gehouden. Het hoogtepunt en tegelijkertijd het einde van de jongensjaren is de *sünnet düğünü* (het besnijdenisfeest), dat op ongeveer zevenjarige leeftijd wordt voltrokken.

De betreffende jongen draagt een feestelijk uniform met een rode sjerp en wordt net als bij een bruiloft door het dorp geleid. De *hoca*, de dorpsgeestelijke, voert de over het algemeen pijnlijke operatie uit met het bijbehorende religieuze ceremonieel en als beloning voor de dapperheid lonken mooie geschenken. Op deze dag wordt de jongen opgenomen in de mannenmaatschappij.

Een eerkwestie

De zo duidelijk gemarkeerde overgang naar volwassenheid bij jongens kennen meisjes niet. Zij moeten hun weg naar de openbaarheid bevechten en worden daarbij veelal wantrouwend in de gaten gehouden. Jonge mannen kunnen zich niet geheel ongeremd laten gaan (met prostituées of vrouwelijke toeristen), maar kunnen toch op veel meer begrip

rekenen dan meisjes, voor wie al bij een wat langer gesprek met een klasgenoot de eer, en dat is natuurlijk de maagelijkheid, op het het spel staat. Niet zelden leidt dit tot moord uit eerwraak, het doden van een meisje op last van het familiehoofd om zo de eer van de familie te redden. In 2009 is bijvoorbeeld in Kahta een 16-jarig meisje dat met vreemde mannen had gesproken, levend begraven. Onder druk van de EU zijn de straffen voor eerwraakmoord verhoogd tot levenslang, maar dit geldt niet voor minderjarigen, waardoor regelmatig de moord moet worden uitgevoerd door een broer.

Het leven van Turkse vrouwen is, voor zover zij niet tot de hogere klasse behoren, volledig onderworpen aan de rigide controle door de mannenwereld – vader, broers en echtgenoot. Toch wordt vaak over het hoofd gezien dat ook vreemde mannen een bijna net zo grote controle uitoefenen. In hun omgang met vrouwen proberen zij altijd te achterhalen of ze 'beschikbaar' is en of ze een 'eerbare' vrouw is. Een vrouw die zich niet in elke situatie correct gedraagt, waarmee afwijzend wordt bedoeld, wordt heimelijk – ondanks alle loze toespelingen en liefdesverklaringen – veracht. Deze denk- en gedragswijze geldt in alle delen van Turkije. Modieuze kleding, felle nagellak, succesvol beroep en luxueuze vrijetijdsbesteding – achter deze ogenschijnlijk zo westerse façade gaat vaak een heel andere wereld schuil.

Feestdagen en festivals

De staatsfeestdagen, die alle aan de stichting van de republiek herinneren, hebben naast een officieel ook het karakter van een volksfeest. Zo gaat men vaak 's ochtends naar het Atatürkmonument en wordt er daarna feestgevierd.

Naast de belangrijke religieuze feesten kent de islam ook nog feesten ter ere van Mohammeds geboortedag en de 'nacht van de openbaring' (van de Koran), maar die spelen in Turkije bijna geen rol. Omdat de officiële islam geen heiligenverering kent, zijn er ook

In de hamam – het Turkse bad

Thema

De inrichting van een Turks badhuis gaat terug op de oude tradities van de Romeinse thermen. Als u er altijd al een hebt willen bezoeken, is daar in Turkije overal gelegenheid toe, vaak zelfs – zoals in Istanbul – in prachtige historische complexen. U hoort alleen wel de regels te kennen.

De *hamam*, zoals de Turken het badhuis noemen, is in alle grotere plaatsen te vinden. In Turkije verwonderde men zich vroeger over het gebrek aan hygiëne in Europa, waar men destijds soms maar eenmaal per jaar met water en zeep aan de slag ging. Niet op de laatste plaats speelt de hamam ook een grote rol in de samenleving vanwege de strenge reinigingsvoorschriften van de islam.

Dat is tevens de reden waarom het er zo zedig aan toe gaat en er strikte regels worden nageleefd. Van oudsher baden mannen en vrouwen nooit samen, dat mag alleen in de hamams van de luxehotels en tegenwoordig ook tijdens bepaalde toeristentijden. In de grote steden staan vaak gemengde hamams (*çifte hamam*) met gescheiden mannen- en vrouwenafdelingen, in andere gevallen baden vrouwen meestal 's ochtends op vastgestelde dagen. De vrijdagochtend is echter altijd gereserveerd voor mannen – 's middags volgt dan het islamitische hoofdgebed in de moskee.

Evenals de antieke thermen bestaan de hamams uit drie ruimten: de rustruimte (*camekan*), de afkoelingsruimte (*soğukluk*) en de sauna (*hararet*). In het midden van de sauna staat de *göbek taşı*, een verhit, marmeren plateau. Aan de muren, vaak in nissen, kunt u zowel koud als warm water in bekkens laten stromen om u te wassen. Het water wordt er dan met een kom uitgeschept en over het lichaam gegoten, want volgens Turkse traditie mag men zich niet wassen met stilstaand water.

Als bijzondere service kunt u zich door de badmeester (bij de vrouwen is dat natuurlijk een vrouw) met de *keşe*, een ruwe scrubhandschoen, grondig laten schoonboenen. Een massage kost extra. U krijgt twee handdoeken, waarvan u er een om de heupen slaat. Vooral bij mannen wordt er nadrukkelijk op gelet dat u nooit naakt bent, zelfs niet bij het wassen.

Massage op de göbek taş

geen lokale feesttradities als in de christelijke landen rond de Middellandse Zee. In de plaats daarvan organiseren de dorpen en steden cultuurfestivals met folklore, kunstevenementen en optredens door schoolklassen (zie blz. 47).

Nationale feestdagen

1 januari

Nieuwjaar; oudjaar wordt alleen in de grote steden gevierd.

23 april

Dag van de Nationale Soevereiniteit en de Kinderen (Ulusal Egemenlik ve Çocuk Bayramı); herinnert aan de oproep van de volksvertegenwoordiging in 1920; dansuitvoeringen door kinderen in historische kostuums.

19 mei

Atatürkherdenkingsdag, Dag van de Jeugd en de Sport (Gençlik ve Spor Bayramı); herinnert aan de aankomst van Atatürk in Samsun in 1919 en geldt als de stichtingsdag van de onafhankelijkheidsbeweging. Wordt gevierd met optredens door groepen jongeren en sportverenigingen.

30 augustus

Dag van de Zege (Zafer Bayramı); herinnert aan de beslissende overwinning van Atatürk in de oorlog tegen de Grieken in 1922; wordt gevierd met optochten en parades.

29 oktober

Dag van de Republiek (Cumhuriyet Bayramı); herinnert aan de stichting van de Turkse Republiek door Atatürk in 1923.

Religieuze feestdagen

De islamitische feestdagen Şeker Bayramı en Kurban Bayramı zijn enigszins te vergelijken met ons Pasen en Kerstmis. Ze worden namelijk verspreid over diverse dagen en vaak in familiekring gevierd, zodat veel Turken dan afreizen naar hun geboorteplaats.

Festivals, concerten, evenementen: Turken weten wat feesten is

Festivals en evenementen

Januari
Efes Deve Güreşi, kamelengevechten in Selçuk
Maart
Feest ter herdenking van de Slag om de Dardanellen in Çanakkale (18 maart)
Internationaal Filmfestival in Ankara (www.filmfestankara.org.tr)
Mesirfeest, Manisa (www.mesirfestivali.com)
April
Overal dansvoorstellingen door kinderen ter ere van het 'Kinderfeest' op 23 april
Filmfestival in İstanbul (www.iksv.org)
Ankarafestival (www.ankarafestival.com)
Mei
Folklorefestival in Silifke
Marmarisfestival (www.marmarisfestival.com)
Kilimfestival in Uşak
Juni
Internationaal İzmirfestival tot september (www.iksev.org) met veel voorstellingen in het antieke Ephesos (Efeze)
Amasyafestival
Istanbulfestival (theater, concerten, www.iksv.org)
Zomercarnaval in Kemer
Gold Pigeon Music Festival in Kuşadası

Juli
Aspendos opera- en balletfestival
Kırkpınar (olieworstelen) in Edirne
Bursafestival (www.bursafestivali.org)
International Song Contest Çeşme
İhlarafestival in Aksaray
Nasreddin Hocafestival in Akşehir
Sidefestival, concerten in het oude theater, tot september
Rock'n Coke Festival, Istanbul (www.rockncoke.com)
Augustus
Efes Pilsen One Love Festival in Istanbul
Muziekfestival in Foça
Beachvolleybaltoernooi in Alanya
Trojefestival in Çanakkale
Kunstnijverheidsfeest in Avanos
September
Selçuk-Efezefestival in Selçuk
Cultuurfestival in Bodrum
Wijnfeest in Ürgüp
Oktober
Filmfestival Altın Portakal in Antalya
Triatlon in Alanya
December
St. Nicolaassymposium in Kale/Demre
Mevlanaherdenkingsceremonie in Konya

Şeker Bayramı
Het suikerfeest wordt gevierd ter afsluiting van de vastenmaand ramadan. De kinderen krijgen snoepgoed, er wordt nieuwe kleding gekocht en er wordt thuis getafeld met alle mogelijk denkbare lekkernijen. Het feest duurt drie dagen, het openbare leven wordt al vaak in de namiddag van de dag ervoor stilgelegd.
Kurban Bayramı
Het offerfeest staat in het teken van het offer van Abraham, dat voor moslims als symbool van de onderwerping aan Gods wil heilig is. Degenen die het zich kunnen veroorloven, slachten een dier voor een feestmaal, waarvoor de hele familie samenkomt. Een deel van het vlees wordt geschonken aan de

armen. Tegelijkertijd markeert het feest de tiende dag en het hoogtepunt van de hadjmaand, als de ceremonies in Mekka plaatsvinden.

Data
Omdat de religieuze feesten en de vastenmaand ramadan *(ramazan)* zijn vastgelegd volgens de islamitische kalender, vallen de data elk jaar ongeveer elf dagen vroeger (www.allaboutturkey.com/ bayram.htm).
Ramadan: 2011 vanaf 1 augustus, 2012 vanaf 20 juli, 2013 vanaf 9 juli
Şeker Bayramı: 2011 vanaf 30 augustus, 2012 vanaf 19 augustus, 2013 vanaf 8 augustus
Kurban Bayramı: 2011 vanaf 6 november, 2012 vanaf 25 oktober, 2013 vanaf 15 oktober

Kunst en cultuur

Turkije is een van de toonaangevendste culturele reisdoelen ter wereld. Op een zeer klein gebied zijn hier de belangrijkste opgravingen uit de Grieks-Romeinse tijd verzameld, Istanbul beschikt over de keizerlijke architectuur van de Byzantijnen en Osmanen en daarnaast bestaat er nog een rijke volkscultuur, die is ontstaan uit een mengeling van Byzantijnse, Perzische en authentieke Turkse elementen.

Architectuur

In Klein-Azië, de waardevolste Romeinse verovering, ligt een groot deel van de beroemde wortels van het Avondland, die men in Griekenland tevergeefs zal zoeken. Hier vermengde de Griekse filosofie zich met de duizenden jaren oude ervaringen uit de Oriënt, wat via de Romeinen uiteindelijk in onze cultuur werd overgenomen. Bovendien hebben de grote steden uit de oudheid de tand des tijds hier beter doorstaan dan elders rond de Middellandse Zee.

Ook de bouwkunst van de Byzantijnen diende als voorbeeld voor Europa, terwijl hun opvolgers, de Turken, Perzisch-Sassanidische invloeden meebrachten.

De antieke stad

Klein-Azië beleefde zijn hoogtijdagen gedurende het hellenistisch-Romeinse tijdperk, van 300 v.Chr. tot 300 n.Chr. Deze periode begon met de integratie door Alexander de Grote van het voormalig door Perzen bezette gebied in de Middellandse Zee-economie en eindigde met de grote economische crisis van het Romeinse Rijk aan het begin van de 4e eeuw. Net als in Europa na de Dertigjarige Oorlog ontstonden op basis van de *Pax Romana* verbeterde productietechnieken, een uitbreiding van de handel en – na Actium – tot een aanzienlijke bevolkingsgroei en een enorme bouwactiviteit. Er waren in Klein-Azië meer

antieke steden dan dat er nu moderne zijn; ten onder gegaan door Arabische aanvallen en Turkse verovering, zijn ze tegenwoordig de belangrijkste bezienswaardigheden van Turkije. Zo reist u door een tweeledig cultuurlandschap: Europese oudheid en het moderne Turkije en maar al te vaak zijn ze zelfs vermengd, wanneer de houten stulpjes van de boerengehuchten tussen de reusachtige brokstukken van voormalige grote steden staan.

Er wordt een duidelijk onderscheid gemaakt tussen de hellenistische (pre-Romeinse) en de Romeinse bebouwing. De overblijfselen uit de grijze periode daarvoor, toen nederzettingen als landbouwkolonies op de rotsen en heuvelruggen boven vruchtbare vlakten werden gesticht, zijn niet zo spectaculair en eigenlijk alleen interessant voor archeologen.

Ondanks de culturele opbloei tijdens het hellenisme waren het onzekere tijden: de steden bleven groeien en moesten daardoor steeds beter worden verdedigd tegen vijanden. De nieuwe stadsmuren, tegenwoordig nog altijd zeer indrukwekkend in Pergamon, Perge en Side, maakten de oude **akropolis** overbodig. Deze diende in de pre-hellenistische periode nog als een hooggelegen verdedigingsburcht, waarin de bevolking tijdens aanvallen vluchtte. De akropolis werd echter ook gebruikt als een plaats van verering voor de stadsgoden en de mythische helden uit de voortijd en werd daarom vaak herbouwd tot een monumentaal tempelcomplex.

Met de *Pax Romana* brak wederom een nieuwe periode aan: de steden breidden zich tot ver in de vlakten uit, buiten de nu overbodige muren, die inmiddels waren neergehaald of waren doorbroken met prachtige (open) triomfbogen ter ere van de keizer. Pas in de laatantieke periode, aan het eind van de 3e eeuw, werden de oude muren weer hersteld. De haastig, uit oude bouwmaterialen opgetrokken verdedigingswallen, die in de 5e eeuw ver achter de hellenistische defensiecomplexen zijn neergezet, getuigen van de enorme bevolkingsafname in deze periode.

Agora's nemen een heel bijzondere plaats in binnen de steden. Hun functie is het duidelijkst te zien wanneer u kijkt naar de Turkse (en natuurlijk ook Griekse) pleinen. Er wordt gehandeld, gegeten en gedronken, maar is vooral de plek om een praatje te maken. Het

woord is afgeleid van *ageirein*, verzamelen, en het betekent daarom eerder een verzamelplaats dan een markt. De agora's, die vroeger buiten de stadsgrenzen lagen, werden tijdens het hellenisme in de steden opgenomen en omgeven met openbare gebouwen en tempels. Het was ook in deze periode dat het in de 5e eeuw v.Chr ontworpen hippodamische stratenraster (naar Hippodamos van Milete) op grote schaal werd toegepast en dat de stad in rechthoekige, even grote huizenblokken (Latijn: *insulae)* werd verdeeld. De agora besloeg over het algemeen drie insulae en kreeg vervolgens ook een rechthoekig ontwerp (een door het reliëf opgelegde uitzondering vormt bijvoorbeeld de trapeziumvormige agora van Assos). Terwijl in Priene het hellenistische karakter goed is behouden, is Efeze het beste voorbeeld uit de Romeinse tijd: daar was het

De grote zuilenstraat van Perge

plein door poorten afgesloten van de straten, aan alle zijden omringd door zuilengalerijen en was alleen nog toegankelijk voor de economische en politieke elite.

De politieke architectuur werd, ondanks dat de steden onder het Romeinse provinciebestuur vielen, gekenmerkt door een verbazingwekkende consistentie. Terwijl de volksvergaderingen vaak plaatsvonden in het theater, verzamelde de raad (tussen 300 en 1500 personen) zich in het **bouleuterion**, een vierkant en overdekt halvormig gebouw met oplopende rijen zitplaatsen. De gespecialiseerde raadsleden (zoals voor financiën, waterbouwkunde, rechtspraak en defensie), prytanen geheten, waren te vinden in het **prytaneion**, waar tevens het heilige vuur van Hestia, de godin van het haardvuur, brandde. Ook in de Romeinse tijd hield men deze instellingen in stand, maar ze vervulden wel een andere functie.

De verbondenheid van alle maatschappelijke met religieuze aspecten is een zeer typerend kenmerk van het leven in de antieke steden. In de huizen stonden **schrijnen** ter verering van de voorouders en de familiegoden, op de agora werd de hoogste godheid van de stad (meestal Artemis, Athene of Zeus), maar ook Tyche, de godin van het lot, vereerd, en de brongebouwen waren verbonden met de cultussen van waternimfen of riviergoden.

Het **theater** is uit de orgiastische Dionysoscultus voortgekomen en is altijd nauw verbonden geweest met deze godheid. Toen na 500 v.Chr. toen de twee vormen van het westerse toneel, de tragedie en de komedie (en daarmee ook geestigheid en loutering), waren uitgevonden, vonden de voorstellingen op een ronde dansvloer voor een houten kleedruimte **(skene)** plaats; de toeschouwers zaten op banken die tegen een helling waren geplaatst. Deze elementen werden later in steen nagebouwd. De karakteristieke hellenistische vorm: de tegen een berghelling leunende **cavea** (toeschouwersruimte), die meer dan een halve cirkel omschreef en die door de **diazoma** (omgang) horizontaal en door trappenrijen verticaal in **kerkides** (wigvormige

gedeeltes) was verdeeld. De **orchestra** bleef rond en pas na 150 v.Chr. werd een verhoogd **proskenion** voor de **skene**, de toneelmuur geplaatst – daarmee was de verhoogde theaterbühne geboren.

In de Romeinse keizertijd, toen er ook gladiatorengevechten en drijfjachten plaatsvonden, werd de vorm veranderd in een gesloten bouwwerk. De ingangen aan de zijkant, de **parodoi**, werden overwelfd en daarmee werd de cavea verkleind tot een exacte halve cirkel. Bijzonder fraai was de **skene**, die tot een monumentaal, met siergevels getooid toneelgebouw werd uitgebreid. Zeilen werden aan masten gehangen om de toeschouwers te beschermen tegen de zon en de hitte. Een bijzondere vorm heeft het **odeion**, een overdekt kleiner theater, dat als muziekpodium en voor andere fijnzinnige voorstellingen dienst deed.

De monumentalisering, waarvoor in het hellenistische concept van de relatie tussen natuur en architectuur (zoals Pergamon) al de basis was gelegd, is een belangrijk kenmerk van de Romeinse stedenbouw. Weliswaar komt de typische structuur van de door twee assen **(decumanus maximus** en **cardo maximus)** in indentieke wijken verdeelde stad in het oosten niet vaak voor en is uitsluitend terug te zien in laat-Romeinse steden als Nikaia (İznik). De oude hellenistische steden hadden maar één hoofdas, een door zuilen omzoomde colonnadenstraat die de stedelijke omgeving in de lengterichting structuur gaf. Daarna werd het meest overheersende stedenbouwkundige principe het richten van deze assen op representatieve gevelgebouwen, zoals de **nymphaeums** (bronhuizen), **triomfbogen** en **openbare instellingen**, zoals bijvoorbeeld de Celsusbibliotheek in Efeze – dit principe komt in de stedenbouw overigens pas weer terug in de grote neoklassieke renovatie van Parijs door baron Hausmann.

Vooral de 2e eeuw en de daarmee verbonden keizers als Trajanus, Hadrianus, Marcus Aurelius en Septimius Severus, was de grote tijd van de nieuw- en herbouw. Welgestelde provincieambtenaren stichtten openbare gebouwen, theaters en stoa's (zuilenhallen); rijkdom en luxe straalden ook af van de wijdverbreide royale badhuizen, de **thermen**, die evenals de privévilla's van de bovenklasse van schitterende, reusachtige mozaïekvloeren waren voorzien.

Ook de **tempelbouw** bloeide als nooit tevoren en er ontstond een aantal nieuwe religies: de Mithrascultus uit Perzië, de Serapiscultus uit Egypte en niet in de laatste plaats, de keizerscultus. Toch prefereerden de Romeinen bij de sacrale bouw veeleer 'kleine' oplossingen, terwijl de Grieken op dit gebied monumentaal bouwden (Artemision van Efese, Didyma). Toen het christendom de antieken had overwonnen, vormde niet de tempel (ofschoon veel daarvan werden verbouwd tot kerken), maar de profane Romeinse **basilica** (markthal) het voorbeeld voor de nieuwe heilige plaats.

De **necropolen** ('dodensteden') werden nog lang in gebruik gehouden, ook door christenen, en lagen over het algemeen langs de toegangswegen. Ondergrondse catacombes zijn in Klein-Azië zeldzaam. Ook na de dood wilde men zich – met name in de Romeinse tijd – representatief profileren: bijvoorbeeld door zo dicht mogelijk langs een weg opzichtige graftempels te bouwen, zodat de familienaam voor een ieder die daar langskwam niet over het hoofd kon worden gezien.

Byzantijnen

Tot het grote schisma in 1054 bleef de Byzantijnse kerkenbouw ook in Europa stijlbepalend. Het oudste type, dat geheel teruggaat op de Romeinse markthal, was de **basiliek**, een langgerekt, door zuilen onderverdeelde hal met een verhoogd dak boven het middenschip. Sinds de 6e eeuw kwam de **kruiskoepelkerk** in opkomst, een centraalbouw in de vorm van een Grieks kruis (met vier armen van gelijke lengte), met een koepel boven de viering. Door de secties tussen de armen in het ontwerp op te nemen, werd dit uiteindelijk vierkant.

Bouwtechnisch worden Byzantijnse kerken gekenmerkt door het afwisselende gebruik van baksteen en natuursteen (iets dat de Turken overnamen bij de bouw van de eerste moskeeën). Typerend voor het interieur zijn vooral de kostbare versiering van de muren met mozaïeken (waarvan de beste voorbeelden zijn te zien in de Aya Sofia en de Chorakerk in Istanbul) en de fresco's, die in de Cappadocische grotkerken nog volop zijn te bewonderen.

Na de Turkse verovering werden de belangrijkste christelijke kerken verbouwd tot moskeeën en slechts in enkele gevallen bleven elementen van het vroegere interieur onder de witkalk behouden. De Griekse kerken aan de westkust en Cappadocië raakten in verval na de volkerenruil in 1923.

Turkse bouwwerken

Bouwtechnisch oriënteerde het eerste Turkse rijk in Klein-Azië, het Seltsjoekenrijk, zich op voorbeelden van de Sassaniden. Een gemeenschappelijk kenmerk van alle gebouwen is een zeer strakke, rechthoekige basisbouw en een uitbundig, met steensnijwerk versierd portaalgedeelte. Bij de bouw van **moskeeën** werd de open binnenplaats overdekt en het platte houten dak gestut met zuilen (meestal van hout, zie blz. 365, en in enkele gevallen met hergebruikte antieke zuilen). De **mihrab**, de qiblanis, is afgescheiden van de gebedsruimte en alleen deze is met een koepel uitgerust, die de zeer kenmerkende vorm heeft van een achthoekige piramide.

Een weliswaar zwakke, maar nog altijd belangrijke indruk van de bijna overal verdwenen paleisarchitectuur bieden de **karavanserais**, die de Seltsjoeken langs de grote handelswegen van Konya via Sivas naar Perzië en Azië, maar ook van de kust naar de hoofdstad lieten bouwen. Zo'n **han**, altijd sterk verdedigd en uitgerust met de karakteristieke portaalversiering, bood reizigers (onder wie overigens ook Marco Polo tijdens zijn tocht naar China) en handelaars een slaapplaats, bescherming tegen rovers, een bad, een moskee en een keuken.

Als grafbouw werd de **türbe** ontwikkeld, die of cylindervormig met koepel of achthoekig met conisch dak waren gebouwd. Ook hiervan lijkt de versiering, die deels naar

De Süleymaniye Camii in Istanbul, het prototype van een Osmaanse moskee

Perzisch en deels naar Omajjadisch voorbeeld is ontworpen, schier onuitputtelijk in haar vormenrijkdom.

De vroeg-Osmaanse tijd leunde nog op Seltsjoekse tradities. Sultan Orhan begon halverwege de 14e eeuw al met een traditie, die door latere sultans met enorme bouwprojecten werd nagevolgd. Om te voldoen aan de religieus gefundeerde sociale verplichting van de heersers, stichtte hij moskeeën die samen met koranscholen, gaarkeukens, hospitaals en openbare baden omvangrijke complexen *(külliye)* vormden om zo dienst te doen als centrum van het religieuze en maatschappelijke leven.

De portaalsecties werden steeds soberder, de gebouwen, vooral moskeeën, echter monumentaler. De imposante pijlerzaal in de Ulu Cami van Bursa, in 1396 door Beyazıt I gesticht, is een voorbeeld van een nog wel aan de Seltsjoekse zuilenmoskee verwante bouwstijl die al typerende uiterlijke kenmerken vertoont: een vierkant bouwwerk, overdekt met koepels.

Met de 16e eeuw brak de gouden periode voor de Osmanen aan, dat architectuurhistorisch gezien vrijwel geheel wordt belichaamd in het werk van de bouwmeester (Turks: *mimar*) Koca Sinan (1497-1588). Hij kwam als christen (van Griekse of Armeense origine) door het *devşirme* in het leger van Süleyman, was daarin militair ingenieur en werd op zijn 49e hofarchitect. Tot zijn dood ontwierp hij meer dan honderd moskeeën en ontwikkelde de (tegenwoordig in gewapend beton nagebouwde) koepelmoskee met slanke minaretten.

De 16e eeuw was bovendien de bloeiperiode van de Osmaanse **tegelproductie** uit de werkplaatsen van İznik en Kütahya (zie blz. 178). Deze ateliers zijn ontstaan toen sultan Selim I handwerkers uit de Armeense Kaukasusregio naar Turkije liet deporteren. Al snel werden daar geglazuurde tegels gebakken in felle kleuren als rood, geel en violet op een turquoise ondergrond, toen in Europa Delfts blauw nog gold als toppunt van de vooruitgang. Ook hier was het opnieuw Sinan, die meesterlijk gebruikmaakte van de producten uit İznik om zijn moskeeën te versieren.

Begrippen in de Turkse architectuur

Bedesten markthal in de bazaar, waar kostbare goederen worden verkocht

Cami moskee waar het vrijdagsgebed plaatsvindt

Eyvan een met grote poorten naar de tuin geopende hal (ook iwan of liwan)

Halmoskee vroege vorm van de islamitische cultusbouw met een grote tuin en een gebedszaal met veel zuilen

Hamam Turks bad naar voorbeeld van antieke thermen

Han herberg, karavanserai

İmaret gaarkeuken bij moskeeën

Konak huis van een hoogwaardigheidsbekleder, regeringsgebouw

Köşk paviljoen, kleine burcht

Külliye stichtingscomplex met moskee, medrese, imaret, ziekenhuis

Medrese islamitische hogeschool

Mescit klein islamitisch gebedshuis (in tegenstelling tot de cami)

Mihrab een naar Mekka gerichte nis in de moskee

Minaret toren van de moskee

Minbar preekkansel van de moskee

Mukarnas honingraatachtige, getrapte decoratie in nissen

Tekke derwisjenklooster

Türbe rond of achthoekig grafmonument met een spits dak

Traditie en cultuur

Met de overlevering van de volkscultuur is het in Turkije net zo gesteld als in veel andere gebieden ter wereld: toeristen willen graag een plaatje zien dat voor de (meeste) lokale bewoners allang niet meer actueel is. Is cultuur dan alleen nog maar een holle frase, een attractie? In de hotels in de toeristische kustgebieden zeker: een paar nagespeelde bruiloften, enkele grappen van Nasreddin Hodja, maar vooral veel 'Show & Belly Dance' – de beroemde **buikdans**.

Tegenwoordig wordt deze uitgevoerd door meisjes die bij vrouwen de adem doet stokken en bij mannen... ach ja, voor hen zijn de alleroudste verleidingskunsten juist uitggevonden. De buikdans behoort echter niet tot de traditionele volkscultuur: de dans heeft een Arabische oorsprong waar deze op het programma stond van de uitbundige feesten aan het hof van de sultan. Later ging de dans een vaag eigen leven leiden in schemerige nachtclubs als een voorloper van de prostitutie. De echte buikdans (oryantal) is ook tegenwoordig nog te zien in de rosse buurt van Istanbul. De meisjes zijn vaak zigeunerinnen, want voor een 'eerbare' Turkse vrouw is zoiets geheel ondenkbaar – eerder laat een man zich in een uitgelaten bui door zijn vrienden overhalen om onder opzwepend geklap van de toeschouwers met de heupen te wiegen.

Volksdansen

De oorspronkelijke Turkse volksdansen en -muziek komt u echter veel minder tegen. De beste gelegenheid daarvoor is tijdens de 'Dag van de Kinderen', de nationale feestdag op 23 april, waar ze door kinderen worden opgevoerd.

De danspassen en klederdrachten van de vier grote groepen waarin de Turkse dans wordt verdeeld, verschillen per regio veel van elkaar: de reidans zeybek in West- en Zuid-Anatolië, de kringdansvormen halay en bar in Midden- en Oost-Anatolië en de rondedans horon in het Zwarte Zeegebied. In het gehele land wordt de oyun-dans ('speldans') opgevoerd, zoals de kılıç kalkan oyunu ('zwaard-en-schildspel') en de *kaşık oyunları* ('lepelspel'), waarbij het ritme door de dansers wordt gesalgen met houten lepels.

Volksmuziek

De twee typische instrumenten van de Turkse volksmuziek zijn de *davul*, een grote pauk, en de *zurna*, een dubbelrietvolkshobo, die met zijn schrille klank een verbazingwekkend geluidsniveau bereikt. Deze is vaak te horen bij dorpsbruiloften en tijdens de optocht van de besnijdenis. De *saz*, een langhalsluit, is het meestgebruikte begeleidingsinstrument in de dansmuziek. Hij heeft een kleine, ronde klankkast en een smalle, lange hals met drie schroeven, die elk dubbelsnarig zijn bespannen.

De oude volksmuziek heeft een soortgelijke ontwikkeling doorgemaakt als de Europese. De *bozlak* (liefdesliedjes) en de *ağıt* (klaagliederen), vroeger meestal het metier van rondtrekkende zigeunermuzikanten, leiden een schijnbestaan – zelfs voor toeristenshows wordt deze muziek, met de voor de Eu-

ropese luisteraar ongewone half- en kwarttonen en onregelmatige harmonieën, ongeschikt bevonden (een typisch voorbeeld hiervan is overigens de *ezan*, de gebedsoproep).

Arabesk en Turkpop

Dat wat u daarentegen overal als 'Turkse' muziek hoort, heeft een lange weg afgelegd. Het vindt zijn oorsprong in de door de overheid opgelegde verwesterlijking tijdens de kemalistische periode, toen de staatszenders alleen Europese muziek mochten draaien. Het volk luisterde daarnaast naar Arabische zenders en al snel ontstond er een subproletarische muziekrichting, die *arabesk* werd genoemd. In de jaren 1960 werd deze stijl verrijkt met elementen uit de popmuziek, vooral met de daarin gebruikte harmonieën en instrumenten.

Sinds het begin van de jaren 1990 mag de Turkse muziekscene zich tot de productiefste ter wereld rekenen – tegenwoordig door de mix van westerse stromingen, zoals techno,

Buikdansen op tafel, een man mag bankbiljetten in het slipje stoppen

rap en ethnopop met Turkse teksten en melodieën.

Even luisteren

Wie zich een beetje wil verdiepen in de muziekstijlen – met de gunstige prijs van cd's is dat geen enkel probleem – moet eens luisteren naar de volgende artiesten. De in 1996 overleden **Zeki Müren** was in de jaren 1970 de bekendste vertolker van arabesk (en de beroemdste travestiet in de homoscene van Istanbul) en kent zijn opvolger in **Ersoy**, vroeger een hij, nu een zij. Daarnaast is tegenwoordig ook vooral **İbrahim Tatlises** een bekende naam binnen de traditionele arabeskscene.

Door zijn Istanbulconcert in 1986 met de Griek Mikis Theodorakis werd **Zülfü Livaneli** een internationale beroemdheid die een sociaalkritische stroming vertegenwoordigt. Hij vond navolging in **Sezen Aksu**, die in 2002 opzienbarende concerten in Efeze en Aspendos gaf toen zij met Armeense, Griekse en Koerdische groepen optrad en opriep tot toenadering tussen de volken. Tegelijkertijd staat Aksu bekend als 'de ziel van de Turkpop', heeft ze ruim duizend liedjes geschreven voor tientallen artiesten en al meer dan honderd hits gescoord.

Beroemde popgrootheden zijn **Tarkan** en **Mustafa Sandal**. Dat geldt eveneens voor **Sertab Erener**, die in 2003 voor Turkije het Eurovisie Songfestival wist te winnen met 'Everyway That I Can' (Turks: 'En üzülme diye') en daarmee ook in de Nederlandse hitlijsten terechtkwam. Zij heeft overigens een klassiek gevormde stem, die door Sezen Aksu overgenomen werd en heeft daarnaast verzoeningsprojecten ondernomen, zoals een duet met de Griekse zangeres Mando ('Aşk/Fos', 1999).

In de jaren 2000 was de grote ster **Hande Yener**, die met haar strakke shorts en zeer dubbelzinnige videoclips voor Turkije net zo'n rol vervulde als Madonna dat voor de westerse wereld deed aan het eind van de jaren 1980. Haar beste album is *Nasil Delirdim* (Hoe gek ben ik?) uit 2007. Een belangrijke naam uit de rockscene is de groep **Duman**, die met hun punkrock tegen de oorlog in Irak internationaal opzien baarde (*Özgürlüğün Ülkesi*). In april 2010 haalde Duman met 'Elleri Ellerime' (Handen in mijn hand) de top tien. Overigens zijn Duman en Sertab Erener te zien in de film **Crossing the Bridge**, die over de muziekscene van Istanbul gaat.

Theater en film

Theater speelde in het Osmaanse Rijk nauwelijks een rol. De rondreizende sprookjesvertellers *(medda)* en artiesten met dansende beren trokken van stad naar stad. Pas in de vroege tijd van de republiek kwam het tot de bouw van het **Darülbedayı**, het stadstheater van Istanbul onder leiding van Muhsin Ertuğrul, waarvoor Europese stukken worden vertaald. In de jaren 1940 werd vervolgens het **Staatstheater van Ankara** gebouwd. De nieuw geschreven Turkse stukken stonden echter, evenals die van de in de jaren 1960 opgerichte private theaters, onder strikte censuur van de staat. Een authentieke Turkse theatervorm is het **schaduwspel** over de gewiekste volksheld Karagöz (zie blz. 185). Door de zegetocht van de televisie is deze vorm echter vrijwel geheel verloren gegaan.

Toch zouden boze tongen kunnen beweren dat Turkije door de **Turkse films** en soaps blijft hangen in de burleske Karagöztraditie. Het zijn over het algemeen oppervlakkige tranentrekkers en actiefilms. De beroemdste acteur in dit genre is Kemal Sunal, die meestal de rol vertolkt van de sympathieke mislukkeling uit de laagste klasse, maar zich ondanks alle tegenslag eervol staande houdt.

De serieuze film wordt vooral in het westen gewaardeerd, zoals 'Yol' (De weg, 1982) van Yilmaz Güney, die op onverbloemde wijze de meedogenloze bruutheid van de traditionele verhouding tussen man en vrouw in de Turkse cultuur laat zien. De film moest vanwege de censuur in het buitenland worden gemonteerd en kreeg in 1983 de Gouden Palm op het filmfestival van Cannes. Een soort antwoord op deze film was 'Uzak' (Ver, 2002) van Nuri Bilge Ceylan, die in 2003 de juryprijs in Cannes won. Daarin wordt de situatie behandeld van een Turkse man in de grote stad, die niet kan omgaan met de moderne wereld en zich afzondert.

Tapijt en kelim

Het oudst bekende handgeknoopte tapijt ter wereld stamt uit de 5e eeuw v.Chr. en werd in een graf in het Centraal-Aziatische Altaigebergte gevonden. Volgens Griekse bronnen zijn er echter al tapijten bekend uit de Babylonische tijd. Het geknoopte tapijt werd door de Seltsjoeken in de 13e eeuw naar Anatolië meegebracht.

Oorspronkelijk werden de geknoopte tapijten, in het Turks *halı* genoemd, voornamelijk vervaardigd door nomaden en boeren. Met de groeiende interesse sinds de 18e eeuw van Europeanen voor oosterse kleden steeg ook het aantal werkplaatsen. Tegenwoordig maakt een groot aantal bedrijven aan de west- en zuidkust kleden met patronen uit alle windstreken. Vaak is de herkomst alleen nog uit de manier van knopen af te leiden.

De nomaden gebruikten voor de productie van de geknoopte tapijten materiaal dat ze tot hun beschikking hadden – wol, katoen of geiten- en kamelenhaar. Tot de uitvinding van anilineverven in de 19e eeuw werden uitsluitend natuurlijke producten gebruikt voor het verven van de wol: schildluis of meekrapwortel voor de roodtinten, het kostbare saffraan voor een zeer helder geel, indigo voor blauw en nog vele andere. Het ijzeroxide dat gebruikt werd voor de zwarte verf tastte na verloop van tijd de wol aan en liet daardoor reliëfachtige sporen in het kleed achter.

Het verven en het spannen van de kettingdraden aan het weefgetouw was een mannenaangelegenheid, terwijl het spinnen van de wol en het knopen voor vrouwen was weggelegd. Een goede knoopster haalt 5000–10.000 knopen per dag. Voor een vierkante meter tapijt worden honderd knoopdagen uitgetrokken. De knopen kunnen via een, twee of vier kettingdraden gaan. Het bekendst is de Gördes- of Turkse knoop, die bij 'Anatolische' tapijten gebruikelijk is, en de Perzische of Sennehknoop, die onder meer het handelsmerk is van tapijten uit Isparta en Kayseri.

Op gebedskleden, die sinds de 18e eeuw hoofdzakelijk in Turkije worden gemaakt, staan gebedsnissen afgebeeld, die als een architectonisch motief zijn opgenomen in de textielkunst en vaak versierd zijn met een waterkan, een schaal of een bloemenboeket, maar soms helemaal zonder extra decoratie zijn uitgevoerd. Bij geknoopte tapijten voor niet religieus gebruik bestaat het patroon meestal uit bloemen en vruchten, met daarnaast geometrische motieven als ruiten, vierkanten of achthoeken. De verspringende rijen achthoeken, de vierkanten in het patroon en het aanbrengen van een oneindig patroon op het tapijt, zoals met arabeskenranken, is typerend voor het Turkse kleed, in tegenstelling tot het medaillonpatroon dat bij Perzische tapijten populair is. Het willekeurige bijsnijden van zulke oneindige patronen beeldt toevalligheid en nietigheid uit, naar de opvattingen van de islam.

In tegenstelling tot de handgeknoopte kleden zijn geweven tapijten (kelim, Turks: *kilim*) eenvoudige producten met linnenbinding, met een schering en verschillend gekleurde inslagen, meestal van wol, maar ook regelmatig van geitenhaar of katoen. Bij de nomaden werden deze tapijten onder meer als vloer-kleden, dekens, behang, kussenovertrekken en zadeldekens gebruikt. Ondanks dat de kennis van het Turkse weven zeer ver teruggaat in de tijd, stammen de oudst bewaard gebleven kelims van slechts ongeveer 200 jaar geleden.

Omdat de platweverij van de Turkse nomaden nooit industrieel werd uitgevoerd, hebben alle tapijten een uniek karakter door de individuele dessins. Aan de andere kant zijn de fabricagemethodes en de meeste patronen al eeuwen onveranderd, zodat een exacte datering van het textiel zeer moeilijk is. Op grond van de eenvoudige weeftechniek zijn de patronen veelal geometrisch en stellen bepaalde, soms naturalistische motieven in een sterk gestileerde vorm voor.

De roos komt regelmatig voor in een ruitvormig medaillon, dat vaak met talloze haakjes is versierd. De haakvorm komt sowieso vaak voor, onder meer als vogel of als de hoorns van een ram.

Eveneens bekend zijn de spitse arcadevormen, die als gebedsnissen (mihrab) kenmerken zijn voor de gebedskleden. Tot de religieuze motieven hoort ook de kam, die vaak in combinatie met een waterkan symbool staat voor de reiniging vóór het gebed. In niet-religieuze zin zou de kam ook kunnen verwijzen naar de weefkam, die gebruikt is tijdens de fabricage van het kleed. Gelukssymbolen als de liggende of staande S, de swastika, de achthoek of de achthoekige ster van Salomon, duiken op naast motieven met eenvoudige, gestileerde bloemen, ogen en andere symbolen die u voor onheil zouden moeten behoeden.

Brigitte Tietzel

Tapijtenwinkel in de oude stad van Antalya

Eten en drinken

De Turkse keuken is tot de dag van vandaag een levendige afspiegeling van de etnische samenstelling in het Osmaanse Rijk: oude nomaden-tradities vermengden zich met Arabische, Tsjerkessische en Griekse kookkunst. Daarbinnen valt natuurlijk veel uit te proberen – en dat moet u dan ook absoluut niet nalaten.

Daarbij moeten allereerst een aantal vooroordelen uit de weg worden geruimd. Op een enkele uitzondering na zijn Turkse gerechten mild en ligt de nadruk op de individuele smaak van de ingrediënten. Bovendien hebben voedingswetenschappers ontdekt dat de Turkse keuken zeer gezond is vanwege de karakteristieke combinaties met verse groenten en salade.

Helaas passen de hotels en de vele restaurants in de toeristenplaatsen zich echter aan aan de internationale smaak of serveren uitsluitend Turkse grillgerechten. U kunt veel gevarieerder eten in een eenvoudige *lokanta*, waarmee een soort authentiek restaurant als de Griekse taverne wordt bedoeld.

Uit eten gaan

Vanwege de hitte wordt de lunch vaak eenvoudig gehouden, het avondeten wordt door Turken echter groots aangepakt en met vrienden gevierd. Een **menukaart** is niet noodzakelijk, want in de meeste gelegenheden is het gebruikelijk te kiezen uit de in een vitrine uitgestalde gerechten. In de meeste restaurants in de toeristische kustgebieden wordt ook vaak Engels of Duits gesproken. Alle maaltijden worden geserveerd met witbrood *(ekmek)* en water *(su)*.

Over het algemeen worden alle bestelde gerechten gelijktijdig op tafel gezet. Wanneer u uw bestelling graag wilt verdelen in diverse gangen, moet u dat nadrukkelijk vragen. Nog een tip over de **rekening**: het is niet gebrui-

kelijk dat ieder voor zich betaalt en daarom levert iedereen een bijdrage voor de totale rekening – Turken strijden zelfs om de eer de gehele rekening te mogen betalen. Een fooi is gebruikelijk en wordt op prijs gesteld; met een heel klein bedrag drukt u echter uw ontevredenheid uit.

Turkse keuken

Voorgerechten

Traditioneel wordt er weinig vlees gegeten, waardoor veel gerechten pure en zeer gevarieerde groentecreaties zijn. Dit geldt vooral voor de afwisselingsrijke **mezeler**, waar men in Turkije alles onder verstaat wat voor Spanje tapas zijn. In de grote hotels en inmiddels ook in veel restaurants aan de kust kunt u deze hapjes zelf uitzoeken van een buffet. De keuze is groot, zie blz. 62. Ook hier zijn onmiskenbaar invloeden terug te vinden uit Griekenland (de yoghurtmousse *cacık*, oftewel tzatziki), Cyprus *(humus* en *tahin)*, Tsjerkessië *(çerkez tavuğu*, Tsjerkessische kip) en Syrië *(antep ezme*, een scherpe chilipasta). In een restaurant worden de mezeler op kleine schaaltjes geserveerd en het is onder Turken gebruikelijk dat iedereen een keuze mag maken om daarna er met zijn allen van te smullen.

Vleesgerechten

De toeristische restaurants hebben zich geheel toegespitst op hoofdgerechten met vlees

(kip, lam, rund) en vis, dat vrijwel altijd gegrild wordt geserveerd. Het grote assortiment
stoofgerechten is daar helaas vrijwel niet te
vinden. Wat daar vaak vol trots als 'Osmaans
pannetje' op de menukaart prijkt, ontpopt
zich maar al te vaak als een in elkaar geflanst
brouwseltje van gegrild vlees, uien en een
kant-en-klaarsaus.

In het westen wordt spaarzaam omgegaan
met kruiden (dat geldt ook voor het gebruik
van knoflook). Alleen de *adana kebap*, gehakt op een spies, wordt min of meer pittig
bereid, verder worden voornamelijke munt en
peterselie gebruikt. Vaak lijkt het er zelfs op
dat de *köfte* (gehaktballetjes) en de *şiş kebap*
(lamsspies) geheel ongekruid zijn.

Totaal anders gaat het er aan toe in de *lokantalar*: stoofgerechten als *türlü* en *tas kebap* worden geheel volgens traditie in stalen
pannen voorgekookt en daarna aan de klant
in warmhoudvitrines gepresenteerd – dit zijn

over het algemeen dan ook zeer smakelijke
gerechten. *Köfte* zijn verkrijgbaar met allerlei sauzen, waarin scheutig wordt omgegaan
met het rijke palet aan oosterse kruiden (bijvoorbeeld *İzmir köfte* in tomaten-komijn-
saus).

De beroemde *döner kebap* is in Turkije iets
kruidiger dan bij ons en wordt vaak als *iskender kebap* ('Alexanderkebap') met yoghurt
op een plat brood geserveerd. *Dolmalar*, gevulde groenten, worden meestal lauw op tafel gezet met een mix van rijst, pijnboompit-
ten en krenten. Een goed voorbeeld hiervan is
het gerecht *imam bayıldı*, met ui en tomaat
gevulde aubergines, waarvan de fraaie naam,
'de imam viel bewusteloos', teruggaat naar de
reactie van de zuinige geestelijke', toen zijn
vrouw tijdens het koken een hele liter olijfolie
had gebruikt.

Lahmacun, peynirli pide (Turks brood met
schapenkaas) en soep (vooral *mercimek*

Lekkernijen uit zee, vers op de grill

çorbası, gepureerde linzensoep met koriander) zijn nog een aantal lekkernijen die in deze eenvoudige restaurants zijn te krijgen. Een specialiteit uit Noordwest-Turkije is *çöp şiş* ('afvalspies'): zeer kleine, krokant gegrilde stukjes lamsvlees en ondanks de naam, een smakelijk hapje voor de lunch.

Zeevruchten en vis

In de kustplaatsen is het aanbod van zeevruchten en vis zeer verleidelijk. Inktvissalade, gegrilde calamares, rode zeebarbeel (een van de fijnste vissoorten), maar ook zeebaars, zwaardvis en verse tonijn zijn slechts een paar van de heerlijkheden die direct aan zee zijn te krijgen.

Deze gerechten zijn echter vaak behoorlijk prijzig en het is daarom aan te bevelen van te voren zelf de vis uit te zoeken en te informeren naar de prijs om zo niet achteraf geconfronteerd te worden met een onaangename verrassing. In de toeristische restaurants wordt vis meestal uitgestald op ijs, zodat u al precies kunt zien wat u later krijgt voorgeschoteld. In de eenvoudiger restaurants kunt u de vis meestal uitzoeken uit de diepvrieskist. U moet ook de bereiding bespreken, want doet u dat niet, dan wordt de vis vaak niet gegrild, maar gefrituurd of eerst gefileerd en als een biefstuk gebakken. Naar Turks gebruik moet u alle bijgerechten er apart bij bestellen.

Nagerechten

's Zomers wordt er vooral fruit geserveerd als dessert, zoals honingmeloen *(kavun)*, watermeloen *(karpuz)*, druiven *(üzüm)* en sinaasappels *(portakal)*. Toch zijn de Turkse desserts zeker het proberen waard. Veel banket is berucht om de enorme hoeveelheid calorieën en wordt met walnoten of pistachenoten en veel, heel veel honingsiroop bereid, zoals *baklava* en *bülbül yuvası* ('nachtegaalsnest'). Andere hebben zinnenprikkelende namen als *hanım göbeği* (vrouwennavel), *dilber dudağı* (mooie lippen) en *kız memsi* (meisjesborsten). Bekend en populair zijn ook de compotes, zoals *aşure*, een mengsel van gedroogd fruit, noten en bonen in een romige suikersaus. Puddingsoorten als *sütlaç* van rijstmeel en *hoşmarim* (pannenkoek) zijn altijd uitstekend inzetbare middelen tegen nukkige kinderen.

Lokum is een zoete lekkernij die wij kennen onder de naam Turks fruit. Het wordt gemaakt van gelatine, rijstmeel, smaakstoffen, en vaak noten. De massa wordt daarna in dobbelsteentjes gesneden, die door poedersuiker worden gerold en daarna klaar zijn voor de verkoop – op markten en in banketbakkerswinkels liggen ze dan in indrukwekkende piramides opgestapeld.

Ontbijt

Het ontbijt *(kahvaltı)* doet misschien wat ongewoon aan. Het bestaat uit versgebakken witbrood, boter, tomaten, komkommer, schapenkaas en olijven. Om tegemoet te komen aan de Europese smaak wordt er vaak honing of jam bij geserveerd. Daarbij krijgt u vaak thee *(çay)* of oploskoffie. In landelijke streken is dit echter heel anders en begint men de dag normaal gesproken met een soep. In de toeristenplaatsen serveren talloze restaurants vanaf 9 uur 's ochtends ook een uitgebreid Engels ontbijt met eieren en spek.

Drinken

Ondanks dat het **alcoholverbod** van de islam tegenwoordig steeds meer wordt nageleefd (vooral in het binnenland), serveren alle betere restaurants nog altijd bier *(bira)* en wijn *(şarap)* bij het eten. In de eenvoudiger gelegenheden kunt u niet zonder meer verwachten dat er alcohol verkrijgbaar is. Er geldt in ieder geval een strikt verbod binnen een straal van 50 m rond een moskee. Als u het van belang vindt, moet u op het woord *içkili* letten: dat betekent dat er alcohol wordt geschonken.

Bier en wijn

Het meest voorkomende **bier** is dat van de Turkse brouwerij Efes, gevolgd door bier dat onder licentie van Tuborg en Karlsberg wordt geproduceerd. Turkse **wijn** is op zich van goede kwaliteit. De belangrijkste oogstgebieden zijn de noordelijke westkust (merk: Ça nakkale) en Cappadocië. Rode wijn *(kırmızı şarap)* wordt echter zelden op de juiste temperatuur geserveerd: bestelt u hem gekoeld *(soğuk)*, komt hij uit de ijskast, en wanneer u hem op kamertemperatuur verlangt *(soğuk olmasın, lütfen)*, heeft hij de temperatuur van de buitenlucht, 's zomers soms ver boven de 25°C. Witte wijn *(beyaz şarap)* is over het algemeen droog en gekoeld het beste drinkbaar.

Wanneer u **mineraalwater** wilt, bestelt u *maden suyu* of eenvoudigweg *soda*. Populair en gezond is het verfrissende **ayran**, een drank van licht gezouten, verdunde yoghurt. Het aanbod van vruchtensappen is enorm, kers *(vişne)* en perzik *(şeftalı)* zijn hiervan uitermate populaire smaken. In de steden in het westen wordt afhankelijk van het seizoen op straat versgeperst sinaasappelsap *(portakal suyu)* of granaatappelsap *(narlı suyu)* verkocht. Verder naar het oosten is de zurige *aşlama*-limonade, die wordt verkocht door mobiele verkopers ook zeker het proberen waard.

Thee en koffie

De nationale drank van Turkije is **thee** *(çay*, spreek uit als tsjai)*. Het wordt gemaakt van een sterk aftreksel en per kopje verdund met heet water. In de betere theehuizen krijgt u naar wens ook een samowar *(çay semaver)* en kunt u de procedure zelf trachten uit te voeren. Voor wie zwarte thee te bitter is, is de zoete, synthetische appelthee *(elma çay)* een goed alternatief.

Turkse **koffie** *(kahve)* wordt altijd vers gezet en geserveerd met koffiedik op de bodem – wat op het oog misschien een beetje vreemd lijkt. Al bij het bestellen moet u aangeven of u de koffie zoet *(şekerli)*, middelzoet *(orta)* of zonder suiker *(sade)* wenst.

Rakı – leeuwenmelk

In de late uurtjes, maar ook bij een visschotel of de mezeler wordt graag het anijsdrankje **rakı** gedronken, dat vaak met een schaaltje pistachenoten, kikkererwten en krenten *(çerez karışık)* wordt geserveerd. De raki wordt niet ijskoud gedronken, maar aangelengd met water, waardoor er een melkachtige kleur ontstaat. In Turkije noemt men het drankje doeltreffend *aslan sütüsü*, 'leeuwenmelk': de alcohol is nauwelijks te proeven, toch is het verdovende middel zo sterk aanwezig dat het een leeuw kan doen laten omvallen. Het Turkse woord om te proosten luidt overigens *şerefe!*

Turkse horeca

De eenvoudige Turkse restaurants zijn vaak gespecialiseerd in bepaalde gerechten. Zo krijgt u in een **kebap salonu** gegrild vlees van een draaispies, in een **pide salonu** de dunne Turkse pizza en andere deegwaren en in een **köfteçi** allerlei köftegerechten. Wat ze alle gemeen hebben is dat er over het algemeen geen alcohol wordt geschonken en dat de gerechten liggen uitgestald in grote warmhoud- of koelvitrines. In een **büfe** drinkt u staand en een **çayevi** is een soms wat groezelig theehuis, waar de mannen de tijd verdrijven met een potje *tavla* (backgammon) of *okey* (rummikub). Een biercafé heet een **meyhanı** of een **birahanı**, dat traditioneel eveneens uitsluitend wordt bezocht door mannen.

Veel gelegenheden hebben voor vrouwen of voor mannen onder vrouwelijke begeleiding een **aile salonu**, de 'gezinssalon', waar meestal een rustigere en gemoedelijkere sfeer hangt dan in de door sigarettenrook blauw staande mannenaangelegenheden. Weliswaar worden vrouwen hier bediend, toch zullen Turkse vrouwen deze plaatsen nooit vrijwillig betreden. Anders is het in de **çay bahçesi** ('theetuin'): hier komen de anders zo strikt gescheiden werelden van man en vrouw samen. Wie dat wil, kan zich met een *nargile* (waterpijp) terugtrekken in de mannenhoek; voor de rest zitten gezinnen en stelletjes samen rond de theeceremonie.

In een **pastane** – een soort lunchroom – zijn zoetigheden en banket te koop. In de grote steden van Anatolië zijn dit eveneens goede adressen om in een semi-Europese sfeer van de lunch te genieten.

Culinair lexicon

Algemeen

Een tafel voor twee personen, alstublieft	İki kişilik masa lütfen
Wat wenst u?	Buyrunuz?
Ik wil graag...	İstiyorum ...
Niet pittig	Acı yok (adsje jok)
Hoeveel kost dat?	Bu ne kadar?
Eet smakelijk!	Afiyet olsun!
Proost!	Şerefe!
Ik wil betalen	Hesap lütfen
Waar is het toilet?	Tuvalet nerede?
mes	bicak (bidsjak)
vork	çatal (tsjatal)
lepel	kaşık (kasjık)
bord	tabak

Kahvaltı — Ontbijt

kahve	koffie
türk kahvesi, orta şekerli	mokka, middelzoet
çay	thee
şeker	suiker
ekmek	brood
tereyağı	boter
reçel	jam
bal	honing
peynir	kaas
sucuk	worst
yumurta(ler)	ei(eren)
sahanda yumurta	spiegelei
hiyar	komkommer
domates	tomaat
zeytin(ler)	olijf/olijven

Mezeler — Voorgerechten

antep ezme	pittige puree van tomaten, peperoni, peterselie
arnavut ciğeri	gebakken stukjes lever met uien
caçık	yoghurt met komkommer, dille en knoflook
çerkes tavuğu	Tsjerkessisch kippenvlees in walnotensaus
çiğ köfte	scherp gekruide gehaktballetjes en (grof)gemalen tarwe
çoban salatası	gemengde salade van tomaten, komkommer, uien en paprika
haydari	puree van spinazie, schapenkaas, yoghurt
humus	kikkererwtenpuree
mantı	Turkse ravioli met een koude yoghurtsaus
mücver	geraspte courgette, gebakken in olie
patlıcan salatası	auberginepuree
patlıcan kızartması	gefrituurde aubergienenschijfjes met knoflookyoghurt
piyaz	salade van witte bonen in azijn en olie met uien
sigara böreği	deegrolletjes met schapenkaas
su böreği	bladerdeegpasteitjes, gevuld met gehakt of kaas
tahin	sesampasta
tarama	viskuitmousse
yaprak dolması	gevulde wijnbladeren

Çorbalar — Soepen

balık çorbası	vissoep
düğün çorbası	'bruiloftssoep', een met ei gebonden vleessoep
güzel hanım çorbası	soep met vermicelli en gehaktballen
işkembe çorbası	ingewandensoep
mercimek çorbası	gepureerde linzensoep
yayla çorbası	rijstsoep met yoghurt

Nzgaralar — Grillgerechten

adana kebap	scherp gekruid gehakt op een spies

biftek	biefstuk	mercan	zeebrasem
bonfile	filet	mürrekkep balığı	inktvis
çöp şiş	kleine vleesspies van de grill	orfoz	reuzenbaars
döner kebap	lamsvlees van een draaispies	ton balığı	tonijn

Zeytinya clılar   Groente

iskender kebap	gegrild vlees op Turks brood met yoghurt
izgara köfte	gegrilde gehaktballe-tjes
pirzola	lamskotelet
şiş kebap	vlees op een spies
tavuk kebabı	gegrilde kip

bulgur pilavı	tarwegerecht
pilav	rijstgerecht
imam bayıldı	vegetarisch gevulde aubergines
kabak kızartması	gefrituurde schijfjes courgette met yoghurt
zeytinyağlı fasulye	rode bonen in olijfolie

Esas yemekler   Stoofgerechten

Tatlılar   Zoete hapjes

güveç türlü	gestoofd vlees met groenten
İzmir köfte	gestoofde gehakt-balletjes met aard-appelen en tomaten-saus
kabak dolması	met gehakt gevulde courgette
kuzu tandır	lamsvlees in aarde-werken pannetje
saç kavurma	op de plaat gegaard lamsvlees
tandır	in een aardewerken pannetje gegaard vlees
tas kebap	rundvlees met groente, als goulash

aşure	gedroogd fruit, noten, bonen in een romige suikersaus
baklava	met walnoten of pistachenoten gevuld bladerdeeg
dilber dudağı	van luchtig deeg ge-bakken koekjes, door-drenkt met siroop
dondurma	consumptieijs
elma tatlısı	gestoofde appel met slagroomvulling
hanım göbeği	van luchtig deeg ge-bakken koekjes, door-drenkt met siroop
helva	Turkse honing
lokum	Turks fruit
şekerpare	gebak
sütlaç	melkpudding

Balıklar   Vis

Meyvalar   Fruit

ahtapot	octopus
alabalık	forel
barbunya	zeebarbeel
çupra	goudbrasem
dil balığı	tong
istakoz	kreeft
karides	garnalen
kefal	harder
kılıç balığı	zwaardvis
levrek	zeebaars
midye	mosselen

elma	appel
karpuz	watermeloen
kavun	suikermeloen
kayısı	abrikoos
muz	banaan
şeftali	perzik
üzüm	wijndruiven

De Adrasanbaai bij Kemer

Reisinformatie

Informatiebronnen

Informatie op internet

Bij de meeste in dit boek genoemde toeristische aanbieders wordt het webadres vermeld. In het geval van Engelstalige websites worden de typisch Turkse diakritische tekens (zoals trema's) weggelaten; bij Turkstalige websites zullen soms de foutieve tekens van het standaardlettertype verschijnen.

www.welkominturkije.nl Uitgebreide website van het Turks Verkeersbureau met informatie over bestemmingen, accommodatie, activiteiten en evenementen waaronder festivals, enzovoort.

http://turkije.startpagina.nl Portal vanwaar u verder kunt klikken naar talloze andere websites met betrekking tot Turkije.

http://istanbul.startpagina.nl Portal om door te klikken naar andere websites over Istanbul.

www.turkijetips.nl Website met informatie over allerlei aspecten van Turkije, van bestuur tot culinair. Ook een lange lijst met reisaanbieders.

http://turkije.startpagina.be Belgische portal met een veelheid aan overzichtelijk gerangschikte onderwerpen, waaronder sportactiviteiten, muziek, vakantiehuisjes, steden enzovoort.

... in het Engels

www.hurriyetdailynews.com Turkse krantenartikelen in het Engels, met veel aandacht voor actuele binnenlandse politieke ontwikkelingen.

www.istanbul.com Bezienswaardigheden en uitvoerige tips met betrekking tot uitgaan en cultuur in Istanbul.

www.turkuaz-guide.net Professionele toeristische website over de zuidelijke Egeïsche regio (Kuşadası tot Fethiye); hotels, restaurants, activiteiten.

www.turkishodyssey.com Algemene website over land, volk en geschiedenis.

Verkeersbureaus

Het Turkse verkeersbureau verstrekt prospectussen, kaarten en allerlei speciale brochures over onderwerpen als kamperen, het huren van zeiljachten, duiken, enzovoort. Specifieke informatie over afzonderlijke plaatsen zijn nauwelijks te krijgen. In dat geval zij verwezen naar de websites van deze steden, die in deze gids bij de betreffende plaats worden vermeld.

... in België

Turks Verkeersbureau
Montoyerstraat 4B
1000 Brussel
Tel. 02 513 82 30, fax 02 511 79 51
E-mail: informatie@turkey.be

... in Nederland

Turks Verkeersbureau
Hofweg 1c
2511 AA Den Haag
Tel. 070 346 99 98 / 346 77 67
E-mail: alleen via het contactformulier van de website www.welkominturkije.nl

Toeristeninformatie in Turkije

Elke zichzelf respecterende stad en alle vakantieoorden beschikken over een toeristenbureau (Turizm Danışma Bürosu), dat doorgaans geopend is van 8.30 tot 12 uur en van 13.30 tot 18 uur. Hier kunt u officiële prospectussen en vaak ook een plattegrond krijgen. De vele particuliere reisorganisaties (Tourism Agencies, Tour Operators) verstrekken veelal betrouwbaardere informatie. Weliswaar hebben zij commerciële belangen, maar zij kunnen u vaak uitvoerig en niettemin belangeloos informeren over allerlei algemene onderwerpen. De informatieborden op het centrale plein van een stad kunnen ook erg behulpzaam zijn; daar vindt u een plattegrond waarop de bezienswaardigheden, hotels en instanties staan aangegeven.

Kaarten

Er zijn vele handzame kaarten van West-Turkije en de Egeïsche en Middellandse Zeekust verkrijgbaar op een schaal van circa 1:750.000 en 1:800.000. Een kaart van heel Turkije wordt uitgegeven door onder meer Falk Verlag. Erg handig zijn de wegenkaarten van Marco Polo met in de 'toeristische informatie' talrijke praktische tips en de kaart 'World Mapping Project Turkey (Middellandse Zeekust & Cyprus)', voorzien van hoogtereliëfaanduiding en UMT-gradennet, en zodoende bruikbaar voor GPS-navigatie.

De beste wegenkaarten zijn de semi-officiele overzichtskaarten van Ryborsch Verlag op schaal 1:500.000 (in totaal 7 kaarten voor heel Turkije).

In Turkije zelf zijn nauwelijks goede kaarten te krijgen. Wel is het raadzaam in kiosken uit te zien naar stadsplattegronden. Een betrouwbare weergave van de topografische werkelijkheid kan men in het razendsnel veranderende Turkije (aanleg van wegen en wijken, veranderende namen) van geen enkele kaart verwachten.

Leestips

Reisgidsen en boeken over land en volk

Turkije, Iris Alanyali (Spectrum 2004). Informatie over Turkije en de Turken, geschreven door een insider.

Reizen door Turkije, Karl-Heinz Scheffler (Elmar 1994). Duidelijke uiteenzetting over de maatschappij van Turkije en de achtergronden daarvan.

Te gast in Turkije, samenstelling en redactie Heleen van der Linden (Informatie Verre Reizen, 2009). Aan de hand van persoonlijke verslagen van journalisten, antropologen, historici e.d. kan de aspirant-reiziger een indruk krijgen van diverse aspecten van het land.

De Turkse trom: berichten uit Turkije, (Nijgh & Van Ditmar, 1992). Aan de hand van literatuur en een verblijf van een halfjaar in het land zelf heeft de auteur een zeer levendige bundel artikelen samengesteld over modern Turkije.

Tussen God en Atatürk? Turkije achter de schermen, Bernard Bouwman (Prometheus, NRC Handelsblad 2009). De auteur werkte jarenlang in Turkije als correspondent voor onder meer NRC Handelsblad.

Istanbul: naar de stad van weemoed, een leunstoelreisboek, Hans van der Heijde (Veen 2010). De jaarlijkse excursies van deze docent met zijn studenten naar Istanbul heeft hij in boekvorm gegoten. Naar eigen zeggen als 'leunstoelreisboek' – de lezer kan achteroverleunend meegaan op excursie of de reis zelf maken.

De brug, Geert Mak (Boekenweekgeschenk 2007). Een ooggetuigenverslag van het komen en gaan op de Galatabrug in Istanbul, gelardeerd met historische feiten en citaten.

Geschiedenis en archeologie

Istanbul: de stad en de sultan (2006), catalogus bij een tentoonstelling over kunstschatten uit het Osmaanse Rijk.

Geschiedenis van Turkije, René Bakker, Luc Vervloet en Antoon Gailly (Bulaaq, 2002). Geschiedenis van het huidige Turkije vanaf de prehistorie tot heden, verlevendigd en verdiept door kaderteksten, foto's, kaarten en illustraties.

De droom van Osman, Caroline Finkel, (Mets & Schilt, 2008). De schrijfster van deze omvangrijke studie laat met grondige kennis van de Osmaanse geschiedenis, cultuur en taal de opkomst en de neergang van het Osmaanse Rijk de revue passeren.

De val van Constantinopel, 1453, Steven Runciman (Fibula-Van Dishoeck, 1979). De laatste dagen van het Byzantijnse Rijk.

Een vorstelijk voorland: Gerard Hinlopen op reis naar Istanbul (1670-1671),

(Walburg Pers, 2009). Teksteditie van een zeventiende-eeuws journaal van de reis van de jonge Gerard Hinlopen uit Hoorn in 1670-1671 per schip naar Istanbul, voorzien van een moderne inleiding en talrijke verklarende voetnoten.

Sultans, slaven en renegaten, Joos Vermeulen (Acco, 2001). De bekende Belgische wetenschapper Vermeulen schrijft over het ontstaan van het Osmaanse Rijk, de betekenis van dat rijk tussen de 15e en de 19e eeuw en met name de rol die westerlingen daarin speelden, onder wie veel Vlamingen en Nederlanders.

Atatürk en Turkije's weg naar Europa, Maurice Becker (Aspekt, 2008). Biografie van Mustafa Kemal Atatürk (1881-1938), de grondlegger van het moderne Turkije.

De geschiedenis van Istanbul, John Freely (Olympus, 2006). Niet zomaar een geschiedenisboek, meer een biografie van de stad. Een standaardwerk.

Troje: de machtigste mythe van Europa, Vic De Donder (Pelckmans, 1996). Geschiedenis en historiciteit van Troje en de stand van het literaire en archeologische onderzoek hiernaar.

Diplomatieke vertegenwoordigingen

Turkse vertegenwoordigingen

... in België
Ambassade van Turkije
Montoyerstraat 4
1000 Brussel
Tel. 02 513 40 95
Fax 02 514 07 48
informatie@turkey.be
www.turkey.be

... in Nederland
Ambassade van Turkije
Jan Evertstraat 15
2514 BS Den Haag
Tel. 070 360 49 12
Fax 070 361 79 69
turkemb.thehague@mfa.gov.tr
www.turkseambassade.nl

Belgische vertegenwoordiging in Turkije
Ankara – Ambassade
Mahatma Gandhi Caddesi, 55
06700 Gaziosmanpaşa, Ankara
Tel. +90 312 405 61 66
Fax +90 312 446 82 51
Noodnummer buiten de openingsuren:
(Nederlands) +90 532 615 92 29
ankara@diplobel.fed.be
www.diplomatie.be/ankaranl

Istanbul – Consulaat-Generaal
Siraselviler Caddesi, 39
80060 Taksim Istanbul
Tel. +90 212 243 20 68, +90 212 243 33 01, +90 212 243 33 00
Fax +90 212 252 47 46
Noodnummer buiten de openingsuren:
+90 532 473 58 00
istanbul@diplobel.fed.be

Nederlandse vertegenwoordiging in Turkije
Ankara – Ambassade
Hollanda Caddesi, 5
06550 Yildiz Ankara
Tel. +90 312 409 18 00
Fax +90 312 409 18 98
ank@minbuza.nl
http://turkije.nlambassade.org

Istanbul – Consulaat-Generaal
Istiklal Caddesi, 197
34433 Beyoglu Istanbul
Tel. +90 212 393 21 21
Fax +90 212 292 50 31
IST@minbuza.nl
www.nl.org.tr

Turkije als vakantieland

Wie in Turkije op vakantie gaat, zal bij voorkeur naar de kust gaan, waar immers alles wat een vakantiereis tot een succes maakt ruimschoots voorhanden is: zon, zee en veel Grieks-Romeinse cultuurschatten.

Terwijl de noordelijke Egeïsche Zeekust – afgezien van toeristenoorden als Troje en Bergama (Pergamon) – overwegend Turks zijn, vormen de vakantieoorden aan de zuidelijke Egeïsche Zeekust (Kuşadası, Bodrum en Marmaris) tegenwoordig regelrechte enclaves van de internationale pretvakantie-industrie. De Lycische kust tussen Fethiye en Kemer is iets rustiger, maar tussen Kemer en Alanya zijn het overal dezelfde taferelen: gigantische hotelwijken, net zo min Turks als Benidorm aan de Costa Blanca nog Spaans te noemen is. Fethiye, Belek, Side en Alanya zijn Duitse bolwerken, Kuşadası, Bodrum en Marmaris zijn van de Britten, in Kemer en Side zijn Russen oververtegenwoordigd. Nederlanders zijn vooral te vinden in Alanya, Side, Antalya, Bodrum en Marmaris.

In het binnenland van Turkije is het echter een heel ander verhaal. Buiten de industriecentra Ankara, Bursa en Kocaeli bestaat nog altijd het traditionele, landelijke Turkije dat u in de vakantieoorden vergeefs zult zoeken. De zuidoostelijke kust (met uitzondering van Kızkalesi) en het Zwarte Zeegebied spelen toeristisch gezien nauwelijks een rol. De culturele plaatsen van Centraal-Anatolië worden doorgaans alleen in het kader van strak georganiseerde rondreizen bezocht, die in de betreffende prospectussen worden aangeboden. Excursies naar belangrijke bezienswaardigheden van een of twee dagen kunnen ook in de toeristenoorden worden geboekt.

Ook op cultureel gebied zijn de verschillen aanzienlijk. Terwijl het in de toeristische centra wemelt van de disco's, bars en restaurants, bent u in het binnenland aangewezen op de traditionele *lokanta*. Een bijzondere positie bekleden Ankara, Istanbul en Pamukkale. Het laatste is de populairste bestemming voor een uitstapje. Istanbul is de mythische sultansstad, waar de toeristische wereld, de westerse moderniteit en de islamitische cultuur een fascinerende smeltkroes vormen. In de hoofdstad Ankara staat de politieke en economische elite in felle tegenstelling tot het Anatolische traditionalisme.

Bezienswaardigheden

Aan bezienswaardigheden, zowel culturele als landschappelijke, heeft Turkije geen gebrek. Geen enkel land is zo rijk aan cultuurschatten uit de Romeinse tijd. Daar komen nog de overblijfselen van eerdere hoog ontwikkelde beschavingen bij – de Vruchtbare Halve Maan lag deels op het huidige Turkse grondgebied en de verspreiding van de beschaving naar Europa verliep over deze 'landbrug'. Istanbul was samen met Bursa en Edirne het centrum en de residentiestad van de Osmaanse sultans – hun monumenten worden wel vergeleken met hun tegenhangers in Wenen, Parijs en Madrid uit dezelfde tijd.

Behalve cultuurschatten zijn er ook weergaloze landschappen te ontdekken: de vulkanische kegels van Cappadocië, de afgelegen naaldbossen van de Taurus, de spectaculaire erosiewoestijnen en zoutmeren in het binnenland, de boreale regenwouden aan de noordelijke kust bij de Zwarte Zee... En niet te vergeten de Middellandse Zeeregio, die gelegenheid biedt om te raften, wandeltochten te maken en te zonnebaden op de prachtige stranden, die plaatselijk nog zeer rustig kunnen zijn.

Musea en archeologische vindplaatsen

De staatsmusea zijn doorgaans het hele jaar geopend di.–zo. 9–17 uur; op maandag zijn zij veelal gesloten. 's Zomers zijn soms langere openingstijden van toepassing. Voor de antieke ruïnes moet vaak entree worden betaald. De prijzen liggen tussen 2 en 4 euro, voor belangrijke musea en bezienswaardigheden moet soms tot €10 worden neergeteld. Wanneer u met een Turk reist, betaalt u overigens aanmerkelijk minder – voor Turken en buitenlanders gelden namelijk verschillende tarieven. Studenten en scholieren krijgen 50% korting op vertoon van een ISIC-kaart.

In de soms omvangrijke antieke ruïnes zult u vergeefs zoeken naar informatiebordjes en op de soms moeilijk begaanbare terreinen bent u geheel zelf verantwoordelijk voor uw veiligheid. Omdat putten en kelders vaak niet zijn afgeschermd dient u uw kinderen goed in de gaten te houden! Ook is het raadzaam de diensten van **gidsen** niet af te slaan, ook al is hun uitleg niet altijd even deskundig. De hoogte van de verlangde baksjisj kan erg variëren; het is raadzaam niet eerst te onderhandelen, maar bij afloop een bijdrage van 2–3 lira te geven. Dat u de ruïnes niet beklimt en geen afval achterlaat, ook niet in de natuur, spreekt vanzelf.

Reisorganisaties

Negen van de tien toeristen die Turkije bezoeken, doen dat in het kader van een geheel verzorgde reis, waarvan steeds meer (voornamelijk Duitsers en Russen) in luxeueze resorts op basis van volpension. De beloften van dit soort aanbiedingen – comfortabele accommodatie, een prachtige omgeving, geen extra kosten – worden helaas niet altijd nagekomen. Het luxeresort ligt zeer afgelegen, pal naast een ander luxeresort; de vloerbedekking is volledig versleten; 's morgens zitten de gasten al bij het zwembad aan het gratis bier om tegen de middag stomdronken te zijn… en dan moet de lunch nog komen. De rest kunt u er ongetwijfeld zelf bij denken – of beter nog, lezen op de betreffende internetfora.

Individuele reizen

Het alternatief is een verblijf in een klein hotel in een historische plaats. Hier kunt u de authentieke, typisch mediterrane charme van Turkije ervaren en de Turken echt leren kennen – en niet alleen als obers en barkeepers. Dat kan weliswaar in het kader van een geheel verzorgde reis, maar het gaat beter wanneer u zelfstandig reist. U zult ook in dat geval geen enkele moeite hebben om onderdak te vinden. De hoeveelheid kamers in de pensions en kleine hotels aan de kust is ruimschoots voldoende. Maar ook in het binnenland zijn in de dorpjes, stadjes en langs de panoramische wegen meer dan genoeg hotels te vinden. Het aanbod aan huurauto's is gigantisch en met doorgaans prijzen tussen 20 en 30 euro ook nog zeer betaalbaar. Bussen, de belangrijkste vorm van openbaar vervoer, zijn betrouwbaar, voordelig en comfortabel – ook al kunt u daarmee de toeristische bezienswaardigheden slechts met een omweg bereiken.

Reizen met een handicap

De meeste nieuwe luxehotels zijn tegenwoordig wel berekend op reizigers met een handicap, maar in het algemeen is Turkije nog altijd niet erg ingesteld op mensen met een beperking. Alleen al de veelvuldig onverharde straten en pleinen in de dorpen en de ongelijkmatige trottoirs voor de huizen doen elk uitstapje verkeren in een hindernisbaan.

Openingstijden

In Turkije is geen wet op de winkelopeningstijden van kracht.

Winkels zijn doorgaans geopend van maandag tot en met zaterdag van 8.30 tot 19 uur, vaak met een middagsluiting tot ongeveer 16.30 uur. Grote **supermarkten** zijn veelal tot 22 uur geopend. Ook in de toeristenoorden zijn de avondmarkten vaak tot 22 uur open, en winkels sluiten zelfs op zondag hun deuren niet. **Kantoren** en **banken** zijn geopend van maandag tot vrijdag 9–12 uur, 13.30–17.30

uur. In de zuidelijke kustgebieden zijn zij tijdens hoogzomer 's middags vaak gesloten.
Pas op: Tijdens de meerdaagse festivals Şeker en Kurban Bayramı (zie blz. 47) zijn instanties vaak een hele week gesloten.
Musea zie blz. 69; moskeeën zie blz. 92.

Rondreizen

... door het binnenland

De geheel verzorgde rondreizen hebben altijd de vaste hoogtepunten op het programma, zoals Istanbul, Ankara met Hattusa, Sivas, Cappadocië en Konya, om alleen de belangrijkste te noemen. Meestal begint de reis dan in Istanbul. Als u uw eigen rondreis organiseert, kunt u beter een voordeliger vlucht boeken naar een van de charterluchthavens, zoals Antalya, Dalaman, Bodrum of İzmir, en vandaar uw reis beginnen.

Als u het binnenland wilt bezoeken, dan zijn Antalya of İzmir te beste uitvalsbases. Vanaf beide steden voeren twee goede wegen door de bergen naar het Centraal-Anatolisch Hoogland. Gezien van Antalya ligt Konya en Cappadocië het meest dichtbij, van İzmir het hoogland van Phrygië en Bursa. Wilt u uitkomen in Hattusa of zelfs Sivas, trek dan minstens drie weken uit voor uw reis, anders zal de belevenis overschaduwd worden door een gevoel van tijdnood.

Onderweg door het hoogland van Anatolië

... aan de kust

Kortere rondreizen langs de kust zijn ook in twee weken goed te doen. Een van de mooiste routes volgt de zogenaamde Turquoise Kust, zoals het gebied van Bodrum tot Fethiye en de Lycische kust verder ten oosten van Fethiye wordt genoemd. Deze tocht kunt u het beste in het laagseizoen maken, wanneer de temperatuur nog niet is opgelopen tot 40 °C en de prijzen tot wel 40% onder die van het hoogseizoen in agustus liggen. De noordelijke Egeïsche Zeeregio en het binnenland daarentegen kunt u beter in de zomer bezoeken.

Maar het mooiste hebben we voor het laatst bewaard: een van de allermooiste manieren om vakantie te vieren in Turkije is op de boot in de kustwateren. De als 'Blauwe Reizen' inmiddels beroemd geworden boottochten langs de kust kunt u tegenwoordig ook in de prospectussen vinden en in elke plaats langs de Turquoise Kust boeken (zie blz. 84).

Reizen met kinderen

Veel grote hotels en resorts aan de toeristische kust zijn volledig berekend op gezinnen, en in de prospectussen worden in toenemende mate ook huisjes of 'gezinskamers' aangeboden met aparte kinderslaapkamers. Veel toeristenrestaurants stellen bovendien kinderstoeltjes beschikbaar en serveren speciale kindermenu's. De grote resorts beschikken over een kinderclub met een animatieprogramma, zodat de ouders voldoende vrijheid hebben om zich te ontspannen.

Wie met kinderen in voordelige middenklassehotels wil logeren, loopt eerder tegen problemen aan. In dat geval kunt u het best alleen een vlucht boeken en ter plaatse een appartement huren in een van de talloze kleinere appartementhotels. In eenvoudige hotels en pensions verblijven kinderen tot 8 jaar in de kamer van de ouders vaak gratis, oudere kinderen voor 50% van de volle prijs.

Luiers en babyvoeding zijn verkrijgbaar in de supermarkt; vraag hiervoor naar de dichtstbijzijnde Migros-Markt. U wordt sterk aangeraden, vooral als u kleine kinderen hebt, een klamboe mee te nemen tegen de muggen. Om uzelf en vooral uw kinderen te beschermen tegen de felle zon is een zonnebrandcrème met de hoogst mogelijke beschermingsfactor geen overbodige luxe – vooral tussen 12 en 15 uur zou u direct zonlicht moeten mijden.

Turken zijn dol op kinderen; kleintjes worden ook door vreemden zomaar geknuffeld en met lekkernijen overladen. Veel kinderen vinden dat prima, maar sommige schrikken als ze zich pardoes in de armen van een man met een zwarte stoppelbaard bevinden. Zo'n tafereel is geen uitzondering, want menige souvenirverkoper en ober heeft geleerd dat de kortste weg naar de portemonnee van toeristen via hun kinderen loopt...

Een bezoek aan een bazaar is ook voor kinderen een amusant uitstapje, want daar wordt een keur aan speelgoed voor weinig geld aangeboden. Verder is een zwemparadijs veelal een gegarandeerd succes. Iets oudere kinderen vinden natuurlijk de antieke ruïnes en kastelen ook erg spannend. Op de stranden zijn allerlei watersporten mogelijk: waterfietsen, 'banana riding' (met een soort rubberen banaan op de golven surfen), parasailen (zeilvliegen met een parachute achter een boot) en jetskiën (op een soort watermotor met veel kabaal over de golven scheuren) – een beperkt vakantiebudget kan hierbij echter gauw worden overschreden. Maar voor veel kinderen blijft het hotelzwembad toch het hoogtepunt!

Het binnenland en Istanbul vallen voor kinderen (waarschijnlijk) onder de categorie 'survival', maar in tegenstelling tot de all-inresorts kan dit ook blikverruimend werken – al was het maar om te leren dat de wereld meer te bieden heeft dan een spelletjescomputer en mama als chauffeur. Ook heel spannend!

Vereisten

Documenten

EU-ingezeten dienen voor een bezoek aan Turkije van maximaal drie maanden te beschikken over een geldig paspoort en een visum. De eenvoudigste manier om dit visum te verkrijgen is dit op een van de Turkse luchthavens of andere zogenaamde *ports of entry* (zeehavens en snelwegen) tegen betaling van €15 te kopen. Het visum is 90 dagen geldig. Ook kinderen dienen te beschikken over een paspoort. Vaak wordt in het hotel uw paspoort gevraagd als onderpand.

Autopapieren

Auto's moeten zijn voorzien van een nationaliteitssymbool (zoals NL of B). Het voertuig wordt in uw **paspoort** ingeschreven (let op: bij diefstal of total loss moet u de inschrijving door de politie uit uw paspoort laten verwijderen). Behalve het kentekenbewijs dient u te beschikken over een **groene kaart** die ook geldig is voor het Aziatische deel van Turkije, en uiteraard een (nationaal) **rijbewijs** (bij voorkeur de nieuwe EU-versie). Alleen wanneer u met een huurauto Turkije binnenkomt dient u te beschikken over een internationaal rijbewijs. Omdat Turkse aansprakelijkheidsverzekeringen een beperkte dekking hebben, is het raadzaam een **kortlopende cascoverzekering** af te sluiten.

Douane bij binnenkomst

Goederen voor eigen gebruik mogen tolvrij worden ingevoerd, waaronder geschenken met een waarde tot €250. Uitzonderingen hierop zijn artikelen met een waarde van meer dan $15.000, meer dan één mobiele telefoon per persoon en antiek. De invoer van wapens (waaronder messen) en drugs (zie blz. 91) is streng verboden. Voor dieren moet u over een door de RVV gelegaliseerde gezondheidsverklaring beschikken die door het Turkse consulaat is gecontroleerd.

Let op: Sinds 2002 wordt de wet op de bescherming van **Turkse antiquiteiten** zeer streng nageleefd. Deze wet verklaart de uitvoer van alle voorwerpen die dateren van voor 1918 illegaal. Daaronder vallen niet alleen alle soorten antieke scherven, edelstenen en munten, maar ook fossielen(!). Vooral bij de luchthaven van Antalya komt het voor dat mensen die stenen in hun bagage hebben, worden gearresteerd en pas na betaling van een boete van duizenden euro's mogen vertrekken.

Douane bij vertrek

Wanneer u voorwerpen van waarde uitvoert, moet u ofwel aan de hand van een vermelding in uw paspoort kunnen aantonen dat u ze ook hebt ingevoerd, ofwel dat u ze met officieel gewisseld geld hebt aangeschaft (bewaar hiertoe de wisselkwitantie). Vooral tapijten mogen alleen worden uitgevoerd op vertoon van een reçu met daarop een vermelding van de ouderdom; antiek (van voor 1918) überhaupt niet.

Na de aanschaf van artikelen met een waarde hoger dan ca. €75 kunt u bij vertrek restitutie van de btw aanvragen, mits het artikel is gekocht bij een 'bevoegde' handelaar. Het verkeersbureau verstrekt hierover nadere informatie. Let ook op de invoerbeperkingen van de EU (maximaal 200 sigaretten per persoon ouder dan 17 jaar, 1 l sterke drank van 22% of meer, enzovoort, en artikelen tot een waarde van €300).

Heenreis

... met het vliegtuig

Vanaf de Nederlandse en Belgische luchthaven vliegen grote chartermaatschappijen naar de toeristische bestemmingen İzmir, Bodrum en Dalaman aan de westkust, Antalya aan de zuidkust en naar de twee luchthavens van

Istanbul. De vlucht vanaf Schiphol naar Istanbul duurt ongeveer 3,5 uur, naar Antalya zo'n 4 uur. Het hele jaar door wordt er op Istanbul en Antalya gevlogen; op Bodrum-Milas en Dalaman landen alleen chartervliegtuigen tijdens het hoogseizoen, van mei tot oktober. 's Zomers wordt er ook direct gevlogen op Adana; deze bestemming kunt u het best boeken bij Turkse reisbureaus.

Meestal wordt er met chartermaatschappijen gevlogen in het kader van een hotel- of campingvlucht; u kunt echter ook een vlucht zonder hotel of camping boeken en ter plaatse op zoek gaan naar accommodatie. Qua prijs is dat vaak gunstiger: Turkse maatschappijen zoals SunExpress hebben vaak zeer aantrekkelijke aanbiedingen.

Het hele jaar door meermaals per week tot dagelijks vliegt staatsluchtvaartmaatschappij **Turkish Airlines** (THY, Türk Hava Yolları) op Istanbul, İzmir en Ankara. Vandaar kunt u met de THY of de concurrerende, private luchtvaartmaatschappij Pegasus naar alle binnenlandse luchthavens van Turkije vliegen. Kijk voor meer informatie op de website **www.turkishairlines.com**
Pegasus, **SunExpress**, **Transavia**, **Condor** en **Corendon** vliegen ook op Istanbul, Ankara en İzmir.

Luchthavens

In alle internationale luchthavens zijn toeristenbureaus, wisselkantoren, autoverhuurbedrijven en (in de vertrekhallen) de kantoren van de luchtvaartmaatschappijen gevestigd.

Istanbul: Twee luchthavens. Niet ver van het centrum ligt **Atatürk International Airport (IST)**, ongeveer 25 km ten noordwesten van de voorstad Yeşilköy. Een luchthavenbus (havaş otobüs) rijdt elk halfuur van 7 tot 23.30 uur via Aksaray en Şişhane naar het Taksimplein in Beyoğlu. U kunt ook direct naar Aksaray met de Hafif Metro; naar Sultanahmet kunt u het best overstappen in Zeytinburnu op de tram naar Eminönü. Na 2012

Een groot deel van de aanbiedingen op internet betreffen de **lastminutetickets**. Lastminutes zijn echter nooit zo goedkoop als een reis die ruim van tevoren wordt geboekt. Immers, hoe langer men wacht met het boeken van een vlucht, des te duurder het ticket. De goedkoopste lastminutes zijn alleen op de luchthaven zelf te boeken, waar op het allerlaatste moment de nog lege stoelen worden verkocht. In dat geval dient u wel zeer flexibel te zijn, want uw bestemming zal ten dele afhangen van het beschikbare aanbod.

moet het traject dat de metro van Taksim verbindt met de Hafif Metro op het station Yenikapı gereed zijn. Een rit met de taxi van de luchthaven naar het centrum (Aksaray) kost ongeveer €25.

De luchthaven **Sabiha Gökçen Airport (SAW)**, gelegen op de Aziatische kant bij Istanbul, is moeilijker bereikbaar; op deze luchthaven landen veelal binnenlandse vluchten en vluchten uit het zuiden. Om in het centrum te komen kunt gebruikmaken van een taxi (ca. €40) of een minibus.

Ankara (ESB): Eşenboğa Airport, ongeveer 30 km ten noordoosten van de hoofdstad. Een pendelbus (havaş) brengt u van en naar het centrum. Een rit kost ongeveer €25.

İzmir (ADB): Adnan Menderes Airport, circa 25 km ten zuiden van het centrum. De voormalige spoorwegverbinding wordt als metro voortgezet naar Alsancak. Havaş-bussen rijden in aansluiting op binnenlandse vluchten naar Büyük Efes Oteli (Swissotel Grand Efes); een taxi brengt u naar het centrum van de stad. Een rit kost €15-20.

Antalya (AYT): De luchthaven ligt circa 10 km ten oosten van de stad. In 2005 werd een tweede terminal in gebruik genomen. Zelfstandige reizigers kunnen alleen met de taxi (ca. €15-20) in het centrum komen – er is geen busverbinding. Wees gewaarschuwd: met betrekking tot deze taxi's circuleren veel berichten over oplichting. Let ook op als men u zogenaamd wil helpen, want het kan gebeuren dat men na afloop een torenhoge vergoeding eist.

Bodrum-Milas (BXN): Dit vliegveld ligt tussen Milas en Bodrum, 36 km vanaf Bodrum. Er is geen pendelbusdienst; u dient de taxi naar Bodrum te nemen voor voor ca. €40. Langs de hoofdweg kunt u echter ook in een minibus naar Milas of Bodrum stappen.

Dalaman (DLM): De luchthaven ligt ongeveer 70 km van Fethiye en 110 km van Marmaris. Havaşbussen rijden doorgaans 4 keer per dag van dit binnenlandse vliegveld naar Fethiye en Marmaris (ca. €10). U kunt per taxi (ca. €10) naar het busstation Dalaman Yeni Otogar gaan en daar een lijnbus pakken. Wanneer u na 18 uur arriveert, kunt u alleen verder met de taxi (naar Marmaris €80, naar Fethiye €60), maar u kunt ook een auto huren.

... met de auto

De afstand tussen Utrecht en Istanbul meet ongeveer 2670 km, Antalya ligt nog eens 1000 km verder. De binnenlandse busverbindingen zijn uitstekend en het aanbod aan huurauto's is groot (zie blz. 77); daarom is er eigenlijk geen goede reden met de eigen auto te gaan. Als u desondanks de vierdaagse beproeving over weg niet schuwt, kunt u kiezen uit twee routes. De 'Joegoslavische' route, via Zagreb – Belgrado – Niš – Sofia – Edirne, is sinds de Balkanoorlog niet aan te bevelen, omdat u dan verscheidene visa nodig hebt en te maken kunt krijgen met lange wachttijden bij de grenzen. De route over Boedapest en Boekarest is evenwel langer. Actuele informatie over deze routes kunt u opvragen bij de automobilistenbonden.

Van Nederland en België rijden geen autoslaaptreinen naar Turkije – wel van Villach in Oostenrijk. Eindbestemming is Edirne: juni–okt., personenauto ca. €250, per persoon vanaf ca. €130 (2010); Optima Tours, München, tel. 089 548 80 11, www.treinreiswinkel.nl en www.optimatours.de. Grenspapieren voor de auto: zie blz. 73; bij binnenkomst moet de auto in uw paspoort worden ingeschreven.

... met de boot

Heel wat ontspannender dan de Balkanroute is een reis met de auto naar Italië en dan per boot naar Turkije. U kunt uw auto desgewenst meenemen. Helaas zijn de verbindingen tussen Venetië en Istanbul respectievelijk İzmir uit de vaart genomen. Sindsdien is er alleen nog de wekelijkse verbinding van Ancona met Çeşme (mei–sept., Marmara Lines, informatie: www.aferry.nl).

Openbaar vervoer

Bus

Het verreweg belangrijkste openbaarvervoersmiddel in Turkije is de bus. Langeafstandsbussen (InterCitybussen) verbinden alle grotere steden op zeer regelmatige basis. De bussen rijden heel comfortabel en worden uitstekend onderhouden. De tarieven zijn relatief voordelig. Elke twee tot drie uur wordt een lange pauze ingelast; alleen 's nachts op lange afstanden wordt er non-stop gereden. De bijrijder bergt de bagage op en gaat regelmatig rond met eau de cologne ter verfrissing van de passagiers.

De langeafstandslijndienst wordt verzorgd door diverse private busmaatschappijen met verschillende dienstregelingen. Als u lange afstanden aflegt, kies dan voor de maatschappij Varan, die wat betreft comfort en betrouwbaarheid een goede reputatie geniet. **Buskaartjes** worden in de kantoren van de busmaatschappijen op de stations verkocht en gelden tegelijk als plaatsreservering.

Tip: De bussen zitten slechts zelden helemaal vol; als u wilt voorkomen dat u lang moet wachten, kunt u daarom ook gewoon plaatsnemen in een bus naar uw bestemming waar al mensen in zitten – die vertrekt meestal binnen afzienbare tijd. Het is heel normaal om tijdens de rit een kaartje te kopen. Op of kort voor religieuze feestdagen (zie blz. 46), wanneer veel mensen reizen, is het echter raadzaam van tevoren een kaartje te kopen.

Het **langeafstandsbusstation** *(otogar)* ligt meestal buiten de stad en is van het centrum *(şehir merkezi)* alleen bereikbaar per taxi of *dolmuş*. Bij aankomst op busstations worden toeristen vaak belaagd door aanbieders van pensions (ze kunnen de provisie maar al te goed gebruiken). Erg comfortabel zijn dit soort etablissementen doorgaans niet, wel goedkoop.

Als u de chauffeur van een korteafstandsbus tijdig verwittigt, is hij veelal bereid halt te houden bij bezienswaardigheden; ook als u wilt instappen kunt u in de regel de bus met een handgebaar laten stoppen.

Dolmuş (minibus)

Het busverkeer op de secundaire routes wordt verzorgd door minibussen. Zo'n minibus wordt door Turken een *dolmuş* (spreek uit: dolmoersj) genoemd. In het Turks betekent dit woord 'vol', wat begrijpelijk wordt als men weet dat de chauffeur net zo lang wacht met vertrekken tot er naar zijn mening genoeg passagiers hebben plaatsgenomen. Tegenwoordig wordt overigens ook de term *minibüs* gebezigd. De busjes zijn doorgaans in private handen, maar de tarieven worden van staatswege vastgesteld en liggen beduidend lager dan die van taxi's. Een *dolmuş* kunt u altijd met een handgebaar laten stoppen, tenzij hij vol zit. De bestemming staat op een bordje achter de voorruit aangegeven. De minibusjes staan in kleine plaatsen op het hoofdplein of bij het busstation. In grotere plaatsen staan ze veelal op een minibusstation *(garaj)* nabij het centrum.

Taxi

De doorgaans gele taxi is duurder dan de *dolmuş*, maar in vergelijking met West-Europese taxi's toch altijd nog erg goedkoop. Officieel zou de ritprijs berekend moeten worden aan de hand van een taximeter, maar wonderlijk genoeg zijn die vaak ineens 'kapot' zodra er buitenlanders instappen, vooral in Istanbul. Alleen in noodgevallen of in geval van complete dagexcursies zou u met de taxichauffeur moeten onderhandelen. Sta er in alle andere gevallen op dat de taximeter ook daadwerkelijk wordt gebruikt waarvoor hij is bedoeld – neem anders een andere taxi. Let bovendien op het ingestelde tarief: het dagtarief *(gündüz)* is beduidend voordeliger dan het nachttarief *(gece)*. Het laatste is pas vanaf 1 uur 's nachts van kracht. Gewoonlijk wordt het bedrag dat de taximeter aangeeft afgerond.
Handige zinnen: Wilt u het raam sluiten? – *camı kapatın lütfen;* hier stoppen – *burada durun;* kunt u hier wachten? – *burada bekleyin lütfen.*

Trein

Het spoorwegnet van de staatsspoorwegmaatschappij TCDD omvat maar zo'n 8500 km; het treinverkeer speelt dan ook geen grote rol. Reizen met de trein is wel goedkoop, maar afgezien van de intercity's tussen Istanbul en Ankara bij lange na niet zo comfortabel en snel als de langeafstandsbus. Alleen snelle intercity's zijn voorzien van couchettes en restauratiewagons. Aan de west- en zuidkust, tussen İzmir en Mersin, liggen überhaupt geen spoorwegen.

Informatie: www.tcdd.gov.tr; handige woorden: *varış* = aankomst, *kalkış* = vertrek, *duruş* = stop, *her gün* = dagelijks, *tarife* = prijs). Op de lijnennetkaarten staat Istanbul niet als stad vermeld maar alleen met de namen van de stations: Sirkeci is de Europese kant, Haydarpaşa de Aziatische. Hetzelfde geldt voor İzmir, dat u alleen vindt onder de naam Basmane.

Vliegtuig

De comfortabelste en snelste manier om in Turkije te reizen is per vliegtuig. Bij alle grotere steden zijn vliegvelden aangelegd, maar de binnenlandse vluchten van de nationale luchtvaartmaatschappij THY leggen nauwelijks directe verbindingen – er wordt vrijwel uitsluitend via de grote knooppunten gevlogen. Zo moet u, als u van Antalya naar Adana vliegt, overstappen in Ankara. In het hoogseizoen zijn hierop soms uitzonderingen mogelijk. Informeer bij de reisbureaus of bij de kantoren van SunExpress (voor verbindingen tussen Antalya, Dalaman en Bodrum).
Informatie THY: www.turkishairlines.com.

Belangrijke veerverbindingen

Istanbul: De **İDO** (İstanbul Deniz Otobüsleri) verzorgt talloze verbindingen op de Bosporus en in de Zee van Marmara – bijvoorbeeld naar Büyükada en andere Prinseneilanden (alle ca. 90 min.), Üsküdar, diverse plaatsen aan de Bosporus, Bandırma en de eilanden in de Zee van Marmara. Informatie en dienstregelingen: www.ido.com.tr
Langs de westkust vanuit Istanbul: De veerboten langs de kust naar İzmir, Bodrum en Samsun zijn uit gebruik genomen; het is dus niet meer mogelijk de auto snel naar die steden te verplaatsen.
Op de Golf van İzmit: In plaats van om de Golf van İzmit (Kocaeli) heen te rijden, kunt u ook kiezen uit de volgende veerverbindingen:
Yenikapı/Pendik – Yalova: Naar Yalova (İznik/Bursa) vanaf de veerterminal Yenikapı (Kennedy Caddesi) dag. elke twee uur, vanaf Pendik, aan de Aziatische kant, dag. elk uur, of met de snelle catamaranveerboot, maar deze biedt een beperkt autotransport.
Gebze/Eskihisar – Topçular: Vertrek ca. elk halfuur; duur 45 min. Door drukte soms lange wachttijden.
Dardanellen: Tussen 6 en 24 uur pendelen elk uur grote autoveerboten tussen Çanakkale en Eceabat of Lapseki en Gelibolu (iets verder

oostelijk, kortere wachttijd); 's zomers elk halfuur.
Bodrum/Datça: Kleine autoveerboten naar Datça (Golf van Gökova), in het seizoen dag. om 9 uur vanuit de haven van Bodrum, retour om 17 uur; in het hoogseizoen vertrek ook om 8.30 uur, retour om 15 uur. Beperkt autotransport (ca. 10 auto's). Informatie en tickets verkrijgbaar in de haven. U komt aan in Körmen İskelesi, ca. 5 km ten noorden van Datça; de bus naar het stadje is bij de prijs inbegrepen.
Bodrum Express Lines: Twee keer per week vaart een snelle draagvleugelboot naar Marmaris (via de haven van Gelibolu); dagelijks naar de Griekse eilanden Kos, twee keer per week naar Rhodos. In het seizoen ook vaartochten naar Dalyan, Datça en Didim. Informatie: www.bodrumexpresslines.com

Autorijden

Sinds de jaren 1980 is er hard aan het wegennet gewerkt, vooral in het westen van Turkije. Bijna alle toeristische attracties zijn tegenwoordig per auto bereikbaar. In de bergen moet u echter rekenen op smalle en bochtige wegen langs onbeveiligde afgronden. De routes naar afgelegen dorpjes en minder bekende ruïnes zijn vaak niet meer dan steenslagwegen. Turken hebben een originele rijstijl, maar doorgaans niet agressief. Tijdens de spits heersen in de steden chaotische toestanden – driebaanswegen worden dan gebruikt alsof ze uit zes banen bestaan.

Huurauto's

In alle steden en zelfs de kleinere toeristenoorden aan de kust zijn autoverhuurbedrijven gevestigd. Internationals als Europcar, Avis en Hertz zijn in de regel duurder dan lokale firma's, maar bieden in noodgevallen wel een betere service. Het makkelijkst is een auto huren via het hotel, maar dan betaalt u wel extra.

Gunstige voorwaarden, lage prijzen en een goede service bieden de verhuurbedrijven First (Antalya, www.antalyacarrental.net) en Car Rental Turkey, dat vestigingen heeft in heel Turkije (Istanbul, www.carrentalturkey.com).

Het dagtarief voor een auto is €20–30, voor een terreinwagen €50. Als u langer huurt, wordt de prijs per dag lager. In het laagseizoen kunt u onderhandelen, maar in het hoogseizoen is de vraag zo groot dat u tijdig moet reserveren. U dient uw rijbewijs en paspoort te overleggen; de minimum leeftijd is 21 jaar. Betaling gebeurt vooruit, waarbij er ook een borg *(deposit)* in rekening wordt gebracht. Een creditcard vergemakkelijkt de transactie aanzienlijk. Overtuig u ervan dat de cascoverzekering en de btw in de prijs zijn inbegrepen. Als uw pensionhouder een auto verhuurt, doet u er goed aan ook dan een contract af te sluiten. En controleer voor vertrek het reservewiel en de krik!

Verkeersregels

Binnen de bebouwde kom geldt een maximum snelheid van 50 km/u, op de rijkssnelweg 90 km/u. Radarcontrole komt zelden voor. Het dragen van gordels en helmen is ver-

Waarschuwingsborden

bozuk vatih	slecht wegdek
dikkat	pas op
dur	stop
inşaat	bouwplaats
tehlikeli viraj	gevaarlijke bocht
taşit giremez	afgesloten
yavaş	langzaam rijden
park yapılmaz	verboden te parkeren
tek yön	eenrichtingsverkeer
şehir merkezi	stadscentrum
sollamayın	verboden in te halen
hastane	ziekenhuis

plicht. Het maximaal toegestane alcoholgehalte is 0,5 promille. Als er iets gebeurt terwijl u onder invloed bent, kan dat ernstige gevolgen hebben voor uw verzekering (zie ook Ongevallen, blz. 79). De verkeersborden komen grotendeels overeen met die in Europa.

Verkeerscontroles

Controles zijn schering en inslag, zozeer dat de indruk kan ontstaan dat de noodtoestand is uitgeroepen – maar geen paniek, dat alles dient voor uw eigen veiligheid... De soldaten spreken zelden Engels; u overlegt uw papieren en hoopt er maar het beste van.

Tankstations

Pompstations zijn doorgaans ook op zondag open; sommige aan de grote snelwegen zelfs 24 uur per dag. Verkrijgbaar zijn loodvrij *(kuşunsuz,* spreek uit: koersjoensoes), super *(süper)* en diesel *(mazot);* super kost ca. €1,85, diesel €1,35.

Praktische tips voor automobilisten

Turken claxonneren te pas en vooral te onpas. Probeer u hieraan niet te ergeren. Men wil alleen de aandacht op zich vestigen, bijvoorbeeld tijdens een inhaalmanoeuvre. De gulden regel luidt: als iemand u wil passeren, geef hem de ruimte. Verder geldt het 'driesporensysteem': de langzaamste auto's rechts, de snellere in het midden en de snelste links.

Als u in de bergen rijdt, dient u voorbereid te zijn op zeer slechte steenslagwegen met kuilen en gaten, en hellingpercentages van vaak meer dan 10%. Steile afdalingen kunt u het beste nemen in de eerste versnelling, dan remt u ook op de motor. Op zeer oneffen terrein kunt u het best over de hoge stenen rijden en niet over de sporen; zo ontziet u de bodemplaat en het carter van de auto.

Stenengooiende kinderen, waar het oosten van Turkije om berucht is, zijn er in het westen nauwelijks – toch is het raadzaam in de bergen voetgangers met gematigde snelheid te passeren. Hetzelfde geldt wanneer u door een stad of dorp rijdt; dodelijke ongevallen waarbij kinderen of andere voetgangers zijn betrokken, komen maar al te vaak voor. Pas ook op wanneer u een bocht nadert: in de bergen kan zomaar een kudde geiten voor uw neus opdoemen. Let ook zeer goed op tijdens lange, nachtelijke ritten: veel auto's voeren allen parkeerlicht, ezelskarren hebben vaak helemaal geen verlichting, en in het binnenland is straatverlichting schaars.

In de steden zijn alle grote straten voorzien van een middenberm, die keren en oversteken verhindert. Het is heel gewoon dat de bewoners van zo'n straat in beide richtingen rijden – schrik dus niet wanneer een vrachtwagen u als spookrijder tegemoet komt.

Ongevallen

Als u schade vergoed wilt krijgen, moet hiervan proces-verbaal worden opgemaakt door de politie. Een alcoholtest is daarvan een vast onderdeel, anders keert de Turkse verzekering niet uit. Schakel bij ernstige ongevallen en letselschade altijd een Nederlands sprekende advocaat in via de ambassade of het consulaat (zie blz. 68).

Hulp bij ongevallen en pech biedt ook de **Turkse Automobilistenbond TTOK**
Türkiye Turing ve Otomobil Kurumu
Seyrantepe Yolu
1. Oto Sanayı Sitesi yanı
4. Levent, Istanbul
Tel. 0212 282 81 40
Fax 0212 282 80 42
www.turing.org.tr

Het openbaar vervoer in Turkije wordt hoofdzakelijk verzorgd door bussen

Accommodatie

Hotelcategorieën

Ten gevolge van de explosie van bouwactiviteit kan men aan de kusten van de Egeïsche en de Middellandse Zee (tot Alanya) wat betreft hotels de bomen door het bos bijna niet meer zien. Behalve 'normale' hotels zijn hier ook talloze reusachtige resorts verrezen met soms wel 2500 bedden. Vooral in Belek, Side en İncekum zijn deze luxeresorts te vinden, sommige als kampen afgesloten met hekken en poorten. Spectaculair zijn de nieuwe 'themahotels' in Antalya-Kundu, kopieën van het Kremlin, het Topkapı-paleis of het Witte Huis.

In het binnenland is het aanbod minder groot en luxueus; hier is de reiziger veelal aangewezen op eenvoudige stadshotels, die gewoonlijk alleen door handelsreizigers worden bezocht. Toeristische centra als Istanbul, Pamukkale, Amasya, Cappadocië en Ankara vormen hierop de uitzonderingen, want daar zijn ook talloze acceptabele pensions en zelfs echte luxehotels te vinden.

De **categorieën** die de toeristische autoriteiten hanteren zijn: hotel *(otel)* met 1 tot 5 sterren, waaronder het pension *(pansiyon)*, vakantiedorp *(tatil köyü)* en motel *(motel)*. Etablissementen die zijn gevestigd in gerestaureerde historische panden kunnen een speciale licentie krijgen (de S van *spesial*); de ambiance is dan vaak zeer romantisch, maar het prijsniveau navenant hoger.

Kleine hotels – verblijf op romantisch niveau

De categorie kleine luxehotels in historische panden is de laatste jaren aanmerkelijk gegroeid. Behalve hotels in de oude stad van Antalya en Safranbolu zijn vele zogenaamde boetiekhotels verschenen, onder meer aan de Lycische kust. Een overzicht is te vinden op de website van **Small Hotels of Turkey**: www.smallhotels.com.tr (in het Engels).

De semigesloten all-inclusiveresorts, waar vakantiegangers soms vrijwel niet meer de poort uit komen, worden sterk bekritiseerd – veel kleine middenstanders verliezen daardoor hun clientèle (zie ook blz. 70).

Bij goedkope pensions in het binnenland behoren douche en wc niet tot de standaarduitrusting van de kamer. Vergewis u ervan, voordat u incheckt, dat het beddengoed schoon is (voor de zekerheid kunt u het best ook zelf een lakenzak meebrengen). Daar staat tegenover dat pensions soms minder dan €15 per persoon per nacht kosten.

Accommodatie

Hotels met ten minste drie sterren voldoen aan internationale standaards, zoals tegenwoordig overal in het de Middellandse Zeegebied. Dat betekent dat u kunt beschikken over onder meer een zwembad en een ontbijtbuffet, en het personeel spreekt een of meer Europese talen. Vijfsterrenhotels worden geleid als clubhotels (zie onder), maar blijven wat service en buffets betreft achter bij westerse hotels, vooral wanneer het gaat om all-inresorts. De ervaringen van bezoekers die u zijn voorgegaan kunt u nalezen op internetfora, zoals www.holidaycheck.nl. Hotels met minder dan drie sterren vallen onder de pensions.

Pensions

In de grotere steden in het binnenland is de kwaliteit van de accommodatie in pensions vaak deplorabel: ongedierte, doorgezakte matrassen, scheuren in het beddengoed. Daarentegen zijn in alle vakantieoorden aan de kust talloze aantrekkelijke pensions *(pansiyon)* te vinden, vaak met een sympathieke, ontspannen sfeer en soms zelfs een zwembad. Belangrijk blijft echter dat u altijd eerst de kamer inspecteert alvorens in te checken (controleer de matrassen, het beddengoed, de douche en het doorspoelen van de wc).

Anders dan in Griekenland serveert de pensionhouder altijd **ontbijt**, en dat is gewoonlijk bij de prijs inbegrepen. Naar Turks gebruik krijgt u dan komkommer, tomaat, schapenkaas, olijven en brood voorgezet, vaak gecompleteerd door eieren en honing of jam. Een **hor** hoeft u niet te verwachten; een antimuggenmiddel of, beter nog, een klamboe is in de maanden juni tot september geen overbodige luxe.

Huisjes en appartementen

In vrijwel alle vakantieplaatsen worden door particulieren ook appartementen en huisjes verhuurd: meestal bestaande uit een slaapkamer, een woon-/slaapkamer met eenvoudige kookgelegenheid en een douche/wc. Gezinnen met een of twee kinderen kunnen daarmee prima uit de voeten, voor vier volwassenen is het niet echt geschikt. Prijzen liggen rond de €50 per dag. U krijgt geen ontbijt geserveerd, dat kunt u immers zelf maken. De huisjes liggen vaak in het groen, maar zelden aan de kust. Veel zijn voorzien van een tuintje en soms zelfs een zwembad.

Ongeveer elke drie dagen wordt er schoongemaakt. U hoeft geen rekening te houden met extra kosten. Voor beddengoed en handdoeken wordt gezorgd, er worden geen schoonmaakkosten in rekening gebracht.

Clubhotels en resorts

Het aantal op gigantische terreinen gelegen zogenaamde clubhotels is de laatste vijf jaar enorm gestegen. De meeste bieden behalve vermaak ook all-inclusive verzorging: u krijgt een plastic armband uitgereikt die u recht geeft op onbeperkt eten en drinken zonder extra kosten (wat veelal neerkomt op voortdurend in de rij staan). Wie in de zon wil uitrusten, is hier aan het goede adres, maar als u iets van Turkije wilt zien, zult u de poort uit moeten. Dat geldt overigens des te meer voor fijnproevers, want de resortgaarkeuken is vaak abominabel.

Kamperen

Vrijwel alle fraai gelegen campings aan de kusten van de zuidelijke Egeïsche Zee en de Middellandse Zee zijn intussen veranderd in hotelcomplexen. Alleen in de noordelijke Egeïsche Zeeregio en bij de Zee van Marmara is dat nog niet het geval. In het binnenland horen campings en eenvoudige bungalowmotels vaak bij elkaar en liggen doorgaans langs een hoofdweg aan de rand van de stad. Een lijst met adressen vindt u in de brochure *Turkey – Camping* van het Turks Verkeersbureau.

Reserveren en prijzen

Buiten het hoogseizoen en de Turkse zomervakantie, die duurt van half juli tot eind augustus, is het makkelijk om een kamer te vinden. Wilt u er echter zeker van zijn dat u in een bepaald hotel terecht kunt, dan is het raadzaam om te reserveren. Bijna alle hoteliers spreken Engels, vele ook Duits. Als ze de telefoon opnemen, noemen Turken niet hun naam, maar zeggen *efendim* (vergelijkbaar met het Italiaanse *pronto*).

Op talloze toeristische internetsites kunt u direct een hotel boeken (meestal in de luxe- en middenklassencategorie); hotels hebben vaak hun eigen website. Reserveren is echter zelden voordelig – u kunt beter ter plaatse over de prijs onderhandelen. Ook in Turkije zijn de prijzen bijna altijd aangegeven in valuta als de euro (aan de toeristische kust) of de dollar (Istanbul en het binnenland).

Luxehotels zijn aanmerkelijk duurder wanneer zij niet worden geboekt in het kader van een all-inreis (2 pk vanaf €150; in kleine pensions kost een tweepersoonskamer €20–45. Afhankelijk van het seizoen variëren de prijzen met zo'n 40%. De standaardprijs is altijd per persoon voor een tweepersoonskamer; als u alleen bent betaalt u een toeslag van zo'n 20%, voor een extra bed ca. 30%. Kleine kinderen mogen gratis logeren.

Vroeger stond het toerisme in Turkije vooral in het teken van de Griekse en Romeinse cultuur, maar die tijd is allang voorbij. De meer dan 8000 km lange kusten met talloze baaien, het uitgestrekte, uitgestorven berglandschap met alpine hoogten en talloze wild stromende rivieren maken Turkije een paradijs voor actieve vakanties. De faciliteiten in het binnenland zijn weliswaar nog beperkt, maar dat geldt niet meer voor de kustregio's, waar gespecialiseerde aanbieders als paddenstoelen uit de grond schieten. Op de eerste plaats staan uiteraard de vele vormen van watersport (zie blz. 316), maar ook op andere terreinen is het aanbod ruim. De laatste tijd nemen ook de zwemparadijzen, de zogenaamde **Aqua Parks**, een grote vlucht. Elk zichzelf respecterend stadje wil zo'n zwembadcomplex met diverse, vaak supersteile waterglijbanen hebben.

Sport

Mountainbiken en motorcross

Als u fietstochten door de Turkse bergen wilt maken, dient u te beschikken over een robuuste mountainbike. Een goede conditie en de nodige rijervaring zijn vereist. In de periode maart tot mei is het nog niet zo warm. Later in het jaar maakt de warmte het fietsen zeer vermoeiend. In veel toeristencentra aan de kust, maar ook in Cappadocië, zijn fietsen te huur. Voor vertrek dient u die wel goed te inspecteren.

In het district Kemer bieden veel grote hotels tochten onder leiding van een gids aan. In Side het **Biketeam Türkei** (www. biketeam-tuerkei.de), dat u kunt boeken bij Öger Tours, in Alanya bij het agentschap **Martin Türkay**, die ook uitstekend materiaal verhuurt (Atatürk Cad., Neslihan Sok. 3/a, tel. 0242 511 57 21, www.martin-tuerkay.com).

Zeer sportieve vakantiegangers kunnen zich aanmelden bij de **Alanya Triatlon**, die elk jaar eind oktober plaatsvindt, met internationale deelnemers. U hoeft hiervoor trouwens geen Terminator te zijn; de lengte van de onderdelen bevinden zich in de laagste categorie.
Informatie: www.alanya.bel.tr/Triathlon/

Motorcross: In de bergen en in droge rivierbeddingen vinden motorrijders en liefhebbers van enduro geschikte terreinen. Gespecialiseerde aanbieders:
Martin Türkay, www.martin-tuerkay.com
Yoshimoto, www.yoshimoto.de

Golfen

Bij het vakantieoord Belek, ten oosten van Antalya, liggen een tiental golfbanen direct aan de Middellandse Zeekust, ontworpen door internationale golfbaanarchitecten. U kunt er zelfs 's winters golfen (www.golfturkei.com, zie ook blz. 309). Istanbul (in Seğmen en Kemerburgaz) en Ankara beschikken ook over golfbanen.

Paragliden

De 1970 m hoge Babadağı boven Ölüdeniz bij Fethiye is een van de beste locaties voor paragliding. Het uitzicht vanuit de lucht op de lagune is werkelijk adembenemend. Diehards oefenen hier bij voorkeur gevaarlijke manoeuvres, omdat ze, ook wanneer er iets misgaat, er zeker van kunnen zijn dat ze met een noodparachute in het water zullen landen. Beginners kunnen ook een opwindend avontuur beleven tijdens een tandemsprong met een ervaren springer. Naar aanleiding van het succes van Ölüdeniz (en de enorme stijging van de prijs van een sprong) kunt u tegenwoordig ook op andere locaties terecht, zoals in Kaş, aan de Golf van Gökova (langs de weg naar Muğla) en bij het roterend restaurant Tünektepe tussen Antalya en Kemer.
Aanbieders in Fethiye en Kaş:
Sky Sports, Ölüdeniz, Fethiye, tel. 0252 617 05 11, www.skysports-turkey.com

Focus Paragliding, Ölüdeniz, Fethiye, tel. 0252 617 04 01, www.focusparagliding.com
Hector Tandem Paragliding, Ölüdeniz, Fethiye, tel. 0252 617 05 12, mobiel 0535 651 84 76, www.hectorparagliding.com
Nautilus, Kaş, tel. 0252 836 20 85, www.kastuerkei.de/168.0.html
BT Adventure, Kaş, tel. 0252 836 37 37, www.bt-turkey.com

Raften

In de Taurus boven de Turkse Rivièra bij Side, een typisch karstgebergte, ontspringen talloze rivieren, die in de loop der tijden smalle kloven hebben uitgesleten. Zij behoren nu tot de beste locaties voor wildwatervaren van Europa. Het bekendst is het Köprülüravijn ten westen van Side (zie blz. 307). Tijdens het seizoen kunt u bij het forelrestaurant achter Beşkonak wildwatertochten door twee ravij-nen maken onder leiding van een gids. Dit wordt ook aangeboden voor beginners. Nog opwindender zijn tochten op de rivier de Manavgat, ten noorden van Side. Het mooiste traject begint bij de Şahapbrug tussen Aydınkent en Akseki, waar de rivier door drie kloven stroomt met stroomversnellingen van de vijfde klasse. Let op: ga nooit zonder begeleiding, want de stromingen en kolken kunnen levensgevaarlijk zijn!

Gespecialiseerde aanbieders:
Köprülü Kanyon Rafting, Antalya, tel. 0554 410 08 19, www.raftingantalya.com, wildwatervaardagtochten op de rivier de Köprülü nabij Beşkonak (tussen Antalya en Side); ook canyoning en mountainbiketochten.
Ecoraft, Marmaris, Turunç, tel. 0252 476 79 21, www.ecoraft.com; meerdaagse rafttochten met kamperen, kajaktochten, canyoning op het schiereiland Bozburun (Kavacık Canyon),

Picknicken op het strand geeft een heerlijk vakantiegevoel

speleologische excursies; ook raften op de Melen Çayı tussen Istanbul en Ankara.

Paardrijden

Nog maar dertig jaar geleden waren de ezel, het muildier en het paard in Turkije zeer gangbare vervoersmiddelen. Tegenwoordig worden rijdieren nog uitsluitend gehouden voor recreatieve doeleinden. Maneges waar u op uurbasis paarden kunt huren voor dagtochten zijn te vinden bij Side, Bodrum en Marmaris.

Een bijzonder fraai gebied om te rijden zijn de ruïnes van Patara bij Kaş. Hier biedt **Patara Horse Riding**, Gelemiş, tel. 0242 843 52 98, www.patarahorseriding.com, paardrijtochten aan naar de in het zand begraven stad uit de oudheid.

Ook een mogelijkheid is **vakantie op de manege**, bijvoorbeeld bij de Berke Ranch bij Kemer, Akçasaz Mevkii, Çamyuva, tel. 0242 818 03 33, www.hotelberkeranch.com.

Paardrijtochten in Cappadocië vanaf een middag tot meerdere dagen worden aangeboden door onder meer de Kapadokya Ranch, Ortahisar, Ürgüp, tel. 0531 299 81 31, www.horseriding-kapadokya.com.

Duikcentrum Kaş

De populairste duiklocatie van Turkije is het plaatsje Kaş aan de Lycische kust. Een hele reeks hotels hier hebben zich speciaal toegelegd op duikvakanties en beschikken vaak over hun eigen duikschool. Het hele stadje en het bruisende, maar niet als elders zo luidruchtige uitgaansleven staan voor een groot deel in het teken van de duikersscene.

Duikscholen:
Kaş Diving, www.kas-diving.com
Apollo Diving, www.apollodiving.com
Mavi Diving, www.mavidiving.com
Serena Diving Center, www.sirenadive.com

Surfen

Topsurflocaties zijn vooral te vinden aan de zuidwestkust, waar de Egeïsche Zeewind vrij kan waaien zonder te worden afgeremd door hoge bergen. Als u wilt bigwavesurfen kunt u terecht in de plaatsen Turgutreis op het schiereiland Bodrum, bij Alaçatı op het schiereiland Çeşme en in de regio Datça. Overdag waait daar bijna constant een noordwestenwind met kracht 5 of 6 (*meltem* of *imbat* genoemd). Pas aan het eind van de middag neemt die in kracht af. U kunt uw eigen surfplank meenemen op het vliegtuig, maar ze worden ook op de stranden van alle toeristenoorden voordelig te huur aangeboden.

In Turgutreis bij Bodrum is een zeer goede surfbasis gevestigd voor Hotel Club Armonia, (zie blz. 260).

Zeilen (Blauwe Reizen)

Voor zeilfanaten (of zij die er altijd al van droomden) is de Egeïsche Zeekust met zijn talloze baaien een waar eldorado. Tijdens een *mavi yolculuk* ('Blauwe Reis') zeilt u van de ene azuurblauw glinsterende baai naar de andere (zie blz. 256). Deze vaartochten kunt u gemakkelijk bij reisorganisaties (bijvoorbeeld TUI) boeken, maar ook ter plaatse bij de grote jachthavens van Kuşadası, Bodrum, Marmaris en Fethiye.

In de meeste vakantieoorden worden ook dagvaartochten met een jacht aangeboden. Het programma ligt dan vaak vast en laat weinig ruimte voor eigen initiatief, maar het kustlandschap en de vanaf land vaak onbereikbare baaien zijn schitterend. Belangrijk is wel dat het niet te druk is op de boot, en dat de tocht niet ontaardt in een slemppartij met harde muziek – wat niet zelden gebeurt. Vertel de boosdoeners dat ze hun eigen bootfeest maar moeten organiseren.

Duiken

Het aantal duikscholen is de laatste jaren enorm gegroeid. In de jaren 1980 werd naar aanleiding van de spectaculaire vondsten van scheepswrakken uit de oudheid (bij Finike en de *Uluburun* bij Kaş), en de bezorgdheid over schatzoekers een algemeen duikverbod afgekondigd. Tegenwoordig is het duiken met perslucht (scuba diving) weer toegestaan in de westelijke en zuidelijke kustwateren, mits onder begeleiding van een gecertificeerde gids. Mocht u antieke amforen of iets dergelijks vinden, dan bent u eraan gehouden niets daarvan aan te raken en de Turkse autoriteiten in te lichten; doet u dat niet, dan kunt u zelfs strafrechtelijk worden vervolgd.

In toeristenoorden als Çeşme, Bodrum, Marmaris, Kaş en Alanya worden kennismakingscursussen en cursussen voor het behalen van het **Padi-** of **CMSA-brevet** aangeboden (ongeveer €350). Gevorderden kunnen een uitrusting huren en duikexcursies maken. In de duikwinkels kunt u merkuitrustingen kopen voor aantrekkelijke prijzen.

Wandelen

Er zijn avontuurlijke trektochten mogelijk door afgelegen dorpjes en grandioze landschappen. De ideale periode hiervoor zijn de maanden maart en april; als u de bergen ingaat, kunt u beter in juli en augustus gaan. Helaas is de wandelinfrastructuur (berghutten, gemarkeerde wandelroutes) zo goed als non-existent – zelfs betrouwbare wandelkaarten zijn niet te krijgen. Zonder deskundige gids zouden daarom alleen zeer ervaren trekkers op pad moeten gaan. Onmisbaar zijn stevige wandelschoenen, kompas, mobieltje, voldoende water en een noodrantsoen. Laat voor vertrek (zelfs bij korte tochten) altijd aan achterblijvers, bijvoorbeeld hotelpersoneel, weten wat uw reisdoel en uw geplande route zijn, met het oog op eventuele zoekacties.

De beboste randgebergten van Anatolië zijn zeer geschikt voor eenvoudige wandeltochten. De bergen in het binnenland zijn doorgaans erg dor. Mooie wandelgebieden in de omgeving van badplaatsen zijn het middelgebergte

van de dichtbegroeide Samsun Dağı nabij Kuşadası, de rotsachtige Tekke Dağı (Latmos) nabij Bodrum en de Lycische Weg (zie blz. 279) over de hellingen van de Lycische Taurus tussen Fethiye en Kemer. Ook in het Nationaal Park Ulu Dağ bij Bursa en in de bossen van de berg Köroğlu Dağları, ten westen van Ankara, zijn aantrekkelijke wandeltochten mogelijk, ook al is de wandelinfrastructuur daar nog beperkter. Bijzonder zijn natuurlijk ook wandelingen door de vulkanische maanlandschappen van het Nationaal Park Göreme in Cappadocië.

Wie de voorkeur geeft aan het hooggebergte kan avontuurlijke trektochten maken door de westelijke Taurus. Vanuit Soğukpınar nabij Kemer kunt u de 2375 m hoge Tahtalı Dağı beklimmen; vanuit Elmalı voert een route omhoog naar de Kızlarsivrisi, met 3070 m de hoogste top van de Beydağları. Andere bekende bestemmingen voor bergbeklimmers zijn de uitgedoofde vulkaan Erciyes Dağı ten zuiden van Kayseri, met 3917 m de hoogste top van Centraal-Anatolië, en de Hasan Dağı (3250 m) ten zuiden van Aksaray boven de Ilharavallei.

Gespecialiseerde aanbieders van tochten door het hooggebergte van de Taurus, het Lycische kustgebergte en op de Ararat zijn onder meer Kesit (www.hikingturkey.com) en Explorer (www.explorer.com.tr).

Ölü Deniz, de Blue Lagoon van Turkije

Wintersport

Een tak van toerisme waarin Turkije nog een grote toekomst heeft, is wintersport. De voorwaarden lijken ideaal: in maart en april, en soms zelfs nog begin mei, kunt u aan de zuidkust bij Antalya/Kemer een ski- en een strandvakantie met elkaar combineren. De Turkse skigebieden zijn in vergelijking met die in de Alpen nog zeer bescheiden, maar hierin komt alras verandering: Turkije bereidt op het vlak van wintersportfaciliteiten een waar offensief voor. Het skioord **Saklıkent bij Antalya** is ook nu al interessant, omdat u er vanuit de strandhotels in circa drie kwartier kunt komen. Het grootste skioord van Turkije ligt op de **Ulu Dağ bij Bursa**: de hotels beschikken samen over 2300 bedden; er zijn 11 skiliften en de pisten liggen op 1900–2500 m hoogte.

Stranden

Istanbul en de Zee van Marmara

De Prinseneilanden en de badplaatsen Kilyos en Şile aan de Zwarte Zeekust zijn, omdat zij dicht bij de stad liggen, geliefd bij de inwoners van Istanbul en daarom tijdens de Turkse zomervakantie ontzettend druk. Hetzelfde geldt voor de westkust van de **Zee van Marmara**, die vooral in het gebied rond Yalova is volgebouwd met reusachtige vakantiehuiskolonies.

In Foça begint dan het 'internationale' toerisme, dat zich voortzet helemaal tot Alanya. Van Foça tot Fethiye wordt de kust gekenmerkt door kleine baaien tussen talloze eilandjes. Rond centra als het relatief kalme Çeşme, het Brits-rumoerige Kuşadası, het kosmopolitische Bodrum en Marmaris zijn talrijke kustplaatsjes ontstaan. Voor bijna alle geldt, dat hun stranden nauwelijks meer schoon of verlaten te noemen zijn.

Aan de zuidelijke Egeïsche Zeekust kunt u alleen naar zee (wat hier wil zeggen: naar de kleine baaien) met de boot. Dagvaartochten zoals de 'mini-Blauwe Reizen' worden in alle havenstadjes aangeboden. De mooiste, nog onbebouwde stranden hier zijn Altınkum bij Çeşme, Sedir Adası bij Marmaris, İztuzu bij Dalyan, Ölü Deniz bij Fethiye het strand van Patara bij Kaş.

De Middellandse Zeekust
De Middellandse Zeekust van Turkije is zeer gevarieerd. De Lycische kust wordt niet bezocht door grote horden toeristen, omdat hij bestaat uit steile kliffen met maar weinig stranden. De aansluitende regio Kemer mag zonder veel overdrijving het mooiste vakantiegebied aan de Middellandse Zee worden genoemd, met tophotels tussen uitgestrekte baaien en prachtige stille bossen. Tussen Antalya en Alanya rijgen de hotels zich aan de eindeloze stranden aaneen; dit gebied staat dan ook bekend als de Turkse Rivièra.

Verder naar het oosten, tussen Alanya en Silifke, heeft men de zee en de baaitjes voor zichzelf, maar om een restaurant te bezoeken, moet u een lange rit maken. Echt schitterend is het strand van Kızkalesi. Nog verder oostelijk nemen de kwaliteit van het water en de lucht af door de industrie rond Adana, waar de kilometerslange kust helemaal is volgebouwd. De mooiste kustplaatsen zijn Yumurtalık ten zuiden van Adana, en Uluçınar ten zuiden van İskenderun, dat veel wordt bezocht door Arabische toeristen.

Een kalmer en 's zomers zeer aangename badplaats daarentegen is Erdek aan de zuidkust van de Zee van Marmara en het ervoor gelegen eiland Türkeli.

De Egeïsche Zeekust
Het bovenste deel van de noordelijke Egeïsche Zeeregio, het schiereiland Biga, staat nog onder invloed van de zeer koude stromingen uit de Zwarte Zee. De fraaie stranden aan de Golf van Edremit zijn toeristische bolwerken voor met name Turken, die tegenwoordig in de prospectussen aan de man worden gebracht als de Olijfrivièra. Een charmant badplaatsje is het tussen pijnbomen verscholen liggende Ören.

Souvenirs

Kleding is verreweg het belangrijkste artikel op toeristenmarkten. Gewoonlijk gaat het echter niet om echte merkartikelen, maar om namaak; de kwaliteit is veelal navenant. Hoewel er door de douane nauwelijks op wordt gecontroleerd, is de import in de EU van dergelijke producten in principe illegaal; in landen als Frankrijk en Italië worden de invoerders van namaakmerkartikelen soms met fikse boetes bestraft.

Ook lederen kleding wordt te kust en te keur aangeboden, waarbij u deze vaak op maat kunt laten maken. Verder zult u veel Osmaanse en Oosterse curiosa aantreffen: handgedraaide messing- en koperwaren (dienbladen, kannen), met islamitische patronen beschilderd aardewerk enzovoort.

Tips: Eenvoudige souvenirs zijn zelden echte kunstnijverheid – het meeste komt gewoon uit de fabriek. Gouden sieraden in toeristenwinkels zijn vaak maar 8 karaat en verre van uniek. Mocht u toch in de verleiding worden gebracht, koop dan ten minste 14 karaats goud. Bij de aanschaf van (wand)tapijten wordt u verondersteld lang en hardnekkig te onderhandelen. Maar pas op met antieke tapijten en voorwerpen – de uitvoer daarvan is verboden (zie blz. 73), ook al kunt u ze gewoon kopen.

Goede kunstnijverheidsproducten met een typisch Turkse charme zijn breigoed met nomadendessins, voorwerpen van onyx of albast, pijpen van bij Eskişehir gedolven meerschuim en specerijen, honing en confituren. Op markten worden stoffen met dessins 'à la turca' verkocht, in Alanya kunt u nog traditionele wijde Turkse vissersbroeken kopen.

Afdingen

Op bazaars, bij marktkramers en in souvenirwinkels wordt u verondersteld af te dingen; datzelfde geldt voor hotels in alle categorieën en autoverhuurbedrijven. In supermarkten, warenhuizen en kruideniers daarentegen staan de prijzen vast. Het kan echter zomaar gebeuren dat er bij de kassa een hoger bedrag wordt aangeslagen dan op het artikel staat aangegeven – wees daarop bedacht!

U moet alleen op de prijs van een artikel afdingen als u het ook echt wilt hebben. Wanneer de verkoper met uw bod akkoord gaat, kunt u niet meer terug – zo zijn de spelregels. U kunt in het begin beter helemaal geen bedrag noemen, maar uw standpunt duidelijk maken met het zinnetje 'Heel mooi, maar te duur' *(çok güzel, çok pahalı* – spreek uit: tsjok güzel, tsjok pachale). Wanneer de prijs dan is gedaald, moet uw bod daar ten minste een derde onder zitten. Als u samen na een lang heen-en-weer op ongeveer driekwart van de tweede vraagprijs uitkomt, betaalt u niet teveel. Een zeer werkzame truc daarbij is om op een gegeven moment zogenaamd afscheid te nemen – u zult zien dat de handelaar dan ineens veel flexibeler wordt.

Voor de hele toeristenmarkt geldt dat het prijsniveau wordt opgeschroefd ten gevolge van het feit dat toeristen vaak in tijdnood zitten. Om goed te onderhandelen hebt u immers tijd nodig. Als de toerbus binnen afzienbare tijd weer vertrekt, moet u er eigenlijk niet eens aan beginnen.

Openingstijden

Een wet op de winkelopeningstijden kent Turkije niet. **Winkels** zijn doorgaans geopend van maandag tot en met zaterdag 8.30–19 uur, veelal met een lange lunchpauze tot ongeveer 16.30 uur.

Grote **supermarkten** zijn vaak geopend tot 22 uur. Ook in de toeristenoorden zijn de avondmarkten vaak tot 22 uur open, en veel winkels sluiten zelfs op zondag hun deuren niet.

Ronselaars

In de toeristische delen van Turkije verdient tot wel 30% van de bevolking zijn brood in de toeristenindustrie; de meesten in neven-branches als de souvenir- en tapijthandel. Gewoonlijk krijgt degene die een transactie tot stand brengt hiervoor commissie. Dat is de reden waarom u tijdens een avondwandeling voortdurend wordt aangesproken en men u met alle geweld Ali Baba's tapijthandel probeert in te loodsen. De ronselaars kwijtraken is niet zo eenvoudig. Schelden past u niet, en heeft bovendien geen effect. Nee schudden evenmin – het Turkse gebaar voor 'nee' is overigens een opgeheven kin in combinatie met een licht klakken van de tong. Aangezien de meesten tegen een grapje kunnen, mag u best een komische uitvlucht bedenken. Wat in elk geval werkt, is: 'Ik heb geen geld.'

Weekmarkten

In alle plaatsen is ten minste eens per week markt. In de toeristische kustplaatsen bestaat de klandizie grotendeels uit toeristen, en de kooplui zijn daar uiteraard op ingesteld. De moeite waard daarentegen zijn de boerenmarkten in het binnenland: daar ziet u nog een scharensliep, een mandenvlechter en een kopersslager. De boeren, die soms nog met paard-en-wagen uit de afgelegen dorpjes komen, verkopen zelfgemaakte geitenkaas, honing en olijfolie.

Taxfreeshops

In de taxfreeshops op de luchthavens vindt u een relatief breed assortiment drank, parfums en sigaretten. U dient evenwel te bedenken dat Turkse producten (waaronder in Turkije geproduceerde merksigaretten) in Turkije zelf goedkoper zijn dan in de belastingvrije win-

Grote, vanaf de kust makkelijk bereikbare **weekmarkten** zijn die in Bergama op maandag, in Söke op woensdag, in Milas op dinsdag, in Muğla op donderdag, in Elmalı op zaterdag en in Burdur op woensdag. Milas, Muğla en Burdur waren in de tijd van de Seltsjoeken de residenties van de emirs en later van de Osmaanse pasja's. Door de oude, afgebladderde moskeeën en *konaks* (herenhuizen), en de alomtegenwoordige geschiedenis, is een doelloze slentertocht door zo'n stadje een zeer aangenaam tijdverdrijf.

kels. Hetzelfde geldt voor de zogenaamde 'belastingvrije' verkoop aan boord van het vliegtuig. Alleen internationale luxeartikelen zoals parfums en horloges en dergelijke zijn daar beduidend voordeliger.

Adressen

In de grote stad wordt behalve de straatnaam en het huisnummer ook altijd het stadsdeel *(mahalle)* aangegeven, en vaak ook het gebouw en de verdieping. In kleine plaatsen is vaak helemaal geen sprake van een adres, dan wordt gewoon bijvoorbeeld *PTT yanı* geschreven: bij het postkantoor, of *XY Yolu*: de weg naar XY. In veel steden, vooral de grotere, hebben straten *(sokak)* geen naam maar een nummer.

Handige begrippen en afkortingen:
Bulv. (Bulvar/-ı) = boulevard
Cad. (Cadde/-si) = avenue
Sok. (Sokak/Sokağı) = straat
Mah. (Mahalle) = stadsdeel
Site/-si = centrum, complex
Blok = blok, gebouw
Yapı/-sı = gebouw
Apt. = appartement
Kat = verdieping, etage
Daire = kamer

Het uitgaansleven aan de kust tussen Bodrum en Alanya is het bruisendste van heel Turkije. 'Overal blonde meisjes, die maar één ding willen...' luidt het clichébeeld dat door de boulevardpers wordt opgehouden. In het binnenland is het echter een heel ander verhaal. Daar gaat men 's avonds met vrienden of partner naar een theetuin *(çay bahçesi)* – alle andere etablissementen schurken algauw tegen het rossebuurtmilieu aan. Uitzonderingen hierop vormen de luxehotels en de grote steden als Istanbul, İzmir en Ankara, waar u een modern uitgaansleven kunt vinden.

Uitgaansleven aan de kust

Aan de kust is het tussen mei en september een bruisende bedoening. Het uitgaansleven vindt hier uiteraard vooral plaats onder de blote hemel, met name 's zomers, wanneer het tegen middernacht nog altijd 30 °C kan zijn. Om de geluidsoverlast enigszins binnen de perken te houden, zijn de rumoerige 'music bars' geconcentreerd aan de zogenaamde 'bar streets'.

In alle toeristenoorden veranderen de straten 's avonds in drukke uitgaanswijken met de sfeer van een avondmarkt. Alle winkels zijn open (meestal tot 22 of 23 uur) en talloze cafés, restaurants en bars proberen klandizie te trekken met speciale lokkertjes als breedbeeldschermen en livemuziek.

De beste clubs

Beroemde discotheken zijn de Marine Club in Bodrum, de Crazy Daisy Club in Marmaris, de Aura in Kemer, de Zapfhahn in Alanya en de Ally in de oude stad van Antalya. Vooral de Ally is 's zomers een belevenis, wanneer er maar weinig buitenlandse toeristen komen en het publiek voornamelijk bestaat uit Turkse jongeren.

De oude stadscentra van Kuşadası, Bodrum, Marmaris, Kemer, Antalya en Alanya zijn het toneel van een zeer turbulent nachtleven; hier kunt u in de uitgaanswijken tot laat in de nacht een kroegentocht houden langs knusse cafés en luidruchtige 'music bars'. Bistro, 'candle light', irish pub, american bar – alle mogelijke varianten zijn vertegenwoordigd. Een echte Turkse *lokantalar* is alleen nog ver van de 'bar streets' te vinden.

De overgang van bar naar discotheek verloopt vloeiend – het grijze gebied daartussen wordt ingenomen door de 'music bar'. Deze is soms in de open lucht en soms overdekt, maar de muziek is er altijd supermodern: rave, triphop en wat op dat moment de allerhipste trend is. Heel opmerkelijk is dat niet, want de Turkse popscene bestaat grotendeels uit Duits-Turkse muzikanten en de dj's komen vaak uit Groot-Brittannië. Veelal barst het feest pas na 24 uur los – maar ook niet altijd.

Folkloreshows

Eerder hinderlijk dan amusant zijn de onvermijdelijke avondshows in de hotels, die doorgaans eens per week maar soms dagelijks worden opgevoerd. Onder het motto 'Turkse Nacht' staan dan vrijwel altijd een buikdans (zie blz. 53) en een nagespeelde Turkse bruiloft op het programma, gecombineerd met variété en comedy. Niet zelden wordt ook iemand uit het publiek uitgenodigd mee te doen – vaak is dat dan nog het vermakelijkst!

Concerten

Het is de moeite waard om op affiches te letten waarop avondvoorstellingen staan aangekondigd. Klassieke concerten vinden plaats in de antieke theaters van Efeze, Aspendos en Side. Tijdens de Turkse vakantieperiode treden in de grote vakantieoorden beroemde Turkse popartiesten op, zoals Hande Yener, Mustafa Sandal of Tarkan.

Bedelaars

Vaak zult u zien dat juist Turken, die zelf niet al te veel bezitten, geld geven aan bedelaars. De laatsen zijn vaak oude en/of gehandicapte mensen, die moeten leven zonder vast inkomen. Het geven van aalmoezen is een van de plichten van de moslim en in het christendom is het ook een eerbiedwaardige traditie. Geef echter in geen geval aan bedelende kinderen, die op deze wijze bijdragen aan het inkomen van het gezin – ze kunnen beter naar school gaan.

Drugs

De Turkse narcoticawet is zeer streng. Overtreders hangen gevangenisstraffen boven het hoofd van wel 20 jaar – in beruchte bajesen, waar seksueel misbruik en marteling aan de orde van de dag zijn en Europees ambassadepersoneel nauwelijks hulp kan bieden. Reden temeer om nooit een pakje voor derden te vervoeren, zeker niet in het vliegtuig!

Foto en video

Digitale fotospullen zijn in de vakantieoorden ruimschoots voorhanden; van analoog materiaal kunt u beter zelf een voldoende voorraad meebrengen van huis. Bij gebruik van een digitale camera dient u er rekening mee te houden, dat wanneer u bij zonnig weer fotografeert, u het diafragma wel twee stappen kleiner moet zetten. Het is overigens streng verboden militaire objecten te fotograferen (dat wil zeggen alles, wat soldaten daaronder verstaan). In de vakantieoorden kunt u uw foto's snel, goed en voordeliger dan in eigen land laten afdrukken.

Voordat u onbekenden fotografeert, kunt u beter eerst door middel van een gebaar om toestemming vragen. Heel vaak zult u dan als tegenprestatie worden gevraagd een afdruk van de foto op te sturen. Bij zeer religieuze personen kunt u het beter niet proberen. Bied echter nooit geld aan – ook niet als kinderen daarom bedelen. Daarentegen vragen zeer fotogenieke types zoals kameelruiters in de toeristische sector vaak een vergoeding voor een foto.

Alleenreizende dames

In de 'toeristengetto's' hebben alleenreizende dames niet meer of minder problemen dan waar ook. In grote hotels zult u wel veelvuldig avances van Turkse activiteitenleiders en obers moeten velen, eenvoudig omdat zij maar al te vaak worden beloond. Buiten de toeristenoorden zijn de mannen aanmerkelijk terughoudender, maar ook hier bent u niet gevrijwaard van vervelende toenaderingspogingen.

In noodgevallen kunt u het best de aandacht op u vestigen door luidkeels van u af te bijten (en *ayıp!* = schande te roepen). U wordt het minst lastiggevallen wanneer u de heren geen aanleiding geeft: beantwoord hun blikken niet en kleed u zedig. Bij reizen door het binnenland dienen vrouwen zich aan de traditionele kledingvoorschriften te houden (lange broek of rok, bedekte armen, bij voorkeur een hoofddoek) of een soort zakenpakje te dragen zoals moderne Turkse vrouwen.

In bussen hebben vrouwen het recht om niet naast een man te hoeven zitten. Alleenreizende dames kunnen, wanneer zij iets willen vragen, zich het best wenden tot een Turkse dame – de doorgaans zeer vriendelijke en behulpzame reactie is hartverwarmend!

Gastvrijheid

Turken staan vanouds bekend als zeer gastvrij. Wie op het gebied van een nomadenstam terechtkomt, wordt steevast uitgenodigd en geniet bijzondere bescherming. In de toeristencentra is de gastvrijheid tegenwoordig natuurlijk vooral symbolisch, maar vaak genoeg wordt u in een bazaar een glas zwarte thee (*çay*, spreek uit: tsjai) of appelthee (*elma çay*) aangeboden.

Aan het persoonlijke begroetingsritueel wordt veel waarde toegekend. Het uitwisselen van kussen, zoals in het westelijke Middellandse Zeegebied, is alleen onder goede vrienden gebruikelijk; kennissen en zakenrelaties worden hartelijk de hand geschud.

Traditioneel was het afwijzen van de aangeboden gastvrijheid het startschot voor krijgshandelingen – daarom dient u ten minste zeer beleefd te bedanken en andere, dringende verplichtingen voor te wenden. Wanneer u de woning van een Turk betreedt, wordt u, net als in de moskee, verondersteld uw schoenen uit te doen.

Kleding

's Zomers hebt u voldoende aan katoenen kleding; ook 's nachts is het vaak warmer dan 25 °C. Wanneer u ook buiten de toeristenoorden wilt reizen, neem dan niet alleen korte broeken en overhemden mee. Moderne Turken hechten aan correcte, zakelijke kleding; in traditionele gebieden wordt u verondersteld de 'zedelijkheid' in acht te nemen. Om de vaak geheel overwoekerde antieke ruïnes te bezichtigen zijn stevige schoenen onontbeerlijk, evenals een hoofddeksel met brede rand of iets dat de nek beschermt tegen de zon. In zee zijn zwemschoenen tegen zee-egels en dergelijke onmisbaar!

Moskeebezoek

In Turkije zijn de moskeeën (*cami* of *mescid*) buiten de gebedstijden ook opengesteld voor niet-moslims. De meeste moskeeën zijn 's morgens en van de namiddag tot de avond open; aan het begin van de middag zijn ze vaak gesloten. Vraag bij uitzonderingen naar de *hoca* (spreek uit: hodsja).

Tijdens de gebedstijden en op vrijdag, de heilige dag in de islam, kunt u beter afzien van moskeebezoek – vooral in het nog altijd zeer religieuze binnenland, waar ongepast gedrag nogal eens toeristonvriendelijke reacties kan uitlokken.

Bij een bezoek dient u altijd gepast gekleed te zijn, dat wil zeggen geen korte broek, geen blote armen en dames een hoofddoek. Bij drukbezochte moskeeën worden bij de ingang hoofddoekjes uitgereikt. Ook moet u altijd uw schoenen uitdoen.

Politie en leger

Controles langs de wegen van de *polis* (blauwe uniformen) of de *gandarma* (militaire politie met groene uniformen) zijn schering en inslag. Blijf onder alle omstandigheden beleefd en coöperatief, en matig u geen arrogante houding aan.

Wanneer u met de politie of de autoriteiten in aanraking komt, kan uw geduld danig op de proef worden gesteld. Kennis van vreemde talen (zelfs Engels) zult u bij de betreffende ambtenaren niet vaak aantreffen. Protesten tegen laksheid hebben geen enkele zin en werken eerder averechts. Bij auto-ongelukken en andere ernstige calamiteiten moet u zo spoedig mogelijk de hulp inroepen van een deskundige of advocaat die Nederlands spreekt (voor contact met ambassades zie blz. 68).

Alle militaire objecten zijn voor toeristen strikt taboe; deze fotograferen is streng verboden. Wanneer u verbodsborden ziet die u hierop wijzen, doet u er goed aan deze nauwgezet na te leven; doet u dat niet, dan kan het Turkse leger zeer onaangenaam worden.

Rookverbod

In alle openbare ruimten – overheidsgebouwen, openbaar vervoer, hotels en zelfs cafés en restaurants – geldt een strikt rookverbod. Bij overtreding kunt u een boete opgelegd krijgen van TL50. Roken in de openlucht is uiteraard wel toegestaan.

Toiletten

Elke plaats beschikt over openbare toiletten (*bay* = heren; *bayan* = dames), op z'n minst enkele in de buurt van de moskee. Traditioneel reinigt men zich op de Turkse sta- of hurk-wc's met water en niet met papier. Dat laatste zult u dus niet aantreffen – als u niet zonder kunt, zult u het zelf moeten meebrengen.

Pensions en hotels in de toeristische centra zijn doorgaans voorzien van Europese wc's; u wordt daar echter verondersteld het papier niet in de wc, maar in een afvalemmer te deponeren in verband met de niet geringe kans op verstopping.

Elektriciteit

De spanning op het Turkse elektriciteitsnet bedraagt 220 volt – althans, als er überhaupt spanning op staat. In kleinere vakantieoorden komt het in het hoogseizoen namelijk regelmatig voor dat de stroom uitvalt; maar geen paniek, dit duurt doorgaans maar kort. Om geaarde Europese stekkers aan te sluiten, is soms een adapter vereist, vooral in de eenvoudige hotels en pensions.

Turkse etiquette

Ook al treedt dit niet onmiddellijk aan de dag: de Turkse maatschappij wordt gekenmerkt door scherpe tegenstellingen. Traditie en moderniteit botsen soms hard op elkaar. Er zijn grote verschillen tussen bijvoorbeeld de moderne stadscentra en de voorsteden, tussen de kustgebieden en het binnenland. Afhankelijk van waar u zich bevindt, dient u zich aan de daar heersende omgangsvormen aan te passen. In de grote vakantieresorts kunt u doen wat u wilt, maar zodra u de poort uit gaat komt u in een andere wereld, met andere zeden en gebruiken. Turken zijn doorgaans zeer hartelijk en hulpvaardig, maar de vriendelijke sfeer kan omslaan wanneer u de beleefdheidsnormen niet in acht neemt.

Islam: Religieuze regels spelen een steeds belangrijkere rol. Vooral tijdens een bezoek aan een moskee dient u de regels der betamelijkheid en de heilige plaatsen te respecteren (zie blz. 92). Verder is het verstandig tijdens de ramadan, de vastenmaand, u niet provocerend te gedragen (dus bij voorkeur niet in het openbaar eten en drinken).

Turkse vrouwen: Toeristen doen er goed aan Turkse dames terughoudend te bejegenen. Zo is het onbetamelijk wanneer een man naast een dame alleen gaat zitten of op straat aanspreekt – zelfs als hij gewoon de weg wil vragen. Alleen duidelijk westers georiënteerde vrouwen zijn toegankelijker.

Man en vrouw: Liefkozingen in het openbaar zijn altijd nog taboe: ook Europeanen worden verondersteld zich in acht te nemen. Turkse echtparen (ook moderne) gedragen zich buitenshuis jegens elkaar altijd zeer afstandelijk. Een man die in het openbaar al te intiem doet, maakt zich belachelijk – dat geldt ook voor toeristen. In binnenlandse horeca nemen paren bij voorkeur plaats in een *aile salonu* (gezinssalon, zie blz. 61).

Politiek: Tegen veel politieke kwesties wordt in Turkije heel anders aangekeken dan in Europa. Omdat gesprekken over politiek snel kunnen uitlopen op verhitte, soms zelfs ruzieachtige discussies, kunt u beter alle hete hangijzers (EU-lidmaatschap, islam, Koerden, Armeniërs) buiten beschouwing laten.

Geld en reisbudget

Valuta

Sinds de jaren 1980 heeft de Turkse lira te lijden van een enorme inflatie; in 2004 was 1 euro gelijk aan 1,9 miljoen lira. Begin 2005 werd daarom de Nieuwe Turkse Lira *(Yeni Türk Lirası*, YTL) ingevoerd, ter waarde van een miljoen oude lira's. In 2009 werd de naam van deze nieuwe munt weer terugveranderd in *Türk Lirası* (TL, Turkse lira). De Turken rekenen echter vaak nog steeds in *milyon* (= miljoen = 1 lira). Sinds 2010 is de YTL geen wettig betaalmiddel meer, maar bij banken kunnen de biljetten nog onbeperkt worden gewisseld.

Er worden munten gebruikt van 10, 20 en 50 kuruş, en van 1 en 2 Turkse lira. Verder zijn er biljetten van 5, 10, 20 en 50 lira in omloop. Grote coupures kunnen in het binnenland vaak niet worden gewisseld: leg daarom van tevoren een voorraad kleinere biljetten aan.

Geld wisselen

Wisselkoers in 2010:
YTL1 = ca. €0,50
€1 = ca. YTL2,00
(actuele koersen op www.wisselkoersen.nl)

Het blokkeren van bankpassen bij verlies of diefstal:

+31 30 283 53 72 (Nederland)
+32 70 344 344 (België)

Houd onderstaande informatie bij de hand:
– De naam van de uitgever van de pas (vaak uw bank);
– Het rekeningnummer verbonden aan de verloren of gestolen pas;
– Het nummer van de pas die u wilt blokkeren;
– De persoonlijke gegevens van de betrokken pashouder.

Het is niet nodig om voor vertrek geld te wisselen. In alle plaatsen van aankomst, zoals de luchthavens, zijn wisselkantoren gevestigd. De meeste voor toeristen relevante prijzen, zoals van hotels, huurauto's enzovoort, worden tegenwoordig aangegeven in euro's, Britse ponden en dollars. In alle plaatsen in West-Turkije en in de steden in het oosten kunt u pinnen bij **geldautomaten**.

Contanten en travellercheques kunt u inwisselen bij banken en postkantoren; bij reisbureaus en in hotels kunt u ook contant geld wisselen, maar tegen een ongunstige koers. Bewaar de kwitanties van alle wissel- en pintransacties om eventuele problemen bij de douane een stap voor te zijn.

Creditcards (vooral Master, AmEx en Visa) worden door alle grotere hotels, reisbureaus, moderne winkels en autoverhuurbedrijven geaccepteerd. In het binnenland doet u er goed aan altijd een voldoende voorraad contanten bij u te hebben.

In de belangrijkste toeristencentra (Bodrum, Marmaris, Fethiye, Side, Alanya enzovoort) is het ook bijna overal mogelijk te betalen met euro's (en in Britse ponden). In dat geval wordt er echter met een zeer nadelige koers gerekend, zodat u veel meer betaalt dan nodig is. In andere toeristenoorden kunt u bij particuliere wisselkantoren contant geld in euro's met uw bankpas pinnen. Maar pas op: deze kantoren berekenen vaak een commissie van wel 15%; pas wanneer u weer thuis bent ziet u op uw bankafschrift dat deze is afgeboekt!

Reisbudget

Vergeleken met West-Europa is het algemene prijsniveau in Turkije nog tamelijk gunstig. Zolang het niet om geïmporteerde goederen gaat zoals benzine, liggen de prijzen beduidend lager, in het geval van levensmiddelen ongeveer 50%. Ook de restaurants, allerlei soorten dienstverlening, medicijnen en accommodatie zijn aanmerkelijk goedkoper (hoewel ook deze prijzen de laatste jaren aanzienlijk zijn gestegen). In de toeristische centra liggen de prijzen weer aanmerkelijk hoger dan in het Turkse binnenland. Ook daar wordt een voor buitenstaanders nauwelijks merkbaar systeem van dubbele prijzen gehanteerd, een voor de toerist en een voor de Turk – waarbij de eerste uiteraard een stuk hoger ligt dan de tweede.

De goedkoopste accommodatie kost nauwelijks €15 (eenvoudige pensions in het binnenland van Anatolië). Aan de kust betaalt u tussen €22 en 60 voor een pension of een hotel in de onderste middenklasse (met zwembad, inclusief ontbijt, afhankelijk van het seizoen). Gezinshuisjes, waar het bij de stranden van wemelt, kosten tussen €50 en 110, zonder ontbijt. De betere hotels (viersterren- en luxehotels) hanteren vrij hoge prijzen voor de aanwaaiende toerist, maar zijn in het kader van geheel verzorgde reizen veel goedkoper.

De verschillen tussen de restaurants zijn aanzienlijk. In een eenvoudig eethuis *(lokanta)* kunt u al voor €3,50 een hoofdgerecht als *adana kebab* (zie blz. 62) krijgen. De toeristenrestaurants in de havens zijn soms twee keer zo duur. Vooral vis kan ineens extreem duur zijn – er zijn gevallen bekend van visschotels waar €180 voor moest worden neergeteld.

Een zeer voordelige manier van reizen zijn de bus en de minibus *(dolmuş,* zie blz. 76). Voor de reis van Kaş naar Mugla (400 km) bijvoorbeeld, betaalt u TL20 (€10). Ook taxi's (zie blz. 76) zijn in Turkije veel goedkoper dan in West-Europa.

Voor ritten vanaf luchthavens gelden vaste prijzen, die bij de taxistandplaats zijn aangegeven. Anders betaalt u in de taxi €0,25-0,50 per km, naar gelang het dag- *(gündüz)* of nachttarief *(gece)* geldt. In de minibus geldt een tarief van ongeveer €1 per 10 km. Een liter superbenzine kost ca. €1,90.

In nachtclubs in Istanbul kunt u voor zeer kostbare verrassingen komen te staan; u drinkt een paar biertjes en krijgt als u wilt afrekenen een nota van €300 gepresenteerd. Zelfs wanneer u de consumptie door het huis aangeboden krijgt, kan voor de show alsnog een astronomisch bedrag in rekening worden gebracht. Dit alles is legaal, en het is zo goed als onmogelijk er onderuit te komen.

Kortingen

Op vertoon van een Internationale Studentenkaart (ISIC), een perskaart of wanneer u geloofwaardig kunt maken dat u de Turkse nationaliteit hebt, komt u in aanmerking voor korting op de toegangskaartjes van musea en archeologische locaties. Speciale stadspassen of museumpasse-partouts zijn er niet.

De beroemdste bezienswaardigheden (de Hagia Sophia in Istanbul, Efeze, Pergamon) zijn erg prijzig; om alles te kunnen zien moet men vaak verschillende kaartjes kopen. Georganiseerde excursies zijn vaak een voordelig alternatief, omdat dan alle entreeprijzen in de totaalprijs zijn inbegrepen.

Fooi

Dit is een heikel onderwerp, want het geeft aanleiding tot veel gekwetste gevoelens. Te veel fooi is kwetsend, te weinig ook, geeft men de waard dan is hij gekwetst, lijkt het op omkoping, dan nog meer – geeft men niets, dan voelt men zichzelf schuldig.

Wanneer de bediening in het restaurant zeer naar wens was, kunt u het best omgerekend €1-3 op het tafeltje achterlaten. In het betere hotel geeft u het kamermeisje 5-10 lira, bij voorkeur aan het begin van uw verblijf, dan vindt u misschien zelfs bloemen op uw bed. In de taxi rondt u naar boven af tot een rond lirabedrag.

Reisperiode en klimaat

Het klimaat van Turkije is van regio tot regio zeer verschillend (zie Vegetatiezones, blz. 17). De zuidkust is het warmst, met maximale temperaturen in de zomer van meer dan 40 °C. 's Winters kan er in korte tijd zeer veel neerslag vallen, maar meestal is het zonnig met maximum temperaturen rond 20 °C.

Weersvoorspelling
De meeste commerciële portals op internet (zie blz. 66) bieden ook links naar weerdiensten.

Het klimaat, ingedeeld naar regio
Zee van Marmara, Istanbul, Zwarte Zeekust: Warme zomers, koele winters met enige sneeuwval, aan de oostelijke Zwarte Zeekust ook 's zomers zware neerslag in de vorm van regen.

Egeïsche Regio: Warme tot zeer warme zomers, relatief zachte, maar vochtige winters.

Zuidkust: Zeer warme, zwoele zomers, het zeewater is tot november warm genoeg om in te zwemmen, zeer zachte winters.

Centraal-Anatolië: Zeer warme, droge zomers ('s nachts kan het sterk afkoelen), koude winters.

Oost-Anatolië: Zeer warme zomers ('s nachts kan het sterk afkoelen), zeer koude winters.

In het Zwarte Zeegebied duurt het **badseizoen** van half juni tot begin september; aan de Egeïsche Zeekust van eind mei tot eind september; aan de zuidkust van half mei tot eind oktober.

De beste periodes voor **bezichtigingsrondreizen** zijn mei/juni en september, in het zuiden ook oktober. In juli en augustus is het eigenlijk te warm om de ruïnes in het westen en zuiden van Turkije te bezichtigen; voor het binnenland is het juist de beste periode.

De **meeste neerslag** valt tussen oktober en maart, vooral in de kustgebergten. Aan de Zwarte Zeekust regent het veel, ook 's zomers. Centraal-Anatolië daarentegen is droog en heeft zelfs woestijnachtige eigenschappen.

Klimaatdiagram Antalya

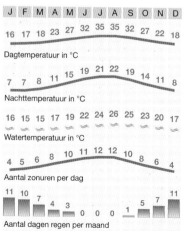

Klimaatdiagram Ankara

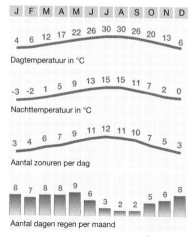

Gezondheid

Officieel zijn inentingen niet verplicht, maar het kan geen kwaad de polio-, difterie- en tetanusvaccinaties te vernieuwen. Als u van plan bent een reis door Centraal-Anatolië te maken, kunt u overwegen ook een vaccinatie tegen cholera en tyfus te halen.

Gevallen van malaria hebben zich in de risicovolle gebieden in het zuidoosten (de Çukurovavlakte rond Adana, de regio van de GAP-stuwmeren) al enige tijd niet meer voorgedaan (u kunt inlichtingen inwinnen bij de regionale gezondheidsdiensten; informatie is ook op te vragen op de website www.cdc.gov van het Amerikaanse Center of Disease Control). Voor de zekerheid kunt u zich insmeren met een antimuggenmiddel (zoals Autan, Deet) en het is raadzaam 's avonds niet met blote armen en/of benen naar buiten te gaan.

Als u onverhoopt **ziek wordt** en behandeling door een arts noodzakelijk is, dient u de kosten hiervan uit eigen zak voor te schieten. Bewaar zorgvuldig alle betalingsbewijzen met daarop de in rekening gebrachte medische handelingen. Thuis kunt u deze indienen bij uw ziektekostenverzekeraar. Handig is een zogenaamd **111-formulier**, waarmee de medische kosten door de Turken direct bij uw eigen zorgverzekeraar kunnen worden gedeclareerd, zodat u die niet hoeft voor te schieten. U dient deze bij uw ziektekostenverzekeraar aan te vragen. Een **reisverzekering** kan in geval van medische noodzaak of overlijden de kosten van repatriëring dekken.

U hoeft geen uitgebreide **reisapotheek** mee te nemen; Turkse apotheken (zie onder) zijn goed voorzien en niet duur.

Artsen en apotheken

De staatsziekenhuizen (*devlet hastanesi*) wekken op het eerste gezicht vaak een nogal rommelige indruk. De behandelingen zijn niet duur en de artsen doorgaans competent. Vaak spreken zij wel Engels, maar het verplegend personeel niet. In Istanbul en Ankara zijn ook buitenlandse ziekenhuizen gevestigd. Bij het zoeken naar een arts kunt u de hulp inroepen van het hotelpersoneel. Pas echter op voor de talloze **privéklinieken** (*özel hastanesi*) aan de toeristische kusten: ze zijn wel modern uitgerust, maar gaan vaker tot (prijzige) behandelingen over dan strikt noodzakelijk.

Apotheken (*eczane*) hanteren de gebruikelijke openingstijden, dat wil zeggen van ongeveer 8.30 tot 19 uur (in toeristische centra vaak tot 21 uur); ze verkopen naast geneesmiddelen ook gewone drogisterijartikelen. Omdat voor de meeste medicijnen geen recept is vereist, kan de apotheker u adviseren omtrent het benodigde middel. Voor kleinere ongemakken hoeft u dus niet eerst naar een arts.

Vooral in de toeristenoorden zijn talloze apotheken te vinden die veelgevraagde pillen als Viagra over een koopje aanbieden. Alle reguliere geneesmiddelen zijn onder hun eigen naam verkrijgbaar, als u speciale medicijnen nodig hebt kan het zijn dat u moet weten hoe de werkzame stof heet, zodat de apotheker u een alternatief kan verstrekken.

Tips ter preventie

De meest voorkomende aandoeningen zijn **verbranding door de zon** en **darmproblemen**. Wat betreft zonnebrand: onderschat nooit de intensiteit van de Turkse zon. Artsen raden dringend zonnebrandcrèmes aan met een beschermingsfactor van ten minste 30; kinderen zouden een crème met factor 60 moeten gebruiken.

Alarmnummers

Brandweer	tel. 110
Eerste hulp	tel. 112
Politie	tel. 155
Verkeerspolitie	tel. 154
Jandarma	tel. 156

Wat betreft **buikloop**: neem geen grote hoeveelheden drank met ijs tot u, want dit is de meestal de oorzaak. Ook doet u er goed aan regelmatig uw handen te wassen. Leidingwater in de steden is meestal gechloreerd en dus drinkbaar; op het platteland kunt u beter alleen mineraalwater uit de fles gebruiken (ook bij het tandenpoetsen). Bij lichtere gevallen kan een dieet van koolzuurhoudende drank en zoute koekjes helpen. Houden de problemen aan, dan zijn in de apotheek geneesmiddelen als Lorimid en Ercefuryl vrij verkrijgbaar. Als er ook sprake is van koorts kunt u beter een arts raadplegen.

Pas ook op met zwemmen in **zwembaden**: tijdens het hoogseizoen worden ze immers intensief gebruikt en daardoor kunnen er allerlei ziektekiemen in voorkomen, met middenoorontstekingen en dergelijke tot gevolg. U kunt beter in de zee zwemmen, die is vaak schoner dan het zwembad.

Ten slotte dient u ernstig rekening te houden met **AIDS**. Condooms worden in het Turks *prezervatif* (in de volkstaal ook wel *kapot)* genoemd en zijn verkrijgbaar in apotheken en supermarkten.

Diefstal en oplichting

Diefstal komt in Turkije maar zelden voor – stelen ligt voor Turken ver beneden hun waardigheid. Toch geldt ook hier dat u in de stad beter op uw spullen moet letten dan op het platteland. In Amerikaanse reisgidsen worden vooral bezoekers van Istanbul gewaarschuwd tegen verdovende middelen in drankjes (ook thee en koffie). Voor de toeristische centra geldt in verhoogde mate dat u uw eigendommen in de gaten moet houden, maar vooral met het oog op de lange vingers van medetoeristen.

Zeer ergerlijk zijn de vele pogingen toeristen een hogere prijs te berekenen. Dat gebeurt in de bazaars, in de taxi en door allerlei soorten dienstverleners – zelfs schoenpoetsers vragen aan toeristen het dubbele. Iemand afzetten is voor Turken echter een soort pekelzonde; wie zich laat afzetten is gewoon dom en verdient niet beter – ook de politie is hiervan niet onder de indruk.

Wees dus op uw hoede en niet al te goed van vertrouwen. Ook en misschien vooral bij grote aankopen zoals edelmetalen of tapijten dient u goed op te passen: koop alleen als u weet wat u doet en stevig hebt onderhandeld (zie blz. 88).

Terrorisme

Sinds de terroristische aanslagen van 2008, die vermoedelijk het werk waren van een aan Al Qaida en de Koerdische PKK gelieerde groep, bestaat in het hele land het risico op aanslagen. Deze richten zich echter eerder tegen moderne Turken dan toeristische centra. Turkije heeft strenge veiligheidsmaatregelen genomen; toch is het niet raadzaam alleen door het zuidoosten te reizen. Momenteel (2010) is er desondanks beslist geen sprake van een negatief reisadvies.

Wellicht ten overvloede: vervoer nooit pakketjes voor derden, hoe onschuldig dit ook mag lijken (zie Drugs, blz. 91).

Bosbrandpreventie

Van april tot oktober bestaat vanwege de hitte en droogte een verhoogde kans op bosbranden. Bij het picknicken, autorijden en tijdens het bezoeken van ruïnes dient u altijd de volgende regels in acht te nemen: laat geen glazen of plastic flesjes achter (die kunnen als vergrootglas werken) en gooi nooit brandende peuken weg. Open vuur is in die periode streng verboden; let op de verbodsborden, die ook zonder kennis van het Turks prima te begrijpen zijn.

Internetcafés

Omdat nog lang niet elk Turks huishouden beschikt over een computer, zijn in vrijwel alle steden internetcafés te vinden. Surfen kost meestal ongeveer €2 per uur, met een minimum van een halfuur. In veel hotels en restaurants kunt u tegenwoordig vaak gratis gebruikmaken van een computer met internetaansluiting (maar helaas is deze meestal bezet). U zult wel even moeten wennen aan de Turkse toetsenborden, want meestal zijn dat gemodificeerde Amerikaanse types met speciale Turkse tekens.

Draadloos internet, zodat u met uw eigen laptop kunt internetten, vindt ook steeds meer ingang – niet alleen in de luxehotels, maar ook in veel middenklassenhotels, pensions, winkelcentra en luchthavens.

Post

Postkantoren (voorheen PTT, sinds de privatisering van de telecommunicatie ook Posta genoemd) vindt u in nagenoeg elke plaats. De hoofdpostkantoren in de grotere steden hanteren veelal de volgende openingstijden: ma.– za. 8–23, zo. 9–19 uur. Kleine kantoren en agentschappen zijn geopend ma.–zo. 8–12.30, 13.30–17.30 uur, in veel toeristencentra ook wel langer.

Postzegels *(pul)* zijn verkrijgbaar bij het loket, maar vaak wordt u brief(kaart) daar eenvoudig afgestempeld. Het tarief voor een ansichtkaart *(kartpostal)* of brief *(mektup)* met luchtpost ligt rond €0,50; uw poststuk is dan 3 tot 5 dagen onderweg. Post naar Europa dient u in de postbus met het opschrift *yurtdışı* te deponeren; u kunt uw brief ook afgeven bij het loket.

Bij het postkantoor kunt u ook travellercheques verzilveren en contant geld wisselen, maar doorgaans zijn de wisselkoersen bij banken voordeliger.

Radio en tv

Tv: De meeste betere hotels beschikken tegenwoordig over satelliet-tv, zodat u Nederlandse en Belgische kanalen kunt ontvangen. Korte nieuwsberichten in het Engels en Duits worden uitgezonden door TV 2, het tweede net van de staatszender TRT (Türkiye Radyo ve Televizyon), dagelijks na het nieuws van 7 uur en van 22 uur, TRT International dagelijks na 23 uur.

Radio: Radio TRT III zendt dagelijks om 9, 12, 14, 17, 19 en 22 uur op de FM-frequentie 88,2–99 MHz korte nieuwsberichten uit in het Engels, Duits en Frans (ook na het Turkse nieuws).

De vakantiezender van de Turkse radio (TRT Tourism Radio) verstrekt dagelijks tussen 7.30–12.45 en 18.30–22.30 uur informatie in het Engels, Duits en andere talen over actuele evenementen, nieuws en bezienswaardigheden (Ankara: 100,3 MHz, Istanbul 101.6 MHz, İzmir: 101,6 MHz, Kuşadası: 101,9 MHz, Bodrum: 97,4 MHz, Marmaris: 101,0 MHz, Antalya: 92,1 MHz, Alanya: 94,4 MHz).

Telefoneren

In de blauwe telefooncellen, die u in grote aantallen bij de postkantoren aantreft, kan alleen worden getelefoneerd met telefoonkaarten. Deze *telefon kartı* zijn verkrijgbaar in winkels, bij kiosken, bij de loketten op het postkantoor en bij die van Türk Telekom. Met een kaart van 100 punten *(bir yüz)* kunt u ongeveer 5 minuten bellen. Bij de meeste kaarttelefoons kunt u een Engelstalig menu kiezen. Makkelijker in het gebruik zijn de tafeltoestellen bij de post- en Telekomloketten, maar daar is het 's avonds altijd erg druk, vooral na 22 uur, wanneer het 'maneschijntarief' van toepassing is (ma.-za. 22–9 uur en de hele zondag). Overdag kost een minuut bellen over het vaste net ongeveer €0,75.

Ook in Istanbulse clubs wordt driftig mobiel gebeld

Om naar het buitenland te bellen vanuit Turkije kiest u eerst oo of +, dan het landnummer van Nederland (31) of België (32), vervolgens het netnummer zonder de eerste nul, en ten slotte het abonneenummer. Wanneer u van Nederland of België naar Turkije wilt bellen, kiest u eerst oo (of +) dan 90, vervolgens het provinciale netnummer zonder nul en ten slotte het abonneenummer. Het Turkse telefoonnet hanteert netnummers die overeen komen met de diverse provincies. Als u bijvoorbeeld wilt bellen van Bodrum naar Marmaris (beide plaatsen liggen in de provincie Muğla), dan hoeft u dus geen netnummer in te toetsen, maar het kan ook geen kwaad.

Een **mobiele telefoon** wordt in het Turks *cep* (spreek uit: dsjep) genoemd. Europese telefoons kunnen aan de kust en in de steden in het binnenland automatisch verbinding maken met een netwerk; in verlaten bergregio's is daarentegen meestal geen signaal beschikbaar. Wanneer u een Turks nummer belt, moet u geen landnummer intoetsen, maar wanneer u een buitenlands mobieltje belt, dient u altijd het internationale landnummer te kiezen (voor Nederlandse mobieltjes 0031, voor Belgische 0032), ook wanneer de persoon die u wilt bereiken

in het restaurant op de hoek zit. De kosten kunnen in deze situatie overigens enorm oplopen, want u belt immers in via Nederland of België.

Wanneer iemand van thuis u in Turkije belt, kan dat ook tot hoge kosten leiden, want de verbinding buiten Nederland of België komt voor uw rekening. Datzelfde geldt voor voicemailberichten. U kunt uw voicemail dus beter uitzetten!

Kranten

In Istanbul, Ankara en de toeristische centra zijn internationale kranten en tijdschriften verkrijgbaar met een dag vertraging. Er verschijnen ook Turkse kranten in Engelse edities: in de Hürriyet Daily News vindt u toeristische informatie, vertaalde artikelen uit Turkse kranten, internationaal sportnieuws en weerberichten.

Uitkranten zijn er nog nauwelijks. In de regio Bodrum/Marmaris verschijnt een gratis informatieblad, *Aegean Sun*; de in Istanbul verschijnende *Time Out* heeft ook een Engelstalig deel. In de *Hürriyet* verschijnt eveneens een uitgaansagenda voor Istanbul.

In de toeristische gebieden aan de Middellandse Zeekust tussen Bodrum en Alanya kunt u zonder kennis van het Turks prima uit de voeten. Vrijwel iedereen die in het toerisme aldaar werkzaam is, spreekt Engels, Duits, Russisch en/of andere talen. In het binnenland is dit echter bepaald niet het geval; als u niet beperkt wilt zijn tot gebarentaal, dient u daar te beschikken over een uitvoerige taalgids. Hoe dan ook, u doet er goed aan ten minste een beetje Turks te kennen, al was het maar om de plaatsnamen correct te kunnen uitspreken.

Het Turks is, anders dan Indo-Europese talen, een agglutinerende (letterlijk: samenlijmende) taal, wat wil zeggen dat aan woorden affixen zoals achtervoegsels worden geplakt, die de betekenis van dat woord verder specificeren. In het Turks komen daarom ellenlange woorden voor met soms vele suffixen achter elkaar; de taal is dan ook erg moeilijk om te leren.

Een complicerende factor daarbij is dat achtervoegsels nu eens met, dan weer zonder medeklinker kunnen voorkomen:

camii = moskee *(cami)* + de bezittende suffix (moskee *van* ...)

caddesi = straat *(cadde)* + bezittende suffix (straat *van* ...)

Vaak past de klinker zich aan de klank van de voorafgaande klinker aan. Deze 'klankharmonie' verloopt volgens vaste regels; die komen hoofdzakelijk hierop neer, dat de volgende lettergreep even 'licht' moet zijn, of maar één stap 'lichter' mag zijn, dan de voorafgaande:

Ankara'da = in Ankara

evde = in huis

In bepaalde gevallen passen ook veel medeklinkers zich aan het stamwoord aan:

kitapta = in het boek

kitabım = mijn boek

Het gebeurt ook wel dat tussen de klinkersuffix en de voorafgaande klinker een medeklinker wordt geschoven:

eve = naar huis

Ali'ye = naar Ali

Uitspraak

In de regel ligt de klemtoon op de eerste lettergreep; dus: *mey*danı in niet: mey*da*nı, zoals men vaak hoort.

Het Turks kent ook lettertekens die in het Nederlands anders worden uitgesproken, dan wel onbekend zijn:

c klinkt als dsj:
  cami (moskee) – dsjami

ç klinkt als tsj:
  kaç (hoeveel) – katsj

e klinkt als een korte, open è:
  evet (ja) – èwet

g – als de g in het Engelse *gold*:
  güzel (mooi, lekker) – guuzèl

ğ – als een verlenging na een a, ı, o, u:
  dağ (berg) – da'a
  – als j na een e, i, eu, u:
  değil (niet) – dejiel

h – tussen klinkers als een gewone h:
  postahane (postkantoor) – posta'hane
  – aan het einde van een lettergreep, na een donkere klinker als donkere zachte g:
  bahçe (tuin) – bagtsje
  – aan het einde van een lettergreep, na een lichte klinker als een lichte zachte g:
  salih (vroom) – salieg

ı – tussen e en u in, zoals de e in 'fase':
  halı (tapijt) – gale

j – stemhebbend als zj:
  plaj (strand) – plaazj

s stemloze, scherpe s als in 'plots':
  su (water) – soe

ş – als (r)sj (met een heel zachte r):
  şelale (waterval) – (r)sjelale

v – als w:
  ve (en) – wè
  – achter een a als au:
  pilav (rijst) – pilau

y – als j in jagen:
  yol (weg) – jol

Algemeen

goedendag	iyi günler
goedenavond	iyi akşamlar *(iyi akrsjamlar)*
goedenacht	iyi geceler *(iyi gedsjeler)*
tot ziens (degene die vertrekt zegt:)	allaha ısmarladık *(allaha esmarladek)*
(degene die blijft zegt:)	güle, güle *(gulè, gulè)*
ja	evet *(èwet)*
nee	hayır *(hajer)*
pardon	pardon
alstublieft	lütfen
dank u zeer	teşekkür ederim! *(tersjekuur ederiem!)*
bedankt	teşekkürler
er is	var
er is geen	yok
vriend	arkadaş *(arkadarsj)*
mijn beste	asık *(asjek)*
groot	büyük *(buujuuk)*
klein	küçük *(kuutsjuuk)*
heet	sıcak *(sedsjak)*
koud	soğuk *(so'hoek)*

Onderweg

halte	durağı *(duraje)*
bus / minibus	otobüs / dolmuş
auto	araba
afrit	çıkış *(tsjekersj)*
rechts	sağda *(sah'da)*
links	solda
rechtdoor	dosdoğru *(dosdoh'ru)*
inlichtingen	danışma
telefoon	telefon
postkantoor	postane
spoorwegstation	istasyon, gar
busstation	otogar oder garaj *(garaazj)*
luchthaven	havalimanı (of havaalanı)
stadsplattegrond	şehir haritası
ingang	giriş *(girirsj)*

uitgang	çıkış *(tsjekersj)*
geopend	açık *(atsjek)*
gesloten	kapalı
kerk	kilise
museum	müze
strand	plaj *(plaazj)*
brug	köprü
plein	meydan

Tijd

uur	saat *(sa'at)*
dag / dagen	gün / günler
week	hafta
maand	ay
jaar	yil
vandaag	bugün
morgen	yarın *(jaren)*
maandag	pazartesi
dinsdag	salı
woensdag	çarşamba
donderdag	perşembe
vrijdag	cuma *(dsjoema)*
zaterdag	cumartesi
zondag	pazar *(bazar)*

Winkelen

supermarkt	süpermarket
markt	pazar *(bazar)*
markthal	çarşı *(tsjarsje)*
geld	para
creditcard	kredi kartı
te duur	çok pahalı
drie stuks	üç tane *(uutsj tanè)*

Eten en drinken

ontbijt	kahvaltı *(kagwalte)*
diner	akşam yemeği
mes	bicak *(bidsjak)*
vork	çatal *(tsjatal)*
lepel	kaşık *(karsjik)*
bord	tabak
glas	bardak
fles	şişe *(sjirsjè)*
niet scherp van smaak	acı yok *(adsje jok)*
vegetarisch	vejetaryan

Accommodatie

pension	pansiyon
hotel	otel
kamer	oda
driepersoonskamer	üç kişilik oda
wc	tualet
douche	duş *(doersj)*
bagage	bagaj *(bagaazj)*
nota	hesap

Noodgevallen

hulp	imdat
politie	polis
arts	doktor
tandarts	diş doktoru
apotheek	eczane *(edsj'zanè)*
ziekenhuis	hastane
ongeval	kazan
pech	ariza

Getallen

1	bir	19	on dokuz
2	iki	20	yirmi
3	üç	25	yirmi beş
4	dört	30	otuz
5	beş	40	kırk
6	altı	50	elli
7	yedi	60	altmış
8	sekiz	70	yetmiş
9	dokuz	80	seksen
10	on	90	doksan
11	on bir	100	yüz
12	on iki	150	yüz elli
13	on üç	200	iki yüz
14	on dört	500	beş yüz
15	on beş	2000	iki bin
16	on altı	100.000	yüz bin
17	on yedi	200.000	iki yüz bin
18	on sekiz	1 miljoen	bir millyon

Belangrijke zinnen

Algemeen

Ik begrijp het niet.	Anlamıyorum.
Hoe heet u?	Adınız ne?
Ik heet ...	Benim adım ...
Waar komt u vandaan?	Nerelisiniz?
Hoe gaat het?	Nasılsın? (per Du)
Uitstekend!	Çok iyiyim
Spreekt u Engels/Duits/ Nederlands?	Ingilizce/Almanca/Hollandaca bilir misiniz?
Hoe laat is het?	Saat kaç?

In het restaurant

Bon appetit!	Afiyet olsun!
Proost!	Şerefe!
Ik wil graag ...	İstiyorum ...
Is er ook ...?	... var mı?
Wat kost dat?	Bu ne kadar?
Nog wat brood a.u.b.	Biraz daha ekmek
Er is geen ...	... gelmedi
De rekening, a.u.b.	Hesap lütfen
Waar is de wc?	Tuvalet nerede?

Onderweg

Waar ligt ...?	... nerede bulunur?
Waar kan ik ... krijgen?	Nerede ... bulabilirim?
Waar is de dichtstbijzijnde apotheek?	En yakın eczane nerede?
Welke bus gaat naar ...?	...e (a) hangı otobüs gider?
Wanneer vertrekt hij?	ne zaman kalkıyor?
Stop a.u.b.!	Lütfen durun!
We hebben haast!	Acelimiz var!
Laat me met rust!	Beni rahat bırakın!

In het hotel

Is er een kamer beschikbaar?	Bir oda alabilir miyim?
De wc/douche doet het niet.	Tuvalet/duş bozuldu.
Een moment, a.u.b.	Bir dakika, lütfen
Ik wil graag om 6 uur gewekt worden	Lütfen bizi altı'da uyandırın!

Het Kruisridderkasteel aan de haven van Bodrum

Onderweg

Uitzicht in de wijk Karaköy op de Hagia Sophia

Istanbul en omgeving

Istanbul, Constantinopel of Byzantium – de stad aan de Bosporus heeft vele namen en gezichten. De bezoeker die met een cruise-schip de landtong tussen de Zee van Marmara, de Bosporus en de Gouden Hoorn nadert, wordt door een adembenemend stadssilhouet begroet. Boven de wirwar van huizen en steegjes rijzen de ontelbare koepels en minaretten op van islamitische moskeeën. Dit sprookjesachtige panorama weet al sinds mensenheugenis schrijvers, kunstenaars en reizigers te inspireren tot uitbundige liefdesgedichten over de stad van de Byzantijnse keizers en Osmaanse sultans. Hier en op andere plaatsen pronkt de stad met zijn schoonheid, maar op weer andere plaatsen is overduidelijk te zien hoe moeilijk het is om de noodzakelijke infra-structurele voorzieningen te verenigen met kwaliteit van leven.

De megastad met 15 miljoen inwoners barst uit al zijn voegen. Toch heeft deze levendige metropool een fascinerende aan-trekkingskracht, waaraan men zich maar moeilijk kan ontrekken. Talrijke festivals en culturele evenementen onderstrepen de claim van Istanbul dat het eigenlijk de hoofdstad van de Turkse Republiek zou moeten zijn. Ook de EU-toetredingsonder-handelingen spelen een niet onbelangrijke rol voor de stad die van oudsher al het knooppunt is tussen oost en west, de Oriënt en Europa. Istanbul is een bruisende, leven-dige Europese metropool, waar de tegen-stellingen tussen de westerse levensstijl en de Anatolische tradities werkelijk kolossaal zijn, maar deze tegenstellingen dragen daardoor juist bij aan de flair van de stad. Istanbul heeft altijd al open gestaan voor nieuwkomers, en verschillen tussen etnische groepen of talen speelden er slechts zelden of nooit een belangrijke rol.

In een oogopslag
Istanbul en omgeving

Hoogtepunten

1 ▼ **Istanbul:** De bouwwerken van de Byzantijnse keizers en de Osmaanse sultans, met bovenaan de lijst het sprookjesachtige Topkapıpaleis (zie blz. 113) en de grandioze Hagia Sophia (zie blz. 118), behoren tot de belangrijkste bezienswaardigheden van Turkije. Andere hoogtepunten zijn het voormalige Hippodroom (zie blz. 121), de Sultan Ahmetmoskee ('Blauwe Moskee', zie blz. 122) en de Grote Bazaar (zie blz. 128) met zijn onoverzichtelijke doolhof van steegjes.

De Prinseneilanden: Wie na wat inspannende dagen vol bezichtigingen toe is aan wat ontspanning, kan een boottocht maken naar de Prinseneilanden in de Zee van Marmara. Het mooiste en grootste eiland is Büyükada, een echt zomerse vakantie-idylle. Met een door paarden getrokken koets wordt u vervoerd naar mooie stranden en Byzantijnse kloosters (zie blz. 158).

Fraaie routes

De İstiklal Caddesi: De 'Straat van de Onafhankelijkheid' met zijn gebouwen van rond 1900 is al meer dan 100 jaar de beroemdste uitgaansstraat van de stad (zie blz. 140).

Van de Süleymaniyemoskee naar de Gouden Hoorn: Van de Süleymaniye Camii (zie blz. 130) lopen steegjes heuvelaf naar de Gouden Hoorn. De wijk wordt gekenmerkt door traditionele kunstnijverheid. Langs de route staan eenvoudige theehuizen met authentieke charme.

Van Karaköy naar Ortaköy: U rijdt eerst met de *tramvay*, dan per bus langs de Bosporus. Op de route zijn het Museum İstanbul Modern (zie blz. 136), het Dolmabahçepaleis (zie blz. 141) en het Yıldızpark bij het Çırağanpaleis (zie blz. 142) echt een stop waard. Het mooiste panorama vindt u in Ortaköy voor de gigantische brug naar Azië (zie blz. 142).

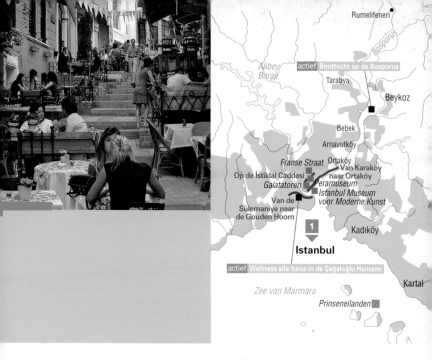

Tips

Franse Straat: Beyoğlu op zijn mooist. Om de charme van de op Franse leest geschoeide belle époque weer te doen herleven, werd nabij de İsitiklal Caddesi een steeg met cafés, bars en restaurants *à la française* gerenoveerd (zie blz. 136).

Galatatoren: Al van verre is dit herkenningspunt te zien. U hebt er een overweldigend uitzicht van een volle 360°. In de schaduw van de Galata Kulesi liggen restaurants, in de omliggende steegjes vindt u ook zonder plattegrond leuke winkeltjes met sieraden, kleding en tweedehands spullen (zie blz. 140).

Schilderijen – kunst: Het Pera Müzesi (Peramuseum, zie blz. 140) aan de Meşrutiyet Caddesi stelt oriëntaliserende schilderijen van de 17e tot de 19e eeuw tentoon. Het het Museum İstanbul Modern in Karaköy presenteert hedendaagse Turkse kunst (zie blz. 136).

actief

Wellness alla turca in de Cağaloğlu Hamamı: Het beroemde Turkse bad met zijn historische, marmeren inrichting kunt u alleen naakt, met een handdoek rond de heupen bezoeken. Het privéschuimfeestje met massage is bij de prijs inbegrepen (zie blz. 126).

Boottocht op de Bosporus: Deze beroemde zee-engte wordt al sinds mensenheugenis door de inwoners van Istanbul gebruikt als recreatiegebied. U kunt u met een boot gerust langs de oevers laten varen, maar neem vooral ook een middag de tijd om eens lekker te relaxen in een van de plaatsen langs de oever (zie blz. 153).

Byzantium, Constantinopel, Istanbul – elke naamswisseling hield monumentale veranderingen in voor de stad, waarvan het lot ook vandaag nog wordt bepaald door zijn strategisch en economisch gunstige ligging. Grieken, Romeinen, Byzantijnen en Osmanen drukten hun stempel op de gestaag veranderende nederzetting en zetten bouwwerken neer die tot de mijlpalen van de architectuurgeschiedenis behoren.

Stadsstructuur en ligging

Van oudsher was Istanbul verdeeld in verschillende subcentra, die elk een eigen karakter bezaten. Dat is ook nu nog duidelijk herkenbaar, ook al heeft de stad zich intussen ontwikkeld tot een bijna onoverzichtelijke megastad met nieuwe, moderne centra als Nişantaşı, Şişli of Levent.

Het schiereiland tussen de Zee van Marmara en de Gouden Hoorn vormde bijna altijd het centrum van de macht, of het nou onder de Byzantijnen of de Osmanen was. De wijk **Sultanahmet** met de **Hagia Sophia**, de **Sultan Ahmetmoskee** bij het Hippodroom en het **Topkapıpaleis** van de sultans met de harem vormt het hoogtepunt van een bezoek aan Istanbul. Het **Archeologisch Museum** op het paleisterrein bezit een van de belangrijkste verzamelingen ter wereld van de vroege culturen van de Oriënt en de klassieke oudheid.

Landinwaarts ligt de wijk **Beyazıt**; hier bevindt zich de beroemde **Grote Bazaar** met zijn wirwar van steegjes en winkeltjes, een waar doolhof. De naastgelegen kolossale **Süleymaniyemoskee** torent op een heuvel boven de hele wijk uit.

In de door de eeuwen heen organisch gegroeide wijken **Fatih** en **Fener** bleven bezienswaardige monumenten van de Byzantijnen behouden. De beroemde **Kariye Camii**, de voormalige **Chorakerk**, nabij de stadswal, geldt vanwege zijn mozaïekdecoraties als een van de mooiste Byzantijnse kerken (zie blz. 134). Tegenwoordig is Fatih, net als het naburige **Eyüp**, een zeer religieuze wijk met conservatieve normen en waarden, waar toeristen wel getolereerd worden, maar niet altijd even graag geziene gasten zijn.

In **Beyoğlu** aan de andere kant van de Gouden Hoorn woonden altijd de Europese gezanten. De jugendstilgevels aan de winkelstraat **İstiklal Caddesi** zijn vandaag de dag de stille getuigen van de enorme bloei van de bouwstijl van de Franse belle époque. Bijzonder bezienswaardig is ook het zeer fraaie **Dolmabahçepaleis** aan de oever van de Bosporus.

De aan de Bosporus gelegen uitgaanswijk Ortaköy heeft zijn dorpse karakter weten te behouden. Vooral 's avonds en in het weekeinde zijn de cafés, bars en restaurants aan de idyllische boulevard overvol. De op de Aziatische zijde gelegen plaatsen **Üsküdar** en **Kadıköy** zijn tegenwoordig uitgestrekte woonsteden met moderne winkelstraten.

Geschiedenis

De oorsprong van de stad ligt bij een Griekse handelskolonie die Byzantion heette en was vernoemd naar de mythische stichter Byzas. Sinds de 2e eeuw v.Chr. behoorde de stad tot het Romeinse Rijk, maar hij werd pas van wereldpolitiek belang toen keizer Constantijn de zetel van de regering van Rome hierheen verplaatste. Onder de naam Nova Roma werd de nieuwe hoofdstad vanaf het jaar 330 met prachtige paleizen en forums uitgebreid en kreeg na de dood van de keizer de naam Constantinopel. Theodosius II (408-450) vergrootte het stadsgebied nog meer door een gigantische stadsmuur te bouwen, die de stad meer dan 1000 jaar tot een onneembare vesting maakte. Verlangend keken de barbaren die Europa overspoelden naar de ongehoorde luxe van de metropool, maar ze strandden allen voor de poorten van de meest schitterende stad ter wereld.

Zelfs toen kruisvaarders van de vierde kruistocht onder leiding van de Venetianen er in 1204 in slaagden de stad in te nemen naar aanleiding van een strijd om de troon en Constantinopel de hoofdstad werd van een Latijns keizerrijk, betekende dit niet het einde van de Griekse metropool. Ook al werden er talrijke schatten door plunderende kruisridders uit de stad geroofd, na de herovering in 1261 begon de laatste Byzantijnse bloeitijd onder de Paleologenkeizers. Het rijksgebied kromp echter steeds meer, en toen Constantinopel op 29 mei 1453 in handen van de Osmanen viel, was het voormalige wereldrijk al bijna geslonken tot op de stadsgrenzen. Sultan Fatih ('de Veroveraar') Mehmet II trok de stad binnen en liet zich daar tot de nieuwe keizer kronen. Onder Osmaanse heerschappij beleefde de metropool luister en teloorgang, maar behield zijn kosmopolitische karakter – Grieken (in Fener en Kumkapı), Joden (in Balat) en Europeanen (in Beyoğlu) leefden in etnische wijken. Zelfs in de rijksregering waren de Turken in de minderheid tussen de Albanezen, Armeniërs en ook Grieken. Atatürk wees deze 'on-Turkse' stad af als hoofdstad van de moderne Turkse Republiek, waardoor Ankara de zetel van de regering werd. Deze kunstmatige hoofdstad heeft het historisch gegroeide Istanbul echter nooit de loef kunnen afsteken.

En Istanbul groeit door. Elk jaar stromen honderdduizenden mensen op de vlucht voor de armoede uit het oosten van het land naar de stad, waar in de voorsteden de *gecekondu* (zie blz. 403) doorwoekeren. De voormalige boeren en dagloners, die daar met hun gezinnen gaan wonen, hebben nauwelijks kans op werk. In dit klimaat vinden vooral extremistische en fundamentalistische partijen een ideale voedingsbodem. De infrastructurele ontwikkeling daarentegen is allang ergens blijven steken. Het verkeer en de uitlaatgassen bereiken tijdens de spits ondraaglijke hoogten en een ononderbroken water- en stroomnet kan niet worden gegarandeerd.

Tip: Reisplanning

In Istanbul kan het klimaat in de zomer erg vermoeiend zijn: bij zuidenwind *(lodos)* is het er benauwd en broeierig en regelmatig wordt de 40 °C gehaald, bij noordenwind *(poyraz)* is het er ook heet, maar aangenamer. Ook in september en oktober is het klimaat aangenamer. De winters zijn vochtig en kil en ze duren niet zelden tot eind april. Omdat in veel huizen nog met kolen gestookt wordt, is de stad dan gehuld in smog. Sneeuw valt er zelden, maar als het gebeurt, komt heel Istanbul tot stilstand. Van oktober tot mei is het verstandig om regenkleding mee te nemen (paraplu's zijn niet geschikt, vanwege de vaak sterke windstoten).

Om Istanbul, dat zeer rijk is aan bezienswaardigheden, echt intensief te verkennen, hebt u wel een paar weken nodig. Tijdens een stedentrip van vier dagen kunt u hooguit een eerste indruk opdoen. Als het mooi weer is, sla dan eens een van de gebruikelijke bezienswaardigheden over en maak in plaats daarvan een tochtje over de Bosporus of naar de Prinseneilanden.

De accommodatie loopt in Istanbul sterk uiteen, van een luxe suite voor $2000 tot een pensionnetje voor €15. In het algemeen zijn de prijzen de afgelopen jaren sterk gestegen. Maar als u een all-inreis maakt, speelt de officiële hotelprijs natuurlijk nauwelijks een rol. In de minder populaire wintermaanden geven hotels in Istanbul tot 50% korting.

Het historische erfgoed van Istanbul

Thema

Istanbul heeft sinds mensenheugenis te kampen met grote steden-bouwkundige en verkeerstechnische problemen. In het historische centrum komt nieuwbouw in botsing met de bescherming van het historische erfgoed. Vooral de houten Osmaanse woonhuizen, die relatief goed bestand zijn tegen aardbevingen, worden bedreigd. Na decennia van betonbouw is er nu echter een kentering zichtbaar.

Dagelijks dreigt Istanbul ten onder te gaan aan een verkeersinfarct. Als het spitsuur is, willen taxi's zelfs al niet meer rijden. Bovendien bent u dan te voet toch sneller. De bouw van de ringweg *(sahil yolu)* over de funda-menten van de voormalige zeemuren was ooit omstreden. Ook de Tarlabaşı Bulvarı in Beyoğ-lu en de in de Bosporus gebouwde kustweg op stelten bij Arnavutköy zijn omstreden. Het ambitieuze Marmaraytunnelproject, een spoor-lijn onder de Bosporus van Azië naar Europa, zal waarschijnlijk eenzelfde kentering ken-nen. Op het moment ligt het project stil van-wege archeologische opgravingen in de bij Yenikapı ontdekte Theodosiushaven. De vol-tooiing is op zijn vroegst in 2012 te verwach-ten. Dan moet Yenikapı een overstapstation gekregen hebben, waar de Hafifmetro van de luchthaven, de grote metro van Taksim en de Marmarayspoorlijn bij elkaar komen. Want al-leen via het spoor kan de megalopool greep krijgen op zijn transportproblemen.

Boven de historische wijken van Istanbul zwaait vaak de sloopkogel. Vooral de houten huizen in de binnenstad worden bedreigd. Hoewel die huizen nu grotendeels in handen zijn van het DAI, het Duitse Archeologische In-stituut, en de gemeentelijke instantie Kudeb begonnen is met de restauratie van de eerste huizen, worden de op waardevolle bouw-grond staande panden toch vaak slachtoffer van een hardhandige sloop.

In 2010 was Istanbul culturele hoofdstad, waardoor het stadsbestuur van Groot-Istanbul veel geld heeft kunnen vrijmaken voor het be-houd van historische bezienswaardigheden in het stadsbeeld. Zo werd er hard gewerkt aan de Süleymaniyemoskee; sinds de heropening halverwege 2010 schittert deze weer in al zijn pracht.

Omdat staats- en gemeentelijke middelen niet toereikend zijn, is de stad al tijden aan-gewezen op privé-initiatieven. Zo zette Çelik Gülersöy, de in 2003 gestorven directeur van de Turkse Touringclub (TTOK), zich als eerste in voor de Osmaanse houten huizen van Istan-bul. Het ging daarbij om de Soğukçeşme So-kağı achter de Hagia Sophia (tegenwoordig het luxehotel Ayasofya Konakları) en het Yeşil Ev aan de voet van de Sultan Ahmetmoskee (ook een luxehotel, met een fraai tuincafé). Andere projecten van de TTOK werden verwe-zenlijkt in het Yıldızpark (de Malta Köşkü), in de buurt van de Chorakerk (het Kariyehotel) en ook op de Çamlıcaheuvel (Turks café).

De afgelopen tijd zijn de oude, mooie hou-ten huizen ook herontdekt door de goedver-dienende middenklasse. In plaats van in be-tonblokken, ver buiten het centrum, wonen ze nu liever weer in chique, historische hui-zen in het centrum. Een voorbeeld daarvan is de door jonge architecten gerestaureerde kleine Ayrancı Sokak aan de voet van de Sü-leymaniye – de bontgeschilderde houten hui-zen laten goed zien, hoe een historische hui-zenrij eruit kan zien.

Een ander probleem van de stad is de nabijheid van tektonische breuklijnen. Sinds de grote aardbeving van 1999 in de Marmarastreek wordt de aandacht meer gericht op rampenbestrijding (zie blz. 17). Wanneer de volgende, grote klap komt, weet niemand, maar die zou wel eens rampzalige gevolgen kunnen hebben.

Sultanahmet

Kaart: blz. 124

Op de groene landtong tussen de Bosporus en de Zee van Marmara klopt van oudsher het beschavingshart van Istanbul. Het arsenaal van historisch representatieve bouwwerken overspant het hele spectrum, van de Byzantijnse Hagia Sophia tot het Osmaanse Topkapıpaleis. Als stille getuigen van de vroegere heersende machten houden ze nog steeds bezoekers in hun ban. Het centrum van de stad, de wijk **Sultanahmet**, doet helemaal niet aan als een museum, het is juist verrassend levendig met een gezellige bedrijvigheid: handelaren, waterverkopers en flanerende Turkse gezinnen zorgen hier voor afwisselende, kleurrijke accenten.

Topkapıpaleis **1**

Het 'serail', het paleis van de Osmaanse sultans, oogt in vergelijking met de paleizen van westerse heersers wat bescheiden: een reeks paviljoenachtige gebouwen, die om vier hoven gegroepeerd zijn (dag. behalve di. 9–19 uur, laatste entree 18 uur, toegang: 20 TL; harem: 9–17 uur, extra toegang 15 TL, audiogidsen verkrijgbaar aan de kassa).

Na de inname van Constantinopel in 1453 woonde de sultan met zijn harem eerst in het Eski Saray ('Oude Paleis') op het terrein van de universiteit van Istanbul. Pas nadat dit paleis rond 1541 door een brand was verwoest, verhuisde sultan Süleyman de harem naar het **Topkapı Sarayı** ('Kanonnenpoortpaleis') op de voormalige akropolis. Daar brachten de sultans toch altijd al het grootste deel van hun tijd door tussen hun daar gestationeerde troepen. Het terrein werd vervolgens tot een uit-

gedijde residentiestad omgebouwd, tot de Osmanen in de 19e eeuw verhuisden naar het Dolmabahçepaleis (zie blz. 141).

Voor de ingang tot het eerste hof van het Topkapı Sarayı staat de **Fontein van Ahmet III** (Ahmet III Çeşmesi), die in 1728 in de Turkse rococostijl gebouwd werd. Uit de getraliede erkers opzij, waarachter zich de fonteinbekkens bevinden, werden ooit schalen met vers water aangereikt.

Als u door de eerste poort loopt, de **Bâb-i-Hümayun** ('Keizerlijke Poort'), ligt links de alleen voor concerten en exposities toegankelijke kerk **Hagia Eirene** (Aya Irini), opgericht door Constantijn. Het huidige uiterlijk van de 'Irenekerk' is grotendeels nog steeds zoals bij de hernieuwde bouw vanaf 740. Het gebouw werd door de Osmanen als wapenarsenaal gebruikt. De aankleding binnen in de kerk, die bijvoorbeeld tijdens het Istanbulfestival als concertzaal dient, ging bijna helemaal verloren. Het koor wordt gedomineerd door een monumentaal goudmozaïeken kruis in de apsis. Naast de kerk liggen de gebouwen van de **Darphane**, de Munt van de sultans, gebouwd in 1727. In dit complex worden bijzondere tentoonstellingen over cultuurhistorische thema's gehouden.

Iedereen had vroeger toegang tot het eerste hof met werkplaatsen, een hospitaal en het janitsarenkamp, maar achter de **Bâb-üs-Selâm** ('Poort van de Begroeting', ook wel **Orta Kapı**, 'Middenpoort') begint het eigenlijke paleisterrein. Tegenwoordig staat hier de kassa van het museum. Het tweede hof was ooit een door dieren bevolkt parklandschap. Aan de rechterkant bevinden zich de **keukens**, duidelijk herkenbaar aan de vele schoorstenen. In de tien zalen wordt tegenwoordig een waardevolle porseleincollectie tentoongesteld. Aan de overkant hiervan ligt het **Kubbe Altı** met een open voorportaal. Daar resideerden in drie overkoepelde ruimten met prachtig vergulde traliepoorten de grootvizier, de Osmaanse staatsraad (divan) en ook de financiële administratie (iç hazine).

Achter de 41 m hoge **Toren der Gerechtigheid** ligt de hoofdingang van de harem, de Equipagepoort. Daarachter sluit iets lager gelegen het **Hof der Bijldragers** aan, waar ooit de lijfgarde van de sultan zijn kwartier had. Daar liggen ook de stallen van het paleis, waarin tegenwoordig de koetsen van de sultans worden getoond.

Het derde hof is bereikbaar door de **Bâb-üs-Saadet** ('Poort van de Gelukzaligheid'). Onder het overstekende dak werd de nieuwe sultan getroond, en hier nam deze ook op islamitische hoogtijdagen regelmatig gelukwensen in ontvangst. Achter de poort verspert het **audiëntiepaviljoen** (Arz Odası) de blik op het derde hof, waarvan de gebouwen grotendeels als paleisschool dienden. Door het gebruik om jongens als slaven te ronselen (devşirme) kwamen hier hoofdzakelijk kinderen van christelijke ouders terecht. Witte eunuchen namen de opvoeding van de 12- tot 18-jarige jongens op zich en leidden ze op tot staatsambtenaren (Turks: ağa, waarvan het woord page is afgeleid). De dwars in het hof staande **Ağalar Camii** was voor hen bedoeld. In het **Şeferli Koğusu**, het eerste gebouw rechts, leefden de pages, die de sultan op zijn reizen begeleidden. Nu zijn hier Osmaanse gewaden uitgestald. In de aangrenzende **schatkamer** (Hazine Dairesi) werden de rijkdommen van de heerser opgeborgen. Topstukken in de collectie zijn de troonzetel, het zwaard van Osman, een in goud en zilver uitgevoerde armrelikwie van Johannes de Doper en ook de uit de film bekende Topkapıdolk.

In de **Hirka-i Saadet Dairesi** op de noordhoek van het hof kunt u de heiligste relikwieën van de islam bezichtigen, die sultan Selim I in 1517 van zijn veldtocht naar Egypte meebracht: Mohammeds mantel en banier worden in een zilveren schrijn bewaard, in vitrines worden het zwaard, baardharen, een tand, het zegel en een voetafdruk van de profeet tentoongesteld.

Het vierde hof was ooit het privéterrein van de sultans. Het **Revan Köşkü**, een paviljoen naast de voormalige tulpentuin, liet Murat IV na de verovering van Eriwan in 1635 oprichten. Via een terras met een waterbassin en een

Het Topkapı Sarayı, het paleis van de sultans

Topkapıpaleis

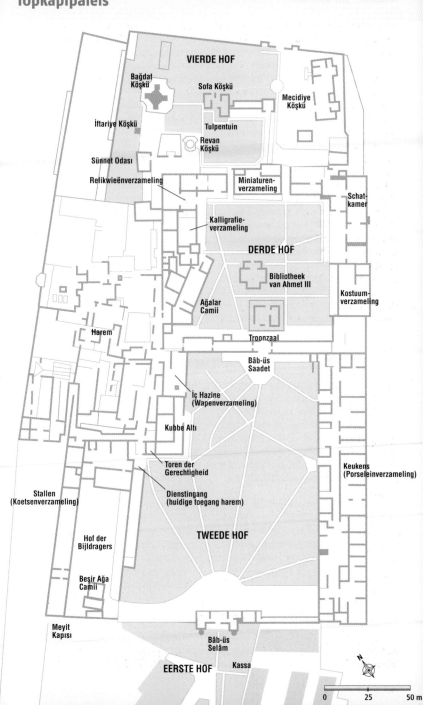

VIERDE HOF

Bağdat Köşkü

Sofa Köşkü

Mecidiye Köşkü

İftariye Köşkü

Tulpentuin

Revan Köşkü

Sünnet Odası

Relikwieënverzameling

Miniaturen-verzameling

Schat-kamer

Kalligrafie-verzameling

DERDE HOF

Bibliotheek van Ahmet III

Kostuum-verzameling

Ağalar Camii

Harem

Troonzaal

Bâb-üs Saadet

İç Hazine (Wapenverzameling)

Kubbe Altı

Toren der Gerechtigheid

Dienstingang (huidige toegang harem)

Keukens (Porseleinverzameling)

Stallen (Koetsenverzameling)

Hof der Bijldragers

TWEEDE HOF

Beşir Ağa Camii

Meyit Kapısı

Bâb-üs Selâm

Kassa

EERSTE HOF

N

0   25   50 m

wandelgang bereikt u het **Sünnet Odası**, waar de besnijdenis van de prinsen werd voltrokken. Een markante bezienswaardigheid is het **İftariye Köşkü** van Ibrahim I. Onder het gouden dak nam de sultan de *iftar* tot zich, de avondmaaltijd tijdens de ramadan. Naar aanleiding van de verovering van Bagdad liet zijn voorganger Murat IV op de noordhoek van het hof het **Bağdat Köşkü** bouwen met een overstekend dak. Vanuit het **Mecidiye Köşkü** bereikt u het lager gelegen restaurant Kalyon met een prachtig uitzicht over de Bosporus.

Een rondgang door de **harem** begint bij de Equipagepoort van het tweede hof. Volgens schattingen woonden er in het doolhofachtige complex in de bloeitijd ongeveer 1600 mensen, naast de sultan en zijn gezin nog ongeveer 1000 vrouwen en 600 eunuchen. Het woonoppervlak van het ca. 6700 m² grote, drie tot vijf verdiepingen tellende complex is verdeeld in ongeveer 300 kamers. De onder sultan Süleyman uit hout opgetrokken gebouwen werden onder Murat III vervangen door stenen gebouwen. De huidige wirwar van in elkaar overlopende ruimten, steegjes en passages, hoven en kamers is het resultaat van eeuwenlange bouwwerkzaamheden.

De imposantste ruimten van de harem bevinden zich in de sultansvleugel. In de Hünkar Sofası ('Vorstensalon') zat de sultan onder een baldakijn, terwijl hij vermaakt werd door de muziek van muzikanten op de galerij. Door een fonteinruimte komt u in de door Sinan ontworpen Murat III Sofası, waarvan de wanden zijn betegeld met kostbare İzniktegels.

Archeologisch Museum 2

Op het terrein van het Topkapı Sarayı ligt een van de belangrijkste archeologische musea van Turkije, het **Arkeoloji Müzesi İstanbul** (di.–zo. 9.30–17 uur, 10 TL, korting voor scholieren en studenten, gratis vanaf 65 jaar). Als centraal museum van het rijk kreeg het sinds de 19e eeuw de spectaculaire vondsten uit de opgravingen in Mesopotamië en Anatolië (Babylon, Mitanni, Urartu, Hettitische Rijk) onder zijn hoede. Tegenwoordig worden die getoond in de dependance tegenover het hoofdgebouw, het **Eski Şark Eserleri Müzesi** (Museum

van oud-Oriëntaalse kunst). De beste stukken zijn de beroemde Mesopotamische koningsbeelden en het in steen gebeitelde verdrag tussen farao Ramses II en de Hettietenkoning Hattusili III (ca. 1270 v.Chr.), dat als het oudste, overgeleverde vredesverdrag ter wereld geldt en waarvan een replica in de lobby van de VN in New York staat opgesteld.

De monumentale porfieren sarcofagen van de Byzantijnse keizers in het hof zijn zeer indrukwekkend. In het **Çinili Köşkü** ('Tegelpaviljoen') zijn waardevolle voorbeelden van de Seltsjoekse en Osmaanse tegelkunst te zien. Het gebouw was bestemd als troonzaal voor Mehmet II kort na de inname van de stad.

In het **hoofdgebouw** tellen de vondsten uit de necropolis van Sidon (tegenwoordig Libanon) tot de belangrijkste stukken, die door effectieve belichting en rode tapijten zeer goed tot hun recht komen. Het belangrijkste stuk is de Alexandersarcofaag, waarop prachtige reliëfs scènes uitbeelden van een strijd tussen de Perzen en de Macedoniërs – zoals Alexander de Grote hoog te paard – en een leeuwenjacht. De sarcofaag werd waarschijnlijk in het laatste kwart van de 4e eeuw v.Chr. voor een lokale, hellenistische vorst in het huidige Libanon gemaakt. Die probeerde zich misschien te identificeren met de heldendaden van de Macedonische koning. De klaagvrouwensarcofaag (midden 4e eeuw v.Chr.) ernaast is als een kleine tempel vormgegeven en toont in zijn reliëfvelden voorstellingen van rouwende vrouwen. Het deksel van de sarcofaag wordt gesierd door een rondomlopende rouwstoet.

Op de begane grond zijn in de collectie nog meer hoogtepunten van beeldhouwkunst uit de Griekse en Romeinse oudheid te vinden: architectonische fragmenten uit de Dorische tempel van Assos (Noord-Egeïsche kust), beelden uit de thermen van Milete of de beroemde Efebe van Tralles, een voorstelling van een jonge man. In de Romeinse keizersgalerij zijn o.a. indrukwekkende portretkoppen van Marcus Aurelius, Diocletianus en de Oost-Romeinse heerser Arcadius (4e eeuw) uitgestald. In dezelfde zaal staan de laatantieke beambtenbeelden uit Aphrodisias. Boeiend is ook de afdeling Byzantijnse kunst: beelden, iconen,

In de gouden kooi – de harem

De harem van de sultan in het Topkapı Sarayı werd bijna volledig afgescheiden van de buitenwereld. Afgezien van de vorst, zijn familie, de vrouwen, kinderen en slaven had niemand toegang tot de in legenden gehulde privévertrekken. De harem is ook nu nog omgeven door een zweem van zwoele erotiek, hoewel we nu heel goed weten hoe het er echt aan toe ging achter de muren van de harem.

Omdat men destijds volledig aangewezen was op speculaties en vermoedens, veranderden de haremvertrekken in de hoofden van westerse schrijvers in een bolwerk van seksuele losbandigheid. In de preutse 19e eeuw gebruikten schilders de harem om hun erotische fantasieën op het canvas vast te leggen – Chassériau, Ingres, Gérôme e.a. creëerden in die tijd oosters ogende schilderijen, waarop piepjonge odalisken zich naakt uitstrekken op huiden, met op de achtergrond zinnelijke slavinnen in de baden van het paleis.

Pas sinds de harem werd opgeheven en het paleisarchief werd geopend, krijgen we een beter beeld van het leven in het serail, waar strenge regels golden. De hoogstgeplaatste personen waren de moeder van de sultan *(valide sultan)* en de hoofdopzichter van de zwarte eunuchen, de *kızlar ağası*. De zwarte eunuchen waren verantwoordelijk voor de vrouwen, de witte eunuchen moesten zorgen voor het natje en het droogje van de sultan. Alle haremvrouwen – deels krijgsbuit, deels dochters van armere families, die de sultan cadeau werden gedaan – waren slavinnen. Nieuwe odalisken (van het Turkse *odakızlar*, 'vrouwen van de kamer') werden eerst wegwijs gemaakt in de regels van het paleis en moesten toetreden tot de islam. Als de meisjes een bijzonder talent bleken te hebben, dan kregen ze les in de schone kunsten. Zo kregen ze de mogelijkheid om opgenomen te worden in de huishouding van de sultan, die met zijn vier hoofdvrouwen *(kadınler*, enkelvoud *kadın)* in een afzonderlijk deel van de harem leefde.

Het dagelijks leven in de overvolle kamers van het serail was een aaneenschakeling van ledigheid en verveling. Omdat de vrouwen de harem nooit zonder begeleiding mochten verlaten, zorgde vooral het geïntrigeer van de moeder van de sultan, de favoriete vrouwen en de concubines voor gespreksstof. Vaak heerste er onder de hoofdvrouwen van de vorst een genadeloze concurrentie, want elke *kadın* wilde dat haar zoon troonopvolger – en daarmee zijzelf tot *valide sultan* verheven werd. Het bekendste voorbeeld daarvan was Haseki Hürrem (Roxelana), de favoriete vrouw van sultan Süleyman de Grote. De uit Rusland ontvoerde dochter van een Tartaar wist zich door haar doelbewustheid en meedogenloosheid snel op te werken tot hoofdvrouw van de sultan. Door een complot wist ze hem ertoe te brengen zijn eerstgeboren zoon en de rechtmatige troonopvolger te laten executeren, om zo haar eigen zoon, de latere Selim II, op de troon te brengen. Met haar gedrag bevond Roxelana zich in goed gezelschap, want al sinds Mehmet II (1451–1481) was het traditie onder Osmaanse heersers om broers en troonpretendenten te laten vermoorden. En als de sultan dan het paleis betrok, werden alle bewoners van de harem vervangen, de vrouwen van zijn voorganger kwamen in het Eski Saray, het oude paleis.

sarcofagen en kunstnijverheid verschaffen u een levendig beeld van het oude Constantinopel. Een grote, speciale tentoonstelling toont de nieuwste vondsten die zijn gedaan in de opgravingen nabij Yenikapı, in de daar ontdekte haven uit de oudheid. Na de bezichtiging nodigt de theetuin onder de bomen uit tot een pauze tussen klassieke beelden en kapitelen.

Gülhanıpark

Het **Gülhanı Parkı** behoorde ooit tot de tuinen van het Topkapıpaleis. Het park kan bezocht worden via de Soğukçeşme Kapısı ('Poort van de Koele Bron'), gelegen onder het Archeologisch Museum. Het park, waarin nu een kleine dierentuin is gevestigd, strekt zich uit tot de punt van het schiereiland (Saray Burnu). Daar staat de Gotenzuil, die vermoedelijk in 332 door keizer Constantijn ter herinnering aan de veldtocht tegen de Goten van zijn zoon Constantijn II werd opgericht. Op het Korinthische kapiteel, dat de 15 m hoge granieten schacht bekroont, zou ooit het beeld hebben gestaan van Byzas, de oprichter van de stad.

De **Verheven Poort** ❸, de Bâb-i-Ali, ligt tegenover de ingang naar het Gülhanıpark. Als bestuurszetel van de grootvizier was dat het politieke hart van het Osmaanse Rijk, waar ambassadeurs van westerse mogendheden hun opwachting kwamen maken.

Hagia Sophia ❹

Het kolossale gebouw van de **Hagia Sophia** werd ooit de *megalè ekklesia* genoemd, de 'grote kerk' van het christendom, en het achtste wereldwonder, waarmee keizer Justinianus zelfs de tempel van Salomon overtroffen zou hebben: in alle tijden wist de architectuur van deze kerk, gewijd aan de heilige wijsheid, bewondering te wekken. Schrijvers uit de late oudheid gebruikten al superlatieven om de prestaties van de bouwmeesters Anthemios van Tralles en Isidoros van Milete en het inzicht van hun bouwheer keizer Justinianus op gepaste wijze hulde te brengen (dag. behalve ma. 9–17 uur, laatste entree 16 uur; galerie sluit om 16 uur, toegang 20 TL).

Vóór de bouw van de kerk van Justinianus stonden op deze plek al twee eerdere gebouwen. De eerste kerk liet stadsgrondvester Constantijn vanaf 326 bouwen. Na de vernietiging door een grote brand werd daar onder keizer Theodosius II in 415 een groter gebouw voor teruggeplaatst. De Nikaopstand (zie blz. 121) maakte in 532 de Theodosiaanse basiliek met de grond gelijk. In slechts vijf jaar werd vervolgens de Justiniaanse kerk gebouwd die in 537 ingewijd werd. Tot de ondergang van het Byzantijnse Rijk in 1453 was de Hagia Sophia bisschops- en staatskerk, waarbij de hoogtijdagen van het kerkjaar altijd in aanwezigheid van de keizer en de patriarch werden gevierd.

Na de verovering van de stad door sultan Fatih Mehmet II werd de Hagia Sophia in een moskee veranderd *(Aya Sofya Camii)*. Daarna werden de vier minaretten en verschillende türbes (grafmonumenten) van gestorven sultans op het kerkterrein gebouwd. Meermaals waren herstelwerkzaamheden noodzakelijk. De omvangrijkste restauratie is in 1847–1849 uitgevoerd. Atatürk beëindigde de uitoefening van het islamitische geloof in de Hagia Sophia, die sinds 1934 een museum is.

De Hagia Sophia wordt betreden door het buitenste voorportaal (exonarthex), die uitkomt op de **binnennarthex**, waar negen doorgangen met bronzen deuren toegang geven tot de hoofdruimte. Naast marmeren lambriseringen en ornamentele goudmozaïeken valt een figuratief mozaïek op boven de keizersdeur uit de 9e eeuw, voorstellend een deemoedige keizer Leo VI, in bijzijn van Maria en Johannes de Doper, aan de voeten van de tronende Christus. In het zuidelijke voorportaal lag de Orea Porta ('Mooie Deur'), waardoor de keizer in een feestelijke processie vanuit het keizerlijk paleis de kerk inschreed. Aan de historische functie van de deur herinnert het 10e-eeuwse mozaïek in de lunet: de Moeder Gods met het Kind als beschermheilige van Constantinopel; keizer Justinianus presenteert het model van de Hagia Sophia; Constantijn biedt de stad Constantinopel aan.

Het interieur van de Hagia Sophia is christelijk en islamitisch

Bij het betreden van de **hoofdruimte** maakt de koepel, die bijna vrij in die ruimte lijkt te zweven, een overweldigende indruk. De Justiniaanse architecten ontwierpen hier een van de geniaalste ruimten in de geschiedenis van de architectuur. Op de vierkante grondslag van de koepel staan vier pijlers, die echter door een ingenieus verband niet alleen de last van de koepel lijken te dragen. Op de bogen die op de vier pijlers rusten, rijst de rondom bevensterde, met licht doorstroomde koepel op tot een hoogte van 56 m. Aan de noord-, zuid-, en westkant liggen galerijen boven de zijruimten, die zich via arcaden openen naar de koepelruimte.

De overweldigende indruk van de Hagia Sophia berust ook op haar overdadig rijke **interieur**. De wanden zijn tot aan de aanzet van het gewelf met marmer- en porfierplaten bekleed, die uit één blok zijn gezaagd en zo zijn aangebracht, dat het patroon gespiegeld wordt. De vloer bestaat uit proconnesisch marmer; met uitzondering van het omphalion voor de tweede pijler aan de rechterkant. Dit rechthoekige stuk vloer van groene, rode en zwarte marmeren delen markeerde ooit de plaats van de keizer tijdens kerkdiensten.

Een bijzondere attractie is de 'zwetende zuil' aan de eerste pijler aan de linkerkant. De legende gaat dat de H. Gregorios Thaumaturgos de steen een helende werking verleende: deze zou oogaandoeningen verzachten en verslapte mannen hun kracht teruggeven. In de 19e eeuw werden de ronde schilden op de pijlers aangebracht, waarop de namen van Allah en Mohammed, en die van de eerste vier kaliefen gekalligrafeerd staan. Sultan Ahmet III liet in de 18e eeuw voor de apsis een sultanstribune bouwen.

Waarschijnlijk sierden tot in de tijd na de Byzantijnse beeldenstrijd (729–843) alleen niet-figuratieve **mozaïeken** de wanden en gewelven van de Hagia Sophia. Deze ornamentele goudmozaïeken bleven in de zijruimten en op de galerijen voor een groot deel behouden en vormen de lijsten, waarin later, vanaf de 9e/10e eeuw, religieuze scènes en keizerafbeeldingen ingevoerd werden. Afbeeldingen van kerkvaders, respectievelijk patriarchen

(9e eeuw) in de nissen onder de schildbogen, meervleugelige engelen (serafijnen) op de pendentieven van de koepel. Ooit omlijstten engelen een buste van de zegenende Pantokrator in de top van de koepel. Het apsismozaïek toont een tronende Maria met het zegenende Christuskind op schoot.

Via een hellingbaan in de narthex bereikt u de **galerij** en staat u allereerst oog in oog met een mozaïek dat rond 912–913 vervaardigd werd van de Byzantijnse keizer Alexander, een broer en mederegent van Leo VI. Op de zuidgalerij zijn verschillende mozaïekvelden van groot formaat bewaard gebleven. In het mozaïek met Constantijn IX Monomachos en Zoë flankeert het keizerpaar de tronende Christus. Constantijn brengt een geldoffer, dat door keizerin Zoë met een schenkingsoorkonde wordt bekrachtigd. Er is duidelijk te zien, dat de hoofden meermaals vervangen zijn. Want in tegenstelling tot haar echtgenoten genoot keizerin Zoë (1028–1056) ondanks een korte verbanning een lang leven. Driemaal was ze getrouwd, twee echtgenoten – Romanos en Michael – stierven op enigszins duistere wijze en verloren daarom hun gezicht in het mozaïek. Ook het jeugdige gezicht van de keizerin ontpopt zich als een vorm van propagandistische manipulatie: ten tijde van haar huwelijk met Constantijn IX was ze al ver boven de 60 jaar oud. Het mozaïek ernaast toont Johannes II Comnenos (1118–1143), zijn vrouw, de Hongaarse koningsdochter Irene-Piroska, en hun zoon Alexios, die de Moeder Gods met Kind een geldoffer brengen.

Het mooiste en kunstzinnigste mozaïek is echter de **grote deësis** in het middeldeel van de zuidgalerij. De afbeelding behoort waarschijnlijk tot de late periode van de Byzantijnse kunst en zou in 1261 kunnen zijn vervaardigd. Van de zegenende Christus met boek en de voorsprekers Johannes de Doper en Maria zijn alleen de bustes behouden gebleven. Maar dat is voldoende om het meesterschap van de mozaïekkunstenaars te beseffen: door de plooien die op klassieke wijze om de lichamen vallen, de gebaren en de gelaatsuitdrukkingen die onderling verschillend zijn en de subtiel verlopende kleuren komen de figuren levensecht over.

Het bezoek aan de Hagia Sophia eindigt in de idyllische theetuin voor de kerk tussen verschillende architectonische fragmenten. Hier worden dranken, zoals ayran, en geroosterd brood stijlvol op laatklassieke kapitelen geserveerd.

Cisterna Basilica (Yerebatancisterne) 5

Tegenover de Hagia Sophia (Yerebatan Cad., hoek Alemdar Cad.) bevindt zich de grootste ondergrondse cisterne van de stad (dag. 9–20 uur, toegang 10 TL). De **Cisterna Basilica**, die door de Turken in de 19e eeuw de naam *Yerebatan Sarayı*, 'Verzonken Paleis', werd gegeven, kon op een oppervlak van 138 x 65 m ca. 80.000 m³ water bevatten. Justinianus I (527–565) gebruikte het oorspronkelijk Constantijnse complex als substructuur voor een halbasilica.

Wandelend over plankieren kunt u tegenwoordig de 336 zuilen, die een bakstenengewelf dragen, bewonderen. Er zijn talloze hergebruikte Romeinse bouwstenen te vinden, meestal brokstukken, die waren afgedankt. Als sokkel dienen vaak Medusahoofden die ondersteboven of op hun zij liggen, en waarschijnlijk uit een heidense tempel stamden. Het complex kreeg bekendheid in de jaren 1960 toen, nadat James Bond, Hare Majesteits agent 007, hier in de film *From Russia with love* te zien was.

Van het Hippodroom naar Kumkapı

Kaart: blz. 124

Hippodroom 6

Septimius Severus kende de psychologische werking van brood en spelen heel goed. Hij legde in de 2e eeuw de grondslag voor het **Hippodroom** (nu in het Turks: At Meydanı). Daar, waar vroeger de wagenmenners in halsbrekende races om roem en eer streden, strijdt men nu in de straten rondom de vroe-

gere renbaan om parkeerplaatsen. Naar het voorbeeld van het Circus Maximus in Rome reden de tegenstanders rondom een met eremonumenten bezaaid keerpunt, de spina. Het wedstrijdterrein rustte in het zuidwesten op een onderbouw, waarin zich de stallen voor de paarden en wagens bevonden. De westkant werd begrensd door de Porta Triumphalis. Op de niet meer behouden gebleven, twee etages tellende tribunes was plaats voor 100.000 toeschouwers.

De wagenmenners werden door hun aanhangers zeer vereerd. De genootschappen van fans, die elk een eigen kleur hadden, waren politiek invloedrijke lobbyisten. In 532 probeerde keizer Justinianus daarom de onderling ernstig verdeelde partijen op te heffen. De 'hooligans' reageerden op dit verzoek met de strijdkreet 'nika!' (overwinning!) en brachten een opstand op gang, waarbij de halve stad in de as gelegd werd. De staat sloeg echter terug en smoorde het oproer in een bloedbad. Onder de Osmaanse sultans werd het hippodroom verder als paradeplein gebruikt.

Naast de **Alman Çeşmesi** ('Duitse Fontein'), die keizer Wilhelm II in 1900 schonk, staan op het Hippodroom drie belangrijke monumenten uit de oudheid: de **Theodosiusobelisk** in roze graniet, die keizer Theodosius I rond 390 uit het Egyptische Karnak naar Constantinopel had laten overbrengen. De reliëfs op de sokkel zijn interessant, ze tonen de plaatsing van de zuil in het bijzijn van het keizerlijk hof. De **slangenzuil** stamt uit het Apolloheiligdom in Delphi en bestaat uit drie met elkaar verstrengelde slangenlijven en herinnert aan de zege op de Perzen. De **gemetselde obelisken** liet Constantijn VII Porphyrogenetos in de 10e eeuw bekleden met vergulde bronsplaten, waarop het leven van keizer Basilius I stond afgebeeld. De platen werden echter in 1204 gestolen door de kruisvaarders, die Constantinopel onder aanvoering van de Venetianen innamen.

Museum voor Turkse en Islamitische Kunst 7

Het **Türk ve İslam Eserleri Müzesi** is ondergebracht in het **Atmeydan Sarayı**, het grootste

Osmaanse regeringspaleis aan de noordzijde van het hippodroom (di.-zo. 9.30-16.30 uur, toegang 10 TL. Tot de bouw van de Verheven Poort resideerden hier de grootviziieren. Het gebouw wordt ook wel het **İbrahim Paşapaleis** genoemd, naar de heer des huizes waarmee het tragisch afliep. İbrahim was een jeugd-vriend van sultan Süleyman, zijn grootvizier en zijn zwager, maar na een intrige liet de sultan hem toch na een gezamenlijk avondmaal wurgen.

Het uitgebreide bouwwerk met vier bin-nenplaatsen, werd in 1523 voltooid, maar heeft waarschijnlijk zijn oorsprong in de By-zantijnse paleisbouw. De meest uiteenlo-pende voorwerpen begeleiden de bezoeker op een reis door bijna twaalf eeuwen. Getoond worden tapijten en kelims, kalligrafieën, ma-nuscripten, beelden van steen en hout, fai-ence en nog veel meer; vanaf het terras van het café hebt u een mooi uitzicht over het Hip-podroom.

Sultan Ahmetmoskee 8

De **Sultan Ahmet Camii**, ook wel 'Blauwe Mos-kee' genoemd, was door de opdrachtgever voorbestemd om de nieuwe hoofdmoskee van het rijk te worden. De architect Mehmet Ağa, een leerling van Sinan, ontwierp een gebeds-huis op het lastige bouwterrein van de geni-velleerde resten van de keizerpaleizen. De moskee moest zich in het stadsbeeld staande kunnen houden naast de Hagia Sophia. Met zes minaretten overtrof hij destijds niet alleen alle andere moskeeën van Istanbul, maar hij beconcurreerde ook het hoofdheiligdom in Mekka. Volgens de legende werd Ahmet I daarom gedwongen een zevende minaret te schenken aan de Ka'aba.

Het interieur is vormgegeven als een cen-traalbouw met kolossale ronde pijlers, waar-bij de architect probeerde de ruimte met een doorlopende kroonlijst met muqarnaswerk optisch tot één geheel te maken. Op de gale-rijen sieren bijna 21.000 tegels de wanden. Een tijd lang werkten de ateliers in İznik uit-sluitend aan deze mammoetorder. De be-schildering in blauwtinten uit de 19e eeuw, waarmee het grootste deel van de wanden en

gewelven is versierd, is van veel mindere kwa-liteit. In de mihrabnis liet Ahmet I een brok-stuk van de zwarte Ka'abasteen uit Mekka plaatsen.

In het complex van de Sultan Ahmet Camii bevindt zich het tapijtmuseum **Vakıflar Halı ve Kilim Müzesi**. Daar worden mooie voor-beelden getoond van de duizenden jaren oude tapijtknoopkunst van de Turkse volkeren. Ook de vervaardiging en de complexe symboliek (zie blz. 56) worden uitgelegd (di.-za. 9-12 en 13-16 uur).

Mozaïekmuseum 9

Onder de Sultan Ahmetmoskee komt u via de Arasta Bazaar (zie blz. 145) in het **Mozaïekmu-seum** (Mozaik Müzesi). Hier wordt op de oor-spronkelijke vindplaats het vloermozaïek ge-toond van een peristylium in een oud paleis van de keizers. De onderwerpen van de in de 5e-6e eeuw ontstane mozaïekpatronen zijn vooral dieren, fabelwezens en jachtvoorstel-lingen. De zorgvuldige, technische uitvoering en kleurrijke virtuositeit behoren tot het be-ste dat nog resteert van de laatantieke deco-raties uit het Oost-Romeinse Rijk (di.-zo. 9.30-17 uur, toegang 8 TL).

Kücük Ayasofyamoskee 10

De **Küçük Ayasofya Camii** ontstond in de 6e eeuw als de Hagioi Sergios kai Bakchos-kerk. In het interieur rust op de zuilen een doorlo-pende architraaf met de stichtingsinscriptie van het keizerpaar Justinianus en Theodora. De originele aankleding is verloren, de wan-den en gewelven zijn witgekalkt. Alleen de opengewerkte, kunstzinnige kapitelen geven nog een indruk van de overdadig luxeueuze aankleding van de Byzantijnse tijd. In 2007 werd het gebouw als moskee gerenoveerd, zonder rekening te houden met Byzantijnse elementen.

Kumkapı

De historische wijk Kumkapı ('Zandpoort') wordt van de zee gescheiden door een zeer drukke snelweg. Bij de resten van de vroegere Byzantijnse zeemuur ligt een traditionele wijk met een bijna dorps karakter. De wirwar van steegjes loopt heuvelafwaarts naar het water, waar talrijke visrestaurants erop wachten om ontdekt te worden.

Kumkapı was van oudsher de wijk van de vissers, die met hun boten voor de niet meer behouden stadspoort ankerden. De oude haven werd vervangen door een moderne marina. In de steegjes rond de jachthaven bevinden zich allerlei restaurantjes die zich in vis en zeevruchten hebben gespecialiseerd. Een paar jaar geleden kwam vooral de plaatselijke bevolking in deze wijk uitgebreid ta-

felen, tegenwoordig zijn hier vooral toeristen te vinden. Om klanten binnen te krijgen, werd het aantal 'toeristenfluisteraars' voor de eethuisjes verhoogd – wel vriendelijke, maar zeer vasthoudende mensen, die met min of meer originele spreuken proberen passanten ertoe te bewegen binnen te komen. Al is de wijk zeker een bezoek waard, en is de kwaliteit van de visgerechten in de meeste gevallen ook zeer goed, toch is voorzichtigheid geboden. Omdat vis vaak per kilo afgerekend wordt, staat op de menukaart

De Sultan Ahmetmoskee, de beroemde 'Blauwe Moskee'

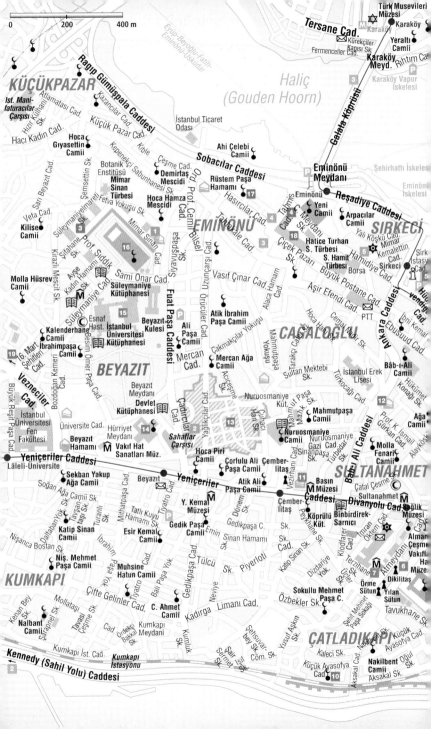

Istanbul – Sultanahmet en Eminönü

Hoogtepunten

1 Topkapı Sarayı
2 Archeologisch Museum (Arkeoloji Müzesi İstanbul)
3 Verheven Poort (Bab-i-Ali)
4 Hagia Sophia (Aya Sofya)
5 Cisterna Basilica
(Yerebatan-Zisterne)
6 Hippodroom (At Meydanı)
7 Museum voor Turkse en Islamitische Kunst
8 Sultan Ahmet Camii ('Blauwe Moskee')
9 Mozaïekmuseum (Mozaik Müzesi) / Kaiserpalast
10 Küçük Ayasofya Camii
11 Çemberlitaş Hamamı
12 Cağaloğlu Hamamı
13 Kapalı Çarşı (Grote Bazaar)
14 Beyazıt Camii
15 İstanbul Üniversitesi (Oude Universiteit)
16 Süleymaniye Camii
17 Rüstem Paşa Camii
18 Mısır Çarşısı (Egyptische Bazaar)
19 Şehzade Camii (Prinsenmoskee)

Accomodatie

1 Hotel Yeşil Ev
2 Hotel Empress Zoe
3 Sarı Konak Oteli
4 Aşkın Hotel

Eten en drinken

1 Sarnıç
2 Balıkcı Sabahattin
3 Darüzziyafe
4 Pandeli
5 Orient Express

Winkelen

1 Arasta Bazaar
2 Bazaar Alibaba
3 Marpuçcular Basar
4 Kurukahveci Mehmet Efendi
5 Hacı Bekir

Uitgaan

1 Derviş Café
2 Gar Casino
3 Maxigala

Actief

1 Süleymaniye Hamamı

Voor de overige nummers:
zie kaart blz. 139

actief

Wellness alla turca in de Cağaloğlu Hamamı

Informatie

Adres: Prof. K. İsmail Gürkan Caddesi 34, www.cagalogluhamami.com.tr.
Openingstijden: Dag. 8–22 uur, dames 8–20 uur.
Duur: Minstens 1,5 uur, ca. €35 met massage.
Belangrijk: Handdoeken om u af te drogen, sandalen en doeken om u te bedekken worden door de hamam geleverd.

Wie denkt dat de huidige spatrend een uitvinding is van de badproductenindustrie, vergist zich. De Grieken en Romeinen wisten al raad met de ontspannende en heilzame werking van warme lucht, koud water en krachtige handen. De Osmanen volgden in deze waardige traditie: de antieke thermen werden tot het Turkse bad *(hamam)*. Een van de mooiste, historische hamams van Istanbul is de **Cağaloğlu Hamamı** 12 aan het oosteinde van de Nuruosmaniye Caddesi, dat beroemd is om zijn prachtige marmeren inrichting.

Dit badhuis is in 1741 onder sultan Mahmut I gebouwd; de inkomsten ervan moesten de bibliotheek van de sultan in de Hagia Sophia financieren. Het is een zogenaamde *çifte hamam*, een dubbel badhuis, waar mannen én vrouwen kunnen baden – maar wel gescheiden, in twee verschillende vleugels. Tot op de dag van vandaag is het gebruikelijk om het badhuis met vrienden of zakenpartners te bezoeken; vooral vrouwen vinden in de hamam een toevluchtsoord, waar ze onder elkaar zijn en ongestoord kunnen praten.

Om het badhuis te betreden, moet u eerst een paar treden af naar de kelder, want de straten van de stad werden hier later verhoogd. De eerste vleugel, de *camekan*, bezit de hoogste en grootste koepel van het gebouw; houten schotten scheiden de kleedruimten van het café en de kassa. De Cağaloğluhamam heeft bovendien een echte pub,

een populair trefpunt. Hamams dienen al lang niet meer alleen om te wassen. Of het nu cocktails, wellnessarrangementen of de meditatieve klanken van een in Osmaanse gewaden gehulde fluitspeler zijn – de toeristische attracties lijken geen grenzen te kennen.

De volgende vleugel is de *soğukluk*, die door zeven tongewelven overdekt is en als zogenaamd frigidarium dient voor de voorreiniging. Maar het hart van de hamam wordt gevormd door het daaropvolgende *hararet*, het stoombad.

Over het marmeren, achthoekige ligplatform in het midden, de *göbek taş*, welft zich een vlakke koepel, waarin talrijke glazen lenzen zijn aangebracht: Overdag laten deze lenzen schuine lichtstralen in de slechts spaarzaam belichte ruimte vallen. De koepel rust op ranke zuiltjes; in de wanden erachter zijn nissen en banken aangebracht, waar u koud water uit wasbakken over uw lijf kunt gieten.

De lijst van gekroonde en ongekroonde vips, die hun zweet al hebben vergoten over het eerbiedwekkende marmer van de Osmaanse sauna, is aanzienlijk: naast de Britse koning Edward VIII en de Duitse keizer Wilhelm II schijnen onder andere ook Franz Liszt, Florence Nightingale, Omar Sharif, Tony Curtis en Cameron Diaz in deze baden te zijn geweest. Ze hebben allen op het middenplatform de tamelijk krachtige massage met enorme hoeveelheden schuim ondergaan, gevolgd door een nog hardhandiger peelingbehandeling met de *keşe*, de scrubhandschoen (zie blz. 45).

Het fijnste is het om op het warme marmer in de stralen van de koepel te liggen dromen en te genieten van de sfeer. Dit romantische tafereel was ook al te zien in een Visareclame en een Indiana Jonesfilm. In de bijbehorende café-bar in de tuin tussen de mannen- en de vrouwenvleugel kunt u genieten van een drankje of een hapje.

geen vast bedrag voor de gerechten aangegeven. Bovendien variëren de prijzen van seizoen tot seizoen. U kunt het beste bij het bestellen al naar de definitieve prijs van de gerechten vragen.

Van de Divanyolu naar de universiteit

Kaart: blz. 124

Waar tegenwoordig de tram over de Divanyolu Caddesi van het centrum naar de buitenwijken rijdt, flaneerden vroeger Byzantijnse burgers door marmeren zuilengalerijen, die een prachtig geplaveide straat omzoomden. Deze ook voor triomftochten gebruikte straat verbond het Hippodroom met de Porta Aurea in de stadsmuur. Vandaar liep de Via Egnatia –

zoals natuurlijk alle wegen – naar het verre Rome. De straat liep langs allerlei grote pleinen in de binnenstad, waar eremonumenten en zuilen stonden ter meerdere eer en glorie van de keizer. Ook in de islamitische tijd bleef de verkeersas als 'weg naar de Divan' belangrijk voor de stad.

Çemberlitaş (Zuil van Constantijn)

De Zuil van Constantijn, nu **Çemberlitaş** genoemd, markeert het middelpunt van het vroegere Constantijnforum. Keizer Constantijn liet het monument rond 328 optrekken. Op een – nu ommuurde – basis zitten nog zes van de originele porfieren trommels, die sinds de middeleeuwen met ijzeren manchetten samengeklemd zijn. De schacht bekroonde ooit het gouden beeld van Constantijn als Helios of Sol Invictus ('Onoverwinnelijke Zonnegod').

Even pauze met een nargile, een waterpijp

Tip: Winkelen in Istanbul

Wie aan Istanbul denkt, denkt aan shoppen. Souvenirjagers vinden vast en zeker als eerste hun weg naar de Grote Bazaar *(Kapalı Çarşı)* in het centrum van de stad (zie beneden). In de eindeloze wirwar van overdekte stegen en binnenplaatsen met ambachtslieden kunt u niet alleen veel geld uitgeven, maar ook echt verdwalen. Naast winkels voor souvenirs als messing-, onyx- en koperwaren zijn hier honderden leder-, tapijten-, en juwelierswinkels gevestigd. Vanaf de Grote Bazaar lopen winkelstraten helemaal naar beneden tot de Gouden Hoorn.

Maar net als in de **Egyptische Bazaar** *(Mısır Çarşısı, zie blz. 131) aan de Galatabrug verandert ook het aanbod in de Grote Bazaar in toenemende mate: er wordt steeds meer rommel uit China verkocht. In tegenstelling hiermee zijn de in reisgidsen nauwelijks genoemde markten van Aksaray veel authentieker en 'oosterser'. Deze stadswijk, ooit een wijk met goede hotels, is sinds de val van het IJzeren Gordijn tot een overslagplaats tussen het oosten, zuiden en westen geworden. Naast Russische markten en rosse kroegen ligt daar ook, achter de Atatürk Bulvarı in de Kırma Tulumba Sokağı, de **Horhor Pit Pazarı**. Het loont de moeite om rond te snuffelen op deze vaste

vlooienmarkt in een oude parkeergarage. Hier zult u zeker geen goedkope troep uit het Verre Oosten aantreffen.

Kunstnijverheid, vervaardigd door plaatselijke kalligrafen en glasblazers, is te vinden in de **İstanbul Sanatları Çarşısı**: Naast het Hotel Yeşil Ev nabij de Hagia Sophia brengt een poortgewelf u in de tuin van een oude medrese (school). Onder de arcaden zijn verschillende kunstnijverheidsateliers ingericht.

De **İstiklal Caddesi** in Beyoğlu (zie blz. 140) presenteert zich als modern en westers. Na kantoorsluiting en in het weekeinde is deze door jugendstilgebouwen geflankeerde voetgangerszone bepakt met mensen. Hier bevinden zich de spiegelende etalages van chique boetieks, grote banken, intellectuele boekhandels, zondig dure antiquariaten en chique kroegen voor de rijke jongelui van de stad.

Wie van exclusief houdt, moet een bezoek brengen aan de wijk **Nişantaşı** ten noorden van Taksim; vooral de **Valı Konağı Caddesi** en de **Abdi İpekçi Caddesi** zijn interessant. Op modegebied verkopen Turkse ontwerpers als Beymen daar tegenwoordig spullen van Italiaanse kwaliteit. Maar ook internationale mode-imperiums als Kenzo, Vakko, Lacoste en Benetton hebben hier vestigingen.

De keizer, die pas op zijn sterfbed gedoopt werd, bevond zich tijdens zijn leven in een religieuze spagaat. In de voet van zijn gedenkteken liet hij heilige relikwieën uit het christendom en van het oude geloof inmetselen (bijv. het palladium van Aeneas en een stuk van de ark van Noach).

De naastgelegen **Çemberlitaş Hamamı** `11` uit de 16e eeuw belooft badpret in Osmaanse sfeer. Dit door de architect Sinan in de 16e eeuw ontworpen badhuis heeft een vrouwen- en mannenvleugel. Het centrale deel in beide vleugels is een overkoepelde ruimte, met in het midden een ligplaats op warme marmerplaten, waar ook de massage plaatsvindt. In de nissen rondom bevinden zich was-

bakken, waar u water met schepjes over uw lijf giet. Het badhuis wordt nu bijna alleen nog door toeristen bezocht, volgens ingezonden brieven laat de service te wensen over (www.cemberlitashamami.com.tr, dag. 6–24 uur, toegang: €35).

De Grote Bazaar `13`

Het enorme doolhof van overdekte winkelstraatjes van de **Kapalı Çarşı**, de zogenaamde 'Overdekte Bazaar ' (ma.–za. 9–19 uur), omvat een ca. 30.000 m² groot gebied. Het complex bestond oorspronkelijk uit twee grote markthallen *(bedesten)*, waartussen zich in de loop der tijd allerlei kleine winkeltjes of werkplaatsen vestigden.

Er zijn tegenwoordig 22 toegangspoorten. Aan 64 straten met een totale lengte van ca. 8 km liggen ongeveer 3500 winkels: juweliers, antiekhandelaren, tapijtenhandelaren en leerwinkels verkopen hier het resultaat van hun kunstnijverheid. Honderd jaar geleden was dit nog een van de grootste markten ter wereld, en volgens traditioneel gebruik was hij strikt naar handelsgildes ingedeeld. Dat is nu alleen nog op enkele plekken te herkennen. Rond 1880 waren er nog meer dan 2000 werkplaatsen in de bazaar gevestigd, maar tegenwoordig geschiedt alle productie bijna volledig elders.

Kort na de verovering van Constantinopel (1453) gelastte Fatih Mehmet II de bouw van een overdekte bazaar. Net als in andere oosterse steden vormde deze het middelpunt van het stadsleven. Het was een goederenoverlaadplaats en een cultureel instituut tegelijk. De **Eski Bedesten** ('Oude Doekenhal'), ook nu nog het hart van het hele complex, bestaat uit een met 15 koepels overwelfde hal, die door acht pijlers gedragen wordt. De hal, waar naast waardevolle stoffen en tapijten ook sieraden en wapens konden worden gekocht, werd 's nachts bewaakt door soldaten en werd afgesloten door vier zware ijzeren deuren.

Het Beyazıtplein met de poort van de universiteit

Niet ver vanhier, in de zuidoosthoek van het complex, liet sultan Süleyman een tweede, groter gebouw plaatsen. De recent gerestaureerde **Yeni Bedesten** ('Nieuwe Doekenhal', vaak ook Sandal Bedesten genoemd) draagt op 12 pijlers een dak met 20 koepels. Omdat de meeste andere gebouwen oorspronkelijk van hout waren gebouwd, waren ze zeer brandgevaarlijk. Steeds weer werd het complex geteisterd door helse vuurzeeën. Na weer een bijzonder rampzalige brand, waarbij het hele complex grote schade opliep, liet Mahmut II (1695–1703) grote delen ervan nieuw bouwen in steen

Ten westen van de Grote Bazaar komt u via een korte trap op de **Sahaflar Çarşısı**. Dit plein, waar vroeger de tulbandmakers gevestigd waren, dient tegenwoordig als boekenmarkt. Naast actuele Turkse en internationale publicaties vindt u hier ook antiquarische boeken en miniatuurschilderijen.

Beyazıtmoskee en universiteit

Van de boekenmarkt komt u via het Beyazıt Meydanı direct uit op het bedrijvige **Hürriyet Meydanı** ('Vrijheidsplein'). In de oudheid lag hier het naar het voorbeeld van het Traianusforum in Rome aangelegde **Theodosiusforum**. Bouwresten dat dat complex, dat in 393 door keizer Theodosius I onder de naam **Forum Tauri** ingewijd werd, zijn op het plein overal terug te vinden. Langs de Ordu Caddesi liggen fragmenten van zuilen en sokkels, aan de buitenmuur van de Beyazıthamam zijn reliëfs met afbeeldingen van soldaten te vinden van de verwoeste Theodosiuszuil. Tegenwoordig informeren islamitische activisten hier vaak voorbijgangers over het lot van de Palestijnen of de islamitische Oeigoeren in China.

De Hürriyet Meydanı wordt omlijst door de oosters aandoende poort van de universiteit van Istanbul en de **Beyazıt Camii** **14**. Deze oudste nog behouden sultansmoskee van Istanbul (in 1506 voltooid onder Beyazıt II) lag in de onmiddellijke nabijheid van het Eski Saray, dat zich op het terrein van de huidige universiteit uitstrekte tot aan de Süleymaniye. Tot het complex behoren ook een badhuis, een gaarkeuken en een Koranschool. In een

omheinde tuin ten zuiden van de moskee herbergen drie türbes de gebeenten van sultan Beyazıt II, zijn dochter Selçuk Hatun en van grootvizier Reşit Paşa, die halverwege de 19e eeuw de *tanzimat*-hervormingen (zie blz. 33) opstelde.

Het oude gebouw van de **İstanbul Üniversitesi** **15** met zijn markante, monumentale poort ligt midden in een groot park. In het gebouw was tussen 1866 en 1870 eerst het ministerie van Oorlog gevestigd, voor de universiteit er in 1924 zijn intrek nam. Nu zijn op de campus alleen nog het rectoraat en de administratie ondergebracht. De 50 m hoge toren **Beyazıt Kulesi** in het park diende als brandwacht.

Van de Süleymaniyemoskee naar Eminönü

Kaart: blz. 124

Süleymaniyemoskee **16**

De **Süleymaniye Camii** siert de derde heuvel van de stad. Op die aan de elementen blootgestelde plek bouwde Sinan (zie blz. 169) tussen 1550 en 1557 een van de monumentaalste koepelruimten van de Osmaanse architectuur. De beroemde bouwer noemde het zijn 'leerstuk' (in vergelijking met de Selimiye in Edirne, zijn 'meesterstuk'). In de straten, die in een vierkant om het centrale domein van de Süleymaniye heen lopen, liggen medreses, een gaarkeuken, een medische school, een ziekenhuis, een karavanserai en een hamam.

De entree naar de moskee ligt aan het voorhof aan de westzijde van het gebouw. Boven zijn arcaden rijzen vier minaretten op, het midden van het hof wordt gemarkeerd door een kleine fontein (*şadırvan*). De centrale koepel rust, met een hoogte van 53 m, op vier machtige steunpilaren.

Aan de noordoostzijde ligt de **begraafplaats**, vanwaar u een geweldig uitzicht hebt over de Gouden Hoorn. In het midden staan de türbes van sultan Süleyman en zijn lievelingsvrouw Haseki Hürrem (Roxelana). Ook Sinan ligt in de buurt van zijn grootste opdrachtgever begraven. De bescheiden türbe

Specerijenverkoper in de Egyptische Bazaar

van Sinan ligt in de noordhoek van het complex.

Rüstem Paşamoskee 17

Heuvelafwaarts van de Süleymaniye bereikt u via een wirwar van straten en steegjes de Gouden Hoorn en Eminönü. Op een hoge onderbouw vol winkels en opslagruimten is daar de **Rüstem Paşa Camii** gebouwd. Deze ligt hoog verheven boven de bedrijvige drukte van de door detailhandel gekenmerkte wijk. Bouwmeester Sinan ontwierp hier, net als later in de Selimiyemoskee in Edirne (zie blz. 165), een koepelconstructie, rondom voorzien van ramen.

Niet alleen vanwege zijn architectuur, maar ook vanwege zijn interieur geldt de moskee als een juweeltje: nagenoeg alle gladde oppervlakten en delen van het gewelf zijn met Iznikfaience versierd. De tegels met witblauwe ondertoon en vooral bloemmotieven als tulpen of granaatappels zijn daarbij op basis van hun patroon in axiale symmetrie gerangschikt en geven de ruimte zo een harmonische uitstraling. Volgens de stichtingsoorkonde werd in 1561 met de bouw begonnen, het sterfjaar van Rüstem Paşa. De grootvizier maakte de voltooiing van zijn moskee dus niet meer mee.

Egyptische Bazaar 18

De L-vormige winkelhal van de **Mısır Çaşısı**, de Egyptische Bazaar, is beroemd geworden vanwege zijn talrijke specerijenhandelaren (dag. behalve zo. 9–19 uur). Toch bieden steeds minder winkels niet-verpakte kruiden, specerijen, peulvruchten, gedroogd fruit, parfumstoffen en specialiteiten uit de Arabische landen aan – Chinese rommel, huisraad en namaaksieraden zijn kennelijk winstgevender. De bazaar werd in 1660 samen met de naastgelegen **Yeni (Valide) Camii** gebouwd, een godvruchtige schenking van de moeder van de sultan, Turhan Hatice.

Eminönü

Naast het hectische autoverkeer van de binnenstad, dat zich in een schier onafgebroken stroom door de brede straten wringt, leggen in Eminönü dagelijks honderden passagiersveerboten uit Üsküdar en uit de voorsteden van Istanbul aan de Bosporus aan. **Eminönü** is een van de belangrijkste verkeersknooppunten van de stad. Tussen de zich voorthaastende mensenmassa proberen rondtrekkende handelaren en allerhande verkopers van water, fruit, of loten hier zaken te doen. Aan de kade liggen vissersboten, waarop versgegrilde vissen worden verkocht.

Tussen Eminönü en het stadsdeel Beyoğlu overspant de nieuwe **Galatabrug** de Gouden Hoorn *(Haliç)*. Deze moderne, twee verdiepingen tellende basculebrug is gebouwd door een consortium, waaraan ook Thyssen uit Duitsland deelnam. De nieuwe brug verving de beroemde oude Galatabrug, die vroeger werd afgebeeld op ansichtkaarten die zeer populair waren. Net als bij de oude brug staan ook bij de nieuwe de vissers dicht opeengepakt met hun hengels.

Op de benedenverdieping van de brug zijn veel (vis)restaurants gevestigd. Het is hier aangenaam zitten door het koele zeebriesje. Toch missen de oude bewoners van de stad de charmante, oude houten brug zeer. Maar ook nu nog geldt, wat de Italiaan Edmondo De Amicis in de 18e eeuw schreef: 'Wie hier een uur staat, krijgt het gevoel dat heel Istanbul de brug is overgestoken.'

Verkoop van gebedskettingen voor de Fatihmoskee

Aksaray, Fatih en Fener

Kaart: blz. 124

De Ordu Caddesi ligt in het verlengde van de Divanyolu Caddesi en maakt daarmee in westelijke richting deel uit van deze prachtige oude straat. De laatste jaren heeft de bedrijvige en ruim van hotels voorziene wijk **Aksaray** aan beide zijden van de straat ingrijpende veranderingen doorgemaakt (zie blz. 128). Aan de andere kant van de Atatürk Bulvarı liggen de volkswijken van het oude Istanbul, die intussen tot bolwerken van fundamentalisme zijn verworden. Daarom wordt gepaste kleding bij een bezoek aan Fatih en Fener, maar ook in de andere wijken langs de stadsmuur, ten zeerste aanbevolen.

Şehzademoskee 19

Ten noorden van de Ordu Caddesi bereikt u – langs het monumentale gebouw van de Nieuwe Universiteit (1942) – de Şehzadebaşı Caddesi met de **Şehzade Camii** ('Prinsenmoskee'). Dit was de eerste grote moskee die bouwmeester Sinan ontwierp in opdracht van sultan Süleyman. De in 1544–1548 gebouwde moskee, waarbij ook een külliye met school, een karavanserai en een gaarkeuken behoorde, was opgericht ter nagedachtenis aan de vroeg gestorven prins *(şehzade)* Mehmet, de lievelingszoon van de vorst. Zijn türbe ligt samen met die van zijn broers en zussen in de tuin van het complex.

Fatihmoskee

De zesbaans Atatürk Bulvarı, waar elke avond de taxi's stilstaan in de file, wordt fotogeniek overspannen door het tussen 368 en 373 gebouwde **Valensaquaduct** (Bozdoğan Kemeri). De waterleiding liep ooit over de vierde heuvel van de stad, waar tot de islamitische verovering de Apostelkerk met de graftombe van de keizer stond.

Op deze plek rijst nu het grote complex van de **Fatih Camii** op. De Veroveraar, sultan Fatih Mehmet II koos juist deze bouwplek, om op de locatie van het belangrijkste sacrale gebouw van het Byzantijnse Rijk de eerste sultansmoskee van Istanbul neer te zetten. Het voorhof kreeg gestalte met zuilen en andere restanten van de afgebroken Apostelkerk. Omdat de oorspronkelijke moskee in 1766 door een aardbeving compleet instortte en in 1771 onder sultan Mustafa III herbouwd werd, ging de originele vormgeving grotendeels verloren.

In het symmetrische complex wordt het gebedshuis omringd door medreses waar ooit de belangrijkste islamitische geleerden van hun tijd lesgaven. In het zuiden liggen de resten van het tabhane (pension), de gaarkeuken en een karavanserai. Als grondlegger liet Mehmet II zich samen met zijn lievelingsvrouw Gülbahar (volgens geruchten een gevangengenomen Franse prinses, die eigenlijk de laatste keizer had moeten trouwen) bijzetten in de türbe in de moskeetuin, die in 1792 eveneens nieuw werd aangelegd.

Pantokratorklooster

De **Zeyrek Kilise Camii** herinnert aan een van de duurste Byzantijnse kerk- en kloosterbouwprojecten. Het complex werd als Pantokratorklooster door keizer Johannes II Comnenos en zijn vrouw Irene, die beide op het mozaïek in de galerij van de Hagia Sophia zijn afgebeeld, voor 1137 gebouwd. De stichtingsoorkonde beschrijft tot in het kleinste detail de charitatieve verplichtingen van het klooster, dat ook een ziekenhuis en afgezonderde ruimten voor geesteszieken omvatte.

Het oudste deel is de zuidkerk. Na de dood van zijn vrouw liet Johannes II Comnenos de kleinere noordkerk bijbouwen. De verbindende grafkapel werd als gedenkplaats voor de Comnenendynastie rijk aangekleed. Onder de gebedstapijten van de zuidkerk en de kapel gaan resten van indrukwekkende marmervloeren schuil, zoals met dierenriemtekens en de daden van Samson. De gewelven en koepels waren met mozaïeken, respectievelijk wandschilderingen verfraaid; in de vensters zaten gekleurde afbeeldingen van glas. Bij restauratiewerkzaamheden in de zuidkerk werden onder de pleisterlaag ettelijke mozaïekfragmenten tevoorschijn gehaald.

Vanaf het terras van het café Zeyrekhane achter de kerk hebt u een prachtig uitzicht over de Bosporus.

Fethiyemoskee

De **Fethiye Camii** in Fener, de voormalige Pammakaristoskerk, was samen met het nu verwoeste klooster tot 1591 de zetel van de orthodoxe patriarch van Constantinopel. Naar aanleiding van de verovering van Georgië onder Murat III werd de kerk tot 'Veroveringsmoskee' omgevormd, waarbij de mozaïeken van de parekklesion (kapel) echter bewaard bleven (di.–zo. 8–17 uur, toegang 5 TL). Deze kapel was in 1315 als grafkapel aan de Comnenenkoepelkerk gebouwd. De geweldige mozaïeken behoren tot de weinige bewaard gebleven decoraties van de Paleologentijd.

Als u vanhier naar beneden loopt, naar de Gouden Hoorn, dan komt u langs de zetel van het **Grieks-orthodoxe patriarchaat** en verschillende synagogen – de laatste sporen van het ooit bruisende Griekse en Joodse leven in Istanbul. Het uitgestrekte park aan de oever van de **Gouden Hoorn** ontstond pas in de jaren 1980, toen de vroegere wirwar aan steegjes werd afgebroken en de daar gevestigde handwerkbedrijven, die de zeearm met hun afvalwater vervuilden, verhuisden.

Kariyemoskee (Chorakerk)

Stralende goudglans zo ver het oog reikt – de **Kariye Camii**, de vroegere kerk van het Choraklooster, bezit de prachtigste Byzantijnse mozaïeken van Istanbul (do.–di. 9–16.30 uur, toegang 15 TL, scholieren en studenten korting, gratis vanaf 65 jaar). De bouwgeschiedenis van het godshuis kent verschillende fasen. De kerk uit de 12e eeuw bestaat tegenwoordig nog maar gedeeltelijk. In de 14e eeuw werd deze geheel vernieuwd om te voldoen aan de verfijnde smaak van de Paleologen. De opdrachtgever hiervan was Theodoros Metochites, plaatsvervanger (groot-logothetes) van de keizer. De mozaïekcyclus begint in de buitennarthex met de jeugd, werken en wonderen van Jezus. In de drie noordelijke traveeën van de binnennarthex is in analogie daarmee het leven van Maria afgebeeld. Beide cycli zijn met de klok mee te volgen.

In het zenit van de koepel bevinden zich indrukwekkende portretten van de tronende Christus Pantokrator en in het noorden van de Moeder Gods met Kind, beide ingedeeld bij de overeenkomstige levenscycli. De lamellenspanten van de hangkoepel tonen de voorvaderen van Christus en symboliseren Hem als de in de Bijbel aangekondigde 'nieuwe Adam uit het huis Davids'.

De schenkers van de kostbare aankleding (o.a. Isaak Comnenos, de broer van de toenmalige keizer) lieten zich in grote mozaïekafbeeldingen op de wanden vereeuwigen. Theodoros Metochites, naar de hoofse mode van die tijd met een tulband getooid, biedt de tronende Christus het schaalmodel van de kerk aan. Uit de vaste beeldencyclus stamt de scène boven de binnenste toegangspoort tot de naos (het centrale deel van de kerk): de Moeder Gods ontslaapt in bijzijn van de apostelen. Christus begeleidt haar ziel – in de gestalte van een kind – naar de hemel. Twee ingeraamde mozaïekvoorstellingen met Christus en Maria flankeren de verhoogde altaarruimte op de plaats, waar vermoedelijk ooit een iconenwand de apsis aan het zicht onttrok.

De thema's van de wandschilderingen in de parekklesion zijn de verrijzenis in de koepel van de apsis en de dag des oordeels, dat de koepelzones inneemt. Bijzonder fraai vormgegeven wandnissen verwijzen naar het feit dat de ruimte als grafkapel gebruikt werd, waar ook Metochites zich liet bijzetten.

De stadsmuur

Ook na bijna 1600 jaar staan van de **Muur van Theodosius** nog grote delen overeind, zonder dat ze iets hebben ingeboet aan hun monumentale verschijningsvorm. De muur strekt zich uit langs de moderne ringsnelweg op een goede 5 km van Aksaray, vanuit het centrum lopen er in straalvorm brede meerbaanswegen heen. Vanuit de Kariye Camii is het noordelijke deel goed te voet te doen; naar de Yedikuleburcht kunt u beter een taxi of de trein *(banliyö tren)* vanaf Sirkeci nemen.

De fortificatie van Constantinopel was een van de kolossaalste verdedigingswerken uit de late oudheid. Over een lengte van ca. 20 km omsloten land- en zeemuren de hoofdstad van het Oost-Romeinse Rijk. Waar aan de zee een eenvoudige muur volstond, liet keizer Theo-

Tip: Panorama 1453 op de stadswallen

Tegenover de Topkapıpoort in de stadsmuur werd in 2009 een nieuw museum over de verovering van Constantinopel geopend, het **Panorama 1453 Tarih Müzesi** (www.panoramamuze1453.com, ma.-vr. 9-19, za., zo. 9-19.30 uur, toegang 10 TL). Op een enorm filmscherm van 3000 m², wordt, ondersteund door geluidseffecten, de beslissende slag tussen de Byzantijnen en de Osmanen op 29 mei 1453 tot in detail uitgebeeld.

Geluidsopnames met donderende kanonnen, janitsarenmuziek, militaire bevelen en het gekrijs van gewonden wekken de indrukwekkende scene tot leven van de bestorming door de troepen van sultan Mehmet II Fatih van de door kanonvuur al erg gehavende muren en de zich hardnekkig verdedigende Byzantijnen. Het was een uitzichtloze strijd voor de laatste keizer Constantijn XI Palaiologos en zijn getrouwen, die een overmacht van tien tegen een moesten weerstaan. Al tegen 9 uur 's ochtends was Constantijn gevallen en was Constantinopel in het bezit van de janitsaren. Hierna begon een driedaagse gruwelijke plundering.

De sultan wachtte intussen buiten de muren. Pas op de derde dag trok hij de stad binnen en sprak een gebed uit in de Hagia Sophia. De adel mocht toetreden tot de islam: wie dat weigerde werd onthoofd, de vrouwen nam Mehmet op in zijn harem. Later verordende de sultan een religievrede, waarbij zelfs huwelijken tussen moslims en christenen waren toegestaan.

dosius II na 408 aan de westzijde een bolwerk bouwen, dat het toenmalige stadsgebied verdubbelde en een millennium lang (tot 1453) alle aanvallen wist te weerstaan. In de buitengebieden woonden aanvankelijk nog maar weinig mensen, het meeste land behoorde toe aan invloedrijke kloosters, die in de regel ook over wonderdadige iconen beschikten.

In de midden- en laat-Byzantijnse periode verplaatsten de keizers hun residentie van het centrum naar Balat langs de stadsmuur. Na de verovering speelde het openbare leven zich weer op de landtong af; de buitenwijken raakten, net als Fener en Balat, in trek bij Joden en Grieken. Traditionele houten huizen bepalen tot vandaag de dag het beeld in de straten en stegen, hoewel deze steeds vaker het veld moeten ruimen voor betonnen blokkendozen.

De vesting bestaat uit een hoofdwal, een voorwal en daarvoor een 7 m diepe gracht. De muur van de hoofdwal is 4,80 m dik en 11 m hoog, de bovenzijde wordt gevormd door een omloop achter kantelen. 96 torens versterken het vestingsysteem. De meeste aanvallers strandden echter al bij de voorwal, die met zijn 8 m hoogte de 'light' versie vormde van de maar 14 m verderop gelegen hoofdwal.

Door de nu gerestaureerde **Edirnekapı**, de poort op het hoogste punt van de stadsmuur, trok Mehmet de Veroveraar in 1453 de overwonnen stad in. Achter deze poort rijst een van de indrukwekkendste moskeeën van Istanbul op, de rond 1560 door Sinan ontworpen Mihrimah Camii. Vanwege de hoge schildmuren met talloze ramen erin, wordt deze ook wel de 'Moskee van de duizend ramen' genoemd.

Verder noordelijk, in de richting van de Gouden Hoorn, ligt het **Tekfur Sarayı**, dat deel uitmaakt van het Blachernaepaleis. Uit onderzoek bleek dit gebouw het paleis van Constantijn VII Porphyrogenetos te zijn, en het was van de 13e eeuw tot de Osmaanse verovering de residentie van de keizers – in de onmiddellijke nabijheid van het Blachernaeklooster, waarin een beroemde wonderdadige Maria-icoon vereerd werd. Deze enorme ruïne en de omliggende muren worden sinds 2006 gerestaureerd.

Ook gerestaureerd is de **Topkapı** ('Kanonnenpoort') in het zuiden, nabij de zesbaans Turgut Özal Caddesi, die net als de andere muurdoorbraken pas na de Tweede Wereldoorlog werd aangelegd. Onder de Byzantijnen

Tip: De Franse Straat

In 2004 kwam een ambitieus project ten zuiden van het Galatasaraygymnasium tot een succesvolle voltooiing. De Cezayir Sokağı (Algerijnse Straat) werd in slechts twee jaar tijd van een onooglijk steegje omgetoverd tot een trendy gourmet- en cultuurstraat. Met de Franse bouwwerkzaamheden rond 1900 in het op westerse leest geschoeide Beyoğlu in het achterhoofd werd hier een themastraat nagebouwd – inclusief gehistoriseerde jugendstilschilderingen en een modern geluidssysteem. De onofficiële straatnaam Fransız Sokağı ('Franse Straat') is zeer treffend. Het gemeentebestuur van Parijs heeft namelijk zelfs historische straatlantaarns gedoneerd voor de nieuwe straat. U kunt hier niet alleen terecht om goed te eten, er is ook een kunstgalerij, en er worden zelfs regelmatig concerten gegeven.

heette hij de Romanospoort. Na de verovering kreeg hij de huidige naam ter herinnering aan het grootste kanon van die tijd (van de hand van de gieter Urban uit Transsylvanië), dat op het voorterrein stond opgesteld. Van de kracht van dit kanon getuigen nu nog de verwoestingen van de stukken muur in noordelijke richting.

Achter Silivrikapı en Belgratkapı ligt vesting **Yedikule** ('Zeven Torens'), die Fatih Mehmet II in 1457–1458 voor de vroegere 'Gouden Poort' liet bouwen (di.–zo. behalve ma. 9–17 uur). De Porta Aurea *(Altın Kapı)* was de hoofdpoort van Constantinopel. Van deze poort iep de triomfstraat naar het centrum. De middelste doorgang was alleen de keizer en zijn gevolg voorbehouden; er zaten vergulde deurvleugels in. Na de verovering door de Osmanen werd de poort dichtgemetseld en de vier torens werden opgenomen in het ontwerp van de Yedikule. De nieuwe vesting deed eerst dienst als schathuis, later als kerker voor ongewenste staatsvijanden. Vooral de zuidtoren van de 'Gouden Poort' leende zich bijzon-

der goed als kerker. Op het onthoofdingsblok van de gevangenis eindigden ook hooggeplaatste personen. Zo werden de afgezette sultan Osman II en zijn grootvizier Davut Paşa hier in 1622 onthoofd door de janitsaren. Volgens de overlevering werden de hoofden gewoon in de put op de binnenplaats gegooid. In de oosttoren staan op de muren nog krabbels van gevangenen.

Karaköy en Beyoğlu

Kaart: blz. 138

Aan de overzijde van de brug over de Gouden Hoorn strekt zich in de schaduw van de robuuste Galatatoren de oude Genuese wijk Galata uit. De bewoning van dit gebied is terug te voeren op Michael VIII Palaiologos. Na de overwinning op de Venetianen in 1261 stichtten de Genuese bondgenoten van de keizer hier een handelspost. Ook in de Osmaanse eeuwen bepaalden vooral Europeanen het straatbeeld in deze wijk, die toen met de Griekse naam Pera ('Tegenover') aangeduid werd. Fransen, Italianen en vele andere Europeanen zetten hier ambassades neer en bouwden handelskantoren, banken, hotels en scholen – tot nu toe heeft Beyoğlu nog niets van zijn bijzondere charme verloren.

Direct achter de Galatabrug (zie blz. 132) ligt de wijk Karaköy, die is vernoemd naar de Joodse sekte van de karaïeten, die zich hier hadden gevestigd.

Museum İstanbul Modern [20]

In de oude havencomplexen van Karaköy heeft het nieuwe **Museum İstanbul Modern** zich helemaal gewijd aan de ontwikkelingen in de Turkse moderne kunst, die het tegenwoordig op de internationale kunstmarkt zeer goed doet. Naast een vaste tentoonstelling van werken uit de collectie van een Turkse industrieel, die vooral Turkse schilderkunst uit de 20e eeuw heeft verzameld, wordt de kelder van dit voormalige pakhuis gebruikt voor thematische exposities (di.–zo. 10–18, do. 10–20 uur, www.istanbulmodern. org, toegang 8 TL)

Bij dit museum horen bovendien nog een bibliotheek, een museumshop, een bioscoopzaal, evenals ruimten voor museumpedagogische activiteiten. Vanuit het chique restaurant hebt u een prachtig uitzicht op de punt van het serail.

Joods Museum/Zülfarissynagoge 21

De museumcollectie van de recent gerestaureerde **Zülfaris Havrası** uit 1671 documenteert de bijna 500-jarige geschiedenis van de sefardische joden in Turkije, die na tientallen jaren van vervolging in West-Europa vanaf de 16e eeuw aan de Bosporus een nieuw, tolerant thuis vonden. Religie en het dagelijks leven komen in cultusvoorwerpen, gewaden en fo-

to's tot leven. De Zülfarissynagoge uit 1671 was een van de grootste Joodse gebedshuizen in Istanbul (ma.–do. 10–16, vr.–zo. 10–14 uur, toegang 7 TL).

Tünelkabelspoor

Wie opziet tegen de klim vanaf de waterkant naar de İstiklal Caddesi, kan het hoogteverschil van 62 m ook overbruggen door in het **Tünelkabelspoor** te stappen. Dit is een ondergrondse kabelspoorweg, die al in 1875 werd geopend en daarmee tenminste twaalf jaar ouder is dan het eerste stuk van de Londense metro. Op het 600 m lange stuk pendelen bij een maximale stijging van 26% twee door een kabel met elkaar verbonden wagons op en neer.

Een nieuwe uitgaansstraat: de 'Franse Straat' in Beyoğlu

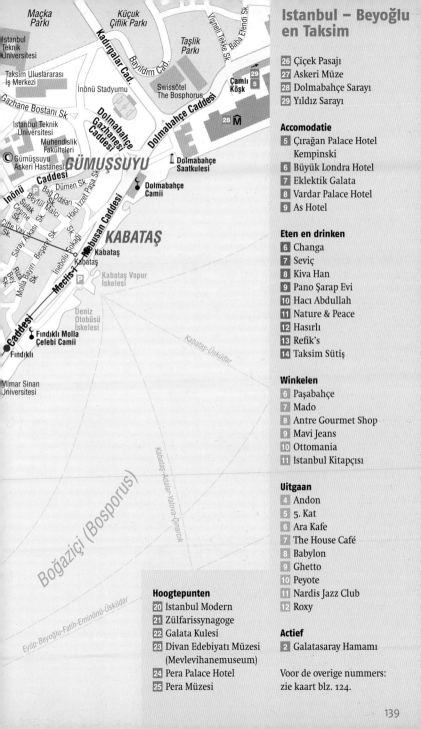

Istanbul – Beyoğlu en Taksim

26 Çiçek Pasajı
27 Askeri Müze
28 Dolmabahçe Sarayı
29 Yıldız Sarayı

Accomodatie
5 Çırağan Palace Hotel Kempinski
6 Büyük Londra Hotel
7 Eklektik Galata
8 Vardar Palace Hotel
9 As Hotel

Eten en drinken
6 Changa
7 Seviç
8 Kiva Han
9 Pano Şarap Evi
10 Hacı Abdullah
11 Nature & Peace
12 Hasırlı
13 Refik's
14 Taksim Sütiş

Winkelen
6 Paşabahçe
7 Mado
8 Antre Gourmet Shop
9 Mavi Jeans
10 Ottomania
11 İstanbul Kitapçısı

Uitgaan
4 Andon
5 5. Kat
6 Ara Kafe
7 The House Café
8 Babylon
9 Ghetto
10 Peyote
11 Nardis Jazz Club
12 Roxy

Actief
2 Galatasaray Hamamı

Voor de overige nummers:
zie kaart blz. 124.

Hoogtepunten
20 İstanbul Modern
21 Zülfarissynagoge
22 Galata Kulesi
23 Divan Edebiyatı Müzesi (Mevlevihanemuseum)
24 Pera Palace Hotel
25 Pera Müzesi

Galatatoren 22

De **Galata Kulesi**, het robuuste herkenningsteken van Beyoğlu, werd rond 1348 als onderdeel van de Genuese versterkingen van Galata gebouwd. De 68 m hoge toren met zijn gereconstrueerde, conische dak bezit 3,50 m dikke muren.

Op de bovenste etage bevinden zich een restaurant en de panoramagalerij (dag. 9–20 uur, toegang 10 TL). Op de galerij hebt u een prachtig uitzicht op het schilderachtige silhouet van heel het historische centrum.

Mevlevihanemuseum 23

Als u het bergstation van de Tünelbaan hebt bereikt, dan ligt aan de Galipdede Caddesi het **Divan Edebiyatı Müzesi** in het voormalige klooster van de 'dansende' of 'draaiende' Mevleviderwisjen (wo.–ma. 9.30–16.30 uur, toegang 5 TL). Deze orde is in 1284 gesticht door Mevlana Celaleddin Rumi in Konya. Zijn bedelmonniken streefden door litanieachtige

Tip: Op de thee bij Agatha Christie

De populaire detectiveschrijfster Agatha Christie liet zich ooit in het mondaine **Pera Palace Hotel** 24 inspireren tot de *Moord in de Orientexpres*, die Hercule Poirot weer scherpzinnig mocht oplossen. Tegenwoordig wordt haar aantekening in het gastenboek tentoongesteld. Het hotel was destijds erg in trek bij diplomaten, vorsten en ook spionnen uit allerlei landen.

Sinds de heropening in 2010 schittert het hotel in de gemoderniseerde glans van rond 1900. Natuurlijk hangt er aan de liefde voor traditie een prijskaartje, dat doorwerkt in de kamerprijzen. Gewone stervelingen nemen daarom meestal genoegen met een bezoek aan de inpandige gastronomie, zoals de Patisserie de Pera, de Orient Bar of het mondaine restaurant Agatha, die het toppunt zijn van Franse savoir-vivre en historische charme. **Pera Palace Hotel**: Tepebaşı, Meşrutiyet Cad. 52, tel. 0212 222 80 90, fax 0212 222 80 90, www.perapalace.com

gebeden, vasten en meditatieve kringdansen een mystieke Godservaring na. Het museum is gewijd aan de Osmaanse divanliteratuur en toont vooral kalligrafische werken. Daarnaast zijn er ook muziekinstrumenten en bestikte kaftans van de derwisjen te zien. Links van de ingang naar het kloosterhof staat de graftürbe van Galip Dede, een Mevlevidichter uit de 17e eeuw.

Bijzonder interessant zijn de opvoeringen van de derwisjdans *(sema)*, dag. behalve ma. 19.30 uur in het Sirkecitreinstation of in het Muammer Karacatheater aan de İstiklal Caddesi. Informatie: www.rumimevlevi.com.

İstiklal Caddesi

De **İstiklal Caddesi** ('Straat van de Onafhankelijkheid') geldt nog steeds als de beste flaneerstraat van Istanbul. In de 19e eeuw heette de prachtige straat met zijn vele jugendstilgevels de *Grande Rue de Péra*. Sinds begin jaren 1990 is het weer een voetgangerszone. Ook is de historische tram weer in gebruik genomen, die nu naar het Taksimplein rijdt. In het weekend en na kantoorsluiting verdringen de mensen zich hier, en ook 's avonds is de straat erg in trek bij de nachtvlinders die in de talrijke bars, restaurants, kroegen en cafés in de zijstraten tot het ochtendgloren onder de pannen zijn.

Meşrutiyet Caddesi

Ook op de Meşrutiyet Caddesi, die in westelijke richting loopt, heeft de belle époque zijn stempel gedrukt. U moet echt een bezoekje brengen aan de **Patisserie de Pera** in het Hotel Pera Palace (zie Tip links).

Niet ver van Hotel Pera Palace heeft Suna Kiraç, dochter van de Turkse industriemiljardair Vehbi Koç, een classicistisch pand van rond de vorige eeuwwisseling laten verbouwen tot het nieuwe **Pera Müzesi** 25 (di.–za. 10-19, zo. 12–18 uur, www.pm.org.tr). Achter de gevel van het historische Bristolhotel uit 1893 worden naast antieke meesterwerken vooral oriëntaliserende schilderijen uit de 17e en 19e eeuw getoond, waaronder ook schilderijen van de salonschilder en archeoloog Osman Hamdi Bey.

Çiçekpassage 26

Eten in bijzondere sferen kunt u in de **Çiçek Pasajı** aan de İstiklal Caddesi. De L-vormige passage werd als 'Cité de Péra' tussen 1874 en 1876 gebouwd. Zij was een van de eerste met glas overdekte passages in Istanbul, zoals ze eind 19e eeuw in de mode waren. Achter de fraaie jugendstilgevel hebben zich talrijke kleine lokanta gevestigd. 's Avonds is het hier altijd vol en lawaaierig, maar wel heel authentiek; zigeunermuzikanten trekken van tafel naar tafel. Bijna alle restaurantjes hebben stoepiers in dienst, die u vriendelijk overhalen binnen te komen. Bekijk wel eerst andere restaurants, voor u ergens een tafeltje neemt. Aan de andere kant van de naastgelegen **Balık Pazarı** ('Vismarkt') liggen nog talrijke andere, leuke tentjes in de **Nevizade Sokağı**.

Taksim Meydanı

Aan de oostkant komt de İstiklal Caddesi uit op het door flatgebouwen omgeven **Taksim Meydanı**. Het plein is een knooppunt van de vanaf de Gouden Hoorn en de Bosporus omhooglopende hoofdverkeerswegen en daarom heerst hier tegenwoordig dagelijks een tamelijk grote verkeerschaos. Zijn naam verkreeg het plein door de grote, door water uit het Belgrat Ormanı (Belgradowoud) gevoede waterbekkens *(taksim)* aan de zuidkant, die Mahmut I in 1732 op het hoogste punt van Beyoğlu liet bouwen. Daarnaast is ook het **onafhankelijkheidsmonument** (uit 1928) een blikvanger. De beeldengroep toont Atatürk, die met zijn wapenbroeder generaal İsmet İnönü en maarschalk Fevzi Çakmak door een triomfboog wandelt.

Aan de oostkant van het plein rijst het in de jaren 1970 opgerichte **Atatürk Kültür Merkezi** op, waar culturele evenementen, concerten en opera's plaatsvinden. Vanaf dit gebouw slingert de İnönü Caddesi zich naar beneden in de richting van Dolmabahçe en Beşiktaş. Vlak voor de oever (en het Dolmabahçepaleis, zie rechts) ligt dan het beroemde **İnönüstadion**, waarin de voetbalclub BJK Beşiktaş en het nationale voetbalelftal van Turkije hun thuiswedstrijden spelen.

Askeri Müze 27

De historische bezittingen van het arsenaal van de janitsaren die in de 19e eeuw in de Hagia Irenekerk werden gedeponeerd, vormen de basis van het **Askeri Müze** ('Militairmuseum') ten noorden van het Taksimplein aan de Cumhuriyet Caddesi. Intussen zijn er ook afdelingen bijgekomen over de onderwerpen Eerste Wereldoorlog, de Slag om Gallipoli, de onafhankelijkheidsoorlog en Atatürk (wo.–zo. 9–17 uur, janitsarenkapel telkens vanaf 15 uur).

Het hoogtepunt van een bezoek is het **optreden van de janitsarenkapel** *(mehter)* in originele uniformen. Sta niet raar te kijken als het redelijk vertrouwd klinkt: de Osmaanse militaire muziek vormde de basis van de marsmuziek van westerse componisten, die ook instrumenten als de bastrommel en de schellenboom van de Turken overnamen.

Beşiktaş en Ortaköy

Kaart: blz. 139

Dolmabahçepaleis 28

De laatste stuiptrekkingen van de machtswil van de Osmaanse sultans manifesteerden zich in de overdadige architectuur van het **Dolmabahçe Sarayı** ten oosten van het Taksimplein aan de oever van de Bosporus (di., wo., vr.–zo. 9–16 uur, in de winter tot 15 uur, continu rondleidingen, toegang 20 TL). Sultan Abdülmecit gaf opdracht tot de bouw van het in 1853 voltooide paleis in een stijlmix van renaissance tot rococo. De werkelijk zeer weelderige inrichting zou een paar jaar later verantwoordelijk zijn geweest voor het staatsbankroet .

Niet alleen voor fans van koninklijke bouwwerken is een bezoek een absolute must, ook voor voorstanders van de republiek staat een bezoek aan dit paleis op het vaste programma. In 1938 overleed hier Atatürk. Zijn kamer is sindsdien onveranderd gebleven. In de middenvleugel ligt de troonzaal van de sultan, omringd door regeringsruimten en privévertrekken. Naast deze belangrijkste ruimten zijn over twee etages verdeeld bijna 200 kamers te vinden, allemaal uitermate kostbaar ingericht. De hoogtepunten van de rondleiding zijn een kijkje in de albasten badkamer en het beschaafd doorschrijden van het geweldige trappenhuis met leuningen van kristal.

Ten oosten van het paleis toont het **Resim ve Heykel Müzesi** (Schilderijen- en Sculpturenmuseum) werken van Turkse kunstenaars uit de 19e en 20e eeuw (dag. behalve ma./do. 9−17 uur). In het **Deniz Müzesi** (Marinemuseum) in de richting van de Beşiktaşaanlegsteiger, zijn naast voorwerpen die in gebruik waren bij de Osmaanse marine ook de pronkschepen van de sultans te bezichtigen (wo.–zo. 9−17 uur).

Yıldızpark

De zuidpoort van het **Yıldız Parkı** ligt niet ver verwijderd van het Çırağanpaleis waarin het voorname Kempinskihotel (zie blz. 143) is gevestigd. Voor toeristen die genoeg hebben van het verkeerslawaai is dit idyllische, groene park, waardoor de kloof van een beek loopt, een echte aanrader. U kunt een rondleiding krijgen door enkele sultansvilla's, zoals het **Malta Köşkü** (een prachtig theehuis) en het **Şale Köşkü** in Zwitserse chaletstijl.

Aan de noordzijde grenst het park aan het **Yıldız Sarayı** 29, dat oorspronkelijk gebouwd was als 'kleine' residentie voor de moeder van sultan Selim III (eind 18e eeuw, toegang alleen via de Barbaros Bulvarı). Hier is tegenwoordig een collectie van privévoorwerpen van de sultans te bezichtigen (di.–zo. 10−17 uur, toegang 5 TL).

Ortaköy

Ortaköy geldt als de favoriete uitgaanswijk van Istanbul. De ongedwongen sfeer van dit plaatsje aan de Bosporus trekt vooral de jongere generatie aan. In de steegjes rond de aanlegsteiger zijn talrijke cafés, music bars en restaurants gevestigd. Een markante blikvanger is de neobarokke **Ortaköy Camii**, die in 1854−1855 door sultan Abdülmecit werd gesticht. Op zondag wordt in Ortaköy ook een rommel- en kunstmarkt gehouden.

Hoog boven de daken zweeft de rijbaan van de **Boğaziçi Köprüsü** met een spanwijdte van 1560 m over de Bosporus, tussen twee 165 m hoge pijlers. Op de helling erachter is tussen de bomen een glimp op te vangen van een pagodevormig gebouw. Dit op pijlers gebouwde huis stamt van de visionaire architect Bruno Taut, die tussen 1936 en 1938 in ballingschap in Turkije woonde. Met zijn medewerking ontstonden ook in de nieuwe hoofdstad Ankara talrijke gebouwen.

Informatie

Informatiebureaus (Turizm Danışma Ofisi): Alle bureaus dag. rond 9−17 uur. Sultanahmet, Divanyolu Cad. 3, tel. 0212 518 87 54; Hilton Hotel, Taksim, tel. 0212 233 05 92; Karaköy, haven, tel. 0212 249 57 76; Atatürk Airport, aankomsthal, tel. 0212 573 41 36.

TimeOut İstanbul: Maandelijks blad met adressen en evenemententips in het Engels
Kengetal: Europese zijde 0212, Aziatische zijde: 0216
Diplomatieke diensten: zie blz. 68
Algemeen ziekenhuis-hotline-nummer: tel. 0212 444 0 911
Automobielclub TTOK: tel. 0212 282 81 40
Internet
www.ibb.gov.tr: Gemeentebestuur
www.istanbulpost.net: Duitstalig internetmagazine met evenementenagenda
www.timeout.com.tr: Het Time Out Magazine voor Istanbul online
www.biletix.com: Kaartverkoop online
www.istanbul.com: Stadsinformatie en evenementenagenda

Accommodatie

Betaalbare accommodatie is vooral te vinden in de Sultanahmetwijk, **middenklassehotels** zijn gevestigd aan beide zijden van de Ordu Cad. (Aksaray) en in de wijde omtrek van het Taksimplein.

...in Sultanahmet (kaart blz. 124)

Weelderige chic van de 19e eeuw ▶ **Yeşil Ev**
1: Sultanahmet, Kabasakal Cad. 5, tel. 0212 517 67 85, www.yesilev.com.tr. Deze houten villa uit de 19e eeuw is omgetoverd in een modern hotel met de weelderige charme van de

Osmaanse 19e eeuw. Rococotafeltjes en empirebedden, en bovendien badkamers met marmer en bontgekleurde Osmaanse tegels maken de charme van de zeer uiteenlopende kamers compleet. 2 pk vanaf €170.

Landelijk paradijs ▶ Hotel Empress Zoe 2: Sultanahmet, Akbıyık Caddesi 4/1, tel. 0212 518 25 04, www.emzoe.com. Rustig en centraal gelegen hotel in boetiekstijl met 20 kamers; de eigenares is Amerikaanse. De kamers zijn apart ingericht met schilderingen, planken vloeren en kelims in warme tinten. In de idyllische tuin, die grenst aan de muren van een oude hamam, wordt het ontbijt geserveerd. 2 pk vanaf €120, suite rond €160.

Flair uit de belle époque ▶ Sarı Konak Oteli 3: Sultanahmet, Mimar Mehmetağa Cad. 42/46, tel. 0212 638 62 58, www.sarikonak. com. Het 'Gele Huis' midden in de wijk Sultanahmet is een wat kleiner en met veel liefde uitgebaat hotel met een huiselijke sfeer. De kamers zijn historisch ingericht, in het dakrestaurant is het uitzicht prachtig. 2 pk vanaf €109 (in de winter vanaf €69).

Goedkoop ▶ Aşkin Hotel 4: Sultanahmet, Dalbasti Sokak 16, tel. 0212 638 86 74, www.as kinhotel.com. Het huis stamt uit 1932 en heeft enigszins kitscherig-historisch ingerichte kamers tegen schappelijke prijzen. Op het dak kunt u ontbijten met fraai uitzicht. 2 pk €40–90.

...in Beyoğlu (kaart blz. 138)

Pure luxe ▶ Çırağan Palace Hotel Kempinski 5: Beşiktaş, Çırağan Cad. 32, tel. 0212 326 46 46, fax 0212 259 66 87, www.kempinski-istan bul.com. Meer dan 300 kamers, en bovendien winkels, sparuimten, verschillende restaurants en een jazzbar zijn ondergebracht in dit sultanspaleis uit de 19e eeuw. Wie niet in korte broek op pad is en zin heeft in wat luxe, kan in de foyer genieten van een drankje. 2 pk vanaf €400.

Bewoond verleden ▶ Büyük Londra Hotel 6: Tepebaşı, Meşrutiyet Cad. 53, tel. 0212 245 06 70, fax 0212 245 06 71, www.londraho tel.net. In de Osmaanse tijd heette dit hotel Grand Hotel de Londres. Ook nu nog ademt het de sfeer van die tijd. De aankleding van sommige kamers is heerlijk ouderwets. Hier

werden scènes voor de film *Gegen die Wand* van Fatih Akin gedraaid. 2 pk €80–175.

Zen tot retro ▶ Eklektik Galata 7: Serdarı Ekrem Cad., Kadrı Bey Cikmazı 4, tel. 0212 243 74 46, www.eklektikgalata.com. Dit romantische boetiekhotel ligt vlak bij de Galatatoren en het lagergelegen deel van de İstiklal Caddesi – dus midden in de wijk die helemaal in is. De kamers zijn allemaal verschillend, van zen tot retro. Het ontbijt wordt tot de middag geserveerd. 2 pk €85–125.

Historische charme ▶ Vardar Palace Hotel 8: Taksim, Sıraselviler Cad. 16, tel. 0212 252 28 88, fax 0212 252 15 27, www.vardarhotel. com. Een hotel van rond 1900 met 40 kamers, die in 1990 geheel gerestaureerd werden. Op het dakterras kunt u in de zomer genieten van het schitterende uitzicht op Pera en de Bosporus. 2 pk €75–90.

Eenvoudig en niet duur ▶ As 9: Beyoğlu, Bekar Sokak 26, tel. 0212 252 65 25, fax 0212 245 00 99. Charmant hotel, centraal gelegen nabij het hogere deel van de İstiklal Caddesi. In de omgeving is het elke nacht feest, maar in het steegje van het hotel blijft het rustig. 2 pk vanaf €50.

Eten en drinken

...in het stadscentrum (kaart blz. 124)

Osmaanse specialiteiten ▶ Sarnıç 1: Sultanahmet, Soğukçeşme Sokağı, tel. 0212 512 42 91, www.sarnicrestaurant.com, dag. 18–2 uur. Chic restaurant in een Byzantijnse cisterne met voortreffelijke, internationale keuken. Als het in de zomer buiten onverdraaglijk warm is, zit u hier heerlijk bij een constant aangenaam koele temperatuur en romantisch kaarslicht. 3-gangenmenu met drankjes voor rond €50.

Bij de visser ▶ Balıkçı Sabahattin 2: Sultanahmet, Seyt Hasankuyu Sokak 1, tel. 0212 458 18 24, www.balikcisabahattin.com, dag. 12–1 uur. Sinds 1927 is dit een traditionele visrestaurant in de oude binnenstad tussen de Sultan Ahmetmoskee en de zeemuur. Naast een ruime selectie aan voorgerechten staat er vergevangen vis uit alle zeeën rond Turkije op de kaart. Visgerecht vanaf €10, maar de vis eerst laten afwegen!

Sultanskeuken ▶ Darüzziyafe **3** : Süleymaniye, Şifahane Cad. 6, tel. 0212 511 84 14, www. daruzziyafe.com, dag. 12–15, 18–22 uur. In de vroegere gaarkeuken van de Süleymaniyemoskee wordt tegenwoordig de traditionele Osmaanse keuken naar overgeleverde, oorspronkelijke recepten bereid. U zit prachtig op de open binnenplaats of in Osmaans gedecoreerde zalen. Ruime selectie gerechten, maar geen alcohol.

In de Bazaar ▶ Pandeli **4** : Eminönü, Mısır Çarşisi 1, tel. 0212 527 39 09, ma.–za. 11.30–16 uur. Dit in 1901 geopende restaurant is een instituut in Istanbul. Het ligt op de bovenverdieping van de Egyptische Bazaar en bekoort door zijn schitterend versierde wanden met groenzwarte tegels. Specialiteiten zijn de en papillotte gebakken gerechten (vis of vlees) uit de oven. Reserveren! Hoofdgerechten voor rond €10.

Met Agatha Christiecharme ▶ Orient Express **5** : Eminönü, Sirkecitreinstation, tel. 0212 522 22 80, dag. 11.30–23 uur. Het oude, voorname stationsrestaurant van Sirkeci serveert eerlijke Turkse kost, in een omgeving met de flair van de tijd van de Oriënt Expres. U kunt hier ook alleen iets gaan drinken. Hoofdgerechten rond €8.

... in Beyoğlu (kaart blz. 138)

Fusion ▶ Changa Restaurant **6** : Taksim, Sırasviler Cad. 47, tel. 0212 251 70 64, www. changa-istanbul.com, ma.–za. 18–1 uur. De naam Changa, ('Gemengd'), dekt precies de lading. Dit in een jugendstilgebouw gevestigde restaurant met stijlvolle, strakke inrichting wordt gerund door een veelbereisde Nieuw-Zeelander. Hier wordt een voortreffelijke fusionkeuken gecreëerd, bijvoorbeeld runderfilet met kruidensalade en Vietnamese saus voor €20; een van de fantasievolle voorgerechten ca. €10.

Çiçekpassage ▶ Seviç Restaurant **7** : İstiklal Cad., Çiçek Pasajı 8, tel. 0212 244 28 67, www. sevicrestaurant.com. Het Seviç vestigde zich al in 1948 als een van de eerste restaurants in deze beroemde passage. In 2004 is het gerenoveerd. Het restaurant serveert een goede Meyhanekeuken met voorgerechten, en vis en vlees van de grill. Voor zitplaatsen in de

passage moet u reserveren! Hoofdgerechten rond €10.

Anatolische experimenten ▶ Kiva Han **8** : Beyoğlu, Galata Kulesi Meyd.4, tel. 0212 292 98 98, www.galatakivahan.com, dag. 8–1 uur. Het in 2008 geopende Kiva Han serveert regionale gerechten uit heel Turkije. Op de zeer uitgebreide kaart vindt u haast vergeten en herontdekte recepten uit de Turkse cuisine terug, die eruitspringen tussen de gebruikelijke eentonigheid. Het restaurant ligt direct aan de voet van de Galatatoren – echt een aanrader. Hoofdgerechten vanaf €10.

Bij de Griek ▶ Pano Şarap Evı **9** : Galatasaray, Hamalcıbaşı Cad. 12/B, tel. 0212 292 66 64, www.panosarapevi.com, dag. 11–2 uur. Leuk wijnhuis, een van de laatste stille getuigen van de Griekse eetcultuur in Istanbul. In 1999 na een omvangrijke restauratie heropend. Nu serveert de (tegenwoordig Turkse) restauranthouder binnen en op het terras eilandgerechten met veel vis. Hoofdgerechten €7–12.

Osmaanse keuken ▶ Hacı Abdullah **10** : Beyoğlu, Atıf Yılmaz Cad. 9/A, tel. 0212 293 85 61, www.haciabdullah.com.tr, dag. 11.30–23 uur. Traditionele gerechten uit Anatolië; elke dag is het menu anders. De specialiteit is *hünkar beğendi*, een soort goulash met auberginepuree. Zeer origineel, maar op alcoholhoudende dranken hoeft u hier niet te rekenen. Hoofdgerechten rond €8.

Niet alleen voor vegetariërs ▶ Nature & Peace **11** : Beyoğlu, İstiklal Cad., Büyük Parmakkapı Sok. 21/23, tel. 0212 252 86 09, www.nature andpeace.com, dag. 10–23.30 uur. Biologisch-ecologisch georiënteerd restaurant met versbereide vegetarische gerechten en een aangenaam strakke inrichting. Maar voor wie er echt niet buiten kan, staat er naast alle plantaardige kost ook vis en gevogelte op de kaart. Hoofdgerechten rond €8.

Nevizade-eetsteeg ▶ Hasırlı **12** : Nevizade Sok. 21A, tel. 0212 244 39 42, dag. 11.30–23 uur. Authentiek Turkse keuken, een belevenis! In deze straat rijgen zich verschillende restaurants aaneen – voor het geval dat er bij Hasırlı geen plaats meer vrij is. Hoofdgerechten voor rond €7.

Authentiek ▶ Refik's **13** : Tünel, Sofyalı Sok.

10, tel. 0212 243 28 34, ma.–za. 12–24, zo. 18.30–24 uur. Klassiek Turks restaurant met specialiteiten uit de keuken van de Zwarte Zee. Huiselijke sfeer en veel couleur locale. Vaak overvol. Geen credit cards! Hoofdgerechten vanaf €6.

De puddingmakers ▶ Taksim Sütiş 14: Taksim, İstiklal Cad. 7, tel. 0212 251 32 70, dag. 10–23 uur. De rijstpudding en *keşkül* (amandelpudding) zijn werkelijk een hemels genot, maar ook kleinere warme gerechten worden al sinds 50 jaar in deze traditierijke cafetaria aangeboden.

... aan de Bosporus
Ortaköy is 's avonds een hotspot voor de jetset en de moderne jeugd. Hier vindt u talrijke restaurants, ook met Italiaanse of Tex-Mex-keuken. Wie meer geld wil uitgeven voor vis in een chique ambiance, dient verder te rijden naar **Bebek** (zie blz. 152).

Winkelen

... in het stadscentrum (kaart blz. 124)
Tapijten en kunstnijverheid ▶ Arasta Bazaar 1: Sultanahmet, Torun Sok., www.arastabazaar.net. In oude, Osmaanse paardenstallen worden nu tapijten en andere kunstnijverheid verkocht.

Waterpijpen ▶ Bazaar Alibaba 2: Kapalı Çarşı, Fesciler Cad. 119, www.bazaaralibaba.com. Buikdanskostuums en kaftans voor de heren, en daarnaast waterpijpen en Osmaans keramiek.

Pailletten en stras ▶ Marpuççular Basar 3: Marpuççular Cad. Langs deze straat achter de Egyptische Bazaar vindt u tal van sieraden-winkeltjes die kunstzinnige kralen, veel stras en pailletten in alle kleuren en maten verkopen voor buikdanskostuums.

Koffietraditie ▶ Kurukahveci Mehmet Efendi 4: Eminönü, Tahmis Sokak 66, tel. 0212 511 42 62, www.mehmetefendi.com. Koffiegenot met een traditie van bijna 130 jaar! De prachtig vormgegeven blikken zijn het ideale souvenir.

Turkse honing ▶ Hacı Bekir 5: Eminönü, Hamidiye Cad. 83, www.hacibekir.com.tr. Echte Turkse honing in alle mogelijke varianten. Allerlei soorten cadeauverpakkingen, die u goed

mee naar huis kunt nemen, zijn verkrijgbaar vanaf €2.

... in Beyoğlu (kaart blz. 138)
Drinkcultuur ▶ Paşabahçe 6: Beyoğlu, İstiklal Cad. 201A, tel. 0212 244 05 44. Rijk aan traditie is deze winkel in huishoudartikelen en glaswerk. Er wordt hier modern, chic design geproduceerd. Maar ook de typisch Turkse theeglazen met de bonte onderzetters zijn hier verkrijgbaar.

IJs uit Maraş ▶ Mado 7: Bijvoorbeeld op de İstiklal Caddesi, maar er zijn nog andere filialen in de hele stad. Mado is de afkorting voor Maraşdondurması, ijs uit Maraş – dit ijs is stevig en zo taai als kauwgum – een bijzonder genot.

Delicatessen ▶ Antre Gourmet Shop 8: Cihangir, Beyoğlu, Akarsu Cad. 52, 0212 292 89 72, www.antregourmet.com. Naast 40 kaassoorten uit Turkije verkoopt de winkel ook Turkse vleeswaren, worsten etcetera. Ook zijn hier zelfgemaakte jams en pasta's te koop, evenals Mexicaanse specialiteiten en Italiaanse pasta.

Tip: Veiligheid

Bomaanslagen van religieuze extremisten hebben ook in Istanbul geleid tot sterk toegenomen en uitgebreide **veiligheidsmaatregelen**. Inmiddels zijn metaaldetectoren en controles niet alleen standaard op luchthavens, maar ook in musea, in de metro en de grotere winkelcentra.

Ook al kunt u zich in Istanbul zeer vrij en veilig bewegen, toch dient u de gebruikelijke gedragsregels in acht te nemen. Wees voorzichtig als iemand u vriendelijk uitnodigt voor een drankje in een **nachtclub** of een bar. Uitnodigingen voor de thee maken deel uit van de Turkse gastvrijheid, maar bij nachtclubs ligt dat heel anders. Of u nu zelf uw drankjes hebt besteld of niet, het is mogelijk dat u in het rosse etablissement waar u bent binnengelokt een volstrekt overtrokken rekening (van minstens €500!) gepresenteerd krijgt. Dit is niet illegaal, en als het gebeurt, zult u echt moeten betalen!

Broekenklassieker ▶ Mavi Jeans 9 **:** Beyoğlu, İstiklal Cad. 117, tel. 0212 249 37 58, www.ma vijeans.com. Klassieke rechte pijpen, slim-fit, denim met of zonder studs en oud gemaakt – de beroemde Turkse jeans, die intussen ook voor de export geproduceerd wordt, is tegenwoordig zelfs een gevaarlijke concurrent voor de Amerikaanse voorbeelden.

Grafisch ▶ Ottomania 10 **:** Tünel, İstiklal Cad./ Sofyalı Sokak 30-32, tel. 0212 243 21 57. Wie geïnteresseerd is in oude briefkaarten van Istanbul en in grafisch werk met scènes uit het Osmaanse volksleven, haalt hier zijn hart op. Bovendien is er voor elke portemonnee wel wat te vinden, van drukwerk voor de kleine beurs tot zeldzame gravures (uitvoervergunning regelen vóór de aankoop!).

Kunst en geschiedenis ▶ İstanbul Kitapçısı 11 **:** İstiklal Caddesi 379, tel. 0212 292 76 92. De officiële boekhandel van het gemeentebestuur verkoopt speciale literatuur over Istanbul en de Turkse kunst – er zijn ook Engelstalige boeken. Een ruime sortering cd's met Turkse muziek en smaakvol kunstdrukwerk van oude stadsgezichten completeren het aanbod.

Uitgaan

… in het stadscentrum (kaart blz. 124)

In het groen ▶ Derviş Café 1 **:** Sultanahmet, Kabasakal Cad. 1/2, tel. 0212 516 15 15, in de zomer dag. 7-24 uur. In de theetuin tussen de Hagia Sofia en de Blauwe Moskee kunt u onder de schaduwrijke bomen in een ontspannen sfeer ook een kleinigheidje eten.

Buikdans ▶ Gar Gasino 2 **:** Yenikapı, Mustafa Kemal Cad. 3, dag. 21-24 uur. In dit bij reisgezelschappen geliefde diner-theater is al vanaf €20 een menu met muziekprogramma te krijgen: Folklore en natuurlijk buikdanseressen.

Restaurant en club ▶ Maxigala 3 **:** Yeni Galata Köprüsü EH 6, tel. 0212 511 16 66, www.maxigala.net. Het Maxigala, gevestigd onder de nieuwe Galatabrug, overtuigt zijn asten overdag als chic restaurant. 's Nachts verandert de ruimte achter de patrijspoorten echter in een populaire club (acid, electrohouse, Turkse pop).

… in Beyoğlu (kaart blz. 138)

Multifunctioneel ▶ Andon 4 **:** Taksim, Sıraselviler Cad. 89/2, tel. 0212 251 02 22, dag. 19-3 uur. Het populaire Andon verenigt onder zijn dak de meest uiteenlopende tentjes: in de kelder zit een kleine, gezellige kroeg, op de begane grond vindt u een smaakvol koffiehuis zonder tierelantijnen, op de verdieping erboven wordt een leuk restaurant gerund met een kleine, internationale kaart en helemaal bovenin zit een discobar met Turkse muziek.

Panoramisch uitzicht ▶ 5. Kat 5 **:** Cihangir, Sıraselviler Cad., Soğancı Sokak 7, tel. 0212 293 37 74, www.5kat.com, dag. behalve zo. 13-2.30 uur. De naam is Turks voor 'op de 5e etage'. Deze zaak bevindt zich inderdaad op de bovenste verdieping van een oud huis, met prachtig uitzicht rondom over de hele stad. Het bier is koud, de gerechten (Aziatische keuken) zijn lekker; jazz, blues, rock – in één woord: muziek uit de hele wereld.

Kunstenaarscafé ▶ Ara Kafe 6 **:** Galatasaray, İstiklal Cad./Tosbağa Sokak 8A, tel. 0212 245 41 05, weekdagen 8-1, za. en zo. 10.30-1 uur. De internationaal bekende fotograaf Ara Güler, wiens unieke foto's hier van tijd tot tijd worden geëxposeerd, is eigenaar van dit café. Naast drankjes staan er op de kleine kaart ook een paar warme gerechten.

Industriedesign ▶ The House Café 7 **:** Asmalımescit, Sümbül Sokak, Tünel Gecidi İshani 9/1-2, tel. 0212 245 95 15, www.thehousecafe. com.tr, ma.-do. 9-1, vr., za. 9-2, zo. 9-24 uur. De fantasievolle sandwiches en de pastagerechten zorgen voor een ontspannen zakenlunch.

Livemuziek ▶ Babylon 8 **:** Tünel, Asmalımescit, Şeyhbender Sokak 3, tel. 0212 292 73 68, di.-do. 21-1.30 uur, vr., za. 22-3 uur, www.ba bylon.com.tr. Het in 1999 geopende Babylon is een instituut in de stad vanwege de optredens van bekende nationale en internationale liveacts. Het programma is een kleurrijke mix van jazz, pop, drum&bass, electronic, maar ook wereldmuziek.

Avant-gardeclub ▶ Ghetto 9 **:** Beyoğlu, Kamer Hatun Cad. 10, tel. 0212 251 75 10, www.ghettoist.net, do.-za. 20-4 uur, bij liveconcerten ook op andere dagen open. Nieuwe livemuziekclub met Turkse en internationale acts in een oude bakkerij, met een prachtig gedecoreerd plafond: een gewelf dat de hele locatie overspant. De chef is saxofonist İlhan Erşahin, die ook de Nublu Club in New York op zijn naam heeft staan.

Studentenclub ▶ Peyote 🔟**:** Beyoğlu, Kameriye Sokak 4, tel. 0212 251 43 98, www.peyote.com.tr. Ook als niet bij elke bezoeker alleen al door het overmatig genieten van de bedwelmende elektronische muziek de psychogene werking van de peyotecactus optreedt: voor experimentele en bijzondere muziek uit het indiecircuit, electro en turntablism is dit dé club in Istanbul.

De beste jazz ▶ Nardis Jazz Club 🔟🔟**:** Beyoğlu, Kuledibi Sokak 14, tel. 0212 244 63 27, www.nardisjazz.com, ma.–za. 20-1.30 uur. Ongepleisterde baksteenmuren geven deze club een wat ruige en ongepolijste uitstraling. Geen dinerkaart.

Indie, alternative, rock ▶ Roxy 🔟🔟**:** Taksim, Sıraselviler Cad., Arslan Yatağı Sokak 3, tel. 0212 245 65 39, di.–za. 20-4 uur, toegang in het weekeinde €16, www.roxy.com.tr. Roxy bestaat al sinds 1994. Hier treden vaak internationaal bekende electro- en danceflooracts op. In de erbij horende Yan Gastrobar kunt u vast iets vinden om de kleine honger tussendoor te stillen.

... aan de Bosporus

In **Kuruçeşme** achter Ortaköy en de eerste Bosporusbrug staan langs de kade allerlei topclubs voor bobo's en tv-sterren. Heel erg beroemd zijn het **Reina** (zie blz. 154) en het **Suada** (www.suadaclub.com.tr) op het schip in de Bosporus.

Actief

Turkse baden ▶ Süleymaniye Hamamı 🔟**:** Eminönü, Mimar Sinan Cad. 22, tel. 0212 520 34 10, www.suleymaniyehamami.com, dag. 7-24 uur. In dit fraaie, historische badhuis, ontworpen door niemand minder dan Mimar Sinan, kunnen, ook samen baden. De service is hier uitstekend. Toegang en massage per persoon €35. **Galatasaray Hamamı** 🔟**:** Galatasaray, Turnacıbaşı Sok. 24, www.galatasarayhamami.com, dag. 7-22 uur. Het bad-

huis stamt uit 1481, ook hier baden mannen en vrouwen tegenwoordig gezamenlijk (in zwemkleding). Toegang en massage per persoon €32.

Vervoer

Luchthaven

Uit Europa landt u waarschijnlijk op het **Atatürk International Airport** ten westen van de stad (zie blz. 74). Alleen prijsvechters als German Wings vliegen op de Aziatische luchthaven (Sabiha Gökçen). Vanaf het Atatürkvliegveld rijden tot 1 uur 's nachts treinen van de Hafifmetro tot Aksaray; voor Sultanahmet stapt u in Zeytinburnu over op de tram.

Vanaf het **Sabiha Gökçen Airport** op de Aziatische zijde rijden Havaşbussen naar het Taksimplein en naar Kadıköy, en German Wings regelt bijvoorbeeld direct na aankomst van de vlucht (meestal tegen 2 uur 's nachts) een shuttlebus naar de binnenstad.

Istanbul is het verkeersknooppunt van het **binnenlandse vliegverkeer**. Vanhier kunt u minstens driemaal per week naar elk regionaal vliegveld vliegen. Naast de staatsmaatschappij Turkish Airlines (THY) vliegen hier ook Onur Air, Atlasjet en FlyAir tegen gunstiger prijzen.

Treinverbindingen

Het kopstation **Sirkeci** in Eminönü was ooit eindstation voor treinen uit Europa, nu rijden deze alleen nog tot Edirne. Inmiddels rijden vanaf dit statige station alleen nog treinen

Tip: Istanbulfestival

Sinds 1973 wordt jaarlijks tussen april en september het Istanbulfestival gehouden met klassieke muziek, jazz, theater en film. Recent is daar met Phonem nog een festival voor elektronische muziek bijgekomen. De Istanbul Biënnale voor hedendaagse kunst, die eveneens tot het festival behoort, zorgt steeds weer voor spannende contrasten tussen jonge kunst en historische tentoonstellingsruimten. Actuele informatie vindt u op www.iksv.org; kaarten zijn verkrijgbaar op www.biletix.com (beide ook in het Engels).

Hier danst heel jong Istanbul – uitzicht vanuit het Reina op de Bosporusbrug

naar de voorsteden *(banliyö tren)* en regionale treinen, zoals naar Edirne. Vanaf het Aziatische treinstation **Haydarpaşa** rijden meermalen per dag treinen naar Ankara, Denizli of Konya. Informatie: www.tcdd.gov.tr.

Intercitybussen

In Istanbul liggen twee grote busstations: in Esenler op de Europese zijde en in het stadsdeel Harem op de Aziatische zijde. Vanhier kunt u tegen een gunstig tarief naar bijna elke plaats in Turkije rijden.

De **Büyük İstanbul Otogarı** in Esenler biedt een directe aansluiting op de Hafifmetro. Bustickets worden onder andere verkocht door de reisbureaus van de grote busmaatschappijen (Kamil Koç, Ulusoy, Varan, Pamukkale) aan de İnönü Cad. nabij Taksim.

Auto/huurwagen

Huurwagens kunnen voor de reis geboekt worden (reisbureau of via internet) of in het hotel worden besteld. Veel grote maatschappijen hebben bovendien ook loketten op de luchthaven.

Parkeergarages: In Istanbul is het niet makkelijk om een parkeerplaats te vinden. Binnen de kortste keren wordt uw auto weggesleept. De parkeergarages op de Aksaray Meydanı, in Eminönü nabij de veerboot en aan de achterzijde van het Atatürk Kültür Merkezi op het Taksimplein zijn goed bereikbaar.

Bus, tram en metro

De kosten van het openbare- en het private streekvervoer zijn ongelooflijk laag (afhankelijk van het vervoermiddel €0,70 tot €0,80). De prijs geldt altijd per rit zonder overstappen;

Hafifmetro: Van Yenikapı aan de Marmaraoever via Aksaray, Bayrampaşa, Bakırköy en Yenibosna naar Ataköy rijdt de Hafifmetro, een moderne sneltram. Deze rijdt elke 5 tot 20 minuten, prijs €0,70.

Tram: Een moderne tram *(tramvay)* rijdt ongeveer elke 10 minuten van Topkapı (stadswal) via Aksaray, Sultanahmet, Eminönü, Karaköy naar Kabataş (7–22 uur).

Metro: Een ondergrondse metro verbindt het Taksimplein met de 4. Levent. Tussen 6.15 uur en 23.30 uur rijdt hij elke 5 minuten (haltes: Taksim, Osmanbey, Şişli, Gayrettepe, Levent, 4. Levent).

Nostalgische tram: Op de İstiklal Caddesi (voetgangerszone) rijdt elke 15 minuten een historische tram tussen het bovenste Tünelstation en het Taksimplein.

Banliyö tren: Vanaf het Sirkeçitreinstation rijden op het tracé van de Oriënt Expres treinen naar de voorsteden, zoals naar Yedikule (stadsmuur), Ataköy (winkelcentrum) en Florya (zwemstrand).

Tünel: Van Karaköy nabij de Galatabrug loopt een ondergrondse kabelspoorbaan naar de İstiklal Caddesi en overbrugt daarbij een hoogte van 62 m (7–22 uur, elke 5 minuten).

Füniküler: De kabelbaan verbindt in 1,5 min. Kabataş aan de Bosporus met het bergstation op het Taksimplein.

Dolmuş

Kleine bussen rijden vanaf vaste standplaatsen weg als ze vol *(dolmuş)* zijn; u betaalt in het busje. U kunt ook onderweg instappen (handsignaal geven); wie niet weet waar uit te stappen, kan de chauffeur vragen om te waarschuwen.

Taxi

Taxi's zijn probleemloos te vinden – de stad is er vol mee. Zorg dat u erop staat dat de meter aangezet wordt. Vroeger was er een dagtarief *(gündüz)* en een nachttarief *(gece)*. Dat verschil is afgeschaft, er is nu dus nog maar één tarief. De chauffeurs kennen de bezienswaardigheden, grote hotels en de doorgaande wegen, verder dient u ook de wijk als bestemming op te geven.

voor een enkele reis koopt u de desbetreffende **jetons** voor uw vervoermiddel (bus, trein, metro etc.). Het **akbil** (afkorting voor *akilli bilet*, 'slim kaartje') is een chipkaart, die in het hele openbaarvervoersysteem kan worden gebruikt. Ook praktisch is het **mavi akbil**, dat op bepaalde tijden voor het hele openbaar vervoer geldig is. Deze kaart is verkrijgbaar in witte ticketboxen, die op de belangrijkste verkeersknooppunten staan (bijvoorbeeld Eminönü, Taksim).

Stadsbussen: De stedelijke bussen van de IETT rijden tussen 6 en 24 uur. De beide hoofdbusstations zijn in Eminönü en op het Taksimplein, de bestemming staat op de bus aangegeven. Let op: er rijden ook privébussen *(Özel Halk otobüsü)*, waarbij u in de bus een kaartje koopt.

Istanbuls verleden en heden zijn nauw verbonden met het water. Aan de Bosporus rijgen de prachtige houten villa's en pittoreske dorpjes zich aaneen. Deze zijn bij de moderne inwoners van Istanbul erg in trek om uit te gaan of voor een uitstapje. De Prinseneilanden in de Zee van Marmara zijn idyllisch met hun jugendstilvilla's en rijtuigen. De Gouden Hoorn diende weliswaar tientallen jaren als vestigingsplaats voor industriële bedrijven, maar sinds deze werden verplaatst, begint ook hier het culturele leven weer op gang te komen.

Eyüp en de Gouden Hoorn

▶ 2, D/E 2

Het pirroteske voorstadje **Eyüp** aan de Gouden Hoorn is tot vandaag de dag een belangrijk islamitisch pelgrimsoord. Ook buiten de feestdagen om komen hier talloze vrome pelgrims. Vanaf Eminönü is het met een dolmuş goed bereikbaar. Hier wordt Abu Eyub al-Ansari vereerd, een vaandeldrager van Mohammed, die bij een belegering van Constantinopel door de Arabieren in de 7e eeuw stierf. De 800 jaar later, na de verovering, wonderbaarlijk weer teruggevonden stoffelijke resten werden hier in 1458 als relikwieën bijgezet – waarmee een direct verband werd gelegd tussen de Osmanen en de stichter van de islamitische godsdienst, Mohammed, hetgeen een belangrijk politiek machtsmiddel was. Talrijke begraafplaatsen, moskeeën en türbes drukken hun stempel op deze bedevaartsplaats. Een graf nabij dat van de heilige belooft namelijk de kortste route naar het paradijs.

In het voorportaal, dat de **Eyüp Sultan Camii** en de türbe van de heilige met elkaar verbindt, legitimeerden de derwisjen van de Mevlanaorde ooit de heerschappij van elke nieuwe sultan, door hem het zwaard van de

Tip: Café Pierre Loti

Een bezoek aan een van de charmantste cafés van Istanbul op de heuvel boven Eyüp is bijna een must. De Franse marineofficier, diplomaat en reisverhalenschrijver Pierre Loti (eigenlijk Julien Viaud, 1850–1923) wist de rust en verlatenheid van deze idylle al te waarderen: de Gouden Hoorn en de doden op de begraafplaatsen beneden, en het uitzicht over de oude stad in de verte met zijn koepels en minaretten. Hier was het leven goed – en de liefde ook. Zo dong de *homme à femmes* hier in 1877 naar de gunst van zijn geliefde Aziyadeh, die als geheimzinnige vrouw uit Duizend-en-een-nacht de titelheldin van een van zijn romans werd.

Ook al is de sfeer van die dagen intussen vervlogen, toch kunt u na een romantische wandeling bergop (bewegwijzerd) door de begraafplaats van Eyüp nog altijd genieten van de charme van het naar Loti vernoemde café en het uitzicht. Mocht de wandeling bezwaarlijk zijn, dan kunt u ook met de comfortabele kabelbaan *(teleferik)* naar boven. De halte in het dal ligt achter het moskeecomplex, vertrek elke 15 min., dag. 8–24 uur, je ton voor heen en terug 3 TL.

dynastiestichter Osman aan te gorden. De türbe van Abu Eyub wordt door een wand met İzniktegels extra geaccentueerd. Door een verguld tralievenster kan de sarcofaag worden bewonderd.

In de stegen van Eyüp bloeit de handel in islamitische religieuze voorwerpen, zoals souvenirs, gebedskettingen, korans en dergelijke. Als uw bezoek bovendien ook nog op vrijdag valt, zijn er vaak grote groepen jongens te bewonderen, die feestelijk als prins zijn aangekleed. De knapen zijn zo uitgedost voor hun besnijdenis *(sünnet)* en komen vóór deze ingreep de zegen van Allah vragen in de heiligste moskee van Istanbul.

Rahmi Koçmuseum

Als de overheid geen geld heeft voor het verleden en er bovendien niet in geïnteresseerd is, dan moeten de grootindustriëlen bijspringen. De ondernemer Rahmi M. Koç heeft de stad met het **Rahmi Koç Müzesi** een van de mooiste en interessantste musea geschonken (Hasköy, Hasköy Cad. 5, tel. 0212 369 66 00) di.-vr. 10–17, za.-zo. 10–19 uur, www.rmk.museum.org.tr, toegang 10 TL, duikboot 5 TL).

Aan de hand van stoommachines, technische apparaten, modellen van stoomtreinen en ook scheepvaartobjecten wordt de technische- en industriële geschiedenis aanschouwelijk gemaakt. Dit is vooral voor kinderen spannend, want in het museum zijn talrijke stukken tentoongesteld die ook aangeraakt mogen worden. Interactieve beeldschermpresentaties nodigen uit tot spelenderwijs leren. Het bezoek aan de voor anker liggende duikboot is de topattractie van het museum, die trouwens alleen toegankelijk is voor kinderen ouder dan acht jaar.

Santralistanbul

Aan het eind van de Gouden Hoorn, op het terrein van de privé-universiteit Bilgi, werd het **Santralistanbul** opgericht, een nieuw museum en cultuurcentrum (Kazım Karabekir Cad. 1, www.santralistanbul.org, di.-zo. 10–20 uur, toegang 7 TL, gratis shuttlebus vanaf Atatürk Kültür Merkezi). De elektriciteitscentrale Silahtarağa was van 1912 tot 1983 in bedrijf en zorgde met Duitse Siemens- en AEG-turbines voor elektriciteit. In 2007 werd dit industrieel-historische juweel – gefinancierd door sponsors – als museum heropend. In dit energiemuseum is de elektriciteitscentrale helemaal gelaten zoals deze was: naast de reusachtige generatoren en turbines straalt vooral het futuristisch aandoende schakelcentrum de charmante vergane glorie uit van oude industriële complexen. Dit museum is heel geschikt voor kinderen. 'Doe-het-zelf'-gedeelten verklaren op speelse wijze natuurwetenschappelijke verschijnselen. In het kunstmuseum worden over verschillende etages verspreid alle registers opengetrokken van een actuele en ruimtelijk extreem royaal opgezette presentatie van moderne en hedendaagse kunst. Met een bibliotheek, een bioscoopzaal en ook een eetgelegenheid, is het Santralistanbul een nieuw cultureel hoogtepunt geworden voor Istanbul.

Miniaturk

Het aan de Gouden Hoorn gelegen pretpark **Miniaturk** toont in hoofdzaak gebouwen en Turkse landschappen op een schaal van 1 op 25, zoals de Galatatoren, de Leandertoren, de Süleymaniyemoskee, de Selimiyemoskee, het Atatürkvliegveld en de stadsmuren van Istanbul (dag. 9–20 uur, www.miniaturk.com.tr, toegang 10 TL).

Deze licht kitscherige tijdreis door de geschiedenis van de Turkse architectuur wordt een hele belevenis voor kinderen als ze hem mogen maken met de miniatuurtrein die door het park slingert.

Eten en drinken

Trendy bar ▶ Otto Santral: Eski Silahtarağa Elektrik Santrali, Kazım Karabekir Caddesi 1, 0212 427 80 68, ma.-vr. 10–2, za., zo. tot 4 uur, hoofdgerechten €14–€32 (Otto Santral heeft ook pizza's op het menu staan). Sjiek designrestaurant op het terrein van het Santralistanbul (zie links). In het weekend worden hier vaak concerten gehouden, waarbij het accent op luchtige pop en jazz ligt, maar er wordt ook oorstrelende elektronische loungemuziek gespeeld.

Kara Deniz (Zwarte Zee)
Kısırkaya
Kilyos
Kumköy
Gümüşdere
Rumelifeneri
Belgrat
Uskumruköy
Ormanı
Büyükliman
Altınkum
Zekeriyaköy
Rumeli
Bahçeköy
Kavağı
Sarıyer
Keçilik
Sadberk
Hanım Müzesi
Anadolu
Kavağı
Büyükdere
Akbaba
Tarabya
Maslak
Huber
Köşkü
Parkorman
Beykoz
Kağıthane
Istinye Yeniköy
Paşabahçe
Çubuklu
Ayazağa
Emirgan
Hidiv Kasrı
Sabançı Müzesi
Kanlıca
Çağlayan
Levent
Rumeli
Anadolu Hisarı
Aşiyan Müzesi
Hisarı
Etiler
Bebek
Küçüksu
Okmeydanı
Kandilli
Arnavutköy
Vaniköy
Gayrettepe
Kuruçeşme
Şişli
Ortaköy
Çengelköy
Beşiktaş
Beylerbeyi
Beyoğlu
Kuzguncuk
Üsküdar
Bağlarbaşı
Eminönü
Harem
Çamlıca
Ümraniye
Haydarpaşa
Göztepe
ISTANBUL
Fikirtepe
Kadıköy
Erenköy
Fenerbahçe
Kozyatağı
Bostancı
Kızıl
Adalar
(Prinseneilanden)
Marmara Denizi
(Zee van Marmara)
Kınalıada
Rum Panaya
Burgazada
Orthodox
seminarie
Sivriada
Yassıada
Heybeliada
Isa Rum
Manastırı
Büyükada
Aya
Yorgi
Balıkçı Ad.
0   5   10 km

Aan de Bosporus

Kaart: blz. 152

Aan het geopolitieke belang van de 33 km lange Bosporus (İstanbul Boğazı) heeft de stad zijn oprichting te danken, want de Bosporus scheidt Europa van het Aziatische continent. De legende gaat dat dit de plek is waar Io in de gedaante van een koe de waterweg overstak – daar is de naam Bosporus ('Rundervoorde') van afgeleid.

Al in de 17e eeuw werden de schoonheden van de beboste, zacht glooiende heuvels aan beide zijden van de waterweg tussen de Zwarte Zee en de Zee van Marmara zeer gewaardeerd. Het liefst streek men neer 'aan de zoete wateren van Azië'. Welgestelde en hooggeplaatste personen binnen het Osmaanse Rijk lieten langs de waterkant fraaie houten huizen (yalı) neerzetten als zomerverblijf. Met de moderne tijd begon de teloorgang van deze ooit zo geprivilegieerde locatie langs het water. Er werd veel gebouwd en beton gestort, gespeculeerd en gerooid. Zelfs de beide voor de stad zo ongelooflijk belangrijke Bosporusbruggen tussen Europa en Azië hebben bijkomende schade veroorzaakt.

Arnavutköy en Bebek ► 2, E 2

Achter de eerste Bosporusbrug ligt het plaatsje **Kuruçeşme**, dat zich intussen heeft ontwikkeld tot een populaire, zomerse trekpleister voor nachtbrakers. Niet ver vandaan ligt **Arnavutköy** met zijn lange rij houten villa's te stralen aan de waterkant. Vanwege de beroemde visrestaurantjes in de romantische huizen is het 'Albanezendorp' ook 's avonds een bezoek waard.

In **Bebek** gaat het er bijzonder bedrijvig aan toe. Deze plaats met zijn talrijke parken en grote universiteitscampus is zeer in trek als woonplaats bij de rijken van Istanbul. Wie genoeg tijd heeft, zou de in de 'suikerbakkersstad' Bebek gevestigde banketbakkerij-cafés aan de oever van de Bosporus met een bezoek kunnen vereren (zie blz. 154).

Even ten noorden van Bebek, achter de universiteitscampus, bewaakt de vesting **Rumeli Hisarı** de kust (do.–di. 9–16 uur). In 1452 werd

actief

Boottocht op de Bosporus

Informatie

Begin: Eminönü, Bosporus Pier/Boğaz Hattı 3 İskelesi.

Duur: Minstens 2 uur, maar u kunt er beter een hele middag voor uittrekken.

Belangrijk: Denk aan geschikte kleding, op het schip kan het koud zijn! Als u onderweg even aan land wilt gaan, kunt u beter een van de veerdiensten nemen (zie onder).

Zelfs als u maar een paar dagen in Istanbul doorbrengt, zou u eigenlijk wel een boottochtje op de Bosporus moeten inplannen. Jaloers zult u dan naar uw medereizigers kijken, die dagelijks deze prachtige tocht van en naar hun werk mogen maken. Met een glas thee in de hand uitkijken over het water. Glijdend langs de historische gebouwen vergeet u de hectische stad en kunt rustig even genieten. Maar als u de verschillende plaatsjes en bezienswaardigheden langs de kust beter wilt bekijken, kunt u toch beter de auto of de bus nemen.

Voor dit uitstapje zijn er twee mogelijkheden. De Non-Stop-Bosporus-Tour begint altijd op zondag om 14 uur en duurt 2 uur; u kunt niet onderweg aan land gaan. Een alternatief is een pendeldienst, die tweemaal daags van Eminönü zigzaggend naar Anadolu Kavağı vaart. De tocht naar het eindpunt duurt 1,5 uur (ca. €12), maar onderweg kunt u bij elke halte uitstappen en met het volgende schip verdervaren. Op zaterdag is er zelfs nog een late dienstregeling die tegen 22 uur afvaart van Anadolu Kavağı (dienstregelingen aan de aanlegsteiger of op www.ido.com.tr/en).

Hoe dan ook, beide mogelijkheden hebben één ding gemeen: de tocht is doel op zich, want Istanbul laat zich vanaf de Bosporus van zijn mooiste kant zien. Schilderachtige gevels, burchten en paleizen trekken aan het schip voorbij – ook al moet de glans van vergane eeuwen met de grove bouwzondes van tegenwoordig wedijveren. Op de Europese oever reiken de torenflats van Levent en Maslak naar de hemel en waar u zich ooit verzekerd kon wanen van een opgerept uitzicht, zoeft tegenwoordig het verkeer langs op wegen die over het water zijn gebouwd. Maar juist die gebroken beelden van Osmaanse gevels onder het in de lucht hangende viaduct (waarover de reisbrochures nauwelijks berichten), geven de stad zijn fascinerende charme.

U begint met het uitzicht op het Dolmabahçepaleis (zie blz. 141) en even later komt het Çırağan Palace Hotel Kempinsky (zie blz. 143) in zicht. De mooiste kant van dit paleis, die langs de kade, komt dus vooral vanaf de boot bijzonder goed tot zijn recht. Zodra u onder de eerste brug doorkomt, volgen in Kuruçeşme de nightlifepaleizen van tegenwoordig elkaar op. Langs de oever trekken de talrijke, uitdijende, kleine plaatsjes langs, die inmiddels met de stad vergroeid zijn. Pas vlak voordat u weer aanlegt, wordt duidelijk dat het centrum van deze plaatsjes zijn traditionele structuur behouden heeft.

Plaatsen als Bebek of Emirgan zijn inmiddels nogal onder de toeristische voet gelopen en duur, maar vooral op de Aziatische oever zijn nog allerlei pittoreske havenplaatsjes met leuke visrestaurantjes te vinden, die het bekijken waard zijn. In Cengelköy bijvoorbeeld, met de markante gebouwen van de militaire academie. Of in Kanlıca, ten noorden van de burcht Anadolu Hisarı, dat beroemd is om zijn yoghurt met poedersuiker, die direct aan de aanlegsteiger te koop is. Als u echter blijft zitten en zich niet laat verleiden, belandt u uiteindelijk in Anadolu Kavağı, het noordelijkste dorp met zijn nog zeer traditionele visrestaurants. Maar als u hier wilt eten, dient u al 's ochtends af te varen uit Eminönü, want anders kunt u alleen nog met een minibus terugrijden.

de 'Europese burcht' in slechts vier maanden door soldaten van sultan Mehmet II gebouwd op het punt waar de Bosporus op zijn smalst is. Samen met de vesting **Anadolu Hisarı** ertegenover kon zo de scheepvaart op de Bosporus gecontroleerd worden. Negen maanden later hadden de Turken de keizerlijke stad veroverd. Daarna dienden de tot 7 m dikke muren van de burcht als gevangenis.

Direct op de achtergrond rijst imposant de tweede Bosporusbrug op, de in 1988 ingewijde brug **Fatih Sultan Mehmet Köprüsü**, meestal afgekort tot FSM. Deze hangbrug is van oever tot oever 1510 m lang. Het is een tolbrug met acht rijbanen, die afhankelijk van de verkeersdrukte vrijgegeven worden (meestal in de ochtendspits vijf naar Europa, en in de avondspits vijf terug naar Azië).

Eten en drinken

Keuken van de Egeïsche kust ▶ Melengeç: Arnavutköy, 1. Cadde 73, tel. 0212 287 49 61, www.melengec.com.tr. Sterk aanbevolen! Het Melengeç heeft allerlei Egeïsche specialiteiten uit de omgeving van Tire aan de Turkse westkust op de kaart staan. De gerechten onderscheiden zich door het creatieve gebruik van zeldzame kruiden. Naast de originele meze zijn tireköfte, langgerekte frikadellen op pide (brood) met yoghurt, palamut (tonijn van de grill) en keşkek (bulgur met kip) echte aanraders. Vanaf alle etages kunt u van een fraai uit-

Tip: Marsepein van pistachenoten

Banketbakkerij Meşhur Bebek Badem Ezmesi in Bebek maakt een heel bijzondere lekkernij. De in staven gerolde pistachenotenmarsepein van dit traditionele bedrijf is zondig duur, maar de zonde echt meer dan waard. Het recept is natuurlijk bedrijfsgeheim – maar er wordt geheel zonder conserveringsmiddelen gewerkt. U hoeft niet eens te proberen om deze specialiteit lang te bewaren, dat lukt toch niet.

Meşhur Bebek Badem Ezmesi: Bebek, Cevdet Paşa Cad. 53 C, tel. 0212 263 59 84.

zicht genieten op de aanlegsteigers van Arnavutköy.

Waterkant ▶ Deniz Park (Aleko'nun Yeri): Yeniköy, Köybaşı Cad., Daire Sok. 9, tel. 0212 262 04 15, dag. 11–24 uur. Ideaal in de zomer. Voorgerechten en visgerechten direct aan de oever van de Bosporus.

Aan de Bosporus ▶ Pafuli: Kuruçeşme, Kuruçeşme Cad. 116, tel. 0212 263 66 38, www.pafuli.com.tr. Dit restaurant serveert specialiteiten uit de Zwarte Zeekeukens. Met name de visgerechten zijn zeer aan te bevelen en van de voorgerechten de kleine kaasfondue met maïsbrood. Recent is een nieuw zomerterras met uizicht op de Bosporus geopend.

Voortreffelijke gehaktballen ▶ Ali Baba: Arnavutköy, 1. Cadde 92, tel. 0212 265 36 12. Hier komt iedereen alleen om de echt spectaculaire en onvoorstelbaar goedkope köfte te eten. Als bijgerecht krijgt u een salade, en verder niets. Als het eethuisje om 22 uur sluit, gaat een paar meter verderop in een hoekhuis een volgende Ali Baba open.

Kebabdromen ▶ Develi Kebap: Etiler, Tepecik Yolu 22, tel. 0212 263 25 71, www.develikebap.com. Meze en vleesgerechten met Oost-Turkse inslag. Al in 1912 opende het eerste Develirestaurant in Gaziantep zijn deuren. Onder het teken van de kameel *(develi)* serveren tegenwoordig in het hele land verschillende etablissementen de betere Turkse keuken. Het leukste tafelt u in Istanbul in de houten villa in Etiler, waar ook een tuinterras is. Menu met drankjes ca. €27.

Uitgaan

VIP-club ▶ Reina: Kuruçeşme, Muhallim Naci Cad. 44, tel. 0212 259 59 19, www.reina.com.tr, dag. 19–4 uur (alleen in de zomermaanden geopend), toegang in het weekend €20. Voor iedereen die van heel luid en duur houdt. Samen met het **Laila** en het **Cafein** er vlak naast is de 'koningin' van de discoclubs de speelplaats van de jetset met een peperduur drankje in de hand.

De burcht Rumeli Hisarı met de Fatih Sultan Mehmetbrug

waarin de bovenlaag van de Istanbulse bevolking geniet van de koele zomers in het milde klimaat van de Zee van Marmara. Veel van de houten huizen stammen van rond 1900 en staan op de monumentenlijst. Aan de zuidkant van Büyükada strekken zich dennenbossen uit.

In de wintermaanden wonen op de eilanden maar ongeveer 6500 mensen. In de zomer zijn dat er bijna 40.000. Onder andere Grieken, die in de tijd dat het eiland nog Prinkipo heette, het grootste deel van de bevolking vormden. Van noord naar zuid strekt zich het eiland over een lengte van ca. 4 km uit. Er liggen twee markante heuvels op Büyükada: de Isa Tepesi (Jezusheuvel) met een hoogte van 164 m en de Yüce Tepe (Grote Heuvel) op het zuiden van het eiland die met 202 m het hoogste punt is van de Prinseneilanden.

Vanhier komt u ook bij het hogergelegen **Sint-Jorisklooster**, waarvan de fundamenten uit de 10e eeuw stammen. Langs de weg heuvelopwaarts hangen orthodoxe gelovigen reepjes stof aan de takken van de struiken als getuigenis van hun gebeden.

Terug van die 'bedevaart', kunt u in een van de visrestaurants aan de boulevard neerstrijken. Een van de bekendste bewoners van het eiland was overigens Leon Trotzki, die hier van 1929 tot 1933 in ballingschap leefde. Hij gebruikte de idyllische rust van het eiland om zijn autobiografie en de *Geschiedenis van de Russische Revolutie* te schrijven. Maar hoofdzakelijk deed hij hier, wat iedereen hier graag deed: vissen.

Accommodatie

Baden voor het huis ▶ **Aya Nikola Pansiyon:** Yilmaz Türk Cad. 104, Aya Nikola Mevkii, tel. 0216 382 41 43, www.ayanikolabutikpansiyon.com. Dit is een romantisch pension aan de oostkust, direct aan zee gelegen (ca. 1,2 km uit het centrum). De kamers zijn heel mooi in landelijke stijl ingericht; vanaf het private zwemplatform bent u snel in het water. 2 pk €150.

Zeezicht ▶ **Splendid Palace Hotel:** Büyükada, 23 Nisan Caddesi, tel. 0216 382 69 50, fax 0216 382 67 57, www.splendidhotel.net. Al vanaf de

aanlegsteiger wordt de blik van de bezoekers naar de beide koepels van dit charmante ouderwetse hotel getrokken. De kamers van dit in 1908 gebouwde Splendid Palace liggen rond een binnenplaats. Met een zwembad en vier suites kunt u hier in weelde baden. Uniek! 2 pk €110.

Eilandschoonheid ▶ **Büyükada Princess:** Büyükada, 23 Nisan Caddesi, tel. 0216 382 16 28, fax 0216 382 19 49, www.buyukadaprincess.com. Dit uit hout opgetrokken huis met zijn balkons, nissen en erkers ligt in de onmiddellijke nabijheid van de veerbootsteiger. Ook al varen de veerboten met grote regelmaat naar de stad, toch is het bij een eerste bezoek aan Istanbul zinvol om niet zo ver buiten het centrum te logeren. 2 pk €90.

Eten en drinken

Langs de Gülistan Caddesi, de boulevard ten oosten van de aanlegsteiger, liggen allerlei goede visrestaurants, waar u met uitzicht op zee de inwendige mens kunt versterken.

Chic en historisch ▶ **Büyükada İskele Café:** Büyükada, İskele Binası, tel. 0216-382 83 04, van april tot oktober dag. 10–22 uur. Het restaurant aan de Büyükadasteiger is niet over het hoofd te zien. Het met maritieme souvenirs ingerichte café met schaduwrijke terrastafeltjes werd in 2002 door de Turkse Touringclub in dit laat-Osmaanse havengebouw geopend en daarbij werd het oude havencafé stijlvol gerenoveerd.

Actief

Baden ▶ **Büyükada Beach Resort:** Vanaf de westkant van de aanlegsteiger varen bootjes naar de verschillende beachclubs, waar steigers en ladders het afdalen in het water vergemakkelijken. Natuurlijke stranden zijn er niet, maar bij het Büyükada Resort aan de oostkant ligt een opgespoten strand.

Vervoer

Met de **Deniz Otobüsü** (een sneldienst met catamarans) vanuit Kabataş tweemaal daags in 30 min. (jeton 7 TL). Vertrektijden zijn 's zomers anders dan 's winters: www.ido.com.tr (ook in het Engels).

Maisverkopers in Edirne

Thracië en de Zee van Marmara

Het Turkse deel van Thracië met Edirne maakt deel uit van een oud, grensoverschrijdend landbouwgebied op het tegenwoordige drielandenpunt van Turkije, Griekenland en Bulgarije. De regio wordt gekenmerkt door glooiende, onbeboste heuvelketens, waartussen zich in het voorjaar zonnebloemen- en tarwevelden uitstrekken.

De Marmararegio ten zuidoosten van Istanbul is bij Kocaeli (het voormalige İzmit) het sterkst geïndustrialiseerde deel van Turkije. Zelfs jaren later zijn de gevolgen van de verwoestende aardbeving van 1999 er nog zichtbaar. Aanmerkelijk fraaier oogt daarentegen de zuidkust van de Zee van Marmara waar de plaats Yalova ligt met zijn veerdienst en thermen, aan de weg naar Bursa. Bursa tooit zich met monumenten uit de bijna 800-jarige geschiedenis van de Osmanen, die hier de basis voor hun wereldrijk legden. Aan de Zee van Marmara biedt het stadje Erdek een goede toeristische infrastructuur.

Vanuit Istanbul is Edirne gemakkelijk per huurauto te bereiken via de snelweg E 80, waarbij ook een tussenstop in het stadje Lüleburgaz bij wijze van dagtochtje zeker de moeite waard is.

Bursa en İznik vergen wel wat meer tijd: het kan geen kwaad er drie dagen voor uit te trekken. Net als in Istanbul mag het weer hartje zomer niet worden onderschat: het kan erg warm worden en ritten over land kunnen vermoeiend zijn; de beste tijd om te reizen is het late voorjaar, wanneer Bursa zich met een groen kleed tooit.

Tot op heden bieden Thracië en de Marmararegio alleen aan de kusten een toeristische infrastructuur. Edirne als grensstad en Bursa met zijn thermen hebben desalniettemin een aantal verzorgde en bovendien comfortabele hotels in de aanbieding.

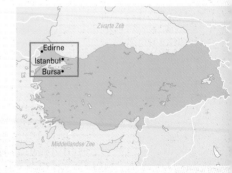

In een oogopslag
Thracië en de Zee van Marmara

Hoogtepunten

2 Edirne: De toegangspoort tot Turkije is een stad met een oude cultuur en een lange geschiedenis, en met monumenten zoals de beroemde Selimiye Camii (zie blz. 165).

Lüleburgaz: Aan de provinciale weg naar Edirne bevindt zich een ander meesterwerk van Sinan: de Sokullu Mehmet Paşa Külliyesi, een stichting van de vrome en bedrijvige grootvizier van sultan Süleyman (zie blz. 171).

İznik: Dit stadje aan het gelijknamige meer, het vroegere Nikaia, was in de Osmaanse tijd vermaard vanwege zijn prachtige tegels (zie blz. 175).

3 Bursa: Aan de voet van de dicht beboste Uludağ begon ooit de zegetocht van de Osmanen, die de stad belangrijke bouwwerken en een levendige bazaarwijk nalieten (zie blz. 178).

Fraaie route

Tocht naar İznik: Komend vanuit Istanbul leidt deze route door een vruchtbaar heuvellandschap langs de noordelijke oever van het vredige İznik Gölü. Na Orhangazi rijdt u ongeveer 45 km tussen olijf- en fruitboomgaarden en wijnbergen door; pijnbomen en cipressen verlenen de weg, die vaak uitzicht biedt op de met riet begroeide oever van het meer, een mediterrane uitstraling. Toch is bij het zwemmen voorzichtigheid geboden, omdat dit visrijke meer op tal van plaatsen vervuild is geraakt door overbemesting van de aangrenzende velden (zie blz. 174).

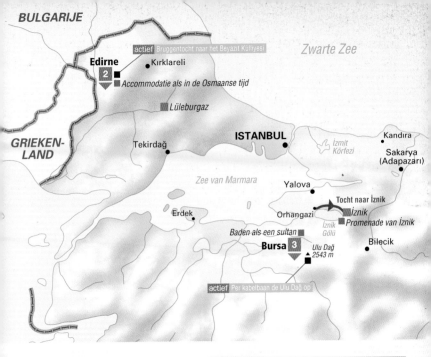

Tips

Accommodatie als in de Osmaanse tijd: Wie
net als de karavaanleiders in vroeger tijden logies zoekt voor de nacht, kan terecht in het
Rüstem Paşa Kervansaray in Edirne. Hier overnacht u in een oude pleisterplaats voor karavanen, die met veel liefde voor details werd
verbouwd tot een middenklassehotel (zie
blz. 168).

Promenade van İznik: Voor het decor van de
imposante stadsmuren van het oude Nikaia is
's avonds vanaf de promenade langs het meer
een lange zonsondergang te zien. De veeleer
eenvoudige visrestaurants bieden met verse
vis en raki gelegenheid om een romantische
avond door te brengen (zie blz. 177).

Baden als een sultan: De regio ten zuiden van
de Golf van İzmit staat sinds de oudheid bekend om zijn warmwaterbronnen. In Bursa's
buitenwijk Çekirge zijn enkele geweldig
mooie oude hamams toegankelijk als thermen – wellness alla Turca (zie blz. 184).

actief

Bruggentocht naar de Beyazıt Külliyesi: Een
wandeling over de Osmaanse bruggen die de
oevers van de rivier de Tunca met elkaar verbinden en naar het grote stichtingscomplex
van sultan Beyazıt leiden. Een van de fraaiste
bouwwerken van de vroege Turkse architectuur (zie blz. 170).

Per kabelbaan de Uludağ op: De kabelbaan
leidt de 2543 m hoge Uludağ op, de berg vlak
bij Bursa. In de winter is dit een paradijs voor
skiliefhebbers, in de zomer valt hier heerlijk
te wandelen. Even stoppen om te picknicken
bij een van de vele barbecueplaatsen is ook
een goed idee (zie blz. 186).

Edirne en Thracië

Vertrekkend vanaf de lijnrecht door de boomloze Thracische vlakte leidende autosnelweg O-3/E 80 zijn er tal van mogelijkheden om de noordelijkste punt van Turkije te verkennen. Of het nu gaat om historische
gebouwen in Edirne, het vroegere Adrianopel, of om zomerse verkoeling aan de zee tussen Terkirdağ en Şarköy – het vaak als saai omschreven Thracië heeft beslist zijn charmes.

 Edirne ▸ 1, B 1

Kaart: blz. 167

Edirne is een moderne grensstad met 140.000
inwoners op het drielandenpunt van Turkije,
Bulgarije en Griekenland, met de douane-
kantoren op een afstand van slechts enkele kilometers van het centrum van de stad. De ligging aan de grens en de invloed van
verschillende culturele tradities zijn ook duidelijk in de stad te zien. Veel woonhuizen in
het centrum doen eerder denken aan de architectuur van de Balkan dan aan de gebouwen van een oriëntaalse stad.

Geschiedenis

Vanwege de bijzondere geografische ligging
hebben veroveraars en heersers altijd al met
een begerige blik naar Edirne gekeken. De
strategische betekenis van een stad op de

Tip: De moskee van de superlatieven

Sinan, de oervader van de Turkse architectuur, schiep aan het eind van de 16e eeuw met
de Selimiye Camii in Edirne zijn veelge-
roemde en daarna nooit meer geëvenaarde levenswerk – een moskee der superlatieven.
Niet duizelig worden! De enorme koepel
zweeft haast vrij in de ruimte (zie blz. 165).

plaats waar de Tunca en de Meriç (Maritza) sa-
menvloeien onderkende de Romeinse keizer
Hadrianus al, die op deze plek in het jaar 125
Hadrianopolis (later Adrianopel genoemd)
stichtte. De nieuwe stad lag aan de belangrijke
heerweg die van Serdica (het tegenwoordige
Sofia in Bulgarije) naar de Bosporus en verder
naar Klein-Azië leidde.

In 324 behaalde Constantijn de Grote hier
de overwinning op zijn tegenstrever en me-
dekeizer Licinius. Deze zege schiep de machts-
politieke basis voor de promotie van Byzantium tot de nieuwe hoofdstad van het rijk.
Edirne daarentegen zou door de eeuwen heen
de rol krijgen van een vesting die de Byzantijnse metropool moest beschermen tegen
overvallen door barbaarse volken. Nadat het
sultan Murat I in 1361–1362 uiteindelijk toch
gelukt was om de stad te veroveren, bleef hij
onder de naam Adrianopel tot aan de uitein-
delijke verovering van Constantinopel de regeringszetel van het Osmaanse Rijk. Hier konden de veldtochten tegen Byzantium en op de
Balkan in alle rust worden voorbereid. De
naam Edirne, die in de 19e eeuw ingeburgerd
raakte, kreeg de stad officieel onder Atatürk.

Terwijl in Edirne uit de Romeins-Byzantijnse tijd nauwelijks iets noemenswaardigs
bewaard is gebleven, bepalen de Osmaanse
moskeegebouwen, met voorop de Selimiye Camii van meesterarchitect Sinan, het beeld van
de stad. Immers, ook na het verheffen van
Constantinopel tot hoofdstad, keerden de sul-

De Selimiye Camii in Edirne wordt als de mooiste moskee van Turkije beschouwd

tans vanwege het continentale klimaat graag naar Edirne terug. Bescheiden resten van een serail op een van de kleine eilanden in de Tunca herinneren aan de rol van Edirne als zomer- en jachtverblijf van de heersers.

De stad kreeg ook in de recentere geschiedenis verschillende invasies te verduren en wisselende bezitters te dulden: Russen en Fransen, daarna in 1912–1913 weer Bulgaren en als laatsten kwamen in 1922 de Grieken. Een jaar later werd Edirne bij het Verdrag van Lausanne echter definitief aan Turkije toegekend. Tegenwoordig is de stad standplaats van de Trakyauniversiteit en van allerlei bedrijven uit de dienstensector. De stad vormt een belangrijk economisch en verkeerstechnisch

knooppunt, dat bij de eventuele toetreding van Turkije tot de EU toenemende betekenis zal krijgen op het gebied van de internationale handelsstromen.

Selimiye Camii **1**

Met haar bijna 83 m hoge minaretten is zij niet over het hoofd te zien: de **Selimiye Camii**, de moskee van sultan Selim II aan de Mimar Sinan Caddesi, vormt op de heuvel boven het centrum van Edirne de karakteristieke blikvanger. Op de plaats van een paleis van Beyazıt I liet de sultan door hofarchitect Sinan van 1568 tot 1574 een moskee met stichtingsgebouwen ontwerpen, die de bouwmeester zelf als zijn meesterwerk betitelde: de Selimiyemoskee is het

Edirne

Hoogtepunten
1 Selimiye Camii
2 Archeologisch Museum
3 Muradiye Camii
4 Eski Cami
5 Üç Şerefeli Camii
6 Saat Kulesi
7 Semiz Ali Paşa Çarşısı

8 Bedesten
9 Gazi Mihal Köprüsü
10 Beyazıt Köprüsü
11 Saray Köprüsü
12 Beyazıt Külliyesi

Accommodatie
1 Efe Hotel

2 Rüstem Paşa Kervansaray Hotel
3 Sultan Hotel

Eten en drinken
1 Serhat Köftecisi
2 Villa Restaurant

hoogte- en tevens eindpunt van de architectonische ontwikkeling van de Osmaanse koepelmoskee. Het enthousiasme van de architectuurtheoretici zal sultan Selim relatief onverschillig gelaten hebben, omdat hij vooral in Edirne was geïnteresseerd vanwege vrijetijdsbestedingen zoals de jacht en opulente feestgelagen. Toch is uit overlevering bekend dat hij op een snelle voltooiing heeft aangedrongen, om door een vrome stichting *(vakıf)* een gelovig leven te boekstaven.

Het totaalcomplex van de *külliye* omvat de moskee, een ruime en zeer sfeervolle voorhof, een *medrese* (Koranschool) en een leeszaal, die allebei tegen het oostelijk deel van de moskee aanliggen. Het complex zou gefinancierd worden met de inkomsten van de onderaan de heuvel gelegen, overdekte bazaarstraat. Achter het als een *mukarnas*-nis uitgevoerde hoofdportaal ligt een van de indrukwekkendste ruimtelijke composities van de Turkse architectuur. Anders dan bij de Süleymaniyemoskee in Istanbul maakte Sinan hier geen gebruik van een systeem van halfkoepels om de druk van de koepel op te vangen. In plaats daarvan dragen acht zware pilaren, die overgaan in een achthoek en van buiten aan hun torenachtige opbouw te herkennen zijn, de grote koepelschaal, die – met een hoogte van 42 m en een doorsnede van 31 m – geheel vrij in de ruimte lijkt te zweven. Nergens wordt de wijdte van een binnenruimte zoveel eer aangedaan als in de Selimiyemoskee.

Tot de schijnbare opheffing van het solide bouwlichaam dragen ook de vele ramen bij, die naar boven toe in aantal toenemen. Buiten wordt deze hang naar gewichtloosheid onderstreept door de vier slanke minaretten, die tot de hoogste behoorden van het Osmaanse

rijksgebied. Een van de opmerkelijke onderdelen van het interieur is de centrale, houten *muezzin*-tribune op twaalf pilaren, die anders gewoonlijk opzij wordt geplaatst. Sinan contrasteerde heel bewust de intieme ruimte van de tribune met de imposante koepelboog. De *mihrab*-nis, waarvan de grondvorm uit de eigenlijke achthoek is gehaald, is net als de sultansloge in het noordoosten bekleed met kostbare İzniktegels. Sinan schiep hiermee een bouwwerk dat gelijkwaardig is aan de Hagia Sophia en waarbij interieur en exterieur tot een eenheid samensmelten.

In de medrese is een klein **museum voor Turks-islamitische kunst** (Türk ve İslam Eserleri Müzesi; di.–zo. 8.30–17 uur) ondergebracht. In de tuin staan interessante Osmaanse grafstenen.

Archeologisch Museum 2

Verder naar het noorden op de Mimar Sinan Caddesi toont het **Archeologisch Museum** (di.–zo. 9–12 en 13–17 uur) een keur aan vondsten uit de regio, zoals bronzen voorwerpen uit Thracische grafheuvels en laat-Romeins beeldhouwwerk. Etnografische museumstukken zoals de typische rozenwaterflesjes completeren de expositie.

Muradiye Camii 3

Beslist een omweg waard is de weelderig ingerichte, ten noordoosten van de Selimiyemoskee gelegen **Muradiye Camii** uit 1429, een stichting van sultan Murat II. De overdadig met faïence gedecoreerde *mihrab* (1436) en de houten *minbar* zijn nog onderdeel van de originele inrichting. De deels behouden muurtekeningen tonen uitvergrote plantaardige dessins, omlijst met schrifttekens.

Eski Cami [4]

Op een steenworp afstand van de Selimiye-moskee staat de **Eski Cami** ('Oude Moskee') uit de 15e eeuw. Het eenvoudige vierkante bouwwerk bootst de halvormige structuur van de Ulu Cami in Bursa na: negen kleinere koepels worden gedragen door vier kolossale pilaren. Een vernieuwing ten opzichte van de Ulu-moskee in Bursa is het vijfjukkige voorportaal. Het gebouw raakte door brand en aardbevingen zwaar beschadigd, zodat de inrichting van het interieur hoofdzakelijk uit de 19e eeuw stamt.

Üç Şerefeli Camii

Met de bouw van de **Üç Şerefeli Camii** [5] (1438–1447) namen de architecten een groot risico. Nooit eerder hadden Seltsjoekse of Osmaanse bouwmeesters het aangedurfd om een ruimte met een dermate grote koepel (met een diameter van 24 m) te overdekken. Ook de grote, voor de moskee gelegen binnenplaats betekende een vernieuwing binnen de Osmaanse architectuur. De markante minaretten bekoren door hun fantasievolle vormgeving. Het kleurrijke zigzagpatroon van de hoogste van de vier torens dateert nog uit

167

de ontstaansperiode. Aan deze minaret zijn de drie balkons *(şeref)* toegevoegd waaraan de moskee haar naam te danken heeft. Met een hoogte van 67 m werd deze minaret tot aan de bouw van de Selimiyeminaret beschouwd als de hoogste van het rijk.

Veel minder hoog, maar toch een vanuit de verte zichtbaar kenteken is de **Saat Kulesi** 6 (Klokkentoren), een van oorsprong Byzantijns bouwwerk uit het jaar 1123, dat ten noorden van de Bazaarwijk staat.

De Marktwijk

Enkele jaren geleden werd de **Semiz Ali Paşa Çarşısı** 7, een overdekte bazaar in de vorm van een winkelstraat *(arasta)*, gerestaureerd en weer voor het publiek opengesteld. Hij loopt parallel aan de winkelpromenade van Edirne, de **Saraçlar Caddesi**, en eindigt na circa 250 m op de vismarkt *(balık pazarı)*, waar het in de ochtend altijd erg druk is. Het aan de bazaar grenzende stadsdeel in het westen van Edirne ligt op de plaats waar in de oudheid een woonwijk lag.

Uit de Osmaanse tijd stamt de onder sultan Mehmet I gebouwde **bedesten** 8 tussen de Eski Camii en het Rüstem Paşa Han, waar antiquiteiten en tweedehands spullen te koop worden aangeboden. Door zijn 14 koepels boven de tweeschepige pilarenhal is het indrukwekkende marktgebouw niet over het hoofd te zien. Met zijn architectuur geldt het als een voorloper van de oude bazaargebouwen van Istanbul. Voor de hal staat een bronzen gedenkteken, dat met de voorstelling van een stel zich duchtig met elkaar metende worstelaars eer betoont aan de olieworstelwedstrijden van Kırkpınar.

Osmaanse bruggen

Fraai zijn de oude Osmaanse stenen bruggen van Edirne, die zowel de Tunca alsook de Meriç overspannen. Tot de oudste behoren de **Gazi Mihal Köprüsü** 9 uit 1420 en de in 1488 gebouwde **Beyazıt Köprüsü** 10, die de *külliye* van Beyazıt II met de stad verbindt. Meesterarchitect Sinan, die zijn loopbaan begon als ingenieur van bruggen, construeerde in Edirne in 1554 de **Saray Köprüsü** 11, die de

stad vandaag de dag met het haast volledig verwoeste Osmaanse paleisterrein op het grote Tunca-eiland **Sarayıçı** verbindt.

Informatie

Informatiebureau: Talat Paşa Cad. 76, tel. 0284 213 92 08.

Accommodatie

Attentie, de hotelprijzen zijn tijdens het Kırkpınarfestival aanmerkelijk hoger dan anders; vroegtijdige reservering is dan ook zeer aan te bevelen.

Centrale ligging ▶ Efe Hotel 1**:** Maarif Cad. 13, tel. 0284 213 61 66, fax 0284 212 94 46, www.efehotel.com. Beter middenklassehotel, gelegen in de Bazaarwijk tegenover de Klokkentoren; comfortabel, schoon en met een vriendelijke bediening. Airconditioning en tv op elke kamer. In het hotel zijn ook een American Bar en een English Pub te vinden – het juiste adres om in de avond nog een glas te drinken. 2 pk €100.

Historisch verblijf ▶ Rüstem Paşa Kervansaray Hotel 2**:** İki Kapılı Han Cad. 57, tel. 0284 212 61 19, fax 0284 214 85 22, www.edirne kervansarayhotel.com. In het historische Rüstem Paşa Han tegenover de Eski Cami, vinden de laatste romantici onderdak, die het zonder nieuwbouwsfeer kunnen en willen stellen: het Kervansaray is een middenklassehotel met een hamam, een restaurant en bar in een mooie ambiance en in een architectuur die rijk is aan traditie en die aan hofarchitect Sinan wordt toegeschreven. Maar wees gerust, de inrichting is aangepast aan het heden. 2 pk €85.

Voordelig ▶ Sultan Hotel 3**:** Talat Paşa Cad. 170, tel. 0284 225 13 72, fax 0284 225 57 63. Een keurig hotel voor een betaalbare prijs. Vooral veel Turkse zakenmensen op doorreis maken gebruik van de comfortabele service. 2 pk €45.

Eten en drinken

De **Saraçlar Caddesi** is de winkelstraat van Edirne: naast winkels en winkelpassages zijn hier tal van kleine lokanta's en lunchrooms te vinden.

Sinan, een Osmaanse carrière

Deze uitspraak typeert de belangrijkste architect van de islamitische wereld: 'Het beroep van architect is het moeilijkste van alle beroepen, alleen wie vervuld is van het geloof in Allah, kan het echt uitoefenen.'

Mimar ('Bouwmeester') Koca Sinan, een tijdgenoot van Michelangelo, was de hofarchitect van drie sultans. Süleyman de Prachtlievende, Selim II und Murat III heetten zijn invloedrijke en financieel goed bemiddelde opdrachtgevers voor zowel sacrale als profane bouwwerken. Aan zijn creativiteit werden daardoor nauwelijks grenzen gesteld. In de 60 jaar van zijn scheppende leven ontwierp Sinan meer dan 400 bouwwerken en had hij de supervisie over hun uitvoering. Het merendeel daarvan – grotendeels in de originele staat gelaten – staat nog steeds overeind. Zijn oeuvre omvat behalve ontelbare grote en kleine moskeeën ook graftombes, Koranscholen, derwisjkloosters, karavaanserails, badhuizen, paleizen, aquaducten en bruggen.

De aan het eind van de 15e eeuw geboren Sinan stamde uit een christelijke familie en groeide op in de omgeving van Kayseri in Anatolië. Door de *devşirme* ('rekrutering van (christelijke) knapen') kwam hij onder sultan Selim I terecht in de hoofdstad Istanbul. Tijdens zijn opleiding bij het elitekorps van de janitsaren werd zijn uitgesproken technisch talent ontdekt, dat hij later als militair ingenieur verder kon ontwikkelen. Tussen 1522 en 1538 nam hij aan tal van veldtochten deel, onder andere op de Balkan, voordat hij dankzij zijn uitstekende prestaties tot hofarchitect werd benoemd. Sinans productiefste fase viel dus in de politieke en culturele bloeitijd van het Osmaanse Rijk, in de tijd van sultan Süleyman de Prachtlievende (1520-1566), die er njet alleen in slaagde om zijn heerschappij uit te breiden tot in Egypte, Armenië en Honga-

rije, maar ook tal van geleerden, letterkundigen en kunstenaars tijdelijk aan zijn hof wist te binden.

Uitgaande van zijn grote architectonische voorbeeld, de Byzantijnse Hagia Sophia, werkte bouwmeester Sinan het idee van een centrale, overkoepelde ruimte verder uit. Kenmerkend voor de moskeegebouwen van Sinan is een heldere ruimteconstructie die voortvloeit uit geometrische grondvormen. Naast de Süleymaniye Camii (1550-1557) bepalen ook kleinere moskeeën zoals de vroege Şehzade Camii (1548), de pittoreske Rüstem Paşa Camii, de degelijke Sokullu Mehmet Paşa Camii evenals de Mirimah Camii uit 1565 met haar vele ramen tot op heden het panorama van het oude centrum van Istanbul met koepels en minaretten en zijn zij uitgegroeid tot symbool voor de algehele islamitische sacrale architectuur.

In zijn laatste levensfase ontwierp de grote architect in Edirne de Selimiye Camii (1569-1575), waarvan de eminente ruimtelijke opzet in de islamitische wereld onovertroffen is. Sinan bereikte hier een koepelspanwijdte, die zich eindelijk kon meten met de ongeveer 1000 jaar oudere Hagia Sophia. In 1588 stierf Mimar Koca Sinan. In de architect Mehmet Ağa had hij een leergierige leerling gevonden, die later de beroemde Sultan Ahmetmoskee (de 'Blauwe Moskee') zou ontwerpen. Zijn graf heeft Sinan, zoals dat hoort voor een architect van zijn statuur, zelf ontworpen. De eenvoudige grafsteen ligt bij de Süleymaniye Camii vlakbij het graf van zijn grootste opdrachtgever, Süleyman de Prachtlievende.

Bruggentocht naar de Beyazıt Külliyesi

Informatie

Begin: Bij de brug Gazi Mihal Köprüsü in het zuidwesten van het oude centrum van Edirne.
Lengte: 4 km.
Duur: Met bezichtiging circa 2 uur.
Belangrijk: Stevige schoenen; vervoer vanaf en naar het centrum per taxi of *dolmuş*.

Edirne telt een groot aantal bruggen die over de rivieren de Tunca en de Meriç leiden. De meeste zijn historische bruggen en nog steeds in gebruik (zie blz. 168). De korte wandeling naar de vroege Osmaanse architectuur begint op de Gazi Mihal Köprüsü uit 1420, die in het zuidwesten van de stad de Tunca overspant. De route leidt na de brug rechtsaf door het weiland langs de oever, en daarna verder naar de dan al binnen gezichtsafstand liggende Beyazıt Külliyesi.

Zonder overdrijving kan de Beyazıt Külliyesi een van de fraaiste stichtingsbouwwerken van de gehele Osmaanse architectuur worden genoemd. Het ruimtelijke complex werd tussen 1484 en 1488 in opdracht van sultan Beyazıt II door diens hofarchitect Hayreddin gebouwd. De **Beyazıt Külliyesi** 12 omvat behalve een moskee en een *imaret* (armenkeuken) ook een ziekenhuis met daarbij een medische school. De moskee vormt het optische middelpunt van het complex. In het westen sluit allereerst de medische school *(tıp medresesi)* aan bij de moskee. Rond een binnenplaats met arcaden liggen de cellen voor de leraren en studenten, terwijl de collegezaal *(derşane)* zich volgens de traditie tegenover het portaal bevindt. In de rechterhoek volgt dan het ziekenhuis *(şifahane)*. Twee door celachtige ruimten omgeven binnenplaatsen leiden naar een centraal gebouw op een zeshoekige ondergrond. In het midden daarvan bevindt zich een fontein met daarboven een koepel. De afzonderlijke ziekenzalen zijn elk met een ei-

gen koepel afgedekt, waarbij de hal tegenover de ingang als een apsisachtige afsluiting uit de zeshoek te voorschijn komt.

Dankzij de reisboekenauteur Evliya Çelebi (17e eeuw) is bekend, dat hier getracht werd om aandoeningen van zowel lichamelijk als geestelijk zieken te verlichten met muziek en het gebruik van etherische dampen. De muziekkapel van het ziekenhuis greep daartoe terug op een beproefd repertoire van bijzondere tonenreeksen om bepaalde ziektebeelden en gemoedstoestanden therapeutisch te behandelen. Çelebi schrijft onder andere over de tonenreeks *ısfehan*, die tot doel had de geest vrij te maken, over *rehavı*, die gespeeld werd om te kalmeren, en over de reeks *kuçı*, die depressiviteit of neerslachtigheid, zoals het toen genoemd werd, moest genezen. Vanwege de voor die tijd zeer vooruitstrevende behandelmethoden werd het gebouw tot **Museum voor de Geschiedenis van Geneeskunde en Psychiatrie** (Psikiyatri Tarihi Bölümü), dag. 8.30–17.30 uur, toegang 10 TL) uitgeroepen, waar deze bijzondere therapie met behulp van poppen aanschouwelijk wordt gemaakt. In het zuidwesten staat de statige **Yıldırım Beyazıt Camii** (gebouwd rond 1390), waarvan de architectonische vorm met *eyvans*, die de overkoepelde centrale hal flankeren, is terug te voeren op het gebruik als *imaret*. Vóór de gebedsruimte van het vroeg-Osmaanse éénkoepeltype ligt een grote binnenplaats met arcaden en de ablutiefontein. Het hergebruik van de Byzantijnse zuilen en kapitelen bij het voorportaal verwijst naar de woelige geschiedenis van Edirne.

De route terug naar het centrum leidt over de in 1488 gebouwde **Beyazıt Köprüsü** (zie blz. 168). Een alternatief is om verder langs de rivier naar het **Tunca-eiland Sarayiçi** (zie blz. 172) te wandelen, dat gemakkelijk te herkennen is aan het enorme Kırkpınarstadion voor de olieworstelwedstrijden.

De ablutiefontein van de Sokullu Mehmet Paşa Camii in Lüleburgaz

Traditionele keuken ▶ **Serhat Köftecisi** **1**: Saraçlar Cad. 3, tel. 0284 213 04 52. Populaire zaak in de winkelstraat, voor een groot assortiment aan heerlijke stoof- en grillgerechten. Per gerecht vanaf €3.

Mooi aan de rivier ▶ **Villa Restaurant** **2**: Karaağaç Yolu, tel. 0284 225 40 77. Een gewilde bestemming voor een uitstapje naar het zuiden van de stad aan de overkant van de Tunca en de Meriç, waar lekkere kebabs en verse visgerechten traditioneel worden bereid. Mooie zitgelegenheid aan de oever van de Meriç.

Agenda

Yağlı Güreş: Drie dagen in juni–juli wedstrijden in alle leeftijds- en gewichtsklassen in het stadion op het eiland in de Tunca. Dankzij de handelaren, gaarkeukens en muziekgroepen in Osmaanse klederdracht ontstaat al snel de sfeer van een volksfeest (zie blz. 172).

Vervoer

Busstation in het zuidoosten van de stad (de verlenging van de Talat Paşa Cad.); meermalen per dag bussen naar Istanbul, Çanakkale en İzmir. Het naastgelegen **treinstation** is het vertrekpunt voor internationale treinen over de Balkan naar Sofia en Boedapest evenals voor regionale treinen naar Istanbul (die overigens langzamer zijn dan de bussen).

Yağlı Güreş – olieworstelen

Thema

Ieder jaar komen er eind juni op de groene velden van Sarayiçi op het Tunca-eiland in het noorden van Edirne honderden jonge mannen bijeen om deel te nemen aan olieworstelwedstrijden van Kırkpınar.

De Yağlı Güreş duren een kleine week en worden als een groot volksfeest gevierd. Folkloregroepen en een janitsarenkapel in historische kostuums zorgen voor een uitgelaten sfeer en vooral voor een achtergrond van onbeschrijflijk lawaai, dat het publiek warm moet maken voor de wedstrijden van de zwaargewichten.

De wedstrijden gaan terug op een legende uit de 14e eeuw: 40 krijgers van sultan Orhan (1326–1359) wezen door een selectiewedstrijd de beste worstelaars uit hun midden aan. Maar ook al voerden de twee allersterkste tegenstanders een verbeten strijd met elkaar, toch kon er bij het invallen van de duisternis uiteindelijk geen winnaar worden aangewezen. De volgende ochtend werden de twee laatste worstelaars in een dodelijke omklemming aangetroffen. Toen zij van elkaar gescheiden waren, ontsprong er onder hen een bron, die de plaats de naam Kırkpınar ('Bron van de Veertig') schonk.

Vroeg in de zomer vinden in heel Turkije de selectiewedstrijden plaats voor dit prestigieuze evenement. De indeling van de deelnemers is niet alleen gebaseerd op lengte en gewicht, maar houdt in de hogere klassen ook rekening met ervaring en vaardigheid. De topklasse heet *pehlivan*.

De scheidsrechter *(cazgir)* opent de wedstrijd door op te roepen tot oprechtheid en door Allah te vragen om de eerlijkste te laten winnen. Gekleed in de *kispet*, een strak vastgesnoerde leren broek, en met het hele lichaam ingesmeerd met olijfolie, treden de tegenstanders elkaar tegemoet. Er zijn maar een paar regels die in acht genomen moeten worden. Het doel is de tegenpartij op de rug te werpen. Wel duurt de wedstrijd net zo lang tot er een beslissing is gevallen. De winnaar van de topklasse van Kırkpınar, de *başpehlivan*, ontvangt allerlei huldigingen en prijzengelden – hij draagt de felbegeerde Gouden Riem en staat overal in het land in het hoogste aanzien. Informatie: www.kirkpinar.com

De noordkust van de Zee van Marmara

Lüleburgaz ▶ 1, B 2

Tijdens de bouw van de Selimiyemoskee in Edirne heeft Sinan – komend uit Istanbul – vast regelmatig een tussenstop gemaakt in **Lüleburgaz**. Hier bevond zich een grote karavanserai. Van Sokullu Mehmet Paşa kreeg de architect de opdracht om bij deze handelspost een *külliye* met een moskee, hamam en bibliotheek te bouwen. In 1569 werd ook de bouwvallig geraakte karavanserai vervangen door nieuwbouw naar een ontwerp van Sinan, maar dat gebouw is er nu niet meer.

Vanaf de voormalige overdekte winkelstraat *(arasta)*, die de verbinding vormde tussen de karavanserai en de religieuze gebouwen, leidt de route door een hoge poort naar de binnenplaats van de **Sokullu Mehmet Paşa Camii**. De zalen rondom de binnenplaats dienden als *medrese*. De *şadirvan* (18e eeuw) ziet er met zijn barokke gewelfde dak bijzonder schilderachtig uit.

Tekirdağ ▶ 1, C 2

Tekirdağ, het antieke Rhodestos, is een provinciestad aan de noordkust van de Zee van Marmara, die dankzij een kleine haven, vanwaar landbouwproducten uit het achterland worden verscheept, enige welvaart heeft leren kennen. Tekirdağ staat ook bekend om zijn goede anijsbrandewijn *(rakı)*. De naam betekent 'Leisteengebergte' en wordt ook gebruikt voor de bergketen ten zuidwesten van de stad.

Op de regio Tekirdağ heeft het kusttoerisme inmiddels zijn stempel gedrukt: zandstrandjes en helaas steeds meer massatoerismecentra omzomen de kust van de Zee van Marmara – waar vooral weinig fijnbesnaarde weekendtoeristen uit Istanbul komen. Het water is echter op veel plaatsen vervuild en nodigt niet bepaald uit tot zwemmen.

Het **Tekirdağ Müzesi** (di.–zo. 9–12, 13–17 uur) toont een kleine keuze aan archeologische en etnografische museumstukken uit de regio. Het **Namık Kemalmonument** houdt de herinnering levend aan deze schrijver en inwoner van de stad (1840–1888), wiens gedachten over nationale eenheid en vrijheid van grote invloed zijn geweest op het denken van Atatürk, de grondlegger van de Turkse staat. In het **Rakoczi'nin Evi** (di.–zo. 8.30–17 uur), dat nu als museum toegankelijk is, verbleef de Hongaarse prins Ferencz II. Rakoczy (1676–1735) 17 jaar in onvrijwillige ballingschap. Hij had de bevrijdingsoorlog tegen de Oostenrijkse Habsburgers aangevoerd en moest na het mislukken daarvan zijn vaderland ontvluchten naar vijandelijk gebied.

De opdrachtgever en de architect van de **Rüstem Paşa Camii** uit 1554 zijn dezelfden als die van de gelijknamige moskee in Istanbul: Rüstem Paşa als grootvizier van Süleyman de Prachtlievende en de veelgevraagde hofarchitect Sinan.

Vanuit Tekirdağ kan de Marmarakust worden verkend in de richting van het schiereiland Gelibolu en verderop richting Çanakkale en Troje (zie blz. 197) via een mooi, maar helaas nogal slecht afgewerkt stuk weg, waarvan het achterland in de zomer opvalt door een kleurige afwisseling van zonnebloemvelden, olijfboomgaarden en wijngaarden. **Şarköy**, **Barbaros** en **Kumbağ** zijn kleine vissersdorpen aan deze weg.

Informatie

Informatiebureau: Tekirdağ, Atatürk Bulv., Eski İskele Yanı 65, tel. 0282 261 16 98.

Accommodatie

Bij de haven ▶ Golden Yat Otel: Yalı Cad. 8, tel. 0282 261 10 54, www.goldenyat.com. Dit hotel bij de haven is in 2008 chic gerenoveerd. Het is aan te raden om een kamer te nemen op een van de bovenste etages met uitzicht op de haven. 2 pk €60.

Vervoer

Busstation aan de Atatürk Bulv., de hoofdstraat aan de kust. Meermalen per dag bussen naar Çanakkale en Istanbul. Vanaf de aanlegsteiger bij het informatiebureau dagelijks een personenveerdienst naar het eiland Avşa in de Zee van Marmara en drie keer per week een autoveerdienst via Avşa en de andere Marmara-eilanden naar Erdek aan de zuidkust.

Van Istanbul naar de westkust

Typerend voor grote delen van deze landstreek is een traditionele vorm van landbouw met de teelt van mais, olijven, moerbei- en notenbomen. Hoogtepunten van een tocht naar de westkust of van een meerdaags uitstapje vanuit Istanbul zijn de plaatsen İznik en vooral de oude Osmaanse stad Bursa.

De route door het achterland van Bursa kan met bijna 100 km worden verkort door de veerpont te nemen van Eskihisar naar Topçular. Het landschap bij de Golf van İzmit biedt weinig aantrekkelijks en in de moderne industriestad **Kocaeli (İzmit)**, in de oudheid **Nikomedeia**, dat in het begin van de 4e eeuw onder keizer Diocletianus de hoofdstad was van het oostelijke deel van het rijk, zijn geen bijzondere historische gebouwen behouden gebleven. Op de route ligt **Hereke**, dat sinds de Osmaanse tijd bekend staat om zijn productie van kostbare zijden tapijten. Het loont echter niet om ze daar te gaan kopen, want de prijzen zijn er nauwelijks lager dan bij gespecialiseerde handelaren, die de mooiste exemplaren toch al hebben opgekocht.

Bij **Gebze** kunnen de resten van het grafteken van de Carthaagse veldheer Hannibal worden bezichtigd, die hier als gast van de Bithynische koning de hand aan zichzelf sloeg om aan uitlevering aan Rome te ontkomen.

De Ye⸲sıl Cami van İznik, gedecoreerd met turquoise faiencetegels

İznik ▶ 2, E 3

Kaart: blz. 176

İznik, ooit een belangrijke stad voor de Byzantijnen en de Osmanen, is nu een slaperige provinciestad met 24.000 inwoners, die zich met zijn vredig-landelijke karakter nauwelijks van de overige plaatsen aan de oever van het meer zou onderscheiden, ware het niet dat hij bouwwerken en van grote afstand zichtbare stadsmuren heeft. Hoewel de kwaliteit van het water van de İznik Gölü door overbemesting en rioolwater achteruit is gegaan, is de omgeving van de stad, te oordelen aan de villa's buiten İznik en aan de visrestaurants op de oeverpromenade, populair bij rijkelui uit Istanbul op zoek naar zomerse verkoeling.

De geschiedenis van İznik gaat terug tot de tijd van het hellenisme: in 311 v.Chr. door Antigonos gesticht, werd de stad tien jaar later door diens concurrent Lysimachos veroverd en werd de naam veranderd in Nikaia ('Stad van de Zege'). In de Romeinse tijd was dit de hoofdstad van de provincie Bithynië, en de Romeinse dichter Catullus roemde zijn prachtige ligging aan de kust van het visrijke meer. Van de uitbreiding met openbare gebouwen en een versterkte stadsmuur onder de keizers Hadrianus rond 123 en Gallienus (253–268) profiteerden ook de Byzantijnse keizers, die zich bij onlusten en gevaar graag in Nikaia terugtrokken. Zo resideerde de dynastie van de Laskariden na de stichting van het Latijnse keizerrijk in 1204 tientallen jaren in de stad.

De belangrijkste historische gebeurtenis was het eerste oecumenische concilie uit de kerkgeschiedenis, dat hier in 325 bijeenkwam. Onder het voorzitterschap van keizer Constantijn de Grote slaagden de orthodoxen erin hun tegenstrevers, de arianen, te overtroeven. Zo is in de geloofsbelijdenis van Nikaia de gelijkheid in wezen en niet slechts de gelijkenis van God de Vader en Christus als dogma vastgelegd. Hiermee is de basis gelegd voor het credo dat nog altijd tijdens de rooms-katholieke mis door de gelovigen wordt beleden. In 1331 gaf de stad zich na lange perioden van beleg uitgehongerd over aan de troepen van de Osmaanse sultan Orhan.

Toen Selim I in de 16e eeuw ambachtslieden uit het Perzische gebied naar İznik liet komen, beleefde de stad een enorme opbloei als manufactuurcentrum van artistiek hoogwaardige faiencekeramiek, die al gauw als zeer waardevol werd beschouwd in het hele Osmaanse Rijk. In de ateliers werden tot in de 18e eeuw tegels vervaardigd met plantaardige en geometrische motieven in heldere kleuren, die als wandbekleding werden aangebracht in zowel wereldse als religieuze gebouwen.

De muren van Nikaia

De spectaculairste bezienswaardigheid van İznik zijn zonder meer de resten van een enorme stadsmuur uit de Romeinse en Byzantijnse tijd, die met zijn twee wallen over een lengte van 4,5 km verbazend goed behouden is gebleven. Tegenwoordig lijken de muren, die door Seltsjoeken en Osmanen steeds weer werden gerepareerd, bijna te groot voor de kleine provinciestad. Vier poorten gaven toegang tot de stad, die door een hoofdas van noord naar zuid (nu Atatürk Caddesi) en een as van oost naar west (nu Kılıçaslan Caddesi) in vier stadswijken was opgedeeld. Vooral bezienswaardig is de noordelijke **İstanbul Kapısı**, die gebaseerd was op een Romeinse triomfboog met drie doorgangen. Inscripties noemen de Romeinse keizers Vespasianus en Titus en suggereren daarmee dat hij in de tweede helft van de 1e eeuw is gebouwd.

Vergelijkbaar met de imposante hoofdpoort en de bijbehorende voorpoort met hun sluisachtige effect is de in dezelfde tijd gebouwde **Lefke Kapısı** in het oosten. De **Yenişehir Kapısı** in het zuiden en de verwoeste **Göl Kapısı** ('Meerpoort') aan de oost-westas kwamen later in de 3e eeuw tot stand.

Hagia Sophia 🔳

Precies in het centrum van de stad staat de **Hagia Sophia** (Kerk van de Heilige Wijsheid), ooit de grootste kerk van het Byzantijnse Nikaia. Keizer Justinianus liet hem vermoedelijk in de 6e eeuw bouwen als een drieschepige basiliek. Veroveraar Orhan liet de ruïne na de inname restaureren en in een moskee veranderen (di.–zo. 9–12, 13–18 uur).

Tegenwoordig is in de Aya Sofya Camii nog de aan Sinan toegeschreven restauratie uit de 16e eeuw te zien. Terwijl twee *mihrab*-nissen getuigen van het gebruik als moskee, zijn ook sommige delen van het originele Byzantijnse interieur bewaard gebleven: de priesterbank in de vorm van een halve cirkel in de apsis, een geschilderde deësisvoorstelling in een wandgraf aan de noordzijde (13e eeuw) en een fragment van een veelkleurige mozaïekvloer bij de ingang.

Kerken en moskeeën

De beroemdste kerk van İznik, de **Koimesis-kerk 2** uit de 8e eeuw, werd niet bij de Turkse invasie beschadigd, maar pas in 1922 tijdens de Grieks-Turkse oorlog door kanonbeschietingen met de grond gelijk gemaakt. De scha-

mele restanten laten niets meer zien van zijn vroegere betekenis. In elk geval is het nog gelukt om de architectuur en de mozaïekdecoraties op goudkleurige ondergrond nog voor de barbaarse verwoesting fotografisch vast te leggen.

Twee vroeg-Osmaanse moskeegebouwen liggen aan de Atatürk Caddesi: in het noorden de **Hacı Özbek Camii 3**, die in 1333 als een éénkoepelmoskee op een kubusvormig bouwlichaam is ontworpen, en in het zuiden de **Mahmut Çelebi Camii 4**, die door een grootvizier van sultan Murat II in 1442 is gesticht.

De fraaiste moskee van İznik, de **Yeşil Cami 5**, gebouwd tussen 1378 en 1391, ligt aan de Müze Sokağı in een idyllisch park ten noorden van de Kılıçaslan Caddesi. Zij wordt de 'Groene Moskee' genoemd vanwege haar

İznik

Hoogtepunten
1 Hagia Sophia (Aya Sofya Camii)
2 Koimesiskerk
3 Hacı Özbek Camii
4 Mahmut Çelebi Camii
5 Yeşil Cami
6 İznik Museum (Nilüfer Hatun İmaret)
7 Romeins theater

Accommodatie
1 Pension Vakıf Konukevi
2 Hotel Aydın
3 Hotel Şener

Eten en drinken
1 Umut Restoran

2 Konak Kebap Salonu

Winkelen
1 İznik Vakıf Çinileri
2 Zeytinci Mustafa Çam

Actief
1 Muradiye Hamamı

met faience beklede minaret. In de aankleding zijn Seltsjoekse invloeden in de ornamentiek van de stenen vermengd met antieke en gotische elementen, die doen denken aan de Europese middeleeuwen. De *mihrab* van marmer met zijn weelderige ornamenten is een van de vroegste voorbeelden uit de Osmaanse tijd.

Museum van Oudheden **6**

Tegenover de 'Groene Moskee' staat de Nilüfer Hatun İmaret, die de Osmaanse sultan Murat I ter nagedachtenis aan zijn moeder Nilüfer ('Zeeroos') in 1388 liet bouwen. In de vroegere gaarkeuken is nu het bezienswaardige **İznik Museum** (di.–zo. 8-12, 13–17 uur) ondergebracht. Naast hellenistisch-Romeinse vondsten (bustes, Sidamarasarcofagen) en Byzantijnse kunstwerken (een reliekschrijn van albast), worden ook tal van voorbeelden van de wandtegelproductie van İznik tentoongesteld. In de tuin zijn laat-Romeinse en Byzantijnse kapitelen en dekplaten uit de Koimesiskerk te vinden.

Romeins theater **7**

Naar het Romeinse verleden van İznik verwijzen restanten van een monumentaal **theater** in het zuidwestelijke deel van de stad vlakbij de stadspoort Saray Kapısı. Dit theater is gebouwd tussen 111 en 113 na Chr. onder Plinius de Jongere, destijds stadhouder van de streek, en bood waarschijnlijk plaats aan maximaal 15.000 bezoekers. Tot op heden werden het proscenium (het eigenlijke toneelpodium) opgegraven en delen van de halfronde cavea (met de oplopende toeschouwersrangen), die op een kolossale onderconstructie rustte.

Informatie

Informatiebureau: Kılıçaslan Cad. 130, Belediye Işhane, ma.–vr. 9-12 en 13-17.30 uur, tel./fax 0224 757 14 54.

Accommodatie

Aan het meer ▶ Pension Vakıf Konukevi 1: Sahil Yolu Vakıf Sok. 13, tel. 0224 757 60 25, fax 0224 757 57 37. Vanaf 1995 zetten enthousiastelingen zich in om de in de 18e eeuw verbroken traditie van de vervaardiging van beschilderde İzniktegels te laten herleven, waartoe ze een stichting oprichtten. Deze mensen bieden ook logies aan in hun pand. Er zijn negen kamers en er is een idyllische tuin met pergola's beschikbaar voor gasten. 2 pk €90.

Een 'zoet' onderkomen ▶ Hotel Aydın 2: Kılıçaslan Cad. 65, tel. 0224 757 76 50, www.iznikhotelaydin.com. Keurig hotel in de stad, prima voor een kort verblijf, netjes verzorgd. Op de begane grond bevindt zich een confiserie *(pastahane)*. 2 pk €40.

Voordelig ▶ Hotel Şener 3: Oktay Sok. 7, tel. 0224 757 14 80, fax 0224 757 22 80. Eenvoudig hotel met een eigen restaurant vlakbij de Yeşil Cami. 2 pk €25 zonder ontbijt.

Eten en drinken

Vis uit het meer ▶ Umut Restoran 1: Göl Sahil Yolu, tel. 0224 757 07 38. Populair visrestaurant aan de promenade; hun specialiteit is meerval *(yayınbalağı)* uit het meer, die meestal in stukken aan het spit wordt gegrild. Ook karper *(sazan)* staat op het menu.

Niet alleen van 't spit ▶ Konak 2: Kılıçaslan Cad. 149, tel. 0224 757 82 30. Dit is een van de beste gaarkeukens aan de **Kılıçaslan**

Tip: Keramiek uit İznik

In Türkije zijn ze alomtegenwoordig: de kleurige, vaak turquoise faiencetegels met een speelse bloemendecoratie van tulpen, anjers, hyacinten, lelies en pioenen, die tal van Osmaanse moskeeën in Istanbul sieren. Ook de collecties Turkse kunst in Europa en overzee bevatten veel uitgelezen stukken van dergelijke makelij: wandtegels voor gebouwen, kannen, schalen en ander serviesgoed voor dagelijks gebruik, waarbij vanaf het midden van de 16e eeuw een helder rood in de decoratie bepalend wordt, het zogeheten bolusrood. In Europa wekte dit de afgunst van koningen en vorsten, want daar kon in die tijd alleen blauw-groen geglazuurd keramiek gefabriceerd worden.

İznik gaat door voor de belangrijkste productieplaats van dit fijn geglazuurde en bij hoge temperaturen gebakken aardewerk. Aan de oever van het meer van İznik huisvestte sultan Selim I na de verovering van Tabriz al in de 16e eeuw Perzische en Armeense vakmensen, die de Seltsjoeks-Anatolische faienceproductie tot nieuwe bloei zouden brengen en daardoor tot een gewild artikel zouden maken. In de 18e eeuw werden de producten uit de bijna 300 ateliers echter vervangen door goedkopere waar uit Kütahya, ook al heeft deze nooit de fijne oppervlaktestructuur en de detailrijkdom van de decoratie uit İznik kunnen evenaren.

De ateliers in İznik en Istanbul, die nu weer schalen en tegels met plantaardige dessins vervaardigen, sluiten dus aan bij de goede oude Osmaanse traditie. Enkele jaren geleden werd een İznikstichting opgericht met het doel om de kunst van de keramische tegelproductie wereldwijd bekend te maken en opleidingsprogramma's voor ambachtslieden op te zetten. Wat de stichting produceert en verkoopt, voldoet aan de hoogste kwaliteitseisen in decoratie en verwerking.

Zulke keramiek is te koop in het sierkunstcentrum bij de **Süleyman Paşa Medrese** (Gündem Sokak) en in het **Atelier Eşref Eroğlu** aan het marktplein. Daar wordt speciaal waarde gehecht aan het coloriet, dat de oude faiencetegels zo dicht mogelijk dient te benaderen. Zij verkopen ook wandtegels; het bedrijf levert tegen bijbetaling zelfs aan het buitenland.

Caddesi in het centrum, met een ruime keuze aan gegrilde en gestoofde gerechten.

Winkelen

Keramiek uit İznik ▶ İznik Vakıf Çinileri 1: Sahil Yolu, Vakıf Sok. 13, tel. 0224 757 60 25. Vazen en servies, gedecoreerd met Osmaanse İznikkeramiek, zijn te koop in het winkeltje van de stichting die ook het pension drijft.

Alles van de olijfboom ▶ Zeytinci Mustafa Çam 2: İstiklal Cad. 52, tel. 0224 513 23 75. Olijven, olijfhout, olijfolie.

Actief

Historisch badhuis ▶ Muradiye Hamamı 1: ten zuiden van het centrale plein, tel. 0224 757 14 59, mannen 8-22 uur, vrouwen ma., do., za. 13-16 uur, toegang en masssage €7. Fijn, onlangs opgeknapt 15de eeuws badhuis.

Vervoer

Busstation ten zuiden van de Süleyman Paşa Sokak, vlakbij de Koimesiskerk. Meermalen per dag bussen naar Bursa, Kocaeli (İzmit), Sakarya, Bandırma en Istanbul. De minibus brengt u ook naar de aanlegsteiger van het veer naar Yalova.

Bursa ▶ 2, E 3

Kaart: blz. 182

De titel 'groene stad' verdient **Bursa,** tegenwoordig met 1,4 miljoen inwoners het centrum van een van de grootste industriegebieden van Turkije, ondanks de vestiging van grote autofabrieken beslist nog steeds. Tot in het centrum van de stad gedijt een weelderige vegetatie, die in andere grote Turkse steden vaak ver te zoeken is. Bursa tooit zich met ruimbemeten parken, terwijl meteen achter de stad de Uludağ oprijst, het grootste nationale park van het land dat zeldzame diersoorten een verregaand beschermde leefruimte biedt.

Volgens de overlevering is de naam Bursa afgeleid van de Bithynische koning Prusias I, die op aanraden van Hannibal op deze plek in 186 v.chr. een nederzetting met de naam Prusia gesticht zou hebben. Per testament legateerde de laatste Bithynier Nikomedes III deze vestingstad later aan de Romeinen. De plaats werd vermaard vanwege zijn warmwaterbronnen. Het ijzer- en zwavelhoudende water, dat aan de voet van de Çekirgeheuvel ontspringt, werd al in de late oudheid gebruikt door keizer Justinianus en zijn gemalin Theodora. Speciaal voor haar werd er ook een paleis gebouwd. Toch stond Bursa in de Byzantijnse tijd altijd enigszins in de schaduw van het toen belangrijkere İznik.

Maar de Turken, die in het begin van de 14e eeuw Bursa belegerden, waren op de hoogte van de strategische waarde van de stad. Osman I schijnt op zijn sterfbed zijn zoon Orhan te hebben laten zweren, dat hij hem na de inname van Bursa daar zou begraven. Orhan veroverde de stad inderdaad na een belegering van tien jaar en kwam zijn belofte na. Hij begroef zijn vader, de naamgever van het Osmaanse geslacht, op de heuvel van de oude citadel. Vanaf dat moment tot 1368 was Bursa de hoofdstad van het rijk.

De belangrijkste pijlers voor het economische succes waren sinds de oudheid de landbouw en de zijdefabricage, die de provinciehoofdstad een zekere welvaart schonk. Tegenwoordig is de Tofaşfabriek, waar Fiat in licentie auto's laat fabriceren voor de Turkse markt, een van de grootste werkgevers. Ook de firma Bosch heeft hier zijn Turkse hoofdkantoor.

Ulu Cami **1**

Terwijl Bursa zich ver in het dal heeft uitgebreid, bevinden de belangrijkste bezienswaardigheden zich op de helling van de heuvel aan de oost-westverbinding tussen het oude centrum en de voorstad met zijn thermen, Çekirge. Een oriëntatiepunt in de alledaagse drukte van de marktwijk vormt de **Ulu Cami** ('Grote Moskee') aan de Atatürk Caddesi, die al onder Yıldırım Beyazıt I rond 1396 werd gesticht, maar pas onder Mehmet I in 1421 is voltooid. De moskee doet haar naam alle eer aan: de ruime hal is overwelfd met twintig trompen, die op twaalf vierhoekige pilaren steunen. Daarmee volgt de Ulu Cami het voorbeeld na van de Seltsjoekse hallenmoskeeën. De in oude reisverslagen als bijzonder kunstzinnig omschreven kalligrafiën op de muren en gewelven werden in de 18e eeuw vernieuwd. De *minbar* van houtsnijwerk, de kansel met het geometrische sterrenpatroon stamt nog uit de tijd dat de moskee werd gebouwd (circa 1399).

Orhan Gazi Camii **2**

De **Orhan Gazi Camii** uit 1339-1340, die iets verder oostwaarts aan de overzijde van het modern vormgegeven stadhuisplein ligt, heeft nog grotendeels de bouwvorm die zij kreeg na de verwoesting van de oorspronkelijke moskee door de Karamaniden onder Mehmet I in 1417. De T-vormige plattegrond is van het zogeheten Bursatype: behalve een vijfjukkig voorportaal en een kleine voorhal, heeft de moskee twee grote koepelruimten, waarbij aan de eerste daarvan twee overkoepelde zijruimten zijn aangebouwd.

Bazaarwijk

Achter deze twee moskeeën begint het drukke stadsleven. Alhoewel de oude Bazaarwijk van Bursa bij een brand in 1955 ernstige schade opliep, verwijzen – naast talrijke andere historische marktgebouwen – twee mooi gerestaureerde karavanserais naar zijn historische wortels. De **Koza Hanı 3** werd door sultan Beyazıt II in 1490 gebouwd en dient tot op heden uitsluitend voor de zijdehandel (met een indrukwekkende keuze aan stropdassen!). Vroeger veilden de boeren hier hun productie aan zijdecocons (*koza* = cocon). Net als de Koza Hanı heeft ook de **Fidan Hanı 4** uit 1470, aan de overkant van de straat, een kleine *mescit* op de binnenplaats. De enorme, tegenwoordig twee etages bestrijkende **be-desten** 5 (oorspronkelijk een pilarenhal met 14 koepels) is daarentegen een belevenis op zich: in het dichte gedrang wordt alles te koop aangeboden wat bij de Turkse grootfamilie tegenwoordig van pas kan komen.

De Külliye van Mehmet I

Wie de Atatürk Caddesi naar het oosten toe volgt en het kleine rivierdal van de Gök Dere doorsteekt, komt uit op een plateau met het stichtingscomplex van sultan Çelebi Mehmet I. De achthoekige **Yeşil Türbe** 6 ('Groen Graf'), die zijn naam dankt aan zijn tegeldecoratie in groentinten, werd in 1421 opgericht als grafmonument voor de sultan. Helaas zijn de faiencetegels zowel binnen als buiten op enkele exemplaren na niet meer origineel, maar in de 19e eeuw door kwalitatief mindere massaproducten uit Kütahya vervangen. Onder de hoge koepel staan de sarcofagen van Mehmet en zijn zonen. Van de oorspronkelijke bekleding is alleen de betegelde *mihrab* bewaard gebleven.

De **Yeşil Cami** 7 ('Groene Moskee') vormt het hoofdbestanddeel van het complex. De plattegrond laat een stijlvolle samensmelting zien van twee grote koepelzalen met bijgebouwen in de vorm van een op zijn kop staande T, hetgeen in die tijd voor de architectuur van Bursa de richtlijn was. Na het vijfjukkige voorportaal volgt een groot portaal met een hoge *mukarnas*-nis in Seltsjoekse bouwtraditie. Aan weerszijden van de eerste koepelzaal liggen aanpalende zalen, die op basis van hun inrichting als *tabhans* (rustplaatsen voor gasten) begrepen moeten worden. Deze zalen bieden toegang tot de sultansloge *(hünkar mahfili)* op de bovenverdieping, die zich recht tegenover de met faiencetegels versierde *mihrab* bevindt. De loge is overvloedig met tegels in groen- en blauwtinten in geometrische vormen gedecoreerd; het plafond is getooid met een *mukarnas*-gewelf. De onderzijden van de muren van de gebedsruimte zijn gedecoreerd met donkerblauw en groen geglazuurde zeshoekige tegels met bloemmotieven, omlijst door een kader met kalligrafieën.

Külliye van Yıldırım Beyazıt 8

Wie de loop van de Gök Dere in noordelijke richting volgt, komt uit bij de **Yıldırım Beyazıt Külliyesi,** die buiten het historische centrum ligt. Deze is gebouwd tussen 1390 en 1395 en was daarmee de eerste stichting in Bursa, die architectuurhistorisch gezien zuiver Osmaans genoemd kan worden. Hier ontbreken grotendeels de ontleningen aan de Byzantijnse of de Seltsjoekse architectuur, die wel bij de Orhan Gazi Camii waargenomen kunnen worden.

Van het complex zijn maar enkele onderdelen bewaard gebleven: een *medrese* (nu een ziekenhuis), het mausoleum van Beyazıt I en de moskee met de reinigingsfontein.

Alleen al de buitenkant – met marmer beklede muren van metselwerk in quadersteen – getuigt van een nieuwe, representatieve

Plein voor de Koza Hanı in de oude stad van Bursa

vormgeving, die het met haar gereduceerde ornamentiek uitsluitend moet hebben van de door het hardsteen bepaalde kleurstelling. De koepelzalen zijn aan weerszijden omgeven door zijruimtes met kruisgraatgewelven, die op deze wijze de typische T-plattegrond van de vroeg-Osmaanse Bursastijl vormen.

Op de heuvel met de citadel

Aan de andere zijde van de Bazaarwijk, met een aan de westkant van de stadskern, rijst op een verhoogd plateau de oude **citadel** 9 op, waarvan de restanten van de muren een indruk geven hoe weerbaar deze ooit was. De bouw van de vesting begon in de oudheid. Later lag op het rotsplateau de Byzantijnse *kastron*, een versterkte woonwijk, die na de Osmaanse verovering aan de Turken was voorbehouden. Joden en christenen mochten zich

alleen aan de voet van de citadel vestigen. Ook al vertonen toeristen zich maar zelden in deze schilderachtige wijk met zijn romantische oude huizen, toch is hij een ommetje waard.

Op de uitstekende rotspunt vlak boven de stad vormen de graftomben van de stichters van de Osmaanse dynastie – Osman Gazi en zijn zoon Orhan Gazi – nu een soort nationaal heiligdom. Nadat de oorspronkelijke gebouwen door een aardbeving waren verwoest, gaf sultan Abdül Aziz in 1868 de opdracht ze volledig opnieuw op te bouwen. De **Orhan Gazitürbe** staat op de plaats van een Byzantijnse Eliaskerk, waarvan de vloermozaïeken gedeeltelijk naast de cenotaaf van Orhan bewaard gebleven zijn. In de zomer genieten de inwoners van Bursa en de pelgrims in de theetuin voor de **Osman Gazitürbe** van het fraaie uitzicht over de oude stad.

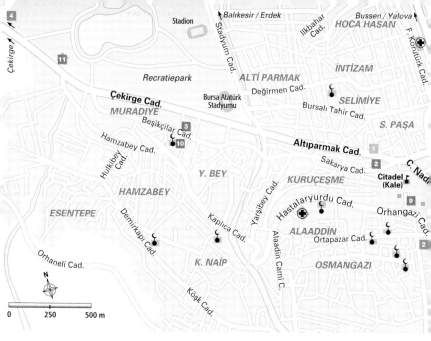

Bursa

Hoogtepunten
1 Ulu Camı
2 Orhan Gazi Camii
3 Koza Hanı
4 Fidan Hanı
5 Bedesten

6 Yeşil Türbe
7 Yeşil Cami
8 Yıldırım Beyazıt Külliyese
9 Citadel met Osman-tombe
10 Muradiye Külliyesi
11 Archeologisch Museum

Accommodatie
1 Hotel Efehan
2 Safran Hotel
3 Hotel Dikmen
4 Hotel Gönlüferah
5 Mavı Boncuk Konukevi

Muradiye 10

Het derde belangrijke en nieuwste stichtingscomplex van Bursa, de **Muradiye Külliyesi**, ligt
ten westen van de citadel (dag. 9–12, 13–17.30
uur). Murat II, de vader van Mehmet de Veroveraar, gaf de bouwopdracht. In het centrum
van het tussen 1426 en 1430 opgerichte complex staat de *medrese*, aan de westkant ligt
aan de overkant van de straat de Muradiye Hamamı, aan de oostkant staat de moskee. Het
gegeven dat Bursa de hoofdstad van het Osmaanse Rijk was voordat Edirne de residentie
werd, wordt de bezoeker duidelijk op het pittoreske tuinenterrein met de **Twaalf Prinsen-
türbes**. In overeenstemming met zijn laatste
wil werd het lichaam van Murat II van Edirne

naar Bursa overgebracht en daar in 1451 in
een vierhoekige graftombe bijgezet. De open
koepel op pilaren met daarbinnen zuilen van
Byzantijnse oorsprong vloeit voort uit de wens
van Murat om zo begraven te worden, dat hij
in de regen zou 'baden'.

In de **Cem Türbesi** rust een prins, die uit
vrees dat hij vermoord zou worden in 1495
naar de johannieters op Rhodos vluchtte,
waarna hij deels in Frankrijk en deels bij de
paus verbleef en uiteindelijk in Napels overleed. Afgevaardigden van de sultan schijnen
daarbij een handje geholpen hebben. Na vier
jaar diplomatieke onderhandelingen over de
overdracht van het lichaam werd hij toch nog
in zijn graftombe bijgezet. Vele anderen, die

Restoran biedt een ruime keuze, ook vis en stoofpotten. Vanaf €5.

Historische ambiance ▶ Darüzziyafe Restaurant 3: Il Murat Cad. 36, tel. 0224 224 64 40, www.daruzziyafebursa.com. Een zeer gedegen restaurant in de voormalige gaarkeuken van de Muradiye Külliyesi, gespecialiseerd in de betere Turkse keuken, met tafeltjes in de tuin. Hoofdgerechten vanaf €6.

Winkelen

Gewilde souvenirs uit Bursa zijn *kestane şekeri* (geglaceerde kastanjes), die ook met een omhulsel van chocolade verkrijgbaar zijn, en uiteraard de beroemde **schaduwspelfiguren** van het Karagöztheater.

Zijde ▶ Mor İpek 1: Koza Hanı, Kapalı Çarşı Cad., in de oude zijdemarkt, bovenste etage, nr. 187. Door kunstenaars ontworpen zijden sjaals, stropdassen en wandkleden.

Antiek ▶ Eski Aynalı Çarşı 2: Kapalı Çarşı Cad. De historische hamam naast de Koza Hanı telt tal van antiekwinkels, waaronder ook enkele met Karagözfiguren, bijvoorbeeld Karagöz Antikacı. Voor wie zulke figuren wil kopen, dient te bedenken dat er uitvoerbeperkingen gelden (zie blz. 73).

Modern winkelen ▶ Zafer Plaza 3: Cemal Nadir Cad., www.zaferplaza.com.tr. Winkelcentrum onder een blauw piramidevormig dak met veelsoortige winkels en een Starbuckscafé.

Uitgaan

Chicque Bar ▶ M Pub & Lounge 1: Altıparmak Cad. 9, tel. 0224 220 94 28, www.m-pub.com, dag. 12–3 uur. 's Middags is er een zeer uitgebreide kaart met Italiaanse gerechten, 's avonds kan er in het blauwe neonlicht van de stijlvol ingerichte bar een Efesbiertje gedronken worden.

Cultureel café ▶ Leman Kültür 2: Alamescit Mah., Tuzpazarı Sok. 12, tel. 0224 224 44 54, www.bursalemankultur.com, dag. 10–4 uur. Interessant cultureel café met een grote keuze aan bier in een leuk oud houten gebouw. Af en toe livemuziek (jazz, zang met gitaar, enz.).

Rock en liveoptredens ▶ Resimli Bar 3: Ünlü Cad., Yılmaz İşhanı, Heykel, tel. 0224 223

68 51, dag. 18–3 Uhr. Rockcafé met podium. Bier, variërend per gelegenheid, €2–5.

Film ▶ Bursa Prestige Sineması 4: Ünlü Cad. 3,1 Setbaşı-Heykel, tel. 0224 224 99 39. Internationale films (in het Engels) en Turkse producties.

Agenda

Cultuur- en kunstfestival in het cultuurpark eind juli, begin augustus: internationale folklore- en dansgroepen en Karagözschaduwspelen.

Vervoer

Stadsbuslijnen verbinden het centrum met Çekirge en vanaf de Atatürk Cad. met het **busstation voor langeafstandslijnen** (Şehirlerarşı Otobüs Terminalı), dat aan de weg naar Gemlik ligt. Vandaar verbindingen met alle grotere steden in Turkije; naar Istanbul elk half uur. Vanuit Bursa zijn via İzmir en Antalya ook de toeristencentra aan de west- en zuidkust goed te bereiken.

De zuidkust van de Zee van Marmara

Het stuk weg naar de westkust biedt tot aan de industriestad **Bandırma ▶** 1, C 3 (met een veerdienst naar Istanbul) weinig aantrekkelijks. Weliswaar is de zuidkust van de Zee van Marmara over vele kilometers volgebouwd met appartementencomplexen, maar een verbindingsweg vlakbij de kust is er niet.

Vlak voorbij Bandırma is er een afslag zuidwaarts richting Balıkesir naar het **Nationaal Park Kuşcenneti**. In 1958 is dit vogelreservaat, waarmee een klein deel van de Kuş Gölü (of de Manyas Gölü) beschermd gebied werd, als een van de eerste natuurparken van Turkije aangewezen en in 1976 door de Raad van Europa onderscheiden. Aalscholvers, reigers, pelikanen en tal van andere soorten (naar schatting 2 miljoen dieren, vooral trekvogels van over de 'Bosporusbrug') biedt het beschermde deel van dit maximaal maar 8 m diepe meer een ongestoord leefgebied. De doodlopende straat over een dam leidt naar het informatiecentrum en een observatietoren, de rest van het park is uiteraard niet toegankelijk.

Erdek ► 1, C 3

Het stadje **Erdek** (22.000 inwoners) ligt maar 20 km van Bandırma vandaan, maar wordt wel door de 807 m hoge Kapı Dağı afgeschermd van de industriële uitstoot van die stad. Het is een nog heel oorspronkelijke Turkse plaats met een kleine haven, een immens kampeerterrein ten zuiden en een niet minder groot hotelareaal ten noorden van het centrum, waar over de stegen met plaveisel van kinderkopjes zelfs nog paardenkarren rammelen.

Uiteindelijk alleen interessant voor specialisten in de archeologie zijn de schaarse resten van het antieke **Kyzikos**, een kolonie van de stad Milete. Goed bewaard gebleven zijn bijvoorbeeld de fundamenten van een Zeustempel uit de tijd van Hadrianus, die hier op basis van hun gelijkenis met een Osmaanse markthal bedesten genoemd worden.

Toeristisch even ontwikkeld als Erdek, maar qua comfort bij lange na niet op het niveau van de zuidkust, zijn de eilanden Avşa Adası, Paşaliman Adası en Marmara Adası, waarvan het laatste zijn naam dankt aan de marmeren bruggen uit de oudheid op zijn moeilijk toegankelijke noordzijde. De hoofdplaats Türkeli op **Avşa Adası** ► 1, C 3 is in de zomer vanwege zijn zandstranden erg druk, maar voor de rest gaat het leven hier zijn nogal kalme gangetje.

Via **Biga** (10 km naar het noorden, aan de weg naar Karabiga lag trouwens het slagveld aan de **Granikos**, waar Alexander de Grote de eerste slag tegen de Perzen won) leidt de weg

Vissers in de haven van Erdek

dan weer door een landbouwgebied naar Çanakkale (200 km vanaf Bandırma).

Informatie

Informatiebureau: Nafiye Sıtkı Caddesi,
tel./fax 0266 835 11 69.

Accommodatie

Modern en comfortabel ▶ Hotel Agrigento:
Cuğra Mevkii, tel. 0266 835 49 73, www.agri
gentohotels.com. Modern hotelblok met 120
kamers, 44 suites, prettig zwembad met gip-
sen beelden en een disco. Een van de beste hotels van de streek. 2 pk €50–70.
Strandhotel ▶ Arteka: Cuğra Mevkii, 3 km
buiten de stad, tel. 0266 835 21 39, www.hotel
arteka.com. Eenvoudige middenklasse, plezierig, direct aan het strand gelegen, 37 kamers, geen zwembad. 2 pk €30–45.

Tip: Verborgen eiland

Vanuit Erdek kan een dagtripje gemaakt worden naar het nauwelijks bekende eiland **Avşa
Adası**. Dit eiland heeft de mooiste stranden
van alle eilanden in de Zee van Marmara. (Lijst
van hotels: www.avsaadasi.com). Sinds het per
hydrofoil in minder dan drie uur vanuit Istanbul bereikbaar is, maakt het een krachtige
ontwikkeling door, maar er zijn nog steeds
idyllische plekjes te vinden.

Voordeliger ▶ Gülplaj: Büyük Plaj Mevkii,
1,5 km buiten de stad, tel. 0266 835 10 53, fax
0266 835 42 57, www.gulplajhotel.com. Strandhotel met bar en restaurant. 2 pk €35–45.

... op het eiland Avşa (Türkeli)

Eilandparadijs ▶ Beyaz Saray: Avşa Adası, tel.
0266 896 13 13, www.avsabeyazsaray.com.tr.
Niet zo groot hotel in een eenzame baai met
een strand met fijn zand. Een paradijs om uit
te rusten.

Eten en drinken

Vis en meer ▶ Kafkas: Narlıaltı İskelesi, aan
de jachthaven. Gespecialiseerd in vis, internationale service, hoofdgerechten €7–10, visgerechten kunnen aanmerkelijk duurder zijn.
Kebabkeuken ▶ Deniz: tussen de veerhavens
(İskele Meyd.) en Cumhuriyet Meyd. Tamelijk
eenvoudig etablissement met traditionele
Turkse keuken. Hoofdgerechten €3–7.
Aan de zee ▶ Bijzonder aangenaam zijn ook
de **strandrestaurants** bij de kampeerterreinen
in het zuiden, 5–8 km buiten de stad bij de
toegangsweg.

Vervoer

Meermalen per dag **bussen** naar Bursa en Çanakkale, elk uur een *dolmuş* naar Bandırma.
Veerdienst: van juni tot sept. 's morgens boten naar de eilanden, 's middags retour. Vanuit Bandırma veerdiensten naar Istanbul met
autotransport (4,5 uur) en hydrofoils (alleen
voor personenvervoer, 2 uur), informatie
www.ido.com.tr.

De Celsusbibliotheek van Efeze

De westkust

De Egeïsche kust van Turkije behoort op cultureel gebied tot de rijkste en interessantste streken aan de Middellandse Zee. De kuststrook was vanaf het einde van de 2e eeuw het kolonisatiegebied van de Grieken: Phokaia, Milete en Smyrna waren in de klassieke oudheid drie van de belangrijkste steden. Bij de grote bevolkingsuitwisseling tussen Turkije en Griekenland na de Eerste Wereldoorlog verdwenen de Grieken hier, maar nog altijd herinnert veel in de levensstijl van de huidige bewoners aan de Griekse cultuur.

Het Noord-Egeïsche gebied is niet bijzonder toeristisch, maar biedt met de beroemde antieke steden Troje en Pergamon twee hoogtepunten van een reis door Turkije. In het centrale deel van de Egeïsche kust domineren industrie en landbouw het beeld. İzmir, tegenwoordig een metropool, was in de 19e eeuw de belangrijkste handelsstad van het Osmaanse rijk.

Bekende vakantieplaatsen in de Zuid-Egeïsche regio zijn Bodrum en Marmaris. Uitgestrekte, ongerepte bosgebieden drukken hun stempel op het landschap en u vindt hier de mooiste kust van Turkije, die vanwege de baaien in alle tinten blauw ook wel de Turquoise Kust wordt genoemd.

Voor een uitvoerige verkenning van de westkust – waarbij ook aandacht kan worden besteed aan de kleinere antieke oorden en er af en toe tijd is voor strand-plezier of het uitgaansleven – moet u ruim drie weken uittrekken. Wie maar twee weken de tijd heeft, zou zich op de noordelijke of op de zuidelijke helft moeten concentreren, of in alle rust alleen de belangrijkste plaatsen bezoeken.

In het noorden wordt het duidelijk later in de zomer warm en ten noorden van İzmir kan al eind september de eerste regen vallen. In het zuiden loopt het seizoen tot eind oktober. Hartje zomer wordt het in de tegen de wind beschutte baaien van Marmaris en Fethiye bijzonder warm, zelfs 's nachts kan de temperatuur in huis dan nog rond de 30 °C liggen. De beste tijd voor een boottocht ('Blauwe Reizen') is vroeg in de zomer, vanaf half juni. Pas rond die tijd komt ook het nachtleven weer op gang.

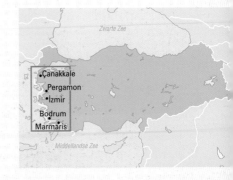

In een oogopslag
De westkust

Hoogtepunten

Troje: Met mythen omweven stad (zie blz. 197).

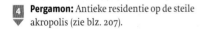 **Pergamon:** Antieke residentie op de steile akropolis (zie blz. 207).

İzmir: Moderne stad; als Smyrna geboorteplaats van de dichter Homerus (zie blz. 214).

Sardis: Ooit de residentiestad van de fabelachtig rijke koning Croesus (zie blz. 225).

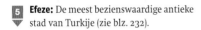 **Efeze:** De meest bezienswaardige antieke stad van Turkije (zie blz. 232).

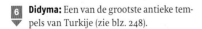 **Didyma:** Een van de grootste antieke tempels van Turkije (zie blz. 248).

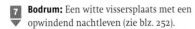 **Bodrum:** Een witte vissersplaats met een opwindend nachtleven (zie blz. 252).

Fraaie routes

In het dal van de Gediz Nehri: De zwerftocht in het binnenland leidt naar Manisa, met zijn door sultans gebouwde moskeeën, en naar Sardis, de residentiestad van de Lydische koning Croesus (zie blz. 222).

Het Çinedal: Deze enigszins avontuurlijke tocht leidt eveneens naar het binnenland. Stratonikeia, Alabanda en Alinda zijn drie antieke plaatsen die heel eenzaam in het binnenland liggen (zie blz. 244).

Didyma, Milete, Priene: Dit uitstapje toont u de drie bezienswaardigste antieke steden van de westkust. U doorkruist daarbij het eindeloze katoengebied van het dal van de Meander (Büyük Menderes, zie blz. 245).

Çanakkale actief Sporen van de Slag bij Gallipoli

Troje

Accommodatie in
een karavanserai Edremit

Assos   Burhaniye   Balıkesir

Ayvalık   Ören

Lésvos
(Lesbos)   actief Door de Yunt Dağı naar Aigai

Pergamon   4

                              Akhisar

Zonsondergang Manisa
op de Kordon   Turgutlu

Chíos   İzmir   Sardis
                           In het dal van
actief De Kemeraltıbazaar   Ödemiş de Gediz Nehri

Sámos   5 Efeze

             Söke   Aydın
Priene   Het Çinedal
Milete Bafameer   Çine
Didyma, Milete, Priene
Didyma   6

                   Milas

                              Muğla

Bodrum   7

Egeïsche   actief Een Blauwe Reis
Zee   Kós

         Datça   Marmaris

              Symi   Fethiye
actief Griekse eilanden van dichtbij   Ródos
                              (Rhodos)

Tips

Accommodatie in een karavanserai: De beschutte haven bij Assos vormde in de Osmaanse tijd de poort tot Istanbul als de Dardanellen door de noordenwind niet konden
worden gepasseerd. Zo ontstond een hele
reeks van karavanserais – die tegenwoordig
tot fraaie hotels zijn omgebouwd (zie blz. 203).

Zonsondergang op de Kordon: İzmir is een
echte miljoenenmetropool en wordt daarom
weinig bezocht door toeristen. Op de Kordon,
de lange kustboulevard met talloze cafés en
restaurants, vergeet men 's avonds echter alle
hectiek van de stad. Een van de mooiste plekken om te chillen (zie blz. 215).

actief

Sporen van de Slag om Gallipoli: Naar de begraafplaatsen van een zeer bloedige slag tijdens de Eerste Wereldoorlog (zie blz. 196).

Door de Yunt Dağı naar Aigai: Een vrijwel onbekende antieke stad, die verstopt ligt in een
oeroud landschap (zie blz. 212).

De Kemeraltıbazaar: Oriëntaalse sfeer in de
oude bazaar van İzmir, tussen moskeeën, synagogen en karavanserais (zie blz. 219).

Griekse eilanden van dichtbij: Boottochten
naar Kós, Rhodos, Sými, Sámos, Lesbos en
Chíos (zie blz. 240).

Een Blauwe Reis: Met een jacht onderweg tussen Bodrum en Fethiye (zie blz. 256).

De Noord-Egeïsche kust van de Dardanellen tot Foça is een toevluchtsoord voor de zelfstandige toerist, want grote resorts zijn hier nauwelijks te vinden. Troje en Pergamon behoren tot de belangrijkste antieke
locaties ter wereld. Een heel bijzonder geval is bovendien İzmir. Dit is
een van de meest westerse steden van Turkije en bovendien vermoeiend en druk, maar toch is er zo veel te zien en te beleven dat het zonde
zou zijn er alleen een korte tussenstop te maken.

Çanakkale ▶ 1, A 3

De stad **Çanakkale** op de Aziatische oever van
de Dardanellen is een bedrijvige provinciehoofdstad met 90.000 inwoners en een druk
gebruikte veerverbinding met het plaatsje
Eceabat op de Europese oever. Omdat Çanakkale op het nauwste punt van de doorvaart
naar de Zee van Marmara en de Zwarte Zee
ligt, was het militair altijd van groot belang,
en ook vandaag nog ziet u er opvallend veel
soldaten op straat.

Çanakkale is zeer levendig en charmant. In
het oude centrum – rondom de laat-Otto-
maanse klokkentoren links van de aanlegplaats van de veerboot – zijn nog enkele oudere huizen uit de 19e eeuw te vinden, maar
Çanakkale wordt veel meer gekenmerkt door
zijn relatief moderne zakenleven. De stad
heeft ook een universiteit, zodat twintigers
het straatbeeld bepalen, vooral op de Kordon,
de brede zeepromenade, die van de veerkade
naar de oostelijke nieuwbouwwijken loopt.

Vestingen aan de Dardanellen

De Ottomaanse burcht **Çimenlik Kalesi** ('Ga-
zonburcht') ten westen van de aanlegplaats
van de veerboot dankt zijn naam aan zijn ongewone camouflage. De vlakke rechthoek van
muren loopt aan de zeekant in een met gras
begroeid talud, zodat de vesting vanaf zee
nauwelijks te zien is. Zij werd gebouwd onder

sultan Fatih Mehmet II, kort voor de verovering van Constantinopel, om de stad af te snijden van ondersteuning via zee. Geschut op af-
fuiten wijst ook nu nog krijgshaftig in de tot
stadspark omgetoverde burchthof naar de hemel. In de gebouwen toont een museum militaire voorwerpen uit de Slag om Gallipoli
(dag. behalve ma., do. 9–12, 13.30–17 uur). Op
de binnenplaats staat een kopie van de mij-
nenlegger **Nusret**, die een beslissende rol
speelde bij het Turkse verweer tegen het Gal-
lipolioffensief van de geallieerden in de Eerste Wereldoorlog (zie blz. 196) – het origineel
is in Mersin te zien. In het voormalige gebouw
van de havencommandant informeert een fo-
totentoonstelling over deze slag die aan beide
zijden zeer grote verliezen kende.

Heel anders is de burcht **Kilitbahir** ('Zeeaf-
sluiting'; wo.–zo. 8–17 uur, toegang 5 TL) op
de Europese zijde, die met een kleine veerboot
over de engte (slechts 1,2 km) snel bereikbaar
is. Deze in 1462 onder sultan Fatih Mehmet
gebouwde en halverwege de 16e eeuw uitgebreide, klaverbladvormige vesting, verrast
door zijn kolossale, gebogen ringmuur, die
kan worden beklommen.

Çanakkalemuseum

De belangrijkste bezienswaardigheid van de
stad is het archeologische **Çanakkalemuseum**
(di.–zo. 8–17 uur, toegang 5 TL), dat sinds de
nieuwe Trojeopgraving alle nieuwe, opgegra-

ven vondsten opneemt. Alle cultuurfases van Troje sinds het vroege derde millennium vindt u hier terug, zodat het bezoek een mooie aanvulling is op een excursie naar de opgravingen.

Ook heel interessant zijn de vondsten uit de **Dardanusgrafheuvel**, die onaangetast werd ontdekt op 10 km ten zuiden van Çanakkale. De naam mag dan een modern verzinsel zijn dat verwijst naar de legendarische stichter van het Trojaanse vorstenhuis, naar wie de zee-engte vernoemd is, maar uit dit dynastiegraf, dat eeuwenlang gebruikt werd – vooral in de hellenistische tijd – konden ongeschonden gouden dodenkransen, beelden en houten meubels geborgen worden.

Informatie

Informatiebureau: İskele Meyd. 67 (aan de veerhaven), tel./fax 0286-217 11 87.

Accommodatie

Prachtige inrichting ▶ Anzac Hotel: Saat Kulesi Meyd. 8, tel. 0286 217 77 77, fax 0286 217 20 18, www.anzachotel.com. Modern gestyled hotel bij de klokkentoren, centraal gelegen, beslist geen doorsnee inrichting. 2 pk vanaf €30.

Middenklasser ▶ Büyük Truva: Kayserili Ahmet Paşa Cad., tel. 0286 217 10 24, fax 0286 217 09 03, www.truvaotel.com. Een goed alternatief voor het licht uitgewoonde Anafartalar bij de aanlegplaats van de veerboot; middenklassehotel iets verder rechts van de aanlegplaats en daarom ook rustiger. 2 pk vanaf €35.

Historisch ▶ Kervanseray: Fetvane Sok., links achter de klokkentoren, tel. 0286 217 81 92. Een historisch hotel met romantische foyer en mooie tuin, maar zeer eenvoudige kamers, met douche en wc op de gang. 2 pk vanaf €30.

... in Güzelyalı

Strandhotel ▶ Tusan Hotel: Nabij het strand aan de toegangsweg naar het dorp, tel. 0286 232 82 10, fax 0286 232 82 26, www.tusanhotel.com. Beetje vergane glorie, maar mooi in het groen gelegen strandhotel in een kleine plaats 15 km naar het zuiden aan de Dardanellenkust. Echt een goede, verzorgde uitvalsbasis voor uitstapjes naar het noordelijke

Troas, met restaurant, sportfaciliteiten en fitnesscenter. 2 pk €50–75.

... bij Truva (Troje)

Pensionkamers ▶ Hisarlık: Direct bij de ingang, tel. 0286 283 00 26, fax 0286 283 00 87. Lage middenklasser; de eigenaar Mustafa Aşkın is een officiële Trojegids die ook tochten organiseert naar grafheuvels in de omgeving. 2 pk €25–30.

Eten en drinken

Links van de aanlegplaats van het autoveer ligt de kade waar de veerboot uit Kilitbahir aanlegt. Dit is het restaurantcentrum van Çanakkale. De specialiteit is hier natuurlijk vis, en afhankelijk van het seizoen en de vistrek staan er vissen uit de Egeïsche Zee, of uit de Zwarte Zee op de kaart. Populair zijn ook de *midye tava*, gefrituurde mosselen, die door straatverkopers worden aangeboden.

Specialiteit vis ▶ Yalova Liman Restaurant: Gümrük Sok. 17, bij de Kilitbahiraanlegplaats, tel. 0286 217 10 45, www.yalovarestaurant.com. Ruime selectie voorgerechten en vis. Zeer in trek bij toeristen. Voorgerecht met visgerecht rond €12.

Kebabs en meer ▶ Truva Restaurant: Saat Kulesi Meydanı 9, tel. 0286 213 32 81. Turkse grillgerechten op het plein met de klokkentoren. Hoofdgerechten vanaf €4,50.

Vervoer

Vanaf het **busstation** ca. 1 km ten zuiden van de veerhaven rijden bijna elk uur intercitybussen naar Istanbul en İzmir, minder vaak naar Bursa; minibusvervoer elk uur naar Güzelyalı, minder vaak naar Truva (Troje), Ezine.

Dardanellenveer: zie blz. 77

Kilitbahirveer: Uit de vissershaven ten zuiden van de grote veerhaven varen kleinere veerboten (met plaats voor ca. 10 personenauto's) elke 30 min. naar de vesting Kilitbahir.

Gökçeadaveer: Vanuit Çanakkale dag. 17 uur, terug om 8 uur 's morgens; vanuit Kabatepe İskelesi op het Geliboluschiereiland dag. 11 uur, terug om 18 uur; beide veerboten met (beperkt) autotransport. Hotels zijn te vinden in de havenplaats Kaleköy en in de oude hoofdplaats İmroz.

actief

Sporen van de Slag om Gallipoli

Informatie

Begin: Çanakkale.
Lengte: 5 km per veerboot naar Eceabat, 30 km per auto etc. naar Sedülbahir.
Duur: Een halve tot hele dag.
Belangrijk: Dardanellenveerboot zie blz. 195; brommers of fietsen kunt u nabij de aanlegplaats van de veerboot huren.

Op het **Gallipolischiereiland** (Gelibolu Yarımadası, ▶ 1, A/B 3) vond tussen april 1915 en januari 1916 een bloedige stellingenoorlog plaats die aan beide zijden 250.000 soldaten het leven kostte. Allereerst mislukte de opmars van de geallieerden door de Dardanellen door het spervuur van de onder Duits commando staande artillerie en door de zeemijnen die door de Nusret (zie blz. 194) waren gelegd. Daarna joegen de Britten hun ANZAC-eenheden (Australian and New Zealand Army Corps) een landingsoperatie in, maar vanwege het hardnekkige Osmaanse verzet faalde die eveneens. Mustafa Kemal Paşa, de latere Atatürk speelde destijds een beslissende rol. Hij

dwong de terugwijkende Turkse soldaten om met de bajonet op het geweer de heuvelkam te verdedigen met het beroemde bevel: 'Jullie moeten hier niet aanvallen, jullie moeten hier sterven!' Het augustusoffensief bleef daadwerkelijk steken – en het grote sterven kon nog acht maanden doorgaan. Atatürks rol in deze slag wordt uit de doeken gedaan in het museum in Eceabat, de Europese haven van het Çanakkaleautoveer.

Tegenwoordig is het schiereiland bezaaid met gedenkstenen en militaire begraafplaatsen, voor een deel ten noorden van de haven van Kabatepe rond de beruchte Lone Pine-stelling en voor een deel in het zuiden bij de vesting Sedülbahir. Als u per huurfiets de zuidpunt wilt ronden, betekent dat absoluut een inspannende dagtocht. U rijdt dan van het French Cemetery (14.300 doden) naar het Helles Memorial (20.800 doden) en verder naar het Twelve Tree Copse (3500 doden). Bij het V Beach kunt u zwemmen; 100 m het binnenland in ligt aan de Wylie Grove het graf van de officier die aan de kop van de eerste landingsgolf viel.

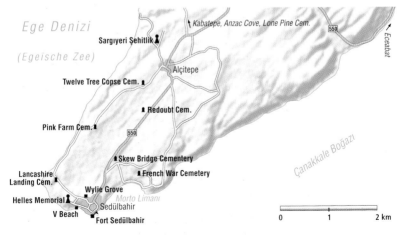

Bozcaadaveer: Vanuit Yükyeri İskelesi (zuidelijk aan de kust van Troas, aankomst via Ezine en Geyikli) dag. 10, 14 en 19 uur, terug 7.30, 12 en 17.30 uur. Autotransport in beperkte mate mogelijk. Talrijke hotels in de hoofd- en de havenplaats.

Gökçeada ▶ 1, A 3

Kabatepe is de veerhaven van het eiland **Gökçeada**, het Griekse Imbros. Bij de 'bevolkingsruil' van 1923 was het de Grieken toegestaan hier voorlopig nog te blijven, maar sinds de Cypruscrisis zijn ze intussen bijna allemaal weggetrokken.

De natuur van Gökçeada lijkt echter nog steeds op die van een typisch Grieks-Egeïsch eiland, ook al moeten de uitgestrekte olijfbossen steeds meer wijken voor fruitboomgaarden en zijn in veel halfverlaten dorpjes de traditionele huizen vervallen. De oude veerhaven Kaleköy is nu afgedankt voor een nieuwe haven aan de oostkant van het eiland; er is ook een luchthaven bij de hoofdplaats İmroz (oftewel Gökçeada Merkez), waar de meeste Turkse 'nieuwe import' woont. De beste stranden liggen aan de zuidoostkust.

Gelibolu ▶ 1, B 3

Aan de oostkant van de Zee van Marmara ligt **Gelibolu**, een stadje van 18.000 inwoners met een vissershaven en een veerdienst naar Lapseki. De stad, die in de oudheid Kallipolis heette, en later Gallipoli, was de eerste die de Osmanen in Europa konden veroveren, en wel in 1354 door Süleyman Paşa, een kleinzoon van Osman (zie blz. 32, 179).

In de Byzantijnse vestingtoren aan de haven, waar 's morgens een bedrijvige vismarkt wordt gehouden, is nu het **Piri Reismuseum** (di.-zo. 8.30-12, 15-17 uur) ondergebracht, dat de beroemdste Turkse zeevaarder eert. Deze admiraal en geograaf, die zelfs de Indische Oceaan bevoer en in 1513 een wereldkaart uitbracht, waarop de nieuw ontdekte kusten van Amerika al waren ingetekend, bracht zijn laatste levensjaren door in Gelibolu. Aan de noordelijke, steile rotskust ligt de Azebeler Namazgahı uit 1407, een open gebedsplaats met qiblawand, mihrab en minbar

– allemaal van marmer en met gekalligrafeerd schrift versierd.

Informatie

Informatiebureau: Aan de Liman Meydanı, tegenover de veerhaven.

Accommodatie

Pensionkamers ▶ Türkmen: Yukarı Çarşı 64, tel. 0286 566 21 64. Eenvoudig stadshotel, het beste op het plein, maar niet erg zorgvuldig geleid. 2 pk €30.

Vervoer

Vanaf het **busstation** aan de toegangsweg kort voor de plaats, ca. elk uur van en naar Istanbul en Çanakkale. Per **dolmuş** vaak naar Çanakkale, minder vaak richting Şarköy/Tekirdağ.

Dardanellenveer: Dag. 6–24 uur, elk heel uur een autoveer naar Lapseki op de Aziatische oever.

Troje ▶ 1, A 3

Kaart: blz. 200

Een bezoek aan **Troje** (Turks: Truva, dag. 9–19 uur, laatste entree 17.30 uur, toegang 15 TL) kunt u het beste beginnen in het informatiecentrum, waar ook een ruim 3 m hoge kopie van het **Paard van Troje** staat, waar u in mag klimmen. Het is te danken aan het huidige opgravingsproject van de universiteit van Tübingen dat er een zeer goede weergave is te zien van de tien verschillende cultuurfases, die in deze stad in lagen op elkaar gebouwd zijn en zo de heuvel 'ophoogden'.

De telling begint bij een nederzetting uit de vroege bronstijd: Troje I (3000 v.Chr., maar nieuwere opgravingen hebben nu ook een 'Troje 0' vanaf 3700 v.Chr. geïdentificeerd) en eindigt met Troje VIII en IX (tot 400 n.Chr.), die in de hellenistisch-Romeinse tijd als een soort heldenmonumenten op de oeroude bewoningslagen zijn gezet. Het ene moment kijkt u dus naar ruïnes uit de bronstijd en het volgende ogenblik naar hellenistische en dan weer Romeinse ruïnes. Om de verbeelding een handje te helpen, kunt u de lagen als een ui zien die aan de bovenkant is afgesneden. Het snijvlak wordt gevormd door de latere hellenistisch-Romeinse fases VII en IX, waarvoor de heuvel grootschalig werd geëffend en afgegraven. Van de andere cultuurfases bleven alleen de randen behouden, dus de muurring van het grote tijdperk VI, en de binnenste lagen, de kernen van de tijdperken I tot V, maar deze zijn ten behoeve van archeologisch onderzoek afgegraven tot op niveau II.

Rondgang

De bewegwijzerde rondgang begint bij de **Oostmuur** van Troje VI, die tot 8 m hoogte behouden is gebleven. Een oorspronkelijk 15 m hoge, rechthoekige **Oosttoren** beschermde de stad samen met de Zuidtoren (aan het eind van de rondgang) aan de kant van de vlakte van de Skamandros, terwijl op de tegenoverliggende zijde, waar vroeger een baai (of een moerasgebied) lag, waarschijnlijk het hoge hoofdpaleis (lijkend op een donjon) de muren

versterkte. De **Oostpoort** vertoont de typische vorm van de late bronstijd. De ingang ligt dwars op de muur en wordt door een vooruitgeschoven stuk muur afgescherd.

Dan klimt u omhoog naar het niveau van de **Athenatempel** die al in de archaïsche tijd werd gebouwd. De Perzische koning Xerxes bracht hier voor de Slag bij Salamis een offer, net als Alexander tijdens zijn uit wraakzucht geboren veldtocht. Om het platform van het heiligdom bloot te leggen, dat onder Lysimachos en later nog eens onder keizer Augustus werd uitgebreid, is het residentiegebied van Troje VI en VII, dus het mogelijke 'Paleis van Priamus', volledig afgegraven; en de 'Schliemann-opgravingen' en latere opgravingen verwoestten later weer grote delen van deze bouwsubstantie.

De rondgang loopt hierna onder een tentdak langs de uit lemen bakstenen gereconstrueerde **Muur van Troje I** (, station 5); met daartegenover de nauwelijks nog herkenbare **residentiehuizen van Troje II** (, station 6).

Uitzicht op de resten van de paleizen van Troje

De strijd om Troje en de archeologie

Geen antieke plaats in Turkije is zo bekend als Troje, vooral sinds Brad Pitt in 2005 de grote held van het Griekse epos mocht spelen. Maar wie de plaats wil terugvinden waar de tien jaar durende strijd van de Grieken tegen de stad van koning Priamus uiteindelijk door de 'listige' Odysseus met behulp van het 'Trojaanse Paard' werd beslecht, zal Troje teleurgesteld verlaten: er zijn veel mooiere plekken in Turkije. Toch verdient het opgravingterrein een superlatief, al was het maar vanwege de verwarring die er gezaaid wordt. Er bestaan namelijk negen Trojes!

Toch is inmiddels het historische bewijs wel geleverd dat de stad Troje echt heeft bestaan. Bij de ontcijfering van het archief van de Hettietenkoningen doken verwijzingen op naar de stad Wilusa in het noordwesten van Klein-Azië. Hierbij ging het waarschijnlijk ging om (W-)Ilion, dat door Homerus de bijnaam Troje werd gegeven, naar het Trojaanse volk. Hiermee zijn er tenslotte schriftelijke aanwijzingen uit die tijd gevonden over de in mythen gehulde stad. Toen Heinrich Schliemann echter meer dan 100 jaar geleden in de heuvel Hisarlık ruïnes ontdekte en stelde dat op deze plaats het Troje van Homerus lag, werd hij nog door de hele vakwereld bespot. Tot 15 jaar geleden deden veel oudheidkundigen Troje nog onomwonden af als een legende.

In elk geval ontdekte Schliemann de archeologisch belangrijkste en een van de historisch machtigste vorstenzetels van de Egeïsche bronstijd. De stad controleerde de vaart door de Dardanellen naar de Zwarte Zee. Met de landen daar dreven de Grieken uit het Egeïsche gebied (de Achaeërs of 'Myceners') al handel. Omdat ze toen nog niet tegen de hier overheersende noordenwind in konden varen, moesten ze op Trojaans grondgebied de zuidenwind afwachten. Hiervoor moest tol en belasting worden betaald, waar Troje rijk van werd.

Ook staat vast dat de heuvel sinds 3000 v.Chr. bewoond werd, waarbij verschillende cultuurfases elkaar opvolgden. Deze fases lieten min of meer netjes op elkaar liggende lagen achter, waardoor archeologen hier een soort tijdreis konden maken. In Troje zijn in totaal negen 'steden' geteld, onderverdeeld in ongeveer 50 bouwperioden, waarbij de vondsten getuigen van doorgaans wijdverbreide handelsbetrekkingen.

Heel belangrijk zijn vooral de lagen Troje II (2500-2300 v.Chr.), waarvan Schliemann ten onrechte dacht dat dit het Troje van Priamus was, en Troje VI (1700-1250 v.Chr.). Juist over deze laag is hevig gespeculeerd, want het einde van deze fase van bewoning valt precies in de tijd van de grootste machtsontwikkeling van het Myceense Griekenland. Maar de stad werd hoogstwaarschijnlijk verwoest door een aardbeving! Alleen van Troje VIIa kan bewezen worden dat het ten onder ging aan oorlog en in een vuurzee eindigde, maar dit gebeurde pas in de 12e eeuw v.Chr., in dezelfde tijd dat ook de Myceense paleizen in vlammen opgingen.

Het beroemde paard, dat is nagebouwd en bij de opgravingen staat, en waar u in kunt klimmen, zou heel goed een symbool kunnen zijn – voor de 'Aardschudder' Poseidon, de god van de paarden en de aardbeving.

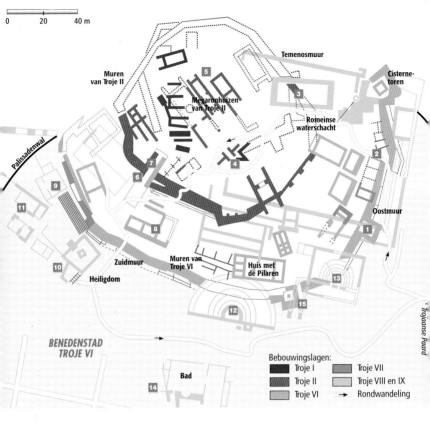

Bebouwingslagen:

	Troje I		Troje VII
	Troje II		Troje VIII en IX
	Troje VI	→	Rondwandeling

Ook de oudste van deze gebouwen hebben de karakteristieken van het megaron (een langgerekte hal met een plat dak en een open voorportaal), waaruit later de antieke tempel voortkwam. Dan volgt de geplaveide, 21 m lange **hellingbaan** [6], waarmee Troje VI zich over de oude muren van Troje II toegang verschafte tot het paleisterrein. Direct ten noordwesten hiervan, op de **Poort van Troje II** [7], vond Schliemann, die dacht dat hij de 'Skaeische Poort' van Homerus (zie onder) had ontdekt, overigens zijn 'Schat van Priamus'. Tegenwoordig is bewezen, dat de vondst, die in de Tweede Wereldoorlog als krijgsbuit naar St. Petersburg verdween, waarschijnlijk 1500 jaar ouder is dan de Trojaanse Oorlog en uit de eindfase van Troje I zou kunnen stammen. Ten zuidoosten van de hellingbaan volgt het **huis VI M** [8], dat vermoedelijk een opslagruimte voor het paleis van Troje VI was. De pa-

leisgebouwen uit deze periode hadden een glooiend stenen souterrain, waarop nog een etage van hout en leem steunde.

Ten zuiden daarvan gaat de **Vestingmuur van Troje VI** verder, die hier met een terugspringend stuk muur een **Dubbelpoort** [9] naar het westen vormt. De Korfmannopgraving identificeert dit als de Skaeische Poort ('Westelijke Poort'). Daarachter sluit een **heiligdom** aan, dat al tijdens de bewoning in de 8e–7e eeuw v.Chr. werd aangelegd en tot in de Romeinse tijd in gebruik was. Tegenover een open **altaarplaats** [10] links stonden rechts twee **tempels** [11].

Daarvoor strekte zich een maar 80 m brede restpunt uit van de nieuw ontdekte, 27 ha grote **benedenstad** die door een houten palisadewal en een gracht werd beschermd. De Homerische disputen tussen de Griekse en Trojaanse helden, en bovendien ook de dood

Troje

Hoogtepunten

1 Oosttoren
2 Oostpoort
3 Athenatempel
4 Muur van Troje I
5 Residentiehuizen (paleis)

6 Hellingbaan Troje VI
7 Poort van Troje II
8 Huis VI M
9 Westelijke dubbelpoort
   (Skaeische Poort)
10 Altaar

11 Hellenistisch-Romeinse
   tempel
12 Odeion
13 Bouleuterion
14 Gymnasion
15 Zuidpoort

van Hector en die van Achilles zouden zich hier hebben afgespeeld. Dat dachten kennelijk 700 jaar later ook de Grieken, die in het heiligdom hun held Achilles herdachten.

Langs de muur van Troje VI loopt u nu over het terrein van de Romeinse **agora**, met ruïnes van een **theater (odeion)** **12**, een **bouleuterion** **13** (raadhuis) en een **gymnasion**, een sport- en wedkampcomplex. De **Zuidpoort** **15** aan het eind van de rondgang, met zijn geplaveide poortweg die in de Romeinse tijd omhoog liep naar de propyleeën van de Athenatempel, is weer uit Troje VI. Deze werd geflankeerd door een drie verdiepingen tellende toren, waarvan de muren tot een hoogte van meer dan 3 m zijn behouden.

De Troas

Het landschap van de Troas tussen Troje en Assos is een weinig bezochte streek met oorspronkelijke dorpjes. Aan de kust ten noorden van Troje zijn grafheuvels uit de vroegste geschiedenis behouden, die al in de oudheid vernoemd werden naar helden van de Trojaanse Oorlog (informatie bij Trojegids Mustafa Aşkın in Hotel Hisarlık).

Vanaf de nieuwe veerbootaanlegplaats Yükyeri İskelesi kunt u overvaren naar het kleine eiland **Bozcaada** ▶ 1, A 4, het Griekse Tenedos. In het havenstadje aan de voet van een Genuese burcht leefden, net als in Gökçeada (zie blz. 197) tot aan de Cypruscrisis in 1974 in meerderheid Grieken. Het eiland is beroemd om zijn wijnteelt, die de druiven voor de Çanakkalewijn levert, en tegenwoordig ook om zijn idyllische stranden – kleine pensions in de oude Griekse huizen en romantische eethuisjes geven het eiland zijn charme.

Ten zuiden van de veerkade, achter het dorpje Dalyan, ligt de antieke stad **Alexandria Troas** ▶ 1, A 4 verscholen in de velden (dag.

8.30–17 uur, toegang 5 TL). Van deze stad, die vanaf eind 4e eeuw v.Chr. door synoikisme (samengroeien van verschillende plaatsen) is opgebouwd, en korte tijd als alternatieve locatie voor het 'Nieuwe Rome' van keizer Constantijn werd genoemd, is weinig over: een paar resten van de stadsmuren, thermenruïnes en een grote podiumtempel. 's Zomers werken hier altijd een paar Duitse archeologen, die een stadsplattegrond opstellen en resten van een vroeghellenistische poort met rondtorens hebben blootgelegd en deels gerestaureerd. Ook van het vroegere **Neandria**, een antieke stad bij het gehucht Kayacık (komend via Uluköy) in het binnenland, resteert in een verstild maquislandschap een stadsmuur.

Helemaal in het zuidwesten van de Troas ligt bij het dorp Gülpınar het antieke heiligdom van **Apollo Smyntheion** ▶ 11, B 3 (dag. 8.30–12.30, 13.30–17 uur, toegang 5 TL). Op de verbazingwekkend grote, aan Apollo als 'Muizendoder' gewijde tempel was vroeger een olijfoliefabriek gebouwd. Delen van het podium zijn gerestaureerd. Wie één keer in zijn leven op het westelijkste punt van Klein-Azië wil hebben gestaan, rijdt 7 km verder naar het vissersdorp Babakale in de schaduw van een burcht, die tot in de 17e eeuw als piratennest de Osmanen wist te trotseren. Via Bademli rijdt u door een schraal weidegebied naar Behramkale, het klassieke Assos. Langs de weg liggen bij het dorp Koyunevi de baaien van Sokakăgzı met pensions, die bij studenten uit Çanakkale als snorkelplaats favoriet zijn.

Assos ▶ 11, C 3

De ruïnes van **Assos** bij het dorp Behramkale (700 inwoners) zijn na Troje de belangrijkste bezienswaardigheden in de Troas. U komt er over de kustsnelweg via het stadje **Ayvacık** met op zich mooie, maar helaas vervallen, traditionele, houten huizen en een pittoreske weekmarkt op vrijdag.

Assos had nooit bijzondere historische betekenis, maar sinds het door de Grieken werd gesticht vanaf het nabije eiland Lesbos (Lésvos) aan het begin van het 1e millennium v.Chr. begeerde elke machthebber dit steunpunt, dat de ingang naar de Golf van Edremit controleerde. In de hellenistische tijd behoorde Assos tot het rijk van Pergamon, maar toen dat teloorging, boette het aan betekenis in ten opzichte van Alexandria Troas (zie blz. 201).

Er zijn twee **entreekassa's**: naar de tempel boven aan de dorpsrand en naar het agora-terrein langs de weg naar de haven (dag. 8–17 uur, toegang 5 TL per bezienswaardigheid).

Vanaf het parkeerterrein aan de dorpsrand, bij de hoge hellenistische stadsmuur, klimt u door een wonderlijk dorp omhoog naar de ingang van de akropolis. Het dorp is geheel uit de stenen van het oude Assos opgebouwd. Marktkramen met tapijten en zelfgenaaide kleding flankeren de weg, en als u de heuveltop bereikt hebt, ziet u een van de mooiste panorama's van Turkije voor u. Naast het grandioze zeezicht naar de overkant, naar Lesbos, oogt de vermoedelijk rond 530 v.Chr. gebouwde **Athenatempel** in Dorische stijl bijna armoedig, maar dit komt ook, omdat er geen marmer werd gebruikt bij de bouw – en bij de restauratie zelfs gewapend beton!

De rest van de stad, die over terrassen omlaag loopt naar de kust, kent wel geen spannende bouwstructuren, maar de details zijn fascinerend. Het centrum lag op het tweede terras, dat u via de Westpoort (aan de weg naar de haven) betreedt. Het terrein voor de poort werd recent blootgelegd: de sarcofagen van de necropolis, die zoals gebruikelijk voor de stadsingang lag, de zorgvuldig aangelegde, door karrensporen uitgeholde bestrating van de antieke straat en de hier tot zijn oorspronkelijke hoogte behouden poort.

De ruïnes achter de poort, die uit de 3e–2e eeuw v.Chr. stammen, omvatten een gymnasion, de **agora** met een kleine tempel aan de westzijde, een bouleuterion (raadzaal) aan de

oostzijde en een 111 m lange zuilenzaal voor de steunmuur aan de noordzijde. Naar het **theater**, nog een terras lager, liep een weg met trappen vanaf de agoratempel, maar u kunt beter de moderne autoweg nemen naar de haven. Dit gebouw uit de 3e eeuw is ook blootgelegd en helaas ook met beton gerestaureerd.

Het toeristische leven speelt zich vooral af in de haven van Assos, maar de rest van het dorp raakt langzaam steeds meer in trek. Nu zijn hier ook eenvoudige restaurants en leuke, bij rugzaktoeristen geliefde pensions te vinden. Onder aan de kade, waaraan bonte vissersboten en jachten liggen te schommelen, verdringen zich een paar hotels die duur doen met hun historische ambiance. Verder naar

Van de Athenatempel in Assos kijkt u uit op het eiland Lesbos

het oosten liggen ook campings, die naar verluid vooral bij twintigers uit de VS een zekere faam genieten. Een paradijs op zakformaat, direct aan zee, 's nachts met uitzicht op de verre lichtjes van Lesbos.

Accommodatie

Chic en comfortabel ▶ Kervansaray: In een gerenoveerde karavanserai aan de haven, tel. 0286 721 70 93, fax 0286 721 72 00, www.assos kervansaray.com. Beste zaak in de plaats, met een chic restaurant, binnenbad, sauna. Een deel van de kamers heeft airconditioning, maar maakt de belofte van de foyer niet helemaal waar. Vergelijkbaar ingericht, met iets betere kamers, is het Nazlıhan (tel. 0286 721 73 85, www.assosnazlihan.com). 2 pk €50–85.

Eenvoudige middenklasser ▶ Behram: Aan de haven, tel. 0286 721 70 16, fax 0286 721 70 44, www.assosbehramhotel.com. Iets minder chic, maar de kamers aan de voorkant hebben een balkon met havenzicht. De receptionist spreekt wat Duits en is zeer behulpzaam. Halfpension is hier aan te raden, want het menu biedt een ruime keus. De prijs-kwaliteitverhouding is vergelijkbaar met het naburige **Assos** (tel. 0286 721 70 17, fax 0286 721 72 49). 2 pk €30–60.

Pension in het dorp ▶ Pegasos Pansiyon: In het dorp Behramkale, aan de hoofdsteeg kort voor het plein van de souvenirverkopers. Nieuw gebouwd (maar natuurlijk met stenen van het oude Assos) en bijna even comfortabel als een hotel. 2 pk €20–30.

Pension aan het strand ▶ Plaj Pansiyon: Ca. 100 m ten oosten van de haven. Van de pensions en campings hier ligt dit het mooist. Een fraai plekje om te relaxen met eenvoudige kamers aan het schone strand. 2 pk €18–24.

Eten en drinken

Chic eten ▶ Kervansaray: Restaurant van het hotel aan de haven. Deftig restaurant met uitstekende service, dure visgerechten en ook internationale keuken. Diner voor twee met wijn rond €45.

Eten met muziek ▶ Fenerlihan: Haven van Assos, aan de westzijde. Modern restaurant in kroegstijl met tapbier; met aangrenzende *Dans Bar*, in het hoogseizoen vaak livemuziek. Hoofdgerechten €5–12.

Traditionele keuken ▶ Athena Restoran: Athena Restoran: Aan de dorpsingang van Behramkale. Traditionele Turkse keuken; soms kunt u hier ook zuiggeit van de grill krijgen, rond €6.

Bij de vesting ▶ Kale Restoran: In Behramkale vlak voor de moskee. Eenvoudige boerenkeuken. Bij de maaltijd wordt een kruidige ayran van geitenmelk geschonken.

Winkelen

Tapijten ▶ In het dorp worden tapijten uit de streek verkocht, bijvoorbeeld *yağcıbedir* met rode tekening op donkerblauw of Edremittapijten in pasteltinten.

Vervoer

In het hoogseizoen ca. elke 3 uur **minibusverbinding** met Ayvacık.

Aan de Golf van Edremit

De **Edremit Körfezi**, een diep in de kust ingesneden baai met in het midden de stad Edremit, wordt in het westen door het eiland Lesbos (Lésvos) afgesloten, en in het noorden door de 1767 m hoge Kaz Dağı (Idagebergte), die beschutting biedt tegen de koude noordenwinden van de Zee van Marmara. Het duidelijk zachtere klimaat maakt de golf ideaal voor de olijfteelt, die als belangrijkste economische sector in de regio deze ook de naam 'Olijvenriviera' heeft gegeven, en voor het eerst grote vakantiegebied aan de westkust, vanuit het noorden gezien.

Küçükkuyu en Akçay

Al bij de afrit met haarspeldbochten uit de richting Ayvacık wordt het duidelijk: tussen pijnbomen rijdt u op eindeloze olijfboomhellingen toe, met beneden de glinsterende zee. Aan de linkerkant schittert het wit van de vakantieresorts van **Küçükkuyu** door het groen. Deze plaats is net als Altınoluk en **Akçay** een van die slaperige vakantiestadjes, die nog niet overspoeld zijn door het Europese massatoerisme.

Informatie

Informatiebureau: In **Akçay** aan de Barbaros Meydanı, tel./fax 0266 312 11 13.

Accommodatie

Tussen Küçükkuyu en Akçay zijn talrijke hotels te vinden, direct aan zee met restaurants, en mooie idyllische stranden.

Onder olijfbomen ▶ Aydın Motel: Küçükkuyu, westelijk van de haven, tel. 0286 752 54 00. Eenvoudig, mooi hotel nabij het centrum, schone kamers; met zwembad. 2 pk €25–45.

Eten en drinken

Veel vis ▶ Het **Yengec Balık Lokantası** is een goed visrestaurant in de oude Griekse koopmansbeurs aan de haven, met tuin. Hoofdgerechten vanaf €6.

Turkse keuken ▶ Het **Odak Restoran** aan zee, bij de 'Ganzenjufferfontein' is een van de betere; ook internationale keuken, hoofdgerechten rond €5.

Edremit en Ören ▶ 12, D 3

Het levendige **Edremit**, een stad met 50.000 inwoners bij de oostpunt van de golf, is de opvolger van het antieke Adramyttion, dat Adramy, broer van de Lydische koning Croesus, zou hebben gesticht. Antieke sporen bleven niet behouden en daarom ontleent het stadje zijn charme aan schilderachtige steegjes met historische, houten huizen en moskeeën uit de 14e eeuw met hun kenmerkende baksteenminaretten. Woensdag, op marktdag, kunt u 's ochtends heerlijk slenteren over een van de oorspronkelijkste en grootste bazaars van de westkust.

In 1997 is hier overigens een zeer dubieus project gestopt. Een internationaal consortium wilde hier **goud** gaan winnen, waarbij miljoenen kubieke meters hoogst giftig cyanideafval zou zijn ontstaan. Jarenlang negeerde men alle protesten, tot de klacht van Birsel Lemke (cheffin van de Club Orient in Ören) een bouwstop wist te bewerkstelligen – in 2000 kreeg ze daarvoor de alternatieve Nobelprijs. Maar de discussie duurt voort, want intussen is bij Bergama wel een dergelijke goudwasinstallatie gebouwd.

De onder pijnbomen verscholen liggende badplaats **Ören** aan de kust bij Burhaniye is werkelijk aan te bevelen. Wie met kinderen op vakantie gaat, heeft het hier in het hoogseizoen (de zomer eindigt aan de golf half september) veel beter dan in de massatoerismeresorts in het zuiden en Turkse charme vindt u op het plein aan het lange, brede zandstrand nog gratis.

Accommodatie

Klein paradijs ▶ Club Orient: Ören, aan het oostelijke strand, tel. 0266 416 34 45, fax 0266 416 40 26, www.cluborient.de. Groot, heel mooi complex, iets buiten Ören, met veel comfort, watersportmogelijkheden en een bijdetijdse, milieubewuste leiding. Dit hotel, met Duits management, zet zich ook in voor de strijd tegen de goudwinning. 2 pk/half pension €60–85.

Eten & drinken

Aan het strand ▶ Altay Restoran: Ören, aan het hoofdplein. Traditioneel hotel met het beste uitzicht over het strand op de berg Ida aan de overkant van de golf.
Onder bomenschaduw ▶ Artemis Kale: Ören, westelijk van het Altay. Op verschillende terrassen kunt u hier heerlijk zitten in de schaduw van een machtige eik.
Landelijke stijl ▶ Salsa Restaurant & Bar: In Ören, bewegwijzerd. Natuurstenen pand, oorspronkelijk ingericht, met zeer goede keuken,

Tip: In de bergen

In het noorden rijst boven de Golf van Edremit de **Kaz Dağı** op, Homerus beroemde berg Ida, waarop de Olympische goden de oorlog met Troje volgden. In de uitlopers naar het zuiden kunt u het nog zeer traditionele dorpje **Yeşilyurt** met zijn compleet behouden historische stenen huizen bezichtigen. In **Adatepe**, ten oosten van Küçükkuyu bevindt zich een bezienswaardig olijvenmuseum (dag. 8–17 uur); 15 minuten lopen brengt u bij het **Zevs Tapanağı**, het Zeusaltaar waar het uitzicht schitterend is.

liefdevol geleid door een Duitse ex-beroepsmusicus en zijn Turkse vrouw.

Vervoer

De **intercitybussen** uit de richting van Çanakkale, İzmir en Bursa/Ankara stoppen in Edremit. Busstation in het westen van de plaats, vandaar per minibus naar de kustplaatsen.
In het hoogseizoen **bootverbinding** tussen Ören en Akçay.

Ayvalık ▶ 11, C 4

Aan de zuidelijke uitgang van de Golf van Edremit ligt **Ayvalık** ingebed in een zeer grillig kustlandschap van talrijke baaien, eilanden en schiereilanden. Toeristisch is in de laatste jaren vooral het hotelresort **Sarımsaklı**, met het lange, fijnzandige 'knoflookstrand', 5 km naar het zuiden, enorm in trek geraakt. Verder is het traditierijke stadje met zijn 35.000 inwoners, en in het bijzonder de villawijk Çamlık ten zuiden van het centrum, een populaire vakantiewijk voor rijkelui uit Istanbul. Daarom kent Ayvalık in het hoogseizoen een zeer levendig nachtleven, vooral in de pubs en disco's midden in de havenbuurt. En ook als winkelgebied is de voetgangerszone aan de Cumhuriyet Meydanı, het hoofdplein aan de kustweg, interessant!

In wijken die niet aan zee liggen, leven de mensen nog volgens oude tradities. Hier rammelen paard en wagen nog over kasseienweggetjes en onder het bladerdak van de wingerd rond het theehuis aan de Safa Caddesi genieten mannen van de avondkoelte. Overal ziet u hier huizen in de karakteristieke, classicistische architectuur van de Klein-Aziatische Grieken. Tot de grote verdrijving in 1923 woonden in Ayvalık, destijds nog Kydonia geheten, overwegend Grieken, die toen voor het merendeel naar het nabijgelegen eiland Lesbos vluchtten.

Uit deze tijd zijn nog ettelijke kerken behouden, zoals de **Taksiyarhis Kilise** in de M. Çakmak Caddesi. Deze grote, vroeger prachtig gedecoreerde kruiskoepelkerk uit de vroege 19e eeuw is onlangs gerestaureerd en huisvest nu het stadsmuseum (di.–zo. 9–12, 13–17 uur).

De visrestaurants bij het roestrode havenkantoor uit de 19e eeuw zijn mooi, maar nog mooier is de idyllische haven op **Cunda** of **Alibey Adası**. Dit is een eilandje tegenover Ayvalık. Naar de enige plaats op het eiland, Doğaköy, vaart in het hoogseizoen regelmatig een veerboot. Het dorp is vanaf het water al zeer schilderachtig. Een leuke tip zijn de goede visrestaurants aan de kade en enkele hotels en pensions, die ook via een dam per auto bereikbaar zijn.

Informatie

Informatiebureau: Yat Liman Karşısı, kiosk bij de aanlegplaats van de excursieboten, tel./fax 0266 312 21 22. **Internet:** www.ayvalik.biz

Accommodatie

De hotels aan het **Sarımsaklıstrand** worden meestal all-in geboekt. Heel erg mooi is bijvoorbeeld het Büyük Berk. Maar er zijn hier ook veel eenvoudige pensions te vinden.

... im het centrum

Aan de haven ▶ Ayvalık Palas: Gümrük Meyd., midden in de havenbuurt, tel./fax 0266 312 10 64. Een moderne nieuwbouw; het beste adres in deze plaats, in de stijl van een stadshotel. Acceptabele kamers, deels met balkon op zee, midden in de 'uitgaanswijk' van Ayvalık. In het hotel is het Ayvalık Diving Center gevestigd. 2 pk €40, apt./4 pers. €65.

Oud Grieks huis ▶ Taksiyarchis Pansiyon: M. Çakmak Cad. 71, tel. 0266 312 14 94, www.taksiyarhis.com. Een oud Grieks pand boven de Taxiarchenkerk, in gepaste stijl ingericht. Mooie kamers, met dakterras, zeer in trek bij rugzaktoeristen. B&B p.p. €20.

Eenvoud aan zee ▶ Kaptan: Balıkhane Sok., bij het douanekantoor in de haven, tel. 0266 312 88 34. Ouder hotel direct aan de kade met zwemsteiger. Eenvoudige, ietwat doorleefde kamers met balkon – geweldig uitzicht op zee. 2 pk €30.

... op Alibey Adası (Cunda)

Eilandidylle ▶ Artur Motel: Aan de weg naar Doğaköy bij het gelijknamige restaurant, tel. 0266 327 10 14. Eenvoudige kamers in het dorp. In voor- en naseizoen rustig, dan is het hier idyllisch. In het hoogseizoen wil heel Ayvalık graag uit op de Alibey-Kordon en is het tot na middernacht erg rumoerig. 2 pk €40.

Eten en drinken

Vis en meer ▶ Öz Canlı Balık: Tel. 0266 312 22 92. Ayvalık, aan de haven bij de Cumhuriyet Meydanı. Visrestaurant met ruime keus, populair bij de inwoners en de mensen met een vakantiehuis. Hoofdgerechten vanaf €7, vis vanaf €11.

Havenzicht ▶ Deniz İçi Café Bar: Achter de Öz Canlı Balık. Zeer stijlvol in een oud havengebouw. 's Middags zit u hier heerlijk met een schitterend uitzicht op de haven.

Chic en biologisch ▶ Tarlakusu Gurmeko: Cumhuriyet Cad. 53, tel. 0266 312 33 12. Een rustiek restaurant in duurzame ecostijl met internationale keuken en allerlei biologisch geteelde producten, die hier ook worden verkocht.

Tip: De Duivelstafel

Het meest favoriete uitstapje in de Ayvalıkstreek is de **Şeytan Sofrası** ('Duivelstafel'), een rotsplateau richting Sarımsaklı, vanwaar u een schitterend panoramisch uitzicht hebt over het kustlandschap. Wie een muntje gooit in een kleine, met honderden *adaks* (aangeknoopte stofrepen als smeekbede) behangen rotsspleet achter het ronde restaurant, mag een wens doen bij de duivel.

... op Alibey Adası

Eilandparadijs ▶ **Nessos:** Alibey, aan de Kordon in Doğaköy. Ruime keuze aan vis en specialiteiten als *ahtapot böreği*, deegtasjes gevuld met boterzachte inktvis. Maar ook in het Deniz of in het Dalyan ernaast kunt u zeer goed vis eten. Voor een diner van twee personen dient u op ongeveer €35 te rekenen; daarbij eventueel nog 1/2 l rakı voor €8 of een fles wijn vanaf €10.

Uitgaan

Een blonde rakker ▶ **Kumru Evi Bar:** Gazinolar Cad., in de havenbuurt. Leuke biertent met een fraai terras aan zee en originele inrichting.

Dansbar ▶ **Gitaro Club:** Gazinolar Cad., muziekbar met zwartgeschilderde gevel; hier komen de jongelui uit Istanbul 's zomers dansen op de nieuwste zomerhits.

Blues, rock, goud van oud ▶ **Shaft Olivia:** Atatürk Cad., 1. Sokak 7 (nabij İş Bankası), tel. 0266 31 222 31, www.shaftclub.com. Dependance van een beroemde club in Istanbul, veel muziek uit de jaren 1960, 1970 en 1980.

... in Sarımsaklı

Chic dansen ▶ **Club Gossip:** Cumhuriyet Cad. 26, Sarımsaklı, nabij het postkantoor, tel. 0266 324 00 04. Chique club, deels onder de dennenbomen, deels binnen. De beste dansclub, elektro, hiphop. Alleen vanaf begin juli tot eind september.

Actief

Duiken ▶ **Körfez Diving Center:** Süner Pasaj 47, tel. 0266 312 49 96, mobiel 0532 266 35 89, www.korfezdiving.com. CMAS-cursussen, excursies, speciale cursussen.

Vervoer

Intercitybussen stoppen alleen op de hoofdweg buiten Ayvalık. Haltes van noord naar zuid: BP tankstation, Ayvalık Plajlar, Sarımsaklı Plajlar. Vanaf deze halteplaatsen rijden zowel minibussen als taxi's naar het centrum.
Dolmuşbussen rijden naar de stranden van Alibey, Çamlık, Küçükköy en Sarımsaklı. Vanaf Ayvalıkcentrum gaan minibussen naar Edremit en Bergama.

Veerboten: In het zomerseizoen ca. elke 30 min. van Ayvalıkhaven naar Doğaköy op het eiland Alibey, evenals dag. een autoveer naar het Griekse eiland Lesbos.

4 Pergamon (Bergama) ▶ 13, C 1

Kaart: blz. 208

Bergama, de opvolger van de hellenistische koningsstad Pergamon, ligt ver van zee, en dat maakt het onder de stadjes aan de Turkse kust uniek. Niet onder de indruk van de bezoekersstromen naar de beroemde ruïnes wist deze stad met zijn 60.000 inwoners vast te houden aan zijn tradities. Daarom mag u zich ondanks het dagvullende programma van het bezichtigen van Pergamon echt geen wandeling over de **bazaar** laten ontgaan.

De akropolis

De 330 m hoge vestingheuvel boven Bergama is al sinds de 6e eeuw v.Chr. bewoond. In de hellenistische tijd ontstond hier een antieke wereldstad (dag. 8.30–18 uur, laatste entree 17 uur, toegang 20 TL). Na de dood van Alexander de Grote heerste de koning van Thracië, Lysimachus, over het westen van Klein-Azië. Hij benoemde de Macedonische officier Philetairos tot stadhouder met standplaats Pergamon en liet hem op de burchtheuvel, die halverwege de 4e eeuw v.Chr. was versterkt, een schat van 9000 talenten bewaken. In 281 v.Chr. verloor Lysimachus zijn rijk en zijn leven in een slag tegen Seleukos, die evenwel kort daarop ook zelf werd vermoord. Philetairos greep zijn kans en maakte zich met het fortuin dat omgerekend ongeveer 70 miljoen euro waard was zelfstandig. Onder zijn opvolgers (allen met de naam Eumenes of Attalos) bloeide Pergamon op tot een artistiek centrum van het hellenisme en kon het zijn invloed uitbreiden over heel westelijk Klein-Azië. Onder Eumenes II, die als bondgenoot van Rome deelnam aan de veldtocht tegen Antiochus III en de daaropvolgende overwinning bij Magnesia, reikte het gebied van Pergamon zelfs tot aan Ankara. De laatste

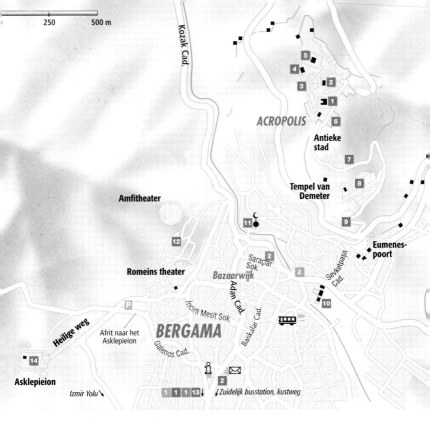

Pergamonkoning, Attalos III, liet het rijk uiteindelijk na aan de Romeinen, die het tot hun eerste provincie in Klein-Azië inrichtten.

Onder de succesvolle vorst Eumenes II ontstond ook het grote **Zeusaltaar** ■ aan de voet van de burchtpoort. Dit altaar was opgericht ter ere van de zege van koning Attalos I over de Galaten/Galliërs in 183 v.Chr. en werd in de oudheid tot een van de de zeven wereldwonderen geteld. De externe fries toonde de 'Gigantomachie', de overwinning van de goden op de Giganten (= Galliërs) die de chaos symboliseerden, de interne 'Telephosfries' verbeeldde de mythische stamvader van het koningshuis. Tegenwoordig is het bouwwerk te zien in het Berlijnse Pergamonmuseum, hoewel Bergama dringend blijft vragen om teruggave.

Door de burchtpoort komt u bij de **Athenatempel** ■, tegenwoordig een open plateau,

maar destijds stonden er zuilenhallen omheen. Voor de relatief kleine tempel stonden sinds de zege op de Galaten de beroemde standbeelden van stervende Galliërs, die nu staan te pronken in de musea van Rome. De Perzische prinses Barsine liet de tempel bouwen. Zij was door Alexander de Grote na de zege bij Granicus als buit meegenomen en hij hield haar, samen met het uit hun contact voorgekomen kind, in Pergamon 'in verzekerde bewaring', toen hij verdertrok naar Perzië. Ten oosten van de tempel rees de **bibliotheek** op, die ooit meer dan 200.000 werken moet hebben omvat – maar het is historisch van groter belang dat hier het 'perkament' uit dierenhuid (en daarmee het boek) werd uitgevonden, toen de bibliotheek van Alexandrië geen papyrusrollen meer wilde leveren. Aan de westzijde voert naar het **theater** ■ beneden een trappenhuis dat als het steilste van de

Bergama

Bezienswaardigheden
1. Zeusaltaar
2. Athenatempel
3. Theater
4. Dionysostempel
5. Traianeum
6. Bovenagora
7. Heraheiligdom
8. Gymnasion

9. Benedenagora
10. Kızıl Avlu (Rode Hal)
11. Ulu Cami
12. Theater
13. Archeologisch Museum
14. Asklepieion

Accomodatie
1. Berksoy Motel

2. Athena Pansiyon

Eten en drinken
1. Kardeşler Restoran
2. Sağlam Restoran

Winkelen
1. Bergama Onyx Fabrikası
2. Birol Halı

antieke wereld geldt. Ter hoogte van het orkestterras – boven een machtige steunmuur gebouwd – lag rechts de aan de god van wijn, spelen en wellustige geneugten gewijde **Dionysostempel** 4, links liep een winkelstraat naar de bovenagora (zie onder).

Noordelijk achter de bibliotheek rijst in stralend wit de **Traianeum** 5 op, de door Duitse archeologen gerestaureerde tempel ter verering van keizer Traianus. Net als nu moet het luisterrijke witmarmeren gebouw uit de 1e eeuw ook toen al als een vreemde eend in de bijt hebben gestaan in dit hellenistische complex, dat voor de rest is opgebouwd uit het grijs, vulkanisch andesietgesteente, waaruit de heuvel eronder bestaat. Van de **paleizen** van de koningen aan de noordoostkant van de burcht zijn alleen nog fundamenten over – en een waterbassin met middenzuil. Als het lukt om daar een munt op te gooien die blijft liggen, zou dat geluk brengen.

De gebouwen aan de voet van de akropolis worden zelden bezocht, hoewel een wandeling omlaag de moeite waard is. Het beste kunt u een taxi naar boven nemen. Voor de wandeling naar het centrum moet u inclusief bezichtigingen ca. 1 uur uittrekken.

Vanaf het Grote Altaar steekt u de **bovenagora** 6 over op de geplaveide hoofdstraat uit de antieke wereld. In het recent blootgelegde deel van de 'stadsopgraving' is een kleine **odeion** met zitbanken en een **heroon** ter ere van een verdienstelijk burger te zien (beide overdekt). Dan volgt het **Heraheiligdom** 7, daarnaast een gebouw met drie grote vloermozaïeken: hier was vermoedelijk het **prytaneion** van de stad gevestigd. Daaronder liggen de Demetertempel en daar weer naast

het **gymnasion** 8 voor sportieve prestaties, dat met drie terrassen een der grootste van de oudheid is. Als laatste volgt een gigantische poort (hellenistisch in de onderbouw, met een Byzantijns trappenhuis). Kort voor de **benedenagora** 9 ligt rechts op een verhoging het **Huis van Attalus**, vernoemd naar een Romeinse consul. De oude straat gaat daarna kort voor de Kızıl Avlu over in Turkse bebouwing.

In het centrum

De kolossale **'Rode Hal' (Kızıl Avlu)** 10 op het plateau voor de akropolis (9–18 uur, toegang 5 TL) is niet te missen. Keizer Hadrianus liet de tempel bouwen voor de Egyptische goden Serapis, Isis en Harpokrates. Oorspronkelijk waren de bakstenen muren met marmeren platen bekleed. Het hoofdgebouw werd betreden door een poort met enorme bronzen deuren van 14 m hoog; het noordelijke van de beide ronde gebouwen dient nu als moskee.

Tip: Markt in Bergama

Aan de voet van de overweldigende akropolis van Pergamon ligt het bedrijvige stadje Bergama, dat tot nog toe zijn oorspronkelijke karakter heeft weten te behouden – in de oude binnenstad zijn nog ketelmakers, schoenmakers, vertinners en andere oude ambachtslieden werkzaam. U kunt Bergama het beste op een maandag bezoeken, als de grote weekmarkt wordt gehouden. Dan komen de boeren uit de wijde omtrek met ezelkarren naar de stad en verkopen vrouwen in klederdracht groenten en andere landbouwproducten. U kijkt uw ogen uit.

Uit de Turkse tijd is vooral de in 1439 (kort na de Ottomaanse verovering) gebouwde **Ulu Cami** 11, die direct naast het hippodroom uit de oudheid ligt, het vermelden waard.

Naast de beide antieke bruggen, Tabak Köprüsü en de antieke Üçemer Köprüsü ('Driebogenbrug'), kunt u achter de uitgestrekte en bijzonder schilderachtige Bazaarwijk de resten van twee **theaters uit de oudheid** 12 bezoeken.

Het **Archeologisch Museum** 13 (dag. 8.30–17.30 uur, toegang 5 TL) aan de hoofdstraat toont talrijke vondsten uit de Pergamonopgravingen. De standbeelden van Hadrianus en Socrates, de bronzen beelden van Herakles en Marsyas en ook de Kouros van Pitane (Çandarlı) uit de archaïsche tijd behoren naast kleine vondsten en glaswerk tot de interessantste museumstukken. Ook interessant is een bezoek aan de theetuin ernaast, die met stukken uit de oudheid is 'gemeubileerd'.

Asklepieion 14

Het **asklepieion** (dag. 8.30–17.30 uur, toegang 15 TL) aan de noordwestelijke stadsrand is in de 4e eeuw v.Chr. gebouwd ter verering van de god van de geneeskunst Asklepios en was in de keizertijd het belangrijkste kuuroord van Klein-Azië. Zieken, die zelfs uit Rome hierheen trokken, probeerden door droomduiding en helende slaap genezing te vinden. Maar ook koudwaterkuren en het innemen van sterk verdunde giffen (bijvoorbeeld scheerlingsap) behoorden tot het repertoire van de artsen, van wie de Pergameen Claudius Galenus (129–199) de beroemdste was.

De **Via Tecta**, een 18 m brede straat met colonnades, waaronder devotionaliaverkopers hun kramen hadden, liep van het kuurcomplex op de burchtberg naar een binnenplein voor feesten met de nu verwoeste **propyleeën**. In de vroege 2e eeuw verrezen onder keizer Hadrianus de poort en de **bibliotheek** aan de rechterkant en de gereconstrueerde **zuilengalerij**, die naar het kleine theater voert. Ook de andere zijden van het binnenplein waren omgeven door zuilengalerijen, met in het midden een kleine **tempel** voor de god van de geneeskunde. Een **onderaardse gang** voert van het hart van het binnenplein naar het twee etages tellende **'kuuroord'**. Richting ingang ligt het ronde fundament van de **Zeus-Asklepiostempel** die rond het jaar 140 als verkleinde kopie van het Pantheon in Rome werd gebouwd.

Omgeving van Bergama

Via de met pijnbomen begroeide, rotsachtige hoogvlakte bij het dorp Kozak (ca. 12 km naar het noorden) bereikt u de ruïnes van **Perperene** ▶ 12, D 4 bij het dorp Aşağı Beyköy. Deze Pergameense stad beleefde zijn bloeitijd tijdens het hellenisme, waarvan nog delen van de stadsmuur, een romantisch overgroeid theater en ruïnes van tempels getuigen.

In **Soma** ▶ 12, E 4, een mijnstad 53 km naar het oosten, is de markt bezienswaardig, maar ook de Hızırbey Camii, een moskee van houten zuilen met fresco's in Turkse rococostijl.

In het kustgebied bepalen katoenvelden tot aan İzmir het beeld, noemenswaardige historische locaties zijn hier nauwelijks te vinden. In de oudheid was dit het kolonisatiegebied van Aeolische Grieken, die eerst het hele gebied tot aan Smyrna (İzmir) bewoonden, maar later het gebied rond de Golf van İzmir aan de Ioniërs verloren. Ze stichtten steden als **Alaia**, **Myrina** of **Kyme** ▶ 13, B/C 1/2, die nog niet door archeologen zijn opgegraven, zodat in het eenzame landschap slechts her en der wat brokstukken te vinden zijn.

Vakantieplaatsen als **Dikili** ▶ 13, B 1, een mooi, groen stadje onder de bomen met een grote hotelwijk in het noorden, het dorp **Bademli** met zijn lage, witgekalkte huizen en **Çandarlı** ▶ 13, C 1 op een landtong op de plek van het antieke **Pitane**, waar een Genuese citadel van eind 13e eeuw te zien is, zijn nog niet door het massatoerisme ontdekt.

Informatie

Informatiebureau: İzmir Cad. 54, Hükümet Konağı, tel./fax 0232 633 18 62.

Accommodatie

Modern, rustig, met zwembad ▶ Berksoy Motel 1: İzmir Yolu, ca. 1,5 km van het stadscentrum, tel. 0232 633 25 95, fax 0232 633 53

46, www.berksoyhotel.com. Groot, prima geleid motel tussen het groen met zwembad en aangename kamers, goede prijs-kwaliteitverhouding. Ook met camping, veel bustoeristen. 2 pk vanaf €60, gezinskamer €90.

Romantisch oud stadshuis ▶ Athena-Pansiyon 2 : Imam Çikmazi 5, tel. 0232 633 34 20, www.athenapension.com. Een oud vakwerkhuis met nieuwe aanbouw, kamers deels met, deels zonder bad. Kleine binnenplaats, goed ontbijt, erg in trek bij Britse rugzaktoeristen. 2 pk vanaf €20 (gemeenschappelijk badkamer), vanaf €25 (privébadkamer), gezinskamer €50–70.

... in Dikili / Çandarlı

Deze beide plaatsen aan zee zijn een goed alternatief voor autotoeristen en niet al te ver van Bergama af.

Chic aan het strand ▶ Mysia: 3 km van Dikili in de villawijk aan de westkant, tel. 0232 671 70 10, fax 0232 671 49 87, www.mysiahotel. com. Chic 4*-hotel met veel comfort, sport en mooi zwembad. 2 pk vanaf €75.

Huiselijk ▶ Samyeli: Çandarlı, bij de citadel, tel. 0232 673 34 28, fax 0232 673 34 61. Eenvoudig gezinshotel direct aan het strand van dit nog rustige plaatsje. Mijnheer Geneci werkte lange tijd in Duitsland en heeft nu zijn levensdroom verwezenlijkt. 2 pk €35–40.

Eten en drinken

Fijnproeven met zwembad ▶ Kardeşler 1 : İzmir Yolu, ca. 500 m voor het museum, tel. 0232 631 08 56, www.kardeslerrestaurant. com.tr. Turkse en internationale keuken; 's avonds het enige betere restaurant van de stad. Bovendien heeft het een groot zwembad, het enige in de stad!

Traditionele keuken ▶ Sağlam 2 : Hükümet Meydanı, aan het centrale plein bij het toeristenbureau, tel. 0232 667 20 03, www.saglam restaurant.com. Traditionele lokanta, achter in het restaurant kunt u ook buiten zitten. Turkse keuken in gezellige sfeer; hier komt de plaatselijke bevolking.

Winkelen

Alles van onyx ▶ Bergama Onyx Fabrikası 1 : İzmir Yolu, aan de oprit naar de kustsnelweg,

tel. 0232 667 22 52. Mooie vazen, borden, schaakspellen en nog veel meer, ter plaatse geproduceerd uit geel, bruin of groen onyxmarmer (geen echte onyx!); u kunt zien hoe alles gemaakt wordt.

Tapijten ▶ Birol Halı 2 : Kınık Cad. 39, tel. 0232 633 32 39. Nieuwe en gebruikte tapijten en kelims in Bergamastijl.

Vervoer

Intercitybusstation iets buiten de stad, vandaar **minibussen** naar het centrum. Lijndiensten richting İzmir en Çanakkale ca. elk uur. Minibusdienst naar Dikili en Ayvalık vanaf het busstation ten zuiden van de İzmir Cad. Wees voorzichtig met **taxi's**, er gaan verhalen over oplichting.

Foça ▶ 13, B 2

In het vakantiestadje **Foça** (30.000 inwoners), dat iets van de autoweg afligt, komt u weer in de wat meer 'toeristische' wereld. Het hart van het stadje is de Kleine Haven *(Küçük Deniz)* ten noorden van het schiereiland met de citadel. Langs de oever ankeren jachten en vissersbootjes, daarachter ligt de oude binnenstad in Griekse stijl met zijn bar- en souvenirsteegjes. De zuidelijke *Büyük Deniz*, waar de trawlers ankeren, is verstoken van enige historische charme. Het wapendier van de stad is trouwens de mediterrane monniksrob *(fok)* – niet alleen vanwege de gelijkenis van de naam van de stad, maar ook, omdat in de wateren rond de kleine eilandjes voor Foça nog grote kolonies van deze met uitsterven bedreigde diersoort leven.

Bij Foça begint, historisch gezien, het cultuurlandschap van Ionië, dus het kolonisatiegebied van de Ionische Grieken. In de oudheid lag in de smalle kustvlakte rondom de citadelheuvel de stad Phokaia, waarvan de inwoners tot naar de westelijke Middellandse Zee voeren en o.a. de steden Marseille en Nice stichtten. Sporen uit deze tijd zult u weinig tegenkomen: twee **Cybeleofferplaatsen** (5e–6e eeuw v.Chr.) met kleine offernissen, resten van een **theater** en een deel van de archaïsche

Door de Yunt Dağı naar Aigai

Informatie

Begin: Yenişakran, 32 km ten z. van Bergama.
Lengte: Afstand 12,5 km (1 uur rijden!) plus
ca. 2 km voettocht plus bezichtiging.
Duur: Ruim 4 uur.
Belangrijk: De staat van de weg is sterk afhankelijk van de winterse regenval. Het is aan
te raden om voorzichtig te rijden. U kunt het
beste parkeren in het dorp Yuntdağı Köseler.

Het uitstapje door de met keien bezaaide steppen van de Yuntbergen naar de antieke stad
Aigai (Latijn: Aegae) ► 13, C 2 is een klein

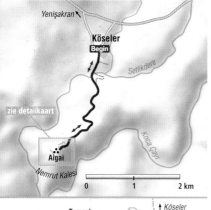

avontuur. In Yenişakran buigt u af naar het
oosten, naar het gehucht Köseler, waar u aan
de rand van het dorp parkeert. Vanaf de zuidkant van het dorp loopt u in ca. 30 minuten
in zuidelijke richting naar de beboste ruïneheuvel (evt. in het dorp om een gids vragen).

Aigai was een stad van de bond van Aeolische Griekse steden, waartoe aanvankelijk
ook Smyrna (İzmir) en het eiland Lesbos behoorden, met als hoofdstad Kyme aan de kust.
De stad, die goed beschermd lag op een rotspunt tussen twee rivierdalen, bezat een belangrijk Apollo-orakel en sloeg munten met
de kop van Apollo en een geitenkop (deze
werd later vervangen door een staande Zeus).
De betekenis van de nederzetting was het
grootst vanaf de 2e eeuw v.Chr., toen zij tot
het rijk van de Attaliden van Pergamon behoorde, en vervolgens onder de Romeinen. De
grote openbare gebouwen en de stadsuitbreiding in het zuiden met de Büyük Kapı stammen ook uit de Romeinse tijd. Bij de herontdekking in de 19e eeuw heetten de ruïnes
Nemrut Kalesi, omdat ze voor een burcht van
de Magiërkoning Nimrod werden gehouden.

Houd op weg naar het zuiden een licht westelijke koers aan, dan komt u bij een oude verharde weg en betreedt u bij de Demir Kapı
('IJzeren Poort') het stadsgebied. Langs de westelijke helling komt u bij het stadscentrum
met het theater. Verderop liggen een ca. 80 m
lange, ooit drie verdiepingen tellende markthal, een stadion en helemaal in het zuiden de
Büyük Kapı ('Grote Poort').

Een met Pergamon vergelijkbare pracht
kon Aigai, dat – net als de dorpen in deze
streek ook nu nog – leefde van de schapen-
teelt en de wolhandel, zich natuurlijk niet veroorloven. Maar met het oog op de huidige le-
vensstandaard hier kunt u alleen maar
verbaasd staan over het antieke leven in deze
stad, die zeer sfeervol begraven ligt in een
dicht dennenbos.

stadsmuur die volgens Herodotus 5 km lang was. Ook de beide graven, **Şeytan Hamamı**, een ganggraf hoog boven de zuidhelling van de grote baai, en **Taş Evi**, een grafmonument op 7 km voor Foça aan de toegangsweg, zijn niet echt indrukwekkend.

Foça is meer een – redelijk mooi – plaatsje, waar u kunt genieten van de Egeïsche levensvreugde, bijvoorbeeld op de kleurige zaterdagse **weekmarkt**, of in de deels nog typisch Turkse **visrestaurants** aan de Küçük Deniz. U kunt ook zitten genieten van de lange zonsondergang bij de Beşkapılar ('Vijf Poorten'), een laatste restant van de Genuese citadel uit de 13e eeuw, toen Foça evenals Çeşme en Kuşadası een handelspost van de Italiaanse 'zeerepubliek' was – bijna een buitenpost van het eilandenrijk op Chios en Lesbos. De nauwe banden met de Grieken duurden ook na 1455 onder de Osmaanse heerschappij voort. Tot de grote verdrijving in 1923 bestond de bevolking nog voor ongeveer tweederde uit Grieken. Sporen uit deze tijd zijn in de bazaar- en uitgaanswijk aan de oostkade van de Küçük Deniz niet ver het hoofd te zien: classicistische huizen, Griekse letters...

Foça's **stranden** liggen buiten de stad aan de kust in noordelijke richting. De mooiste baaien zijn wel bezaaid met hotels. Mocht u liever een onbebouwd strand willen, maak dan een bootexcursie naar een van de vele eilanden voor de kust, zoals de **Siren Rocks**, de mythologische rots van de sirenen, nu een natuurreservaat voor monniksrobben.

Yenifoça is een plaatsje op 12 km naar het noorden, dat nu is omringd door vakantiehuizen. 'Nieuw-Foça' werd gesticht door de Genuezen. In de oude dorpskern staan nog veel Griekse huizen en ook enkele historische torenhuizen in Italiaanse stijl, aan de kade eenvoudige restaurants en pensions.

Informatie

Informatiebureau: Foça Girisi 1 (busstation), tel. 0232 812 55 34.

Accommodatie

Mooi aan het strand ▶ **Hanedan Resort:** 4. Mersinaki Koyu, tel. 0232 812 36 50, fax 0232 812 24 51, www.hanedanresort.net. Groot, mooi vakantieresort ongeveer 4 km naar het noorden aan de kust. Mediterrane kamers en studio's, groot zwembad met hangmatten in de tuin, hamam, 5 min. te voet van het strand. 2 pk €60–75, apt. €120.

Midden in het stadje ▶ **Grand Amphora:** 206 Sok. 7, tel. 0232 812 39 30, fax 0232 812 19 97, www.hotelgrandamphora.com. Comfortabel onderkomen midden in het stadje, in een stil steegje bij de haven. Met een klein zwembad en restaurant, moderne, ietwat koele kamers. 2 pk €35-45.

Aan de vissershaven ▶ **Kalyon Hotel:** Kalyon Hotel: Büyükdeniz Sahil Cad. 75, tel. 0232 812 12 06, fax 0232 812 81 36, www.focakalyon otel.com. Kindvriendelijk middenklassehotel, rustig gelegen aan de Büyük Denizhaven. Sobere kamers, deels met zeezicht. 2 pk €30-40.

Eten en drinken

Vis en meer ▶ **Celep:** Küçük Deniz., tel. 0232 812 14 95. Veel geroemd visrestaurant met vriendelijke, echt Turkse service. U zit aan de kade tegenover de vissersboten, geliefd bij toeristen en mensen uit İzmir. Visgerechten vanaf €13.

Nog meer vis ▶ **Sahil Balık:** Küçük Deniz, tel. 0232 812 62 52, aan de promenade naar de citadel. Goede visgerechten in eenvoudige omgeving. Hier eet de plaatselijke bevolking graag. Visgerechten vanaf €10.

Traditionele keuken ▶ **Sofra:** Küçük Deniz, Sahil Cad. 28. Turkse traditionele keuken met grillgerechten en de klassieke meze, ruime keus, eenvoudige aankleding. Hoofdgerechten vanaf €4.

Winkelen

Olijven, olijven, overal olijven ▶ **Phokaia Zeytinhome:** 210. Sokak 12, Küçük Deniz Çarşısı, www.zeytinhome.com. Wie van het centrale plein (Belediye Meydanı) naar het oosten loopt, komt uit bij dit winkeltje, dat is gespecialiseerd in olijfproducten: olijfolie, olijfoliezeep, houten voorwerpen van olijfhout.

Uitgaan

Romantisch ▶ **Amphi Bar:** Aan de zuidhaven

voor de Beşkapılar. Mooie café-bar met ver-schillende terrassen met Turkse muziek en zeezicht.

Voor nachtbrakers ▶ Kapı Dans Bar: Met kleine dansvloer aan de promenade van de noordhaven naar de citadel, hedendaagse mu-ziek.

Vervoer

Intercitybushalte alleen bij de afrit naar Foça aan de westelijke kustweg (vandaar pendel-bussen naar Foça). Vanuit Foça ca. elk half uur **minibussen** naar Menemen, İzmir en Aliağa; evenals naar Yenifoça en naar de noordelijke hotels en strandbaaien langs de kust.

İzmir ▶ 13, C 2/3

Kaart: blz. 216

İzmir, dat na Istanbul en Ankara de grootste stad van Turkije is, met officieel 2,8 miljoen, maar naar schatting eerder ca. 4 miljoen in-woners, slokt zijn hele omgeving op. Over de autoweg kunt u deze naar alle kanten woeke-rende huizenzee snel ontvluchten. Want een hoogtepunt op uw reis wordt İzmir niet. De drukte, het geel-gore waas van smog en de da-gelijkse verkeersopstoppingen maken het niet echt tot de ideale vakantiebestemming. Aan de andere kant is İzmir ook een legende: na-melijk die van het oude Smyrna, de geboorte-stad van Homerus en Aristoteles Onassis, de stad van de Smyrnavijgen en de Smyrnatabak, de Levantijnse handelsmetropool van de 19e eeuw, kortom, de legende van een Griekse stad in Klein-Azië.

Dit Smyrna, sinds het eind van het 2e mil-lennium v.Chr. een kolonie van de Aeoliërs en later van de Ioniërs, was al in de Romeinse kei-zertijd een havenstad met meer dan 100.000 inwoners (een veelvoud van Athene). Onder de Osmanen bloeide de stad vanaf de 18e eeuw op als belangrijkste handelspoort naar Eu-ropa. Griekse reders controleerden de handel, Grieken, Joden en Armeniërs vormden twee-derde van de bevolking. In de Grieks-Turkse oorlog in 1922–1923 werden ze allemaal ver-dreven en sindsdien is İzmir een Turkse stad.

De grote brand van 1922 (zie blz. 34) en de ze-geningen van de moderne architectuur mo-gen het stadsbeeld ingrijpend veranderd heb-ben, dat geldt niet voor het steedse karakter. *Gavur İzmir* ('Ongelovig Smyrna'), werd het in de 19e eeuw genoemd, en ook nu nog is het de liberaalste en meest internationale stad van Turkije. De jeugdcultus hier is eerder in Milaan of Barcelona te verwachten, niet in Klein-Azië.

Wie zich in İzmir waagt, zou van te voren een stadsplattegrond moeten bestuderen. De eigenlijke stadskern ligt tussen de veerhaven in het noorden en de wijk Konak in het zui-den, de Kordon langs zee en het Basmane-treinstation in het oosten. Ten noorden van het Kültür Parkı ligt de kroegen- en uitgaans-buurt Alsancak en ten westen daarvan, rich-ting zee, de hotelwijk. Bij Konak in het zuiden

ligt de Bazaarwijk. Alleen de grote straten hebben straatnamen (maar vaak geen straat-
naamborden), de kleinere zijn met nummers
aangegeven. Als u uw voeten wilt sparen,
neem in de stad dan een van de zeer betaalbare taxi's!

Op de Kordon

Het middelpunt van het huidige İzmir is de
Cumhuriyet Meydanı met het standbeeld van
Atatürk. Aan de stervormig lopende straten eromheen liggen de grote hotels en kantoorto-
rens. Langs de zee loopt een brede promenade, die officieel **Atatürk Caddesi** heet, maar
meestal kortweg Kordon (resp. *Birinci Kordon*,
1e Kordon) genoemd wordt. Dit is in elk geval
bij zonsondergang de mooiste plek van de
stad. In een van de kroegen of chique restaurants kunt u genieten van de avondzon.

De enige villa die is behouden uit de glo-
rietijd aan het einde van de 19e eeuw, en naast
het Duitse en het Griekse consulaat staat, is
nu toegankelijk als het **Atatürk Museum** ◗
(di.–zo. 9–12, 13.30–17 uur, toegang gratis). In
dit fraaie, classicistische pand resideerde Atatürk bij zijn bezoeken aan İzmir.

Een symbool van het moderne İzmir is de
parallelweg van de Kordon, de **Cumhuriyet
Bulvarı**, die in de volksmond *İkinci Kordon* (2e
Kordon) heet. Hier winkelt de jetset in chique
boetiekjes met Turkse en westerse topmode,
die voor toeristen goedkoop, maar voor veel
inwoners van İzmir onbetaalbaar is. Hetzelfde
geldt overigens ook voor de deftige restaurants aan de Kordon: voor een diner betaalt u
daar met gemak het maandloon van een sei-
zoenswerker uit de Gecekonduwijk aan de
stadsrand.

De klokkentoren op het Konakplein van İzmir

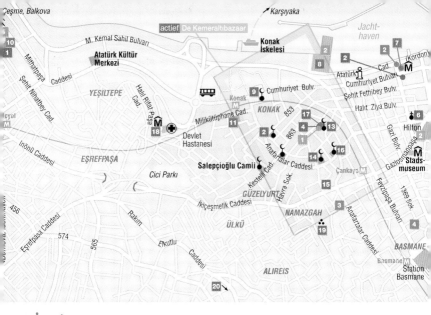

İzmir

Hoogtepunten

1. Atatürk Museum
2. 1453 en 1482 Sokak
3. Selçuk Yaşar Müzesi
4. Museum voor Schilder- en Beeldhouwkunst (Resim ve Heykel Müzesi)
5. History & Art Museum (Kunst en Geschiedenis)
6. St.-Polycarposkerk
7. Museum of Commerce
8. Eski Rıhtım (Oude Tolgebouw)
9. Konak Camii
10. Asansör
11. Elhamra
12. Kemeraltı Camii
13. Hisar Camii
14. Kestanepazarı Camii
15. Ets Hayim Havrası
16. Şadırvan Camii
17. Kızlarağası Hanı
18. Archeologisch en Etnografisch Museum
19. Agora
20. Kadifekale

Alsancak en Kültür Parkı

Hoe het Levantijnse Smyrna er ooit uitzag, is nog zichtbaar in de vroegere handelswijk Alsancak aan de noordkant van de oude binnenstad. Heel charmant zijn twee eetsteegjes, **1453 Sokak** en **1482 Sokak** 2 bij de voetgangerszone Kıbrıs Şehitler Caddesi. Maar ook dichter bij zee en bij de universiteit zijn romantische steegjes te vinden met historische architectuur. Hier komen de jongelui van de nabijgelegen universiteit aan de Vasıf Çınar Bulvarı bij elkaar.

Aan de noordkant van de Kordon exposeert het **Selçuk Yaşar Müzesi** 3, de privécollectie van een industrieel, hedendaagse Turkse

kunst (Cumhuriyet Bulv. 252, ma.–za. 9–12, 13–17 uur).

De stad heeft ook groen te bieden. In het **Kültür Parkı** kunt u de stress van de grote stad afschudden (24 uur geopend, toegang p.p. ca. €1, auto's alleen met vergunning). De groene long van İzmir is daarnaast ook een gedenkteken voor de ondergang van het oude Smyrna, want voor 1922 lagen hier de wijken van de christenen (Grieken en Armeniërs), die bij de intocht van de troepen van Atatürk in brand werden gestoken, om de aftocht te dekken. Aan de vuurzee vielen ca. 30.000 huizen ten prooi. Op het vrijgekomen terrein is in de jaren 1920 dit cultuurpark aangelegd.

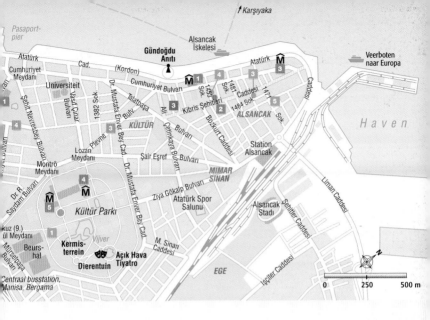

Accomodatie

1 Grand Hotel Efes
2 Otel Marla
3 Antik Han Hotel
4 Güzel İzmir Oteli

Eten en drinken

1 Asansör
2 Topçunun Yeri

3 1444 Sokak
4 Kızlarağası Köftecisi

Winkelen

1 Kızlarağası Han
2 Konak Pier
3 Vakko
4 Sevgi Yolu
5 Palmiye Shopping Center

Uitgaan

1 Menekşe Çay Bahçesi
2 Windows on the Bay Bar
3 Punta Rock Bar
4 Opus Bar
5 Club Cece

Tegenwoordig herbergt het 'Central Park' van İzmir naast de hallen waarin eind augustus de grootste industriebeurs van Turkije wordt gehouden, een vaste avondkermis (Luna Parkı), een meer, een openluchttheater (Acıkhava Tiyatrosu), disco's, theetuinen, een dierentuin en een binnenbad. In het voormalige Italiaanse paviljoen (Eski Italyan Pavyonu) is nu het **Museum voor Schilder- en Beeldhouwkunst** 4 (Resim ve Heykel Müzesi) gevestigd. Dit toont vooral Turkse schilderkunst sinds de 19e eeuw, waaronder mooie stadsgezichten uit de Smyrnatijd (di.–zo. 8.30–17 uur).
In 2004 werd een tweede nieuw museum geopend, het **İzmir History & Art Museum** 5. In

het oude Italiaanse beurspaviljoen wordt in een modern kader de geschiedenis en de kunst van de stad getoond. Veel museumstukken uit het Archeologisch Museum worden nu hier tentoongesteld, zoals de liggende riviergod Kaystros met een hoorn des overvloeds uit Efeze en de reliëfs met de centaurenstrijd van het Belevimausoleum nabij Selçuk. Verdere pronkstukken zijn schitterende sarcofagen en het bronzen beeld van een rennende efebe. In het nevenpaviljoen zijn antieke en middeleeuwse munten te zien, die teruggaan tot het allereerste geld van de Lydiërs uit de 5e eeuw v.Chr.
Van de kerken, die herinneren aan het

christelijke verleden van de stad, is vooral de **St.-Polycarposkerk** 6 tegenover de Hiltontoren bezienswaardig. Hij dateert uit de 16e eeuw, maar is gebouwd op het graf van de heilige die rond het jaar 155 als martelaar stierf. De toenmalige christenen van Smyrna behoorden tot de zeven eerste gemeenten van Klein-Azië.

Naar het Konakplein

Ten zuiden van het Cumhuriyetplein komt u bij de **Pasaport Pier**, in de tijd van de zeilscheepvaart het handelscentrum van de haven. Dit classicistische gebouw is nu fraai gerenoveerd, de haven dient nu als jachthaven, en de wijk is de nieuwe hotspot om uit te gaan. In het gebouw van de handelskamer op de 2e Kordon is een interessant **Museum of Commerce** 7 geopend, dat de rol van de handel voor de stad sinds de oudheid presenteert (ma.–vr. 8.30–18 uur, toegang gratis). Aan de zuidkant eindigt de haven bij de Konak Pier met het **Eski Rıhtım** 8 ('Oude Tolgebouw'), dat ook werd gerestaureerd en nu een winkelcentrum is. Deze wijk was ooit de financiële wijk, de naam 'Borsa' is afgeleid van de oude beurs aan de Fevzi Paşa Caddesi (1928, later **Ottoman Bank**).

In het zuiden sluit hier het **Konak Meydanı** op aan, een ander plein, dat nu ontsierd wordt door saaie kantoorpanden en een groot busstation, en bovendien doorsneden wordt door de diepgelegen stadssnelweg. Een beetje charme heeft het plein nog door de met aardewerken tegels beklede **Konak Camii** 9 uit 1754 en de talrijke straatventers met kramen vol *simit* (grote, hartige sesamkrakeling), geroosterde maïskolven en gekoelde verse amandelen die onder de nieuwe zonwering achter hun kramen staan. De **Saat Kulesi**, de klokkentoren met filigraanwerk, is in 1901 gebouwd met een schenking van de Duitse keizer Wilhelm II en geldt nu als stadssymbool. Vanaf het Konakplein loont een wandeling naar de **Asansör** 10 iets verder zuidelijk in de **Dario Moreno Sokağı** (zijstraat van de Mithatpaşa Caddesi). De gerestaureerde lift uit het eind van de 19e eeuw langs een steile helling in de voormalige Jodenbuurt eindigt na een

rit van 50 m bij een restaurant met een weids uitzicht over de stad. Deze steeg is overigens naar een beroemde Turkse zanger vernoemd die hier is geboren.

Archeologisch Museum 18

Bij de Yeşiltepeheuvel ten zuiden van de bazaar liggen de beide oudere musea van de stad, die tegenwoordig door de herstructurering van het museumlandschap een aantal tentoonstellingsstukken moeten missen. Het **Archeologisch Museum** (Birleşmiş Milletler Cad., dag. 8.30–17, 's zomers tot 18 uur, toegang 8 TL) bewaart indrukwekkende Ionische sculpturen uit de oudheid. In de schatkamer (niet altijd geopend) zijn gouden sieraden, munten en een bronzen buste van de godin Demeter te zien. Het **Etnografisch Museum** aan de overkant toont in een historische setting klederdrachten, tapijten en oude handwerktechnieken, aangevuld met fotodocumentatie over de Turkse en Levantijnse (oftewel Griekse) architectuur van de 19e en begin 20e eeuw in Klein-Azië (di.–zo. 8.30–17, 's zomers tot 17.30 uur, toegang gratis).

In de buurt, in het **Cici Parkı** aan de Eşrefpaşa Caddesi, is een stuk Romeinse weg te zien (Roma Yolu, ook wel bekend als Altın Yol, 'Goudweg').

Agora en Kadifekale

De hellenistische **agora** 19 in de wijk Namazgah (Gazi Osmanpaşa Bulv., dag. 8.30–12, 13–17 uur) was het marktplein van de stad die Alexander als opvolger voor het Homerische Smyrna tegen de helling van de Pagosberg liet stichten. Delen van de omringende zuilengalerijen, die er sinds de aardbeving in het jaar 178 onder keizer Marcus Aurelius staan, zijn herbouwd. Later diende het plein als begraafplaats, wat talrijke Osmaanse grafzerken bewijzen. De antieke Pagosberg heet nu **Kadifekale** 20 ('Fluweelburcht'). Vanaf de aan het eind van de 4e eeuw v.Chr. versterkte akropolis hebt u een mooi uitzicht over de huizenzee van İzmir. Maar alleen de onderste muurlagen stammen uit de oudheid, want de Byzantijnen en de Osmanen breidden het complex later uit tot een citadel.

De Kemeraltıbazaar

Informatie

Begin: Konakplein İzmir.
Lengte: 2–5 km te voet.
Duur: 2 uur tot een dag.
Belangrijk: De beste tijden zijn in de ochtend of de vroege avond.

Aan de oostkant van het Konakplein begint de Anafartalar Caddesi, de hoofdader van de Kemeraltıbazaar, een onoverzichtelijke wirwar van steegjes en straatjes ten zuiden van de Fevzipaşa Bulvarı. In talrijke oude hans en bedesten zijn net als in vroeger tijden kleine werkplaatsen gevestigd.

In de buurt van het Konakplein is de **Elhamra** 11 een kijkje waard, İzmirs eerste bioscoop waar tegenwoordig opera- en balletgezelschappen optreden. Verderop aan de Anafartalar ligt de in 1672 gebouwde **Kemeraltı Camii** 12, waaraan de Bazaarwijk zijn naam dankt. Terwijl de **Hisar Camii** 13 als de oudste moskee van de stad geldt, zou zich in de **Kestanepazarı Camii** 14 de gebedsnis van de Isa Beymoskee uit Selçuk bevinden. Tegenover deze 'Kastanjemarktmoskee' liggen in de **Havra Sokağı** (927 Sokak) enkele synagogen van de ooit grote Joodse gemeenschap van Smyrna, met als grootste de **Ets Hayim Havrası** 15.

De **Şadırvan Camii** 16 uit de 17e eeuw wordt gezien als de mooiste moskee van İzmir. Van de prachtige reinigingsfontein met klassieke zuilen en een smeedijzeren hekwerk loopt een trap naar de gebedszaal, waaronder ooit winkels waren gevestigd.

Buitengewoon bezienswaardig is ook de gerestaureerde 18e eeuwse karavanserai **Kızlarağası Hanı** 17. Dit gebouw ten westen van de Şadırvan Camii is een goed voorbeeld van Osmaanse handelsarchitectuur. Het diende als handelskwartier en pakhuis. In de rij winkels, waar ooit ook slaven werden verkocht, zit nu een toeristenbazaar, op het plein voor de moskee zijn rijen restaurants gevestigd.

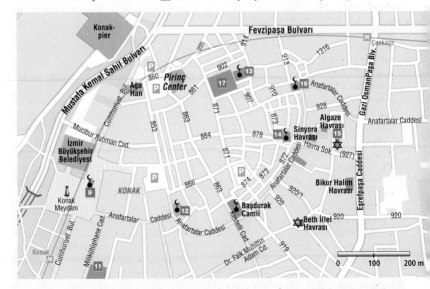

Tip: Oud-Smyrna in Bayraklı

Op de heuvel Tepekule in het noordelijke stadsdeel **Bayraklı** ▶ 13, C 2, richting Menemen, lag het oorspronkelijke Smyrna, de stad waar de grote dichter Homerus geboren werd. Al sinds 3000 v.Chr. is deze plek bewoond. Als 'Tismurna' komt de stad voor in Hettitische spijkerschrifttabletten. Rond 1000 v.Chr. namen Aeolische Grieken de stad in.

Vanaf het Basmanestation rijdt u eerst richting Ankara, vervolgens in de richting van Çanakkale en bij de afslag Bayraklı neemt u eerst de Nazarbayev Caddesi, en dan op de rotonde links de Ekrem Akurgal Caddesi. De behouden gebleven ruïnes stammen grotendeels uit de archaïsche tijd: megaronhuizen, het Tantalusgraf en ook peristylehuizen, die waarschijnlijk als pakhuizen dienden. Typisch voor die periode zijn de kunstig uit polygonale stenen opgebouwde muren.

Balçova en Bornova

Ten westen van de stad strekken zich de groene heuvels uit van **Balçova** ▶ 13, C 3, dat met zijn vele picknickplekken populair is bij mensen die er een dagje opuit gaan. De warmwaterbronnen van Balçova zijn een hotspot van het Turkse wellnesstoerisme (www.balcovatermal.com). Als Baden van Agamemnon werden ze door Strabo al vermeld.

De wijk **Bornova** ▶ 13, C 2, ten oosten van het centrum, was in de 19e eeuw favoriet bij Europese kooplui. Ze lieten hier schitterende villa's in historische stijl bouwen. Hier is ook het hoofdgebouw van de **Ege Universitesi** gevestigd. Vandaar dat het straatbeeld wordt bepaald door jonge, modern uitziende mensen.

Informatie

Informatiebureaus: Gazi Osmanpaşa Bulv. (na het Grand Hotel Efes), tel. 0232 445 73 90, fax 0232 489 92 78; op de luchthaven tel./fax 0232 274 22 14.

Internet: www.izmirturizm.gov.tr, http://aegeancoast.mydestinationinfo.com

Accommodatie

Goedkope accommodatie is in de wijk bij het Basmanetreinstation aan de Fevzipaşa Bulv. te vinden, dure hotels rondom de toren van het Hilton Hotel.

Centraalgelegen luxe ▶ **Grand Hotel Efes 1 :** Gazi Osmanpaşa Bulv. 1, tel. 0232 484 43 00, http://izmir.swissotel.com. İzmirs oudste en nog steeds mooiste luxehotel, met zwembad in fraaie tuin. Inmiddels is het door de nieuwe eigenaar, de Swissgroep, gerenoveerd en uitgebreid met een Amrita Spa & Wellness Centre. Wie veel geld wil uitgeven, kan dat het beste hier doen. 2 pk vanaf €144, hoogzomer vanaf €128.

Betaalbare chic ▶ **Otel Marla 2 :** Kazim Dirik Cad. 7, Pasaport tel. 0232 441 40 00, fax 4411150, www.otelmarla.com. Zeer centraal en bovendien rustig gelegen viersterrenhotel tegen een betaalbare prijs. De kamers zijn wat klein, maar heel chic ingericht, vele met zeezicht. In de buurt van ettelijke leuke eettentjes. 2 pk €65.

Historische sfeer ▶ **Antik Han Hotel 3 :** Anafartalar Cad. 600, Cankaya, tel. 0232 489 27 50, fax 0232 283 59 25, www.otelantikhan.com. Gevestigd in een oud pand uit de Osmaanse tijd, biedt het Antik Han veel sfeer boordevol comfort: 30 kamers en 6 suites met airconditioning, verwarming, tv – alles rond een mooie binnenplaats, met restaurant. 2 pk €55.

Eenvoudig pension ▶ **Güzel İzmir Oteli 4 :** 1368 Sok. 8, Basmane, tel. 0232 483 50 69, www.guzelizmirhotel.com. Een goed geleid, eenvoudig hotel in de centraal gelegen Basmanewijk; aangename kamers, internet in de foyer. De omgeving is zeer levendig met talrijke, eenvoudige tentjes. 2 pk €38.

Eten en drinken

Aan de Kordon, in Alsancak en aan de jachthaven liggen de populairste restaurants. De specialiteiten van de stad zijn *çipura* (goudbrasem) en *İzmir köfte*, vleesballetjes in komijn-tomatensaus. Wie betaalbaar en authentiek wil eten, vindt in de buurt rond het Basmanetreinstation goede volkstentjes.

Geweldig uitzicht ▶ **Asansör 1 :** Şehit Nihat Bey Cad. 76/6, tel. 0232 261 26 26. Restaurant en bar boven aan de historische lift in de voormalige Jodenbuurt (zie blz. 218). Verzorgde gerechten, op het barterras prachtig uitzicht over de stad. Menu €15.

Alles van de gril ▶ Topçunun Yeri 2: Kazım Direk Cad. 12, www.topcunyeri.com.tr, dag. tot 24 uur. Een van de geliefdste eettentjes van İzmir; hier zitten zakenlui naast hele families en verliefde paartjes. De specialiteit is *çöp şiş* (letterlijk: 'afvalspies'), veel kleine spiesjes met knapperig gegrild lamsvlees. Zeer aanbevolen! Menu rond €10.

'Eetsteeg' ▶ 1444 Sokak 3: Tussen Cumhuriyet en Kıbrıs Şehitler Cad. in Alsancak. Een hele 'eetsteeg' met betaalbare visrestaurants. Menu vanaf €7.

Köfte in de bazaar ▶ Kızlarağası Köftecisi 4: 902 Sokak, achter Kızlarağası Hanı, Kemeraltı, dag. tot 23 uur. Op de binnenplaats van de Hisarmoskee hebben verschillende kebabrestaurants hun tafeltjes opgesteld. Daar kunt u goed en goedkoop eten – en ook nog in een authentieke sfeer. Hoofdgerechten rond €5.

Winkelen

Goud & tapijten ▶ Kızlarağası Han 1: 906 Sok., in de bazaar. Dure souvenirs (goud, tapijten, meerschuim etc.) in de fraai gerestaureerde 'Karavanserai van de Baas van de Meisjes' (zie blz. 219).

Mode aan zee ▶ Konak Pier 2: Atatürk Cad. 19, tel. 0232 489 10 04, www.konakpier.net. Een modern winkelcentrum in oude havengebouwen, mode van Hilfiger en Beymen, een Cinebonusbioscoop en ook cafés en restaurants aan zee.

Lifestyle ▶ Vakko 3: Plevne Bulv. 17, Alsancak, www.vakko.com.tr. Het beste warenhuis van de westkust, met *echte* merkkleding, woonaccessoires, lifestyle... zeer mooie spullen. Ook de vele boetieks en muziekwinkels aan de *İkinçi Kordon* zijn zeker een rondje winkelen waard.

Souvenirs ▶ Sevgi Yolu 4: Mooi aangeklede marktstraat onder de palmen tussen het Hilton en Grand Hotel Efes (1379 Sokak), vooral souvenirs, maar leuk om rond te slenteren. Ook een aantal portretschilders.

Winkelcentrum ▶ Palmiye Shopping Center 5: Mithatpaşa Cad. 1458, www.palmiyealisverismerkezi.com. Groot, modern winkelcentrum aan de uitvalsweg naar Çeşme. Met bioscoop en supermarkt.

Uitgaan

Uitgaan doet iedereen op de noordelijke Kordon en de Pasaport Pier. Daar aan de oever kunt u heel leuk in biertentjes en muziekbars genieten van de lange zonsondergang. Clubs vindt u vooral op Alsancak, maar daar is hoogzomer relatief weinig te doen: de studenten hebben vakantie en de clubs zijn druk met hun dependances in Bodrum of Çeşme.

Theetuin ▶ Menekşe Çay Bahçesi 1: In het Kültür Parkı bij het lunapark. Grote theetuin, een mooi, rustig en schaduwrijk (!) adres, echt een plek om tegen 17 uur met een thee-samovar *(semaver)* en waterpijp *(nargile)* de avond in te luiden.

Boven alles uit ▶ Windows on the Bay Bar 2: Hilton Hotel, Gaziosmanpaşa Bulv. 7, dag. 19–23 uur. Bar en restaurant boven in de Hiltontoren, ook voor niet-gasten geopend. Schitterend panoramisch uitzicht! Denkt u erom, de dress code is absoluut 'smart', dus met stropdas!

Rockclub ▶ Punta Rock Bar 3: 1469 Sok. 26, Alsancak. Een instituut in de clubscene met rock, indie en punk, verspreid over drie etages. Zo nu en dan ook liveoptredens.

Livemuziek ▶ Opus Bar 4: 1453 Sok. 9, tel. 0232 464 90 92, www.opusbar.com.tr. Dansclub voor de indie- en gothicscene, veel livemuziek tussen jazz en alternative.

Discoclub ▶ Club Cece 5: 1471 Sok. 14, tel. 0232 465 14 34. 1471 Sokak in Alsancak is de Bermudadriehoek van İzmir, op bijna elke straathoek staat een club. De Cece is een van de populairste clubs met een brede muziekmix tussen r&b en Turkse pop. Voor een tafeltje aan de dansvloer moet u in İzmir overigens meestal reserveren.

Vervoer

Metro: Van de Kazim Karabekir Meydanı (Station Üçyol, zuidkant centrum) via Konak en Basmane tot aan het hoofdbusstation. Een tweede lijndienst van Buca naar Karşıyaka is in aanbouw (www.izmirmetro.com.tr).

Hoofdbusstation voor bussen richting noorden, oosten en zuiden *(Yeni Garaj)* ca. 8 km noordwestelijk van het centrum, aan het eind van de Kamil Tunca Bulvarı. Naar de plaatsen op het **Çeşmeschiereiland** rijden de bussen vanaf de Üçkuyular Garaj aan de Fahrettin Altay Meydanı (eind Mithatpaşa Cad.). U kunt het beste kaartjes kopen bij de loketten op het Basmanestation, vandaar rijden pendelbussen.

Hoofdtreinstation *(Basmane İstasyonu)* nabij Dokuz Eylül Meydanı; treinen via Manisa naar Afyon en Ankara.

Luchthaven: Vanaf de Adnan Menderes Havaalanı ca. 20 km zuidelijk meermalen per dag vluchten naar Istanbul en Ankara en talrijke internationale vluchten. Busverbinding met het centrum alleen in combinatie met THY-vluchten (van/naar het Büyük Efes Hotel). Per taxi vanuit het centrum voor ca. €15.

Huurauto: Ettelijke kantoren op de luchthaven; goed gelegen in het centrum: Pratik Car Rental, 1382 Sok. 2-C, Alsancak, mobiel 0532-452 76 01, info@pratikcarrental.com.

In het dal van de Gediz Nehri

Het dal van de **Gediz Nehri** is een van de vruchtbare riviervlakten die zich van de west-

Interieur van de Muradiye Camii van Manisa

Manisa

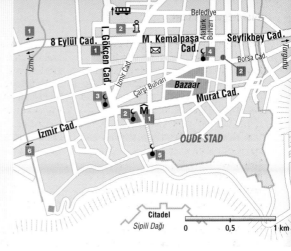

Hoogtepunten

1. Manisa Müzesi
2. Muradiye Camii
3. Sultan Camii
4. Hatuniye Camii
5. Ulu Cami
6. Nioberots

Accommodatie

1. Hotel Büyük Saruhan
2. Arma Oteli

Eten en drinken

1. Ulu Parkı Restoran
2. Tarihi Borsa Kahvesi

kust ver naar het oosten uitstrekken – ze doorbreken het westelijke binnenland, waar zich al sinds het begin der tijden mensen vestigden en ze bepaalden de loop van de grote, historische wegen naar het hart van Anatolië. Manisa en Sardis zijn plaatsen, die vanaf de kust vaak bezocht worden. Het rivierdal van de Gediz en dat van de Büyükmenderes (zie blz. 239) openen toeristisch ook de poort naar plaatsen in Centraal-Anatolië.

Manisa ▶ 13, C 2

Kaart: blz. 223

Manisa ligt niet ver landinwaarts (40 km van İzmir), maar toch komt u al na de Sabuncubelipas (675 m) terecht in het landelijke Turkije. Het uizicht over de velden op de vlakten van de Gediz Nehri is weids. En de omgeving van de stad zelf, die met 280.000 inwoners een typisch West-Turkse provinciestad is, is al even landelijk. In de oudheid, toen de rivier nog de Hermos heette, troonde de stad Magnesia, oorspronkelijk door de Grieken gesticht, boven het akkerland uit aan de voet en in de beschutting van de 1513 m hoge Sipylos (Sipili of Manisa Dağı). Op de vlakte voor Magnesia versloegen Scipio's legioenen in 190 v.Chr. het viermaal zo grote leger van de Seleucidenkoning Antiochos III – zo werd Rome de ordebewaarder aan de oostelijke Middellandse Zee.

Oudheidkundige vondsten zijn hier echter schaars. In het archeologische **Manisa Mü-**

zesi **1** (di.–zo. 8.30–17 uur) in de medrese van de Muradiye Cami zijn beeldhouwwerken en sarcofagen te zien. Toch is het een bezoek waard, want hier worden ook de vondsten uit Sardis tentoongesteld, waaronder een marmeren Lydische Cybeleschrijn (540 v.Chr.) en de grote marmeren krater (mengvat) uit de synagoge van Sardis. De etnografische afdeling toont naast tapijten wapens, overwegend Osmaanse, maar ook op de Europeanen buitgemaakte stukken, in bruikleen van het Topkapı-museum in Istanbul.

Deze verbinding met de Istanbul kent een lange traditie. In de 15e en 16e eeuw was Manisa een van de 'prinsensteden' van het Osmaanse rijk, waar Selim de Barse, Süleyman de Prachtlievende, maar ook diens zoon Mustafa (de *şehzade* of prins die door zijn vader werd geëxecuteerd op basis van geïntrigeer van zijn favoriete vrouw Roxelane) en kleinzoon Murat op hun 14e als gouverneurs het 'heersen' moesten leren. Dit is ook de reden, waarom de stad drie grote gebouwen naar het voorbeeld van de Istanbulse sultansmoskeeën bezit (de moskeeën zijn doorgaans 's ochtends en vanaf de late namiddag tot het avondgebed open).

De belangrijkste is de **Muradiye Camii 2**, die aan de rand van de oude binnenstad boven de theetuin van het Belediye Parkı aan de doorgaande weg staat. Het ontwerp van dit in 1585 voltooide pand stamt nog van Sinan (zie

223

blz. 169), de bouwheer was Murat III. Aan hun roem dankt de moskee zijn prachtige aankleding. De qiblawand met prachtig gekleurde İzniktegels en de grote gekalligrafeerde randen (goudtekening op blauwe ondergrond) passen geheel in de bloeitijd van de 16e-eeuwse stijl.

De **Sultan Camii** 3 uit 1522, schuin tegenover aan de İzmir Caddesi, werd ter gelegenheid van de troonsbestijging van Süleyman door zijn moeder gebouwd. Verschillende gebouwen van deze grote külliye (met Koranschool, gaarkeuken, baden en hospitaal) zijn behouden. In het hospitaal werd overigens het *mesir*-snoep uitgevonden, dat de muezzin elk jaar in april voor de moskee in het publiek werpt. Destijds genas het zoete harssnoep Ayşe Hafsa Sultan, de oprichtster, tegenwoordig zou het heilzaam werken tegen slangenbeten en allerlei andere kwalen.

Aan het eind van de Çarşı Bulvarı, de hoofdbazaarstraat, is de **Hatuniye Camii** 4 opgericht als eerste sultansmoskee. Zij werd in 1488 gebouwd door de moeder van prins Selim, die een favoriete vrouw van Beyazıt II was. Met haar koepel op pijlers voldoet zij nog aan het vroeg-Osmaanse bouwschema.

De oudste moskee van Manisa, de **Ulu Cami** 5, ligt hoog boven aan de helling van de oude stad, op een terras, waar vermoedelijk al in de oudheid een tempel stond. Zij werd in 1376 gebouwd door İşak Bey, een emir uit de Saruhandynastie, die voor de Osmanen heerser van Manisa was. De stamvader van de

Tip: Niobe rouwt

Aan de westrand van de oude binnenstad van Manisa rijst de **huilende rots** 6 op, waarin de Grieken (Herodotus beschreef dit al) de rouwende Niobe herkennen. Niobe was moeder van veertien kinderen die de draak stak met de godin Leto omdat ze er maar twee had, Apollo en Artemis. Als straf doodden Apollo en Artemis, al Niobes nageslacht. In haar onmetelijke verdriet smeekte Niobe er daarna om dat ze haar in een steen zou veranderden – en daar zit ze nu nog ...

Saruhans was de Seltsjoekengeneraal, die de stad in 1313 met een simpele en zeer succesvolle truc wist te veroveren. Hij liet 's nachts brandende vetkaarsen aan de horens van geiten binden, zodat de verdedigers dachten dat het leger voor hun poorten veel groter was en de strijd meteen opgaven. Het gebouw voldoet met zijn grote, open galerijhof voor een overkoepelde gebedszaal aan de bouwstijl van de emiraattijd. Bijzonder mooi is het houtgesneden preekgestoelte naast de gebedsnis, gemaakt door een kunstenaar uit Syrië. Alleen al de theetuin op het plein voor de moskee met een weids uitzicht over Manisa loont de klim.

Informatie

Informatiebureau: Doğu Cad. 14/3 (Özel İdare İş Hanı, 6e etage), tel. 02 36-231 25 41.
Internet: www.manisalife.com

Accommodatie

Middenklasser met zwembad ▶ Büyük Saruhan 1**:** Nusret Köklü Cad. 1, Laleli, tel. 02 36-233 23 80, fax 0236 233 26 48, www.hotelsaruhan.com.tr. Groot, modern, vierkant hotel, ca. 2 km van het centrum richting İzmir, met zwembad en restaurant, hamam en fitnesscenter. 2 pk €55–95.

Eenvoudig verblijf ▶ Arma 2**:** 8 Eylül Cad. 14, tel. 0236 231 19 80, www.hotelarma.com.tr. Gunstig gelegen in het stadscentrum, wel aan de doorgaande weg en daarom wat luidruchtig. Recentelijk zeer chic gerenoveerd. 2 pk €35–45.

Eten en drinken

Het horeca-aanbod is nogal provinciaals. Eenvoudige **lokanta** vindt u aan de doorgaande weg en aan de rand van de Bazaarwijk nabij de İzmir Caddesi. De specialiteit *Manisa kebap* is zeer voedzaam: gegrild vlees met gesmolten boter.

Aardig in het park ▶ Ulu Parkı Restoran 1**:** Ulu Parkı, 8 Eylül Cad. Ruime keus met vriendelijke bediening, een van de beste in Manisa, sfeervol met veel groen en kinderspeeltuin.

Oude Beurs ▶ Tarihi Borsa Kahvesi 2**:** Nişancıpaşa Mah., Borsa Cad. 29/A, tel. 0236 232 33

79, nabij de Hatuniye Camii. Het koffiehuis bij de historische Beurs ademt de sfeer van een oud-Turks provinciaals koffiehuis. Bezienswaardig! Ook het oude podium voor schaduwspelen is behouden.

Vervoer

Busstation aan de stadsrand op de vlakte (via I. Gökçen Bulv.). Van en naar İzmir ca. elke 20 min., ook een regelmatige lijndienst naar Ankara, Denizli en Balıkesir. Per **dolmuş** elk half uur naar Salihli (Sardis) of Menemen, halte aan de doorgaande weg bij het Belediye Parkı.diye Parkı.

Sardis ▶ 14, E 2

Via **Turgutlu**, de stad van de baksteenbakkerijen, volgt u de Gediz Nehri richting Salihli. Dit is het oeroude tracé waarop ooit voor het eerst goederen tegen muntgeld werden verhandeld. Met de zee en de Griekse steden in de rug, overschrijdt u hier ergens de grens naar het oude Lydische rijk. Daar waar ooit de koningsstad **Sardis** lag, liggen nu de gehuchten Sart Mustafa en Sart Mahmut. In de 7e eeuw v.Chr. begon de opkomst van het Lydische Rijk, dat een groot deel van het Frygische rijk erfde, tot Anatolische grootmacht. De rijkdom van de Lydiërs door hun handel met de Oriënt en de goudrijkdom van de rivier de Pactolus, is tot vandaag de dag spreekwoordelijk verbonden met de naam van de laatste koning, Croesus (halverwege de 6e eeuw v.Chr.): 'Zo rijk als Croesus zijn.' Na de Perzische verovering van Sardis (zie blz. 46) was de stad de zetel van een satraap (stadhouder) en de eindbestemming van de zogenaamde Koningsweg van Susa dwars door Klein-Azië.

Omdat de Romeinen een nieuwe stadswijk ten noorden van de akropolis aanlegden, zijn er nu op twee plaatsen ruïnes te vinden (dag. open 8–18 uur). De oude stad met de **Artemistempel** in een dal van de westkant van de vestingheuvel (een stuk van de weg af) en de jongere gebouwen iets verderop, direct aan de autoweg. De offerplaats van Artemis, die onder Griekse invloed rond het jaar 400 is gebouwd, zette de traditie voort van de Lydische Cybelecultus, waarvan de schrijn door de Io-

niërs was verbrand bij de opstand in 499 v.Chr. De Seleuciden, koningen van Pergamon en de Romeinse keizers bouwden verder aan de tempel, die tot de vier grootste van Klein-Azië moest gaan behoren, maar nooit is afgebouwd. De twee nog rechtopstaande zuilen geven een indicatie van de monumentale grootte van de plannen. In de christelijke tijd werd naast de tempel een kapel gebouwd. Dit uit zwarte steen opgetrokken gebouw maakt een bijzonder indrukwekkende indruk door zijn ligging voor de geërodeerde hoogten van de Boz Dağları ('Grijze Berg').

Op het tweede opgravingsterrein volgt u vanaf het parkeerterrein de **weg uit de late oudheid**, die exact over de meer dan 1000 jaar oudere 'koningsweg' uit de Lydisch-Perzische tijd loopt en vlak naast de 1000 jaar jongere huidige autoweg. Hij loopt naar de **synagoge** met zijn prachtige marmeren bekleding, die de vooraanstaande positie van de Joodse diasporagemeente van Sardis toont. De bouw van de synagoge begon rond het jaar 200, maar pas in de 5e eeuw werd hij voltooid. In de gebedszaal zijn aan beide zijden van de ingang twee schrijnen voor de Thorarollen behouden, en er tegenover het door leeuwen geflankeerde altaar.

De synagoge grensde aan de ruime palaestra (sportplaats) van het **gymnasion**. Het indrukwekkendste deel van het complex, dat in het jaar 211 voltooid werd, is het volledig gereconstrueerde 'marmerhof', een twee etages hoge zuilenhal. De verfijning van de marmerdecoratie herinnert aan Efeze en Aphrodisias, waarbij vooral de precieze uitvoering van de spiraalgedraaide cannelures in de zuilen verbazing wekt. De 8 m hoge poort leidde naar de badruimten van de thermen.

Wie hier overblijfselen uit de Lydische koningstijd mist, kan via Salihli richting Gölmarmara naar de **necropool Bintepe** ('Duizend Heuvels') rijden. Onder de grafheuvels uit de eerste helft van het 1e millennium rusten waarschijnlijk ook de grote Lydische koningen. De oostelijke en hoogste grafheuvel wordt als graf van koning Alyattes aangeduid, maar bij peilingen bleek het geplunderd te zijn.

Uşak ▶ 15, B 2

Via het stadje **Kula**, dat in een onherbergzaam vulkaanlandschap met eenzame basaltkegels ligt, bereikt u 130 km ten oosten van Salihli de provinciehoofdstad **Uşak** (150.000 inwoners). Deze plaats, die ook een goed hotel bezit, is te herleiden tot het antieke Flaviopolis (weinig restanten behouden) en is in Turkije hét centrum van de tapijtindustrie. In de regio worden vooral veel kelims geproduceerd.

Sinds kort is aan de collectie van het plaatselijke museum de 'Schat van Croesus' toegevoegd, een kostbare collectie Lydische grafgiften uit de 6e eeuw v.Chr. Deze schat was naar het Metropolitan Museum in New York gesmokkeld, maar moest na een richtinggevende juridische strijd teruggegeven worden aan Turkije.

Informatie

Informatiebureau: Hükümet Konağı, tel. 0276 223 39 71, fax 0276 233 15 70.

Accommodatie

Historische charme ▶ **Otel Dülgeroğlu,** Cumhuriyet Meyd. 1, tel. 0276 227 37 73, fax 0276 227 36 06. Centraal gelegen hotel in een schitterend gerenoveerd pand uit het einde van de

De veerboot naar Italië legt aan voor het stadsstrand van Çeşme

19e eeuw in Franse stijl. Comfortabele kamers, met restaurant en bar. 2 pk €40–55.

Het Çeşmeschiereiland

Het bijna 60 km uit de Turkse kustlijn naar voren stekende schiereiland van Çeşme, dat maar 10 km van het Griekse Chíos af ligt, doet met zijn rotsige, waterarme heuvels denken aan de Egeïsche eilanden. De meeste dorpen liggen aan de kust en leven van de visserij, en nu ook van het toerisme. Zelfs Çeşme, de grootste plaats, zou zonder het toerisme een slaperig dorpje zijn. De toeristische ontwikkeling begon bij de 40–50 °C warme thermi-

sche bronnen van Şifne bij het dorp Ilıca, die al in de oudheid en in de Osmaanse tijd werden bezocht. Maar sinds de bouw van de snelweg veranderde het schiereiland, vooral de strandbaaien tussen Modorğan en Karaburun, het havenplaatsje Urla met visrestaurants en de kust bij Alaçatı, in het recreatiegebied van İzmir. Vooral bij de jonge jetsetters steekt Çeşme tegenwoordig Bodrum duidelijk de loef af als 'feestparadijs'.

Çeşme   ▶ 13, A 3

Omdat de meeste hotels buiten de stad liggen, maakt **Çeşme** (21.000 inwoners) overdag nog een idyllische indruk, maar 's avonds verandert de İnkilap Caddesi (de naar de haven lopende hoofdstraat) in hét winkel- en uitgaanscentrum. Boven de zeepromenade rijst een citadel op, die in de 14e eeuw werd gebouwd door de Genuezen, om de zee-engte naar hun steunpunt Chíos te beveiligen. Het monument voor de ingang eert een van de admiraals van de zeeslag van Çeşme in 1770 (zie blz. 33), een zekere Hasan Paşa, die een leeuw als 'huisdier' had. Binnen de geheel intacte burchtmuren wordt half juli het Çeşmefestival gehouden. Çeşme is ooit gesticht als haven van het antieke Erythrai (zie blz. 229); een klein **museum** (di.–zo. 9-12, 13-17.30 uur) toont vondsten uit die staat. Direct naast de burcht staat de in 1529 gebouwde **Karavanserai Kanuni Sultan Han** met een mooie, rustige binnenplaats.

Door de oude woonwijk achter de citadel kunt u een prachtig idyllische wandeling maken, waarbij u houten Turkse erkerhuizen, een paar met Arabische kalligrafie gesierde fonteinen uit de 18e en 19e eeuw en een Osmaanse begraafplaats met romantische grafzerken tegenkomt. In de stad woonden voor de grote verdrijving van 1923 veel Grieken, waarvan de classicistische huisgevels en de orthodoxe kerk **Ayios Haralambos** aan de İnkilap Caddesi, die tegenwoordig wordt gebruikt voor tentoonstellingen en concerten, nog getuigen.

De stranden rondom Çeşme spelen een grotere rol dan al die oude stenen. Langs de hele noordkust tussen het strand van **Boyalık** en het nieuwe Sheraton Hotel staat het vol hotels. Bij Boyalık ontspringen langs de kust van het Yıldızschiereiland in de buurt van **Topan** onderzeese warme bronnen, die de zee in een natuurlijk thermisch bad veranderen.

De turquoise zee en het zeer vlakke en zeer langzaam in zee aflopende hoofdstrand van **Ilıca** is uitermate geschikt om te gaan zwemmen. De oude kern van het voormalige vissersdorp **Dalyan** met zijn kleine strandbaai en grote hotels heeft in nog veel van zijn charme bewaard. Voor een dagje strand is ook **Altınkum** ('Goudzand') zeer in trek. Het ligt op 5 km ten zuiden van Çeşme, waar ettelijke beachbars zonnebedden verhuren en voor moderne muziek zorgen.

Informatie

Informatiebureau: İskele Meyd. 8, aan de haven, tel./fax 0232 712 66 53.

Accommodatie

De grote **all-inhotels** liggen allemaal ver buiten Çeşme, maar er zijn goede minibusverbindingen met de stad. Eenvoudige **pensions** vindt u hier achter de citadel, iets betere middenklassehotels aan de weg van het centrum naar het stadsstrand.

Historische sfeer ▶ Kanuni Kervansaray: Aan de haven, tel./fax 0232 712 30 11, www.cesme kervansaray.com. Romantisch hotel voor individualisten. Deze karavanserai dateert uit

Tip: Surfspot Alaçatı

Een echte hotspot voor surfers is de baai bij **Alaçatı** aan de zuidkust van het Çeşmeschiereiland (informatie: www.alacati.de of www. alacati.info). In de zomer waait hier meestal sideshore een meltemiwind van 4–7 Beaufort, in de herfst is het vaak een aanlandige zuidenwind – ook voor beginners bijna altijd goede condities! Talloze bedrijven verhuren hier surfboards – de hele baai is stevig in handen van de surfers. Het beste hotel direct aan de baai is het Süzer (www.suzersundreams. com, 4*), maar aan de weg van het dorp Alaçatı naar de baai is ook eenvoudiger accommodatie te vinden.

de 16e eeuw en bezit een fraaie binnenplaats met fontein. Werd in 2010 compleet gerenoveerd. 2 pk €50–90.

Direct aan de kade ▶ Kerman: Çeşme, 3264 Sok. 14, tel. 0232 712 71 12, fax 0232 712 77 28, www.kermanotel.com. Vlak voor het stadsstrand met eigen jachtsteiger, goede middenklasser, kamers met airconditioning, met restaurant aan zee. 2 pk €50–85.

Door een roze bril ▶ Maro: Hürriyet Cad. 68, tel. 0232 712 62 52, fax 0232 712 72 67. Aardig, ongedwongen pension nabij het stadsstrand met veel driepersoonskamers. Er zijn ook twee peuterbedjes beschikbaar. Maro betekent in het Turks roze en het hele decor is roze. De eigenares is kattenliefhebber, houd daar rekening mee, als u hier wilt reserveren. 2 pk met ontbijt €30–50.

Eten en drinken

Vis en meer ▶ Sahil Restoran: Cumhuriyet Meyd. 12, tel. 712 82 94. Dit restaurant is al sinds mensenheugenis aan de havenkade gevestigd bij Hotel Rıdvan, dat mooi op zee uitziet. Menukaart met grote, aantrekkelijke keuze, ook wat betreft de visgerechten; vriendelijke bediening. Hoofdgerechten vanaf €7, visgerechten vanaf €11. In de richting van het stadsstrand liggen nog meer visrestaurants met terrassen direct aan zee, bijvoorbeeld Deniz of Buhara.

Kebabrestaurants ▶ Aan de Inkılap Cad. zijn verschillende grillrestaurants met traditioneel Turkse keuken gevestigd, bijvoorbeeld **İmren Lokantası** nabij het havenplein of het **Star Restaurant**, lommerrijk en mooi gelegen bij de kerk. Hoofdgerechten rond €7.

... in de omgeving

Romantisch ▶ Paparazzi: Ayayorgi Bay, ten zuiden van Dalyanköy, tel. 0232 712 67 67. Een romantische ligging aan een baai met rotskust. 's Avonds kunt u hier heel prettig aan zee zitten.

Uitgaan

In het centrum ▶ Club Bar Street: İnkılap Cad. 66. Niet al te grote muziekbar aan de hoofdstraat in het centrum met een ruime keus aan cocktails.

... in de omgeving

Chique hotspot ▶ Biraver: Ilıca, tel. 0232 723 32 43. Muziekbar in de openlucht in de villawijk van Ilıca. Chic publiek, veel chilloutlounges, maar ook dansgelegenheid. Parkeerplaats €3, bier €5.

Bars aan zee ▶ Ayayorgi Bay: In de beschutte baai ten zuiden van Dalyanköy, in de richting van Boyalık bevinden zich verschillende strandbars en restaurants, die 's avonds veranderen in openluchtdisco's. Hét trefpunt voor jongelui.

Actief

Duiken ▶ Duiktochten en duiklessen bij het **Aquarius Diving Center**, gevestigd bij de haven van Çeşme, tel. 0232 712 10 50, fax 0232 712 12 80, of het **Dolphin Land Dive Center**, Dalyanköy, in de havenbuurt, tel. 0232 435 70 69, www.divecesme.com.

Vervoer

Vanuit Çeşme gaat er ongeveer elk uur een **bus** naar İzmir (duur van de rit: 1 uur), het busstation staat vlak bij de afrit van de snelweg. Er rijden ook **minibussen** naar de zandstranden en hotelplaatsen, de dolmuşhalte is bij de haven.

Veerboot: In het hoogseizoen varen er meermalen per week excursieboten naar het Griekse eiland **Chíos** (deels ook met bustour over dit eiland). Reisbureaus zijn gevestigd aan de kade bij de haven; heen en terug €40, auto €70. Meermalen per week gaat er een veerboot naar **Brindisi** of **Ancona** (Italië).

Erythrai ▶ 13, B 2/3

Om in de voormalige 'moederstad' van Çeşme te komen, het antieke **Erythrai**, rijdt u door de villawijk van Ilıca en langs het 'kuurcentrum' Şifne tot Ildır. In dit gehucht, dat grotendeels met stenen uit de oudheid is gebouwd, vraagt u naar de *bekçi*, de opzichter.

Van deze stad, die ooit bij de Ionische bond was aangesloten, bleven alleen een theater en de deels nog 5 m hoge stadsmuren behouden – beiden uit de vroeghellenistische tijd. Grootschalige opgravingen zijn er nog niet geweest, vandaar dat op de agora nog groenten worden verbouwd. Alleen de fundamenten van een villa met mozaïekvloer aan de rand van Erythrai zijn blootgelegd.

Siğacık en Teos ▶ 13, B 3

Het antieke Teos aan de zuidelijke aanzet van het Çeşmeschiereiland (ca. 80 km van Çeşme) lag tussen twee kusten. Op de plek van de noordhaven ligt tegenwoordig het schilderachtige dorp **Siğacık**. In de 14e eeuw bouwden de Genuezen hier een factorij met een vierkante omwalling. Binnen de muren heeft zich later het huidige vissersdorp genesteld, waarvan de restaurants aan de haven zelfs in İzmir naam hebben gemaakt.

Het centrum van **Teos** ligt ca. 30 minuten te voet in zuidelijke richting (de weg volgt de kust in een grote boog). Een belangrijk monument is de Dionysostempel nabij de rijweg, waarvan nog enkele zuilen half overeind staan. De plaats, gesticht in de 2e eeuw v.Chr., was de zetel van de bond van de 'Technitai van Dionysos'. Deze zwervende beroepstoneelspelers werden door de bevolking zeer vereerd – tot hun losbandige levenswandel kritiek begon op te roepen en ze uit Teos verdreven werden. Verder weg liggen in de stille velden onder olijfbomen nog een theater (bij de akropolis), een odeion en delen van de stadsmuren.

Accommodatie

Mooie tuin ▶ Çakırağa Hotel: Akkum Cad., aan de rand van Siğacık, tel. 0232 745 75 77, fax 0232 745 70 23, otelcakiraga@superonline.com. Goed geleid middenklassecomplex in mooie, Osmaanse stijl opgebouwd uit verschillende vrijstaande huizen rond een boomrijke tuin met zwembad en kinderspeelplaats. 2 pk €40–55.

Eten en drinken

Vis aan de haven ▶ Liman Restaurant: Siğacık Liman, tel. 0232 745 70 11. Een van de grote, populaire restaurants aan de haven. Voor een tafel buiten aan de kade moet u reserveren. Specialiteiten is de gegrilde calamaris, in melk gekookte vis *(sütte balık)*, vis in zoutkorst *(tuzda balık)* en inktvisgüvec *(güveçte ahtapot)*.

De Zuid-Egeïsche kust behoort samen met de Turkse Rivièra bij Side tot de belangrijkste vakantiegebieden van Turkije. Bodrum en Marmaris, de beide centra, ademen 's zomers een stadse sfeer: zeer vol, kosmopolitisch en heel sexy. In dit gebied zijn op grote schaal luxe complexen gebouwd, waarbij veel mooie stranden exclusief gemaakt zijn. De mooiste manier om hier uw vakantie te beleven is de 'Blauwe Reis': met een motorzeilschip van de ene baai naar de andere varen.

In het dal van de Küçükmenderes

Het dal van de Küçükmenderes ('Kleine Meander'), die in de oudheid Kaystros werd genoemd, voert ten oosten van Selçuk/Efeze naar een nog zeer traditioneel deel van Turkije. De rivier is met 130 km kort in vergelijking met de zuidelijker gelegen Büyükmenderes ('Grote Meander'). In dit rivierdal, ingeklemd tussen de bergketens Bozdağları en Aydındağları, wordt de typische landbouw van de westkust beoefend. De plaatsen liggen allemaal aan de voet van de noordelijke en zuidelijke hellingen van dit vruchtbare dal. Op de dalbodem vindt hoofdzakelijk katoenteelt plaats, iets hogerop worden tabak, groente, graan en wijn verbouwd, en nog hoger bevinden zich uitgestrekte olijfgaarden.

Tire en Birgi ▶ 14, D 3, E 3

Interessante plaatsen in het dal zijn **Tire** met de Yasi Bey Camii uit 1441 en een vervallen karavanserai *(han)*, maar vooral **Birgi** ten oosten van Ödemiş, waar de Osmaanse traditie tot op heden in ere lijkt te worden gehouden. Hier vindt u de Aydınoğlu Namet Bey Camii, een van de oudste moskeeën aan de westkust, die in 1311 is gebouwd met stenen van het noordelijker gelegen antieke Pyrgion. De kansel is een fraai staaltje houtsnijwerk en de gebedsnis is met tegels versierd. Vlak daarnaast bevindt zich de graftombe van de bouwmeester van de moskee, emir Namet Bey, afkomstig uit de Aydınoğludynastie. De gerestaureerde Çakır Ağa Konak, het twee verdiepingen tellende paleis van een rijke grootgrondbezitter uit de 18de eeuw, is tegenwoordig een museum. De benedenverdieping van ruw natuursteen is zodanig bepleisterd en beschilderd, dat het lijkt alsof deze is opgetrokken uit rechthoekige blokken. Daarop staat het woongedeelte, een verdieping in vakwerk. De muren en plafonds zijn voorzien van landschapsschilderingen in Turkse rococostijl.

Vanuit Birgi kunt u via een goede weg het Bozgebergte oversteken om in het dal van de Gediz Nehri de zeer bezienswaardige ruines van het oude Sardis (zie blz. 225) te bezoeken.

Selçuk ▶ 13, C 4

Kaart: blz. 234

Dit 22.000 inwoners tellende stadje aan de snelweg langs de kust ligt op 3 km van Efeze (zie blz. 232). Selçuk heeft zich door de gigantische toeristenstroom naar deze antieke bestemming stormachtig ontwikkeld. Omdat rugzaktoeristen en kunstminnaars **Selçuk** als verblijfplaats prefereren boven Kuşadası, is er volop accommodatie (van goedkope pensions tot middenklasse hotels). Ook de eenvoudige, maar authentieke lokanta bij het station (met

uitzicht op de door een ooievaarskolonie bezette resten van een aquaduct) zijn verreweg
te verkiezen boven de drukte in de badplaats.

Johannesbasiliek 🔟

Selçuk ligt op de plaats van het 'vierde' Efeze,
dat in de vijfde eeuw ontstond, toen het dicht-
slibben van de haven en de heersende moe-
raskoorts de antieke metropool, de huidige
ruïnestad, onbewoonbaar maakten. Op deze
heuvel, waar in de vroegchristelijke tijd de
woon- en grafspelonk van Johannes de Evan-
gelist (Grieks: Ioannis Theologos) vereerd werden, liet keizer Justinianus rond 500 de **Johannesbasiliek** (Hagios Theologos; dag. 8.30–
18.30 uur; toegang 5 TL) bouwen, waarvan het
interieur volledig uit marmer bestond. Toen
het Byzantijnse Efeze in 1304 voor de Turken
capituleerde, werd de basiliek eerst als moskee en later, tot verwoesting door een aardbeving, als bazaar gebruikt. De naam ervan is
nog enigszins terug te vinden in de tot 1923
gebruikelijke plaatsnaam Ayasoluk. Achter de
imposante poort van de Byzantijnse vesting
ligt het vroegere atrium van de kerk (vanwaar
u uitkijkt op de Artemistempel), rechts de
ruïne van de basiliek. Zij was kruisvormig ontworpen, waarbij de viering zich boven het graf
van de apostel bevond. Aan de noordzijde van
de kerk is een doopkapel aangebouwd. Hoger
op de berg staat een nog in de Osmaanse tijd
gerestaureerde burcht.

Efezemuseum 🔼

Het **Efes Müzesi** (Kuşadası Yolu, di.-zo. 8.30–12
uur, 12.30–17 uur, toegang 5 TL) aan de zuidwestelijke stadsrand, in de richting van Efeze,
behoort tot de beste musea van Turkije, zowel
wat betreft presentatie, als kwaliteit van de
voorwerpen. De eerste zaal heeft als thema de
hangende huizen van Efeze: muurschilderingen (o.a. Socrates), meubels en objecten, zoals
een bronzen Eros op een dolfijn, geven een
beeld van de inrichting van voorname woonhuizen in de Romeinse tijd.

Naast sculpturen (zoals het blind maken van
Polyphemos door Odysseus) zijn er munten te
zien, glaswerk, gemmen en een opmerkelijk
ivoren fries dat vroeger een meubelstuk sierde.

Het drukst is het in de zaal met de beide beelden van de 'veelborstige' Artemis, Romeinse
marmerkopieën van het houten cultusbeeld
uit de archaïsche tijd. Dit werd waarschijnlijk
met de ballen van geofferde stieren behangen,
vandaar de vreemd-raadslachtige vorm.

İsa Beymoskee, Artemision

De **İsabey Camii** 🔼 onder de Johannesbasiliek
is in 1375 voltooid. De bouwheer was emir İsa
Bey uit de Aydınoğludynastie, die in de eind-
periode van het Seltsjoekenbewind het middelste deel van de Klein-Aziatische westkust
controleerde. Het gebouw verenigt Seltsjoekse
met Syrisch-Omayyadische invloeden. Naar de
eerste invloed verwijst de bakstenen minaret
en het stalactietenportaal, naar de tweede invloed de plattegrond met het ommuurde vierkante hof voor de dwars gelegen gebedszaal
met versiering van zwart en wit marmer. Ter
ondersteuning van de beide koepels dienen
antieke zuilen uit de haventhermen van
Efeze. Een groot deel van de bouwstenen zou
afkomstig zijn van de Artemistempel.

Van het beroemde **Artemision** of **Artemistempel** 🔼, waaraan Efeze zijn roem en rijkdom
dankte, zijn maar schaarse resten overgebleven: het in het grondwater verzonken platform met een enkele, heropgerichte zuil. In
de oudheid gold het hellenistische Artemision, dat op een bestaand fundament uit de
6e eeuw v.Chr. werd opgericht en door de Goten in 263 n.Chr. verwoest werd, als een van
de zeven wereldwonderen. Op het 2,5 m hoge
platform van 55 x 115 m werd de cella met het
monumentale cultusbeeld van Artemis Ephe-
sia omgeven door een dubbele rij van 127 zuilen van ieder 18 m hoog.

Informatie

Informatiebureau: Müzesi Karşısı, tel./fax
0232 892 69 45.

Accommodatie

Naast **Hotel Hitit** 🔟 (www.hititotel.com, 4 *, 2
pk €70) zijn er nog veel pensions te vinden op
de oostelijke helling van de heuvel waarop de
basiliek staat, en ook in de wijk rond de İsa-
beymoskee.

Tip: Uitstapje naar het wijndorp Şirinçe

In de bergen boven Selçuk ligt het kleine dorpje Şirinçe, waar vroeger Grieken van de wijnbouw leefden. Dit plaatsje, dat ongeveer 10 km ten oosten van Selçuk aan het eind van een dal met olijfgaarden ligt, zou als toevluchtsoord voor Efeziërs na de Turkse verovering in 1304 gesticht zijn. Sinds 1923 wonen hier geen Grieken meer, maar hun mooie huizen zijn goed onderhouden. De inwoners doen nog steeds aan wijnbouw. In de tot souvenirboulevard omgetoverde hoofdstraat kunt u het druivennat proeven. Er zijn een aantal mooie oude huizen, waar u een kamer kunt huren voor een aangenaam verblijf.

Osmaanse stijl ▶ Kale Han 2: İzmir Yolu, bij een Shellstation, tel. 0232 892 61 54, fax 0232 892 21 69, www. kalehan.com. Gevestigd in een wat ouder, gerestaureerd huis; eenvoudige kamers, zeer smaakvol met antiek ingericht, mooie, rustige tuin met zwembad. 2 pk €35–65.

Klein zwembad ▶ Akay 3: Kallinger Cad, 1054 Sok. 3, tel. 0232 892 31 72, www.hotel akay.8m.com. Hoofdgebouw categorie goedkope middenklasse plus aanbouw met nieuwe kamers rond zwembad. Dakterras met uitzicht op de Johannesbasiliek. Absoluut rustig gelegen. 2 pk €30–55.

Huiselijk ▶ Nazar 4: Eski İzmir Cad. 14., tel. 0232 892 22 22, www.nazarhotel.com. Eenvoudig, maar vriendelijk geleid pension onder aan de Ayasolukheuvels, gezellig en goed. Eenvoudige kamers met airconditioning, voorzien van dakterras, klein zwembad in de tuin. 2 pk €22–44.

Eten en drinken

Çöp Şiş ▶ De specialiteit van Selçuk is *çöp şiş*, letterlijk 'afvalspies'. Dit zijn kleine spiesjes met knapperig lamsvlees. U krijgt een aantal spiesjes tegelijk geserveerd. De beste eet u bij **Meşhur Yandım Çavuş 1** (www.yandimca vus.com.tr) aan de hoofdstraat.

Traditionele keuken ▶ Seçkin & Firuze 2: Cengiz Topel Cad. 20. Van de vele nogal eenvoudige lokanta in de straatjes bij het station, heeft deze het meest te bieden. 's Avonds, als de bustoeristen vertrokken zijn, vindt u hier de kenmerkende sfeer van een Turks provinciestadje. Langs de parallelstraat, de Siegburg Cad., liggen talloze kroegen. Rond de fonteinen bij het station liggen vriendelijke cafés.

Rustpunt ▶ Tusan 3: Direct aan de onderste toegangsweg van Efeze. Dit voormalige motel fungeert alleen nog als restaurant; aangenaam vanwege de koelte onder de bomen.

Winkelen

Markt ▶ Şehir Pazarı 1: Rond het marktterrein aan de Şahabettin Dede Caddesi, waar op zaterdag de weekmarkt wordt gehouden, vindt u kleine winkeltjes, waar textiel, souvenirs en levensmiddelen worden verkocht.

Vervoer

Busstation aan de hoofdstraat. Bijna elk uur gaan er bussen naar İzmir, Aydın, Denizli en in de richting van Muğla (Çamlık, Söke). Minstens elk half uur rijden er **minibussen** naar Efeze, Pamucak Beach en Kuşadası; dag. meermalen naar Şirinçe, Söke, Altınkum (Didyma) en in de richting van Gümüldür.

5 Efeze ▶ 13, C 4

Kaart: blz. 234

Het antieke Efeze is de bezienswaardigste opgraving van Turkije. De stad is aan het eind van het 2e millennium v.Chr. door Ionische Grieken op de Koressosheuvel gesticht. Uit nieuwe onderzoekingen blijkt dat het ging om de huidige Ayasolukheuvel in Selçuk, die indertijd door de zee omspoeld werd. Na 560 v.Chr. dwong de Lydische koning Croesus een verhuizing af naar het tweede Efeze op de vlakte bij de Artemistempel. Het derde Efeze ten slotte, de huidige nederzettingsruïne, is gesticht door de Diadochenkoning Lysimachos, die de stad na 296 v.Chr. voor de eerste maal liet ommuren en een nieuwe haven liet aanleggen. Deze metropool beleefde haar bloeiperiode in de Romeinse tijd als hoofdstad van de provincie Asia. In de 3e eeuw n.Chr. werden tempel en stad door de Goten geplunderd en ook de haven begon te verzanden. Vanaf de 5e eeuw verplaatste het zwaartepunt van de nederzetting zich naar het huidige Selçuk.

Het grote **opgravingsterrein** (dag. 9–19 uur, entree tot 17.30 uur, toegang 20 TL, extra toegang voor de hangende huizen 15 TL) heeft twee ingangen, een aan de Kuşadasıstraat en een bij de snelweg langs de kust. Het is raadzaam om vroeg te komen, want tegen 11 uur kan het hinderlijk druk worden. Wie haast heeft, kan zich met een rijtuigje naar de bovenste ingang laten brengen, om zich zo de terugweg te besparen.

Naar het theater

Vanaf de kassa bij de onderste ingang voert de hoofdweg in de richting van het theater – de door hoge maquis afgeschermde **Mariakerk 5** laat de straat rechts liggen. Daar vond in 431 het concilie plaats, dat Maria de titel gaf van Theotokos (Moeder Gods) – heel symbolisch trad ze juist in deze stad in de religieuze voetsporen van Artemis. Ook de reusachtige Romeinse **haventhermen 6** worden zelden bezocht, net als de (nu afgesloten) **Arkadiané**, de 11 m brede, met zuilen omzoomde avenue, waarover destijds Egyptische kooplieden en Romeinse consuls zich van de haven naar de stad begaven.

Aan de Marmerstraat

Het eerste overweldigende gebouw is het **Grote Theater 7**, de plaats waar de zilversmid Demetrios de Efeziërs tegen Paulus ophitste. De menigte schreeuwde: 'Groot is de Artemis van de Efeziërs!' Met alle 25.000 plaatsen bezet moet dat werkelijk indrukwekkend genoeg zijn geweest om de apostel te doen vluchten.

Voor de toneelmuur buigt de Marmerstraat naar rechts, langs de **agora 8**, die qua ruimte een vierkant met een zijde van 110 m in beslag neemt. Dit met zuilen omzoomde plein was sedert de hellenistische tijd een van de belangrijkste markten van Klein-Azië.

De Marmerstraat eindigt bij de **Celsusbibliotheek 9**, het bijna geheel met antieke elementen herbouwde mooiste gebouw van de stad. Ze is genoemd naar een Romeinse stadhouder van de provincie Asia uit het begin van de 2e eeuw. Het interieur, dat voorzien is van het fijnste beeldhouwwerk, beschikt nog over de nissen waarin op boekenplanken de perkamentrollen werden bewaard.

Rechts van het gebouw komt u via de eveneens gereconstrueerde **Poort van Mazaeus en Mithradates**, door twee vrijgelaten slaven opgericht, op de handelsagora terecht. Daartegenover staat de eveneens herbouwde **Poort van Hadrianus**, de toegang tot een door deze keizer gestichte nieuwe stadswijk.

Door de Curetenstraat

Vanaf de bibliotheek gaat de Curetenstraat (genoemd naar de priesters die het heilige vuur in het prytaneion aan de staatsagora bewaakten) heuvelopwaarts. Direct links moet het 'bordeel' van Efeze hebben gestaan, daarna volgt de **Hadrianustempel 10**, die in 123 n.Chr. ter ere van het bezoek van de gelijknamige keizer aan Efeze werd gebouwd. De reliëfs (afgietsels) tonen een voorstelling van de stichtingslegende van Efeze, volgens welke de stad in overeenstemming met een orakelspreuk moest verrijzen op de plek waar 'vis en everzwijn elkaar ontmoeten'.

Bij de tempel voert een smal pad naar de **Scholasticiathermen 11** uit de 4e eeuw met een beeld van de schenkster in zittende houding. De beroemde **hangende huizen 12** *(terrace houses)* tegenover de Hadrianustempel waren privéhuizen van de elite en geven een goede indruk van de luxueuze levensstijl van de gegoede burgerij van Efeze. In het overdekte *insula 2*, dat bij een aardbeving in 250 n.Chr. is verwoest, zijn de mooiste muurschilderingen te zien van het oostelijke Romeinse Rijk.

Verder naar boven volgen aan de linkerkant de **Trajanusfontein 13**, iets verderop is er een wegversmalling vanwege de Herculespoort, gebouwd in de 4e eeuw, maar voorzien van reliëfs uit de 2e eeuw. Het **Memmiusmonument** stamt uit de tijd van Augustus en vormt interessant genoeg een eerbetoon aan de

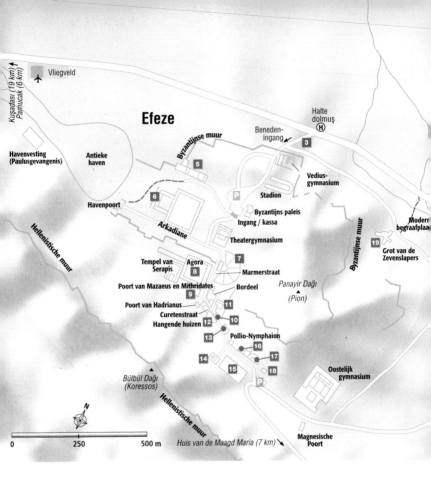

Efeze

Vliegveld

Kuşadası (19 km)
Pamucak (6 km)

Halte dolmuş Ⓗ

Byzantijnse muur

Benedeningang **3**

Havenvesting (Paulusgevangenis)

Antieke haven

5

Vedius-gymnasium

6

Havenpoort

P Stadion

Byzantijns paleis

Ingang / kassa

Moderne begraafplaa

Arkadiane

Byzantijnse muur

Theatergymnasium

19

Grot van de Zevenslapers

Hellenistische muur

Tempel van Serapis

Agora **8**

7

Marmerstraat

Poort van Mazaeus en Mithridates **9**

Bordeel

Panayir Dağı (Pion)

Poort van Hadrianus

11

Curetenstraat

10

Hangende huizen **12**

13

Pollio-Nymphaion

16

14

15

18

17

Oostelijk gymnasium

Bülbül Dağı (Koressos)

P

Hellenistische muur

N

Magnesische Poort

0   250   500 m

Huis van de Maagd Maria (7 km)

Romeinse dictator Sulla. Deze had de opstandige stad in 86 v.Chr. na de bloedige 'Aziatische Vespers' (zie blz. 28) voor Rome heroverd en had een hardvochtige zuivering bevolen. Weer iets hoger voert een zijweg rechts naar de **Polliofontein**, waar een door een rijke Romein gefinancierd aquaduct ten behoeve van watervoorziening eindigt.

Van de **Domitianustempel** **14**, hier schuin tegenover, heeft slechts het onderste gedeelte van het gewelf de tand des tijd kunnen doorstaan, waarin stenen met inscripties bewaard zijn gebleven; in reliëfs op twee zuilen zijn Egyptische goden ter herkennen. Vervolgens doorkruist de Curetenstraat de wijk met de bestuursgebouwen: rechts de **staatsagora** **15**

met een oppervlakte van 160 x 73 m, waar politiek-religieuze manifestaties plaatsvonden, tegenover het **prytaneion** **16**, waar een selectie van ambtenaren dag en nacht over het lot van de stad waakte. Naast het prytaneion, overigens de vindplaats van het beeld van Artemis dat zich in het Efezemuseum van Selçuk bevindt, staat het altaar van de Hestia Boulaia met het heilige vuur dat nooit mocht uitgaan. Het **odeion** **17** ernaast was een klein theater, waar ook raadsvergaderingen plaatsvonden. Met de **Variusthermen** **18** uit de 2e eeuw eindigt het ruïnegebied bij de boveningang.

De Grot van de Zevenslapers **19**

Een uitstapje naar de oosthelling van de stads-

Selçuk/Efeze

5 Mariakerk
6 Haventhermen
7 Grote Theater
8 Agora
9 Celsusbibliotheek
10 Hadrianustempel
11 Scholasticiathermen
12 Hangende huizen
13 Trajanusfontein
14 Domitianustempel
15 Staatsagora
16 Prytaneion
17 Odeion
18 Variusthermen
19 Grot van de Zevenslapers

Accomodatie

1 Hotel Hitit
2 Hotel Kale Han
3 Akay Hotel
4 Nazar Pansiyon

Eten en drinken

1 Meşhur Yandım Çavuş
2 Seçkin & Firuze
3 Tusan

Winkelen

1 Şehir Pazarı (markt)

Hoogtepunten

1 Johannesbasiliek
2 Efezemuseum
3 İsabey Camii
4 Artemistempel (Artemision

heuvel (bijv. met een rijtuig, anders te voet, ca. 15 min.) voert naar de Byzantijnse necropool die bekend staat onder de naam de **Grot van de Zevenslapers**. Het met honderden grafkamers uitgeruste catacombencomplex, dat zich op een steile helling bevindt, is genoemd naar de zeven christenen die hier tijdens de vervolging onder keizer Decius (249–251) in een grot zouden zijn ingemetseld. Tot aan de regeerperiode van Theodosios II (408–450), onder wiens regiem het christendom uiteindelijk een staatsgodsdienst werd, brachten ze de tijd slapend door. De boven de grot verrezen en vervallen kerk werd tot in de bloeitijd van de middeleeuwen bezocht door pelgrims, die op weg waren naar het Heilige Land.

Huis van de Maagd Maria

Het Huis van de Maagd Maria (Meryemana), op de beboste Ala Dağ, 7 km van de bovenste toegang tot Efeze verwijderd, waar gelovige christenen de plaats van het ontslapen van de Moeder Gods vereren, is tegenwoordig nog steeds een bedevaartsplaats, (elke zondag om 10.30 en elke avond om 18 uur wordt er een mis gelezen). Volgens apocriefe geschriften, en de in de jaren 1960 door de paus bevestigde overlevering, is Jezus' moeder samen met de jonge Johannes naar Efeze gekomen. Dat er ook in Jeruzalem een sterfhuis van Maria vereerd wordt, doet geen enkele afbreuk aan de toestroom van pelgrims – deze neemt zelfs toe als er in Israël weer wordt geschoten.

235

Kuşadası ▶ 13, C 4

Romantici zullen niet al te gecharmeerd zijn van het levendige vakantieplaatsje **Kuşadası**, waar moderne architectuur het stadsbeeld bepaalt. Maar weinig historische gebouwen herinneren aan de Genuezen, die de plaats aan het eind van de 13e eeuw onder de naam Scala Nova ('Nieuwe Haven') als vervanging van de haven van Efeze (zie blz. 232) hebben gesticht, of aan de Osmanen, die de Italianen in de 16e en 17e eeuw verdreven. En toch is Kuşadası met 58.000 inwoners een van de belangrijkste toeristische centra van Turkije: jaarlijks brengen zo'n 600 cruiseschepen hun passagiers hier aan land voor en bezoek aan Efeze en tel daarbij op dat er aan het strand van Kadınlar enorme hotels staan, dat de jachthaven een van de grootste van de Egeïsche Zee is en dat er in de richting van Güzelçamlı in het zuiden ongebreideld villawijken worden gerealiseerd.

De toeristische paradepaardjes zijn de Atatürk Bulvarı, een grote met hotels omzoomde kustweg tussen de jachthaven en de haven en vooral de Barbaros Caddesi, een voetgangerszone die vanaf de haven landinwaarts voert. Omstreeks 1620 hebben de Osmanen daar een vesting en grenskantoor gebouwd, de naar een Turkse groot-admiraal genoemde **Karavanserai Öküz Mehmetpaşa Han**. In de 19e eeuw had dit gebouw een belangrijke functie, toen Grieken en Armeniërs hier een levendige handel in katoen, tabak en rozijnen dreven. De verdrijving van de Grieken in 1923 veranderde de stad in een vissersdorp – tot de toeristen kwamen. Tegenwoordig is er in dit gebouw een hotel met restaurant gevestigd.

Tip: Zonsondergang op het 'Duiveneiland'

Is Kuşadası te druk en te lawaaierig? Neem u geliefde mee voor een drankje bij de romantische zonsondergang op het 'Duiveneiland' Güverçinada. Romantisch rollen de golven op het strand en de zon gaat vuurrood onder in de zee. Dan krijgen vrouwen die speciale gloed in hun ogen.

In de straatjes tegenover de han, in de oude **Bazaarwijk** achter het postkantoor, gaat het er vooral 's nachts gezellig aan toe. De talloze winkels, romantische restaurants en muziekbars komen tegemoet aan ieders smaak. In de beruchte **Bar Street**, ten noorden van de voetgangerszone, zijn de cafés nog luidruchtiger en schreeuweriger – tot in de kleine uurtjes wordt er hier door Engelse meisjes op barkrukken gedanst. Ten zuiden van Han leiden de stegen omhoog naar de oudste stadswijken; hier staan nog vele Osmaanse huizen met houten voorgevels, langs de Menekşe Sokağı zijn ook nog delen van de Genuese stadsmuur behouden gebleven.

Een romantisch oord is ook het kleine, met een dam aan het vasteland verbonden, eiland **Güvercinada** ('Duiveneiland') met een Genuees-Osmaans kasteel, dat tegenwoordig als theetuin en café in gebruik is.

De omgeving van Kuşadası

Langs de noordelijke kust, bijna tot aan Efeze, maar met name langs de zuidelijke kustlijn, worden de laatste jaren reusachtige hotelwijken gerealiseerd. De **Kadınlar Plaj** in het zuiden, vroeger het mooiste strand in de omgeving, is tegenwoordig overvol. Dus zit er niets anders op dan verder te rijden, naar Pamucak of Notion in het noorden of naar het Nationaal Park Dilek in het zuiden.

Het **Dilek Milli Parkı**, het nationale park op het Dilekschiereiland in het zuiden, omvat niet alleen de beboste hellingen van de 1237 m hoge Samsun Dağı, maar ook de fraaiste stranden van het gebied rond Kuşadası (dag. 8–18 uur, toegangsgeld bij de slagboom, net na het dorp Güzelcamlı, voor personenauto's extra toegang). Het **Kalamaki Beach**, 8 km voorbij de ingang van het park, is zeer populair – maar zelfs dit strand is door de week vrijwel verlaten. Pas in het weekend komen de recreanten op de picknickplaatsen af. Door de '**Kanyon**', een bij Kalamaki afbuigend ravijn, kunt u omhoog naar de bergkam wandelen. In deze bossen leven wilde zwijnen en verwilderde paarden. Er is een mogelijkheid tot het huren van mountainbikes. Aan de andere kant van de Samsun Dağı ligt in **Eski Doğanbey** het hoofdkwartier van het nationale park (te bereiken via Priene). De plaats, die vroeger Domatia werd genoemd, was tot 1923 door de Grieken bewoond. De vervallen huizen zijn ondertussen tot vakantievilla's verbouwd. Het museum is gewijd aan flora en fauna, maar wordt nog maar zelden bezocht (www.dilekyarimadasi. com).

In het achterland van Kuşadası is een bezoek aan de grote woensdagmarkt in het katoenstadje **Söke** de moeite waard, evenals het oude **Magnesia ad Maiandros** met de ruïnes van Romeinse kazernes en een Ionische Artemistempel uit de 3e eeuw v.Chr. Ten zuiden van Selçuk ligt het dorp **Çamlık**, waarvan het rangeerterrein de laatste 'rustplaats' is van zo'n 20 stoomlocomotieven uit de tijd van de spoorlijn naar Bagdad.

Ten noorden van Kuşadası komt u bij het tegenover de afslag naar Efeze gelegen **Pamucak Beach**; op de heuvel aan de zuidkant daarvan is Aqua Fantasy aangelegd, het grootste recreatiezwembad van Turkije. Bij het antieke **Notion**, met nog resten van de stadsmuur, de agora en een in de Romeinse tijd door middel van een toneelmuur vergroot theater zijn nog rustige plekjes en eenvoudige strandtentjes te vinden.

Slechts 2 km rechts van de weg naar Menderes ligt in de (in het voorjaar deels moerasachtige) velden het Apollo-orakel van **Klaros** verstopt, dat vroeger zelfs door pelgrims uit Rome werd bezocht. De onderaardse orakelkamers en de resten van het monumentale cultusbeeld van Apollo zijn heel indrukwekkend: de zittende gestalte van de godheid moet wel 7 m hoog zijn geweest – alleen al de arm is 3 m lang.

Informatie

Informatiebureau: Bij de haven, tel. 0256 614 11 03, fax 0256 6146 2 95.
Internet: www.kusadasiguide.com, www.kusadasi.com, kusadasihotels.com

Het kasteel op het 'Duiveneiland' van Kuşadası

Tip: Turkse nacht in de karavanserai

Overdag kunt u in de lommerrijke palmentuin van **Hotel Caravanserail** een kopje koffie drinken, maar 's avonds is het er 'besloten'. Dan is er een Turkse nacht met buikdansen en comedy- en acrobatenacts. De avond begint om 19.30 uur, €40 met eten, €30 zonder, tel. 0256 614 41 15, www.kusadasihotelcaravanserail.com.

Accommodatie

Historische sfeer ▶ Kısmet: Akyar Mevkii, op de landtong ten noorden van de jachthaven, ca. 2 km van het centrum, tel. 0256 618 12 90, fax 0256 618 12 95, www.kismet.com.tr. Een traditierijk luxehotel in een mooie, rustige omgeving in de buurt van de jachthaven. Het hotel is gesticht door een kleindochter van de laatste sultan – in de lobby hangen interessante schilderijen van beroemde hotelgasten. Met zwembad en privéstrand. 2 pk €120, 2 pk halfpension €165.

Luxe in het centrum ▶ Club Caravanserail: Öküz Mehmetpaşa Han, bij de haven, tel. 0256 614 41 15, fax 0256 614 24 23, www.kusadasi hotelcaravanserail.com. Qua ambiance het beste adres: 26 zeer harmonieuze, met antiek ingerichte kamers. Geen zwembad, maar een goede thuisbasis, midden in het centrum en daarom zeer populair bij prominente bezoekers van Kuşadası. 2 pk €65–75.

Romantisch ▶ Villa Konak: Yıldırım Cad. 55, op de heuvel van de oude stad, tel. 0256 614 63 18, fax 0256 613 15 24, www.villakonakho tel.com. Hotel van bijzondere klasse, gevestigd in twee gerenoveerde Osmaanse houten huizen, die op de heuvel in de oude stad staan. Er is een zwembad aanwezig. De smaakvolle kamers zijn in oude stijl ingericht en beschikken over airconditioning. 2pk €60– 90, suite €120.

Nautische ambiance ▶ Captain's House: Atatürk Bulv., İstiklal Cad. 3, in een rustige zijstraat, in de buurt van de zee, tussen haven en marina (jachthaven), tel. 0256 612 74 04, fax 0256 612 67 82. Maritieme voorwerpen uit de

oude doos zijn sfeerbepalend voor dit eenvoudige, aardige hotel. De kamers zijn wat sober, maar er is een gezellige kamer met open haard, een groot ontbijtterras en 's avonds een bar. Geen zwembad. 2 pk €35–40.

Eten en drinken

In het stadscentrum zijn eenvoudige, maar goede **kebabzaken** rond de Hatice Hanım Camii – daar is het goedkoper en vaak beter dan in de dure restaurants bij de haven, die zich vaak aan de Engelse smaak aanpassen!

Vis en meer ▶ Ali Baba: Bij de haven in het 'toeristische centrum'. Het beste lokale restaurant. Reusachtige keuze uit vis en zeevruchten – absoluut de meest in het oog springende uitstalling. Talloze kelners zorgen voor een attente en alerte bediening. Octopussalade €9, vis per kilo tussen de €25 en 40.

Osmaanse ambiance ▶ Paşa Restaurant: Cephane Sok. 21, in de Bazaarwijk. In de grote tuin van een oud Osmaans huis, heel knus. Internationale grillgerechten (zoals Dianasteak). Hoofdgerechten €7–16.

Traditionele keuken ▶ Yuvam: Yedi Eylül Sok., achter het postkantoor. Eenvoudig restaurant met een paar tafels buiten in de steeg en zelfgemaakte stoofgerechten – bijzonder lekker. Hoofdgerechten €3,50–6.

Winkelen

Gouden sieraden ▶ Jewelex: Barbaros Bulv. 7, tel. 0256 614 19 45, www.jewelexstore.com. De winkel, die in een traditioneel huis tegenover de karavanserai is gevestigd, overtuigt door prachtige eigen creaties.

Uitgaan

Barstraat ▶ Temple Bar: Barlar Sokağı. Deze muziekbar, die tussen anderhalve kilometer aaneengesloten muziekcafés ligt, is lawaaiig en heel Brits. De muziek is veelal hiphop en r&b. Ook de **Orange Bar** en de **Angel's** zijn zeer populair.

In het oude centrum ▶ Ex Bar: Tuna Sokağı. Geheel in het wit gestylde club in de voormalige Bazaarwijk, waar zich tussen Bahar en Tuna Sokağı een tweede centrum van het nachtleven bevindt. Direct om de hoek in de Sakarya

Sokağı ligt de **Another Bar**, die eveneens een goede reputatie heeft.

Actief

Recreatiebad ▶ Adaland: Pamucak, 11 km van Kuşadası, 9 km van Selçuk, www.adaland. com. Reusachtig recreatiezwembad met veel glijbanen en zelfs een kunstmatige rafting- en kanobaan.

Duiken ▶ Seagarden Dive Centre: Yılancı Burnu, tel. 0256 612 40 80, www.seagardendiving.com. Deze duikschool ligt 3 km ten zuiden van het centrum achter het Duiveneiland. PADI-cursussen en duikvaarten met duikuitrusting.

Vervoer

Van het **busstation** aan de ringweg (Cevre Yolu) rijdt er vrijwel ieder uur een bus naar İzmir, Aydın of Muğla. Er vertrekken frequent **minibussen** naar Selçuk/Efeze, naar Gümüldür in het noorden, naar Güzelcamlı (bij het Nationaal Park Dilek) en naar Söke (vandaar bestaat er een verbinding met Priene en Milete).

Veerponten: Tussen april en oktober elke dag een overtocht naar het Griekse eiland Sámos, heenvaart omstreeks 10 uur, terugvaart omstreeks 18 uur.

In het dal van de Büyükmenderes (Grote Meander)

De Büyükmenderes is een van de vier grotere rivieren die vanuit het oosten naar de Egeïsche Zee stromen. De rivier, door de Grieken Maiandros genoemd, die vanwege zijn nogal bochtige loop model stond voor een siermotief uit de Griekse oudheid, de 'meanderband', heeft sinds de prehistorie grote betekenis gehad voor zowel handel als voor krijgstochten, omdat het rivierdal de belangrijkste oost-westroute van Klein-Azië vormt.

Bij geringe stroomsnelheid transporteert de leemgele rivier enorme massa's slib in de richting van de zee, dat zich de afgelopen 10.000 jaar heeft afgezet als de uitgestrekte vlakte tussen Milete en Priene (zie blz. 250).

Aydın ▶ 14, D 4

Langs de route door het rivierdal zijn non-stop touringbussen naar Pamukkale onderweg, hoewel er niet bijster veel te zien is. De provinciehoofdstad **Aydın** (het antieke Tralles) maakt al meer dan 3000 jaar gebruik van het vruchtbare akkerland: de verbouw van sultanarozijnen en tabak (producten die in de 19e eeuw de uitvoerhaven Smyrna – tegenwoordig İzmir – beroemd maakten) is kenmerkend voor het gebied. Omdat de stad door de frequente aardbevingen in het op een geologische breuklijn liggende dal meermalen is verwoest, zijn er uit de oudheid alleen maar wat resten overgebleven op de uitlopers van het randgebergte ten het noorden van de stad. In een klein museum in het centrum zijn archeologische vondsten te bezichtigen, onder andere uit Milete en Nyssa.

In het oude **Nyssa**, dat in de 3e eeuw v.Chr. door de Seleukiden werd gesticht, voltooide Strabo (64 v. tot 23 n.Chr.), die de standaardreisgids voor de antieke wereld schreef, zijn studies. Hij beschreef Nyssa als 'dubbelstad' – in tweeën gedeeld door een beekdal, dat in de 2e eeuw v.Chr. door een circa 150 m lange tunnel gekanaliseerd werd en waarover een plein werd aangelegd (tegenwoordig het parkeerterrein). Het theater uit de Romeinse tijd is goed bewaard gebleven; het toneelhuis was echter niet tegen de aardbeving bestand. De beheerder laat ook de bibliotheek zien en het door Strabo als 'necropolis' aangemerkte bouleuterion aan de andere kant van het ravijn.

Aphrodisias ▶ 14, F 4

De oude stad **Aphrodisias**, waarvan de gebouwen de vergelijking met die van Efeze glansrijk kunnen doorstaan, ligt iets buiten het rivierdal (dag. 8–18 uur, toegang €6). De stad dankt zijn naam aan de liefdesgodin Aphrodite. Sinds de 2e eeuw v.Chr. ontwikkelde Aphrodisias zich als belangrijkste Klein-Aziatische stad van de Aphroditecultus. Op basis van de op de mythologie gebaseerde relatie met het Julisch-Claudische huis, waarvan de oorsprong via de Trojaanse held Aeneas terugvoert op de Griekse liefdesgodin, werden de stad in de vroege keizertijd talrijke privileges toegekend

Griekse eilanden van dichtbij

Informatie

Begin: Havenplaatsen aan de Ageïsche kust: Ayvalık, Çeşme, Didim, Bodrum, Datça, Marmaris.

Duur: Dagtocht.

Belangrijk: Identiteisbewijs meenemen!

Na tientallen jaren van zeer gespannen betrekkingen tussen de Navo-partners Turkije en Griekenland, zorgt een zekere politieke ontspanning nu voor nieuwe mogelijkheden. Zullen we even een souvlaki met een retsina gaan halen op een van de nabijgelegen Griekse eilanden? Wat vroeger bijna onmogelijk leek, is tegenwoordig geen probleem meer. Dagelijks

varen er snelle hydrofoils (draagvleugelboten) heen. Er is een aanbod van dagtochten met een korte rondreis of een trip voor een Griekse nacht of simpelweg een avondje uit. En dat aanbod, terug in de 'eurozone', wordt gaarne aangenomen.

Het populairste doel voor grensoverschrijdende eilandhopping is **Kós**, dat op een steenworp afstand van Bodrum ligt, maar ook vanuit Didim per boot te bereiken is. Rond de haven, achter het kasteel van de kruisridders, liggen talloze restaurants, maar er blijft genoeg tijd over voor de Romeinse opgravingen of om te winkelen.

Vanuit Kuşadası bent u net zo snel op **Sámos**, waar de wiskundige Pythagoras is geboren. Elegante classicistische voorgevels drukken hun stempel op de eilandhoofdstad Vathi. Liefhebbers van archeologie vinden in het museum vondsten van de vroegere, aan de zuidkust gelegen eilandhoofdstad, die zijn bloeitijd onder de tyran Polykrates beleefde.

Maar ook de iets langere vaartocht (45 min. per hydrofoil) van Mamaris naar **Rhodos** loont de moeite. Hier komt u terecht in een middeleeuwse stad uit een prentenboek, gebouwd door johannieter kruisridders. Het is een fantastische ervaring om door de slotgracht van deze vestingstad te lopen. In de muren zitten hier en daar nog stenen kogels van de Osmaanse artillerie. Van de kleine havenplaats Datça gaat het naar **Sými**, met een van de mooiste steden van de Egeïsche Zee.

De beide grote eilanden **Chíos** en **Lesbos**, die u vanuit Çesme, respectievelijk Ayvalık kunt bereiken, zijn minder door het toerisme aangeraakt. Beide beschikken over een fraai oud stadsgedeelte en tevens over een beroemd product: op Lesbos (dat in Turkije Mitilini wordt genoemd) draait alles om olijfolie, Chios is beroemd vanwege de mastiek, een boomsap dat in kauwgum wordt verwerkt of als smaakstof in ijs wordt gebruikt.

en groeide hij al snel uit tot een pelgrimsoord dat zijn faam zag groeien dankzij de overdadige feesten ter ere van de liefdesgodin. Toen na de zege van het christendom de tempels werden gesloten en er een bisschop was benoemd, is de naam van de stad veranderd in Stavropolis ('Stad van het Kruis').

Het **museum** beschikt over talrijke sculpturen van de beroemde stedelijke school voor de beeldhouwkunst, die een zeer fijnzinnige stijl ontwikkelde en waarvan de beelden naar Rome en Afrika werden geëxporteerd. Naast diverse bustes van leden van de keizerlijke familie en beelden van beroemde dichters zijn vooral de Penthesileiagroep (Achilles draagt de stervende koningin der Amazonen van het slagveld) en het tempelbeeld van Aphrodite heel indrukwekkend.

De eerste fase van de rondleiding is gericht op het **tetrapylon** uit de tijd van keizer Hadrianus, de ceremoniële poort van het grote heiligdom van Aphrodite. De vrijwel volledig met originele bouwelementen herbouwde poort is met zijn weelderige, filigraanachtig gebeeldhouwde versierselen een pronkstuk van de stad. Daarachter bevindt zich de tempel van Aphrodite uit de 1e eeuw v.Chr., die later tot kerk werd verbouwd en waarvan alleen de buitenste zuilenring behouden is gebleven. Het **stadion** in het noorden, bij de stadsmuur, bood plaats aan zo'n 30.000 toeschouwers en geldt als het best geconserveerde uit de oudheid.

Ten zuiden van de tempel verschaft het **odeion**, een concertzaal uit de 2e eeuw, met zijn onderdelen uit diverse soorten marmer een goed beeld van de rijkdom van de stad. Verder zuidelijk lag de **agora**, een soort dubbel marktplein, dat bestaat uit een noordelijk deel (waar destijds opgravingen zijn gedaan) en een later aangelegd zuidelijk deel. Deze had een louter politieke functie: in de zuilenhal van Tiberius, rond het waterbassin, bespraken de inwoners het dagelijkse nieuws. De westelijke voorzijde wordt afgesloten met de **Hadrianustermen** (2e eeuw), een met vloermozaïeken versierd badhuis, met in het oosten de monumentale agorapoort, waarvan herbouw tot de mogelijkheden behoort.

Vanaf deze poort kunt u de heuvel beklimmen achter het theater, waarop zich de oudste vestigingsplaats van de stad bevindt – teruggaand tot het 6e millennium v.Chr. Van het **theater**, dat een mengeling vormt van hellenistische en Romeinse stijl, zijn niet alleen de rangen, maar ook het onderste deel van de toneelmuur bewaard gebleven. De tunnel, waardoor de gladiatoren en wilde dieren de orchestra bereikten, is nog steeds zichtbaar. Op de terugweg passeert u de **sebasteion**, een triomfstraat, geflankeerd door twee 80 m lange zuilenrijen. Deze straat werd ter ere van keizer Augustus aangelegd en diende als cultusplaats van zijn dynastie (tot Nero aan toe), maar ook nog voor volgende keizers, tot in de 2e eeuw.

Pamukkale (Hierapolis) ▶ 15, A 4

Het dorp **Pamukkale** ligt ongeveer 20 km ten noorden van de provinciehoofdstad **Denizli** (500.000 inwoners) aan het eind van de grote geologische breuklijn die de Meander volgt. Door de aardwarmte die in de breukzone vrijkomt, bevinden zich in het bovendal van de Meander veel warmwaterbronnen – de bron bij het oude Hierapolis is echter uniek: het warme water (30–50 °C) bevat opgelost calciumbicarbonaat, dat bij afkoeling uiteenvalt in kooldioxide, water en calciumcarbonaat of kalk. Deze kalk zet zich in dikke lagen af en verstopt de afvoergoten, zodat er vlakke terrasvormige bekkens en diepe troggen ontstaan. De clou is echter dat de kalk van Pamukkale ('Katoenburcht' of 'Witte Burcht') sneeuwwit is. Op het eerste gezicht ziet de helling eruit als een bevroren waterval. In de zomer neemt het water alle schakeringen van turquoise aan, en in de winter stijgen er dampen uit het bekken omhoog.

Dat de warmwaterbronnen al in de oudheid gebruikt werden, bewijzen de ruïnes van Hierapolis op het plateau voor de terrassen. Koning Eumenes II van Pergamon stichtte deze stad in de eerste helft van de 2e eeuw v.Chr.; nóg ouder is het Plutonium, een

heiligdom voor de god van de onderwereld, dat door pelgrims en zieken werd bezocht om in het water en door de mysteriediensten van de priesters genezing te vinden.

De terrassen en bronnen van Pamukkale

In de vroege jaren 1990 behoorde Pamukkale tot de drukstbezochte bestemmingen van Turkije, maar de soms wel duizend toeristen per dag lieten te veel sporen achter: de kalkterrassen raakten zo vervuild, dat men ze in 1997 afsloot – de heuvel mag nu nog maar voor een klein stukje, de voormalige toegangsweg, met blote voeten worden betreden. Ook de hotels boven de terrassen zijn afgebroken. Daardoor is veel van de vroegere sfeer verdwenen. Dit heeft geleid tot een drastische afname van individuele reizigers. De meeste bezoekers komen nu met georganiseerde bustochten en blijven vaak maar een uur of twee. Daardoor is het toeristische hotel- en restaurantaanbod enorm verminderd. De meeste horecaondernemers houden met moeite het hoofd boven water en geld voor investeringen ontbreekt.

Zowel voor de bezichtiging van de terrassen als de ruïnes van Hierapolis moet entree worden betaald (dagkaart voor een personenauto kost ca. €10). De directe toegangsweg vanuit het dorp eindigt bij het zuidelijk gelegen parkeerterrein, vanwaar geen weg naar de terrassen voert. Hier is het nog ca. 10 minuten rijden met de auto naar de hoofdingang – in de richting van Karahayit.

In het **Pamukkale Termal**, ten noorden van het museum, kunt u desgewenst baden. Dit is het beroemde 'antieke' bad, de bronvijver waarin u tussen omgevallen zuilen baadt. Heel romantisch, tenminste als het niet te druk is – het begin van de avond is de beste tijd (geopend van 9–19 uur, toegang €8 voor volwassenen, €4 voor kinderen).

De ruïnes van Hierapolis

Van de kuurstad Hierapolis, die in de Romeinse tijd zijn bloei beleefde, vormden de

thermen en het tempeldistrict het middelpunt. In een gerestaureerd deel van het reusachtige hoofdbad is het **Thermenmuseum** ondergebracht (dag. 9–19 uur, entree tot 18 uur), waar fantastische beeldhouwwerken uit Hierapolis en Laodikeia (zie blz. 244) te bewonderen zijn. Vooral de galerij van de godenbeelden, de fraaie sarcofaag en de fries van het theater, behoren tot het beste van wat Turkse musea te bieden hebben. De fries toont taferelen uit de sagencyclus rond Apollo en van de kroning van keizer Septimius Severus, tijdens wiens regeerperiode de reliëfs vervaardigd zijn – waarschijnlijk door steenhouwers uit Aphrodisias: het weelderige rankwerk is kenmerkend.

Vandaar gaat het heuvelopwaarts via de thermen van Pamukkale met de oude bronvijver (zie boven) naar het terrein met de opgravingen, waar het **theater** (openingstijden gelijk aan die van het Thermenmuseum) het best bewaard gebleven gebouw is. Ook hier kunt u nog delen van de fries van de toneelmuur (zie boven) bekijken, die door Italiaanse archeologen gereconstrueerd zijn. De fries, waarop een feestelijke Dionysosoptocht te zien is, behoort waarschijnlijk tot de meest volledige friezen van Turkije.

Lager op de helling, maar nog op omheind terrein, liggen de cultusplaatsen: de **Apollotempel**, waar alleen nog het podium van overgebleven is, een monumentaal **nymfaion** en het **Plutonium**, een grot die vroeger de hoofdbron was van het 'heilige water'. Volgens de antieke kroniekschrijvers was deze grot gevuld met giftige dampen – alleen de priesters die namens de pelgrims met Pluto, de god van de onderwereld, in contact traden, konden deze grot betreden. Tegenwoordig is de overwelfde toegangsdeur afgesloten, omdat er nog steeds het gevaar bestaat van giftige gassen.

De vermoeiende klim naar het **Martyrium van Philippus**, boven het theater, is in de zomer eigenlijk alleen 's avonds goed te doen. Het pelgrimsoord bestaat uit een gebouw van 60 x 60 m, waarin een achthoek is geplaatst, zodat de plattegrond uiterst verwarrend is: vierhoekige kamers aan de zijkanten en driehoekige kamers in de achthoek.

De witte terrassen van Pamukkale .

Via de noordelijke toegangsweg bereikt u eerst de **Byzantijnse verdedigingspoort**, die illustratief voor de verkleining van de stad toen het verval had ingezet. Deze poort onderbrak een ten tijde van keizer Domitianus aangelegde, met **zuilen** geflankeerde weg die langs het **forum** van het tempeldistrict liep tot aan de uit twee ronde torens bestaande **Frontinuspoort**, de hellenistische stadspoort.

Daarachter liggen de grote ruïnes van een **badhuis**, dat in de 5e eeuw als kerk in gebruik werd genomen. Tot slot is er de **necropool**, een van de mooiste van Turkije, met duizenden grafhuizen en sarcofagen uit de keizertijd, en ronde mausoleums uit de hellenistische tijd.

Informatie

Informatiebureau: Örenyeri, bij het Thermenmuseum, tel./fax 0258 272 20 77, dag. 9.30-12, 13-19 uur.

Accommodatie

Het **Grand Sevgi Hotel** in de Denizlistraat is het beste lokale hotel (www.grandsevgiotel.com). Andere middenklassehotels vindt u aan de noordwestelijke dorpsrand.

Goed en vriendelijk ▶ Mustafa Pansiyon: Aan het begin van de hoofdstraat, direct bij de ingang van het dorp, tel./fax 0258 272 22 40, www.mustafahostel.com. Een heel voordelig, eenvoudig hotel, waar u door een echte Turkse mama wordt verzorgd. Met zeer populair pizzarestaurant. Overnachting vanaf €10/p.p., 2 pk €20-30.

Goed en met zwembad ▶ Yörük Motel: Atatürk Cad., in de dorpshoofdstraat, tel./fax 0258 272 26 74, www.artemisyorukhotel.com. Een prima geleid middenklassehotel; kamers in motelstijl rond zwembad (gevuld met bronwater), gratis internet. 2 pk 40-55 €.

Eten en drinken

Traditionele keuken ▶ Gürsoy: Atatürk Cad., tegenover het Yörük Motel. Turkse keuken in een beschaduwde tuin aan de dorpsstraat - vriendelijke bediening. Hoofdgerechten €4-9.

Grillgerechten en internet ▶ Kayaş Wine House: Atatürk Cad. 3. Grillkeuken, ook enige Aziatische gerechten. Daarbij wijn of nargile

(waterpijp); satelliet-tv en wifi (draadloos internet), hoofdgerechten vanaf €5.

Vervoer

Van İzmir, Antalya, Afyon/Ankara en Muğla (Marmaris/ Fethiye) vertrekt er bijna ieder uur een **bus** naar Denizli, vandaar rijden er elk half uur **minibussen** naar Pamukkale.

Laodikeia ▶ 15, A 4

De oude stad **Laodikeia**, tussen Pamukkale en Denizli, werd omstreeks 261 v.Chr. door koning Antiochos gesticht en is naar diens vrouw vernoemd. De zich snel uitbreidende stad, die in recenter tijd door opgravingen in toenemende mate werd blootgelegd, ontwikkelde zich door de grote toestroom van Grieken en Joden tot een centrum van hellenistisch Klein-Azië, vooral na 188, toen hij aan het koninkrijk Pergamon werd toegespeeld. Onder de Romeinse keizers werden aan de stad bijzondere gunsten verleend; het belangrijkste product was kreukvrije, uit wol vervaardigde textiel, dat buitengewoon gewild was.

In het stadscentrum, tussen de Syrië- en de Efezepoort, bevindt zich de decumanus, waaraan vele openbare gebouwen liggen. Het grote theater vindt u aan de noordkant, een agora en een stadion aan de zuidkant.

Het Çinedal ▶ 14, D 4/17, C 1

De weg van Aydın door het stille dal van de **Çine Çayı**, in de richting van het zuidelijk gelegen Muğla en Marmaris, is een snel alternatief voor de langere kustweg, maar ook een goede mogelijkheid voor een tweedaagse rondtoer vanuit Kuşadası of Bodrum, als u Milete, Didyma en Priene bezoekt. Het middelste deel van de Çine stroomt door aangeslibt, vruchtbaar land. Het stuk tussen Eskiçine en Yatağan is heel fraai omdat de rivier daar een rotsachtig ravijn volgt, waar in mei en juni duizenden oleanderstruiken in roze-witte bloei staan.

Een aardige plaats is de Karische stad **Alinda**, die enigszins verdwaald te midden van een romantisch heuvellandschap ligt, boven het dorp Karpuzlu (26 km van Çine). De 100 m lange, twee verdiepingen hoge markthal aan de agora is bijzonder imposant. Tussen de olijfbomen doemen een theater en een toren van de stadsmuur op. In de necropolis bevinden zich talloze rotsgraven.

Çine, het centrum van het dal, is een ingeslapen provinciestadje dat alleen tijdens de weekmarkt enige levendigheid toont. In het westen, bij het dorp Araphisar (9 km), liggen de ruïnes van **Alabanda**: een theater, een odeon en de agora zijn nog in het vlakke heuvellandschap te herkennen. Meer naar het zuiden kunt u bij wijze van excursie vanuit Eski-çine (Oud-Çine), de op een helling gelegen oud-Karische cultusplaats **Gerga** bezoeken, waar zich nog een moskee en türbe uit de tijd van het pre-Osmaanse emiraat bevinden.

Stratonikeia ► 17, C 1/2

In **Yatağan**, aan het eind van het Çinedal, is een ritje naar het oude **Stratonikeia** bij het oude dorp Eskihisar (7 km) de moeite waard. Het landschap ten westen van Yatağan is allesbehalve mooi te noemen: de bruinkoolwinning die op grote schaal plaatsvindt, heeft reusachtige bergen puin en steen achtergelaten. De bruinkool wordt overigens verstookt in de krachtcentrales bij Yatağan en aan de Golf van Gökova in het zuiden – de milieubeweging, geruggensteund door de plaatselijke hotelmanagers, protesteert al jaren tegen de uitstoot van stof en zwaveldioxide.

Midden in dit uiteengereten landschap staan de huizen van het verlaten dorp Eskihisar, waarvan de bewoners naar nieuwe huizen in meer westelijke richting zijn verhuisd. Het oude dorp had zich genesteld tussen de ruïnes van de oude stad Stratonikeia, die daardoor maar deels kon worden uitgegraven. Naast een hellenistisch theater, de ruïne van een Ionische tempel, een gymnasion en een stadspoort, is met name het bouleuterion het vermelden waard: in de noordelijke muur is het beroemde prijsedict van keizer Diocletianus (284–305) ingemetseld – waarmee hij (overigens zonder succes) de economische crisis en de inflatie binnen het Romeinse Rijk te lijf wilde gaan (zie blz. 382).

Muğla ► 17, C 2

Het stadje **Muğla** (57.000 inwoners), ten zuiden van Yatağan, kan het als provinciehoofdstad ten opzichte van de beide grote 'zomersteden' Bodrum en Marmaris, nauwelijks bolwerken. Het was de zetel van de Osmaanse pasja van de regio. Er wordt thans een universiteit gebouwd, die voor nieuwe groei-impulsen moet zorgen. De nog zeer traditionele oude stadskern en de grote weekmarkt zijn een geliefd toevluchtsoord voor het gebied rond Marmaris – vooral op donderdag, de marktdag. Naast het **Muğla Museum**, met bijeengeraapte collectie, is het raadzaam om de **Yağcılarhan** te bezoeken, een historisch, thans gerestaureerd handelshof met een restaurant, waar u prima even kunt pauzeren.

Informatie

Informatiebureau: Marmaris Bulv. 24, tel. 0252 214 12 61, Fax 0252 214 12 44.

Accommodatie

Op doorreis ► **Hotel Petek:** Marmaris Bulv. 24, tel. 0252 214 42 23, iets buiten het centrum liggend, een heel modern en verzorgd 3*-hotel, kleine balkons, prima traditioneel ontbijt. 2 pk €28.

Eten en drinken

Traditionele keuken ► Typisch Turks eet u in de **lokanta's** rond het busstation.

Met uitzicht ► Als reisonderbreking is echter ook het **panoramarestaurant van het BP-benzinestation** aan de steile afslag in de richting van Marmaris, achter het 775 m hoge Çiçekbelipas, aan te bevelen, vanwege het prachtige uitzicht over de Golf van Gökova.

Priene ► 13, C 4

De antieke stad **Priene**, gelegen op een uitloper van de Samsun Dağı, vanwaar u een fraai uitzicht hebt over de vlakte van de Meander, hoort landschappelijk tot de mooiste steden van West-Turkije (dag. 8–17.30 uur, in de zomer tot 19.30 uur). Priene was in de archaïsche tijd beroemd als de stad die in de 6e eeuw door Bias, een van de zeven wijzen uit de oudheid, geregeerd werd – wat Plato later inspireerde tot zijn model van de filosofenstaat. Deze stad lag ergens waar zich nu de vlakte van de Meander uitstrekt, en werd tijdens de Perzische oorlogen verwoest. Daarom bouwde men rond 350 v.Chr. een nieuw Priene, een planmatige stad met een rechthoekig stratenpatroon volgens het ontwerp van bouwmeester Hippodamos van Milete (zie blz. 247). Athene speelde bij dit project een toonaangevende rol, enerzijds om zijn ambities als grootmacht zeker te stellen (wat vergeefs bleek), anderzijds uit religieuze overwegingen: op het grondgebied van Priene stond het panionion, de belangrijkste cultusplaats van de Ionische Grieken in Klein-Azië (ten noorden van het Samsun/Mykale-gebergte bij Güzelçamlı).

Van de Athenatempel naar het stadion

Vanaf het kassahuisje volgt u de oude geplaveide weg. Het raster van Hippodamos dat ondanks de niveauverschillen nauwkeurig op de windstreken georiënteerd is, laat zich duidelijk herkennen. De **Athenatempel** steekt door een verhoogd terras boven het stadscentrum uit. Een hellende oprit leidt naar het plein van het altaar dat, zoals in de oudheid gangbaar was, zich voor het heiligdom van de stadsgodin bevond. Daarachter verheffen zich tegenwoordig nog 4 van de oorspronkelijke 34 zuilen. Op grond van de volmaakte verhoudingen werd het bouwwerk door tijdgenoten als voorbeeldige Ionische architectuur beschouwd.

In het noorden van het stadsgebied leunt het **theater** tegen de helling van de akropolis. Er pasten 5000 toeschouwers in. Een deel van de toneelmuur en enige marmeren zitplaatsen voor de notabelen zijn bewaard gebleven. De ruïne van een **kerk** voor de toneelmuur stamt uit de 6e eeuw, toen Priene nog bisschopszetel was. Aan de westzijde van de bovenste theaterrang begint een rotspad naar het Demeterheiligdom, dat qua bouwstijl hellenistisch is. De cultusplaats zelf, waar Demeter, godin van het aardeleven en haar dochter Persephone, koningin van het dodenrijk,

vereerd werden, gaat terug tot in de archaïsche tijd. De klim is de moeite waard vanwege het uitzicht over de stad, de vlakte en de bochtige loop van de Meander.

Ten zuiden van de toegang tot de tempel ligt de agora, die aan de noordzijde door een langgerekte wandelgang, de **Heilige Galerij**, werd begrensd. Via deze galerij had men toegang tot het **bouleuterion**, de raadszaal (met getrapte zitbanken), en tot het **prytaneion**, het gebouw van de bestuursambtenaren. Aan de zuidrand van de agora verhief zich de **Zeustempel**, waarop in de 11e eeuw een kasteel werd gebouwd. Onderaan de steile helling bevinden zich nog een **stadion** en het **benedengymnasion** met op de muren talloze ingekerfde graffitti van de jeugdige sporters.

Eten en drinken

Bij de waterval ▶ Şelale Restoran: In het dorp Güllübahçe, bij het parkeerterrein van de toerbussen. Een fraai restaurant bij de ruïnes. Hier zit u idyllisch aan een forellenvijver, die door een antiek aquaduct gevoed wordt.

Vervoer

Uit het noorden: Dolmuş van Söke naar Güllübahçe, vandaar 1 km te voet. Dagtochten vanuit Kuşadası.
Uit het zuiden: Dolmuş van Milas naar Söke of Balat/Milete. Vanuit Bodrum/Torba ook een veerboot naar Altınkum, vandaar is een taxitoer aan te raden (incl. Didyma, Milete).

Milete ▶ 17, A 1

Het is nauwelijks meer voor te stellen, dat **Milete** eens een havenstad was. Want waar zich eens tot Priene en tot aan de Çamiçi Gölü water uitstrekte, wordt nu katoen verbouwd; de irrigatiekanalen zorgen ervoor dat de ooievaars van een rijk gedekte tafel kunnen genieten. De voormalige glorie van deze stad laat zich ook niet uit de ruïnes afleiden: Milete, gelegen op een schiereiland in de Latmische Golf, was in de archaïsche tijd de belangrijkste stad van de Griekse wereld. Het beheerste de handel tussen Europa en Azië, zijn zeelieden stichtten zo'n 80 kolonies en – waarschijnlijk van nog groter belang – zijn filosofen effenden de weg voor de wetenschappelijke denken. In de 6e eeuw v.Chr. wist de wiskundige Thales een zonsverduistering te voorspellen, schreef Hekataios een geografisch werk over de toen bekende wereld – van de zuilen van Herakles tot India – en ontwierp Anaximander een wereldkaart.

Maar toen waagde Milete het om tegen de Perzische bezetter in opstand te komen, waarna de stad het onderspit dolf en de Ionische vloot in 494 v.Chr. bij het eiland Lade (tegenwoordig de enige heuvel op de vlakte bij Priene) werd verwoest. De wederopbouw vijftien jaar later was in handen van de Miletische bouwmeester Hippodamus. De planmatige aanpak en het ontwerp waarbij de straten elkaar loodrecht kruisen, vond algehele navolging in de antieke wereld – in de renaissance werd deze methode herontdekt.

Van theater tot zuidelijke agora

Anders dan in Priene is het stratenpatroon op het terrein van de ruïnes (dag. 8.30–17.30 uur, in de zomer entree tot 19.30 uur) niet duidelijk zichtbaar, want door de gestegen grondwaterspiegel is het stadsgebied tot moeras geworden. Veel gebouwen zijn daarom tot het begin van de zomer niet zonder natte voeten bereikbaar. Het belangrijkste gebouw is het van grote afstand zichtbare **theater**, dat in de Romeinse tijd plaats bood aan 25.000 toeschouwers. De westzijde met de overwelfde ingangen is bijzonder indrukwekkend; op de toneelmuur zijn reliëfs bewaard gebleven van gladiatoren in gevecht met wilde dieren.

Vanaf de oostzijde van het theater daalt u af naar de voormalige marinehaven: de Leeuwenhaven. Het **havenmonument**, dat vroeger 8 m hoog was, staat er ter nagedachtenis van diverse 'zeehelden', zoals Pompeius, die in de 1e eeuw v.Chr. de Klein-Aziatische zeerovers klein wist te krijgen. De **leeuwenbeelden**, de naamgevers van de haven, die bij de ingang daarvan de macht van de stad aan ieder schip tonen, zijn alleen in de zomer zichtbaar, als het waterpeil is gedaald. Bij het havenmonument zijn altijd gidsen te vinden die u door

het 'distelwoud' daarheen kunnen leiden. De noordelijke agora wordt gemarkeerd door de deels gereconstrueerde Ionische stoa ten zuiden van de Leeuwenhaven. Over de andere gebouwen aan het plein, zoals het delphinion, Capitothermen, het gymnasion, het nymphaion en het bouleuterion, wordt via informatieborden goede uitleg gegeven.

Als u naar links loopt, komt u bij de Byzantijnse **Michaëlskerk** met bisschoppelijk paleis, waar een noodconstructie bescherming biedt aan de mozaïekvloer uit de 6e eeuw. In de richting van het parkeerterrein volgen dan de omvangrijke **Faustinatermen**. In het frigidarium, het koudwaterbad, blikt de liggende gestalte van riviergod Maiandros naar het zwembad. De **Serapistempel**, waarvan de gevelpartij aan restauratie toe is, grenst aan de oostkant van de thermen .

De **İlyas Beymoskee** – met een Koranschool en een gaarkeuken is in 1404 met het marmer van het oude Milete gebouwd, toen de emir van Menteşe vanuit de residentiestad Milas over het gebied heerste. Door de renovatie in 2009 is opnieuw de overwinning van de islam op de antieke wereld onderstreept.

Tussen de moskee en de Ionische stoa lag de **zuidelijke agora**, die met zijn afmetingen van 96 bij 164 m eens het grootste marktplein van de antieke wereld was – nu grazen er schapen. Aan de noordrand stond de monumentale poort (17 m hoog, 29 m breed), die Duitse archeologen naar het Berlijnse Pergamonmuseum hebben overgebracht. Door de poort trokken grote processies van het Delphinion, waar Apollo werd vereerd voor een lange reis over de Via Sacra ('Heilige Weg') naar Didyma.

Vervoer

Uit het noorden: Dolmuş van Söke via Güllübahçe/Priene in de richting van Didim/Altınkum Plaj. Dagtochtjes vanuit Kuşadası.

Uit het zuiden: Dolmuş van Milas naar Balat/Milete of Didim/Altınkum Plaj. Dagtochtjes vanuit Bodrum.

Uit Bodrum tijdens het seizoen ook per draagvleugelboot naar Didim. Vandaar per taxi of met een gehuurde brommer (incl. Didyma, Priene); overnachten is noodzakelijk.

6 Didyma (Didim) ▶ 17, A 1

De tempel van **Didyma** (dag. 8–17.30 uur 's winters, 9–19 uur 's zomers) was het belangrijkste orakel van West-Klein-Azië dat vanuit Milete werd aangestuurd. In de archaïsche tijd vereerde men bij een laurierboom Apollo en Artemis, de goddelijke tweeling (Grieks: *didymoi*), die hier door Zeus bij de godin Leto moet zijn verwekt. Na de nederlaag tegen de Perzen werd het oude heiligdom uit de 6e eeuw door de overwinnaars verwoest. Het orakel hield echter niet op te bestaan en voorspelde bijvoorbeeld de zege van Alexander de Grote. Dus begon men in Milete met de bouw van een nieuwe tempel. Deze tempel moest in wedijver met de cultusoorden van Sámos en Efeze over dezelfde reusachtige afmetingen beschikken: het gebouw was 24 m hoog en 112 zuilen van ieder 2 m doorsnede moesten het grote fundament van 51 bij 110 m in twee rijen omkransen – maar ondanks een bouwtijd van meer dan vijfhonderd jaar is de tempel nooit voltooid. Pas na driehonderd jaar werden de zuilen van de voorhal, die van met reliëfs bewerkte voetstukken waren voorzien, geplaatst – een schenking van de Romeinse keizer Caligula. De beroemde Gorgonenkoppen daarentegen tonen nog de vormentaal van de hellenistische barok.

Aan de achterkant van de voorhal opende zich het enorme 'verschijningsraam', waarvoor de priesters hun voorspellingen deden. Gewone stervelingen mochten het binnenhof, waarheen aan beide zijden twee tunnels voerden, niet betreden. Hier stond de eigenlijke tempel met het cultusbeeld. Aan de oostzijde leidde een trap naar het verschijningsraam. Vanaf de rechter- en linkerkant kon men via trappen het dakterras bereiken. In zijn geheel is deze tempelvorm binnen het Grieks cultuurgebied uniek en doet sterk denken aan de Egyptische cultusplaatsen, wat verklaard kan worden uit het bondgenootschap tussen Milete en de Egyptische Ptolemaeïsche koningen in de 2e eeuw v.Chr.

Voor de opgang naar de voorhal zijn de fundamenten zichtbaar van het altaar, dat nog uit de archaïsche tijd stamt, maar dat tot aan de sluiting van het heiligdom door keizer Theodosius is gebruikt. Het opgegraven stuk van de Via Sacra, aan de noordkant van de moskee, laat zien dat de tempel omgeven was door badhuizen, herbergen, winkels met religieuze koopwaar en een offerplaats voor Artemis. Ook nu nog zijn er bij de tempel souvenirs – objecten van onyx, tapijten – te koop.

Didim (Altınkum Plaj) ▶ 17, A 1

Nabij het strand van Altınkum ('Goudzand'), 5 km verder naar het zuiden, is de afgelopen jaren de vakantiebestemming Didim uit de grond gestampt. Waar twintig jaar geleden nog vissershutten stonden, verrijst inmiddels een moderne vakantiestad. Enorme lappen grond worden met vakantiehuizen en appartementenblokken bebouwd. Onder de vakantiegangers zijn de Britten en Turken in de meerderheid. Ondertussen steekt Didim Marmaris en Side al aardig naar de kroon: een mooi zandstrand, maar wel heel druk; langs de kustpromenade rijgen zich de musicbars aaneen.

Informatie

Informatiebureau: Aan de havenpromenade.

Accommodatie

De beide betere hotels, **Orion** (www.orionhoteldidim.com) en **Tuntaş** (www.tuntashotels.com) liggen aan het ooststrand, waar het veel rustiger is. Bij het hoofdstrand liggen heel veel appartementenhotels.

Bij de tempel ▶ **Medusa House:** Didim, Yenikapı, tel. 0256 811 00 63, mobiel 0542 725 86 22, www.medusahouse.com. Aardig pension in een oud natuurstenen huis met veel groen, mooie mediterrane kamers; het ontbijt wordt op antieke kapitelen geserveerd. 6 kamers, 2 apt.; 2 pk/ontbijt €60–70, apt. €80.

Eten en drinken

Tussen het hoofd- en het ooststrand bevinden zich enige goede restaurants met Turkse en internationale keukens, niet duur, wel veel stoepiers. Eenvoudiger eettentjes vindt u in de straatjes bij het hoofdstrand.

Tip: Robinsonade aan het Bafameer

Een landelijke idylle, ver van de lawaaiige vakantiesteden met hun toeristenindustrie: wie hiernaar op zoek is, moet het Bafa Gölü ontdekken. Er staan duizenden olijfbomen op de oevers van dit meer, dat eens een zeearm was, maar door de rivier de Meander van de zee werd afgesneden. Nog steeds is het meerwater enigszins brak – daarom is hier waarschijnlijk geen massatoerisme te verwachten en loopt het idyllische natuurlandschap geen gevaar.

In Herakleia biedt het Agora Pansiyon accommodatie. Het beschikt over negen eenvoudige, verzorgde kamers – u kunt gemakkelijk aansluiting vinden bij de plaatselijke bevolking. Hier leert u in één dag meer over Turkije, dan er in dit boek kan worden geschreven. Dit komt omdat Cengiz Serbes wandelingen begeleidt naar de woeste bergwereld van de Beşparmak en ook bootexcursies verzorgd: naar de oude kloosters en de cellen van de kluizenaars in het Latmosgebergte, naar de nomadendorpen op de Yayla. In het voorjaar is het hier mooi, als er een rijke plantenwereld tot bloei is gekomen. De kinderen kunt u met een gerust hart in het dorp achterlaten; er wordt voor ze gezorgd. Aanvullend zijn er natuurlijk ook uitstapjes naar beroemde plaatsen aan de kust mogelijk.

Agora Pansiyon: Kapıkırı/Herakleia, Milas, tel. 0252 543 54 45, www.agora.pansiyon.de, 2 pk/ontbijt ca. €70, 1 week wandelvakantie + 2 pk €460 p.p.

Wie meer comfort zoekt, kan in Club Natura Oliva aan de weg naar Milas romantische dagen doorbrengen. Deze zaak, in wezen een omgebouwd productiebedrijf van olijfolie, oogt landelijk en is zeer idyllisch tussen de olijfbomen gelegen. De kamers beantwoorden aan het natuurlijke leven, dat men hier op waarde weet te schatten. Er bestaat de mogelijkheid voor boottripjes, wandelingen en yogaoefeningen. Ga op het grote terras voor uw kamer zitten, richt uw blik op het meer en laat uw ziel zweven – één van de mooiste ervaringen die Turkije te bieden heeft.

Club Natura Oliva: Bafa Gölü, tel. 0252 519 10 72, www.clubnatura.com, 2 pk €45–80.

Olijfboomgaarden rond het Bafameer

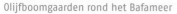

Vis en zo ▶ **Kamacı 2,** 404 Sokak, Çamlık Mah., tel. 0256 811 00 28. Visrestaurant met goede bediening; mooi uitzicht over het stadje. Goede mezeler, de visgerechten zijn zeer aan te bevelen (ca. €13–25, bij een kiloprijs van tevoren laten wegen!). Er is ook een vestiging bij de tempel (Kamici 3), die eveneens in vis (en bustoeristen) gespecialiseerd is.

Uitgaan

Disco aan zee ▶ **Medusa:** Direct aan het ooststrand. De chicste en grootste nachtclub van de stad, met dansshow en gogogirls.

Winkelen

Souvenirs ▶ Bij de tempel van Didyma kunt u tapijten kopen; er zijn ook onyxslijperijen, waar u het productieproces kunt volgen.

Vervoer

Minibussen van Söke (via Güllübahçe/Priene en Akköy/Milete). **Dagtochten** naar de tempel van Kuşadası, vanuit Bodrum rondvaarten. **Veerboten** (geen autotransport) van Didim naar **Kós** wo. en vr. vanaf 9 uur; naar **Bodrum** vaart er op het moment geen veer (www.didimferrylines.com).

Het Bafameer en Milas

Het laatste wat rest van de zee die zich eens tussen Priene en Milete uitstrekte, is het Bafameer, waarvan de naam afkomstig is van de Griekse term *bastarda thalassa*, 'onechte zee' (Turks: Çamiçi Gölü). De eens ongeveer 40 km lange Latmische zeeboezem, genoemd naar het Latmosgebergte (Beşparmak of Teke Dağı), is door de slibafzettingen van de rivier de Büyükmenderes (zie blz. 239) intussen in grote delen vruchtbaar land veranderd; het meer is al 15 km van de zee verwijderd.

Op de aangeslibde vlakte in de richting van Söke wordt nu met name katoen verbouwd. In september is het oogsttijd, dan plukken dagloners, die onder erbarmelijke omstandigheden in tenten van plastic zeil bivakkeren, het 'witte goud', dat in reusachtige loodsen aan de stadsrand van Söke wordt opgeslagen. Van de veelal vrouwelijke plukkers bedraagt het maandloon ongeveer 70 euro. Winst wordt er hier, net als in de tweede grote katoenstreek rond Adana, slechts door de grootgrondbezitters gemaakt, die niet alleen de teeltgronden, maar ook de belangrijke textielindustrie van Turkije in handen hebben.

In tegenstelling tot de verlatenheid van de delta van de Meander, biedt de **Bafa Gölü** een buitengewoon aantrekkelijk landschap, met uitnodigende idyllische lokanta aan het meer. De hellingen langs de oever zijn kilometerslang begroeid met olijfbomen. De olijven worden, zoals overal in Turkije gebeurt, in grote raffinaderijen heet geperst: twee van zulke fabrieken staan in het dorp Çamiçi.

Herakleia ▶ 17, B 1

In de buurt van Çamiçi splitst de weg zich bij het gehucht Kapıkırı (dag. 8.30–18 uur, toegang 8 TL) naar het oude **Herakleia**. Naarmate de rit vordert, wordt de omgeving steeds fascinerender: machtige gneisrotsen verrijzen grijs en glad boven het spiegelend wateroppervlak van het meer, daartussen zijn de torens van de stadsmuur te zien. Direct in het oog springend is de aan het eind van de 3e eeuw v.Chr. uit het gneis van de omgeving opgetrokken **Athenatempel**, die boven alles uitsteekt. De antieke agora wordt tegenwoordig gebruikt als schoolplein, het voormalige bouleuterion als kippenhok. Hoger aan de dorpsstraat liggen de thermen en het theater, onderaan bij het meer visrestaurants, campings/pensions en het in een rots uitgehakte **Endymionheiligdom**, waarin de mooie jongeling uit de mythe vereerd wordt, die van Zeus de eeuwige jeugd kreeg – maar wel onder de voorwaarde van eeuwige slaap!

Uit de Byzantijnse tijd stammen het **kasteel** op de hoge rots boven de oever van het meer en ook de vele eenzaam gelegen kloosters in de bergen boven de stad. De meer dan 1300 m hoge Latmos is sedert de 8e eeuw een van de centra van het door afzondering en ascese gekenmerkte Byzantijnse monnikendom. Voor wandelingen dient u gebruik te maken van een gids: het Agora Pension in Kapıkırı (zie blz. 249) is daarin gespecialiseerd.

Euromos ▶ 17, B 1

Bij voortzetting van de reis naar Milas passeert u de Zeustempel van **Euromos** (dag. 8.30–18 uur, toegang 8 TL). Dit bouwwerk uit de 2e eeuw is een der best bewaard gebleven tempels van Turkije: 16 zuilen staan er nog van overeind, vele zijn voorzien van de namen van stichters, wat bewijst dat zo'n cultusgebouw vaak het gemeenschappelijk werk van rijke burgers was, die zich op deze wijze roem bij het nageslacht wilden verwerven.

Milas ▶ 17, B 1/2

Het stadje Milas (55.000 inwoners) is de moeite van een bezoek waard, vanwege het traditionele oude stadsgedeelte en de grote markt op dinsdag. In de oudheid, toen de stad Mylasa heette, was hij de belangrijkste stad van het Karische rijk en sedert het eind van de 5e eeuw de residentie van de Hekatomniden, die als Perzische satrapen over de regio tussen Herakleia en Kaunos heersten. De Kariërs waren een volk dat al in de tijd van de Myceners/Achaeërs in Klein-Azië woonachtig was. De Griekse cultuur won met name terrein onder het bewind van de Karische heerser Mausolos (zie blz. 252), die Mylasa echter verliet om van Halikarnassos (het tegenwoordige Bodrum) de nieuwe hoofdstad te maken.

Er is niet veel bewaard gebleven: alleen het **Gümüşkesen** ('Zilveren Kastje') genaamde mausoleum – met een van prachtig beeldhouwwerk voorzien plafond – ten westen van het centrum, getuigt nog van de welvarende provinciestad uit de Romeinse tijd. Evenals de eenzame zuil afkomstig van een **Zeustempel**, Uzunyuva genaamd. Ook het **Archeologisch Museum** (dag. 8.30–17.30, in de zomer tot 19 uur) is interessant, vooral vanwege archeologische vondsten van plaatsen in de omgeving, zoals: Euromos, Labranda, Iasos en Stratonikeia.

Uit de tijd dat Milas de hoofdstad van de post-Seltsjoekse Menteşedynastie was (1280-1428), stammen twee moskeeën: de **Ulu Cami** (1378), vlak bij het museum toont nog de voor de vroege emiraatstijd typische, het Byzantijnse voorbeeld volgende metselwerk met bakstenen banden. De **Firuz Bey Camii** (1397) aan de hoofdstraat, in het noordwesten van het oude stadsgedeelte, die bij een stichtingscomplex met een gaarkeuken en een Koransschool hoort, is gebouwd volgens het vroeg-Osmaanse bouwtype van moskeeën uit Bursa.

De residentie van de emir van Menteşe bevond zich echter niet in Milas, maar op de heuvel **Beçin Kale**, ca. 5 km in zuidelijke richting aan de weg naar Ören. Beschermd door een burcht op de steilte naar de Milasvlakte, ontwikkelde zich hier een grote paleisstad met moskeeën, karavanserais, badhuizen en de Ahmed Gazi Medrese, waar ook de sarcofaag van de vorst onder een groene doek werd vereerd.

Accomodatie

Op doorreis ▶ Otel Sürücü: Atatürk Bulv., tel./fax 0252 512 40 01. Direct tegenover het standbeeld van Atatürk, provinciaals, maar schoon. 2 pk €20.

Winkelen

Grote **weekmarkt** op dinsdag in de straatjes van het oude stadsgedeelte bij de Firuz Bey Camii.

Vervoer

Busvervoer: Het busstation ligt bij de noordelijke toegangsweg tot de stad; vandaar vertrekken minibussen naar het centrum. Ieder uur vertrekt er een bus naar İzmir en Bodrum; om de 30 min. vertrekken er minibussen in de richting van Yatağan/Muğla, Söke/Selçuk en Ören (passeert Beçin Kale).

Labranda ▶ 17, B 1

Om bewijzen van de Karische geschiedenis te zien, dient u hoog in de bergen te gaan, naar het heiligdom **Labranda** (ca. 12 km via een prima verharde weg, dag. 8.30–18 uur, toegang 8 TL). Onder het regiem van Mausolus werd deze zeer oude, met Mylasa en Alinda (zie blz. 244) via processiewegen verbonden, cultusplaats tot een groot tempeldistrict verbouwd. Hier vereerde men Zeus Labrundos, een vergriekste oud-Karische weergod, wiens bijnaam – zijn symbool van de dubbele bijl (labrys) volgend – behouden bleef.

De zogenaamde 'mannenhuizen' bij de Zeustempel, **Andron** genoemd, waar door soldaten onbekende rituelen werden voltrokken, zijn ook tegenwoordig nog met raadselen omgeven. In de 4e eeuw v.Chr. ontstonden ook de **stoa van Mausolus** en de **propyleeën** met een 12 m brede trap, het begin en eind van de heilige weg. De Romeinse thermen en een kleine basiliek zijn er de stille getuigen van dat deze plaats tot in de christelijke tijd gebruikt werd.

7 Bodrum ▸ 17, A 2

Kaart: blz. 254

Van een afstand bezien is **Bodrum** (32.000 inwoners) een uitgekomen droom: spierwitte, in het zonlicht glinsterende huizen, gelegen rond een middeleeuwse burcht, die op imposante wijze boven de blauwe baai uitstijgt (foto blz. 104). Nader bekeken blijkt Bodrum minder aan de idylle, maar veel meer aan het nachtleven te ontlenen, omdat het havenstadje de reputatie heeft een tweede Ibiza te zijn. Deze mythe trekt vooral jonge mensen aan die de talloze goedkope hotels in Bodrum vullen – en natuurlijk zeilers, want de jachthaven is een der grootste van Turkije. Hoewel jaarlijks zo'n 400.000 bezoekers Bodrum onveilig maken, is het toch gelukt het idyllische beeld vast te houden. De reputatie van de Bodrumse disco's als de beste van Turkije is echter tot in Istanbul en Ankara en ver in het buitenland doorgedrongen.

De plaats had behoefte aan historische betekenis. In de oudheid luidde de naam Halikarnassos, ten tijde van de Karische heerser Mausolus (of Maussollos) uit de Hekatomnidendynastie, die oorspronkelijk in Mylasa, het tegenwoordige Milas, resideerde. Toen Mausolus in 377 v.Chr. aan de macht kwam, verplaatste hij de zetel van de regering naar Halikarnassos, waarvan hij een grote metropool wilde maken. Aan zijn poging om onder het juk van de Perzen uit te komen en koning te worden, kwam in 366 v.Chr. echter een einde met de mislukte satrapenopstand. Desondanks regeerde Mausolus samen met Artemisia II, zijn zus en vrouw, tot aan 353 v.Chr.

Toen hij stierf legde men hem bij in het prachtigste graf dat er binnen de Griekse wereld bekend was: sindsdien wordt een dergelijk bouwwerk een 'mausoleum' genoemd.

St.-Petrusburcht **1**

In Bodrum is de middeleeuwse **St.-Petrusburcht** het enig overgebleven historische bouwwerk. Het is vanaf 1402 gebouwd door de 'Ridderlijke Orde van de H. Johannes de Doper van het Hospitaal te Jeruzalem' (een hospitaal, opgericht voor zieke pelgrims) (www.bodrum-museum.com, dag. 9–19 uur, toegang 10 TL; een rondgang duurt ca. 3 uur. Speciale tentoonstelling over een scheepswrak: di.–zo. 9–12 uur en 14–18.30 uur, extra toegang 5 TL, speciale tentoonstelling Karische Prinses: di–zo 10–12 en 14–16 uur, extra toegang 5 TL).

De burcht was bestand tegen directe aanvallen, maar na de val van Rhodos, de hoofdstad van de johannieters, op Kerstmis 1522, viel hij niet veel later ook ten prooi aan de Osmanen. Op muren van het burcht, die naar de herkomstgebieden van de orde zijn genoemd, zijn 249 wapenschilden van ridders geteld. In de tegen artilleriebeschietingen versterkte muren aan de landzijde zijn hier en daar nog de groenachtige stenen van het mausoleion te herkennen.

De burcht met zijn zeven torens herbergt ook het **Museum voor Onderwaterarcheologie** – het grootste ter wereld. De vondsten uit het geborgen scheepswrak van Finike (12e eeuw v.Chr.) en van Uluburun bij Kaş (14e eeuw v.Chr.) hebben tot verbazingwekkende inzichten geleid over de handel in de Myceense tijd: de aard van de lading liep uiteen van barnsteen uit het Oostzeegebied tot nijlpaardivoor uit Egypte (www.antalya-ws.com/english/underwat). In de laatgotische kapel is de replica van een Romeins schip te zien, dat overeenkomt met het scheepstype waarmee de apostel Paulus naar Rome voer.

De spectaculairste tentoonstelling is echter te zien in de Franse toren, gewijd aan het graf van een Karische prinses uit de tijd van Mausolus. Britse forensisch patholoog-anatomen hebben haar gelaatstrekken en gestalte nauwkeurig gereconstrueerd en nagemaakt. In de

Slangentoren is een tentoonstelling over de gezondheidszorg in de oudheid te zien en in de Duitse toren kunt u u in een bar verpozen, nadat u de resten van een massagraf van galeislaven bij de oostelijke muur hebt bezocht.

Mausoleion (Mausoleum), theater en Myndospoort

Van het **Mausoleion** ▮2▮ (Turgutreis Cad., di.–zo. 8.30–18 uur, toegang 8 TL) aan de westelijke havenkade, een der zeven wereldwonderen, zijn alleen de fundamenten en een diep gat overgebleven – bij de laatste uitbreiding van het fort in 1520 lieten de johannieters het ongeveer 40 m hoge grafmonument volledig afbreken. Slechts één fries, een van de belangrijkste artistieke werken uit de 4e

eeuw v.Chr., is nog gered. In de vleugels van het museum is er een afgietsel van te zien (taferelen van de slag der Amazonen), maar Bodrum verlangt thans van het Brits Museum dat ze het origineel teruggeven.

Het hellenistische **theater** ▮3▮ aan de rondweg bood indertijd plaats aan ongeveer 12.000 toeschouwers (dag. 8.30–17.30 uur, toegang 8 TL). Vandaag de dag kunt u hier genieten van het mooiste uitzicht van Bodrum, vooral aan het begin van de avond, als de laagstaande zon de contouren van de kubusvormige huizen accentueert en de toppen van de masten van de zeilboten doet oplichten.

Ook een poort van de antieke stad is behouden: de **Myndospoort** ▮4▮ in het westen van de stad is met zorg gerestaureerd. Vanhier

Intieme terrasjes in Bodrum

Bodrum

Hoogtepunten
1. St.-Petrusburcht
2. Mausoleion
3. Hellenistische theater
4. Myndospoort
5. Zeki Mürenmuseum

Accomodatie
1. Karia Princess
2. Manastir
3. Club Vera
4. Delfi Hotel & Spa
5. Alize
6. Villa Durak Pansiyon

Eten en drinken
1. Kocadon
2. Kortan
3. Körfez
4. o6 Lokanta

Winkelen
1. Oasis Shopping Center
2. Milta Bodrum Marina
3. Music Store
4. Sur Sandalet

Uitgaan
1. Küba Bar
2. Hadigari
3. Halikarnas The Club
4. Club Catamaran

Actief
1. Aşkın Diving
2. Aegean Pro Dive Center
3. Arya Yachting

kunt u een deel van de stadsmuur tot aan de kust volgen. Bij de verovering van Halikarnassos, het hoofdkwartier van de Perzische Egeïsche vloot, door Alexander de Grote, is niet de hele stadsmuur belaagd. De belegeringsmachines hebben wel de noordoostelijke stadsmuren verwoest. Omdat Alexander binnenvesting (het huidige fort) niet kon innemen, liet hij de woonstad in brand steken, die zich daarvan nooit meer heeft hersteld.

Long Street en Marina

De populairste 'bezienswaardigheid' is echter de in het uitgaansjargon Long Street genoemde boulevard langs de **oostbaai** – de Dr. Alim Bey Caddesi en Cumhuriyet Caddesi. Hier vindt u een aaneenschakeling van bars, restaurants en souvenirshops, een bijna eindeloze rij die uiteindelijk eindigt bij **Disco Halikarnas**. Als u tegen 18 uur in een havencafé begint, kunt u een plezierige avond beleven

en onderweg allerlei nightlifegelegenheden bezoeken – voor middernacht is er in de meeste clubs nog weinig aan de hand.

De drukke hoofdstraat van de stad is de Cevat Şakir Caddesi, onder aan het busstation. Deze straat is genoemd naar een kleinzoon van de laatste grootvizier, die door zijn reportages over de Koerdenopstanden in de jaren 1920 in ongenade viel en door Atatürk naar Bodrum werd verbannen. Later bleef hij er vrijwillig en schreef onder het pseudoniem 'visser van Halikarnas' over het idyllische leven aan het Egeïsche strand, en werd het middelpunt van een kunstenaarskolonie – en zo begon het toerisme in Bodrum. De eerste toeristen waren Britse zeilers, die de traditie van de 'Blauwe Reis' (zie blz. 256) hebben gevestigd. De speelplaats van de tegenwoordige yachties is de Neyzen Teyfik Caddesie die naar de **Milta Bodrum Marina** 2 loopt (zie blz. 259).

actief

Een Blauwe Reis

Informatie

Begin: Bodrum, Marmaris, Fethiye, Antalya.
Prijs: Vanaf €400–600/week plus vlucht.
Belangrijk: Reserveren via reisgids of internet. Ga met een groep, als u niet één week met vreemden op een boot wilt zitten. Neem zo weinig mogelijk bagage mee in flexibele tassen (de kajuit is niet zo groot!).

Wie droomt er niet van: onder bolle zeilen voor de wind door de golven van de zee klieven, met een helder licht in de ogen, dan voor anker gaan in een verlaten baai, met water dat zo transparant is als kristal, zelf gevangen vis boven een vuurtje op het strand grillen en onder flikkerende sterren inslapen ... Dit is in Turkije geen probleem, hier noemt men dat de *mavi yolculuk*, de 'Blauwe Reis'.

De term komt uit het Engels, waarbij *Blue Tour* een speelse verwijzing is naar de *Grand Tour*, de reis die jonge Britse aristocraten ter educatie, opvoeding en vorming in de 19e eeuw maakten. In de jaren 1950 doken in Bodrum de eerste jachten op; lieden die nog niet wisten wat een alternatieveling was, voeren maandenlang langs de toen nog veelal ontoegankelijke paradijselijke kust van Zuidwest-Turkije. Destijds was Marmaris nog een vissersdorp en waren Datça en Kaş nog slechts op een muilezel of per boot te bereiken.

Tegenwoordig zijn veel dingen anders, maar de fascinatie is gebleven. De Turkse kust tussen Bodrum en Antalya beschikt over ankerplaatsen in moderne marina's voor bijna 5000 jachten, en de 'Blauwe Reis' kunt u ondertussen all-in boeken. Er wordt gevaren met Turkse **guletboten**, tweemasters, die in Marmaris of Bodrum volgens oude ambachtelijke technieken van hout worden gebouwd. Ze zijn ongeveer 18–25 m lang, bieden in tweepersoons- en vierpersoonshutten plaats aan 10–16 personen en beschikken over douche, keuken

en zonnedek. Als u niet via het reisbureau all-in boekt, maar in Turkije, dan bestaat de mogelijkheid om route en aanlegplaatsen met de kapitein te overleggen. Een ding is echter jammer: ondanks de zeilen, wordt er bij tochten met nautische beginners op de motor gevaren en niet op de wind.

Vanuit de grote jachthavens van Bodrum en Marmaris zijn diverse cruises mogelijk. Een populaire tocht is die van Marmaris naar Fethiye, waarbij altijd de **Dalyandelta** met het oude **Kaunos** (zie blz. 269) wordt bezocht. Men kan het best voor anker gaan in de baai van Ekincik, vlak voor de delta, of in de baai van Maden İskele aan de oostuitgang van de Ekincikbaai: er zijn daar eenvoudige strandtenten.

Fraaie ankerplaatsen in de **Fethiyegolf** zijn de **Gobunbaai** met kristalhelder water en een klein familierestaurant, **Tersane Adası** (Dockyard Island) bij de ruïnes van een Osmaanse scheepswerf, de vlakke zandbank op **Yassıca Adası** (Flat Island) of de oude ruïnes van de **Kleopatra Hamam**, waar een onderzeese warme bron ontspringt.

Nog eenzamer is het in de **Golf van Hisarönü**, ten westen van Marmaris. Havenplaatsen zoals Bozburun zijn over land te bereiken, de verstopte baaien van deze zo grillig ingesneden kust echter niet. Al bij Çiftlik kunt u kiezen tussen twee fantastische baaien om te baden: **Çaycağiz**, iets noordelijker, of **Kriek İnce** (ook Gerbekse), iets zuidelijker. Er is geen huis te bekennen, maar wel olijfbomen, die tegen de achtergrond van grijze bergen een fraai kleurcontrast vormen met het blauw van de zee. **Serçe Liman** (ook Amazon Bay) is een grandioze natuurhaven met een lengte van 1 km. Overdag gaan hier plezierboten uit Marmaris voor anker, 's avonds komen de bemanningen van de jachten: de beide taveernes staan bekend om hun beerkreeften (een langoustinesoort) en trommelsessies.

Ook van een zeldzame schoonheid is de **Bozukkalebaai** met de imposante oude stadsmuur van Loryma op het uiterste puntje. Als u in de baai van **Söğüt Liman** voor anker gaat,

heeft u de beschaving ver achter u gelaten. De beste plek bij het schiereiland van Datça is de **Kurucabükbaai**, die slechts door een smalle, met palmen begroeide landengte van de naastgelegen baai van **Çiftlik Liman** gescheiden wordt. Maar ook de baai van **Palamutbükü** heeft idyllische ankerplaatsen te bieden, evenals de haven van het oude **Knidos** op de uiterste punt (overal restaurants aanwezig).

Van **Bodrum** vaart u naar het zuidoosten, naar de diep ingesneden **Golf van Gökova**, waar zich de populaire baaien **Çökertme** en **Akbük** aan de noordzijde en **Değirmenbükü** (of English Harbour), **Sedir Adası** en **Yediadalar** ('Zeven Eilanden') in het zuiden bevinden.

Ondertussen worden dankzij de politieke luwte ook excursies in het Griekse eilandenrijk aangeboden (bijv. bij Arya Yachting, zie blz. 260).

Kemer is eveneens een nieuwe startlocatie, vanhier vaart u meestal naar Phaselis, Olympos, Kaş en Kekova, evenals Adrasan.

Met het Guletjacht naar eenzame kusten en baaien

Het Bodrumschiereiland ▶ 17, A 2

Het schiereiland ten westen van Bodrum doet qua landschap denken aan een Grieks eiland. Het heeft door de bouw van grote hoeveelheden vakantiehuizen wel geleden.

Gümbet is het meest nabije strand in het westen (4 km): aan de rand volgebouwd met hotels en grotendeels in Britse handen. Wat het nachtleven betreft, gaat het er net zo stormachtig aan toe als in Bodrum, maar biedt als extra veel watersport aan het brede zandstrand. Een stuk rustiger is het in **Bitez** (8 km), dat met een kleine moskee en aardige strandtentjes voor een groene kustvlakte ligt.

Verder naar het westen, landinwaarts, ligt het dorp **Ortakent**, dat over een reusachtig recreatiebad beschikt, en waar nog resten bewaard zijn gebleven van de traditionele boerenarchitectuur. Daaronder liggen het rustige **Yahşi Beach** en Kargı, ook wel **Camel Beach** genoemd, omdat men er op kamelen kan rijden. Terwijl het fijne zandstrand van **Karaincir** met strandtenten gebarricadeerd lijkt, wordt het in **Akyarlar** gelukkig weer idyllisch: een kleine vissersbaai met lieflijke Griekse huisjes van natuursteen, een klein strand en uitzicht op het eiland Kós. Er is overal veel bouwactiviteit; de visrestaurants aan de haven hebben altijd eersteklas vis op het menu staan.

Tip: Zeki Müren in Bodrum

Het **Zeki Mürenmuseum** 5 aan het eind van het ooststrand is gewijd aan een van de beroemdste vertegenwoordigers van de artistieke scene van Bodrum (dag. 9–17 uur, toegang 3 TL). Zeki Müren behoorde tot de heel grote arabeskzangers van Turkije, zijn liederen zijn tegenwoordig nog in alle cd- en platenzaken te krijgen. De in 1996 gestorven kunstenaar was ook de beroemdste travestiet van het land. Zijn optreden in het kostuum van een operettezangeres kunnen tot de hoogtepunten van de Turkse televisie van de jaren 1980 worden gerekend. Allerlei fasen van zijn leven passeren in het museum de revue – interessant vanwege de vele foto's van het Bodrum van dertig jaar geleden.

Turgutreis op de westpunt van het schiereiland (ca. 18 km van Bodrum) doet zijn uiterste best een alternatief vakantiestadje ten opzichte van Bodrum te zijn. Restaurants, een rommelmarkt, hotels en een kleine vloot plezierboten zorgen voor een rustieke sfeer.

In **Kadikalesı** kunt u onder aan een Griekse kerkruïne een kleine strandpauze inlassen door een vriendelijke taverne aan te doen. Of u stelt uw pleziertje uit en wacht tot u in **Gümüşlük** bent, waarvan het mooiste gedeelte bij de oude stad **Myndos** ligt. Langs de idyllische, door het kleine 'Hazeneiland' beschutte baai is het een aaneenschakeling van visrestaurants – 's avonds laat men hier de rakı rijkelijk vloeien.

Yalıkavak in de noordwesthoek van het schiereiland (17 km von Bodrum), dat bekendstaat als het dorp van de sponsduikers, imponeert met zijn fraaie vissershaven, de enige nog werkende windmolen van het schiereiland, een grote markt met een alledaagse sfeer en met een niet alledaagse hotelwijk.

Ook het dorp **Gündoğan**, dat aan een rustige baai ligt, grossiert in talloze hotels en pensions aan het zandstrand. Vanaf een hoger gelegen ruïne van een Grieks klooster wordt u een fantastisch panorama van de kust tot aan Didyma geboden.

Göltürkbükü bestaat intussen uit twee met elkaar vergroeide vissershavens. Hier beleeft de gegoede Turkse klasse pastorale vakantiedagen. Met **Torba** aan het begin van het schiereiland (7 km van Bodrum) begint dan het gedeelte met luxeuze projecten dat tot aan **Güvercinlik** doorloopt.

Informatie

Informatiebureau: Barış Meyd., tel. 0252 316 10 91, fax 0252 316 76 94.
Internet: www.bodrum-bodrum.com, www.bodrumlife.com, www.bodrum-hotels.com

Accomodatie

De meeste all-inhotels liggen buiten de dorpen en steden van het Bodrumschiereiland. Wie Bodrum direct wil ervaren kan het beste hotels boeken als **Karia Princess** 1 (www.

kariaprincess.com) of **Manastir** 2 (www.ma nastirbodrum.com). Bijzonder mooi:

Luxe, dicht bij de stad ▶ **Club Vera** 3: Atatürk Cad. 134, tel. 0252 313 30 61, fax 0 252 313 30 60, www.veraclubtmt.com. In een fraaie tuin ligt – vlak bij de stad – een sympathiek luxe-resort (5*) met een groot zwembad, een kinderclub en sportieve mogelijkheden (waaronder boogschieten en duiken). 370 kamers, deels in oude gebouwen, deels in nieuwe gebouwen. Een toplocatie, direct aan het strand. Alleen all-in, vanaf €420/week plus vliegreis.

Met wellness ▶ **Delfi Hotel & Spa** 4: Atatürk Cad., Dere Sok. 57, tel. 0252 316 40 85, fax 0252 313 38 27, www.delfihotel.com. Een overzichtelijk resort in de kenmerkende stijl van Bodrum, midden in de stad, maar door veel bomen omgeven. U kunt zich snel te voet in het uitgaansleven begeven. Doordat het hotel in een woonwijk is gesitueerd, is een vredige nachtrust gegarandeerd. Een bijzonder pluspunt is het wellnesscenter met sauna, hamam, aromabaden, massage en bodybuildingruimte. 2 pk €40–75.

Mooi en overzichtelijk ▶ **Alize** 5: Atatürk Cad., Üçkuyular Cad., tel. 0252 316 14 01, fax 0252 316 86 11, www.bodrumalizehotel.com. Fraai middenklasse hotel, dicht bij het ooststrand, rond een tuin met een klein zwembad, vriendelijke ontvangst. Dicht bij het stadsgewoel en toch rustig. 2 pk ca. €40–60.

Voor rugzaktoeristen ▶ **Villa Durak Pansiyon** 6: Atatürk Cad., Rasathane Sok. 14, tel. 0252 316 15 64, fax 0252 313 84 26. Een adres voor backpackers – ook dat komt in Bodrum nog voor. De kamers zijn ruimer dan het trappenhuis doet vermoeden. Rustig gelegen, maar toch dicht bij de 'Bar Street'. 2 pk €20–35.

... buiten

Dorpspensions ▶ **Mazıköy:** Geheel anders dan de strandplaatsen op het schiereiland van Bodrum zijn de stranden van dit dorp, ca. 30 km ten oosten van Bodrum, nog in ruime mate onaangetast. Zowel aan de baai İnceyalı als ook in Hürma Plaj staan kleine, eenvoudige pensions, waar u in het voor- en naseizoen ook zonder reservering een kamer kunt vinden, zoals **Sahil Pansiyon**, Hürma, tel. 0252 339 21 31, mobiel 0535 959 43 41.

Eten en drinken

De restaurants aan de haven en in de Long Street zijn naar Turkse maatstaven tamelijk duur, maar bieden een goede, internationale keuken en een ruime keuze aan vis. Een bijzondere reputatie als toprestaurant genieten het **Kocadon** 1 (www.kocadon.com) in de buurt van de Marina en het **Kortan** 2 (www.kortanrestaurant.com) in de Long Street.

Vis en zo ▶ **Körfez** 3: N. Tevfik Cad. 12., tel. 0252 313 82 48, www.korfezrestaurant.com.tr. Dit visrestaurant is direct tegenover de vismarkt gevestigd. Het wordt gedreven door een van oorsprong Kretenzer familie. Hier zit u romantisch op een terras met uitzicht op de palmen langs de straat. Bij het restaurant hoort ook een pizzeria.

Traditionele keuken ▶ **06 Lokanta** 4: Cumhuriyet Cad. 115. Turkse traditionele keuken in de 'Bar Street': İzmir Köfte, Tas Kebab ... kostelijk eten dat in toeristische streken heel zeldzaam is, suddert hier in de warmhouders – heel lekker! Alle voorgerechten €2, alle hoofdgerechten €3, maar wel 'Turkse schotels': rijst, sla, enz. moet u extra bestellen.

Winkelen

Naast de gangbare souvenirs kunt u in Bodrum, Turgutreis en Yalıkavak ook echte **natuursponzen** kopen. Let op: de **textielwaren** in de **bazaar** zijn vaak volledige imitaties: heel voordelig, maar vervalst.

Boetiek & bios ▶ **Oasis Shopping Center** 1: E. Anter Bulvarı, Kıbrıs Şehitleri Cad., www.oasisbodrum.com, dag. 9–24 uur. Modern winkelcentrum met boetieks, bioscoop, bowlingbaan en cafés.

Yachtmode ▶ **Milta Bodrum Marina** 2: Neyzen Tevfik Cad. 5, www.miltabodrummarina.com. De chique marina bij de westhaven biedt naast de mooie Marina Yacht Club (restaurant en club) talloze in watersportmode gespecialiseerde boetieks.

Muziek ▶ **Music Store** 3: Cumhuriyet Cad. 56. Tijdens het seizoen dag. 10–23 uur, andere maanden 10–17 uur. Goed gesorteerde muziekwinkel, hitparade, goud van oud en Turkse muziek.

Sandalen ▶ **Sur Sandalet** 4: Cumhuriyet

Cad. 66 (Long Street). Elegante leren sandalen, maar ook de beroemde Bodrumsandalen – handgemaakt, zoals al tientallen jaren het geval is. Wie er tijd voor heeft, kan ze op maat laten maken.

Uitgaan

Het bargebeuren van Bodrum is in heel Turkije legendarisch.

Chic ▶ Küba Bar **1**: Neyzen Tevfik Cad. 62, www.kubabar.com, vanaf 18 uur. Een der hipste bars binnen het wereldje, bij de westhaven tegen het fort. Meestal Latijns-Amerikaanse muziek.

Concerten en dj's ▶ Hadigari **2**: Dr. Alim Bey Cad. 34, www.hadigari.com.tr, 19–22 uur happy hour, entree afhankelijk van event. Musicbar met concerten en dj's.

Lasershow ▶ Halikarnas The Club **3**: Aan het eind van de oostbaai aan ee, www.halikarnas.com.tr, vanaf 21 uur, toegang €15. De bekendste club van Turkije. Eerst een dansshow, vanaf middernacht disco met 'theme nights', bijv. vr. en za. foam party's.

Partyboot ▶ Club Catamaran **4**: Cumhuriyet Meydanı, dag. vanaf 22 uur, toegang 15 €, www. clubcatamaran.com. Tot 1 uur open-air met uitzicht op het fort, daarna met een partyboot de zee op! Muziek: techno, house, di. en zo. r&b, Turkpop. Sinds kort ook partytochten overdag, let op de flyers.

Actief

Duiken ▶ Aşkın Diving **1**: Kıbrıs Şehitleri Cad., Ataman İş Merkezi, tel. 0252 316 42 47, www.askindiving.com. Cursussen en duiktochten. De eigenaar was lange tijd als duiker werkzaam bij het centrum voor onderwaterarcheologie in het fort. **Aegean Pro Dive Center** **2**: Bitez, Kavaklısarniç Sok. 30, tel. 0252 316 07 37, www.aegeanprodive.com.

Blauwe Reis ▶ Arya Yachting **3**: Caferpaşa Cad. 25, tel./fax 0252 316 15 80, www.arya.com.tr. Jachten, zeiltochten (Golf van Gökova en in de richting van Didim).

...buiten

Surfen ▶ U kunt aan de stranden van **Gümbet** en **Bitez** ten westen van Bodrum boards huren. Voor gevorderden is het Fener Beach bij Hotel Armonia in Turgutreis een goed adres: **Fener Windsurf**, mobiel 0532 633 70 79, www.fenerwindsurf.com.

Vervoer

Frequente **busverbinding** met İzmir en Antalya; intercitybus naar Milas, Muğla en Marmaris, minibussen naar de stranden en badplaatsen van het Bodrumschiereiland.

Boottochten naar de Griekse eilanden Kós, Kálymnos en naar Datça (met transport van personenauto). Informatie: www.bodrumferryboat.com.

Per hydrofoil: Duurdere draagvleugelboot (zonder vervoer van personenauto) tijdens het seizoen naar Marmaris (via Gelibolu Harbour), Datça en Dalyan. Informatie: www.bodrumexpresslines.com.

Luchthaven Milas-Bodrum, ca. 40 km, per taxi ca. €45. Alleen chartervluchten naar het buitenland en binnenlandse vluchten van de THY (Turkish Airlines).

Marmaris en İçmeler ▶ 17, C 3

Kaart: blz. 262

Marmaris is een wereld op zich: de modernste vakantiestad met de grootste jachthaven en de beste hotels van Turkije, aan een cirkelvormige, bijna geheel gesloten baai, die door donkergroene dennenbomen omgeven wordt. Doordat de baai vrijwel van de zee is afgesloten door een eiland, heeft Marmaris een buitengewoon zacht klimaat met lange warme nachten. Dat deze vakantiestad eens een klein vissersdorpje was, gelooft u pas als u de kilometers brede horde van nieuwbouw heeft genomen. De oude wijk aan de voet van de kleine burcht vormt trouwens slechts een idyllisch decor voor ontelbare kroegen.

Het nieuwe Marmaris strekt zich met een lange zone van betere hotels langs het strand uit tot aan de 'voorstad' **İçmeler**. De 7 km in westelijke richting aan een baai gelegen hotelwijk is in de jaren 1980 ontstaan als kunstenaarskolonie. Wie hier incheckt, heeft echter alles wat hij nodig heeft – strand, bars, restaurants – alles vlak bij elkaar.

Marmara Kalesi en Basar

In Marmaris is er sinds de aardbeving van 1958 weinig bezienswaardigs over. De eerste indruk is die van een moderne hotelagglomeratie. Rond het oude stadsgedeelte met de burcht loopt de Kordon, een chique promenade, waar honderden pleziervaartuigen voor anker gaan in de **Netsel Marina** 1, de jachthaven. Hier vindt u een overvloed aan toprestaurants. De straat tussen de bazaar en de marina is daarentegen als hot spot bij ravers en kroegtijgers beroemd geworden en heet in het uitgaansjargon **'Bar Street'** 2.

De kleine burcht **Marmara Kalesi** 3 (di.-zo. 8-12 uur, 13-17 uur), boven de haven, is in 1522 gebouwd onder het bewind van sultan Süleyman de Grote, die in deze baai zijn armada voor de aanval op Rhodos verzamelde. Er is een museum in gehuisvest met schaarse archeologische vondsten van de oude stad Physkos, die onder het gezag *(peraia)* van Rhodos viel.

Terwijl aan deze stad alleen nog wat resten aan de hellenistische stadsmuren herinneren, bleven in de stegen onder de burcht in ieder geval nog een paar oude huizen van voor de aardbeving behouden. Een bezoek aan de **Eski Cami** 4, de oude moskee, is de moeite waard; de **bedesten** (markthal) ernaast is omgebouwd tot een vriendelijk café. In de oude hamam achter dit café kunt u in oriëntaalse stijl baden.

Activiteiten

Wie in Marmaris niet alleen tussen strand en disco wil pendelen, moet aan de Kordon inschepen voor een boottocht. Vanaf €60 per dag/p.p. kunt u op een 'Blauwe Reis' genieten van de mooiste kusten die de Middellandse Zee te bieden heeft (zie blz. 256). Voordeliger zijn duikexcursies, uitstapjes naar Knidos of Kaunos en strandtrips met 'BBQ-picknick', te boeken op het Bozburunschiereiland. Als alternatief kunt u een bezoek brengen aan het **Atlantis Water Park** 1 in Siteler met fantastische glijbanen.

Voor cultuurliefhebbers heeft het **Anfiteatro** 5 aan de noordrand van de stad van alles op het programma staan, met name gedurende het 'Maritime Festival' eind april en het 'Yacht Festival' in mei – houd de aanplakborden in de gaten of informeer bij de reisbureaus.

Boeiend is ook de trip naar **Cleopatra Island** (Sedir Adası, toegang 10 TL) aan de zuidkust van de Golf van Gökova. Over het fijne zand zegt de legende, dat Antonius dat voor Cleopatra hierheen heeft laten brengen. Landinwaarts liggen de overwoekerde ruïnes van de Karische stad **Kedreai**, waaronder een klein theater.

Tijdens het seizoen zijn er ook boottochten te maken naar het Griekse eiland **Rhodos**. De snelle draagvleugelboot heeft er minder dan een uur voor nodig – zo blijft er bij een dagtocht voldoende tijd over om het oude stadsgedeelte van Rhodos te bekijken, met de imposante vestingwallen en de middeleeuwse paleizen uit de tijd toen de johannieters daar heersten.

Informatie

Informatiebureau: İskele Meyd. 2, aan de haven, tel. 0252 412 10 35, fax 0252 412 72 77; informatiebureau ook in İçmeler.

Internet: www.marmaris.org, www.marmaristravel.com

Accommodatie

De luxehotels kunt u het voordeligst all-in boeken; veel hotels hebben geen kamers meer voor één nacht beschikbaar, omdat ze volledig op all-inreizen zijn ingesteld. De beste hotels zijn **Martı Resort** 1 in İçmeler (www.martiresort.de), **Grand Yazici Mares** 2 en **Grand**

Tip: De grote bazaar van Marmaris

Van het nieuwe stadsgedeelte uit de jaren 1950, tussen burcht en hotelwijk, wordt een enorm deel ingenomen door de bazaar. Door de chique, moderne overkapping doet het aan een winkelcentrum denken. Het aanbod bestaat vooral uit goedkope kleding (die steevast is voorzien van onjuiste, dure labels), leren kleding, bontmantels, elektrische artikelen en muziek. Pas op: wekt koopziekte op!

Marmaris

Hoogtepunten
1 Netsel Marina
2 Bar Street
3 Marmara Kalesi
4 Eski Cami
5 Amfitheater

Accomodatie
1 Martı Resort
2 Hotel Grand Yazici Mares
3 Hotel Grand Yazici Marmaris Palace
4 Hotel Halıcı 1
5 Hotel Mavi Ekol
6 Bariş Motel

Eten en drinken
1 Dede Restaurant
2 Drunken Crab
3 Hillside
4 Liman

5 La Grotta
6 Turkish House

Winkelen
1 Angel Silver
2 Medusa Leather
3 Tansaş
4 Migros
5 Pazar Yeri (markthal)

Uitgaan
1 Greenhouse
2 Crazy Daisy Club
3 Club Areena
4 Castle Bar

Actief
1 Atlantis Water Park
2 Paradise Diving Center
3 Amazon Boat
4 Bahriyeli Yacht Charter
5 Megamar Yachting

Yazici Marmaris Palace 3 tussen İçmeler en Marmaris (de laatste echter alleen met zonneplateaus, geen strand, (www.grandyazici hotels.com). De hotels in **Armutalar** liggen landinwaarts, 5 km van zee.

De moeite waard voor stop-over:

Centraal met charme ▶ **Halıcı 1** 4: G.M. Muğlalı Cad., tel. 0252 412 16 83, fax 0252 412 92 00, www.halicihotel.com. Een rustig en toch centraal gelegen oud hotel, liefdevol ingericht met veel antieke spullen. De kamers zijn sober, maar in orde. Met een groot zwembad, de tuin is eveneens met antiek uitgerust. Let op: niet met het aanmerkelijk duurdere Halıcı Holiday Village verwisselen. 2 pk €30-65 €, er is ook een familiekamer aanwezig, vanaf €75.

Aan het strand ▶ **Mavi Ekol** 5: Atatürk Cad. 48, tel. 0252 412 36 18. Vlak bij de stad gelegen 3*-hotel aan het stadsstrand, tien minuten van bazaar en uitgaansgebied. Moderne en functionele kamers, goede prijs-kwaliteitverhouding. 2 pk €40.

Ongedwongen ▶ **Bariş Motel** 6: 66 Sokak, bij G.M. Muğlalı Cad. (tussen het dolmuşstation en de Tansaşsupermarkt) afslaan, tel. 0252 413 06 52. Eenvoudig pension, idyllisch en rustig gelegen; nette kamers, klein ontbijtterras aan de straat. 2 pk €25-35.

Eten en drinken

Aan de Kordon in Marmaris is het een aaneenschakeling van **toprestaurants**, waar u voor internationale gerechten vaak een flinke prijs betaalt. Eenvoudiger, maar beslist niet slechter is het eten in de bazaar.

Fine Dining ▶ **Dede Restaurant** 1: Barbaros Cad. 15 (Kordon), tel. 0252 413 48 75. Fraai opgeknapte visserswoning aan de zeepromenade met topkeuken en nette bediening. Hoofdgerechten vanaf €7.

Veel vis ▶ **Drunken Crab** 2: Bar Street tel. 0252 412 3970, www.drunkencrabrestau rant.com, enigszins apart gelegen van het uitgaansgebied. Een hier vanouds gevestigd vis- en zeebanketrestaurant; de ambiance is nogal

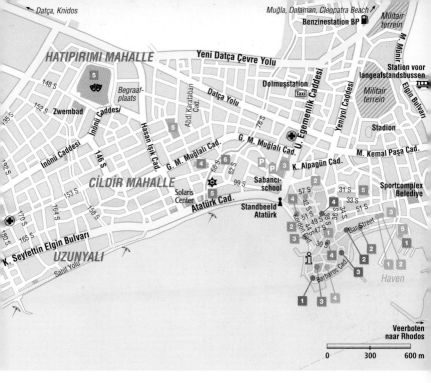

sober, maar de keuken wordt alom geroemd. Ruime keuze in vis, bijv. zwaardvissteak €10.

Fantastisch uitzicht ▶ Hillside 3: Tepe Mah., 23. Sok. 28, tel. 0252 413 15 28, op de heuvel onder de burcht. Turkse specialiteiten in een stijlvol oud huis, zeer goede prijs-kwaliteit-verhouding. Vanaf het dakterras een fantastisch uitzicht op de marina. Hoofdgerechten vanaf €6, voorgerechten vanaf €2.

Traditionele keuken ▶ Liman 4: 40. Sokak 38, tel. 0252 412 63 36, midden in de bazaar. Typisch Turkse lokanta met vele traditionele gerechten; hier komen ook de handelaren van de bazaar. Hoofdgerechten rond de €6.

... in İçmeler

Centrale flaneerplek is de fraaie promenade bij het riviertje tussen Cumhuriyet Caddesi en het strand.

Top-Italiaan ▶ La Grotta 5: Aan het Martı Beach, hoort bij het Hotel Martı Resort, dag. vanaf 18 uur. Een goed Italiaans restaurant, attente bediening, vaak livemuziek, helaas enigszins duur. Hier kunt u alle klassiekers en zelfs echte Italiaanse wijn bestellen. Voorgerechten vanaf €5, hoofdgerechten vanaf €11.

Folkloreshows ▶ Turkish House 6: Aan de weg naar Turunç, romantisch restaurant met tuin in oud-Osmaanse stijl, alleen 's avonds geopend met livemuziek en shows. Hoofdgerechten vanaf €5.

Winkelen

In de **bazaar** in het oude stadsgedeelte worden naast **tapijten** en de gebruikelijke vervalste merkkleding veel **leren kleding** verkocht, en zelfs bontjassen (maatwerk duurt 3 dagen). Westerse **topmode** (echte!) kunt u kopen in de boetieks van de Netsel Marina.

Zilver en antiek ▶ Angel Silver 1: 43. Sok. Zilver en sieraden worden hier verkocht; tegenover de Eski Cami.

Allemaal leer ▶ Medusa Leather 2: Tepe Mah., 42. Sok. 14. Reusachtige keuze in leer: jacks, broeken, bustiers; alles ook op maat gemaakt – een leren broek laten maken duurt ongeveer twee dagen.

263

Havenpromenade voor de burcht van Marmaris

Supermarkten ▶ **Tansaş** **3**: Ulusal Egemenlik Cad., en **Migros** **4**: Kenen Evren Bulv., Siteler, zijn de grootse supermarkten, met airconditioning en modern assortiment.

Weekmarkten ▶ Op vrijdag in Marmaris (bij de markthal **Pazar Yeri** **5**, 112. Sok.) en op woensdag in İçmeler, Barbaros Bulv.

Uitgaan

De hotspots van het nachtleven zijn de **'Bar Street'** **2** met zijn beroemde clubs (zie onder). Een specialiteit van de regio rond Marmaris zijn de **fun & musicbars**: de kelners doen acts, shows van dragqueens staan garant voor humor, en als u wilt kunt u natuurlijk ook dansen ... Vooral in Siteler en in İçmeler te vinden.

Van pop tot techno ▶ **Greenhouse** **1**: Bar Street (39. Sokak) 93, www.greenhouse.com.tr. Het Greenhouse geldt sinds het midden van de jaren 1980 als een der beste dansclubs van Turkije. De avond begint met r&b en pop, waarna men verdergaat met house en 's morgens vroeg met trance en techno eindigt.

Foamparty's ▶ **Crazy Daisy Club** **2**: Bar Street (39. Sokak) 121, tel. www.crazydaisybar.com. De wildste disco van de stad met gogodanseressen, foamparty's en watershows; techno- en housemuziek.

Hiphop, rap, tech ▶ **Club Areena** **3**: Bar Street (39. Sokak) 129, www.clubareena. com.tr. Een nieuwe club, naar eigen zeggen de grootste van Turkije. Moderne styling, vele wisselende dj's. Meestal house, techno en hiphop.

Fraai uitzicht ▶ **Castle Bar** **4**: Op de burchtheuvel bij de Marmara Kalesi. Populaire plek voor Turkse twintigers; fantastisch uitzicht!

Actief

Recreatiebad ▶ **Atlantis Water Park** **1**: Siteler, 209. Sok. 3, nabij Hotel Anemon, dag. 10–20 uur, ook speciale nachtevents; ophaalservice tel. 0252 413 03 08, toegang ca. €20.

Groot recreatiebad met glijbanen, kinderbad met speeltoestellen in het water, ook een bowlingbaan, beach club, internetcafé.

Duiken ▶ Paradise Diving Center 2: Armutalan, Namik Kemal Cad. 25/1, tel. 0252 417 63 66, mobiel 0542 413 39 16, www.paradiesdiving.net; duiktochten en duikcursussen; boot aan de Yeni Kordon voor het oude stadsgedeelte en opstapplaatsen bij hotel Marmaris Palace, Turban Palace en Turunç.

Zon, zee en varen ▶ Amazon Boat 3: Voor anker aan de Kordon, boekingen 's avonds en tot ca. 10 uur (vertrek 10.30, €15). Eenzame baaien per boot. Zeer aan te bevelen als u luide muziek en drinkgelagen wilt mijden.

Blauwe Reis ▶ Bahriyeli Yacht Charter 4: Kordon Cad. 44/5, tel. 0252 413 19 55, www.bahriyeli.com. Comfortable boten, alle bestemmingen tussen Cyprus en Çanakkale zijn mogelijk.

Yachtcharter ▶ Megamar Yachting 5: 31. Sok, Tepe Mah., tel. 0252 412 08 97, www.megamar.com. Verhuur van een complete boot om zelf te zeilen, deels met bemanning.

Vervoer

Lange-afstandsbussen vanaf het nieuwe busstation (Yeni Garaj) aan de stadsrand van Marmaris (richting İzmir/Antalya/Denizli).

Minibussen naar Datça, Gökova, Muğla, Dalaman en Dalyan/Kaunos. Zeer frequente pendelbussen tussen het centrum en Siteler en İçmeler (tot diep in de nacht). **Veerboten: Cleopatra Island/Sedir Adası,** ongeveer 20 km in de richting van Gökova; veerboten bij Taşbükü of Çamlıköy om 10 en 13 uur.

Boot-Dolmuş tussen de Kordon van Marmaris en İçmeler en naar het strand van Turunç; daarbij veel plezierboten. **Hydrofoils:** In het seizoen dag. snelle draagvleugelboten naar Rhodos (alleen personen); vertrek achter de Netsel Marina (ca. 50 min., €60).

Turunç en het Bozburun-schiereiland ▶ 17, C 3

Het grotendeels uitgestorven, nog steeds slecht ontsloten **Bozburun Yarımadası,** ten zuidwesten van Marmaris staat met zijn talloze baaien bekend als het Turkse zeilersparadijs. Tot nu toe is alleen het voormalige vissersdorp **Turunç** (1000 inwoners), dat u via İçmeler over land kunt bereiken, voor het allintoerisme toegankelijk – alhoewel de sfeer in de lange dorpsstraat langs het strand nog steeds heel ingetogen en vredig is.

Verder naar het zuiden ligt de baai van **Kumlubük.** Omdat er zoveel plezierboten aan het met kiezelstenen vermengde zandstrand voor anker liggen, lijkt het wel een dependance van Marmaris. Een verplichte bestemming van een dagtocht is **Bayır,** centraal gelegen op het bos- en bijenrijke schiereiland. Naast de moskee staat een reusachtige, misschien wel tweeduizend jaar oude plataan, die hoog boven het bijendorpje uitsteekt. Langs de westkust, in zuidelijke richting – met uitzicht op nagenoeg onbegroeide rotshellingen – bereikt u het slaperige vissersdorpje **Bozburun,** waarvan de restaurants aan de jachthaven uitnodigen om eens lekker te gaan zitten.

Aan de noordelijke westkust bevinden zich de **Turgutwaterval** in een dal met weelderige vegetatie bij het gelijknamige dorp, het lagunestrand bij **Orhaniye** en het dorp **Hisarönü** (in een dal tussen de uitlopers van het gebergte). De verlaten hotels aan de kust van deze laatstgenoemde plaats vormen een schril contrast met de drukte in Marmaris.

Naar de vesting **Loryma,** die ooit tot de staat Rhodos behoorde, loopt geen weg en deze is alleen per boot (bijv. vanuit Marmaris en Turunç) te bereiken. Loryma ligt bijna op het puntje van het schiereiland en is daarmee slechts 20 overzeese km van Rhodos verwijderd. Het aan het eind van de 3e eeuw v.Chr. gebouwde vesting, waarvan de muren met vijf poortgebouwen van ettelijke meters hoog bewaard zijn gebleven, is de naamgever van het nabijgelegen strand: **Bozukkale** ('Kapotte Burcht'), aldus de Turken.

Informatie

Informatiebureau: Turunç, aan de haven.
J&M Tour: Hoofdstraat, vlak bij de theetuin aan het strand, tel./fax 0252 476 72 88, excursies.

Tip: Luxe bij de pasja

De **Mehmet Ali Ağa Konağı** is een uiterst kostbare, als luxehotel gerenoveerde Osmaanse konak, een der mooiste paleizen van Turkije. Alles is zo authentiek, dat het welhaast een museum lijkt en kinderen daarom ook niet welkom zijn. Restaurant Elaki in de binnentuin is óók interessant voor degenen die niet in het hotel verblijven. Adres: Eski Datça, Kavak Meydanı, tel. 0252 712 92 57, fax 0252 712 92 56, www.kocaev.com

Accomodatie

Het grote luxehotel **Turunç** (www.turuncotel.com.tr) ligt iets buiten Turunç en beschikt over het mooiste strand. In de plaats zelf zijn vele eenvoudige apartementenblokken neergezet en langs het strand staat een lange rij middenklassehotels.

Direct aan het strand ▶ Diplomat: Gelegen aan de rand van het dorp Turunç aan de dorpsstraat, maar ook niet ver van het strand, tel. 0252 476 71 45, www.diplomathotel. com. tr. Goed verzorgde hoofdvestiging van een hotelketen annex een appartementencomplex met zwembad ertegenover aan de dorpsstraat. Goede prijs-kwaliteitverhouding. 2 pk €40–50, apt. €50–65 .

Eten en drinken

In de dorpsstraat langs het strand is het een aaneenschakeling van kebabtentjes.

Fraaie ambiance ▶ Turunç Yacht Restaurant: Ten zuiden van de haven. Op een rots met diverse terrassen en een mooi uitzicht over de baai. De sfeer is enigszins chic, de prijzen zijn enigszins hoog dan elders. Ruime keuze. Hoofdgerechten €6–15.

Vervoer

Dolmuş: Tussen Turunç en Marmaris, en ook İçmeler 5 x dag.
Boot-Dolmuş van Turunç naar İçmeler/Marmaris dag. ieder uur in iedere richting; naar de baaien in het zuiden (Amos, Kumlubük, Çiftlik of Amazon Bay) 3 x dag.

Datça ▶ 17, B 3

In het westen van het Bozburunschiereiland dringt een smalle landtong tussen Rhodos en Kós tot ver in het Griekse eilandenrijk door, die op zo'n 100 km van Marmaris verwijderd bij de ruïnes van Knidos eindigt. Het **Reşadiyeschiereiland** is pas door de wegenaanleg van de jaren 1980 enigszins ontsloten. Sedert die tijd vindt er toerisme plaats in de kleine dorpjes aan de zuidkust, met name in Datça, het grootste dorp.

Het voormalige vissersplaatsje **Datça** (7500 inwoners), aan de voet van het Reşadiyegebergte, heeft zich intussen ontwikkeld tot een vakantiecentrum. Vanwege de nieuwe jachthaven en een aanlegplaats van de 'Blauwe Reis' (zie blz. 256), trekt Datça vooral zeilers aan – en mensen die willen ontsnappen aan het lawaaiige toerisme van Marmaris.

Het dorp **Eski Datça** ('Oud-Datça'), ongeveer 3 km landinwaarts, is met zijn landelijke architectuur een der mooiste plaatsen van Zuidwest-Turkije. Per boot worden de zandige baaien van **Mesudiye** en **Palamutbükü** bezocht, evenals het Griekse eiland **Sými**, waarvan het belang in de Osmaanse tijd valt af te lezen aan de prachtige classicistische huizen. Via de haven Körmen İskelesi aan de noordkust (6 km van Datça) is ook **Bodrum** (zie blz. 252) in nauwelijks twee uur bereikbaar.

Informatie

Informatiebureau: Yalı Cad., vlak voor de haven, tel./fax 0252 712 35 46.
Internet: www.datcainfo.com
Sightseeing: Atatürk Cad., www.sehertour. com, georganiseerde reizen en boottochten.

Accommodatie

Modern en goed ▶ Uslu Apart Hotel: Azmakbaşı Mevkii, oostelijke hotelwijk, tel. 0252 712 80 08, fax 0252 712 80 10, www.usluapart otel.com. Modern, comfortabel hotel met kamers en appartementen. Direct aan het strand, met zwembad en restaurant. 2 pk €55, apt. €75.
Romantiek aan de haven ▶ Dorya Motel: Op het schiereiland aan de jachthaven (perso-

nenauto's tot 19 uur), tel. 0252 712 36 14, fax 0252 712 33 03, www.hoteldorya.com.tr. Rustig en romantisch verblijf in een park met zwembad, maar met een enigszins ouderwetse inrichting. 2 pk €38–75.

Op de klippen ▶ Villa Carla: 3 km naar het westen, in de richting van Kargı, tel. 0252 712 20 29. Aangenaam, modern ingericht pension met een klein zwembad en een privébaai aan de voet van de rotskust. Goede bediening. Heel rustig gelegen, een auto of brommer is aan te bevelen. 2 pk €56–69.

Eten en drinken

Aan de haven ▶ Emek Restaurant Kaptan'ın Yeri (Captain's Place): In het straatje tegenover de haven. Balkon met fraai uitzicht op de haven, ruime keuze, Mezeler voor het uitzoeken! Hoofdgerechten rond de €5, vis rond de €10.

Aan het stadsstrand ▶ Dutdibi: Aan de baai van Kumluk in het centrum. Eenvoudige lokanta met tafels op het strand onder een verlichte tamarisk, heel romantisch, vooral in de zomer. Voordelig vismenu van rond de €6.

In het centrum ▶ Zakariya Sofrası: Yalı Cad. (hoofdstraat naar de haven). Een kleine, typisch Turkse lokanta, ook stoofgerechten. Ongeveer €3 voor een kleine standaardportie.

Winkelen

Natuurlijke producten ▶ Zafet: Atatürk Cad. 59, tel. 0252 712 00 64. Natuurproducten, zoals zeep, olijfolie, honing en kruiden.

Tapijten ▶ Posu Bazaar: Atatürk Cad. 87, www.posubazaar.com. Handgeknoopte tapijten, Osmaanse kunstnijverheid en ook zilver – smaakvol gepresenteerd. Let op uitvoerverbod (zie blz. 73)!

Actief

Boottochten ▶ Vanuit de haven boottochten naar Knidios, naar het Griekse eiland Sými en naar de stranden bij Palamutbükü. Vertrek ca. 10 uur: Sightseeing, Uslu Pasajı, tel. 0252 712 24 73, mobiel 0532 364 51 78.

Surfen ▶ Op 10 km naar het oosten, in de richting van Marmaris ligt aan het **Gebekum Beach** een surfcentrum met een eenvoudig bungalowhotel: **Club Mistral Datça**, tel. 0527

220 515, datca@club-mistral.com (voor 1 week €400), ook kitesurfen.

Vervoer

Regelmatig **minibussen** naar Marmaris en Muğla, minder frequent naar de stranden Palamutbükü en Mesudiye.

Veerboten naar Bodrum van Körmen İskelesi, ca. 5 km ten noorden van Datça; daarheen rijden pendelbussen, ook vervoer per auto is mogelijk (de voorgaande avond reserveren, tel. 0252 712 21 43).

Knidos ▶ 17, A 3

De rit naar het oude **Knidos** op de westpunt van het schiereiland is enigszins vermoeiend, maar zeker de moeite waard (dag. 8.30–18 uur, toegang 8 TL). De al in de 10e eeuw v.Chr. gestichte stad hoort niet tot het cultuurgebied van de Ionische Grieken, zoals de steden in het noorden, maar tot dat van de Doriërs, die via de Peloponnesos en Kreta in Klein-Azië waren doorgedrongen. Hun heiligdom van Apollo was het centrum van de Zuidwest-Klein-Aziatische Hexapolis, een verbond van zes steden (o.a. Kós en drie steden op Rhodos); aan het Orakel van Delphi schonk Knidos een schitterend schathuis. In de 4e eeuw v.Chr. leefde de beroemdste burger van de stad, de architect Sostratos, die de meer dan 100 m hoge vuurtoren van Alexandrië, een der zeven wereldwonderen, ontwierp.

Ook al is er weinig van overgebleven, toch zijn de ruïnes bij de twee baaien aantrekkelijk genoeg – in het noorden de oude oorlogshaven, in het zuiden de handelshaven, op het westelijke 'schiereilandje' werd woningbouw gerealiseerd. Achter het theater ligt het vlakke areaal van de deels nog geplaveide agora. Vanaf de noordoostelijke hoek daarvan kunt u via twee terrassen naar de fundamenten van een tholostempel klimmen. In deze ronde tempel met 18 zuilen stond vermoedelijk het bekendste beeld van Aphrodite uit de oudheid: de in de 4e eeuw v.Chr. door Praxiteles vervaardigde eerste weergave van een naakt vrouwenlichaam in de Griekse kunst. Als u

Kampvuur aan de baai van Knidos

het terras naar het oosten volgt, komt u bij een Korinthische tempel uit, waarin Apollo als tweede god van de stad werd vereerd. Daarachter bevindt zich een zonnewijzer die waarschijnlijk door Eudoxos, een der grootste Knidische wiskundigen, is gemaakt.

Het Köyceğizmeer ▶ 18, D 2/3

De **Köyceğiz Gölü**, nog niet aangetast door industrie en toerisme, behoort tot de mooiste natuurlandschappen van Turkije. Het gebied wordt van de zee afgesloten door een met rietvelden begroeide lagune waarin diverse dieren vogelsoorten hun heil hebben gezocht. Door het ontbreken van grote hotels heeft het stadje **Köyceğiz** (7500 inwoners) veel van de Turkse levensstijl kunnen behouden.

Zeer populair als doel van een uitstapje zijn de **modderbaden** *(mud baths)* van **Horozlar Köyü**, waar u zich in warme zwavelmodder wentelt – of dat een verjongende werking heeft, zoals beloofd wordt, moet u zelf maar proberen (dag. een excursieboot vanuit Köyceğiz en Dalyan). **Ekincik**, ten westen van het meer aan de zee gelegen, wordt beschouwd als een soort geheime tip. De idyllische, met dennenbomen omkranste baai is een Turks vakantieoord met weinig hotels, pensions en restaurants.

Informatie

Informatiebureau: Atatürk Kordon, am Seeufer, tel./fax 0252 262 47 03.

Accommodatie

Osmaanse flair ▶ Özay: Atatürk Kordonu 11, links von het grote plein, tel. 0252 262 43 00, fax 0252 262 20 00, www.ozayotel.com. Klein hotel met nogal eenvoudige, maar mooie, op zijn Turks ingerichte kamers. Met bar, restaurant en zwembad. 2 pk €30–40.

Zwembad en palmen ▶ **Alila:** Kordonboyu, aan de westelijke meeroever, tel. 0252 262 11 50, fax 0252 262 11 51, www.hotelalila.com. Nieuw middenklasse hotel met lichte kamers en een fraai zwembad onder de palmbomen, rustig, en direct aan het meer gelegen. Vriendelijke bediening. 2 pk €30–50.

Eten en drinken

Uitzicht op het meer ▶ **Maremonte:** Rechts van de haven. Schaduwrijke tuin met uitzicht op het meer, links van de weg. Vooral (goede) grillgerechten en vis. Hoofdgerechten €3–10.

Traditionele keuken ▶ **Mutlu Kebap Salonu:** op het grote plein, Atatürk Meyd. Goede traditionele keuken met pide, grill- en stoofgerechten. Gunstige prijzen €2–4.

Vervoer

Langeafstandsbussen stoppen in Köyceğiz en Ortaca. Per **taxi** van Köyceğiznach Ekincik, van Ortaca naar Dalyan varen **Dolmuşbussen**.

Kaunos en Dalyan ▶ 18, D 3

Het dorpje **Dalyan,** dat aan de oostzijde van het Köyceğizmeer tegenover het oude Kaunos ligt, werd bekend, toen milieubeschermers hier een groot hotelproject konden verhinderen en zo de broedstranden van de zeeschildpad *Caretta caretta* redden. Weliswaar valt het oostelijke deel van de İztuzustranden thans onder natuurbescherming, maar veel effect heeft dat nog niet gehad: in het seizoen knetteren de boten van de samenwerkende vissers om de vijf minuten door de delta. Tot 19 uur mogen de dagjesmensen op de westpunt hun gang gaan, daarna is het *Turtle Beach* ('Schildpaddenstrand') gesloten. De ongeveer één meter lange karetschildpadden komen 's nachts naar het strand om eieren te leggen – de wijfjes slechts één keer in de twee à drie jaar op precies hetzelfde strand, waar ze zelf uit het ei zijn gekropen. Maar ook door het baden van de toeristen kan het legsel schade oplopen – het zou beter zijn om helemaal niet meer op dit strand te komen!

De inwoners van de oude stad **Kaunos** werden in de oudheid bespot vanwege hun groene gelaatskleur, waarschijnlijk kwam dat door de hier heersende malaria (dag. 8.30–17.30 uur, er vertrekken regelmatig veerboten van Dalyan, toegang 8 TL). De beroemde rotsgraven uit de 4e eeuw v.Chr. met een imposante rij tempelgevels in Ionische stijl zijn vanaf de aanlegplaats van de veerboot het beste te bewonderen. Aan het grootste, onvoltooide graf kunt u zien dat ze van boven naar beneden uit de rots werden gehouwen; de steenhouwers en de lijkbezorgers moesten van de steile wand abseilen.

De eigenlijke stad lag dichter bij de zee. Onder de akropolis liggen Romeinse thermen, een christelijke basiliek en het ronde podium van een tholostempel, en ten zuiden daarvan het goed geconserveerde theater. Nog iets lager kunt u ook de van de zee afgesneden haven zien, waarvan de verlanding in de laat-Romeinse tijd het einde van Kaunos veroorzaakte. Aan het pad dat naar beneden gaat, liggen een antentempel en een nymphaion. Nog verder naar beneden markeren de resten van een stoa de agora, waarop zich ook een bronhuis bevond. De enigszins moeizame klim naar de akropolis (vanaf het theater) is interessant, vanwege het uitzicht over de stadsruïne en de door glinsterende waterlopen verdeelde delta.

Sarıgerme ▶ 18, D 3

Sarıgerme, ten zuiden van de luchthaven Dalaman, waarvan de vijfsterrenhotels lijken te zijn gekopieerd van het project van Dalyan (zie links), is van een heel andere orde. Het lange strand met het fijne zand, waaraan drie luxehotels staan, is een van de mooiste Turkse stranden. Omdat het door een eiland ervoor wordt beschermd, loopt het slechts in geringe mate af, waardoor het heel kindvriendelijk is.

Een echt centrum is er niet. Het dichtstbijzijnde dorp, **Osmaniye**, ligt op 10 minuten lopen (langs de weg staan diverse pensions en lokanta). Op de hellingen van de met dennen bedekte heuvels, tonen gidsen tijdens wandelingen met hun groep de nogal spaarzame ruïnes van het antieke stadje Pisilis.

Promenade bij Side

De zuidkust

De aan de Middellandse Zee grenzende zuid-kust begint voorbij de havenstad Fethiye met de deels beboste, deels onherbergzame landstreek Lycië. Talrijke grafmonumenten getuigen van de eigen cultuur van de Lyciërs uit de oudheid. Kaş en Kalkan zijn twee kleinere vakantiebestemmingen. Veel meer toeristen komen daarentegen af op de mo-derne luxeaccommodaties in Kemer aan de voet van het Beydağlarıgebergte.

Bij Antalya begint de 'Turkse Rivièra', een kuststrook met uitgestrekte zandstranden. In de oudheid heette deze regio Pamphylië. De belangwekkende ruïnes Perge, Aspendos en Side behoren tot de beste bezienswaar-digheden van Turkije. Tegenwoordig spelen de vaak enorme hotelcomplexen tussen Be-lek en Incekum in economisch opzicht de hoofdrol, terwijl de katoenbouw de belang-rijkste inheemse bron van inkomsten is.

Voorbij Alanya verandert het beeld: de steile rotsen van het Taurusgebergte die de kust aanvankelijk domineren, maken plaats voor de vruchtbare Çukurovavlakte, ofwel het antieke Cilicië. Het dagelijks leven krijgt steeds meer een oriëntaalse sfeer en het toerisme verliest aan betekenis. Fraaie bad-plaatsen zijn er weinig. Wel vallen er ver-schillende Armeense kastelen te ontdekken en staat in Antakya (Hatay) een van de beste musea met Romeinse mozaïeken uit het Middellandse Zeegebied.

Om het deel van de zuidkust tussen Fethiye en Alanya uitgebreid te bekijken – en tijd over te houden voor uitstapjes naar de bergen, wandelingen en dagtochten per boot – hebt u zeker drie weken nodig. Voor de oostelijke zuidkust tot aan Gaziantep moet u nog twee weken uittrekken. Reken voor een snellere reis door de hele streek op twee weken.

Vanaf Mersin is de oostelijke zuidkust geen vakantiegebied meer, maar een inten-sief groeiend industriegebied dat sterke impulsen krijgt van de GAP-stuwdam. In de hoogzomer hangt er rond Adana een stevige smog, waarbij gelige mist de hemel ver-duistert. Het is beter in april of mei naar deze regio te reizen.

Map labels:
- actief Manavgatwaterval en strandwandeling
- actief Selge en Nationaal Park Köprülü
- Köprülü
- Beşkonak
- Perge
- Akseki
- Aspendos
- Antalya **9**
- Belek
- Side
- İncekum
- **8** Fethiye
- Wandelen door de kloof
- Ölüdeniz
- Xanthos
- actief Wandeling door de Göynükcanyon
- Kaş
- actief Per boot naar Kekova

In een oogopslag
De zuidkust

Hoogtepunten

8 **Fethiye:** De grootste vakantiebestemming aan de Turkse kust is beroemd vanwege de schitterende lagune Ölüdeniz (zie blz. 274).

Xanthos: De hoofdstad van het oude Lycië ligt tussen olijvenbomen en strand (zie blz. 282).

9 **Antalya:** Het oude gedeelte van de miljoenenstad aan de Turkse Rivièra is nog altijd de meest romantische plaats van Turkije. Osmaanse houten huizen staan er tussen Seltsjoekse en Romeinse monumenten (zie blz. 298).

Perge: In de Romeinse tijd een wereldstad en nu de mooiste antieke ruïnestad aan de zuidkust (zie blz. 305).

Aspendos: Vrijwel compleet bewaard gebleven Romeins theater (zie blz. 306).

Alanya met Seltsjoekenkasteel: Imposante citadel hoog boven de stad (zie blz. 317).

Tips

Wandelen door de kloof: U loopt net zolang door de canyon van de **Saklıkentkloof** als u het uithoudt in het ijskoude water, daarna kunt in een van de leuke restaurants uw benen rust gunnen (zie blz. 282).

Galerij der goden: Ook wie niet van musea houdt kan er niet omheen. Het **Antalya Museum** is een van de mooiste van Turkije. Vooral indrukwekkend zijn de levensgrote beelden van de Olympische goden (zie blz. 299).

Nachten vol muziek: Op veel zwoele zomeravonden worden in het antieke **theater van Aspendos** concerten of operavoorstellingen gegeven (zie blz. 306).

Golfen in Belek: Wanneer het in Europa hagelt en sneeuwt kunt u in Belek bij een heerlijk voorjaarstemperatuurtje uw slag verbeteren. Meer dan tien **golfbanen** werden volgens internationale maatstaven ontworpen (zie blz. 309).

actief

Per boot naar Kekova: Van Kaş langs de verlaten Lycische kust naar het eiland Kekova en het idyllische dorp Kaleköy ertegenover, waar de tijd lijkt te hebben stilgestaan (zie blz. 287).

Wandeling door de Göynükcanyon: Vanaf het dorp Göynük aan de kust bij Kemer leidt een wandeling door het Taurusgebergte naar een spectaculair ravijn (zie blz. 297).

Selge en Nationaal Park Köprülü: U rijdt met de auto de bergen in, waar op 1000 m hoogte een vrijwel ongerepte antieke stad ligt (zie blz. 307).

Manavgatwaterval en strandwandeling: Neem in Side de bus naar Manavgat en ga vandaar per boot eerst stroomopwaarts naar de gelijknamige waterval en daarna naar het strand, en loop tot slot langs de zee weer terug naar Side (zie blz. 314).

Met de mountainbike door het Dimçaydal: Met de mountainbike door een rivierdal, waar veel 'waterrestaurants' u 's zomers een versnapering serveren. Getrainde renners rijden terug over het Yaylaplateau (zie blz. 322).

Per waterfiets naar het Meisjeskasteel, te voet naar de necropolis: Met de waterfiets bezoekt u eerst de waterburcht van Kızkalesi, waarna u door de velden over de heilige weg van het antieke Korykos wandelt (zie blz. 330).

Naar het Hettitische paleis bij Karatepe: Een autorit door Nationaal Park Karatepe met daarin de ruïne van een Hettitisch paleis uit de 6e eeuw v.Chr. (zie blz. 338).

Met de boot naar kasteel Rumkale: Van Birecik met de bus naar de in de gestuwde Eufraat verdronken moskee van Halfeti, daarna per boot naar kasteel Rumkale (zie blz. 349).

De Lycische kust

Aan het grootste gedeelte van de kust van Lycië, tussen Fethiye in het westen en Kemer in het oosten, loopt het Taurusgebergte steil af in zee. De weinige stranden die er te vinden zijn, behoren tot de mooiste van Turkije. Fethiye, Kaş en Kemer zijn toeristencentra met een goede infrastructuur, maar verder is de kuststrook nog grotendeels authentiek. Dit is een paradijs voor duikers en wandelaars, terwijl de antieke Lyciërs in het binnenland talrijke geheimzinnige graven achterlieten.

Fethiye ▶ 18, E 3

Kaart: blz. 276

Het stadje **Fethiye** (55.000 inwoners), al sinds de middeleeuwen de belangrijkste haven tussen İzmir en Antalya, ligt verstopt in de eerste hoek van een brede golf met talloze eilandjes, die wordt omarmd door een met pijnbomen begroeide bergketen. Ook deze stad is de afgelopen jaren sterk gegroeid. De verstedelijking voltrok zich echter vooral in de dorpen eromheen, waartoe ook het toerisme heeft bijgedragen. Behalve de oude stad met de haven zijn de grootste toeristische trekpleisters het strand **Çalış** in het noorden en de plaatsen **Hisarönü** en **Ovacık** op weg naar de bekende, sprookjesachtige baai **Ölüdeniz**, die alle folders siert.

Zo bleef Fethiye zelf een provinciestad met een Turks dagelijks leven en slechts heel weinig hotels. De straatjes in de oude stad aan de haven veranderen 's avonds echter wel in een bijzonder gezellige restaurantwijk. Ten noorden daarvan ligt de nieuwe zeepromenade, die na een verwoestende aardbeving in 1957 op de puinhopen werd aangelegd.

Graven en akropolis

Vanwege deze aardbeving is weinig bewaard gebleven van de antieke voorloper Telmessos, een van de belangrijkste steden van Lycië. Afgezien van het enkele jaren geleden blootge-

legde **antieke theater 1** aan de haven herinneren nog enkel wat graven aan de tijd dat de stad eerst bij Xanthos en daarna bij het rijk van Perikles van Limyra (zie blz. 27) hoorde. **Sarcofaaggraven 2**, zoals dat uit ca. 370 v.Chr. naast het postkantoor, liggen ook in de wijk onder aan de beroemde wand met rotsgraven die boven het zuidelijk deel van het centrum uitrijst – eentje zelfs midden op de weg.

Het opvallendste rotsgraf is het **Amyntasgraf 3**, dat een imposant front in de vorm van een Ionische tempel met twee zuilen *in antis* heeft. Links en rechts liggen kleinere graven, eronder ook enkele huisgraven, waarbij van balken gebouwde huisjes in steen zijn nagebootst (zie blz. 280).

Aan de voet van de grafwand noden simpele gelegenheden tot verpozing; meer naar het oosten kunt u op het **akropolisplateau 4** komen. De muren die u ziet dateren uit de middeleeuwen, toen de johannieters van Rhodos de haven Makri beveiligden met een burcht. Ook in de Osmaanse tijd werd de stad Meğri genoemd; pas sinds de Grieken verdreven zijn, heet hij Fethiye ('Verovering'). Aan het einde van de middag hebt u bij de burcht een mooi uitzicht op de stad, de beschutte baai en de witte top van de machtige Ak Dağ ('Witte Berg'), die imposant in het oosten verrijst.

Aantrekkelijk is ook de oude **hamam 5** in de oude stad, gebouwd aan het begin van de 16e eeuw onder sultan Selim I. Het is een mooie dubbelhamam, waarvan het hoofddeel tegenwoordig voor paren is geopend (met badkleding!). De oorspronkelijke vrouwenvleugel is nu voor mannen gereserveerd (www.old turkishbath.com, dag. 7-24 uur, toegang €16 incl. wassen en peeling, massage extra).

Fethiyemuseum 6

Het **Fethiye Müzesi** (di.-zo. 9-17 uur), iets achter de Atatürk Caddesi, toont naast de etnografische collectie met name archeologische vondsten uit de omgeving. Het topstuk is een stèle uit het Letoön, waarop een decreet van de Perzische satraap in het Lycisch, Grieks en Aramees staat gebeiteld. De drietalige trofee uit 358 v.Chr. was een van de eerste sleutels voor het ontraadselen van het Lycische schrift, waarvan de tekens op het Grieks, maar het woordbeeld op het Hettitisch leek.

Omgeving van Fethiye

De mooiste badplaats in de buurt is de lagune van **Ölüdeniz** 7. De 'Dode Zee' (zogeheten omdat het er volkomen windstil is) werd het bekendste reclamesymbool voor Turkije. De lagune is een openluchtbad tegen betaling geworden, en ook in het hoogseizoen niet stampvol. Rondom de lagune zijn drie hoteldorpen ontstaan: **Belceğiz** aan de kust, **Ovacık** en **Hisarönü** in het binnenland. Het gaat hier uitsluitend om strandplezier en *sun 'n fun*. Vooral voor paragliders uit heel Europa is dit strand een paradijs (zie blz. 82, 274). Bij talrijke bureautjes kunnen waaghalzen een tandemsprong boeken.

's Morgens en 's middags vertrekken er boten naar de **'Butterfly Valley'** (Kelebekler Vadısı) - omdat het dal met het brede kiezelstrand alleen over een hobbelige zandweg te bereiken is, varen er vele boten heen. Er zijn eenvoudige strand-*lokanta*; rugzaktoeristen overnachten er in tenten en houten hutten.

Gemakkelijker te bereiken is **Kayaköy** 8, de oude Griekse stad Livissi, die aan het begin van de 20e eeuw nog de grootste stad van de regio was en waar zelfs de eerste krant van het zuidwesten verscheen. Bij de 'bevolkingsruil' van 1923 (zie blz. 34) werd Livissi echter verlaten en sindsdien prijsgegeven aan het ver-

val. Huizen zonder daken en ramen, smalle stegen, een grote kerk - pas de toeristen bliezen de stad nieuw leven in: op de vlakte voor de stad staan nu kebapkraampjes en zelfs pensions.

Behalve de antieke opgravingen in het dal van de Eşen Çayı (zie blz. 279) is ook de Lycische stad **Kadianda** 9, ten noordoosten van Fethiye, heel interessant. Na een prachtige rit via het wijnbouwdorp **Üzümlü** (met veel eenvoudige souvenirstalletjes) kunt u er rotsgraven en ruïnes bekijken. De resten van stadsmuren, agora en theater zijn overwoekerd door dennen.

Het havenstadje **Göcek** in de noordwesthoek van de Golf van Fethiye is een kalmer alternatief voor Fethiye. Er is een grote jachthaven en aan de brede boulevard liggen verschillende chique boetiekhotels. Ook voor een dagtocht is dit een geschikte bestemming.

Informatie

Informatiebureau: İskele Meydanı, tel./fax 0252 614 15 27.
Internet: www.infofethiye.com, www.fethiye life.com

Accommodatie

Het beste hotel in de buurt is **Club Letoonia** 1 (www.letoonia.com); aan de rand van de stad op weg ernaartoe liggen verschillende middenklassehotels.

In het centrum ▶ **Yacht Hotel** 2: Yat Limanı, tel. 0252 614 15 30, fax 0252 614 53 54, www. yachthotel1.com. Middenklasse, dicht bij het centrum en toch heel rustig gelegen bij de jachthaven. Met zwembad en restaurant. Goede prijs-kwaliteitsverhouding; ook driepersoonskamers. 2 pk ca. €35-65.

… bij Ölüdeniz (Hisarönü, Ovacık)
De dorpen Ovacık en Hisarönü bestaan voornamelijk uit kleine middenklassehotels, die vaak ook appartementen beschikbaar hebben. De grootste groep gasten bestaat uit Britten. Mooier is het dichter bij het strand gelegen hoteldorp Ölüdeniz. Het beste hotel van deze streek is **Lykia World** 3 (www.lykiagroup. co.uk, te boeken via diverse Nederlandse sites, 3 km ten oosten van Ölüdeniz), de keten met

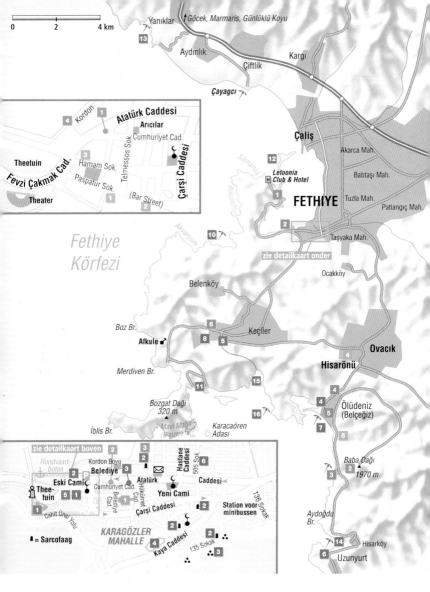

waarschijnlijk de beste sport- en wellness-voorzieningen van heel Turkije (uitsluitend all-in).

Uitzicht op zee ▶ Aygül 4 : Aan de steile weg naar Ölüdeniz, ca. 10 min. lopen naar het strand, tel. 0252 617 00 86, fax 0252 614 90 91, www.aygulhotel.com. Fraai, enigszins Provençaals aandoend complex, niet al te gelikt

maar wel met zwembad; prachtig panoramisch uitzicht op het strand beneden. 2 pk ca. €35–60.

Houten bungalows ▶ Oba Motel 5 : Midden in het stranddorp, 50 m van de zee, tel. 0252 617 01 58, www.obahostel.com. Idyllisch in een tuin gelegen, uit hout opgetrokken villa's (woonkamer, badkamer, slaapzolder en sepa-

Fethiye

Hoogtepunten
1. Antiek theater
2. Sarcofaaggraven
3. Amyntasgraf
4. Akropolis
5. Hamam
6. Fethiye Müzesi
7. Ölüdeniz
8. Kayaköy
9. Kadianda / Üzümlü
10. Turunç Beach
11. Gemiler
12. Şövalye
13. Katrancı Koyu
14. Butterfly Valley (Kelebekler Vadısı)
15. Cold Water Bay (Soğuksu Limanı)
16. Camel Beach

Accomodatie
1. Club Letoonia
2. Yacht Hotel
3. Lykia World
4. Aygül Hotel
5. Oba Motel
6. Villa Rhapsody

Eten en drinken
1. Meğri
2. Marina
3. Birlik Lokantası
4. Pirate's Inn
5. Livissi Garden Wine House
6. Die Wassermühle

Winkelen
1. Halk Pazarı
2. Kooperative Arıcılar

Uitgaan
1. Car Cemetry Bar
2. Ottoman Bar
3. Club Bananas
4. Club Barrumba
5. Club Heaven Hill

Actief
1. Light Tours
2. Baba Dağı
3. Divers Delight
4. Kordon Boyu / Boottochten

rate slaapkamer), met goed restaurant. Prima service. Daarnaast zeer eenvoudige houten hutten (2 pk/bad), geliefd bij paragliders. Houten villa €90, houten hut €30.

... bij Kayaköy
Landelijke idylle ▶ Villa Rhapsody 6: Aan de weg naar Gemiler, tel. 0252 618 00 42, www. villarhapsody. com. Aardig, klein hotel in het groen, met mooie tuin en zwembad. Absoluut rustig gelegen, hoewel u 's morgens wakker kunt worden van het kraaien van de haan. 2 pk €38.

Eten en drinken
Verfijnde Turkse keuken ▶ Meğri 1: In de oude stad bij de Eski Cami, Likya Sok., tel. 0252 614 40 46. Dit restaurant is inmiddels het grootste van de oude stad van Fethiye en bestrijkt bijna het gehele plein voor de Eski Cami. Enorme keuze tegen stevige prijzen, tamelijk chaotische bediening. Op het plein heerst de sfeer van een bierkroeg.

Vis aan de haven ▶ Marina 2: Kordon Boyu, aan de haven, tel. 0252 614 11 06. Goed adres voor visschotels en traditionele Turkse gerechten met zeezicht op de kade waar de rondvaartboten aanmeren. Ook gefrequenteerd door de lokale bevolking! Voordelig vismenu voor €9.

Kebap en meer ▶ Birlik Lokantası 3: Atatürk Cad., bij het postkantoor. Traditionele Turkse keuken in simpele ruimte; voordelig, lekker, kenmerkend voor het land en goede bediening – zonder runners en bedriegertjes! Hoofdgerechten vanaf €3.

... bij Ölüdeniz – Belçeğiz
Knus in het olijvenbos ▶ Pirate's Inn 4: Rechts aan de toegangsweg, even voor het strand. Fraai en intiem gelegen in een olijvenbosje, grote keuze, goede bediening, maar met hoofdgerechten van ca. €10–15 wel een van de duurdere zaken van Ölüdeniz. In het hoofdseizoen vaak 'Turkse nachten' met folkloreshows en muziek.

... in Kayaköy
Romantisch ▶ Livissi Garden Wine House 5: Aan de toegangsweg, naast de kassen. Fraai gerenoveerd Grieks huis, dat tegenwoordig een romantisch restaurant is met een grote wijnkeuze en voornamelijk grillgerechten. Tevens wijn te koop om mee te nemen.

... in de bergen
In de bergen ▶ Die Wassermühle 6: Uzunyurt, Butterfly Valley, tel. 0252 642 12 45. Pension met restaurant, dat zijn Duitse naam dankt aan de Duitse eigenaren, bereikbaar via een bochtige zandweg. U kunt er overnachten (8 kamers) of tijdens het eten genieten van

De 'Bar Street' van Fethiye

uitzicht over de bergen en het Vlinderdal. Van tevoren even bellen!

Winkelen

Markt ▶ Grote weekmarkt op dinsdag ten noorden van het museum. Immens aanbod, omdat ook veel boeren uit de omgeving er hun producten verkopen.

Overdekte markt ▶ Halk Pazarı 1: Belediye Caddesi. Een nog tamelijke ontoeristische bazaar met vishal, veel speciaalzaken en ook wat restaurants.

Honing ▶ Kooperative Arıcılar 2: Oude stad, eerste parallelstraat van de Atatürk Cad. Grote keuze aan honing en aanverwante producten.

Uitgaan

Oldies ▶ Car Cemetry Bar 1: Hamam Sok. 33, tel. 0252 612 78 72. Bar met een autowrak boven de ingang. Overdag café, 's avonds dansen op goud van oud (rock en pop).

Waterpijp ▶ Ottoman Bar 2: Hamam Sok., tel. 0252 612 94 91. In de in Osmaanse stijl gehouden bar luistert u bij een biertje en een waterpijp naar dansbare Turkse pop en internationale dance.

Nachtclub ▶ Club Bananas 3: 47 Sok., tel. 0252 612 84 41, toegang 10 TL. Grote club in de oude stad, precies tegenover de hamam, met Turkse muziek en hits, veel techno; schuimparty's.

Goed doorzakken ▶ Club Barrumba 4: Hisarönü, Cumhuriyet Cad., www.clubbarrumba. com. De hoofdstraat van Hisarönü lijkt zo langzamerhand op de uitgaansstraat van Mallorca. De Barrumba is een echte disco met laserlicht, schuimparty's en maskerades.

Zicht op het strand▶ Heaven Hill 5: Ölüdeniz, Belceğiz. Dansclub hoog op de berg ten oosten van het strand. U gaat er met de kabelbaan heen. Happy hour 23–1 uur.

Actief

Blauwe reis ▶ Light Tours 1: Atatürk Cad. 104, tel. 0252 614 47 57, fax 0252 614 51 43, www.lighttours.com. Cruise per *gulet* voor 20 personen richting Antalya of Marmaris (allebei 1 week).

Paragliden ▶ De 1970 m hoge **Baba Dağı** 2 boven **Ölüdeniz** is een hotspot voor paragliders. Op het strand van Ölüdeniz vindt u de ene aanbieder na de andere. Rijd in ca. 1.5 uur in een terreinwagen de berg op, zweef dan in ongeveer 30 minuten omlaag en betaal daarvoor €100.

Duiken ▶ Divers Delight 3: Dispanser Sok. 25/B, tel. 0252 612 10 99, fax 0252 612 11 18, www.diversdelight.com. Snuffelduiken, PADI- en CMAS-cursussen en dagelijks duikexcursies.

Boottochten ▶ Vanaf **Kordon Boyu 4:** Hele dag (9.30–19 uur) de **12 Islands Tour** naar verlaten stranden (6 zwempauzes, maar ook 6 uur varen, barbecue aan boord). Tevens excursies per boot naar geïsoleerde baaien zoals Gemiler Adası, Dalyan/Kaunos, Kekova en per draagvleugelboot zelfs naar het Griekse eiland Rhodos.

Raften ▶ Dagtochten wildwatervaren op de **Dalaman Çayı** (stroomversnellingen van de 3e klasse) of kanoën op de **Eşen Çayı** zijn te boeken bij verschillende reisbureaus.

Wandelen ▶ Lycische Weg: Sinds 2001 zijn oude ezelspaden gemarkeerd als wandelpaden, waarover u van Ovacık (boven Ölüdeniz) tot Xanthos en zelfs tot Myra kunt lopen (let

op: voldoende water meenemen!). Informatie bij de reisbureaus. Bij de boekhandel zijn Engelse en Duitse wandelgidsen te koop, een Nederlandstalige uitgave is er niet.

Vervoer

Parkeren: De beste gelegenheid in Fethiye is het parkeerterrein bij het standbeeld van Atatürk aan de hoofdstraat naar de haven.

Van het **langeafstandsbusstation** aan de S. Demirel Bulvarı bij de weg naar Ölüdeniz vertrekken om de 2 uur bussen naar Antalya en Marmaris/İzmir. Alle bestemmingen in de omgeving te bereiken vanaf het **minibusstation** aan de Çarşı Caddesi, naar Ölüdeniz en Çalış om de 20 minuten.

In het dal van de Eşen Cayı

Het dal van de **Eşen Cayı**, die in de oudheid Xanthos heette, volgt de weg naar Kaş. In de beboste bergen boven de spoelvlakte liggen

Tip: Alternatieven voor het droomstrand

Natuurlijk, Ölüdeniz wil iedereen gezien hebben. Wie daar echter moet denken aan een zwembad op een warme zondag in augustus thuis, hoeft niet te treuren. Per boot komt u nog altijd bij de verlaten baaien met de typische kleurenspelen van het groen van de dennen, het turquoise van de zee en het wit van het zand, die dit deel van de Turkse kust zo beroemd maakten.

Boottochten vertrekken van de boulevard van Fethiye. De **12 Islands Tour** is de populairste. Deze tocht doet de kleine eilandjes in de Golf van Fethiye aan. Er zijn zes zwempauzes aan onbewoonde kusten, zoals bij de ruïnes van een Osmaanse werf op **Tersane Adası**, op een vlakke zandbank op **Yassıca Adası** of bij antieke ruïnes, de zogeheten **Kleopatra Hamam**. Ook opwindend zijn boottochtjes langs de per auto nauwelijks toegankelijke kust van het vasteland, bijvoorbeeld naar het **Aquarium** met bijzonder helder water, het **Turunç Beach** 10, of het strand van **Gemiler** 11 met taverne.

kampeerterrein en de ruïne van het Griekse St.-Nicolaasklooster (Agios Nikolaos) op het voor de kust gelegen eiland.

Ook kunt u ieder uur met een soort *dolmuş*-boot overvaren naar het eiland **Şövalye 12** tegenover de Baai van Fethiye, waar u restaurants en watersportmogelijkheden vindt. De baaien **Günlüklü** en **Katrancı 13**, richting Göcek, zijn vrijwel alleen lokaal bekend, maar zijn ware zomerse idylles in het dennengroen (in de Baai van Günlüklü ligt hotel Bay Beach Club, www.thebaybeachclub.com).

Ook in Ölüdeniz varen ieder morgen om 10 uur excursieboten af, bijvoorbeeld naar de **Butterfly Valley** ('Vlinderdal', in het Turks Kelebekler Vadısı geheten) 14. Helaas is het strand daar tegenwoordig in het hoogseizoen ook behoorlijk vol. Andere excursies varen naar **Cold Water Bay 15** (Soğuksu Limanı), met een ondergrondse bron, of naar **Camel Beach 16**, waar de voornaamste attractie wordt gevormd door een kameel.

Lycische graven

Toen de eerste ontdekkingsreizigers, die per boot en ezel in het eeuwenlang van de buitenwereld afgesloten Klein-Aziatische zuidwesten doordrongen, vol bewondering voor de antieke graven van Lycië stonden, was er vrijwel niets bekend over dit volk. Pas langzaam werd meer duidelijk over de ongebruikelijke cultuur van de Lyciërs, die hun doden altijd hoog in de lucht, dicht bij de hemel, begroeven.

Fascinerend is vooral dat de Griekse beschaving zo'n groot stempel op de Lycische heeft gedrukt, hoewel de Lyciërs waarschijnlijk voordien tijdens de Indo-Europese volksverhuizing aan het begin van het 2e millennium v.Chr. uit het noordoosten waren gekomen, met de Hettieten. Net als de Hettieten leefden de Lyciërs in autonome, doorgaans oligarchisch bestuurde steden, net als de Hettieten hadden zij zich aaneengesloten in een stedenbond, de Lycische Bond, en onderhielden ze gezamenlijk een bondsheiligdom, het Letoön bij Xanthos. Het Lycische schrift lijkt op het oud-Griekse, de taal echter op het Hettitisch. De voornaamste godheid, de moedergodin Leto, lijkt op de Klein-Aziatische Cybele, maar werd als de moeder van Apollo en Artemis opgenomen in het pantheon van de oude Grieken.

Geen overeenkomst met de Griekse cultuur vertoont de dodencultus. Hoewel ook hier nauwkeurige bronnen ontbreken, zijn er uit de ontwikkeling van de graven wel bepaalde constanten te destilleren. Alle graftypen – van het eenvoudige, vroege grotgraf (hiervan zijn indrukwekkende voorbeelden te zien in Pinara) tot de late graftempels (zoals het Nereïdenmonument van Xanthos of het grafmonument voor Perikles van Limyra) – vertonen duidelijk de neiging de doden op een hoge plaats te ruste te leggen, als het ware ontrukt aan het Rijk der Levenden. Het reliëf op het Harpijenmonument beeldt een hiermee verbonden voorstelling uit: de harpijen, gevleugelde wezens met het lichaam van een vogel en het hoofd van een vrouw, dragen kleine menselijke figuurtjes, die op baby's lijken en waarschijnlijk zielen voorstellen, weg naar een rijk in de lucht. Het lijkt wel alsof de Lyciërs ook een voorstelling hadden van 'hemel' en 'engelen'.

Over de politieke geschiedenis van de Lyciërs is weinig bekend, hetgeen de interpretatie van hun bouwwerken er niet eenvoudiger op maakt. In de archieven van Hettitische koningen uit de 14e eeuw v.Chr. duiken 'Lukki' op als bondgenoten. Bij Homerus strijden ze mee aan de zijde van de Trojanen. Concrete schriftelijke bronnen zijn er over hun deelname aan de Peloponnesische Oorlog aan het einde van de 5e eeuw v.Chr., waarin Lycië met Sparta tegen Athene vocht. Rome schonk de Lycische Bond onafhankelijkheid, vooral omdat Xanthos heldhaftig weerstand had geboden aan de moordenaar van Caesar (zie blz. 283). Pas in 43 n.Chr. kwam er een einde aan het zelfstandige Lycië met de instelling van de Romeinse provincie *Lycia*. Patara werd de hoofdstad. Daarna stond het tot in de jaren 1960 zeer geïsoleerde Lycië weliswaar onder Byzantijnse en Turkse heerschappij, maar tot in de 20e eeuw bouwde men hier de huizen en schuren precies zo als de 2500 jaar oude stenen huisgraven er uitzien.

Behalve graven en grafstenen, die een ontcijfering van het schrift mogelijk maakten, zijn er weinig Lycische bouwwerken bewaard gebleven. Er zijn echter heel veel graftypes, die dit verdwenen volk nog altijd aan de vergetelheid ontrukken.

– Het **grotgraf** (oudste vorm) bestond uit een in de rotsen van een steile berg uitgehakte grafnis (Pinara).

– Bij een **huisgraf** kreeg zo'n nis een siergevel van maximaal drie verdiepingen, die een houten constructie van balken en met leem dichtgesmeerde muurvlakken nabootste. Vaak versierd met tandlijsten of opvallende reliëfs met scènes van het dodenmaal (Myra).

– Het **tempelgraf** heeft eveneens een nepfaçade, maar heeft, naar het voorbeeld van Ionische tempels, zuilen, een vlakke puntdakgevel en een met reliëfs versierde of beschilderde voorhal.

– De **sarcofaaggraven** zijn een bijzondere vorm, die als heroon was voorbehouden aan verdienstelijke krijgers. Op een manshoog *hyposorion*, een tweede grafkamer voor slaven of vrouwen, staat een stenen sarcofaag, dat afgesloten is met een puntboogdeksel.

– Daaruit ontstonden de vrijstaande **pijlergraven**, met een rondom versierde grafkamer op een tot 4 m hoge, vierhoekige zuil, zoals het Harpijenmonument. Deze bijzondere vorm is alleen bekend voor de grote vorsten van Xanthos.

– Een late vorm uit de 4e eeuw v.Chr. is de **graftempel**, net als het tempelgraf een nabootsing van Griekse tempelvormen in de grafarchitectuur. De bouwwerken van Xanthos en Limyra waren het voorbeeld voor het grafmonument van de Karische koning Mausolos in Bodrum, waaraan wij het woord 'mausoleum' hebben te danken.

Woonplaats van de doden: huisgraven in Myra

verlaten ruïnes van Lycische nederzettingen, die in de Romeinse tijd met interessante monumentale bouwwerken werden verrijkt.

Tlos ▶ 18, E 3

De stad **Tlos**, gelegen op de oostelijke helling van het dal op weg naar de populaire bestemming Saklıkent, was al bewoond in het 2e millennium v.Chr. In de Lycische dodenstad in de rotswand onder de akropolis ligt onder andere een groot tempelgraf, met in de voorhal het beroemde Bellerophontesreliëf. Hierop is te zien hoe de mythische held uit Korinthe op zijn gevleugelde paard Pegasus tegen de Chimaira strijdt (zie blz. 295). Aan de voet van de akropolis was de renbaan van het stadion, nu liggen daar akkers. Daarvoor ligt het gymnasion met het palaestra, erachter komt u bij de thermen met een soort uitzichtplatform over de vallei. Goed bewaard is het theater, dat iets hoger aan de weg ligt. De akropolis werd in de Osmaanse tijd bebouwd met een kasteel. In de 19e eeuw was dit de residentie van Kanlı Ali Ağa, 'Bloedige Ali'.

Eten en drinken

Forellenkwekerij ▶ Yakapark: De enorme forellenkwekerij (800 zitplaatsen in het restaurant) ligt 2 km voorbij Tlos in de bergen en wordt door veel touringcars aangedaan. De omgeving is landelijk-Turks, met veel bassins en riviertjes waarin de vissen rondspartelen. Hangmatten en afgescheiden beboomde terrassen zorgen voor de nodige flair.

Saklıkent ▶ 18, E 4

Saklıkent Kanyonu heeft alles waar de op uitstapjes met picknick verzotte Turken gek op zijn. De naam Saklıkent betekent 'Verstopte Plaats', maar tegenwoordig komen er zoveel toeristen dat er zeker tien restaurants zijn gevestigd. Zelfs op de warmste zomerdagen heerst er in de door een ijskoude bergbeek doorstroomde canyon een aangename koelte. Voor de kloof kunt u in gezellige restaurants aan het water gegrilde forel eten. Om door de rivier verder door te dringen in de kloof zijn waterschoenen te huur. Het is ook mogelijk in Fethiye een canyoningexcursie met gids de

kloof in te boeken (inclusief abseilen van de waterval).

Eten en drinken

Zitkussens aan de rivier ▶ Kayıp Cennet: Het 'Verloren Paradijs' ligt aan de oostkant van de rivier richting Xanthos. In deze gelegenheid zit u op Osmaanse kussens aan het water. Voor het dutje na het eten (groot buffet met mezes en grillgerechten) zijn er hangmatten waarin u kunt uitbuiken.

Pinara ▶ 18, E 3

Aan de overkant van het dal (van Saklıkent richting Xanthos/Eşen) ligt de Lycische stad **Pinara** in een schitterend berglandschap boven het dorp Minare. Tijdens de rit erheen kunt u zich oriënteren op de steile wand onder de akropolis. Deze is doorboord met talloze grafkamers. Onder aan de citadel, die slechts als toevluchtsoord diende, ligt het stadscentrum. Tijdens de klim vanuit het beekdal passeert u het 'koningsgraf'. De beroemde reliëfs zijn in de loop der jaren helaas sterk beschadigd. Het stadsterrein, met een odeon en een agora, is helaas moeilijk begaanbaar, maar het zicht op de zuidelijke necropolis, met de grote tempelgraven, of op het theater in het oosten is alleszins de moeite waard.

Sidyma ▶ 18, E 4

Nog geïsoleerder liggen de ruïnes van de Lycische stad **Sidyma** in het dorp Dondurga. Neem hiervoor 5 km ten zuiden van Eşen de afslag. Op de antieke wallen staan eenvoudige huisjes van antieke stenen, op antieke marmeren platen worden vruchten gedroogd, op antieke trommels van zuilen wordt graan gemalen. Inwoners brengen u tegen geringe vergoeding naar de monumentale graven, die in de velden rond het dorp liggen.

Xanthos ▶ 18, E 4

Bij Kınık, waar de ruïnes van de Lycische stad Xanthos prijken, wordt het dal van de Eşen een vruchtbare vlakte. Men verbouwt er voornamelijk kastomaten, maar ook tabak en tarwe.

Xanthos (dag. 8–18 uur, toegang 3 TL) was vanouds de machtigste stad van Lycië en zetel van de raad van de Lycische Bond. De stad beheerde ook het nabije Letoön, het belangrijkste heiligdom van Lycië. Tweemaal moesten de Xanthiërs hun onverzettelijkheid en de volledige verwoesting van hun stad bekopen. De eerste catastrofe is ons bekend via Herodotes. Hij beschrijft hoe de Lyciërs in 545 v.Chr. verloren van de Perzen onder Harpagos en zich verschansten in Xanthos, waar zij vrouwen, kinderen, slaven en bezittingen overgaven aan het vuur en zelf in een laatste uitval de dood tegemoet liepen. Slechts 80 gezinnen zouden het hebben overleefd en de stad weer hebben opgebouwd. In 42 v.Chr herhaalde de geschiedenis zich. Kort voor de beslissende slag tegen Octavianus en Marcus Antonius trok Brutus, een van de moordenaars van Julius Caesar, door Klein-Azië om geld en huurlingen af te persen van de steden aldaar. Ook hij belegerde Xanthos, en weer staken de Xanthiërs hun huizen in brand en doodden zij zichzelf.

De weg erheen volgt de oude oprit over een nieuw tracé. Tegenover de hellenistische **stadspoort** herinnert een plaquette aan het feit dat dit ooit de plaats was van het beroemde **Nereïdenmonument**, dat nu in het British Museum in Londen staat. Deze begin 4e eeuw v.Chr. opgerichte graftempel verenigde destijds de Lycische hoge sokkel met de Griekse peripterale tempel – een vorm die 50 jaar later bij het Mausoleion (zie blz. 253) monumentaal werd gekopieerd.

Het **Harpijenmonument** bij het theater, ca. 480 v.Chr. gebouwd, is het grootste bewaard gebleven Lycische pijlergraf. Het is genoemd naar de gevleugelde vrouwenfiguren op het reliëffries van de dodenkamer. Ontdekker Charles Fellows zag ze aan voor harpijen, vervaarlijke geesten. Tegenwoordig interpreteert men de afbeeldingen als sirenen, engelachtige wezens, die de zielen van de doden (hier afgebeeld als baby's) wegbrengen.

Het Romeinse **theater** geeft met zijn sculptuurfragmenten en granieten zuilen nog een indruk van de voormalige luister. Op het plateau van de Lycische akropolis boven de zitplaatsen werd later een klooster gebouwd,

maar er zijn ook de fundamenten gevonden van het paleis dat bij de verovering door de Perzen is verwoest. Noordelijk van het theater ligt de **agora** uit de 2e eeuw n.Chr. met de **inscriptiepijler**, waarop de langst bekende tekst in het Lycisch is aangebracht.

Aan de andere kant van het parkeerterrein ligt een grote **basiliek** met mozaïeken op de vloer uit vroegchristelijke tijd. Bij de klim naar de **Romeinse akropolis** kunt u onder de olijfbomen nog meer Lycische graven zien. Daartoe behoren de **danseressensarcofaag** en, vlak voor het plateau, een goed bewaard gebleven **pijlergraf** tussen huisgraven.

Vervoer

Alle **bussen** tussen Fethiye en Kaş stoppen in Kınık. Aan het dorpsplein liggen eenvoudige **lokanta's**.

Letoön ▶ 18, E 4

Bij het programma voor Xanthos behoort ook een bezoek aan het nabijgelegen **Letoön**, het voornaamste heiligdom van Lycië, waar de Klein-Aziatische godin van de vruchtbaarheid Leto en haar 'Griekse' kinderen Apollo en Artemis werden vereerd. De drie tempels liggen ten zuiden van het theater en een stoa uit hellenistische tijd. De rechtertempel is het **heiligdom van Leto**, een Ionische peripteros waarvan de cella door 6 x 11 zuilen uit de 2e eeuw wordt omringd. Van hetzelfde type, maar dan kleiner en in Dorische stijl, was de linker, aan Apollo gewijde tempel. De middelste tempel is ouder en werd vermoedelijk begin 5e eeuw v.Chr. opgericht door Arbinas van Xanthos, de bouwheer van het Nereïdenmonument. Tijdens de jongste opgravingen zijn nog drie zuilen ontbloot. Zuidelijk van de tempel ziet u de resten van een monumentaal **nymphaion** uit de keizertijd, dat net als de fundamenten van de stoa nauwelijks uitkomen boven het grondwaterpeil, dat sinds de oudheid aanzienlijk is gestegen.

Vervoer

Als u bij Letoön doorrijdt, komt u bij het **strand**. Dit is net zo zanderig als dat bij Patara, maar is geheel verlaten.

Patara ▶ 18, E 4

Aan het strand van de Eşenvlakte ligt bij het gehucht Gelemiş het antieke **Patara** (60 inwoners), ooit de belangrijkste haven van Lycië. Tegenwoordig vindt u er een kilometerslang zandstrand, dat als broedgebied van de onechte karetschildpad is beschermd. Sinds eind jaren negentig is een Turks team intensief bezig met opgravingen. Bij de wachterspost vlak voorbij Gelemiş moet u toegang betalen, ook als u alleen maar naar het strand wilt (mei–sept. dag. 7.30–19, okt.–apr. 8.30–17 uur, toegang 5 TL, auto eveneens 5 TL).

De stad begint met de driebogige **Modestuspoort** van begin 2e eeuw, die is opgegraven achter de oude geplaveide straat rond een **marktbasilica** en de zogenoemde **Palmenthermen**. Een pad leidt naar de **Vespasianusthermen**. Daarna loopt u over de blootgelegde **marmerweg** naar de Byzantijnse **stadsmuren** voor het dichtgeslibde **havenbekken**. Daarnaast staan de resten van een Korintische tempel. De rest van het slecht toegankelijke stadsgebied is het beste te bekijken van de bovenste rangen van het inmiddels geheel uitgegraven **theater**. Via een onverharde weg, waarover vrachtwagens zand afvoeren, komt u bij de **vuurtoren**, tot nu toe de enig bekende uit de oudheid die niet is bedolven onder bebouwing. Wie door de duinen om de haven heenloopt, vindt een **graanpakhuis** op de oude kade. De **handelsagora** daarachter ligt nog vrijwel geheel onder het zand.

Op weg naar Patara zijn in het dorp **Gelemiş** eenvoudige hotels verrezen. Denk eraan: dit mag dan een van de weinige vakantiegebieden in Turkije zijn waar u nog ver van alle drukte tot rust kunt komen, maar 's nachts stijgen zwermen muggen op uit het moeras dat ooit het havenbekken was.

Accommodatie

Romantisch ▶ Pension St. Nicholas: tel. 0242 843 51 54, fax 0242 843 50 24, www.stnicholas pensionpatara.com. 2 pk vanaf €25. Eenvoudig pension met tuin aan de oostzijde van het dal tegenover Gelemiş. 13 kleine kamers, met muskietennet; een pastoraal, landelijk paradijs zonder luxe. Dezelfde familie beheert in de buurt nog een ander, beter hotel: Delfin (www.pataradelfinhotel.com). Gasten van het pension kunnen gebruikmaken van het zwembad van hotel Delfin.

Eten en drinken

In het centrum liggen rond het postkantoor enkele **lokanta's** met simpele Turkse kost. Aan het strand zijn overdag dranken en snacks te koop bij een houten kiosk.

Bolukeuken ▶ Restaurant Tlos: Aan de toegangsweg. Bolulu Osman Usta (Meester Osman uit Bolu) tovert de heerlijkste gerechten op tafel. Let op de versiering van de borden. Uit Bolu schijnen de beste koks van Turkije te komen (maar geen alcohol).

Actief

Paardrijden ▶ Ritten door de duinen en over het strand kunt u boeken bij Han Horse Riding aan de rand van het dorp.

Trektochten en kanoën ▶ Dardanos: In het centrum van het dorp, tel. 0242 843 51 51, www.dardanostravel.com. 4WD-, kano- en wandeltochten op de Lycische Weg (met hotel in Gelemiş).

Vervoer

Van Kaş en Kalkan overdag minsten 1 x per uur een **minibus**, vanuit Kınık (Xanthos) minder vaak.

Kalkan ▶ 18, E/F 4

Tussen Fethiye en Kemer bij Antalya liggen twee heerlijke badplaatsen: Kaş en het verhoudingsgewijs rustige **Kalkan**: wie 's nachts uit zijn dak wil gaan, komt in Kalkan niet goed aan zijn trekken. Als een antiek theater rijst het 4000 inwoners tellende dorp op verschillende terrassen uit boven een jachthaven, die in de jaren 1990 is uitgebreid. De huizen van de oude dorpskern ademen een Griekse sfeer, daaromheen zijn hotels en vakantiehuizen van rijkelui uit Istanbul neergezet. In de jaren 1970 stagneerde het aantal inwoners rond de 800. De vanouds hier woonachtige landeigenaren ontbrak het aan het benodigde kapitaal, daarom verkochten zij hun land aan holdings of zakenlieden die het toerisme als bron van inkomsten hadden ontdekt. Handeldrijven met de toeristen doen weer anderen: de jonge Turken die zo goed hun vreemde talen spreken komen uit Istanbul, Ankara of Izmir, maar er zijn ook Turkse studenten die voor een vakantiebaantje uit Nederland komen. Aangezien Kalkan ook zeer in trek is bij vermogende Britten, liggen de prijzen tamelijk hoog – daar staat tegenover dat hier ook enkele van de beste restaurants van Turkije zijn gevestigd.

In Kalkan zelf zijn geen goede stranden, hiervoor moet u een eindje rijden. Zo'n 4 km naar het oosten ligt **Kaputaş Plaj** verlaten bij de uitgang van een kloof onder aan de kustweg (in het hoogseizoen strandtent en verhuur van parasols). We liever zand heeft in plaats van kiezels en liever duinen in plaats van rotsen, rijdt door naar Patara (zie blz. 284).

Een heel ander Turkije dan dat van *sun 'n fun* beleeft u tijdens een muilezelexcursie. U rijdt van Kalkan naar de bergdorpen en verder naar de *yayla*, de zomerweide waar vroeger de heen en weer trekkende herders een half jaar verbleven (seizoenstrek).

Accommodatie

Klein liefdesnest ▶ CluBE: Funda Sok. 13, Kalamar Beach, aan het einde van de nieuwbouwwijk, tel. 0242 844 24 45, fax 0242 844 25 02, www.kulube.com. Fantastisch complex ca. 5 km van de oude stad (met een halsbrekende weg erheen). Prachtige huisjes in de typische Griekse Kalkanstijl boven een strakblauwe, geheel verlaten rotsbaai: super! 2 pk €40-60, app. (4 pers.) €50-90.

Mooi pension ▶ Pasha's Inn: In het centrum; 10e Sok. 8, tel. 0242 844 36 66. Keurig pension met Turkse tapijten in de receptie, goed verzorgde kamers, attente service, vlak bij het centrum en de haven. 2 pk €25-40.

Middenin ▶ Hotel Zinbad: Mustafa Kocakaya Cad., aan de weg naar de haven, tel. 0242 844 34 75, www.zinbadhotel.com. Verzorgd, centraal in de oude stad gelegen hotel met een prachtig dakterras (ontbijt, restaurant), kamers met airconditioning, hartelijke service. 2 pk €30-45.

Te paard over het strand van Patara

Eten en drinken

Fine Dining ▶ Aubergine (Patlıcan): Pal aan de havenpier, tel. 0242 844 33 32, www.kalkan aubergine.com. Dit restaurant wordt geprezen als een van de beste tussen Bodrum en Antalya. Werkelijk bijzonder lekker: de wilde geit met aubergine uit de oven (€12).

Frans georiënteerd ▶ Zeki's: Mustafa Kocakaya Cad., tegenover hotel Zinbad, tel. 844 38 84. In dit fraaie, oude vissershuis wordt Frans gekookt – nota bene door een geschoolde hotelkok die hier met zijn Europese vrouw een kleine paradijs heeft opgebouwd.

Börek en güvec ▶ Belgin's Kitchen: Hasan Altan Cad., tel. 844 36 14. Diverse keren in de prijzen gevallen restaurant met de traditionele keukens van Turkse volken, zoals *mantı*, *güvec* en *börek*. Voor het gebouw staat een echte nomadentent.

Traditionele keuken ▶ Ali Baba: Op het plein van de bussen, achter de slagboom naar het dorp. Werkelijk traditionele keuken, overheerlijke *İzmir köfte* en zelfs echte *çöp şiş*. De *mixed plate* voor €6 vormt een goede dwarsdoorsnede van het gebodene.

Actief

Zwemmen ▶ In het centrum van Kalkan kunt u zwemmen op het lange smalle stadsstrand ten zuiden van de haven (linkerkant) of op **Club Ebo Beach**, een lido aan de nieuwe pier. Verder kleine rotsbaaien, zoals de **Kalmar Beach Club** (ophaalservice: tel. 0242 844 30 61), waar u uitstekend kunt snorkelen.

Duiken ▶ Dolphin Scuba Team: Hotel Pirat, tel. 0242 844 22 42, Mob. 0542 627 97 57, www.dolphinscubateam.com. Duikschool met goede materialen en diverse Padicursussen. Dagtocht incl. maaltijd €52.

Excursies ▶ Tochtjes naar de bergdorpen of **Elmalı** bijvoorbeeld via Define Tours, kantoor aan de havenpier bij hotel Pirat, tel. 0242 844 39 44, www.definetours.com.

Vervoer

Van het **busstation** halverwege de ingang van het dorp minimaal 1 x per 2 uur bussen richting Antalya en Fethiye. Naar de grote bestemmingen in de omgeving (Patara, Kaş, Xanthos) rijden **minibussen** (let op de bordjes met prijzen).

Kaş ▶ 18, F 4

Net als Kalkan werd ook **Kaş** (8000 inwoners) eerst door rugzaktoeristen ontdekt. Tegenwoordig is de stad hét toeristische centrum aan de Lycische kust. Dat de havenstad daarbij drie- tot vier keer zo groot is geworden, behoort tot de schaduwkant van een dergelijke ontwikkeling. De blik werd verlegd naar de Lycische rotsgraven aan de rand van de stad, terwijl vakantiekolonies, net als op het schiereiland Bodrum, elk jaar verder oprukken: naar de Macchiabergen in het oosten en op het lange schiereiland Cukurbağ in het westen.

Weinig veranderd is de met palmen omzoomde jachthaven. De enige vernieuwing is dat de cafés steeds luidruchtiger worden en de vloot excursieboten steeds uitdijt. Een heel stel Griekse huizen met schindeldaken bleef bewaard. De witgekalkte muren, de bruine houten balkons, de rode dakpannen, hier en daar wat classicisme – het is nauwelijks overdreven Kaş uit te roepen tot het mooiste vakantieoord van Turkije. De huizen zijn gebouwd door Grieken van het eiland Kastellórizo (Turks: Meis), waarvan de hoofdstad nog tot de Tweede Wereldoorlog groter was dan Antalya.

Kaş, dat wil zeggen, zijn Lycische voorloper Antiphellos, werd gesticht als haven van het Lycische Vehinda, een stad die hoog in de bergen ligt. Uit de oudheid is het **hellenistische theater** ten westen van de haven bewaard gebleven De klassieke bouwwijze is nog onveranderd: de cavea met rangen voor het publiek is iets groter dan een halve cirkel. Het podium was van hout. Nog ouder (4e eeuw v.Chr.) is het **hyposoriongraf** (zie blz. 281) aan het einde van het pittoreske souvenirstraatje Uzunçarşı Caddesi ten oosten van de haven. Wat de kunstenaars, antiek- en tapijtverkopers in deze straat aanbieden is beslist interessanter dan oude stenen. In de zijstraten aan weerszijden van deze straat zetelt het nachtelijk uitgaanscentrum van Kaş; het is zeker de moeite waard hier 's avonds terug te komen.

Per boot naar Kekova

Informatie

Begin: Kaş.

Lengte: Boottocht 31 km , korte afstanden lopen.

Duur: Dagtocht (10–17 uur).

Belangrijk: Boottochten zijn in Kaş bij veel reisbureaus te regelen. Sommige excursies leggen echter maar een gedeelte van het traject per boot af en doen de rest per minibus.

Met veel verlaten eilandjes en baaien is de kust voor Kaş een van de mooiste van Turkije. Vanuit de haven van Kaş vertrekken dagelijks talloze rondvaartboten naar het eiland Kekova en het kleine, pittoreske dorp Kaleköy, dat niet bereikbaar is per auto.

De eerste halte is de **Baai van Tersane** met een klein strand en de ruïne van een kleine kerk. 'Tersane' betekent 'werf' en inderdaad lag hier lang geleden een haven. Als de boot verder vaart glijdt hij boven een door de zee overspoelde oude kade, die door reisbureaus wordt aangeprezen als 'Sunken City'. Van een werkelijk verzonken stad is echter geen sprake op Kekova.

Het dorp **Kaleköy** aan de overkant ontvangt zijn gasten met talloze eethuisjes. In de oudheid lag hier de nederzetting Simena. Boven het dorp prijken de met tinnen versterkte muren van een kruisvaarderskasteel. De wandeling omhoog naar het kasteel is niet alleen interessant vanwege het uitzicht over de kust, maar daarboven is ook het (waarschijnlijk) kleinste antieke theater van de wereld te zien. Er pasten precies 300 personen op de zeven rijen.

De laatste halte is de **Burç Limanı**. Hier vindt u een eenvoudige eetgelegenheid, en er ontspringt een warmwaterbron in zee.

Idyllisch sprookje: het dorp Kaleköy

Echte **badstranden** zijn er niet in de buurt van de stad. Zwemmen en zonnen doet u aan het lido ten oosten van de haven met zijn ligterrassen, bars en muziek, of aan het **Büyükçakıl**, een kiezelstrand aan het einde van de weg (1,5 km). Vlak voor het lido is tegenover het politiebureau *(jandarma)* een **Lycisch graanpakhuis** van hout nagebouwd. Dergelijke gebouwen zijn vanaf het 1e millennium v.Chr. tot op heden in gebruik in de bergen. Bij Lycische rotsgraven is de bouwvorm nagebootst in steen.

Omgeving van Kaş

Wie belangrijke opgravingen uit de oudheid wil bekijken, moet naar Myra (zie blz. 291) of Xanthos (zie blz. 282) rijden, maar ook in de nabije omgeving zijn interessante bestemmingen te vinden. De dichtstbijzijnde goede badplaats is het strand **Kaputaş** in de richting van Kalkan (20 km, zie blz. 284).

Zeer populair is een boottocht naar het **eiland Kekova** en het dorp Kaleköy en de kasteelruïne van Simena (zie blz. 287). Kaleköy is niet bereikbaar over land, maar naar het dorp **Üçağız**, eveneens aan de Kekovabaai gelegen, gaat wel een asfaltweg, een afslag van de grote kustweg 13 km ten oosten van Kaş. Oostelijk van de steiger met talrijke restaurants zijn Lycische sarcofagen en twee huisgraven bewaard gebleven.

In het antieke **Apollonia** (bij het dorp Kılınçı aan de weg naar Üçağız) zijn behalve een theater, hellenistische gebouwen en basilieken enkele pijlergraven onder aan de akropolis te zien. In **Aperlai**, in 30 minuten te bereiken over een pad langs de kust, staat nog een indrukwekkende stadsmuur.

Halverwege Kaş en Myra ligt in de bergen de Lycische stad **Kyaneai**, bijgenaamd 'Stad der Sarcofagen'. Laat u tijdens de klim van een klein uur de berg op begeleiden door een van de dorpsjongens uit Yavu, en neem voor de fooi voldoende kleingeld mee. Het is de enige manier om de twee grote necropolissen met hun vele sarcofaaggraven boven te zien te krijgen. Iets meer naar het oosten gaat bij het dorp Davazla een begaanbaar karrespoor naar **Hoiran**. Hier kunt u een vrijstaand huisgraf

zien, dat is versierd met een fries waarop is te zien hoe de overledene tussen zijn lijfwacht en zijn familie in ligt.

Informatie

Informatiebureau: Cumhuriyet Meyd., aan het havenplein bij het standbeeld van Atatürk, tel./fax 0242 836 12 38.

Agentur Olympica, tegenover de havenmoskee, organiseert allerlei excursies, tel. 0242 836 20 49, www.kastourism.com.

Accommodatie

Van de twee luxehotels ligt **Club Phellos** dicht bij de stad boven het lido met zijn badstrand.

Souvenirstraat in Kaş

De hamam van het hotel is overigens ook toegankelijk voor niet-gasten. **Club Aqua Park** heeft misschien wat mooiere zwembaden, maar ligt ver buiten de stad. Prima kleine, wat persoonlijker middenklassehotels zijn te vinden op **www.vakantiereiswijzer.nl**, een site waarop reizigers hotels van verschillende touroperators beoordelen. **Eenvoudige pensions** zijn in groten getale te vinden in de wijk ten westen van de weg naar de haven onder de Kalemoskee (2 pk ca. €20).

Fraai pension ▶ Begonvil Hotel: Aan de weg pal onder Club Phellos, Küçükçakıl, Koza Sokak, tel. 0242 836 30 79, fax 0242 836 31 88, www.hotelbegonvil.com. Gezellig, goed geleid

pension in een nieuwbouwpand met prettige kamers onder leiding van iemand die vroeger in Europa heeft gewoond. Reserveren is beslist noodzakelijk! 2 pk €30-45.

Voor gezinnen ▶ Kaşim Beach Apart: Küçükçakıl, Koza Sokak, tel. 0242 836 16 99, deryasu @superonline.com. Smaakvol, modern ingerichte appartementen, groot balkon, voorzien van goede keuken met magnetron. Appartement voor 4 pers. €50-75 (1 slaapkamer, 2 bedden in de woonkamer).

Duikershotel ▶ Likya: Achter de haven, Küçükçakıl Sokak, tel./fax 0242 836 13 70, www. likyadiving.de (ook Nederlandstalig). Het eerste duikershotel van Kaş, in 2005 geheel gerenoveerd. De kamers zijn eenvoudig, maar goed onderhouden. Meestal treft u hier wel een leuke, een beetje excentrieke club duikers aan. Duikcursussen van beginners tot PADI Divemaster. 2 pk €25-35; 1 x duiken met gehuurde uitrusting €29; beginnerscursus €285.

... bij Kekova − Kaleköy

Dorpspension ▶ Kale Pansiyon: Tel. 0242 874 21 11, www.kalepansiyon.com. Klein, dorps pension in een houten huis en een kleiner stenen bijgebouw. Heel eenvoudig, 100% landelijk en paradijselijk ongeciviliseerd. Boeken via internet is echter te duur: 2 pk €70.

Eten en drinken

Uitzicht op de haven met zonsondergang ▶ Kaş Restoran: Hükümet Cad. 12, tel. 0242 836 19 37. Aan de oostkant van de haven, pal aan de nieuwe havenpromenade. Leuke zaak met terras, waar u 's avonds het langst van de zon kunt genieten. Goede bediening, eersteklas visspecialiteiten en goede Turkse keuken. Visgerechten €18-22, kreeft €45 per kg, fles wijn €16.

Onder citroenbomen ▶ Oba Garden: Boven het postkantoor, Ibrahim Serin Sok. Traditioneel restaurant met een prachtige tuin onder de citroenbomen; traditionele keuken in prettige omgeving. Neem een dagelijks gerecht als *tas kebab* of kies de specialiteit van het huis: *et sote*, in de oven gebraden berglam (€15). Dit moet u wel van tevoren bestellen.

Verstopt op de berg ▶ Bilokma: Aan de weg van de haven naar het lido, maar dan wat hoger gelegen. Op deze romantische plek kijkt u uit over het hele stadje tot aan de haven. Typisch Turkse keuken met bijvoorbeeld *musakka* of *hünkar begendi* ('keizerlijke smulpartij').

Pizza voor duikers ▶ Cınarlar Garden: Aan de weg van de haven naar het postkantoor, İbrahim Serin Sokak. Eenvoudige zaak met goede Turkse pizza uit de houtskooloven (ca. €5); deels aan de weg, deels op een rustige binnenplaats. Geliefd restaurant bij de internationale duikgemeenschap.

Traditionele keuken ▶ Küçük Ev: Aan het centrale plein, Belediye Altı. Turks traditioneel restaurant met smakelijke soepen, standaard grillgerechten en stoofschotels voor onvoorstelbaar voordelige prijzen.

Uitgaan

Bierkroeg ▶ Cafe Corner: Recht tegenover het postkantoor krijgt de dorst geen kans: glazen van een halve liter tot 1 uur 's nachts.

Oldies met uitzicht ▶ Deja Vue Bar: Boven de Mercan. Keurige, rustige dakterrasbar met mooi uitzicht. Er worden vooral nummers uit de jaren tachtig gedraaid.

Voor de incrowd ▶ Denizaltı: Vlak naast Atatürk aan de haven. Al jaren een geliefd trefpunt van hippe gasten uit vooral Duitsland.

Rockbar ▶ Mavi Bar: De interessantste van de vele bars aan de linkerkant van de haven wordt geleid door Italiaanse grungeliefhebbers, die de volumeknop bij de borrel helemaal opendraaien.

Actief

Boottochten ▶ Kekova: 10 uur vanaf de haven, dag. verschillende boten. Een alternatief is een boot huren in Üçağiz (zie blz. 287).

Duiken ▶ Veel verschillende **duikscholen**, vinden op bijvoorbeeld www.likyadiving.de of www.kasexplorers.com. Alle scholen kunnen accommodatie voor u regelen, maar u kunt ook all-in een duikreis boeken via bijvoorbeeld Eigenwijze Duikreizen, www.ewdr.com.

Paragliden ▶ Sprongen van 1000 m hoogte, beginners in een tandemsprong via **BT Adventure**, www.bougainville-turkey.com, ca. €100. Deze organisatie heeft ook trekking, canyoning en kajakken op het programma staan.

Vervoer

Van het **busstation** bij de ingang van het dorp gaat om de 2 uur een bus naar Antalya en Fethiye. Naar Kalkan, Patara, Xanthos en Kale/Myra rijdt regelmatig een **dolmuş** voor een vaste prijs.

Per boot naar Kastellórizo
▶ 18, F 4

Het kleine eiland **Kastellórizo**, dat in het Turks Meis heet, is bijna altijd te zien in Kaş. Als u van de Kale komt ligt het tussen de twee schiereilanden die de diepe baai omringen.

Een familie aan de kant van de weg

's Nachts fonkelen de lichtjes van het enige plaatsje Megisti. De Griekse buitenpost, zeven uur varen van het eiland Rhodos, viel in 1918 met Rhodos toe aan Italië, in 1947 aan Griekenland. In de Tweede Wereldoorlog, toen hier een Britse post was gelegerd, werd Megisti verwoest door een Duitse bomaanval. Van die oude stad, ooit als Klein Parijs vermaard vanwege zijn bars en zeelieden, resten nog slechts twee huizenrijen aan de haven. In de taveernes aan de havenpromenade kunt u heerlijk luieren, maar ook een kleine wandeling is interessant: bij de oude moskee aan de rechterkant van de haven kunt u zwemmen, ertegenover liggen een kruisridderburcht en een klein eilandmuseum.

Vervoer

Boottochten een paar keer per week naargelang de vraag, vanaf 10 uur, via Olympica (zie Informatie blz. 288) of Atgen, İbrahim Serin Sok., tegenover restaurant Çinarlar, tel. 0242 836 32 92.

Demre en Myra ▶ 19, B 4

De districtshoofdstad **Demre** (15.000 inwoners) aan de Demre Çayı, de opvolger van de Lycische stad **Myra**, ligt in een ogenschijnlijk geheel met kassen bedekte vlakte. Het boerenleven is in hier nog grotendeels bewaard gebleven, maar met de aanleg van een hotelzone aan het Sükülüstrand zal er ook hier meer toerisme komen. Het oude Myra, vanaf de 5e eeuw n.Chr. de hoofdstad van Lycië, behield tot aan de val van het Byzantijnse Rijk in de 14e eeuw, ondanks herhaalde plundering door Arabieren en Mamelukken, zijn belang als handelscentrum en bedevaartsoord:

in de 3e eeuw stond hier de zetel van bisschop Sint-Nicolaas.

Van het antieke Myra zijn alleen het theater en de dodensteden aan de voet van de berg in het noorden bewaard gebleven (beide dag. 9–17.30 uur, 's winters tot 17 uur, toegang 10 TL, foto blz. 281). Beroemd is vooral de **Zeenecropolis** naast het theater: de hele rotswand is bezaaid met huisgraven. Omdat u niet meer omhoog mag klauteren, kunt u het beroemde dodemaalreliëf niet meer bekijken. Hierop ligt de overledene aan bij de maaltijd, met rechts zijn gezin (zijn vrouw zittend, links een dienaar en een muzikante); en links twee krijgers (voorouders?), daarnaast nogmaals de overledene, ditmaal als krijger. De reliëfs moeten rond 370 v.Chr. zijn gemaakt.

Het **theater** is veel later gebouwd, namelijk pas in de inmiddels Romeinse 2e eeuw. Het heeft de typisch Romeins/Klein-Aziatische vorm van een monumentaal podium en een deels op gewelven eronder gebouwde cavea.

De **Aya Nicola Kilisesi** (di.–zo. 8–12 en 13–17.30 uur, toegang 10 TL) aan de westkant van het dorpsplein is onder de keizers Justinianus (6e eeuw) en Constantijn IX (11e eeuw) gebouwd boven het graf van St.-Nicolaas, dat al in de vroege middeleeuwen een bekend pelgrimsoord was. In 1087 namen Noormannen het gebeente mee naar Bari, vanwaar het in de periode van grote relikwieënverheerlijking over heel Europa werd verspreid. De kerk werd halverwege de 19e eeuw op bevel van de Russische tsaar uitgebreid gerestaureerd. Daardoor is de middel-Byzantijnse kerk relatief goed bewaard gebleven, een voor Turkije zeldzaam beeld. De kern wordt gevormd door een basiliek met drie beuken (8e eeuw) met vloermozaïeken en fragmenten van fresco's van heiligen. Daarnaast zijn twee gebeeldhouwde sarcofagen bewaard gebleven – ook het vermoedelijke graf van St.-Nicolaas, waardoorheen men vroeger olie liet lopen, om het onder de naam *myron* aan pelgrims te verkopen. Het wordt nu effectief belicht. Helaas heeft de kerk recentelijk sterk te lijden gehad van waterschade.

Aan de haven **Andriake**, waar ooit Romeinse graanschepen uit Egypte lagen te schommelen op de deining en de apostel Paulus op weg naar Rome van boot moest wisselen, ligt tegenwoordig een mooi, weinig bezocht strand met diverse visrestaurants. Als bijverdienste varen de vissersboten ook af naar Kekova (zie blz. 287). Het belangrijkste gebouw uit de oudheid is het onder keizer Hadrianus (2e eeuw) opgerichte granarium ten oosten van de weg naar de haven en het inmiddels dichtgeslibde havenbekken.

Accommodatie

Eenvoudig ▶ Kiyak Hotel: Aan de weg naar het centrum, Merkez Girişi, tel. 0242 871 45 09. Klein, intiem geleid hotel midden op de Kale. 2 pk €25–30.

Eten en drinken

Traditionele keuken ▶ Ipek Lokanta: Tussen de Nicolaasbasiliek en het centrale plein. Heerlijke gerechten van de streek, specialiteit van restaurant en dorp zijn de *kale köfte* (€3 zonder bijgerecht). Drink erbij een glas koude *ayran.*

Finike   ▶ 19, B 4

Het stadje **Finike** (12.000 inwoners) is de laatste jaren flink gegroeid, maar daarbij gaat het vooral om Turks toerisme. Niets herinnert meer aan de antieke voorloper Phoinikos, maar Finike is een goede uitvalsbasis voor de rit (over de weg naar Elmalı) naar de landinwaarts gelegen ruïnesteden Limyra en Arykanda.

Informatie

Informatiebureau aan de haven; slechts geopend van juni tot september.

Accommodatie

Verschillende hotels aan de doorgaande weg. Het beste is het nieuwe **Presa di Finica** (5 sterren, www.corendonhotels.com) iets buiten de stad pal aan het strand.

Hoger op de berg ▶ Finike 2000: Tel. 0242 855 49 27, fax 0242 855 50 76, www.hotelfinike 2000.com. Gezellig geleide middenklasser boven de haven, rustig van de weg af gelegen, ca. 15 min. lopen naar het strand. 2 pk €30.

Eten en drinken

Vis aan de haven ▶ **Petek:** Bij de toegang tot de haven. Klassieker met mooi uitzicht op de haven; goed in visspecialiteiten.

Vervoer

Busstation aan de weg naar Elmalı; elke 2 uur een bus op de lijn Antalya–Fethiye, daar ook **dolmuş** richting Elmalı naar Turunçova of Arif.

Limyra ▶ 19, B 4

Het meest bijzondere in **Limyra** (Lycisch: Zemuri) zijn de Lycische graven – maar ook het contrast tussen de voormalige residentie van de Lycische vorst Perikles en de latere Romeinse stad enerzijds en de hutten van het dorp Zergerler vlak voor een klein theater (aldaar een parkeerterrein) is opvallend. Laat u gerust rondleiden door de dorpskinderen (en houd kleingeld gereed voor een fooi) – al is het maar om beschadiging van uw auto te voorkomen ...

Perikles van Limyra (Lycisch: Pirekli, voor 380 tot ca. 360 v.Chr.) was een tijdgenoot van de Karische vorst Mausolos (zie blz. 252), die net als zijn collega in Karië de steden in Lycië wilde verenigen in één koninkrijk. Terwijl de Griekse steden na de Peloponnesische Oorlog uitgeput waren, streefde hij in Klein-Azië daarmee een idee na dat pas met het hellenisme ingang vond. Typerend voor Perikles' zelfbewustzijn zijn de in Limyra geslagen munten met zijn afbeelding erop: in de hele oud-Griekse cultuur was hij na de Xanthische vorst Kherēi pas de tweede die dat waagde.

In de wand boven het Romeinse theater liggen **sarcofaaggraven**, waaronder dat van Xiñtabura, een graf voor Perikles. Aan de lange zijde van de sarcofaag is de overledene afgebeeld tijdens het dodenmaal en op een strijdwagen, aan de korte westkant staat hij naakt voor Aeacus en Rhadamanthys, de rechters uit de Griekse dodenrijk. In de westelijke dodenstad voorbij een kleine vallei zijn talrijke huisgraven te zien.

Nog voor het dal begint een vermoeiend pad met trappen naar de akropolis met het **heroon-graf** van Perikles, waarvan echter alleen de fundamenten bewaard zijn gebleven. Wel konden de prachtige reliëfs worden gereconstrueerd. Deze tonen Perikles met zijn strijdwagen voor zijn zegevierende leger. Typologisch gezien werden voor dit graf, net als voor het Nereïdenmonument van Xanthos, Griekse tempelvormen overgenomen in de grafarchitectuur. Voor het gebouw, waarvan het dak gedragen werd door korai (beelden van meisjes), schijnt Perikles inspiratie te hebben opgedaan bij het Erechteion in Athene. Boven op de akropolis hebt u een goed overzicht over de grotendeels moeras geworden Romeinse benedenstad.

Arykanda ▶ 19, B 3

Om bij **Arykanda** bij het gehucht Arif te komen, rijdt u over de 1290 m hoge Karamanbelipas richting Elmalı (ca. 35 km). De resten van de oude Lycische stad – een gymnasium, twee verdiepingen hoge thermen, een dodenstad, de agora, een theater en een stadion – liggen verdeeld over vier terrassen op de uitlopers van de Kızlarsivrisi, die met 3070 m de hoogste berg van de Beydağları is. Onlangs is aan de agora het odeon met opvallende marmerversiering blootgelegd. Een weg met treden ontsluit in het westen een stoa, die weer leidt naar het bouleuterion, het stadhuis.

Elmalı ▶ 19, B 3

Van Arykanda is het maar 28 km naar **Elmalı**, de grootste gemeente in de Lycische Taurus. In het stadje op de boomloze hoogvlakte staan nog verschillende vakwerkhuizen en de **Ömer Paşa Camii** uit de tijd van de emirs (15e eeuw). Opvallende resten uit de oudheid zijn de met motieven uit de Griekse mythologie versierde **tumulusgraven van Kızılbel** (ca. 525 v.Chr.), die echter maar zelden zijn te bezichtigen.

Kemer ▶ 19, C 3

Begin jaren 1990 begon de uitbreiding van de 40 km lange kuststrook rond het vissersdorp **Kemer** (20.000 inwoners) tot een bovengemiddeld vakantieparadijs. Grote delen van de aangrenzende bergen zijn tot natuurpark uitgeroepen en er zijn waterzuiveringsinstallaties gebouwd. Kemer, een moderne badplaats met een goed uitgeruste jachthaven, een mooie winkelstraat en inmiddels ook een chique kustboulevard, is het middelpunt van dit project. De meeste luxehotels liggen echter aan de kust, tussen de dorpen Beldibi en Göynük ten noorden van Kemer, en Çamyuva en Tekirova ten zuiden van de stad.

In Kemer zelf, dat een goede uitvalsbasis voor tochten naar Pamphylië en Lycië, zijn er behalve de tophotels aan de rand van de stad, ook heel veel pensions en appartementen. Naar het strand gaan en shoppen zijn de voornaamste bezigheden hier. Op de Liman Caddesi kunt u overdekt langs een mondain aanbod slenteren en een keuze maken uit leer, bont, goud, sportkleding, tassen en klokken van de beste kwaliteit. Het **stadsstrand** van Kemer (een kiezelstrand) is goed onderhouden en opgedeeld tussen beach bars en water-

sportcentra. Dat geldt ook voor alle hotelstranden. Nog beter opgezet is het **Moonlight Beach Park** aan het zandstrand Ayşığı achter de jachthaven. Hier vindt u bars, restaurants, een midgetgolfbaan en een dolfijnenshow. In het Yörüküpark achter de marina is een tentenkamp *(oba)* van Yörüknomaden nagebouwd (toegang gratis).

Nationaal Park
Olimpos-Beydağları ▶ 19, C 3/4

Het beste van Kemer is het ongerepte landschap in het **Olimpos Beydağları Milli Parkı**. Dit nationale park omvat het gehele, tot ruim 2000 m hoge gebergte. Het bergparadijs met zijn stille zomerweiden *(yayla's)* is bijzonder geschikt voor lange wandelingen of tochten per mountainbike.

Eenvoudige wandelkaarten zijn te krijgen in Kemer. Zo kunt u van Göynük-dorp (landinwaarts) door een ruige kloof de niet zo heel hoge top van de **Çamdağ** bereiken. De beste tijd voor zulke wandelingen is mei/juni.

Moonlight Beach in Kemer

Ervaren wandelaars kunnen (in de hoogzomer, met goede uitrusting en als 2-daagse tocht) ook de 2365 m hoge **Tahtalı Dağı** bedwingen. In de oudheid stond deze berg bekend als Olympus en gold hij als woonplaats van de goden.

In het noorden van de Beydağları ligt het op 1800 m hoogte gelegen skigebied **Saklıkent** (50 km van Antalya), maar ook het draaiende restaurant op de top van de **Tünektepe**, dat een prachtig panorama biedt over de wilde bergen en de baai met de langgerekte stranden van de Turkse Rivièra (neem de weg Kemer–Antalya naar het westen richting Duraliler). Tegenwoordig kunt u er ook paragliden.

Phaselis ▶ 19, C 3

De mooiste bestemming aan deze kust is de ruïnestad **Phaselis** op een schiereiland 12 km ten zuiden van Kemer (dag. 8–ca. 18 uur, toegang 8 TL, tevens boottochten vanaf Kemer en vanaf de hotelzones). Hoewel Phaselis tot in de Byzantijnse tijd een redelijk welvarende vloot- en handelsbasis was, is de bebouwing niet heel imposant. De stad diende namelijk voor de Seltsjoeken als steengroeve voor de uitbreiding van de stadsmuren van Antalya. Belangrijke bouwwerken van deze stad, die gesticht zou zijn als kolonie van de Dorische Grieken van Rhodos, zijn een **aquaduct** en een **avenue** tussen de voormalige haven voor galeischepen en de zuidelijke handelshaven. Aan deze brede straat, met zogenaamde 'burgerstoepen' die ooit met mozaïeken geplaveid waren, liggen winkels, de **Tetragonos Agora** ('Vierzijdige Agora') van Hadrianus, een **theater** iets naar achter op de helling van de akropolis en rechts handelsgebouwen. De avenue eindigt bij de ingestorte **Hadrianuspoort** voor de zuidelijke haven.

Olympos ▶ 19, C 4

Verder zuidelijk, voorbij Tekirova, vormt het dal van **Ulupınar** een aantrekkelijke bestemming voor een uitstapje. In het dichte, heerlijk schaduwrijke bos liggen verschillende forellenrestaurants aan een bergbeek. Iets verder ligt de weg naar het antieke zeeroversnest **Olympos**. Net als Phaselis is het misschien

Tip: Met de kabelbaan de Tahtalı op

Sinds 2007 komt u per kabelbaan boven op de 2365 m hoge Tahtalı Dağı, die in de oudheid Olympus werd genoemd. De twee gondels vervoeren elk 80 personen over een afstand van 1637 m. Het op 700 m hoogte gelegen dalstation bereikt u over een weg vanaf Çamyuva (zie blz. 294). Er rijden ook *dolmuş*-pendels vanaf Kemer. Boven hebt u een grandioos panorama: beneden liggen de diepblauwe zee en de grote stad Antalya, rondom de ruim 2000 m hoge pieken van het gebergte.

wel nog mooier om er met een excursie heen te varen dan erheen te rijden.

De steile rotsen met daarop de resten van de vesting ligt pal aan de kust. Vanaf eind 2e eeuw v.Chr. tot aan de verovering door de Romeinen in 78 v.Chr. was dit het westelijke bastion van Cilicische piraten. De oude kade, een pakhuis, een theater en een kerk op de zuidoever van een riviertje zijn overwoekerd door struikgewas. De 5 m hoge **tempelpoort** is echter beslist interessant. Vlak voor het strand zijn twee prachtige **sarcofagen** opgegraven.

Ten noorden van het dorp **Çıralı**, waar weer eenvoudige pensions aan het strand zijn te vinden, begint bij een parkeerplaats het pad omhoog naar de cultusplaats van Hephaistos, de kreupele god van het vuur die in Olympos als stadsbeschermer werd vereerd. Al duizenden jaren komen hier vlammen uit de grond, die gevoed worden door natuurlijke gassen in de bodem. In de mythologie was dit de plaats, in het Turks **Yanartaş** ('Vuursteen') genaamd, waar de held Bellerophontes de vuurspuwende Chimaera, een driekoppig monster, wist te doden.

Een ander uitstapje is de **Adrasanbaai**, 5 km onder Çavuş helemaal in het zuiden van het nationale park. Aan het strand liggen diverse kleine *lokanta's* waar u heerlijke vis kunt eten. Daarnaast zijn er ook eenvoudige hotels – de uithoek is werkelijk ideaal voor een robinsonade.

Informatie

Informatiebureau: Liman Caddesi, Belediye Binası, tegenover de jachthaven, tel. 0242 814 11 12, fax 0242 814 15 36.
Internet: www.kemer.cc

Accommodatie

De luxeadressen langs de kust zijn het beste te boeken met een all-inarrangement. Kijk voor een overzicht op www.kemerholiday.com. Wie graag vlak bij het centrum wil verblijven, kan bijvoorbeeld terecht bij **Pegasos Beach** of de **Özkaymak Marina**.

Middenklasse met sauna ▶ Felice: Atatürk Cad. 47, aan de rand van de stad in zuidelijke richting, tel. 0242 814 45 61, fax 0242 814 45 65. Modern, maar overzichtelijk complex met sauna, middelgroot zwembad in mooie tuin en bar; aangename, verzorgde kamers. 2 pk €50–60.

Eenvoudig met zwembad ▶ Tuncer Garden: Atatürk Bulv.,127. Sok. 4, vlak voorbij de moskee linksaf, tel. 0242 814 57 50, fax 0242 814 25 98. Klein, simpel hotel, maar wel met zwembad om even op te frissen. De kamers zijn klein, maar met plavuizen. 2 pk ca. €30–40.

... buiten de stad

Bungalows ▶ Erman Holiday Camp: Ter hoogte van afrit Beldibi 1, tel. 0242 824 81 96, fax 0242 824 82 31. Complex waar kleine bungalows verhuurd worden (ca. €30), gelegen in een fraai landschap; kamperen is ook mogelijk. Voor het nodige comfort is gezorgd (zwembad en minimarkt).

... bij Olympos

Kleine pensions voor individuele reizigers zijn er in Çiralı, Adrasan en aan de weg naar Olympos. Heel bijzonder zijn hier de *tree houses*, waarbij het meestal om eenvoudige houten boomhutten gaat. Origineel zijn:

Boomhutten ▶ Kadir's Tree Houses: Tel. 0242 892 12 50, www.kadirstreehouses.com, 2 pk in een echte boomhut (zonder douche en wc) €12–18, bungalow (met badkamer) €18–22.

Eten en drinken

Ongedwongen met tv ▶ Nasrettin Hoca: Atatürk Cad. 143. Gezellig restaurant, voordelig en populair bij toeristen: traditionele keuken en goede bediening. 's Avonds staat de tv op een Duitse zender (meestal voetbal), internetgebruik voor gasten gratis. Hoofdgerechten €10, pizza €6.

Traditionele keuken ▶ Konuk: Atatürk Bulv., iets voorbij het busstation. Authentieke Turkse keuken, smakelijke stoofschotels. *Adana kebap* ca. €4.

Uitgaan

Super Club ▶ First Aura: Deniz Cad. 3, achter Moonlight Park, tel. 0242 814 52 65, www.auraclub.com, 20–5 uur. De meest sexy club van de stad. Het concept 'Moscow style' belooft gogodanseressen, maar ook veel Russen onder het publiek. Andere clubs, zoals **Inferno** en **Ice House** liggen aan de andere kant van het strand bij het Koğulu Beach Park.

Actief

Paardrijden ▶ Berke Ranch: Çamyuva, Kuzdere, 6 km van Kemer, tel. 0242 814 52 18, fax 0242 814 27 48, www.hotel-berkeranch.com. Paardenboerderij voor ritten buiten de manege en voor rijlessen. Aangesloten is een fraai, idyllisch in het groen gelegen hotel met zwembad.

Duiken ▶ AVCI-Diving Center: Justiniano Wish Grand Kemer Hotel, Göynük, mob. 0532 282 26 12, www.avcidiving.com. Deze duikschool heeft de beste naam onder de vele concurrenten in de regio Kemer.

Outdoorsporten ▶ Via **Aksuna Sports** (www.aksuna-sports.com) zijn outdoorweken in de regio Kemer te regelen met wandelen, abseilen, duiken en vele andere mogelijkheden.

Agenda

Kemer Carnival: Half juni. Het carnaval beproeft zijn krachten als het meest uitgelaten zomerfeest ten oosten van Rio. Zeer interessant zijn in elk geval de optredens van Turkse popsterren in het stadion van Kemer.

Vervoer

Busstation aan de Atatürk Bulvarı achter het postkantoor. Om maximaal het halfuur **minibussen** naar Çamyuva, Tekirova, Beldibi en Antalya, om de 2 uur naar Fethiye.

Wandeling door de Göynükcanyon

Informatie

Begin: Kemer – Göynük.

Lengte: 5,5 km onverharde weg van de zee naar de canyon, canyon ca. 500 m.

Duur: Halve dag.

Belangrijk: Let op, voorzichtig – jaarlijks sterven er toeristen in de canyon zonder beschermende kleding!

Het Beydağları gebergte bij Kemer is een schitterend alpien landschap, een paradijs voor liefhebbers van outdooractiviteiten. Onderschat echter de gevaren niet. Zo kan met sandalen de bergen in trekken levensgevaarlijk zijn! Ook de wandeling naar de Göynük-canyon vergt voorzichtigheid en beleid als u de kloof wilt doorsteken.

Achter de meestal drooggevallen kiezelbedding ten noorden van Göynük (van zee uit gezien rechts) gaat een zijweg het binnenland in, die na ca. 3 km overgaat in een steenslagweg en later diverse keren de rivierbedding kruist (met een personenauto alleen mogelijk in de zomer). U kunt het beste parkeren achter de Kurtuluş Caddesi.

Het dal wordt allengs smaller. Volg de beek door het ongerepte landschap. Na het tolhuisje waar u kaartjes koopt, moet u de rivier oversteken over een 'brug' van stapstenen. Al snel daarna gaat de weg de berg op, terwijl u beneden het water van de rivier hoort klotsen. Na een tijdje komt u bij de Göynük Şelalesi, een kleine waterval, waar de weg ten einde loopt bij een geïmproviseerd eethuisje.

Het pad dat hierna begint en door de canyon loopt, gaat ten dele door troggen waarin het water tot de borst reikt, langs rond uitgeslepen, overhangende rotsen. Het water is ijskoud en de rotsen zijn vaak glad – een zwemvest, helm en neopreen wetsuit zijn hier bepaald geen overbodige uitrusting. Tijdens georganiseerde excursies worden ze ter beschikking gesteld.

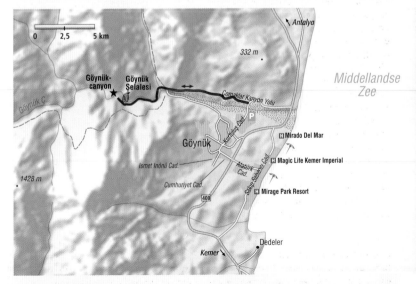

Antalya en de Turkse Rivièra

Van Antalya, de historische havenstad, tot aan Alanya met zijn imposante burcht, strekken zich eindeloze zandstranden uit. Hier klopt het hart van het zomertoerisme in Turkije. Naast een enorme hoeveelheid luxehotels liggen er in deze regio ook fantastische ruïnesteden uit de Romeinse tijd. Het nabijgelegen Taurusgebergte nodigt uit tot een avontuurlijke excursie.

 9 Antalya ▶ 19, C 3

Kaart: blz. 300

'De mooiste stad van Turkije,' noemde Atatürk de Zuid-Turkse havenstad in de jaren 1920. Wie Antalya tegenwoordig nadert, zal dat nauwelijks kunnen geloven. De hoogbouw van de nieuwbouwwijk drukt een enorm stempel op de omgeving. Het aantal inwoners wordt nu op meer dan 950.000 geschat. De economische basis voor deze groei werd gelegd door de nieuwe industriehaven in het westen, waar zich een uitdijende vrijhandelszone en katoenfabricage heeft ontwikkeld. Dat de stad het niet alleen van toerisme moet hebben, merkt u aan de fijne smogsluier, die als een nevelgordijn over de nauwe vlakte van Antalya tussen het Taurusgebergte (in het noorden) en het Beydağları (in het westen) hangt. De besneeuwde toppen van de bijna 3000 m hoge bergen in het oosten zijn bijna alleen nog maar op een heldere winterdag te zien. Als u echter weet door te dringen tot de historische stadskern boven de oude haven, de huidige jachthaven *(Yat Liman)*, zult u het enthousiasme van Atatürk kunnen delen.

Dit oude Antalya, door de UNESCO tot Werelderfgoed verklaard, is een unieke verzameling Osmaanse houten huizen, die aan land- en zeezijde door de oude stadsmuur worden ingekapseld. Door het toerisme was er geld beschikbaar om deze gebouwen met de kenmerkende voorgevels en de schindeldaken te restaureren en er pensions of restaurants van te maken. Ondertussen schaffen ook de welgestelden van Turkije zich gaarne een villa aan als winterverblijf. In deze unieke stad voelen met name individualisten zich thuis, die de charme van oude gebouwen op waarde weten te schatten.

De oude stad (Kale Nçi)

De oude stad ligt binnen de grenzen van de stadsmuur, die omstreeks 150 v.Chr. werd uitgezet, toen Attalos II, de koning van Pergamon, de stad stichtte en 'Attaleia' noemde. Dit werd later Adalia, toen Antalya. Van de vroegere **stadspoort 1** zijn ten oosten van de Cumhuriyet Meydanı twee torens overgebleven, waarvan de ene tegenwoordig als **klokkentoren** (Saat Kulesi) dienst doet. De vestingmuren kregen hun huidige vorm rond 1244 onder de Seltsjoeken, die met de verovering van deze stad defintief tot grootmacht waren opgeklommen en vanaf dat moment de titel 'Heersers over beide Zeeën', namelijk de Zwarte Zee en de Middellandse Zee, voerden. Achter de vestingtorens bevindt zich het symbool van de stad, het 38 m hoge **Yivli Minare 2** ('Gegroefde Minaret'), die Alaeddin Keykubat, de machtigste sultan van de Seltsjoeken, rond 1220 in baksteen liet oprichten. Pas na de ineenstorting van het Seltsjoekenrijk, toen in Antalya emir Mehmet Bey uit de Hamidendynastie heerste, is in 1373 de **Ulu Cami** ach-

298

ter de minaret op de fundamenten van een Byzantijnse basilica gebouwd. De Hamiden beheersten het gebied rond Beyşehir al en konden tijdens de kruistochten het meermalen door Europese ridders bezette Antalya ook annexeren, tot het in 1415 door de Osmanen veroverd werd. Tot het moskeecomplex behoren ook de türbe van Nigar Hatun, een favoriete van de Osmaanse sultan Beyazıd II (1502), en het achthoekige mausoleum van de tegenwoordig als heilige vereerde Mehmet Bey. In de **Mevlevihane**, het voormalige convent van de 'dansende' derwisjen, worden tegenwoordig tentoonstellingen en concerten georganiseerd, in de **Selcuklu Medresesi**, een met een stalen steunconstructie uitgeruste Koranschool uit de Seltsjoekentijd, wordt kunstnijverheid verkocht.

Aan de haven

Vanaf de Yivli Minare lopen schilderachtige stegen, waaraan de souvenir- en tapijtwinkels elkaar verdringen, naar de havenbuurt beneden. Visrestaurant staat hier naast visrestaurant en plezierjacht ligt naast plezierjacht … 's avonds is de haven trouwens op zijn mooist. Het beste uitzicht over de haven hebt u vanuit de **theetuin aan het Cumhuriyetplein**. Hiertegenover, boven de kleine havenmoskee (Iskele Camii), ligt het complex van de met veel toewijding gerestaureerde **Tekeli Konakları 3**, de voormalige residentie van de Osmaanse pasja, en tegenwoordig het gastronomische prestigeproject van de stad. Aan het eind van de haven, achter de kade waaraan de vissersboten liggen, bevindt zich het **Mermerli Ban-yo**, het 'Stadsstrandje'. Hier kunt u weer omhoog naar een rustiger gedeelte van de oude stad.

Hesapçı Sokağı

Hier is het oriëntatiepunt de **Kesik Minare** ('Gebroken Minaret'), in de Hesapçı Sokağı. Korkut Bey, een zoon van de Osmaanse sultan Beyazıd II, liet het gebouw naast een tot moskee omgebouwde **basilica** uit de 5e eeuw oprichten. Deze deed tot in de 18e eeuw dienst als hoofdmoskee van de stad, maar werd in de 19e eeuw door brand verwoest, waarbij ook de houten spits van de minaret naar beneden

viel (vandaar de naam). Het vele gebeeldhouwde marmerwerk doet de pracht vermoeden van de vroegere basilica, het op twee na oudste gebouw van Antalya – ook zij zal hopelijk spoedig open zijn voor bezoekers.

Via de Hesapçı Sokağı gaan we dwars door de oude stad en komen we vervolgens terecht bij het **Kaleiçimuseum 5** (Kocatepe Sok. 25, in de winter do.–di. 9–12, 13–18 uur, 's zomers 9–12, 14–19.30 uur), dat gewijd is aan het leven van de welgestelden in de Osmaanse tijd. De **Hadrianuspoort 6** (Hadrianus Kapısı) aan de Atatürk Caddesi is een oorspronkelijke poort uit de Romeinse tijd die met marmer werd bekleed, toen keizer Hadrianus in 130 n.Chr. de stad bezocht. De postantieke tijd heeft hij ingemetseld doorstaan; op de straatstenen, diep onder het huidige straatniveau, zijn nog sporen van Romeinse wagens te zien!

De Atatürk Caddesi, achter de poort, is met zijn moderne boetieks de meest 'westerse' winkelstraat van de stad. Hij loopt staduitwaarts naar het **Kara Alioğlu Parkı**: in subtropische vegetatie ligt hier een theetuin met een speelse fontein aan de schaduwrijke promenade boven de steile kust. Aan de stadskant staat de markante **Hıdırlık Kulesi 7**, een oude vuurtoren, die later als kanonnenplatform ter verdediging van de haven werd gebruikt. Vanaf de klokkentoren loopt de Atatürk-Straat stadinwaarts langs de oude stadsmuur naar de **Bazaarwijk**. Onder schaduwrijke zonneschermen rijgen aan de smalle straatjes talloze kleine winkeltjes zich aaneen. Er worden steeds meer horloges, sieraden en lederwaren verkocht, vooral in de gerenoveerde **Bedestenbazaar 8** worden dure spullen verkocht.

Antalya Museum 9

Het **Antalya Museum**, iets buiten de stad gelegen in de richting van het Konyaaltıstrand, is met zijn sfeervolle lichteffecten één van de mooiste musea aan de Middellandse Zee (dag. 9–9 uur, toegang 15 TL, bereikbaar per tram, zie blz. 294).

De rondgang begint met de prehistorische vondsten uit de Neanderthalergrotten van **Karain**, ongeveer 27 km ten noordwesten van Antalya, een der vroegst bekende

vestigingsplaatsen in Klein-Azië. Daarna volgen uit de bronstijd de Pithosurnen van **Semahöyük** bij Elmalı in Lycië (15e eeuw v.Chr.) en Grieks aardewerk uit de 9e tot de 5e eeuw v.Chr.; zilveren sieraden en houten beelden geven een beeld van de ambachtskunst van de **Phrygiërs** , die in de 8e tot de 7e eeuw v.Chr. over het centrale gedeelte van Klein-Azië heersten. Het museum is beroemd vanwege zijn collectie marmeren beelden uit de Romeinse tijd: de galerij met levensgrote go-

denstandbeelden van **Perge** (zie blz. 305) en de beelden van Romeinse keizers uit de 2e eeuw (Hadrianus, Trajanus, Septimius Severus). De rijk met marmer versierde sarcofagen kunnen worden gerekend tot de beste kunstuitingen van het huidige Anatolië. Daarbij beschikt het museum ook nog over een grote **muntenverzameling**, die de periode van de 6e eeuw v.Chr. tot aan de Byzantijnse tijd bestrijkt. De kostbaarste munten zijn de tetradrachmen van Side en de dekadrachmen uit het begin van de

Antalya

Hoogtepunten
1 Stadspoort, klokkentoren
2 Yivli Minare
3 Tekeli Konakları
4 Kesik Minare
5 Kaleiçimuseum
6 Hadrianuspoort
7 Hıdırlık Kulesi
8 Bedesten
9 Antalya Museum
10 Bovenste Düdenwaterval
11 Onderste Düdenwaterval

Accomodatie
1 Sheraton
2 Falez

3 Dedeman
4 Club Sera
5 Divan Talya
6 Aspen
7 Tutav Türk Evi
8 Marina Residence
9 Doğan
10 Argos
11 Frankfurt Pansiyon
12 Antique Pansiyon
13 Hadrianus Pansiyon

Eten en drrinken
1 Ekici Lyra
2 Hisar
3 Kabanas

4 Dönerciler Çarşısı

Winkelen
1 Bazaar in de oude stad
2 Halk Pazarı

Uitgaan
1 Club Ally
2 Club Arma
3 Olympos Disco

Actief
1 Mermerli Banyo
2 Dedeman Park
3 Beach Park
4 Kesit Tourism

5e eeuw v.Chr., die in 1984 bij Elmalı ontdekt werden. Net als de gouden en zilveren liturgische voorwerpen van de '**Schat van Kumluca**' werden deze munten eerst naar het buitenland gesmokkeld, voordat Turkije er ook maar iets van kon verwerven. De etnografische afdeling toont Seltsjoekse en Osmaanse faience, kalligrafieën en oude nomadentapijten

Düdenwatervallen

De **Düdenwatervallen** bieden gelegenheid om bij te komen van de drukte van de stad. En dat geldt met name voor het schaduwrijke met kleine stroompjes dooraderde picknickpark rond de 20 m hoge **Bovenste Düdenwaterval** 10 (Yukarı Düden Şelalesi, ongeveer 14 km ten noorden van het centrum, bereikbaar met stadsbus of taxi, toegang). Via een doorgang in de rots kunt u onder de hoofdwaterval komen – vooral in het weekend is dit een gezochte picknickbestemming. Voor de **Onderste Düdenwaterval** 11 (Aşağı Düden Şelalesi) kunt u het beste een boot nemen vanuit de haven. Vlak bij het Larastrand stort de waterval vanaf het 40 m hoge travertijnplateau in zee.

Informatie

Informatiebureau: Cumhuriyet Cad., tel. 0242 241 17 47, dag. 9–18 uur.
Internet: www.antalya.nl (Nederlands), www. antalya-ws.com (Engels)

Accommodatie

Naast de **luxehotels** in de nabijheid van de stad, zoals het **Sheraton** 1 en **Falez** 2 (Konyaaltı), **Dedeman** 3 en **Club Sera** 4 (Lara) of **Talya** 5 (binnenstad), zijn er verder buiten de stad achter Lara reusachtige 'themahotels' gerealiseerd: **Topkapi**, **Witte Huis**, **Kremlin** enz. Deze hotels proberen qua stijl hun voorbeelden (Witte Huis, Kremlin) naar de kroon te steken – u kunt ze het beste all-in boeken. In de oude stad bestaat een grote variëteit aan pensions, een aantal daarvan zijn zelfs buitengewoon luxueus ingericht: **Aspen** 6, **Tutav Türk Evi** 7, **Marina Residence** 8, **Doğan** 9, allemaal 2 pk ca. €70-130. Speciaal aanbevolen:
Uitstekend ▶ **Argos** 10: Balık Pazarı Sok., Ortaokulu Karşısı, tel. 0242 247 20 12, fax 0242 241 75 57, www.argoshotel.com. Dit meer dan honderd jaar oude huis is fraai gerestaureerd. De vier op de bovenste verdieping gelegen 'luxury rooms' kijken fantastisch uit op de haven en beschikken over een douche én een jacuzzi. In de grote tuin ligt een zwembad en een sauna. 2 pk €50-80.
Duitstalig ▶ **Frankfurt Pansiyon** 11: Hıdırlık Sok. 17, tel./ fax 0242 247 62 24, www.hotel-frankfurt-antalya-tuerkei.info. Goede leiding, hotel van de onderste middenklasse, in een rustig gedeelte van de oude stad (dicht bij het Mermerlistrand). Klein zwembad; kamers met veel hout; nieuwbouw met airco 2 pk €35-50.

Historisch pand ▶ Antique Pansiyon 12: Antique Pansiyon : Paşa Camii Sok., tel. 0242 242 46 15. Eenvoudige kamers met douche/wc in een niet al te steriel gerestaureerd historisch pand; fraaie ontbijttuin. 2 pk vanaf €30.

Eenvoudig pension ▶ Hadrianus Pansiyon 13 : Zeytin Sokak 4, tel. 0242 244 00 30. Eenvoudig pension met mooie, grote tuin; de sobere kamers zijn in orde. In de wijk tussen Kesik Minare en Hıdırlık-Turm zijn veel andere pensions voor rugzaktoeristen. 2 pk vanaf €18-30.

Eten en drinken

Vis aan de haven ▶ Ekici Lyra 1: Yat Limanı, aan de haven, tel. 0242 247 81 90. Gespecialiseerd in vis en zeebanket; u zit op de kade met zicht op de vissersboten.

Uitzicht op de haven ▶ Hisar 2: Onder Cumhuriyet Meydanı, tel. 0242 241 52 81. Turkse en internationale keuken met beschaafde bediening in de gewelven van de burcht van Antalya, waar de Franse kruisridders gewoond hebben. Het prachtige panoramische zicht op de haven is het grote pluspunt.

In de tuin ▶ Kabanas 3: Bij de Hıdırlık-toren. Nogal eenvoudig restaurant, maar met correcte bediening. Er wordt lekkere, eenvoudige burgerkost geserveerd, goede prijs-kwaliteitverhouding.

Eetstraat ▶ Dönerciler Çarşısı 4: Parallel aan de Atatürk Caddesi, Ecke Ali Çetinkaya Caddesi. Een sfeervol straatje met een aaneenschakeling van typisch Turkse lokanta. Net als in vroeger tijden wordt de döner met houtskool gegrild. De prijzen liggen hier beduidend lager dan in de haven.

Tip: Thee met havenzicht

Antalya kent vele mooie plekjes, maar voor één zult u zich toch wat meer tijd moeten gunnen. De grote theetuin onder het monument van Atatürk aan het Cumhuriyet Meydanı biedt niet alleen het fraaiste uitzicht op de haven, maar gooit ook in de categorie 'magische momenten' zeer hoge ogen. Om de tijd enigszins af te remmen ... of voor een huwelijksaanzoek ... onvergetelijk!

Winkelen

Souvenirs ▶ Bazaar in de oude stad 1: Onder de Yivli Minare langs de İskele Sokağı: vooral tapijten en veel souvenirs. Als u een tapijt wilt kopen, neem de tijd en probeer de prijs naar beneden te krijgen!

Markthallen ▶ Halk Pazarı 2: Teomanpaşa Cad., 138 Sok., van 's morgens tot 's avonds geopend. Hier vindt u groente, fruit en specerijen, maar ook kunstnijverheid, een vismarkt en eenvoudige *lokantalar*.

Mode, lifestyle ▶ Moderne **winkelstraten** zijn de Atatürk Caddesi en de voetgangerszone ten noorden van de klokkentoren.

Markten ▶ Grote **weekmarkten**: Wo. op de Işiklar Caddesi en vr. op de Mili Egemenlik

De haven van Antalya – avondstemming

Caddesi. Iedere zondag is er een textielmarkt op de Anafartalar Caddesi achter het hoofdpostkantoor.

Uitgaan

Superclub ▶ Club Ally **:** Sur Sok., www. ally.com.tr, tel. 0242 244 77 04. Grote discoclub, in 2000 geopend in het complex van de met zorg gerenoveerde Tekeli Konakları, fantastische lichteffecten, ook live-evenementen.
Muziekbar ▶ Club Arma **:** Kaleiçi Marina, aan de haven, www.clubarma.com.tr., tel. 0242 244 97 10. Een populaire bar met restaurant en disco; men eet, drinkt en danst op een terras direct boven de zee. Er is ook een zonneplatform aanwezig.

Indoordisco ▶ Olympos Disco **:** Danstempel in de kelder van **Hotel Falez** (Konyaaltı). Tamelijk chic, ook schuimparties en events.

Actief

Zwemmen ▶ U zou om te zwemmen niet naar de volgebouwde stranden van **Lara** (in het oosten) of **Konyaaltı** (in het westen) moeten gaan. Midden in de stad lokt het **Mermerli Banyo** , het kleine 'Stadsstrand' met restaurant en zonneterrassen. Ook de stranden in de richting van Kemer zijn populair, het **Büyük Çaltıcak** en **Küçük Çaltıcak**, 10–12 km ten westen van de stad.
Waterparken ▶ Veel waterplezier wordt u beloofd in de volgende twee **recreatiebaden**: het

Dedeman Park 2 in Lara heeft fantastische waterglijbanen en een bowlingbaan, en het **Beach Park** 3 naast Hotel Falez in Konyaaltı beschikt zelfs over een paintballterrein en een dolfinarium (www.beachpark.com.tr).

Natuurervaring ▶ Kesit Tourism 4 **:** Narenciye Cad. 7/4, Tel. 0242 322 44 40, www.kesit. com. Groot aanbod, ook wat betreft speciale tochten, zoals trekking, canyoning enz., informatie: www.hikingturkey.com.

Vervoer

Het nieuwe **langeafstandsbusstation** *(yeni garaj)* ligt buiten de stad aan de weg naar Burdur en is het belangrijkste knooppunt van het intercitybusverkeer aan de zuid-westkust. Vanuit het centrum vervoer met niet dure bussen *(otobüsi terminalı)* of Hafifmetro (zie onder). Voor het **regionale vervoer** zijn er drie busstations aan de Gazi Bulvarı (de autoringweg) en twee dichter bij het centrum. Ze zijn via minibussen met elkaar verbonden (let op: in Antalya mogen de minibussen alleen bij haltes met een 'D' stoppen, dus niet meer overal door handopsteking). Er is steeds een busverbinding met de plaatsen uit de wijdere omtrek via het busstation dat aan de overeenkomstige uitvalsweg ligt.

Tram: One-waytrambaan. Tram pendelt tussen het Antalya Museum en de Işıklar Caddesi.

Hafifmetro: Nieuwe metro met lage instap, tot nu toe één lijn richting treinstation; de lijn richting luchthaven is gepland.

Vanaf de **luchthaven**, 15 km oostelijk, dag. naar İstanbul, Ankara en İzmir met THY. Reservering: THY-kantoor, Cumhuriyet Cad.

Tip: Het laatste oordeel

Een excursie naar de oude stad Termessos is niet alleen fascinerend vanwege de antieke stenen. Hier ervaart u ook een volledig samengaan van natuur en kunst, een reusachtig uitgestorven met puin bezaaid terrein tussen maquis – dat tot nadenken stemt. En al huiverend staat u voor duizenden graven, die eruitzien alsof hier zojuist het laatste oordeel is voltrokken.

naast het toeristenbureau, tel. 0242 242 62 72, vandaar pendelbusjes voor THY-vluchten. Bij vluchten met andere maatschappijen kunt u alleen per taxi naar luchthaven; rond de €20.

Huurauto: Kavas, Paşacamii Sok. 32, tel. 0242 247 94 57, fax 0242 243 55 87, bij de luchthaven (24 uur): tel. 0242 330 31 24,

First, Fevzi Çakmak Cad. 45A, Tel. 0242 248 24 48, www.firstrentcar.net.

Termessos ▶ 19, C 2

In het Taurusgebergte, in het Nationaal Park Güllük Dağı Milli Parkı, ten noorden van Antalya, gaat het uitstapje naar de oude stad **Termessos** (dag. behalve ma. van 8–17 uur, toegang personen 8 TL, auto 10 TL). De stad ligt op 1000 m hoogte, in lente en herfst kan het op deze hoogte behoorlijk koud zijn en zelfs regenen, ook als aan de kust de zon schijnt. De bewoners van Termessos werden in tegenstelling tot die van de kustplaatsen niet als Grieken beschouwd. Ze waren zeer strijdbaar: zelfs Alexander de Grote staakte zijn poging om ze in 333 v.Chr. te onderwerpen. Hij kwam niet verder dan de buitenste stadsmuur.

Vanaf het parkeerterrein loopt u via de Koningstraat omhoog naar de binnenste vestingmuur. Daarachter volgt links het 91 m lange gymnasion uit de vroeg-Romeinse keizertijd. De agora ligt in een laag deel van het dal. Een rots met drie uitgehakte nissen werd destijds vereerd. Langs het tempelterrein met het cultusbeeld van Zeus Solymos, de oppergod van de stad, komt u bij het theater met een schitterend uitzicht op het berglandschap. Vanaf de Korinthische tempel voert een pad naar de zuidwestelijke necropool, waar de met reliëfs versierde sarcofagen met hun afgeworpen deksels de indruk wekken alsof hier het laatste oordeel is voltrokken. In de oudere westnecropool zijn vooral rotsgraven te zien.

Vervoer

Heenweg: 40 km van Antalya. De ingang van het Nationaal Park ligt aan de weg naar Korkuteli (tot daar is vervoer per minibus mogelijk). Met een huurauto kunt u de 9 km naar Termessos overbruggen, maar er zijn ook taxi's beschikbaar (erg duur!).

De Rivièra bij Belek

Perge ▶ 19, C 2

Wat een verschil met Termessos: de oude stad **Perge** was geen afgelegen bergstadje, maar de metropool van Pamphylië. Tegenwoordig is de stad voor het grootste deel uitgegraven en komen er dagelijks honderden touringcars op af (dag. mei–sept. 9–19.30, okt.–apr. 9–18 uur, toegang 15 TL).

Met name in de 1e en 2e eeuw was het cultuscentrum van Artemis Pergaia – een hellenistische interpretatie van de Anatolische moedergod Kybele – in heel Klein-Azië beroemd. Aan het hoofd van de stad stond indertijd een vrouw: Plancia Magna, dochter van de Romeinse proconsul M. Plancius Varus. Zij was de hoogste Artemispriesteres en bekleedde tegelijkertijd het ambt van hoogste magistraat. De metropool was in de Byzantijnse tijd nog bisschopszetel met drie grote basilieken. Tijdens de bestormingen van de Arabieren, vluchtte de bevolking naar Antalya, dat beter te verdedigen was.

De tegen een helling gebouwde cavea van het **theater** met 14.000 zitplaatsen dateert uit de hellenistische tijd en de prachtige toneelmuur uit de keizertijd. De (voor het leeuwendeel in het Antalya Museum tentoongestelde) marmeren fries boven het toneel toont o.a. een gigantomachie (strijd van de Olympische goden tegen de giganten); zo werd de zege van de Grieken op de inheemse bevolking gesymboliseerd. Tegenover het theater ligt het 234 m lange stadion, na die van Aphrodisias (zie blz. 239) het best bewaarde stadion in Klein-Azië.

Het stadscentrum komt u binnen door de **poort in de zuidmuur**, die in de laat-Romeinse tijd na de eerste invallen van de Germanen dwars door de Romeinse bestuurswijk werd gebouwd. Door deze poort zijn de beide ronde torens van de oude poort te herkennen, die net als de gehele (vrijwel volledig behouden gebleven) ommuring uit de hellenistische tijd stamt, toen Perge door de Seleucidische koningen werd opgeëist. Ook voor de bouw van de laat-Romeinse muur betrad men het plein via een poort, die echter slechts een

Een imposant bolwerk: de stadsmuur van Perge

Tip: Muzikale nachten

Gedurende de hele zomer, van juni tot september, vinden er in de antieke theaters van Aspendos en Side klassieke concerten, opera-uitvoeringen en andere shows plaats. Zoele nachten, pure romantiek. Men moet echter wel een zitkussen of een deken meebrengen – en een rugleuning ontbreekt ook. Die was vroeger slechts voorbehouden aan de notabelen op de eerste rij.

representatieve functie had en die in Antalya of Phaselis aan keizer Hadrianus was gewijd. De **Hadrianuspoort**, de oude poort en zijn verlengde as droegen in de bloeitijd van Perge bij aan de luisterrijke hoofdstraat van de stad. Rond het plein, achter de eerste poort, werden andere prestigieuze gebouwen gerealiseerd, links de **grote thermen**, rechts de **agora** – maar blik en schrede worden echter toch naar de **hellenistische poort** geleid. Toen de functie van stadspoort verloren ging, verbouwde men het hoefijzervormige binnenplein tot een 'beeldengalerij' om daar de belangrijke persoonlijkheden van stadsmythe en stadshistorie te etaleren, zoals de 'grondleggers' Mopsos en Kalchas of de (levensgrote) hogepriesteres Plancia Magna.

Na deze historische terugblik betrad de pelgrim een ongeveer 20 m brede, noord-zuid gerichte zuilenstraat, die naar de **akropolis** liep. Onder de door de lichtgrijze marmeren zuilen gedragen daken lag een met mozaïek ingelegde weg, die langs de souvenirwinkels van de handelaren in devotionalia voerde. Op de sokkels tussen de zuilen stonden de godenbeelden van Perge, die tegenwoordig in het Antalya Museum te bezichtigen zijn – op de volledig intact gebleven zuilen zijn nog de reliëfs van de hoofdgoden te herkennen, bijv. Artemis Pergaia met een jachtboog in de hand. Via de middenberm voorzag een waterleiding open waterbekkens van water.

Dit kanaal verkreeg zijn water van een **nymphaion** aan het eind van de straat. Het uit diverse verdiepingen bestaande gebouw was op prachtige wijze met zuilen en beelden versierd. Achter het nymphaion liepen trappen omhoog naar de **akropolisheuvel**, waar de eerste Grieken aan de zuidkust hun nederzetting vestigden. Daar hebben archeologen van de universiteiten van Giessen en Istanbul sedert 1997 een tot in de Hettitische tijd durende kolonisatie aangetoond, wat een indicatie is voor de gelijkstelling van Perge met het uit de Hettitische staatsarchieven bekende Parha.

Voor de terugweg is de omweg via de **agora** de moeite waard: onder de zuilengalerij daar stonden vroeger ook veel kleine winkeltjes. Een paar antieke gildetekens bij de ingang zijn bewaard gebleven, evenals een stenen tafel voor een bordspel in de hoek rechtsachter.

Eten en drinken

Verpozen ▶ U kunt het bezoek plezierig afronden in een van de authentieke lokanta in **Aksu** aan de hoofdstraat, maar ook loont een uitstapje naar de 7 km verderop gelegen **Kurşunlu Şelalesi**, een kleine waterval met picknickpark en restaurant.

Vervoer

Heenweg: 20 km ten oosten van Antalya. Neem de afslag bij Aksu, daar stoppen alle bussen van Antalya in oostelijke richting; voortzetting van de reis per taxi mogelijk.

Aspendos   ▶ 20, D 2

Ten oosten van de districtshoofdstad Serik, enige kilometers verwijderd van de kustweg, ligt Aspendos, in de oudheid naast Perge en Side een van de drie grote steden van de regio (dag. 8–19 uur 's zomers, andere seizoenen 8–17 uur, toegang 15 TL). Ook hier hebben zich Grieken gevestigd – de stichting van hun polis gaat terug tot de 12e eeuw v.Chr. De stad beleefde zijn bloeitijd in de Romeinse keizertijd. Aspendos is beroemd geworden vanwege het theater, het best bewaarde uit de antieke oudheid. In de zomer vinden hier concerten en opera-uitvoeringen plaats – voor de populaire dansshows wordt thans een modern theater gebouwd.

Achter het dorp Belkıs komt u bij het theater op de helling van de ongeveer 50 m hoge

Selge en het Nationaal Park Köprülü

Informatie

Lengte: 60 km van Antalya, 81 km van Side.
Duur: Dagexcursie.
Belangrijk: De weg is goed begaanbaar; ook bij de toegang tot Altınkaya wordt entree verlangd; bezienswaardigheid 3 TL!

Een excursie naar het **Nationaal Park Köprülü** en de antieke stad **Selge** ▶ 20, D 2 bij het bergdorp Altınkaya is een indrukwekkende reis naar het verlaten, maar grandioze landschap van het Taurusgebergte. Voor de trip, die ook mogelijkheden biedt om te zwemmen of te kayakken op de rivier, dient een dag te worden uitgetrokken.

Ongeveer 5 km ten oosten van Aspendos verlaat u de kustweg en rijd u in de richting van Beşkonak. Al spoedig wordt de bedding gevolgd van de Köprülü Çayı, die in mei op zijn mooist is, als er nog heel veel water doorheen stroomt. Bij het Kanyon Restoran, voorbij Beşkonak, staan verse forellen van de grill op het menu. Hier is tevens een kanoverhuurbedrijf gevestigd. Vlak na het restaurant steekt u het diepe ravijn van de Köprülü over via een smalle boogbrug die nog door de Romeinen is gebouwd. Vanhier zijn het nog 13 autokilometers, met uitzicht op de grijze toppen van het Taurusgebergte, tot aan het dorpje Altınkaya, dat zich uitbreidt op het terrein van de Romeinse benedenstad.

Het theater, dat een prima overzicht biedt, voorzag in 8500 plaatsen. Vanaf de bovenste rang zijn de structuren van het stadion en de resten van de onderste agora, waartegen de boerderijen van het dorp leunen, goed te herkennen. Dan gaat het door de oostpoort langs een thermencomplex omhoog naar de noordelijke bergtop, waarop als een soort kroon een grote christelijke basiliek is neergezet. In de Byzantische tijd was de stad bisschopszetel, ook toen de bloeitijd van het Romeinse

Rijk al voorbij was. In zuidelijke richting stond een podiumtempel ter verering van de keizer (2e eeuw), het begin van een 230 m lange zuilengang, die over bepaalde stukken nog te volgen is tot aan de bovenste agora op de zuidelijke bergtop. Op de Kesbedionberg in het westen, de oudste vestigingsplek, stuit u op de grondig verwoeste Zeustempel en kunt u genieten van een prachtig uitzicht op de ruïnes van Selge.

Met de excursieboot de kusten verkennen

akropolisheuvel. De in de heuvel verzonken cavea met de diverse rangen is geheel hellenistisch qua bouwtype, de afsluiting met het prachtige toneel en de gaanderij zijn afkomstig uit de keizertijd. Het toneel was vroeger versierd met Korinthische zuilen en talloze beelden onder siergevels. In het theater was plaats voor zo'n 20.000 toeschouwers. Na de Turkse inbezitneming van het land namen de Seltsjoeken het gebouw als karavanserai in gebruik en zorgden voor renovatie van het intussen meer dan duizend jaar oude complex.

De eigenlijke stad lag achter het theater. Vanaf de heuvel zijn rechts de omtrekken van het **stadion** te herkennen, iets verderop markeert een schild de **oostpoort**, een van de drie poorten van de stad, waar vanwege de steile helling van de akropolis geen doorlopende stadsmuur nodig was. Via een vrijstaande ornamentele boog, de **agorapoort**, gaat u linksaf naar het halfronde **bouleuterion** en een **markthal** waarvan de nog overeind staande

muren zo'n 15 m hoog zijn. Het hoge gebouw daartussen was een **nymphaion** met een rijk bewerkte voorgevel.

De **agora**, het geëgaliseerde heuvelplateau, was aan twee kanten ingesloten door markthallen, daarvoor bevonden zich zuilencolonnades. De 'artistieke' Verres (Cicero had hem aangeklaagd wegens het plunderen van Sicilië) moet gedurende zijn quaestuur in de provincie Sicilië op deze plek een scheepslading aan kunstwerken hebben verzameld.

Terug bij de poort van de agora gaat u linksaf naar de steile helling van de akropolisheuvel, vanwaar u een fraai uitzicht op het **aquaduct** hebt. Dit bouwwerk is een interessant voorbeeld van de ingenieurskunde waartoe de Romeinen in staat waren: om niet de gehele dalkom met een hoog aquaduct te hoeven overspannen, maakte men gebruik van het principe van de communicerende vaten. Het water werd uit de bergen naar een 'watertoren' geleid en stroomde via een laag aquaduct, dat het dal overspande, naar een tweede, even hoge toren. Door de druk van het water in de eerste toren steeg het water in de tweede naar het niveau van de eerste, zodat het gemakkelijk naar de akropolis kon worden geleid. Als u het van dichtbij wilt zien, dan dient u op de terugweg vlak voor Belkis naar rechts af te slaan.

Eten en drinken
Kebab en gegrilde forel ▶ In het dorp Belkis en bij het aquaduct zijn ettelijke lokanta te vinden, maar de restaurants aan de **Köprülü Çay**, 5 km voorbij het theater, zijn sfeervoller – hun specialiteit is forel.

Agenda
Het Aspendosfestival in juli in het Aspendostheater (opera, ballet en klassiek); in september vinden daar ook de '**Aspendos Nights**' met klassieke concerten plaats.

Vervoer
Heenweg: 53 km ten oosten van Antalya. Afslag ca. 5 km voorbij Serik; u kunt zich daar door de bus laten afzetten en per taxi verder rijden.

Belek ▶ 20, D 3

Terwijl **Belek** in de jaren 1980 een onbeduidend dorp ten zuiden van Serik was, is het tegenwoordig een synoniem voor luxetoerisme. Desondanks is het aan het strand grenzende gebied met zijn dennenbossen en onder natuurbescherming vallende reservaat aan de westrand heel aantrekkelijk – ondertussen zijn hier niet minder dan tien golfterreinen aangelegd. De echte Turkse sfeer ontbreekt echter. Zelfs een dorpje als Kadriye is bliksemsnel in een soort miniatuur-Side veranderd.

Ten noorden van Belek liggen de verlaten ruïnes van de antieke stad **Sillyon** (8 km), die in vroegchristelijke tijd aanvankelijk bisschopszetel was, totdat het heiligdom van Artemis Pergaia gesloten werd en ook Perge zich tot de nieuwe religie bekeerde. Na de Seltsjoekse verovering koloniseerden Turkmenen de versterkte heuvel en bouwden er een moskee. De hellenistische stadspoort met de twee ronde torens en het theater, dat bij een aardverschuiving gedeeltelijk in de diepte is meegesleurd, zijn heel indrukwekkend. Een gids voor de tafelberg vindt u in de nederzetting die aan de voet ervan ligt.

Golf in Belek

Met de regio Belek heeft Turkije zich geprofileerd als een topbestemming voor golfers in de winter: het klimaat is zo aangenaam als een Midden-Europese lente, de hotels zijn buitengewoon luxueus en de greenfees (rond de €60) zijn heel gunstig. De golfbanen zijn ontworpen door golfbaanarchitecten van naam, zoals: David Faherty (National Golf, www.nationalturkey.com), Nick Faldo (Cornelia Golf, www.cornelia-golf.com), Michel Gayon (Gloria Golf, www.gloria.com.tr), Dave Thomas (Robinson Nobilis, www.nobilis.com.tr) en de European Golf Design Company (Antalya Golf, www.antalyagolfclub.com.tr).

De afslagplaatsen bevinden zich allemaal op het terrein van het oude dennenbos, dat op grote schaal is uitgedund. Het ontwerp van de baan is over het algemeen van hoge kwaliteit,

met smalle fairways door het dennenbos en moeilijke roughs. Bij de Tat Golf Club strekken sommige banen zich tot aan het strand uit, waar de wind meespeelt. De nieuwe Carya Golf Club is de enige waar u ook kan spelen op banen die met heide zijn begroeid. Bij alle afslagplaatsen komen de fairways vaak dicht in de buurt van vijvers, waar vaak overheen moet worden geslagen, spannend voor gevorderden. Voor beginners hebben de meeste clubs afzonderlijke academy courses met negen holes laten aanleggen, zodat per afslagplaats 27 banen beschikbaar zijn. Er zijn ook vaak golfscholen bij de golfclubs aangesloten.

Öger Tours biedt gunstige all-inpaketten aan. Voor gedetailleerde informatie hierover, zie: www.antal ya.de/divers_htm/golf.htm.

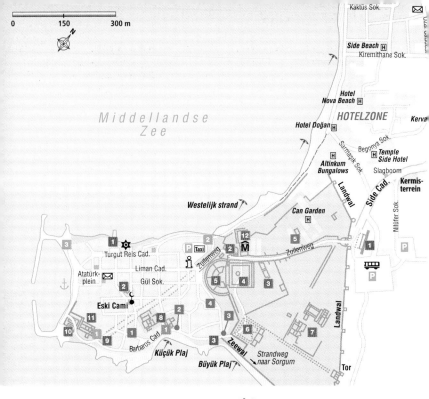

Accommodatie

Direct aan het strand van Belek staan de luxe hotels zij aan zij. Hier kunt u bijna alleen 'all-inclusive' onderdak boeken. Eenvoudige onderkomens vindt u in het dorpje Kadriye en in Belek zelf.

Agenda

Het Golfkampioenschap van de Aspendos Rotary Club: Tweede week in mei op het terrein van de National Golf Club.

Het Aspendosfestival: Eind mei tot midden juni (opera en ballet in het Aspendostheater). Sinds een paar jaar worden er in oktober klassieke concerten georganiseerd, met sterren.

Vervoer

Minibussen, ieder uur van de hotels naar Belek en Kadriye, vandaar kunt u verder reizen naar Aksu, Serik of Antalya. Taxi's voor het hotel, maar hoge vaste prijzen. U kunt het beste in Kadriye of Belek een brommer huren.

Side ▸ 20, E 3

Kaart: boven.

Side bestaat drie keer. Het eerste Side is Side helemaal niet, maar strekt zich wel 30 km van west naar oost uit langs de kust. Het tweede ligt in Side, maar had voor hetzelfde geld een andere toeristische winkelstraat kunnen zijn. Het derde is een oude stad, die dit alles werkelijk niet heeft verdiend. Want dit Side, dat in de hellenistische periode, in de 2e eeuw v.Chr. en in de Romeinse keizertijd tot de belangrijkste steden van Klein-Azië behoorde, is in deze tijd het decor van een souvenirhandel met een enorme omzet. De zeventig juweliers en evenzovele tapijt- en textielhandelaren, alsmede de ontelbare restaurants en pensions verdienen niet slecht in het 'dorpje' Side (2000 inwoners). Vele vakantiegangers verlaten hun hotelpaleizen alleen voor een wandelingetje langs de winkels: Kumköy, Sorgun of Çolaklı (zie Accomodatie, blz. 313). Maar als u in Side

Side

Hoogtepunten

1. Nymphaion
2. Byzantijnse stadspoort
3. Villa's met peristyle
4. Handelsagora
5. Theater
6. Staatsagora
7. Bisschoppelijk paleis en basiliek
8. Thermen en gymnasion
9. Mentempel
10. Apollotempel
11. Basiliek
12. Archeologisch Museum

Accommodatie

1. Elit Köşeoğlu
2. Beach House Hotel
3. Ani Motel
4. Anadolu Motel
5. Neptun Oteli

Eten en drinken

1. Deniz Fish House
2. Kangal Restaurant
3. Royal Garden

Winkelen

1. Burak Lokum

Uitgaan

1. Café Marina
2. Pegasis Bar
3. Lighthouse Music Bar
4. Oxyd Disco

Actief

1. Scuba Side Diving Center

---

logeert, dan zult u ervaren dat er plaatsen zijn waar niet alles om handel draait.

De antieke stad

De stad uit de antieke oudheid op het nauwelijks 400 m brede schiereiland nam ongeveer drie keer het oppervlak van het huidige dorp in en werd door een imposante **stadsmuur** met vierkante torens beschermd. Waar men tegenwoordig de eerste slagboom passeert (of op het Park & Ride-parkeerterrein van het busstation geweigerd wordt), stond de nu bijna volledig verwoeste **grote poort** uit de 3e eeuw v. Chr. Ruim 400 jaar later bouwde men er een 52 m brede, drie verdiepingen hoog **nymphaion** 1, voor, dat tot de magnifiekste bronhuizen uit die periode moet hebben behoord.

Vanaf de poort voerde een **zuilenstraat**, die het moderne stratenpatroon volgt, dwars door de stad naar de tempelwijk op het puntje van het schiereiland. Bij de agora met het Archeologisch Museum (zie blz. 312) perst ze zich door

de **binnenste stadspoort** 2 uit de Byzantijnse tijd, niet veel verder bevindt zich het huidige dorp, dat door moslimvluchtelingen uit Kreta na de anti-Turkse opstanden aan het eind van de 19e eeuw gesticht werd. In twee opgegraven **villa's met peristyle** 3 aan de zuilenstraat is goed te zien hoe de rijke burgers van Side leefden. De vertrekken, in twee woonlagen rond de binnenplaats (peristyle of atrium), zijn verbazend klein. De reden is waarschijnlijk dat men, net als de Turkse mannen tegenwoordig, grotendeels buitenshuis leefde. Bijvoorbeeld op de **handelsagora** 4 tegenover het museum, die in de keizertijd als een vierkant met een zijde van 65 m (overeenkomstig de lengte van de toneelmuur van het theater) is aangelegd. Men kwam op de agora vanaf de zuilenstraat, via een propylon (voorpoort). Het plein was omgeven door 7 m hoge hallen met elk 25 zuilen. Hier werd niet alleen handel gedreven (vooral in slaven uit de Oriënt), maar hier at en dronk men ook – zo was de agora

Op de nachtmarkt in Side treft iedereen elkaar

logischerwijze met een grote **latrine** in de zuidwesthoek bij het theater uitgerust! Het belendende **theater** 5 uit de Romeinse tijd wordt ondertussen beveiligd, zodat hier de concerten van het zomerfestival kunnen plaatsvinden (toegang tegenover het parkeerterrein, 10 TL). Als enige in Pamphylië was het voor een groot deel vrijstaand op een onderbouw van arcaden met ruimte voor winkeltjes. Van de toneelmuur bleef alleen de parterre staan; resten van de rijke geveldecoratie worden op de agora tentoongesteld.

Aan de oostkant bevindt zich de **staatsagora** 6, waaraan een grote bibliotheek met drie zalen verrees; van de middelste zaal, de 'keizerzaal', staat nog een twee verdiepingen hoge wand met beeldennissen overeind. Het in het noordoosten aansluitende stadsdeel met **bisschoppelijk paleis en basiliek** 7 is net als de oostpoort bijna geheel onder duinen verdwenen – het strand (Büyük Plaj) van Side strekt zich thans uit tot aan de zee.

Tempelwijk

Om bij de tempelwijk aan de haven te komen, gaat utegenover de keizerzaal door een kleine poort van de laatantieke muur, en loopt u verder langs de oostkust. Rechts van de weg ligt een **thermengebouw en het gymnasion** 8, daarna de halfronde **Mentempel** 9 en ten slotte staat u voor de herbouwde voorkant van de **Apollotempel** 10 uit de 2e eeuw, waarvan de fries met Medusahoofden was versierd. Van de aangrenzende **Athenatempel** bleef alleen het podium bewaard, omdat er in de 5e eeuw het atriumhof van een **basiliek** 11 op werd gebouwd. Vanhier is het een klein stukje lopen naar het havenplein met het Atatürkmonument – het 'middelpunt' van het dynamische winkelcentrum van Side.

Het museum in de agorathermen 12

De unieke agorathermen zijn gedeeltelijk gerestaureerd ten behoeve van het **Archeologisch Museum** (di.-zo. 9-12 en 13.30- 18.30 uur, toegang 10 TL) . In het apodyterium (kleedruimte, tegenwoordig niet meer overdekt) wacht het grote standbeeld van de godin van de overwinning Nike boven de ingang. Het frigidarium (koude bad) herbergt het oudste museumstuk, een ketel van basalt uit de 7e eeuw, die vanwege zijn lotusbloemen oriëntaalse invloed verraadt. In het caldarium (warme bad) zijn met name de drie Gratiën en een standbeeld van Herakles zeer indrukwekkend. Ook zijn hier reliëfplaten met mythologische taferelen te zien, afkomstig van het nymphaion bij de grote poort. In het tepidarium (lauwe bad) vallen twee met aangeschoten cupido's versierde sarcofagen op. Vermoedelijk is de rij fantastische marmeren standbeelden vrijwel geheel afkomstig uit de keizerzaal van de staatsagora. Het zijn voor het merendeel romeinse kopieën naar Griekse voorbeelden, zoals de Discuswerper van Myron.

Omgeving van Side

In **Manavgat**, de districtshoofdstad, 6 km noordelijk, is alles onvervalst Turks wat de klok slaat; een uitstapje is vooral op maandag de moeite waard, als de grote weekmarkt is neergestreken aan de oostkant van de rivier. Het picknickpark bij de waterval **Manavagat Şelalesi** (zie blz. 314) wordt veel bezocht.

Een mooie tocht in het achterland voert van de watervallen via het gehucht **Bucakşeyhler** naar de 13 km noordoostelijk gelegen ruïnes van de oude stad **Seleukia in Pamphylia (Lyrbe)**. Vanuit het zuiden beklimt u de vlakke heuvel, die de stad ooit via drie steile flanken bescherming bood. De muur bij de zuidpoort is goed bewaard gebleven; daarachter, onder hoge dennenbomen, ligt de agora, die als het best geconserveerde complex van Klein-Azië geldt. Het geëgaliseerde plein steunt aan de westkant op een onderbouw, die als opslagruimte werd gebruikt. Een twee verdiepingen tellende markthal met het aangebouwde halfronde odeon vormt de begrenzing van de oostzijde. Ten noorden van de agora bevindt zich in het bos een podiumtempel, en op de westhelling een thermengebouw. Bij de smaragdgroene stuwmeren **Oymapınar Barajı** en **Manavgat Barajı** zijn talloze restaurants gevestigd; in een groot aantal daarvan staat forel op het menu.

Informatie

Informatiebureau: Side Yolu, tel. 0242 753 12 65, fax 02 42-753 26 57.

Internet: www.sideguide.net (met adressen van pensions in het dorp); www.side.tr.com

Accommodatie

De luxe hotels ten oosten en westen van Side kunt u het beste all-in boeken. **Kumköy** ligt ten westen en relatief dicht bij Side-dorp – het is hier druk, maar ook weer niet volgebouwd. In **Ilıca** ziet het er eender uit; **Çolaklı** maakt een wat royalere indruk. Toch is men hier slechts 15 km van Side verwijderd. In het oosten zijn **Sorgun** en **Titreyengöl** door weelderige dennenbossen omgeven, de laatstgenoemde plaats ligt ook nog eens fraai aan een meer. In alle hotelcentra is een groot aantal cafeetjes, reisbureaus en winkels ondergebracht.

... in Side-dorp:

Met overdekt zwembad ▶ Elit Köşeoğlu 1: Barbaros Cad., tel. 0242 753 11 10, fax 0242 753 14 69, www.elithotelside.com. Modern, goed ingericht hotel aan het ooststrand. Met buiten- en binnenbad, restaurant, ook enige appartementen. 2 pk ca. €30-60.

Met tuin ▶ Beach House Hotel 2: Barbaros Cad., tel. 0242 753 16 07, in de winter 753 15 45, fax 0242 753 18 04, www.beachhouse-ho-

Tip: Voorzichtig!

In Side is er vaak sprake van bedrog. '**Rondleidingen**' door nepgidsen door wie u bij het theater wordt aangesproken, eindigen steevast met buitensporige geldvorderingen en heel veel ergernis. Wilt u **vis eten**, dan dient u absoluut van tevoren de prijs af te spreken, want anders kan dit tot akelige verrassingen leiden. De privéwisselkantoortjes binnen **hotelvestigingen** wisselen weliswaar in euro's om (in Side de gangbare wisselkoers), maar rekenen 15% provisie. Ondertussen worden zelfs bij vele **attracties** rondom Side op ongeloofwaardige gronden en met wegversperringen toegangsgelden verlangd, zelfs voor het Oymapınarstuwmeer. Met het oog op te hoge **entreeprijzen** kunt u in de regio Side beter meegaan met een georganiseerde dagtocht, dan zelf een auto huren en de boel op eigen houtje regelen.

Manavgatwaterval en strandwandeling

Toerinformatie

Begin: Side (busstation).
Lengte: Bus naar Manavagat 6,5 km, Boot naar waterval 5 km, boot naar Strand 6,5 km, te voet naar strand 8,5 km.
Duur: Dagexcursie.
Belangrijk: Drinkwater, zwemspullen en zonnebrandcrème!

Er leiden vele wegen die naar de beroemde waterval van de rivier de Manavgat, ten noorden van de stad Manavgat – ook via georganiseerde dagtochten. Het is echter leuker om het op eigen houtje te doen, in combinatie met een strandwandeling.

Met de gewone bus of met een dolmuş gaat u naar de Manavgatbrug in het centrum, aan de Antalya Caddesi. Ten zuiden van de brug zijn de aanlegplaatsen voor de excursieboten: vanhier gaat u per boot stroomopwaarts richting de waterval – helaas kan de boot maar de halve afstand varen. Vanwege de stroomversnellingen gaat het verder met de bus naar de **Manavgat Şelalesi**, die met bijna 2 m weliswaar niet hoog is, maar wel heel breed en enorm veel water verplaatst. Het koele en lommerrijke picknickpark daar (toegng) is een populair doel voor dagtochten. Na een picknick – misschien gaat u ook nog even zwemmen – wordt de terugreis aanvaard en gaat het met de boot in zuidelijke richting naar het **Boğaz Plajı**, het fraaie strand met de strandwallen aan de monding van de Manavgat Cayı. Hier kunt u voor een ontspannen namiddag op het strand strandstoelen en zonneschermen huren – zonder last te hebben van de drukte die er voor de strandhotels van Side heerst. U kunt drinken meebrengen, maar dit ook op het strand kopen. De terugweg voert langs de zee. Het loont eventueel nog de moeite om een stop te maken in een van de restaurants van Titreyengöl, aan het gelijknamige meer. De terugreis naar Side duurt rond de 2 uur.

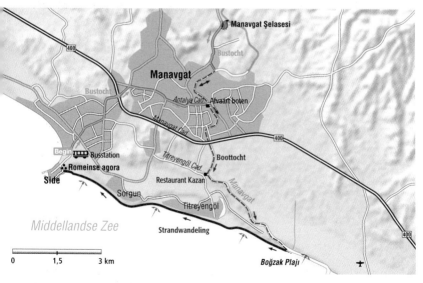

tel.com. Gezellig hotel van een Turks-Australisch stel aan het ooststrand. Eenvoudige, verzorgde kamers met ventilator en balkon; in de tuin liggen Byzantijnse ruïnes. 2 pk/ontbijt ca. €30, gezinskamer €45.

Houten bungalows ▶ Aan de oostkust richting staatsagora liggen talloze eenvoudige complexen met houten bungalows in verzorgde tuinen, zoals: **Ani Motel 3** (tel. 0242 753 33 64) of **Anadolu 4** (tel. 0242 753 30 33). Iedere bungalow beschikt over een tweepersoonsbed, een natte cel en een veranda (2 pk €20–30). Iets betere bungalowhotels kunt u vinden langs de westkust, aan de zuilenstraat, zoals: **Neptun Oteli 5** (tel. 0242 753 10 86).

Eten en drinken

Romantiek aan zee ▶ Deniz Fish House 1: Turgut Reis Cad., bij Jandarma. Iets verwijderd van de drukte van de terrassen aan zee. Niet alleen vis, ook een goede Turkse keuken, mooi met zonsondergang.

In een oude ruïne ▶ Kangal 2: Zambak Sok. Restaurant met tuin; verlichte Romeinse thermenruïne. De specialiteit is (zoals in andere restaurants in Side) de *teşti kebab*, in een pot van aardewerk gesmoord vlees met groente, waarbij de pot aan tafel kunstig wordt stukgeslagen.

Met eigen strand ▶ Royal Garden 3: Barbaros Cad. Het restaurant staat romantisch op de rotskust bij het ooststrand; buiten eten is mogelijk. Nette bediening, ruime keuze, ook vis. Overdag is er beneden aan de kleine baai een strandbar.

… in Manavgat:

Aan de rivier ▶ De restaurants aan de rivier zijn ook 's avonds een uitstapje waard. **Develi**, meteen voorbij de brug, is goed en heeft een ruime keuze, tel. 0242 746 19 77. Iets chiquer is het in **Sultan Sofrası**, verder noordelijk aan de oostoever, dat een groot terras heeft aan het water.

Winkelen

Side kan prat gaan op zeventig **juweliers** en ongeveer evenveel **tapijthandelaren**. Maar let op: de merkartikelen zijn vaak vervalst, en de prijzen voor Turkse begrippen relatief hoog.

Voor snoepers ▶ Burak Lokum 1: Barbaros Caddesi, Nergiz Sokağı. Lokum (Turks fruit), enorme keuze. Deze heerlijke kiezenmoordenaar van rijsmeel, noten en aroma's wordt ambachtelijk gemaakt.

Markten ▶ Zaterdags in **Side**, tegenover de Yeni Cami. Op maandag is een uitstapje naar de grote weekmarkt in **Manavgat** de moeite waard.

Uitgaan

Knus tuincafé ▶ Café Marina 1: Achter de basiliek bij de Apollotempel. Café tussen de ruïnes; u zit rustig tegen een decor van verlichte oude muren. Ook kleine snacks.

Leuke bar ▶ Pegasis Bar 2: Aan het weststrand, onderaan het parkeerterrein bij het theater. Kleine, rustige bar, 's avonds met Turkse livemuziek.

Plaatselijke disco ▶ Lighthouse Music Bar 3: Rechts van de haven, tel. 0242 753 35 88. Ondanks lichtshow en dansvloer in de open lucht, eerder een bar met dansmogelijkheid. Tussen 21 en 23 uur happy hour.

Grote disco ▶ Oxyd Disco 4: Ca. 4 km in westelijke richting, aan de Kumköystraat, juni tot eind sept. dag. 22–5 uur, www.disco-oxyd.com. Grote disco in de stijl van een West-Afrikaanse lemen moskee. Met zwembad en shows.

Actief

Duiken ▶ Scuba Side Diving Center 1: Çolaklı en Sorgun (telkens in de Süral Resorts), tel. 0242 763 00 45, www.scubaside.com.

Boottochten ▶ Naar de **Manavgat Şelalesi** (waterval) vanaf Manavgat (brug), ook naar het **Manavgat Boğaz**, het strand met de strandwallen aan de riviermonding (zie blz. 314).

MTB-tochten ▶ Via **Biketeam Türkei**, bij Öger Tours te boeken, www.biketeam-tuerkei.de; ook lange tochten door het Taurusgebergte.

Agenda

In september is er het **Sidefestival** met muziek en andere kunstuitingen in het theater.

Vervoer

Busstation voor de oude stadsmuur. Gedurende het seizoen vertrekken ongeveer iedere twee uur **langeafstandsbussen** in de richting van Antalya of Alanya. Tevens minibussen naar Kumköy/Çolaklı, Titreyengöl en Manavgat, ongeveer ieder half uur.

Auto: Voor het parkeerterrein bij het theater en de toegang tot het dorp wordt een bijdrage gevraagd. Gedurende het hoogseizoen is doorgaand verkeer niet mogelijk. Dagtoeristen moeten dan bij het busstation parkeren; vanaf het parkeerterrein rijdt er een tractorbus het dorp in.

İncekum en Alarahan

▶ 20, E 3

Al spoedig voorbij Manavgat eindigt de Pamphylische vlakte en daarmee het gebied van de belangrijke Griekse stad uit de oudheid. De uitlopers van het Taurusgebergte rukken steeds dichter op naar de kust; de witte katoenvelden gaan over in velden met bananenbomen. De zandstranden van de Turkse Rivièra eindigen evenwel niet, en dat bracht de toerismemanager ertoe om hier de ruim 20 km lange hotelzone van **İncekum** uit het duinzand te stampen. De zone is genoemd naar het **İncekum Dinlenme Parkı**, vlak voor de kaap van Karaburun, een strandpark onderaan een dennenbos en als weekend- en vakantiebestemming in Turkse handen. Ondertussen zijn **Okurcalar** met zijn waterpark, net als **Avsallar**, **Güzelbağ** en **Konaklı** tot onvervalste kleine steden uitgegroeid. Dit recreatiegebied staat voor een pure strandvakantie en met dagelijks entertainment en avondshows zorgen de comfortabele vakantievoorzieningen voor daarbij passende ontspanning.

De **Alarahan** bij Okurcalar is een oude karavanserai van de Seltsjoeken. Deze dateert uit de tijd van de eerste grote expansie van dit eerste Turkse rijk op Klein-Aziatische bodem, toen sultan Alaeddin Keykubat ook Antalya en

Ringo en Banana

Op het strand kunt u helemaal los gaan ... Wat er aan de Turkse toeristische kusten aan funactiviteiten aan, op en in het water wordt aangeboden, is werkelijk heel verbazingwekkend. Eigenlijk wordt zwemmen als buitengewoon ouderwets beschouwd!

Eén van de populairste attracties is het **banana riding**: hierbij zit men met vijf of meer personen op een gele opblaasworst die met een motorboot door het water wordt getrokken (€15 voor 15 min.). Natuurlijk maakt de bestuurder van de boot wilde bochten, zodat, tot ieders plezier, iemand te water raakt.

Nog sprankelender zijn de **ringo's**: dat zijn een soort grote binnenbanden die zich wild gedragen in de kolkingen en waterfonteinen veroorzaakt door de boot die ze voorttrekt (€12 voor 10 min.).

Ook kan er tegenwoordig voor **waterskiën** worden gekozen, maar omdat dit duur is en te moeilijk voor beginners, zijn de mogelijkheden beperkt (€30 voor 20 min).

Op de tweede plaats van de hitlijst staat **parasailing** met stip (€60 voor 30 min.). In tegenstelling tot paragliding (in alle vrijheid vliegen met een glijscherm) wordt u met een valscherm achter een boot voortgetrokken. Op een hoogte van ca. 50 m zijn de mensen op het strand heel nietig en voelt u zich behoorlijk boven iedereen verheven – als u zich tenminste niet eenzaam voelt. Let op bij de tewaterlating: de bestuurders van de boten vinden het leuk om de mensen een paar maal kopje onder te laten gaan. Wie er op eigen houtje opuit wil trekken, huurt een waterfiets, die hier **pedalos** wordt genoemd (€15 voor 1 uur); dit geldt ook voor kano's en **jetski's** (€20 voor 30 min.). Het nieuwste is motorrijden op zee: leuk voor de bestuurder, maar minder voor de mensen op het strand, die door het motorgehuil niet meer van hun lievelingsmuziek in de beach clubs kunnen genieten. Surfen op een **surfplank** kan ook, zelfs achter een zeiljol, maar daarvoor moet u al wat kunnen. Beginners kunnen het beste een surfcursus volgen.

Alanya bij zijn rijk inlijfde. In heel Anatolië bouwden de Seltsjoeken versterkte karavaan-stations (Turks: *han*), die altijd een dagreis per kameel van elkaar af lagen, om de handelaars een veilig onderkomen voor de nacht te verschaffen. De Alarahan markeert de splitsing van de oude pasweg over het Taurusgebergte naar Beyşehir en naar Konya, de hoofdstad der Seltsjoeken (de nieuwe weg buigt 10 km in westelijke richting van de kust af).

De han werd door een bouwfirma gerestaureerd en herbergt nu een restaurant waar 's avonds folkloreshows met buikdansen en comedy plaatsvinden. Waar vroeger kamelen werden gestald, zitten nu restaurantgasten. Op de binnenplaats met de slaapkamers worden Seltsjoekse klederdracht en ambachtelijk gereedschap tentoongesteld. Op de markante, spitse heuvel boven de karavanserai troont de burcht **Alara Kalesi**, die u met wandelschoenen en een zaklamp via een rotstunnel in ongeveer één uur kunt bereiken.

Accommodatie

Klein paradijs ▶ Alara: 32 km voor Alanya in een afgeschermde baai, tel. 0242 527 41 66, fax 0242 527 47 40, www.alaragroup.com. Gebouwen met twee verdiepingen, te midden van weelderige begroeiing, op een schiereiland aan een kleine zandbaai. Alle kamers met balkon, zwembad in fraaie tuin, alleen all-in. 2 pk vanaf €80.

Eten en drinken

In alle toeristische plaatsen zijn talloze **toeristenrestaurants**. Turkse **lokanta** vindt u nog in Yeşilköy (richting Side) en Güzelbağ (richting Alanya).

Turkse nachten ▶ De betere restaurants met oriëntaalse avondshows bevinden zich binnen de historische muren van de karavanserais **Alarahan** en **Serapsuhan**.

Vervoer

Frequent **busvervoer** langs de kustweg. De **minibussen** rijden langs de grote hotels en stoppen bij handopsteking, de snellere **langeafstandsbussen** vindt u alleen in de plaatsen zelf.

Alanya ▶ 20, F 3

Kaart: blz. 319

In de havenstad **Alanya** (115.000 inwoners) onder de markante 250 m hoge bergtoppen kon men al all-in boeken, toen aan de stranden van Side nog geen enkel hotel stond. Tegenwoordig hebben zich langs de kustlijn ontelbaar veel hotels gevestigd, vooral in het oosten, waar in de op 15 km afstand gelegen plaats Mahmutlar een tweede vakantiegebied is ontstaan. Alanya heeft zich ontwikkeld tot een echte stad met stedelijke sfeer, goede winkelmogelijkheden en dynamisch nachtleven.

Het centrum van de stad is de Bazaarwijk aan de haven, ten oosten van de berg waarop de burcht staat. Hier is het langs de havenpromenade een aaneenschakeling van openluchtbars en restaurants – mensen komen helemaal uit İncekum voor de clubscene in Alanya. Tegen de helling, boven de haven staan oud-Turkse, met dakspanen bedekte houten huizen van de oude stad – vaak niet meer dan verlaten ruïnes. In het westen grenst de vierbaanshoofdstraat (hier Atatürk Caddesi) het Damlataşstrand af van de hotelwijk, die minder last heeft van verkeerslawaai dan de hotels in het oosten.

Kızıl Kule en Tersane

De **Kızıl Kule** [1], de 'Rode Toren', staat bij de haven en is het symbool van Alanya. Het achthoekige bakstenen gebouw werd onder sultan Alaeddin Keykubat gebouwd, kort nadat hij de stad in 1221 door een verdrag had overgenomen. De inbezitneming van de Byzantijns-Armeense vesting, die destijds Kalonoros ('Mooie Berg') heette, verschafte de Seltsjoeken voor de eerste keer toegang tot de Middellandse Zee, en daarom liet Alaeddin niet alleen de haven en de burcht uitbreiden, maar gaf er ook een naam aan: tot in de jaren 1920 heette het Ala'iye, daarna vertaalde Atatürk het Perzische woord in het Turks. De toren is een architectonisch meesterwerkje: door de onderaardse cisterne doet hij ook dienst als waterspaarbekken, en elk van zijn vijf verdiepingen kan vanwege de specifieke functie bogen op een uniek bouwplan. In de toren is

Alanya

Hoogtepunten

1 Kızıl Kule
2 Tersane
3 Tophanetoren
4 İç Kale (citadel)
5 Süleymaniye Camii
6 Ehmedekvesting
7 Kale Kapı (hoofdpoort)
8 Alanyamuseum
9 Alanyahuizen

Accommodatie

1 Bedesten
2 Kaptan Hotel

Eten en drinken

1 Yakamoz Restaurant
2 Restaurant Ottoman House
3 Ravza Lokantası

Winkelen

1 Özgür Müsik
2 DJ's Music Center

Uitgaan

1 Zapfhahn
2 James Dean
3 Robin Hood

Actief

1 Ulaş Beach
2 Dolphin Dive
3 Martin Türkay

tegenwoordig een **Etnografisch Museum** gevestigd (di.–zo. 8–12, 13.30–17.30 uur), waar tapijten, nomadententen en inrichting, alsmede houtsnijwerk en houtinlegwerk uit oude moskeeën kunnen worden bezichtigd.

Onder sultan Keykubat ontstond eveneens de **Tersane 2**, een scheepswerf met vijf in de rotsen ingebedde hallen van ieder 40 m diep, die langs de kust zijn te bereiken. De **Tophanetoren 3** beschermt het complex.

Burchtberg

De steile berg waarop de burcht staat kunt u het beste per taxi bestijgen – dan kunt u de terugweg te voet afleggen. De taxi's staan bij de poort van de **İç Kale 4**, de 'Binnenburcht', met zijn goed bewaard gebleven muren (dag. 8–19 uur, toegang 10 TL). Naast waterputten (*sarnıç*) en kazematten is op het parkachtige terrein alleen een kleine Byzantijnse kerk overgebleven. Van het bastion **Adam Atacağı** aan de steile helling in het noordwesten zouden krijgsgevangenen naar beneden zijn geduwd, hun dood tegemoet. Wie echter met een steenworp de zee wist te halen, mocht zich bij het Seltsjoekse leger aansluiten. Bij de ruïnes van de uit de zee oprijzende rotsen, schijnt het om een Byzantijns klooster te gaan, en wel om de Darbhane, een soort schathuis.

Bij de ruïnes van de Seltsjoekische hamams, voor de poort van de citadel, begint een smal voetpad dat omlaag leidt, naar het vroegere stadscentrum rond de **Süleymaniye Camii 5**. Net als deze moskee stammen ook de karavanserai, thans een hotel, en de ruïnes van de vroegere bazaarhal uit de 16e eeuw, toen Alanya allang deel uitmaakte van het Osmaanse Rijk. Al in 1293, na slechts 70 jaar, nam de Karamanendynastie de burcht over, die daarna in 1471 door sultan Mehmet II, de veroveraar van Constantinopel, bezet werd. Ten noorden van de moskee liggen resten van de vervallen **Ehmedekvesting 6** (dag. 8–19 uur, toegang 8 TL).

De terugweg loopt door de dorpse nederzetting, waar, naast andere souvenirs, zelfgemaakte borduurwerkjes en zijden sjaals verkocht worden. De zijdeproductie heeft sinds de 16e eeuw een grote rol gespeeld in Alanya. De stad leverde de grondstof voor de kleedkamers van het hof van de sultan.

De straat volgt dan, met opnieuw een haarspeldbocht, de middelste muur, die op fundamenten uit de hellenistische tijd rust, toen Alanya nog Korakesion heette en tot het Egyptische rijk van de Ptolemaeën behoorde. De toen al onneembare vesting viel als enige plaats aan de zuidkust bij het oprukken van koning Antiochos III in 197 v.Chr. niet onder het gezag van de Seleuciden en werd vanaf het midden van de 2e eeuw v.Chr. het hoofdkwartier van de beruchte Cilicische piraten.

Langs enige horecazaken met panoramisch uitzicht voert de weg verder langs de noordmuur tussen Kızılkule en het Ehmedekbastion. De **Kale Kapı 7**, de hoofdpoort, met zijn drie achter elkaar opgestelde rechthoekige poortgewelven is een interessant voorbeeld van de Seltsjoekse vestingbouwkunst.

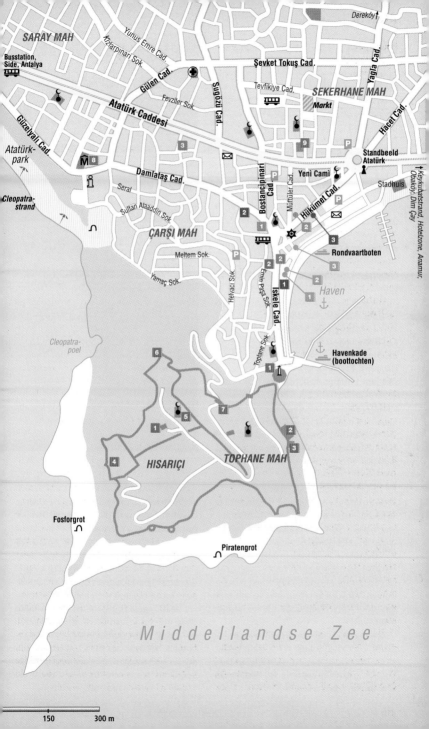

SARAY MAH

Busstation,
Side, Antalya

Yunus Emre Cad.

Kızarpınarı Sok.

Gülen Cad.

Şevket Tokuş Cad.

Fevziler Sok.

Tevfikiye Cad.

SEKERHANE MAH

Suğözü Cad.

Yağla Cad.

Atatürk Caddesi

Markt

9

Güzelyalı Cad.

Atatürk-
park

3

Hacet Cad.

Standbeeld
Atatürk

Damlataş Cad.

Bostancıpınarı Cad.

Yeni Camì

Stadhuis

8

Cleopatra-
strand

Serat

Sultan Alaaddin Sok.

Müftüler Cad.

Hükümet Cad.

2

Keykubatstrand, Hotelzone, Anamur,
Obaköy, Dim Çay

ÇARŞI MAH

Meltem Sok.

Helvacı Sok.

2

2

3

Rondvaartboten

3

Yamaç Sok.

Emin paşa Sok.

2

2

1

1

Haven

Cleopatra-
poel

İskele Cad.

6

Toplane Sok.

1

1

Havenkade
(boottochten)

5

7

1

2

4

3

HISARIÇI

TOPHANE MAH

Fosforgrot

Piratengrot

M i d d e l l a n d s e   Z e e

150   300 m

Dereköy

Alanyamuseum en boottochten

In het **Alanyamuseum** 8 (Damlataş Cad., di.–
zo. 9–12, 13.30–17.30 uur, toegang) aan het
Damlataşstrand zijn met name een muntschat en een standbeeld van Hercules uit Syedra, een naar het oosten gelegen oude nederzetting, bijzonder indrukwekkend. Van de
Turkse geschiedenis getuigen Seltsjoekische
faience, Osmaanse tapijten, kalligrafieën en
ook, als pronkstuk, de volledige inrichting
van de gastenkamer van een voorname konak
met beschilderde lambrisering.

Aan de andere kant van de Atatürkstraat kunt
u door allerlei straatjes slenteren (vooral kle-
ding- en souvenirwinkels); in de buurt van het
marktterrein (iedere vrijdag markt) zijn onlangs enige traditionele **Alanyahuizen** 9 gerestaureerd, die tonen hoe mooi de stad vroeger was.

Interessant is de boottocht rond de burchtberg (als dagtocht vanaf Kızıl Kule tegen 10
uur). Daarbij bezoekt u diverse grotten, zoals
de **Pirates Cave**, **Lowers Cave** en de **Blue Cave**
met hun fluorescerende lichteffecten; op het
Cleopatra Beach, de eerste stop, kan er ge-
zwommen worden. In deze kleine baai, onder
de steile helling van de burchtberg schijnt Cleopatra tijdens een bezoek gebaad te hebben,
nadat ze de stad inclusief Cilicië en Cyprus
van de Romeinse veldheer (en haar geliefde)
Marcus Antonius als 'huwelijksgeschenk' had
gekregen.

De kust richting Gazipata

Als dagtrip is er een boottocht mogelijk langs
de kust ten oosten van Alanya (tot aan de vesting Mamure Kalesi bij Anamur, zie blz. 325,
hebt u iets meer dan drie uur zuivere vaartijd
nodig). Op de steile heuvels in het zuiden worden kleine zoete bananen van het Canarische
type verbouwd (die op de stoeprand te koop
worden aangeboden); eenzame baaien met
zandstranden verlokken altijd weer tot een
frisse duik.

Er is niet veel over van de in de 1e eeuw gestichte havenstad **Iotape** ▶ 20, F 4 (35 km),
toch is het weinig bezochte strand bij het Kale
Restoran de moeite waard om een zwempauze
in te lassen. Naast resten van booggewelven

van voorraadgebouwen aan de kust, bleven er
resten van thermen, kerken en grafhuizen
van de necropolis behouden.

Bij de kleine stad **Gazipaşa** ▶ 21, B 4 (48
km) ligt een zandstrand dat niet onderdoet
voor dat van Alanya – alleen staan er nauwelijks hotels. De oude nederzetting heette Selinus – keizer Trajanus stierf hier op 8 augustus
117 n.Chr., op de thuisreis van zijn mislukte
veldslag tegen de Parthen. Op de heuvel in het
noordwesten liet Hadrianus, de opvolger en
neef van Trajanus, een met colonnades omgeven cenotaaf voor de keizer oprichten. De
heuvel ten oosten van het strand wordt bekroond door een burcht uit de 12e eeuw.

De Seltsjoekenburcht van Alanya

Ongeveer 21 km voorbij Gazipaşa (de afslag ligt bij het dorp Güney, kort voor een tankstation) bereikt u **Antiocheia ad Cragum** ▶ 21, B 4, dat in de volksmond ook wel Antonyus Kalesi wordt genoemd. Net als Iotape werd deze oude stad gesticht door Antiochos IV. U kunt uw auto parkeren ter hoogte van de Romeinse ruïnes. Na een vermoeiende klim naar de later door de Armeniërs vergrote citadel op de westelijke heuvel, opent zich een fraai panorama over het hoog boven de zee gelegen stadsgebied (ad Cragum betekent 'bij de klip'). Het stadscentrum met stadspoort, zuilenstraat en een tempelgebouw is per auto uitstekend bereikbaar.

Informatie

Informatiebureau: Damlataş Cad. 1, tel. 0242 513 12 40, fax 0242 513 54 36.
Internet: www.alanyaguide.org, www.altid.org (hotels).

Accommodatie

De grote all-inhotels bevinden zich westelijk en oostelijk van de berg waarop de burcht staat, in het westen dichter bij de stad en met een mooier strand (Cleopatra Beach). Individueel: boven de haven, naast het goede Kaptan Hotel, zijn talloze eenvoudige hotels te vinden (zoals: Bayırlı, Dolphin, Marina); hier zit u op een mooie plek, heel centraal.

Met de mountainbike door het Dimçaydal

Informatie

Begin: Alanya, Atatürkmonument.

Lengte: Eenvoudig traject tot aan de stuwdam 15 km, dan 7 km tot Akçatı, vandaar 16 km downhill terug.

Duur: Dagexcursie.

Belangrijk: Huurfietsen, bijv. bij Martin Türkay, blz. 323. Drinkwater, zwemspullen en zonnebrandcrème!

Op slechts weinig kilometers van de stranden van Alanya bevinden zich de **Yaylaplateaus** in de uitlopers van het Taurusgebergte. Deze koele bergweiden waren eens een toevluchtsoord voor de bevolking van de strandvlakten om aan de zomerse hitte te ontsnappen. Tegenwoordig staan hier nog kleine nederzettingen. 's Zomers zijn het populaire zondagse bestemmingen. Diverse bedrijven organiseren begeleide tochten, maar de hier beschreven tocht kan ook individueel per mountainbike worden verreden. Ten oosten van Alanya buigt

u van de kust af en rijdt u door het dennenbos langs de **Dimcayrivier** omhoog naar de nieuwe Dimdam, waar een groot stuwmeer ligt. Aan de rivier zijn veel grote picknickrestaurants te vinden met terrassen aan en boven het water. Er is mogelijkheid om te zwemmen (vanaf de kust is het ca. 9 km naar de stuwdam met de mooiste restaurants). Via de bewegwijzering wordt u naar de **Dim Mağarası** geleid, de op één na grootste voor bezoekers toegankelijke, 360 m lange, druipsteengrot van Turkije. Op de terugweg kunt u langs de andere oever fietsen.

Goed getrainde fietsers kunnen vanaf het stuwmeer via een stijl traject, het laatste deel piste, naar het dorpje Akçatı klimmen, waar u een prachtig uitzicht hebt over het zich langzaam vullende meer. Vanhier gaat het dan langs de hellingen van het Taurusgebergte via Kızılcaşehir downhill terug naar Alanya – steeds met een fantastisch uitzicht op deze vakantiestad en de imposante citadel op het voorgebergte.

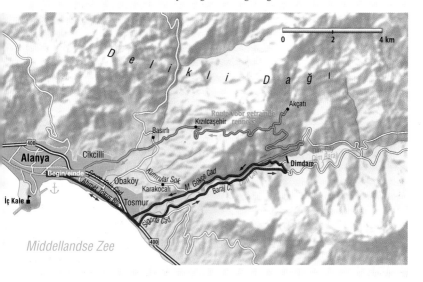

Op de burchtberg ▶ Bedesten 1: İçkale, tel. 0242 512 12 34, fax 0242 513 79 34. Een hotel voor individualisten, ver van alle beton, in een gerestaureerde historische karavanserai boven op de berg waarop ook de burcht staat. In de voormalige opslagruimten zijn veel kamers ingericht, een deel daarvan zonder raam. Met een zwembad en een restaurant. 2 pk €50–95.

Aan de haven ▶ Kaptan 2: İskele Cad. 70, tel. 0242 513 49 00, fax 0242 513 20 00, www.kaptanhotels.com. Traditierijk, chic gerenoveerd hotel met een klein zwembad op het dak; bar, café, restaurant. Hier eet u met een fraai uitzicht, midden in de drukte. 2 pk €40–75.

Eten en drinken

Chic eten ▶ Yakamoz 1: İskele Cad. 89, tel. 0242 512 23 03. Luxueus visrestaurant met romantische ambiance boven de haven, in de avond met een fraai uitzicht op de verlichte straat met disco's.

Oude konak ▶ Ottoman House 2: Damlataş Cad. 12, tel. 0242 511 14 21, www.ottomanhousealanya.com. Een oude Osmaanse konak (herenhuis) dient als façade voor dit mooie restaurant met tuin waarin reusachtige bomen staan (er is zowaar een kinderspeelplaats aanwezig). Traditionele Turkse keuken met ruime keuze aan vis.

Bazaarkeuken ▶ Ravza 3: Tussen İ. Azakoğlu Cad. en Hükümet Cad., tel. 0242 513 39 83, www.ravza.com.tr. Een typisch Turkse bazaarlokanta met lange rijen tafels op straat. Als specialiteit wordt hier *iskender kebab* geserveerd: dönervlees op Turks brood met yoghurtsaus.

Winkelen

In Alanya kunt u moderne kleding kopen, vooral in de oude Bazaarwijk en in de Atatürk Caddesi.

Saz en Shisha ▶ Özgür Müsik 1: Damlataş Cad. 17E, www.alanya-musik.de. Traditionele Turkse instrumenten zoals de *baglama* (saz), ook westerse instrumenten, alsmede schaakspellen, meerschuimen pijpen of shishas (waterpijpen).

Muziek ▶ DJ's Music Center 2: Hükümet Cad. 15. Enorm cd-assortiment, ook samples met zomerhits.

Uitgaan

Bar Street ▶ Aan de haven concentreert zich de nightlifescene; **Zapfhahn 1** en **James Dean 2** zijn bekende openluchtbars, later danst men op de bovenste verdieping van de **Robin Hood 3** verder.

Actief

Zwemmen ▶ Ulaş Beach 1: 5 km westelijk, prachtig strand met picknickgedeelte, maar in het weekend tamelijk vol.

Duiken ▶ Duikschool **Dolphin Dive 2:** İsİkele Cad. 23, tel. 0242 512 30 30, fax 0242 512 75 26, www.dolphin-dive.com. Cursussen, duikvaarten en dagtochten. PADI-open water rond €320.

Mountainbike/enduro ▶ Martin Türkay 3: Atatürk Cad., Neslihan Sok. 3/a, tel. 0242 511 57 21, www.martin-tuerkay.com. Verhuur van mountainbike's en motoren. Organiseert ook tochten in de bergen.

Bootexcursies ▶ Dag. tussen 10 en 16 uur, ongeveer om de twee uur naar diverse grotten en stranden.

Alanyatriathlon ▶ Midden oktober groot sportfestijn met de Premium European Cup van de ETU.

Vervoer

Busstation in het westen aan de ringweg; minstens elk uur rijdt er een bus richting Antalya; om de 2 uur vertrekt een bus naar Kızkalesi, Adana of naar Konya. **Minibusstation** achter het marktterrein: er bestaat een frequente verbinding met oostelijke hotelzone (Obaköy, Mahmutlar) en richting İncekum (Konaklı, Avsallar).

Veerboten: Naar Girne (Kyreneia) op Cyprus tweewekelijks per hydrofoil (geen autotransport). Bovendien dagtrips met overnachting voor ca. €120 incl. gids, tel. 0242 512 22 10.

Huurauto: Race, Atatürk Cad. 49/A, tel. 0242 512 15 01, fax 0242 512 52 24; verhuurt personenauto's en jeeps, en organiseert zelfs ezeltochten op de hoogvlakte van Yayla.

Voorbij Alanya wordt de zuidkust toeristisch gezien minder aantrekkelijk. Tot voorbij Silifke komen de bergen tot aan zee en daarna wordt de Çukurovavlakte industriegebied. In kunsthistorisch opzicht heeft de regio echter zeker veel te bieden: de spectaculaire Armeense kastelen en prachtige Romeinse mozaïeken in Antakya en Gaziantep lonen de moeite. In de badplaats Kızkalesi treft u zelfs een heerlijk strand.

Anamur ► 21, C 4

Anamur, met 34.000 inwoners de grootste stad van het 'ruige Cilicië', dat de Turken tegenwoordig Taşeli Yarımadası ('Rotsig Schiereiland') noemen, heeft een verfrissend ontoeristische uitstraling: het stadje leeft voornamelijk van de landbouw. De nieuwe hotelzone İskele aan de 6 km verderop gelegen zee wordt vrijwel uitsluitend bezocht door Turkse vakantiegangers. Bij de moskee en op de woensdagse weekmarkt is nog te ervaren hoe Turkije zonder toeristen leeft.

De antieke voorloper van Anamur, **Anemourion** (Turks: Anamuryum), lag ten westen van Anamur op de zuidelijkste kaap van de

Kleine Osmaanse moskee in het kruisridderkasteel Mamure Kalesi

Turkse Middellandse Zeekust (dag. 8–20 uur). Deze stad was als steunpunt voor het maritiem verkeer naar Cyprus van groot belang in de late oudheid. Nadat Cyprus door de Arabieren was veroverd, werd Anemourion verlaten, maar in de 12e-13e eeuw werd het betrokken door inwoners van Cilicisch-Armenië.

Bezienswaardigheden

Rechts naast de weg naar de stad ligt de **dodenstad**, met grafmonumenten van soms twee verdiepingen hoog. In het zuiden overheerst de **Armeense citadel** het centrum in de kustvlakte. De stadsmuren werden in 383 n.Chr. opgetrokken ter verdediging tegen Isaurische bergstammen. Ervoor liggen de **Grote Thermen** uit de 3e eeuw. De palaestra (worstelschool) is nog bekleed met authentieke mozaïeken, die echter ter bescherming tegen de zon zijn bedekt met zand. Het **odeon** in de binnenstad, met zitplaatsen voor zo'n 900 toeschouwers, is goed bewaard gebleven. De klim naar de citadel, waar de Cilicisch-Armeniërs zich tot eind 14e eeuw wisten te verweren tegen de emirs van Karaman, is tamelijk lastig, maar het mooie uitzicht boven, bij helder weer zelfs tot Cyprus, vergoedt veel.

Na een pauze aan het zandstrand kunt u naar het **Archeologisch Museum** in İskele. Behalve kleinere vondsten ziet u hier een reeks mozaieken en fresco's, die vanaf 1987 bij opgravingen in Anemourion zijn gevonden (aan de kust rechts, di.–zo. 9–17 uur).

De **Mamure Kalesi** (di.–zo. 9–17 uur, 5 TL) is in de 13e eeuw pal aan de kust, 6 km ten oosten van Anamur, gebouwd door Armeniërs. Begin 14e eeuw werd de vesting ingenomen door Karamanen. Na de herovering door Armenië onder aanvoering van de Lusignans op Cyprus werden delen van de muur in 1373 vernieuwd. De muur met 36 bolwerken tussen de donjon aan de westkant en de 14-hoekige wachttoren aan de oostkant omsluit twee binnenplaatsen. Het beste uitzicht hebt u op de bovenste verdieping van de oosttoren.

Van Anamur richting Silifke

Langs de kustweg richting Silifke wisselen dichtbeboste bergen, die onbelemmerd aflo-

Tip: Naar het strand aan de Kaap van de Winden

Vergeet uw badkleding niet als u het antieke Anemourion gaat bekijken. De stad ligt aan een mooi zandstrand bij de zuidelijkste kaap van Klein-Azië en zo tochtig als de Griekse naam Anemourion ('Kaap van de Winden') doet vermoeden, is het er helemaal niet.

pen naar zee, zich af met smalle kustvlakten met verlaten zandstranden aan de groenblauwe zee. Dit gebied is nauwelijks toeristisch ontsloten, hoewel ook hier typische vakantiekolonies verrijzen. Toch zijn de dorpen rond Aydıncık nog steeds de oorspronkelijkste van de hele zuidkust.

Vlak voorbij Bozyazı, een kleine stad met een grote moskee, ligt kasteel **Softa Kalesi** boven de weg. Voorbij Yenitaş, bij de gemeentegrens van **Aydıncık**, zou u even kunnen pauzeren bij restaurant Arsinoe, dat een terras aan zee heeft. In de oudheid lag aan de kleine vissershaven hier in de buurt **Kelendris**, het meest oostelijke steunpunt van de machtssfeer van Athene. Achter het postkantoor is een Romeins grafmonument ongedeerd overeind blijven staan.

Informatie

Informatiebureau: Atatürk Bulv. 64, achter het busstation; tel. 0324 814 35 29, fax 0324 814 40 58.

Accommodatie

In de stad ▶ **Anahan:** Tahsin Soylu Cad. 109, in het centrum, tel. 0324 814 35 12. Als de kusthotels in het laagseizoen hun deuren sluiten, kunt u hier nog terecht. Met restaurant en zwembad. 2 pk €30–35.

Aan het strand ▶ **Yalı Mocamp:** İskele Mah., İsmet Eroglu Cad., 2 km naar het westen, tel. 0324 814 14 35. Een groen paradijs aan het strand, aan het einde van een laan met eucalyptussen en oleanders. Verblijf in kleine bungalows voor het grote restaurant of op het kampeerterrein. 2 pk €20–27.

Onder de palmen ▶ Hotel Diltaş: In Bozyazı (10 km naar het oosten), Ada Karşısı, Karataş Mevkii 82, tel. 0324 851 20 51, www.diltasotel. com, 2 pk €35. Accommodatie aan het strand, in breukstenen opgetrokken historisch gebouw met landelijke charme. Kleine, fraai ingerichte kamers. Vlak voor het hotel ligt een over een pier bereikbaar eilandje waar het goed snorkelen is.

Eten en drinken

In de stad ▶ Eenvoudige *lokanta's* met ruime keuze bij het busstation; goed en modern is bijvoorbeeld **Güleryüz**, waar u kebabs en stoofschotels kunt krijgen.

Strandtenten ▶ Aan het grote plein in İskele en bij de Mamure Kalesi, bijvoorbeeld **Kap Anamur Otel & Restaurant** (İskele Meyd., tel. 0324 814 23 74). Hier vindt u een grote keuze aan vis- en vleesgerechten plus aantrekkelijke mezes.

Uitstapje met lunch ▶ Een mooi tochtje gaat landinwaarts richting Ermenek naar **Sevgi Piknik**. Hier aan de bergbeek kunt u smullen van verse forel van de grill.

Vervoer

Vanaf het **busstation** aan de doorgaande weg vertrekt elke 2 uur een bus naar Antalya/Alanya en Tarsus/Silifke. Een *dolmuş* brengt u naar İskele en de Mamure Kalesi. Naar Anemourion kunt u beter een taxi nemen (spreek af dat die u weer ophaalt). Naar de Mamure Kalesi gaat ook een lijnbus.

Auto: De kustweg Alanya–Silifke is goed aangelegd, maar wel erg bochtig. Reken voor beide richtingen op een reistijd van ca. 3 uur.

Silifke ▶ 22, F 4

Het door een middeleeuwse burcht gedomineerde **Silifke** (70.000 inwoners) is het middelpunt van de moerasvlakte van de Göksu Nehri. In deze delta worden behalve katoen en rijst ook pinda's en aardbeien verbouwd. Seleucus I Nicator, een veldheer van Alexander de Grote en de eerste koning van het Seleucidenrijk (312–281 v.Chr.) stichtte de stad en gaf

die de naam Seleuciṣ ad Calycadnum. 'Silifke' is de nieuw-Griekse verbastering daarvan. Er zijn heel weinig resten uit de oudheid, en ook ontbreken in deze stad toeristische voorzieningen. Hotels zijn er wel, in de havenplaats **Taşucu** 9 km naar het westen (dag. een veer- en een draagvleugelboot naar Cyprus) en in de badplaats **Kızkalesi**, 25 km naar het oosten.

's Morgens kunt u een wandeling maken door het bedrijvige centrum ten westen van de **Taşköprü**, de brug over de bruingele Göksu Nehri. Pittoresk zijn de straatjes aan het begin van de Menderes Caddesi, waar u in eenvoudige eethuisjes aan wiebelige tafels een visje van de grill kunt nuttigen. Iets buiten het centrum in de richting van het busstation ligt een **Jupitertempel**. Op de enige nog overeind staande zuil nestelt een ooievaar.

Het **Silifkemuseum** aan de D400 bij de oostelijke stadsrand toont een etnografische collectie en oudheidkundige vondsten uit de omgeving (di.–zo. 9–17 uur). Interessant zijn enkele stukken uit de 'muntschat van Gülnar', die in 1980 werd gevonden bij Meydancık Kalesi. De schat bestond uit meer dan 5000 zilveren munten uit de tijd van Alexander de Grote en de diadochen.

Iets buiten de stad richting Taşucu (D400) ligt **Meryemlik** (of Ayatekla), in de late oudheid een bedevaartsplaats, omdat het volgens vroegchristelijke overlevering de plaats was van het overlijden van St.-Thekla. De grot van de kluizenaarster werd in de 3e eeuw geïntegreerd in een grotkerk, die er nog altijd staat. Eind 4e eeuw werd een 90 m lange, driebeukige basiliek toegevoegd en later een pelgrimsverblijf, thermen en cisternen. Tegenwoordig trekken er moslims heen.

De **citadel** bereikt u over de weg naar Konya (D715). Het kasteel, waarschijnlijk uit de 7e eeuw, viel in de 12e eeuw in handen van de Armeense Roupeniden, die het in 1198 ter beschikking stelden aan de eerste gekroonde koning van Cilicisch-Armenië, Leo II. Die gaf het in 1210 te leen aan johanniter kruisridders. De johannieters breidden het kasteel verder uit met halfronde bolwerken en een dubbele, met torens verdedigde muur. Alle gebouwen in het kasteel zijn tegenwoordig ingestort, maar van restaurant Kale uit hebt u een mooi uitzicht op de delta voor Silifke.

Informatie

Informatiebureau: Veli Bozbey Cad. 6, tel. 0324 714 11 51, fax 0324 714 53 28; in juni–augustus ook za. en zo.

Accommodatie

Comfortabel aan het strand ▶ Altınorfoz: Voorbij Atakent (vanaf Silifke halverwege Kızkalesi), tel. 0324 722 42 11, fax 0324 722 42 15, www.altinorfoz.com. Enigszins geïsoleerd in een kleine rotsbaai met een zandstrand onder de kustweg gelegen; deels hotel, deels bungalows in een groene tuin. Goede voorzieningen (watersport, wellness enzovoorts); uitsluitend halfpension. 2 pk €90–120.

Gezellig ▶ Lades Motel: In Taşucu, rechterkant van de haven, tel. 0324 741 40 08, www.ladesmotel.com. Verzorgd, met klein zwembad en een terras aan zee, in de lobby een rustieke schouw. De waard spreekt goed Engels. Bemiddeling voor ornithologische excursies in de Göksudelta. 2 pk €61–73.

Eten en drinken

Vis ▶ Gözde: Straatje aan het uiteinde van de Menderes Caddesi. Eenvoudige *lokanta* naast de visserscoöperatie onder een grote plataan. Gespecialiseerd in verse vis van de grill, bijzonder voordelig.

Met uitzicht ▶ Kale Restoran: Voor de ingang van het kasteel; groot restaurant dat is gericht op toeristen, met fraai panoramaterras voor uiticht op de stad.

Agenda

Cultuurfestival: Eind mei, met opvoeringen van de traditionele lepeldans (Kaşik Oyunları).

Vervoer

Busstation bij de rotonde aan het einde van de İnönü Bulvarı, aan de oostelijke rand van de stad (kruising D400 en D715). Regelmatig bussen van en naar Alanya en Mersin en richting Mut en Konya. Geregeld rijdt er een **dolmuş** naar Taşucu en richting Erdemli, veel minder vaak ook naar Uzuncaburç.

Tip: In memoriam keizer Barbarossa

Wie van de citadel van Silifke in de richting van Konya rijdt, komt na ca. 7 km bij een parkeerplaats boven de diep uitgesleten canyon van de Göksu. Hier herinnert een plaquette aan keizer Frederik I (Barbarossa) van het Heilige Roomse Rijk, die hier op 10 juni 1190 bij een bad in de rivier verdronk. Deze vorst van het huis Hohenstaufen was in 1189 met een enorm leger uit Regensburg ter kruisvaart getrokken, had met gevechten tegen Byzantium en de Seltsjoeken de doorgang door Klein-Azië afgedwongen en stond vlak voor de vereniging met Engelse en Franse legers. De dood van de keizer demoraliseerde het Duitse leger, dat daarop uiteen viel. De derde kruistocht werd voortgezet door Richard Leeuwenhart en Filips II van Frankrijk. Hoewel zij aanvankelijk grote overwinningen boekten, wisten zij Jeruzalem niet in te nemen.

Veerboot: Naar Cyprus vanaf Taşucu 6x per week een autoveer; **expresboot** in het hoogseizoen 1x per dag.

Uzuncaburç (Olba/Diokaisarea)
▶ 23 A 3

De antieke stad **Olba**, 26 km ten noorden van Silifke hoog in de bergen gelegen, was in de hellenistische periode de zetel van het priestergeslacht van de Teukriden, dat grote delen van het Cilicische bergland in handen had. Onder invloed van de Seleuciden werd hier in de 3e eeuw v.Chr. de voor-Griekse god van het weer Tarku omgevormd tot Zeus Olbios. Zijn heiligdom nabij Olba was sinds het begin van de Romeinse keizertijd onder de naam Diokaisarea een centrum van de keizercultus. Tot de ruïnes, waarin tegenwoordig het dorp Uzuncaburç ligt, behoort een van de bestbewaarde tempels uit de oudheid in Turkije.

Voor een **portico** van vijf Korinthische zuilen, de vroegere toegang tot het tempelcomplex, ligt een **theater**. Een deel van de op het zuiden gerichte cavea daarvan functioneert nog altijd als fundament voor enkele huizen. Via een destijds met fonteinen en standbeelden gedecoreerde zuilenweg bereikte men de grote **Zeus Olbiostempel**. Lang dacht men dat deze was gesticht door Seleucus I Nicator, maar tegenwoordig schat men de tempel jonger, uit de 2e eeuw v.Chr.

Dertig zuilen (waarvan er vier nog zijn gekroond met Korinthische kapitelen) staan fier overeind. Een entreeportaal en een apsis in het oosten getuigen van de latere omschakeling tot christelijke basiliek. De zuilenweg eindigt bij de **Tychetempel**, die een vrijwel onbeschadigde cella heeft. Via een dwarsstraat komt u bij een Romeinse poort met drie bogen, die voor het laatst eind 4e eeuw is gerenoveerd. Oostelijk daarvan verrijst de ruim 22 m hoge **'Lange Toren'** (Uzunca Burç), waarnaar het dorp is vernoemd. Ook deze stamt uit de bloeitijd van het hellenisme. Hij functioneerde als vluchttoren.

Mut en Alahan ▶ 22, D 3

In Silifke begint een van de vier enige wegen over de Taurus langs de hele zuidkust (de D715). Zo'n 82 km ten noorden van Silifke komt u over deze weg bij het stadje **Mut**, de enige wat grotere plaats aan de pasweg over de Taurus. De Karamanen beveiligden de stad in de 14e eeuw met een imposante vesting. Uit dezelfde tijd dateert ook de Lal Ağa Camii, een van de eerste centraalbouwmoskeeën van Anatolië.

Nadat u het dal van de Göksu achter zich hebt gelaten gaat de weg nog 3 km omhoog naar het **Alahan Manasteri**. Dit is de ruïne van een vroeg-Byzantijns klooster uit de 5e eeuw. De eerste kerk is de Evangelistenkerk, die is genoemd naar de voorstelling van de vier evangelisten op de latei van het prachtige naosportaal (aan weerszijden van het Christusmedaillon). Een portiek met arcaden verbond het portaal met het baptisterium. Daarachter

Dorpskinderen voor de Zeus Olbiostempel in Uzuncaburç bij Silifke

staat een koepelbasiliek met een vrijwel on-beschadigde gevel.

Voor de terugweg kunt u vanaf Mut de bergweg over Bağcağız naar Uzuncaburç (Olba/ Diokaisarea) nemen; de 75 km lange asfaltweg voert in ruim 1,5 uur door een schitterend berglandschap. Wie naar Cappadocië wil reizen, bereikt na het nemen van de 1630 m hoge Sartavulpas de stad Karaman (zie blz. 373).

Kızkalesi ▶ 22, F 3

De levendigste badplaats aan de smalle kuststrook tussen Silifke en Mersin is het hoteldorp **Kızkalesi**, dat 1000 inwoners telt. Mooie stranden zijn er ook bij Atakent aan de oostzijde van de Göksudelta en bij Erdemli, maar die verliezen veel van hun aantrekkingskracht door de smakeloze hoogbouw met appartementen. Kızkalesi, dat zich aan een strand met fijn zand uitstrekt tussen een kasteel op land en een in zee, markeert de positie van de antieke stad Korykos, die tot nu toe niet systematisch is blootgelegd. Daarom interesseren de meeste toeristen zich eerder voor het strand, de watersportmogelijkheden en het nog niet al te luide nachtleven.

De belangrijkste bezienswaardigheid van het stadje is de **landburcht**, die al in de 7e eeuw werd opgetrokken van bouwmateriaal uit de oudheid. Korykos was in de Romeinse tijd een onafhankelijke stad en een steunpunt in het handelsverkeer van de late oudheid. Het kasteel moest de stad beschermen tegen aanvallen van de Arabieren. Ten tijde van de kruistochten lieten aanvankelijk de Byzantijnen en daarna met name de Armeniërs het kasteel uitbreiden. De haven werd beveiligd met een waterburcht op een voor de kust gelegen eiland. Bij de val van het Cilicisch-Armeense Rijk nam het Frankische koninkrijk Cyprus het kasteel over. Tot 1448 hield het stand als laatste basis van het Avondland in zuidelijk Klein-Azië.

De **waterburcht** voor het strand, door de Turken Meisjeskasteel (Kızkalesi) genoemd, is te bereiken per waterfiets (zie blz. 330).

Een mooi uitstapje naar het verlaten binnenland leidt naar de **Adamkayarlar** (te bereiken over een steenslagweg die achter het postkantoor begint). 'Rotsmensen' noemen de Turken de 17 in de rotsen gekerfde grafreliëfs met voorstellingen van de overledenen (rondleiding door een lokale kenner aanbevolen).

Informatie

Twee reisbureaus waar men niet alleen Turks spreekt en die zowel accommodatie als complete all-invakanties kunnen verzorgen: **Olcatur:** Avcılar Cad. 30, tel./fax 0324 523 21 28 en **Mura:** A. Erol Cad. 1, tel./fax 0324 523 27 64. Kijk ook eens op www.kizkalesi.nl of www.turkijevakantieland.nl/kizkalesi.

Accommodatie

Luxe aan het strand ▶ Club Barbarossa: Afslag van de kustweg bij hotel Holland, tel. 0324 523 20 89, fax 0324 523 20 90, www.barbarossahotel.com. Het beste hotel ter plaatse met een mooi zwembad, een uitgebreid ontbijtbuffet en een animatieprogramma voor 's avonds. In de annex appartementen te huur. 2 pk €60-100, appartement 4 pers. €75.

Mooi aan het strand ▶ Baytan: Tel. 0324 523 20 95, fax 0324-523 20 04. Middenklassehotel pal aan het mooiste stuk strand, fraaie tuin met palmen en loslopend pluimvee. De kamers zijn wel sober, maar functioneel ingericht en beschikken over airconditioning. 2 pk €40-75.

Voor gezinnen ▶ Ercan Apart: Afslag van de kustweg bij hotel Holland, aangegeven, tel. 0324 523 20 15. Fraaie, ruime appartementen met woon- en slaapkamer, rustig gelegen vlak bij het strand. Appartement 4 pers. €35-65.

Eten en drinken

In het oostelijke deel van de stad ligt een uitgesproken 'restaurantstraat' met vele, tamelijk simpele *lokanta's*.

Geliefd ▶ Paşa Restoran: Nabij het standbeeld van Atatürk, tel. 0324 523 23 89. De Turkse keuken is vertegenwoordigd met meterslange, gloeiendhete Turkse broden uit de houtoven. Tevens goede pizza's. Hoofdgerechten €4-8.

Naar het Meisjeskasteel en de necropolis

Informatie

Begin: Kızkalesi, aan het strand.
Lengte: Waterfiets 2 x 500 m, wandeling ca. 3,5 km.
Duur: Ca. 4 uur.
Belangrijk: Vergeet niet zwemspullen en een lunchpakket mee te nemen, en denk vooral aan drinkwater. Voor de wandeling zijn sportschoenen aan te raden.

Een mooie ontdekkingstocht leidt naar de **waterburcht** van Korykos, in het Turks Kızkalesi (Meisjeskasteel) genoemd. U kunt er komen per waterfiets, die u op het strand kunt huren. Meisjes (maagden) zijn er niet in het kasteel, maar de tocht is toch een van de leukste ervaringen aan de Cilicische kust. De overtocht duurt ongeveer 20 minuten en wellicht komt u onderweg een karetschildpad tegen die nieuwsgierig zijn kop opsteekt.

De **hoofdtoren** in de noordoosthoek met een Armeens opschrift uit 1151 boven de ingang is te beklimmen, maar de rest van de indrukwekkende muren is leeg. Bij de jongste renovatie kwamen wel de skeletten tevoorschijn van een tiental mensen die hier een kleine eeuw geleden werden vermoord – vermoedelijk waren zij het slachtoffer van een pogrom op Armeniërs in de Eerste Wereldoorlog.

Na de waterpret wandelt u naar de **landburcht** (zie blz. 329), en daarna door de boomgaard tegen de berg op tot een steenweg uit de oudheid. Links en rechts van u strekt zich de antieke **dodenstad** uit, waarin talloze sarcofagen en grafzerken staan opgesteld. U kunt de oude steenweg naar het oosten blijven volgen tot aan de resten van enkele kerken uit de 6e eeuw. Waarschijnlijk gaat het hier om herdenkingskerken voor terechtgestelde christenen.

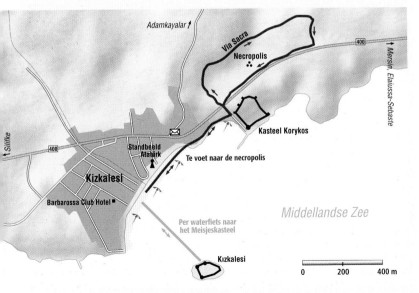

Uitgaan

Kampvuur ▶ Aan het strand bij de 'restaurantstraat' zijn verschillende **Music Bars** met dansvloer, tafeltjes op het zand, een te gek uitzicht op de verlichte waterburcht en als klap op de vuurpijl elke avond een groot strandvuur: hoe romantisch!

Vervoer

Om de 2 uur gaat er een **bus** van de lijn Silifke–Mersin. Bovendien rijden er **dolmuşbusjes** naar Silifke en richting Erdemli.

Narlıkuyu ▶ 23, A 3

In **Narlıkuyu**, 5 km ten westen van Kızkalesi, rijgen de visrestaurants zich aaneen aan de turquoise baai. Een mozaïekfragment met de voorstelling van wel bijzonder luchtig geklede Drie Gratiën getuigt van de aanwezigheid van een laatantiek **badhuis**. 'Wie van dit water drinkt, wordt wijs, wie lelijk is, wordt mooi', luidt het opschrift. Wat houdt u nog tegen?!

De thermen worden gevoed door de onderaardse rivier van de **Korykische Grot** 3 km boven de kust, waar Zeus Korykos werd vereerd als overwinnaar van de reus Typhon met de drakenkoppen. Die zou bij een ingestorte doline zijn, die tegenwoordig *Cehennem* ('Grot') wordt genoemd. Daarnaast ligt het 'Paradijs' *(Cennet)*, dat te bereiken is via een trap van 452 treden. Op de bodem ligt een holte, die in de oudheid gold als ingang van de Hades. Diep in de berg is het ruisen van de rivier Styx te horen, de grens van het dodenrijk. In de 5e eeuw werd bij de ingang een Mariakapel gebouwd. Nog altijd wordt dit als een heilige plaats beschouwd, zoals talloze stukjes stof aan de takken bewijzen. Elk lapje symboliseert een *adak*, een wens die in vervulling zal gaan als de stof is verteerd.

Elaiussa Sebaste ▶ 23, A 3

De stad **Elaiussa Sebaste** ten oosten van Kızkalesi, waarvan de antieke naam nog naklinkt in het huidige Turkse dorp Ayas, werd in het 1e eeuw n.Chr. gesticht door de Cappadocische koning Archelaos I (de toevoeging Sebaste betekent 'Verhevene'). Bewaard gebleven zijn de thermen, havenpakhuizen, basilieken en een tempel op een heuvel. Op het schiereiland, dat vroeger een eiland was, lag het paleis van Archelaos. Het indrukwekkendst is de dodenstad in de bergen in het noordoosten. Hier zijn vele sarcofagen en grafhuizen te zien met deels antieke, deels christelijke symboliek.

Nog geen 4 km verder gaat een geasfalteerde zijweg over een aquaduct naar de parkeerplaats van **Kanlıdivane**, het antieke **Kanytelis**. Deze stad ligt rond een ongeveer 60 m diepe breuk in de kalksteen, waaraan een basiliek ligt die deels is ingestort. De machtige toren van polygonale stenen aan het parkeerterrein verrees in de 2e eeuw v.Chr., toen de stad bij het priesterrijk Olba (zie blz. 327) hoorde.

De Çukurovavlakte

Vlak voor Mersin eindigt de bergachtige verlatenheid van het 'ruige Cilicië', en begint *Cilicia campestris* uit de oudheid, de vruchtbare spoelvlakte van de rivieren de Seyhan en Ceyhan. Sinds de Hettitische tijd, toen Cilicië nog Kizzuwatna heette, was dit een omstreden grensprovincie tussen Syrische en Klein-Aziatische rijken. In de middeleeuwen stelden de Armeniërs, die door de Seltsjoeken uit het Kaukasische grensgebied waren verdreven, hier een feodaal koninkrijk in als leengoed van de keizer van het Heilige Roomse Rijk. Zij bouwden een netwerk van kastelen in Cilicië.

Na hen heersten de emirs uit de Ramazan-oğludynastie over het land, dat al spoedig verviel in wat wel 'Levantijnse lethargie' is genoemd: de velden woest, de dopen sjofel, het land bevolkt door nomaden en ontoegankelijke moerassen als schuilplaats voor beruchte roversbenden. Yaşar Kemal, een van de belangrijkste Turkse schrijvers, heeft deze feodale omstandigheden meesterlijk beschreven – misschien wel het bekendst is zijn eersteling, *Memed, mijn havik*, dat zich afspeelt in de jaren dertig van de vorige eeuw. Tegenwoordig is deze regio, inmiddels *Çukurova* geheten, wat landbouw betreft de meest productieve van heel Turkije en staat hij bekend als het land van de katoenmagnaten.

De Baai van Narlıkuyu, omzoomd door visrestaurants

Mersin ▶ 23, B 2

De provinciehoofdstad **Mersin** (vaak ook İçel genoemd) is met ca. 640.000 inwoners een moderne grote stad met veel agrarische, chemische en textielindustrie. De bloei is te danken aan de haven, de op twee na grootste van Turkije. Aangezien de stad pas iets meer dan 150 jaar oud is, ontbreken er belangrijke bezienswaardigheden. Van het antieke **Soloi Pompeiopolis** bij het dorp Viranşehir op enkele kilometers naar het westen bleven slechts 33 Korinthische zuilen van een ooit 450 m lange **colonnade** uit de 2e–3e eeuw overeind staan. De rest van de stad diende bij de bouw van Mersin als steengroeve. Toch is Mersin een betere standplaats voor het verkennen van de Çukurovavlakte dan Adana. 's Avonds kunt u met de bevolking flaneren over de met palmen omrande boulevard naar het **kermisterrein** aan de zeekant, of over de winkelstraat in de binnenstad, de İstiklal Caddesi, waar de oudere mannen elkaar treffen.

Informatie

Informatiebureau: İsmet İnönü Bulv. 5 (aan de haven), tel. 0324 238 32 71, fax 0324 23 832 72.

Accommodatie

Er zijn veel hotels voor zakenlieden, want Mersin is uitgeroepen tot vrijhandelszone. Het **Taksim International Mersin** is niet te missen. Behalve comfortabele kamers heeft dit hotel ook een panoramabar op de bovenste verdieping (www.taksimotelcilik.com.tr).

Moderne chic ▶ Nobel Hotel: İstiklal Cad. 73, tel. 0324 237 77 00, fax 0324 231 30 23, www.nobeloteli.com. Goed middenklassehotel in een drukke winkelstraat; modern design. 2 pk €69–90.

In het centrum ▶ Gökhan Hotel: Soğuksu Cad. 4, tel. 0324 231 46 65, fax 0324 237 44 62, www.otelgokhan.com. Tweesterrenhotel met nette kamers, afgesloten parkeerplaats. Centraal gelegen in een gezellig voetgangersgebied. Vriendelijk personeel. 2 pk €30–45.

Eten en drinken

Eenvoudige lokanta's zijn te vinden aan de Uray Cad. en İstiklal Cad. tussen het station en de boulevard.

Vis en zo ▶ Ali Baba: Adnan Menderes Bulv. 16/4, tel. 0324 325 06 80. Wordt beschouwd als een van de beste restaurants van de stad, met name voor visspecialiteiten. Livemuziek.

Bij de jachthaven ▶ Çipa Restoran: İsmet İnönü Cad., nabij Mersin Marina. Turkse keuken en visgerechten met zeezicht.

Oude karavanserai ▶ Antikhan: 5213e Sokak, bij het postkantoor. Een verbouwde karavanserai met veel cafés, bars en restaurants, vaak met livemuziek. Hier is altijd wat te beleven.

Vervoer

Van het **busstation** aan de oostkant van het centrum zijn er frequente verbindingen met Tarsus en Adana; om de 2 uur rijden bussen naar Alanya/Antalya. Verbinding met Silifke/Kızkalesi ook frequent per *dolmuş*.
Treinen richting Ankara en İskenderun.

Tarsus ▶ 23 C 2

De 3000 jaar geschiedenis heeft **Tarsus** geadeld. In de Romeinse oudheid concurreerde het als provinciehoofdstad en welvarend handelscentrum met Efeze, maar in onze tijd zijn Mersin en Adana de stad sinds lang voorbijgestreefd. De resten uit de oudheid, zoals de **Cleopatrapoort**, die herinnert aan de bruiloft van Marcus Antonius met de Egyptische koningin, of de Paulusfontein, die de naam draagt van de bekendste inwoner van de stad, maken veel minder indruk dan het bonte, oosterse straatbeeld. De **Ulu Cami** of Grote Moskee zou gebouwd zijn van stenen van de beroemde Armeense marmeren kerk (1385) waar de ingewanden van de verdronken keizer Frederik I zijn bijgezet – waarvan de exacte locatie tot op heden niet duidelijk is. Rechts voor de Grote Moskee verleidt de **Kırkkaşık Çarşısı** ('40 Lepelsmarkt') u tot een rondwandeling. Ook de straten van de bazaar daaromheen doen dat – er schijnt hier sinds de 19e eeuw nauwelijks iets veranderd te zijn. Een klein museum met antieke sculpturen is ondergebracht in de **Kubat Paşa Medrese** ten oosten

van de Ulu Cami. De **Dönüktaş** is volgens de lokale overlevering het graf van de Hettitische stichter van de stad, Sardanapal, maar in feite de onderbouw van een tempel uit de Romeinse keizertijd. Aan de noordrand van de stad liggen de heerlijke watervallen van de **Tarsus Çayı**, met een picknickplaats (4 km ten noorden van het centrum).

De weg uit Tarsus naar het oosten loopt over een Justiniaanse brug, waarover ooit het handelsverkeer naar de **Cilicische Poort** reed, de belangrijkste pas in de culturele wisselwerking tussen Oost en West, Syrië en Klein-Azië. Over deze smalle pas (Turks: *Gülek Boğazı*) trokken echter ook alle grote veroveraars: de Perzen onder Darius, de Grieken onder Alexander de Grote, het leger van de Eerste Kruistocht ...

Adana ▶ 24 D 2

Kaart: blz. 336

Dankzij de katoenbouw in de vruchtbare Çukurovavlakte is **Adana** opgeklommen tot vierde miljoenenstad (1,6 miljoen inwoners) van Turkije – tegenwoordig is Adana het belangrijkste industriële centrum van het zuidoosten. Symbool en kenteken van het nieuwe Adana is sinds 1999 de reusachtige **Sabancı Merkez Camii** ◼, een moskee met een bijbehorend winkelcentrum die plaats biedt aan 30.000 gelovigen, een schenking van de grootindustrieel Sakıp Sabancı. Het interieur doet denken aan de Blauwe Moskee in Istanbul. Vanwege de zes minaretten werd onlangs aan de pelgrimsmoskee in Mekka een zevende toegevoegd, om zijn status als eerste moskee van de wereld veilig te stellen.

In het interessante **Archeologisch Museum** ◼ (Adana Bölge Müzesi; di.-zo. 8.30-12, 13-17, 's zomers tot 17.30 uur, toegang 5 TL) is de geschiedenis van de stad, die teruggaat tot het Hettitisch imperium, en van Çukurova na te gaan. Tot de meest vooraanstaande vondsten uit de neolithische tot de Seltsjoekse tijd behoren de leeuwenreliëfs uit het Hettitische paleis van Karatepe (zie blz. 338) en de prachtige Achillessarcofaag uit Tarsus met taferelen uit de Trojaanse Oorlog. Langs de vele kleine theetuinen aan de oever van de Seyhan komt u bij de oude stad en de in de kern Romeinse **Taşköprübrug** , die met een spanwijdte van 310 m de rivier overbrugt.

De belangrijkste islamitische monumenten zijn de **Ağca Mescit** 4 uit 1409 en de onder emir Halil Bey uit de Ramazanoğludynastie in Syrische stijl gebouwde **Ulu Cami** 5 (Grote Moskee, 1517–1541). Ten zuiden van de Ulu Cami ligt het **Ziya Paşa Parkı** met de medrese en de grote *türbe* van de Ramazanoğlu's, die met zijn prachtige tegelwerk uit İznik zeker gelijkwaardig is aan bouwwerken uit diezelfde tijd in Istanbul of Bursa. Voorbij de 32 m hoge **klokkentoren** 6 *(saat kulesi)* uit 1881 komt u bij de nog zeer oriëntaalse bazaar **Kapalı Çarşı** 1, die al werd geopend in 1528.

De **Yağ Camisi** 7 en de **Kemeraltı Camii** 8 zijn andere moskeeën uit de tijd van de Ramazanoğlu's. Via de **Pazarlar Caddesi** komt u in de zakenwijk uit de tijd van Atatürk, waar een pittoreske **markthal (bedesten)** 9 staat. Het **Etnografisch Museum** 10 huist in een voormalige Armeense kerk uit de tijd van de kruisvaarders. U ziet er oud-Turkse cultuurgoederen, waaronder een volledige nomadentent (di.–zo. 8.30–12, 13.30–17 uur).

Verkoeling voor het in de zomer extreme weer (tot wel 45 °C) zoeken de inwoners van Adana aan het **Seyhanstuwmeer** aan de noordkant van de stad. De irrigatiewerken bevloeien de katoenvelden. Achter de nieuwe snelweg wordt de linker, westelijke oever omzoomd door verschillende *dinlenme tesisleri* (verzorgingsplaatsen) met kleine eetgelegenheden. Ook het kustplaatsje **Karataş**, 60 km naar het zuiden, leeft op in de weekeinden, als talrijke dagjesmensen de warme miljoenenstad ontvluchten naar zee.

Informatie

Informatiebureau: Atatürk Cad. 13, tel. 0322 363 12 87, op de luchthaven tel. 0322 436 92 14.

Accommodatie

Behalve luxehotels als het **Seyhan** 1 (www.otelseyhan.com.tr) en het **Hilton Adana** 2 (www.hilton.com) zijn er vooral veel zaken-hotels, die zich concentreren aan de İnönü en de Özler Caddesi.

Met wellnessoase ▶ Mavi Sürmeli 3: İnönü Cad. 109, tel. 0322 363 34 37, fax 0322 363 33 10, www.mavisurmeli.com.tr. Centraal gelegen hotel van de betere middenklasse (4 sterren). Keurige kamers, diverse bars en restaurants, sauna en wellness in de Sağlık Klübü. 2 pk vanaf €65.

Voordelig comfort ▶ Hosta Hotel 4: Bakımyurdu Cad. 11, tel. 0322 352 52 41, fax 0322 352 37 00. In dit goed geleide tweesterrenhotel aan de Kuruköprü Meydanı (tegenover warenhuis Çetinkaya) zoeken voornamelijk Turkse zakenlieden onderdak. Goede service. De kamers zijn comfortabel, al zijn ze aan de

Gebedsruimte van de Sabancımoskee in Adana

kleine kant; gunstige prijs-kwaliteitverhouding. 2 pk vanaf €30.

In het groen ▶ Green Club Motel 5: Girne Bulv. 138, İskenderun Yolu, tel. 0322 321 27 58, fax 0322 321 27 75, www.cetinel.com. Bungalowcomplex oostelijk van het centrum aan de weg naar Ceyhan. Fraai gelegen onder de sinaasappelbomen. Zwembad, restaurant en disco in een hangar. 2 pk vanaf €30.

Eten en drinken

Talrijke eenvoudige *lokanta's* zijn te vinden aan de **Pazarlar Caddesi** westelijk van de Kemeraltı Camii; betere restaurants liggen in de nieuwe stad richting station. Bijzonder knusse tuinrestaurants zijn er ook aan het **Sey-** **hanstuwmeer**, ongeveer 8 km ten noorden van de stad, bereikbaar per *dolmuş*. De lokale specialiteit is de scherpe *Adana kebabı*, die hier ook werkelijk 'hot' wordt geserveerd.

Moderne lunchkeuken ▶ Scala Café 1: Özler Cad. 12, op de bovenverdieping van warenhuis Scala. Een beter café-restaurant, met airconditioning, een rustig 'westers' hoekje in deze bijzonder hectische stad. Stevig aan de prijs, maar met mooi uitzicht vanaf het groene terras.

Turkse keuken ▶ Yeni Onbaşılar 2: Atatürk Cad., tegenover het toeristenbureau, tel. 0322 363 25 47. Een van de beste adressen van Adana, grote zaal op de 2e etage, enorme keuze, attente bediening, redelijke prijzen.

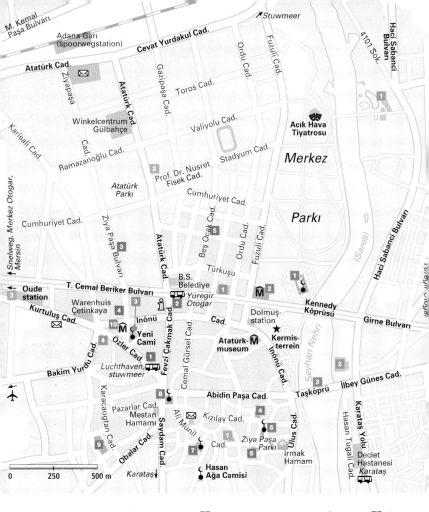

De allerbeste kebab ▶ Yüzevler Kebapçısı 3:
Ziyapaşa Cad. 27A, richting station, tel. 0322
454 75 13, www.yuzevler.com.tr. Een beroemd
eethuis met kebabs, waarvan het filiaal in
Istanbul vaak helemaal is volgeboekt. Gasten
waren hier onder veel anderen minister-president Erdoğan, industriemagnaat Rahmi Koç
en topvoetballer Hakan Şükür.

Bierkroeg ▶ The Rose 4: İnönü Cad. 148.
Een soort pub met grillgerechten; een veel bezochte toeristische trekpleister. Goede bediening. De obligate ketchup die u erbij krijgt
hebt u te danken aan de soldaten van de Amerikaanse luchtmachtbasis İncirlik.

Centraal-Europees ▶ Wien House 5: Reşat-
bey Mah., 12 Sokak 28, tel. 0322 459 72 77,
www.wien house.com. Modern restaurant in
de nieuwe stad met de keuken van Italië, Oostenrijk en voormalig Joegoslavië.

Winkelen

De hipste winkelstraat van Adana is de **Toros
Caddesi** in de nieuwe stad halverwege het station. Tussen de vele winkeltjes en boetieks ze-
telen ook ijssalons, pizzeria's en hamburger-
restaurants.

Oude bazaar ▶ Kapalı Çarşı 1: Ali Münif
Cad. In de overdekte bazaar uit de 16e eeuw

Adana

Hoogtepunten
1. Sabancı Merkez Camii
2. Archeologisch Museum
3. Taşköprübrug
4. Ağca Mescit
5. Ulu Cami
6. Klokkentoren
7. Yağ Camisi
8. Kemeraltı Camii
9. Bedesten (markthal)
10. Etnografisch Museum

Accommodatie
1. Hotel Seyhan
2. Hilton Adana
3. Mavi Sürmeli
4. Hosta Hotel
5. Green Club Motel

Eten en drinken
1. Scala Café
2. Yeni Onbaşlar
3. Yüzevler Kebapçısı
4. The Rose
5. Wien House

Winkelen
1. Kapalı Çarşı
2. Jewelery & Gold Bazaar
3. Carrefour

Actief
1. Mavi Su Aqualand

en de steegjes ten zuiden daarvan zitten de kopersmeden, stoffenverkopers en leerbewerkers in speciale straten bij elkaar, net als in de tijden van weleer.

Sieraden ▶ Jewelery & Gold Bazaar 2: Atatürk Cad. Grote goudbazaar tegenover het Atatürk Parkı. Net als in de oude bazaar wordt er naar gewicht verkocht. Desondanks dient u over de prijs te onderhandelen.

Winkelcentrum ▶ Carrefour 3: Dr. Ahmet Sadık Bulv., www.carrefour.com.tr. Grootste winkelcentrum van het zuidoosten, even noordelijk van de snelweg naar het stuwmeer.

Actief

Zwemmen ▶ Mavi Su Aqualand 1: Hacı Sabancı Bulvarı, tel. 0322 324 11 40, www.mavi surmeli.com.tr, mei–okt. Groot plezierbad aan de Seyhan met golfslagbad en glijbanen.

Vervoer

Van het **hoofdbusstation** (Merkez Otogar), 7 km ten westen van het centrum, paar keer per dag bussen richting Antalya, Antakya (190 km), Gaziantep en Niğde, naar het busstation rijden minibussen vanaf de F. Cakmak Cad.

Minibussen naar plaatsen in de nabije omgeving vanaf Yüreğir Otogar, 3 km aan de overkant van de Seyhan aan de Girne Bulvarı. In het centrum diverse minibushaltes, zie kaart.

Spoorwegstation noordelijk van het centrum (minibus vanaf de F. Cakmak Cad.); verbindingen met Ankara, Gaziantep, İskenderun.

Van **luchthaven Şakirpaşa**, 5 km zuidelijk, minimaal 1 x per dag vluchten naar Istanbul en Ankara. Taxi erheen ca. €5.

Yumurtalık ▶ 24 E 2

Een mooiere badplaats dan Karataş is Yumurtalık, een vakantiebestemming met een klein kasteel aan de smalle vissershaven, die geheel is ingesteld op Turkse toeristen. De goedkope visrestaurants, de avondwandeling en de aanwezigheid van zelfs disco's zorgen dat Yumurtalık in uw herinnering gegrift zal staan als aangenaamste plaats van Çukurova.

Het **kasteel** dateert net als de spaarzame resten van de waterburcht in zee voor de oostelijke stadsrand uit de tijd van Cilicisch-Armenië, toen de plaats onder de naam *Aya*s en ook *Lajazzo* de belangrijkste uitvoerhaven van Cilicië en een steunpunt van de Venetiaanse handel op de Levant was. Zuilen, bloksteenmuren en enkele blootgelegde mozaïeken landinwaarts zijn de stille getuigen van de stad nog daarvoor, *Aegeae* uit de oudheid.

Tip: Met de Bagdadexpres naar Pozantı

Van Adana kunt u met de trein over een van de spectaculairste trajecten van de Bagdadexpres naar **Pozantı ▶ 23 C 1**. Het traject passeert de beroemde Poort van Cilicië. Tunnels, bruggen en stations werden ontworpen door Duitse ingenieurs, maar de Deutsche Bank, die het krediet verstrekte, verloor na de Eerste Wereldoorlog de eigendomsrechten. De rit duurt 3 uur en biedt fantastische vergezichten op het Taurusgebergte. Van Pozantı, ooit een Armeens bolwerk, kunt u met de bus terug naar Adana.

Naar het Hettitische paleis bij Karatepe

Informatie

Begin: Adana.

Lengte: Rijd via Osmaniye (over snelweg O52 ca. 95 km, 1 uur), daarna via Cevdetiye nog 26 km noordwaarts, 1 uur.

Duur: Ca. 5 uur.

Belangrijk: Niet na hevige regens, dan is de onverharde weg te zacht.

Het paleis van Karatepe ▶ 24 F 1 was voor archeologen een bijzonder belangrijke vindplaats. Asitawandas, de koning van het laat-Hettitische rijk Kizzuwatna (het latere Cilicië) met als hoofdstad Adanija (Adana), liet het paleis in de 8e eeuw v.Chr. bouwen als zomerverblijf. Begin 7e eeuw werd het verwoest door de Assyriërs. Bij de ontdekking in 1946 waren vooral de tweetalige tabletten in het Hettitisch en Foenicisch een sensatie: ze leverden de beslissende sleutel voor het ontcijferen van Hettitische hiërogliefen.

Bij een rondwandeling onder leiding van een *bekçi* krijgen vooral de heldere voorstellingen op de opstaande sluitstenen met reliëfs in een door Assyrië beïnvloede stijl. Hierop ziet u een gelag aan het hof van de vorst met muzikanten, een aapje, een speerdrager, dansende beren, nijvere dienaren en een moeder die haar kind sust (8.30–12.30, 14–17.30, toegang tot 16 uur; uitsluitend bezichtiging met gids, fotograferen verboden).

Op de terugweg passeert u de plaats van het antieke Hierapolis-Castabala, waar Alexander de Grote zijn hoofdkwartier had voor de Slag bij Issos. De zuilen van een colonnade vallen in het niet bij de ruïne van het Armeense kasteel erboven.

Schitterende reliëfs resteren van het paleis bij Karatepe

Gaziantep

Hoogtepunten
1. Citadel (Kale)
2. Şirvanı Camii
3. Elmacı Pazarı
4. Hasan Süzer Konağı
5. Archeologisch Museum

Accommodatie
1. Ravanda Hotel
2. Tuğcan Hotel
3. Anadolu Evleri
4. Antique Belkis Han
5. Hotel Yesemek
6. Hotel Küçük Velic

Eten en drinken
1. Kaleli Restoran
2. Imam Cağdaş
3. Güllüoğlu

Uitgaan
1. Bakraç Disco Bar

perwerk waarom Gaziantep bekendstaat. In veel winkels is ook nog oud koperwerk te koop. Behalve de meubelmakers die gespecialiseerd zijn in intarsia (inlegwerk in hout), worden ook de specerijen van deze streek geprezen. Deze zijn te krijgen in de **Elmacı Pazarı** 3 in de buurt van de **Hacı Nasır Camii**.

Stadscentrum

Gaziantep noemt zich graag 'het Parijs van het oosten', met het oog op de moderne winkelwijk die bepaald geen oriëntaalse sfeer meer ademt. Dat geldt ook voor het levendige voetgangersgebied met zijn voor Oost-Turkije bijzonder luxueuze zaken en voor de Armeense patriciërshuizen, waarvan een deel de mondaine sfeer van de vorige eeuwwisseling uitstraalt. Interessant is ook het **Hasan Süzer Konağı** 4, een luisterrijk gebouw van eind 19e eeuw, waar de etnografische collectie van de stad is ondergebracht (di.–zo. 8–12.30, 13.30–17 uur). In de mannenvleugel *(selamlık)* staan levensgrote poppen die oud-Turkse taferelen uitbeelden, in de vrouwenvleugel *(haremlık)* op de 2e etage is een tentoonstelling over de geschiedenis van Gaziantep ingericht.

Archeologisch Museum 5

Een grote trekpleister is het **Arkeoloji Müzesi** (di.–zo. 8–12.30, 13.30–17 uur, www.gaziantep muzesi.gov.tr, 8 TL). In 2005 werd het oude museum uitgebreid met een riant nieuwbouwdeel ernaast, om de fantastische mozaïeken uit de Romeinse legioenstad Zeugma/Belkis extra goed tot hun recht te doen komen (zie blz. 348).

Slechts spoedopgravingen wisten destijds de schitterende, grote, uit de kleinste steentjes samengestelde vloermozaïeken te redden uit Zeugma, dat ondanks heftige internationale protesten bij de aanleg van een van de stuwdammen onder water kwam te staan. De meeste mozaïeken beelden thema's uit de Griekse mythologie uit: De ontdekking van Achilles, verborgen tussen de dochters van Lykomedes op Skyros; De bruiloft van Dionysus en Ariadne; Een scène uit de sage van de Minotaurus (Daedalus en Ikarus timmeren een koe voor Pasiphaë, die verliefd is op de Kretenzische stier en zich aldus verkleed door de stier laat bezwangeren; de zoon die uit deze verbintenis werd geboren was de Minotaurus). Tot de kostbare sculpturen behoren daarnaast een gaaf gebleven bronzen beeld van de oorlogsgod Mars en een ongeschonden marmeren beeld van de godin Demeter.

Bovendien herbergt het museum nog talloze vondsten uit het verre verleden van de regio, zoals stukken uit de laat-Hettitische nederzettingen bij Sakçagöz, Karkamiş en Zincirli. Bijzonder interessant zijn de getuigenissen uit het koninkrijk Commagene: een buste van koning Antiochus I van Commagene en een zogeheten *dexiosis*-reliëf (handdrukreliëf) waarop de koning en Hercules elkaar de hand schudden. Een belangrijke verzameling rolzegels rondt het gevarieerde aanbod van de collectie af.

Informatie

Informatiebureau, Turizm Il Müdürlügü in het 100 Yil Parkı.

Accommodatie

Het **Ravanda Hotel** 1 (İnönü Cad., eind van Hürriyet Cad., 4 sterren, www.ravandahotel. com) en het **Tuğcan Hotel** 2 (Atatürk Bulv. 34, 5 sterren, www.tugcanhotel.com.tr) zijn de twee moderne prachthotels van de stad.

Romantisch ▶ Anadolu Evleri ③: Köroğlu Sok. 6, tel. 0342 220 95 25, fax 0342 220 95 28, www.anadoluevleri.com. Twee huizen in de oude stad, romantisch opgeknapt en in de stijl van die tijd ingericht. 6 kamers, groot en hoog, met badkamer. 2 pk €80, luxesuite €100.

Historische charme ▶ Antique Belkis Han ④: Kayacık Ara Sok. 16, tel. 0342 231 10 84, fax 0342 221 12 08, www.belkishan.com. Liefdevol gerestaureerde oude stadsvilla met 4 comfortabele, goed verzorgde kamers met Osmaanse charme, waarvan 2 met eigen bad. 2 pk vanaf €45.

Anatolische chic ▶ Hotel Yesemek ⑤: Ismail Say Sok. 4, tel./fax 0342 220 88 88, www.yesemekotel.com. De betere Turkse middenklasse (3 sterren), centraal gelegen in de buurt van de oude stad, vriendelijke leiding. Kamers met airconditioning en minibar. 2 pk vanaf €35.

Eenvoudig en voordelig ▶ Hotel Küçük Velic ⑥: Atatürk Bulv. 23, tel. 0342 221 22 12, fax 0342 221 22 10. Ongecompliceerd hotel (2 sterren), al wat ouder, maar goed onderhouden. Dakrestaurant. 2 pk €30.

Eten en drinken

Antep is de oorsprong van bekende Turkse gerechten als *lahmacun* (Turkse pizza) of *baklava*, het in honing gedrenkte gebak met regionale pistachenoten. Bijzondere **specialiteiten** van de restaurants hier zijn een spies met vlees en aubergine die *Antep kebap* heet en *yuvarlama*, balletjes van bulgur in tomaten-yoghurtsaus. Veel cafés en restaurants liggen aan de Atatürk Bulvarı.

Goed gezelschap ▶ Kaleli Restoran ①: Güzelce Sok. 50, tel. 0342 230 96 90, www.kaleliotel.com.tr. Pretentieus restaurant op het dakterras van wat vroeger het beste hotel van de stad was, weliswaar in een niet erg fraaie kast van een hotel, maar met ruime keuze en bier van de tap. Mooi uitzicht op de citadel.

Eenvoudige kebabs ▶ Imam Cağdaş ②: Eski Hal Civarı, Uzun Sok., tel. 0342 220 45 45, www.imamcagdas.com. Dit traditionele eethuis met zijn opvallende houten gevel is aan te bevelen voor kebabs en *lahmacun*. 's Middags trefpunt met gunstige prijzen.

Baklava ▶ Güllüoğlu ③: Suburcu Cad. 1. In de patisserie aan de rand van de oude stad werkt de beroemdste banketbakker van Turkije. Hier moet de allerlekkerste baklava te krijgen zijn.

Uitgaan

Bar & Lounge ▶ Bakraç Disco Bar ①: Ismail Say Sok. 4. Kelderbar met loungesfeer, vaak optredens van bands, kleine dansvloer.

Vervoer

Het **busstation** ligt enkele kilometers ten noordwesten van het centrum. *Dolmuş*-busjs erheen vertrekken van de İstasyon Caddesi op de zuidoever van het riviertje Alleben. Regelmatig bussen naar Adana, Ankara, Malatya, Kahta (Nemrut Dağ) en Mardin.

Omgeving van Gaziantep

Sakçagöz ▶ 10 D 4

In de buurt van het plaatsje Sakçagöz (50 km ten westen van Gaziantep, aan de oude weg naar Adana), liggen vijf **woonheuvels** *(höyüks)*, die al bewoond werden in het neolithicum. Ook is een laat-Hettitisch **paleiscomplex** met een voorhof en een verdedigingsmuur met portaalleeuwen, sfinxen en reliëfs uit de 8e eeuw v.Chr. opgegraven. De vondsten zijn te zien in het Museum van Anatolische Beschavingen in Ankara. Een opengesteld, uitgestrekt grafveld met onderaardse graven ligt aan de rand van de stad.

Karkamiş ▶ 10 E 4

De belangrijke archeologische vindplaats, waar sinds het vroege neolithicum een flinke nederzetting aan een oversteekplaats in de Eufraat (Turks: Firat Nehri) lag, is vanwege de daar gelegerde Turkse militaire basis aan de grens met Syrië niet toegankelijk. Vanaf het station van Gaziantep is per *dolmuş* alleen de moderne stad Karkamiş te bereiken, 30 km

Uitzicht van kasteel Rumkale op de gestuwde Eufraat bij Halfeti

zuidelijker aan de Eufraat. Hier vertrekken nog treinen van de oude Bagdadexpres naar het oosten, die precies op de Turks-Syrische grens rijden – voor spoorwegfanaten een heel bijzondere ervaring.

Birecik aan de Eufraat ▶ 10 E 4

De districtshoofdstad Birecik ligt schilderachtig aan de linkeroever van de Eufraat aan een oversteekplaats die al in de oudheid van belang was. De nieuwe brug werd gebouwd in 1956. In de 19e eeuw maakt het imposante **kruisridderkasteel** veel indruk op de jonge kapitein Helmuth von Moltke, die het omschreef als 'het bijzonderste bouwwerk dat ik ooit heb gezien'. Moltke maakte destijds de nederlaag van de Osmanen onder Ibrahim Paşa mee in de Slag bij Nizip (24 juni 1839) tegen Mehmet Ali van Egypte, die mede verloren werd omdat de Turken zijn adviezen in de wind sloegen.

Tegenwoordig is het kasteel alleen bezienswaardig vanuit de verte. Een indrukwekkend front aan de rivier verraadt nog de enorme afmetingen. Binnen de muren is echter heel veel ingestort en verbouwd. De citadel was al onder de Romeinen een grenspost tegen het oosten en werd in de eeuwen daarna steeds opnieuw opgebouwd en uitgebreid, maar uiteindelijk door verschillende aardbevingen verwoest en aan zijn lot overgelaten.

Aan de linkeroever, ca. 5 km ten noorden van de stad, ligt een van de laatste **heremietibisreservaten**. Lang dacht men dat de met uitsterven bedreigde heremiet- of kaalkopibis (*Geronticus eremita*), die in de middeleeuwen nog voorkwam in de Alpen, slechts een wezen uit fabels was. Pas in 1839 is de vogel heront-

dekt door de Engelse reiziger W.F. Ainthworth.

Voor de Turken is de heremietibis een heilige vogel, omdat zijn trekroute vrijwel samenvalt met de pelgrimsweg naar Mekka. Birecik was vroeger een geliefde broedplaats, zelfs op het marktplein bouwden de vogels hun nesten. Het gebruik van pesticiden in de landbouw heeft het bestand echter drastisch teruggebracht, zodat er sinds 1989 geen vrijlevende broedparen meer zijn.

In het omheinde terrein aan de Eufraat zijn de vogels echter nog heel goed te observeren. Soms zijn ze ook te zien in de nabijgelegen wadi. Deze begint bij het vogelreservaat en is indrukwekkend ingesleten in het oeverbergland van de Eufraat. Een wandeling door het kale, volkomen boomloze, ongerepte kalklandschap is beslist de moeite waard.

Zeugma ▶ 10 E 4

Aan de andere kant van de Eufraat lag Zeugma, in de oudheid een Romeins legerkamp en laatantieke stad, die inmiddels vrijwel in zijn geheel onder het water van de gestuwde rivier is verdwenen. Sinds 1998 hebben verschillende internationale teams in spoedopgravingen de waardevolle mozaïeken geborgen, waarmee de rijke villa's en openbare gebouwen waren gesierd.

Zeugma, omstreeks 300 v.Chr. gesticht door Seleucus I Nicator, de stamvader van de Seleuciden, was tijdens het koninkrijk Commagene een belangrijke overgang over de Eufraat. Onder keizer Augustus werd het kamp in de nasleep van zijn oostpolitiek opgewaardeerd. Hij legerde er het Legio X Fretensis. In de daaropvolgende keizertijd lag hier het Legio IV Scythia, dat er gestationeerd bleef tot na zijn opheffing na de verwoesting van de stad door de Sassaniden in de jaren 253 en 256 n.Chr. Een aardbeving deed de rest, zodat de stad uiteindelijk eeuwenlang onder een puinlaag van 6 tot 8 m lag bedolven. Dat was de reden dat grafschenners er niet bij konden en de mozaïeken zo ongeschonden zijn bewaard. Enkele daarvan zijn tegenwoordig te zien in het Archeologisch Museum van Gaziantep (zie blz. 345).

Tip: De mozaïeken van Zeugma

De Romeinse mozaïeken uit Zeugma, die in een internationale spoedopgraving werden gered voor overstroming door de aanleg van de stuwdam, zijn tegenwoordig te bewonderen in het Archeologisch Museum in Gaziantep. Ze maken de reis naar de 'metropool van het oosten' meer dan de moeite waard.

Met de boot naar kasteel Rumkale

Informatie

Begin: Birecik.
Lengte: Bustocht 36 km, boottocht 4,5 km.
Duur: Dagtochtje.

Vanaf Birecik kunt u met de bus naar het 36 km verder gelegen Halfeti, om vandaar met een boot over de gestuwde Eufraat stroomopwaarts naar **kasteel Rumkale** ▶ 10 E 3 te varen. De boottocht voert u door een grandioos landschap: langs steil aflopende rotswanden glijdt de boot naar een kasteel, waarin willekeurig welk sprookjesfiguur zich zou thuisvoelen.

Het plaatsje **Halfeti** is slechts ten dele gespaard gebleven. Doordat het dal is overstroomd door de Eufraat (Turks: Firat), die ten noorden van de Birecikdam is uitgedijd tot een stuwmeer, is het laagste gedeelte van Halfeti onder water verdwenen. Er is een nieuwe oeverpromenade aangelegd, waaraan u een boot kunt huren.

Rumkale kent een bewogen geschiedenis. In de Romeinse tijd was deze plek een deel van de Eufraat-*limes*, de verdedigingslinie aan de oostgrens van het Romeinse Rijk. Hij lag halverwege de twee legioensplaatsen Samosata en Zeugma en was ook van strategisch belang, omdat hier voor de aanleg van de stuwdam een doorwaadbare plaats in de rivier lag. In de loop van de geschiedenis wisselde de het enorme kasteel, dat door de Armeniërs Hromklay werd genoemd, regelmatig van eigenaar, totdat het eind 12e eeuw in handen viel van de Mamelukken. Zij vergrootten het kasteel wederom. In de Osmaanse tijd verloor het kasteel zijn militaire betekenis en raakte het in verval.

Het ligt hoog boven de gestuwde rivier op een smalle uitloper, die de monding van de rivier Merzimen vormt. Een rondgang aan de andere kant van de burchtheuvel voert langs diepe cisternen en tunnels. Op de top liggen de resten van een Syrisch-orthodox klooster en een Armeense kerk. Het is echter voornamelijk het prachtige uitzicht over het dal van de Eufraat en zijn zijrivier de Merzimen die het uitstapje interessant maakt.

Na een tussenstop bij het kasteel, dat u van tevoren goed moet afspreken met de kapitein, vaart u langs Rumkale stroomopwaarts verder naar het vrijwel geheel verdronken dorp **Savaşan**, waarvan de minaret nog schilderachtig opsteekt uit het water van de Eufraat. Het dorp is verlaten. Voor de bewoners werden boven het nieuwe waterpeil huizen gebouwd in een kaal landschap zonder bomen en struiken, zonder dat hen afdoende middelen van bestaan werden aangeboden. Het vruchtbare land en de olijfboomgaarden in het dal zijn door het stuwmeer overspoeld. Veel gezinnen hebben daarom hun geboortestreek opgegeven en zijn vertrokken naar de buitenwijken van Gaziantep, Birecik of Urfa.

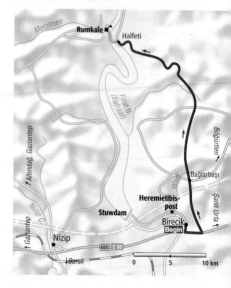

Meisje met kameel in het Anatolisch Hoogland

Centraal-Anatolië en Zwarte Zeekust

Reizigers die in de 19e eeuw het Anatolisch Hoogland wilden bezoeken, wachtte een tocht vol ontberingen en gevaren. Tegenwoordig lopen er goede wegen door deze afwisselende en cultureel steeds weer verrassende streek.

De naam Anatolië roept beelden op van een vrijwel boomloze vlakte, een voorproefje van de uitgestrektheid van Azië. Toch verrast deze streek steeds weer met een landschappelijke verscheidenheid die onvergetelijke indrukken achterlaat – of het nu gaat om de erosiedalen in het bergland van Frygië, de tufsteenkegels van Cappadocië, de groene bergtoppen van de Köroğlu Dağları of de kleurige karsthellingen langs de Sakarya Nehri.

Fascinerend is ook de overvloed aan culturele getuigenissen, van de antieke steden van de Hettieten en Frygiërs met hun rotsreliëfs, de ruïnes uit de hellenistisch-Romeinse tijd zoals die in Aizanoi (Aezani), Pessinus of Ankara tot en met de bouwwerken van de Seltsjoeken uit islamitische tijden.

En dan is er nog de bijna spreekwoordelijke gastvrijheid van de hedendaagse Turken. Wie Centraal-Anatolie doorkruist, wordt keer op keer uitgenodigd, op de thee, voor een ayran – al blijft de conversatie vaak tot vriendelijke gebaren beperkt.

Goede tijden om te reizen zijn de vroege zomer en de vroege herfst. Maar ook in de zomer zijn de temperaturen heel draaglijk (ca. 30 ºC), terwijl er dan een zacht briesje waait en de lucht er droog is. Veel archeologische opgravingen zijn zeer uitgebreid; neem dus ruim de tijd, ook voor het beklimmen van de burchtbergen, zoals die in Amasya en Afyon.

Ankara is een bruisende miljoenenstad, maar wel met een duidelijke structuur. De stad is heel goed per auto te doen, dankzij de goede bewegwijzering en de verkeersdiscipline die hier heel wat beter zijn dan in Istanbul.

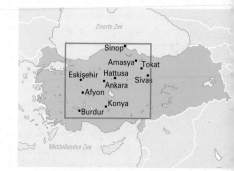

In een oogopslag
Centraal-Anatolië en Zwarte Zeekust

Hoogtepunten

Sagalassos: Een antieke grote stad met een schitterende ligging in de Taurus (zie blz. 355).

10 Konya: Hoofdstad van het oude Seltsjoe-kenrijk met het Mevlanaklooster van de orde der dansende derwisjen (zie blz. 366).

11 Aizanoi: Omvangrijke archeologische op-graving met indrukwekkende Zeustempel (zie blz. 381).

12 Ankara: Hoofdstad van Turkije met het belangrijkste museum van de Anatoli-sche cultuur (zie blz. 396).

13 Hattusa: Ontmoeting met een vroege hoogstaande cultuur (zie blz. 428).

14 Amasya: Romantisch stadje in het dal van de Yeşilırmak (zie blz. 438).

Sivas: Indrukwekkende bouwwerken uit de Seltsjoekse periode (zie blz. 446).

Fraaie routes

Uitstapje naar Adada: Bij een uitstapje ten zui-den van Eğirdir rijdt u langs een romantische rivier naar de grot van Aksu en de antieke stad Adada. Hier bent u helemaal alleen in een met dennen en olijfbomen begroeid landschap (zie blz. 360).

Van Afyon naar Sivrihisar: Het Frygische hoog-land biedt steeds weer nieuwe, fraaie verge-zichten in een tufsteenlandschap vol afwisse-ling, met hoog oprijzende tafelbergen waarin rivieren dalen met steile rotswanden hebben uitgeslepen (blz. 384).

Köroğlu Dağları: In de Köroğlu Dağları ten westen van Ankara vindt u stadjes zoals Mu-durnu of Bolu met originele weekmarkten; het Abantmeer met goede hotels noodt tot het maken van wandelingen (zie blz. 411).

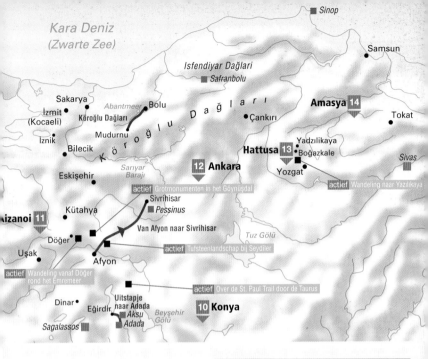

Tips

Dans van de derwisjen: In Konya kunt u de Semakringdansen niet alleen meemaken tijdens het festival in december, maar ook in het restaurant Mevlevi Sofrası. Op etherische muziek zwepen de dansers zich rondwervelend op tot extatische hoogten (zie blz. 371).

Safranbolu: Dit stadje in de bosrijke Isfendiyar Dağları geldt als een soort Turks Marken. Veel van de romantische huisjes zijn inmiddels gerestaureerd en doen dienst als stijlvolle hotels (zie blz. 416).

Sinop: Een van de dankbaarste bestemmingen aan de kust van de Zwarte Zee is het stadje Sinop in de ruïne van een Genuese burcht. Het dankt zijn bijzondere charme aan zijn langgerekte stranden en lokale visrestaurants (zie blz. 423).

actief

Over de St. Paul Trail door de Taurus: Avontuurlijke trektocht in het voetspoor van de apostel Paulus van Perge naar Antiochië in Pisidië (zie blz. 357).

Wandeling vanaf Döğer rond het Emremeer: Naar de heiligdommen van de godin Cybele, Byzantijnse nederzettingen en Frygische graven (zie blz. 385).

Grotmonumenten in het Göynüşdal: Wandeling langs de weg van Afyon naar Seyitgazi (zie blz. 388).

Tufsteenlandschap bij Seydiler: Een landschap zoals in Cappadocië, goed voor een wandeling van ca. twee uur (zie blz. 390).

Wandeling naar Yazılıkaya: Naar het rotsheiligdom van de Hettieten met het graf van koning Tuthaliya II (zie blz. 434).

Van de zuidkust naar het binnenland

Wie van de kust landinwaarts reist, steekt eerst het steile Taurusgebergte (Toros Dağları) over en komt dan in een gebied dat een heel andere aanblik biedt dan de kust. In cultureel opzicht gaat het leven hier nog zijn traditionele gang en wat het landschap betreft maakt de mediterrane weelderigheid plaats voor het steeds schralere Anatolisch Hoogland, waar alleen nog extensieve landbouw mogelijk is.

Van Antalya naar Burdur

Antalya dankt zijn historische betekenis vooral aan zijn ligging bij de doorgangsweg uit het Centraal-Anatolische Afyon naar de Middellandse Zee. De populaire omweg van de kust naar Pamukkale (zie blz. 241) biedt de mogelijkheid deze route naar het 'Turkse merengebied' *(Göler Bölgesi)* te volgen.

Suzuz Han ▶ 19, C 1

De oude handelsroute van Antalya naar het noorden voert langs de drie Seltsjoekse karavanserais **Kirgöz Hanı**, **Suzuz Han** en **İncir Han**, die elk een dagetappe uit elkaar aan deze weg liggen (alle drie zijn goed op de wegwijzers aangegeven). De best bewaarde gebleven karavanserai is de Suzuz Han met zijn imposante, rijkelijk geornamenteerde portaal die zich een eindje van de weg af te midden van de tabaksvelden verheft.

Burdur ▶ 15, C 4

Het recentelijk sterk gegroeide provinciestadje **Burdur** (67.000 inwoners) op een heuvel boven het gelijknamig meer is vanwege zijn charmante oude centrum zeker een bezoek waard. Rondom de in 1299 gebouwde **Ulu Cami** vindt iedere vrijdag een grote boerenmarkt plaats.

In het kleine, maar vanwege de Sagalassos-opgraving niettemin zeer bezienswaardige **Burdurmuseum** (di.–zo. 8.30–17 uur, 5 TL) zijn

voorwerpen uit Hacılar (een van de belangrijkste nederzettingsheuvels van Klein-Azië uit het neolithische tijdperk) en uit Frygische archeologische vindplaatsen tentoongesteld. Pronkstuk van het museum zijn de meer dan levensgrote beelden van Grieks-Romeinse goden uit Sagalassos (zie blz. 335) die sinds 1996 bij de opgravingen gevonden zijn.

Aan de noordoostelijke rand van de oude stad staat het Burdur Evi, het oorspronkelijk door de Osmaanse stadhouder Bakı Bey gebouwde konak (herenhuis) met grote veranda, dat het huidige informatiebureau herbergt. In de buurt kunt u nog meer Osmaanse herenhuizen vinden, zoals het **Taşoda Konağı** of het **Çelikbaş Konağı** die tegenwoordig dienst doen als volkenkundig museum (bezichtiging alleen met begeleiding van een museummedewerker, informeer aldaar).

In de omgeving zijn ook de druipsteengrotten van **İnsuyu Mağarası**, 13 km in de richting van Antalya langs verlichte paden te bezichtigen ('s ochtends en 's middags geopend). Zoals bij alle meren in dit gebied daalt ook de waterspiegel van het **Burdur Gölü**, zodat het wateroppervlak daalt en de oevers worden omzoomd door een brede strook droog land. Toeristisch heeft het meer dan ook weinig te bieden.

Ten westen van het Burdurmeer strekt zich een karstgebied uit met prachtige meren, zoals het **Yarişli Gölü** bij Kocapınar en het **Ida Gölü** bij **Yeşilova**, dat met 185 m als het diepste meer van Turkije en ook als het zuiverste meer van het van het land geldt. Het is populair voor uitstapjes, 75 km ten westen van Burdur, met goede hotels en oeverrestaurants waar de toeristenbussen uit Antalya na Pamukkale graag even stoppen. Onderweg komt u langs de neolithische nederzettingsheuvel van **Hacılar Höyük** (zie blz. 24, 404).

Informatie

Informatiebureau: Burdur Evi, Değirmenler Mah., Akif Ersoy Cad. 119, tel. 0248 232 22 10, fax 0248 234 00 14.

Accommodatie

Met spa ▶ Grand Hotel Özeren: In Burdur, İstasyon Cad., Namık Kemal Cad. (stadscentrum tel. 0248 233 77 53, www.grandozeren otel.com. Het tweede van de beide Özerenhuizen (het eerste staat aan de Gazi Cad. 51), rustig gelegen achter de historische Vilayetgebouwen en een stuk comfortabeler met hamam en sauna. 2 pk €45–75.

Eten en drinken

Eenvoudige **lokanta** aan de doorgangsstraat onder aan de oude stad van Burdur (Gazi Caddesi). De specialiteit hier is *Burdur şiş*, kleine gehaktballetjes, aan spiesjes gegrild.

Traditionele keuken ▶ Çetinler Yemek Salonu: Şehit Özpolat Cad. 12/C, tel. 0248 234 15 57. Ruime keuze, ook soepen en stoofgerechten, in het restaurant aan de weg naar het stadion.

Leuk aan het meer▶ Akçeşme: Salda Gölü, aan het meer richting Denizli. Goede keuze, pal aan de oever van het meer.

Vervoer

Van het **busstation** aan de weg naar Afyon rijden er streekbussen in alle richtingen, maar niet zo frequent als vanuit Isparta.

Sagalassos ▶ 16, D 4

Bij Ağlasun buigt de bergweg af naar de ruïnes van **Sagalassos**, in de Romeinse tijd de op een na grootste stad van de regio – net als Termessos (zie blz. 304) behoorde deze tot het cultuurgebied van de Pisidiërs. Wat deze stad zo bijzonder maakt is de ligging op een hoogte van ca. 1500 m, die zich in deze kale rotswoestenij nog tot boven de huidige boomgrens uitstrekte (dag. 7.30–18 uur, toegang 5 TL, bij de ingang ontvangt u een plattegrond met tips voor rondwandelingen).

De stad bestond reeds in de tijd van de Hettieten waar hij al in de 14e eeuw v. Chr. onder de naam Salawassa in de annalen opduikt. In de Romeinse tijd werd Sagalassos met belangrijke openbare gebouwen uitgebreid – al was het maar om de Romeinse cultuur in deze afgelegen bergstreek te introduceren en de bevolking werk te verschaffen. In de 6e eeuw richtten twee aardbevingen grote verwoestingen aan, terwijl de pest rond 540 bijna de helft van de bevolking uitroeide. Sedert medio 7e eeuw is de stad verlaten en doordat hij dankzij zijn geïsoleerde ligging nooit geplunderd werd, kunnen de Belgische archeologen (www.sagalassos.be) vandaag de dag bijna alle gebouwen met de oorspronkelijke bouwstenen reconstrueren.

Het grote **theater** van de stad is van het Romeinse type en bood plaats aan ca. 9000 personen – ongeveer de hele mannelijke bevolking. Sinds 1985 konden de ruïnes van twee **agora's** of marktplaatsen en een ruim 1000 m lange **zuilengalerij** worden opgegraven, plus een **tempel** die in de vroegchristelijke tijd tot **basiliek** werd verbouwd

In 1997 kon bovendien het hellenistische **bouleuterion**, het antieke raadhuis uit de 1e eeuw v.Chr. worden blootgelegd, waarvan nog prachtige mozaïekvloeren bewaard zijn gebleven. Ook werd een hellenistisch **nymphaion**, een bronhuis, ontdekt waaruit zelfs weer fris bronwater opwelt. Wat hoger ligt de door een welgestelde burger opgerichte **Neonblibliotheek** die ooit bij de aardbeving was afgebrand en goed bewaard gebleven mozaïeken bevat onder een overkapping.

Eten en drinken

Traditionele keuken ▶ Sagalassos Restaurant, buiten Ağlasun aan de weg naar de opgravingen, is een eenvoudige, maar aangename eetgelegenheid met een tuin en een sympathieke bediening, ideaal voor een aangename onderbreking.

Isparta en het Eğirdirmeer

Isparta ▶ 16, D 4

Isparta, de hoofdstad van de provincie met on-geveer 540.000 inwoners is bekend als distil-latiecentrum van rozenessence, waarvoor de grondstof op uitgestrekte velden in de omge-ving wordt verbouwd. Interessanter is echter misschien wel de rol van de stad als tapijt-centrum met een grote markt, waar het veel voordeliger shoppen is dan aan de kust. De ci-tadel boven de stad werd gebouwd door de Ha-midenemirs die in de 14e eeuw dit gebied tot voorbij Antalya beheersten. Na een aardbe-ving aan het einde van de 19e eeuw is hier echter niet veel meer van over.

Een populaire bestemming voor een uit-stapje bij de inwoners van de stad is het **Göl-cük Gölü**, een kratermeer op ongeveer 13 km ten zuidwesten van Isparta in de richting van Yakaören. Het meer is schilderachtig gelegen tussen de hoge bergen op een hoogte van ca. 1300 m en wordt omgeven door bossen. On-der de waterspiegel en langs de randen van de krater ontspringen bronnen die voor het irri-geren van de vlakte en voor de drinkwater-voorziening van Ispartas worden gebruikt. Op de fraai gelegen picknickplaatsen is het aan-genaam verpozen.

Informatie

Informatiebureau: Damğacı Sokak, tel. 0246 232 57 71, fax 0246 232 61 42.

Accommodatie

Historische flair Flair ▶ **Basmacıoğlu:** tel. 0246 223 79 00, fax 0246 232 82 42, www.bas macioglu.com.tr. Boetiekhotel van de S-klasse ('Speciaal') met een soort laat-Osmaanse sfeer. Comfortabele kamers, goed sanitair, met res-taurant. 2 pk €50.

Modern in het centrum ▶ **Büyük Isparta:** Kay-makapı Meyd., tel. 0246 23233 01 76, fax 0246 232 44 22. Modern hoogbouwhotel (4*) hele-maal in het rood met goed restaurant. Met zwembad, sauna, fitnesscentrum en disco-theek. 2 pk €45.

Budget ▶ **Bolat:** S. Demirel Bulv. 67, tel. 0246 223 90 01, fax 0246 218 55 06. Middenklasse-

hotel, (3*), een beetje uitgewoond, maar met vriendelijke sfeer. Dakrestaurant, garage. 2 pk €30.

Eten en drinken

Eenvoudige kebabrestaurants aan het hoofd-plein met het standbeeld van Demirel. bij-voorbeeld:

Grill en kebab ▶ **Kebapçı Kadır,** Kaymakapı Meyd., tel. 0246 218 24 60. Dit restaurant be-staat al sinds 1851; ruime keus van de grill.

Winkelen

Rozenessences en tapijten ▶ In het centrum tal van winkels voor rozenessences en par-fums. Dag. ook **tapijtenmarkt** in de Halı Saray naast het raadhuis (Mimar Sinan Cad., ten noorden van het hoofdplein): veel keus, af-dingen is mogelijk.

Vervoer

Van het **busstation** aan de weg naar Afyon ver-bindingen in alle richtingen, 's avonds snel-bussen naar Kayseri, Ankara, Istanbul.

Eğirdir ▶ 16, E 4

Kaart: blz. 359

Veel traditioneler dan Isparta is **Eğirdir** (19 000 inwoners), een lief stadje aan het gelijkna-mige meer op het op een na grootste meren-plateau van Turkije. Met name het oude stads-deel op het kleine schiereiland straalt nog een oriëntaalse sfeer uit: voor de ruïnes van de **Eğirdir Kalesi 1**, een vesting die door de Ly-dische koning Croesus (Kroisos) gebouwd zou zijn, staan huizen in traditionele stijl en langs de oevers van het meer staan eenvoudige vis-restaurants. Vanwege het zuivere, zij het door een hoog natrongehalte ietwat zeepachtige water, is de stad de laatste jaren een centrum voor het badtoerisme binnen Turkije gewor-den. Maar ook voor excursies naar de woeste bergnatuur van de Taurus is Eğirdir een goed vertrekpunt.

Uit de 14e–15e eeuw dateert de **Hızır Bey Camii 2** met een gebedszaal waarvan het koe-pelloze dak door 48 houten zuilen wordt ge-dragen en met een rijkelijk gebeeldhouwd ste-nen portaal. De bijbehorende minaret staat

actief

Over de St. Paul Trail door de Taurus

Informatie

Begin: Antalya, Perge.
Lengte: Ca. 500 km voor het totale traject tot Yalvaç/Antiochia in Pisidïe.
Duur: 3 weken, deeltrajecten mogelijk.
Belangrijk: Er zijn niet op iedere etappe overnachtingsgelegenheden aanwezig. Boek daarom bij voorkeur een georganiseerde wandeltocht (zie blz. 85).

Sinds 2005 is de eerste echte langeafstandswandelroute in het binnenland van Turkije geopend, geheel bewegwijzerd volgens de Europese richtlijnen. Deze route voert van Perge aan de zuidkust bij Antalya via Çandır aan het Karaöcerenstuwmeer naar Adada en van daaruit via Eğirdir naar Antiochia ad Pisidiam. Een tweede traject begint in Aspendos, voert via Selge dwars door de Taurus en sluit bij Adada (zie blz. 359) aan op de Pergeroute.

De complete gids met routebeschrijvingen en accommodatie is van Kate Clow (die ook een gids van de Lycische Weg maakte, zie blz, 279), verschenen bij uitgeverij Upcountry (Turkey) Ltd. en via de boekhandel te bestellen (ca. 4 weken). Onontbeerlijk tijdens de wandeling en bij de voorbereidingen, ook al omdat de tocht door een afgelegen, deels onbewoond gebied voert en een goede planning noodzakelijk is.

De wandeling voert langs afgelegen bergen, traditionele dorpjes, woeste ravijnen en steeds weer over bewaard gebleven Romeins plaveisel: de route volgt namelijk de antieke heerbaan die ook de apostel Paulus op zijn zendingsreis naar Klein-Azië heeft afgelegd. De gids is zeer uitvoerig en geeft alle noodzakelijke wetenswaardigheden. U kunt ook begeleide tochten boeken (met een gids die Engels of Duits spreekt), bijvoorbeeld die van Dardanos Travel in Patara (zie blz. 284).

De St. Paul Trail bij de Yazılıkloof

Eğirdir

Hoogtepunten
- **1** Eğirdir Kalesi (Vesting)
- **2** Ulu Cami (Hızır Bey Camii)
- **3** Dündar Bey Medresesi
- **4** Ayios Stefanos (Griekse kerk)

Accommodatie
- **1** Hotel Eğirdir
- **2** Hotel Apostel
- **3** Lale Hostel
- **4** Kroisos Lake Resort

Eten en drinken
- **1** Derya Restoran
- **2** Uğur Restoran
- **3** Akpınar Lokantası

Actief
- **1** Altınkum Plaj

dichtbij op de **Kemer Kapı**, vroeger een toren van de stadsmuur die de vesting van de Hamidenemirs (Hamidoğulları). Nadat Eğirdir in 1381 door de Osmanen was veroverd, werd het de hoofdstad van hun emiraat en belangrijker dan Burdur en Isparta. Nu leeft de stad van de visvangst en de agrarische productie. Hier ligt ook de **Dündar Bey Medresesi 3**, die uit de tijd van Alaeddin Keykubat dateert en waarin nu winkels zijn gehuisvest.

Een specialiteit van deze streek is de productie van rozenolie die op uitgestrekt plantages wordt gewonnen. In mei en juli is het hier een en al bloesem. Omdat de Middellandse Zee slechts 120 km zuidelijker ligt, is de vegetatie hier door het heersende klimaat al volop mediterraan. Zo groeit hier de kermeseik en de kapperstruik en worden er amandelen, moerbeien, abrikozen en vijgen verbouwd. Aan het ontbreken van de olijfboom is echter wel te merken dat het **Eğirdirmeer** in het overgangsgebied naar het Anatolisch Hoogland ligt. In het meer leven tien verschillende vissoorten, waarvan de karper van enige economische betekenis is. Belangrijker is de snoekbaars die hier pas sinds 1955 werd uitgezet en zich als enige roofvis sterk heeft vermeerderd. Tegenwoordig is dit een hooggewaardeerde consumptievis en het belangrijkste product van het meer.

Een weg over een dam voert via het eilandje Can Ada (met camping) naar het ervoor gelegen Yeşilada, waar nog mooie huizen van de in 1923 verdreven Griekse bevolking te vinden zijn. Op de noordelijke oever staat nog de vroegere Griekse kerk **Ayios Stefanos 4**. Met zijn talrijke pensions en restaurants is Yeşilada een soort toeristisch buitenkwartier en een populair bestemming voor uitstapjes die ook per taxiboot vanuit de haven te bereiken is.

Een aardig uitstapje met de taxi of op de fiets is naar Barla op de helling van het enorme kalksteenmassief van Barla Dağı op de westelijke oever van het meer. Dolmuşbussen rijden alleen naar de badplaatsen op de westelijke oever (Belediye Plaj, Altınkum, Bedre). In dit pittoreske plaatsje met zijn romantisch bepleisterde steegjes woonden 1923 erg veel Grieken; de grote Ayios Georyioskerk herinnert hier nog aan.

Informatie

Informatiebureau: 2. Sahil Yolu 13, tel. 0246 311 43 88, fax 0246 311 20 96.

Accommodatie

Middenklasse ▶ Eğirdir 1: 2. Sahil Yolu, tel. 0246 311 49 92, fax 0246 311 42 19. Wat ouder, functioneel kubusvormig hotel aan de weg langs het meer. 2 pk vanaf €35.

Met uitzicht op het meer ▶ Apostel 2: Ata Yolu, omg. busstation, tel. 0246 311 54 51, fax 0246 311 35 33, www.apostelhotel.com. Tamelijk nieuw 2*-hotel, centraal gelegen bij het busstation, vanuit kamers met balkon mooi uitzicht over het meer. Kamers eenvoudig, maar in orde. 2 pk. vanaf €25.

Voor actievelingen ▶ Lale Hostel Pension 3: Kale Mah., 5. Sok. 2, in de buurt van de burcht, tel. 0246 311 24 06, fax 0246 311 49 84, www. lalehostel.com. Eenvoudige kamers in oude visserswoning, deels slaapzalen. Ibrahim, de chef, is zeer ondernemend en organiseert interssante excursies en ook wandeltochten over de St. Paul Trail (zie blz. 357). 2 pk. vanaf €20.

Op het eiland ▶ Kroisos Lake Resort 4: Yeşilada, tel. 0246 311 50 06, fax 0246 311 55 92, www.kroisoshotel.com. Wat groter pension met aardig management dat ook tips

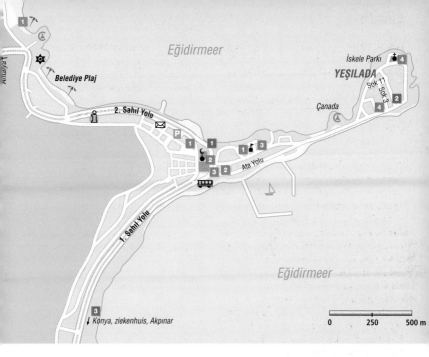

voor uitstapjes geeft, met restaurant. 2 pk. vanaf €25.

Eten en drinken

Veel **visrestaurants** op Yeşilada, specialiteiten zijn *levrek* (zeebaars), *sazan* (karper) en *lerevit* (langoest). Vooraf onderhandelen over de prijs van de vis is aan te raden!

In de tuin ▶ Derya Restoran 1: Tegenover hotel Eğirdir, tel. 0246 311 40 47. Met aangename tuin aan het meer, ruime keus.

Op het eiland ▶ Uğur Restoran 2: Yeşilada, aan de zuidoever, tel. 0246 311 22 12. Tafels direct aan het water, soms livemuziek. Probeer de *kerevit*-vis eens, het lekkerste wat hier te krijgen is!

In de bergen ▶ Akpınar 3: In het bergdorp (3 km van de Konyaweg) vindt u kleine lokanta met fraai uitzicht op het meer, soms in Yörükennomadententen. Van de antieke stad Prestanna zijn alleen nog wat stenen over.

Winkelen

Markten ▶ Weekmarkt elke do. op het plein bij het busstation. Van half augustus tot ok-

tober elke zondag de **Pınar Pazarı**, een enorme nomadenmarkt op een terrein aan de weg naar Sütçüler (10 km). Hier worden vee en boerenproducten verhandeld in een sfeer als op een volksfeest.

Actief

Zwemmen ▶ Altınkum Plajı 1: Prachtig zandstrand (blauwe vlag) aan de weg naar Barla.

Trekking ▶ Ibrahim van het Lale Hostel organiseert **wandeltochten** en tal van sportieve activiteiten in de omgeving (zie Accommodatie, www.lalehostel. com).

Vervoer

Elk half uur naar Isparta, daar overstapmogelijkheden. **Minibussen** brengen u naar Yeşilada en naar de stranden aan het meer.

Zindangrotten en Adada
▶ 16, E 4

Ten zuiden van het Eğirdirmeer liggen nog een paar interessante bestemmingen voor uitstapjes, de grote grot Zindan Mağarası bij

Aksu en de schilderachtig gelegen ruïnes van Adada.

Rij naar de zuidpunt van het meer, steek het kanaal over en sla dan af richting Sütçüler tot u in het dorp Yılanlı komt. Vanhier leidt een weggetje naar het 4 km verderop gelegen **Aksu**. Sla daar weer linksaf tot u bij een visrestaurant aan een forellenvijver komt. Volg dan de weg naar de ongeveer 3 km verderop gelegen grot **Zindan Mağarası**. In deze grot komt de Köprü Cayı, de Eurymedon uit de oudheid aan de oppervlakte en stroomt vervolgens bij Aspendos uit in de Middellandse Zee. Waag u liever niet zonder lokale gids in deze grot, die een diepte van 1130 m heeft en door ontelbare vleermuizen wordt bewoond. In de oudheid bevond zich hier een heiligdom voor de riviergod Eurymedon, waarvan het beeld in het Ispartamuseum staat.

Vanaf de weg naar Sütçüler leidt links een bewegwijzerde zijweg naar het ruïnegebied van Adaba, dat in de 2e eeuw onder keizer Hadrianus zijn grootste bloei beleefde. Overblijfselen van tempels, een theater, grafgebouwen uit verschillende perioden en de trappen van een hellenistische agora maken deze trip alleszins de moeite waard.

Yazılı Kanyon ▶ 20, D 1

Voor een bezoek aan het zuidelijk van Eğirdir gelegen, over smalle bergweggetjes via Sığırlık en Sağrak te bereiken (75 km) dorp **Çandır** hebt u een hele dag nodig. In dit ingeslapen dorpje aan de oever van het Karaöcerenstuwmeer begint het pad naar de **Yazılıkloof** ('Inschriftenkanyon'), waar ooit de grote antieke weg van Perge naar Antiochia ad Pisidiam doorheen voerde. Ook de apostel Paulus is

Geitenkudde op de oever van het Eğirdirmeer

hier langs gekomen. Inschriften in de rotsen geven nog de (niet meer begaanbare) afslag naar Adada aan. (De afslag naar heeft over deze weg gelopen (zie boven)

Vervoer

Afstanden worden aangegeven vanaf Eğirdir en vanaf (rijksweg Antalya–Isparta). Alleen vanaf Isparta gaat dagelijks een dolmuşbus.

Antiochië in Pisidië ▶ 16, F 3

Het stadje **Yalvaç**, ten noorden van het Eğirdir-meer is vertrekpunt voor een bezoek aan de even ten noorden gelegen ruïnes van **Antiochia ad Pisidiam**. Deze stad werd voor 261 v. Chr. door de Seleuciden op de puinhopen van een Frygische nederzetting gegrondvest. Keizer Augustus wees de stad aan als woonplaats voor veteranen uit het Romeinse legioen en plaatste hem onder Romeins provinciaal gezag. In de 1e eeuw was hij een van de stopplaatsen van de apostel Paulus op diens eerste zendingsreis. Aan de weg naar de opgravingen staat een klein museum dat informatie over de opgraving geeft en dat u dus beter eerst kunt bezoeken (di.–zo. 9–18 uur; opgraving dag. 9–18 uur). Bewaard gebleven zijn de **propylonpoort** van de akropolis, het **Augustusforum** met restanten van de door de keizer aan de maangod Men gewijde tempel en het door een marktstoa omzoomde **Tiberiusforum** dat ter ere van de opvolger van Augustus werd aangelegd.

Van Yalvaç kunt u via goed begaanbare wegen het zuiden Beyşehir bereiken (zie blz. 364, naar Konya en Cappadocië) en in oostelijke richting Akşehir, waarbij u het Sultandağıgebergte oversteekt via een goed onderhouden weg over de pas. Onderweg kunt u genieten van een schitterend uitzicht.

Accommodatie

Rustiek ▶ Hotel Antiocheia, Yalvaç, Akşehir Cad. 96, tel. 0246 441 43 75, fax 0246 441 45 97. Mooi huis van natuursteen en hout, aangename, rustieke kamers met 3*-comfort. 2 pk. €30–45.

Eenvoudig en schoon ▶ Oba Hotel: Hastane Cad. 30, tel. 0246 411 65 44, fax 0246 441 23 78. Goed gemanaged 2*-hotel, schoon sanitair, prima ontbijt op dakterras. 2 pk. €30–40.

Eten en drinken

Traditionele keuken ▶ Eenvoudige lokanta in het centrum van Yalvaç, b.v. met ruime keus **Selin Lokantası**, Belediye Sarayı, tel. 0246 441 26 97. Specialiteit van de stad is *yalvaç keşkeği*, graan gekookt met gezouten vlees en kikkererwten.

Akşehir ▶ 16, F 3

Akşehir (70.000 inwoners) werd in Osmaanse tijden geroemd om zijn talrijke fraaie tuinen. Hier zou Beyazıt I Yıldırım, ('Bliksem'), na een gevangenschap van een jaar onder de Mongoolse heerser in 1403 gestorven zijn. De

Tip: Nasreddin en het geluid van geld

Op een keer liep Nasreddin over de bazaar in Akşehir. Plotseling hoorde hij geschreeuw uit een gaarkeuken. Binnen zag hij hoe de dikke, rood aangelopen waard een man bij zijn kraag greep en door elkaar rammelde. 'Deze landloper', tierde hij 'kwam mijn keuken binnen, haalde een brood uit zijn zak en hield dat net zo lang boven het braadspit totdat het naar schapenvlees rook en nog lekkerder smaakte. En nu wil hij niet betalen.' Waarop Nasreddin opmerkte: 'Je mag niet andermans spullen gebruiken zonder ervoor te betalen.' 'Heb je geld?', vroeg hij aan de bedelaar. Deze haalde zwijgend een paar koperen muntjes tevoorschijn. Meteen greep de waard er met zijn vette hand naar. 'Wacht even, meester van de goede smaak', hield Nasreddin hem tegen. 'Luister!' Hij liet de muntjes in de holte van zijn hand rinkelen, gaf ze toen aan de bedelaar terug en zei: 'Ga heen in vrede!' 'Wat krijgen we nu?', riep de waard kwaad, maar Nasreddin antwoordde: 'Hij heeft je betaald, jullie staan nu quitte! Hij heeft de geur van jouw gebraad geroken en jij hebt het geluid van zijn geld gehoord!'

Nasreddin Hoca, uilenspiegel en filosoof

Thema

Of Nasreddin Hoca nu een legende is of echt bestaan heeft, hij is tot op de dag vandaag een symbool van de Turkse boerenwijsheid en savoir vivre, de lust tot fantaseren en diepe wijsheid in één persoon verenigd. In zijn denken en doen zijn veel aspecten van de islamitisch-Turkse mentaliteit terug te vinden. Hij paart de verteltraditie van de Oriënt aan de denkwijze van het mythische geloof. Nog steeds is Nasreddin Hoca een bron van inspiratie en creativiteit en zijn türbe is tot op de dag van vandaag een heimelijk pelgrimsoord.

Wie was deze wonderlijke, geheimzinnige figuur met zijn lange witte baard en zijn te grote tulband die achterstevoren op zijn ezel reed en gevraagd naar het waarom daarvan antwoordde dat niet hij achterstevoren rijdt, maar dat zijn ezel de verkeerde kant uitkijkt? Nasreddin Hoca zou in 1208 geboren zijn in een dorpje dat nu zijn naam draagt, in de buurt van Sivrihisar in West-Anatolië. Na zijn studiejaren in de toenmalige Seltsjoekse hoofdstad Konya bleef hij daar wonen en gaf hij als *hoca* (geestelijke) les aan een Koranschool in Akşehir, waar hij in 1285 stierf. Zelfs de Mongolenvorst Timur Lenk (Tamerlan), die aan het begin van de 15e eeuw op gruwelijke wijze in Anatolië huishield en menige stad met de aardbodem gelijk maakte, zou zijn gevatte wijsheden zo gewaardeerd hebben dat hij besloot de woonplaats van Nasreddin Hoca te sparen.

Er zijn talrijke anekdotes over Nasreddin Hoca overgeleverd, al lijken deze, net als de ongeveer 500 aan hem toegeschreven andere verhalen, net als bij Tijl Uilenspiegel in het Nederduitse taalgebied, voor het grootste deel wijdverbreide volksverhalen te zijn die in de persoon van één individu zijn versmolten. In 1837 verschenen zijn schelmenstreken voor het eerst in een Duitse vertaling. Goethe kende ze uit brieven al eerder en verwerkte ze

in literaire toespelingen in zijn 'West-östlichen Diwan'.

De beroemdste anekdote die over hem is overgeleverd, is die van de 'Drievoudige preek': Nasreddin besteeg op zekere dag de kansel en zei: 'Muzelmannen, weten jullie iets van het onderwerp waar ik het met jullie over wil hebben?' 'Nee, dat weten wij niet', antwoordde zijn gehoor. Waarop de hoca uitriep: 'Tja, maar waarom zou ik dan met jullie praten over iets waar jullie helemaal niets van afweten?' Een andere keer beklom hij de kansel en zei: 'Weten jullie, mijne gelovigen, wat ik jullie vandaag wil zeggen?' 'Ja, dat weten wij', was nu het antwoord. 'Waarom zou ik het jullie dan nog moeten vertellen als je het toch al weet?' Met deze woorden stapte de hoca weer van de kansel.

De gemeente was nogal verlegen met zijn vertrek. Nu kwam een man met het voorstel om, als de hoca de volgende keer kwam, sommigen te laten zeggen: 'Wij weten het' en anderen: 'Wij weten het niet', en zo werd beslist. Weer kwam de hoca de kansel op en riep net als tevoren: 'Broeders, weten jullie wat ik jullie wil zeggen?' Ze zeiden: 'Sommigen van ons weten het, maar de anderen weten het niet.' 'Mooi dan', antwoordde de hoca, 'dan mogen degenen die het weten het aan de anderen vertellen.' En hij verliet de moskee.

sultan had het Osmaanse rijk enorm kunnen uitbreiden, maar moest het toen in 1402 in de slag bij Ankara opnemen tegen de Mongolen. Hij verloor, raakte in gevangenschap en werd vervolgens in een ijzeren kooi in de legerkaravaan van Timur Lenk meegevoerd.

Voornaamste bezienswaardigheid is de **türbe van Nasreddin Hoca** (dag. 8-19 uur) op het oude kerkhof aan de zuidelijke rand van de stad, die oogt als een laatste getuigenis van zijn levensfilosofie: een baldakijndak, rustend op een kring van zes zuilen om de cenotaaf heen. Een ijzeren hek met een zwaar hangslot verspert de toegang – maar het hek loopt niet door tussen de overige zuilen! Naast het graf is een metalen plaat in de bodem verzonken met het opschrift: 'Dünyanın ortası burasıdır – Nasreddin Hoca.' (Hier is het midden van de wereld – N. H.) en boven het graf staat te lezen: 'Hier rust geen mens, maar een filosofie.'

Vanaf het oude kerkhof gaat een weg de **Hıdarlık** op, een heuvel met kunstmatige waterval, uitzicht over de steeds verder uitdrogende Akşehir Gölü en een fraai gelegen restaurant met theetuin. Het dichtbijgelegen **Akşehir Evi** (Doğancı Sok., ma. gesl., geen toegang) is een gerestaureerde Osmaanse konak uit 1894 met restaurant in historische stijl.

In het schilderachtige oude stadsdeel, dat als cultureel erfgoed beschermd is, staat de **Ulu Cami**, die in 1213 in de Seltsjoekse periode door sultan Izzeddin Keykavus I als overdekte moskee werd gebouwd. Aan de westelijke rand van de stad verheft zich de in 1409 onder het bewind van de Karamaniden opgerichte **türbe van Seyit Mahmut Hayranı**, een geribde zuil van baksteen op een eenvoudige vierkante sokkel. Ten noorden van het stadsplein bevindt zich de **Taş Medresesi**, waarin tegenwoordig het **Archeologische Museum** (di.–zo. 9-12.30, 13.30-17.30 uur) is gevestigd. U kunt hier vondsten uit de Roemeinse en Seltsjoekse tijd bezichtigen

Accommodatie

Het beste plaatselijke hotel ▶ Önder Otel: Agustos Bulv. 24, tel. 0332 813 72 77, fax 0332 811 03 28. Pas geopend stadshotel dicht bij Adliye Parkı. Moderne hoogbouw met veel spie-

gelend glas, met goed dakterrasrestaurant. 2 pk €35-45.

Middenklasse ▶ Grand Bal Hotel: Dr. Aziz Perkün Cad., tel. 0332 811 02 70, fax 0332 811 02 88. Eveneens driesterren, maar iets ouder. In het stadscentrum dicht bij Cumhuriyet Meydanı. 2 pk €25-40.

Op Hıdarlıkhelling ▶ Dağ: Dicht bij Hıdarlıktheetuin, tel. 0332 812 23 33. De moeilijk te vinden entree is met borden aangegeven. Met tuin en schitterend uitzicht over de stand en de Akşehir Gölü. 2 pk €25.

Eten en drinken

Pauzeren in het groen ▶ Hıdarlık Çay Bahçesi. Fraaie theetuin op de groene berghelling, te midden van aangenaam geurende dennen, een geliefd doel voor uitstapjes voor jong en oud.

Traditionele keuken ▶ Emir Sultan Lokanta: İnönü Cad., tel. 0332 812 55 82. Eenvoudig kebabrestaurant in centrum.

Agenda

Nasreddin Hoca Festivali: 5-10 juli, met een optocht en folkloristische voorstellingen in het openluchttheater op de helling van de Hıdarlık.

Vervoer

Busstation aan de Konya Asfaltı, ten zuiden van het stadscentrum. Verschillende bussen per dag naar Konya en Afyon.

Çay en Bolvadın ▶ 16, E 2

Op de noordelijke helling van de Sultan Dagları ligt het stadje **Çay** met opmerkelijke gebouwen uit de tijd van de Seltsjoeken: de **Taş Hanı** en de **Taş Medrese**, beide in 1278 gesticht door de Seltsjoekse grootvizier Sahip Ata. Van Çay buigt een smalle weg in noordelijke richting af naar 13 km verder gelegen **Bolvadın**. Dit kleine provinciestadje, net als Afyon een centrum van papaverbouw, heeft zijn traditionele karakter weten te bewaren. In het centrum staat de **Çarşı Camii** met een brongebouw dat met schitterende tegels versierd is. Het **museum** laat de geschiedenis van de papaverbouw zien, maar geeft ook een indruk van de vervaardiging van *kaymak* (zie Afyon, blz. 378), een voor Bolvadın karakteristiek melkproduct.

Beyşehir ▶ 20, E 1

Een tweede doorsteek door de Taurus leidt naar Manavgat aan de kust via Akseki en Seydişehir door een overweldigend berglandschap naar Beyşehir of Konya. Hebt u wat meer tijd, dan kunt u ook de langere haarspeldweg via Cevizli nemen door een wat bekoorlijker landschap.

Bij **Beyşehir** ligt het gelijknamige meer, het Beyşehir Golu. De belangrijke moskee met de houten pilaren, de **Eşrefoğlu Camii** uit de 13e eeuw, heeft nog het oorspronkelijke interieur: 46 houten pilaren van 7 m hoog waarop hier en daar nog de oude beschildering te zien is (zie ook Thema blz. 365). Het gedeelte met de gebedsnissen wordt overwelfd door een koepel die, net als de mihrab zelf, met oeroude faience versierd is.

Hebt u wat meer tijd tot uw beschikking, dan kunt u nog een rit om het **Beyşehir Gölü** inlassen en onderweg in een van de visrestaurants langs de oever van vers gevangen vis genieten. Het Beyşehirmeer is met 656 km² het op twee na grootste meer en bovendien het grootste zoetwatermeer van Turkije (ter

Tip: Trip naar het meer

Ten noordoosten van Beyşehir (volg de wegwijzers) ligt op de oostoever van het meer het imposante bronheiligdom van **Eflatun Pınar** ('Seringenbron'). In Hettietische tijden werd de dijk van de vijver omgeven met gebeeldhouwde rotsblokken en met reliëfs van goden en gevleugelde zonnen (ca. 15e tot 13e eeuw v.Chr.). Op de westoever van het meer zijn bij Gölyaka de resten van het Seltsjoekse paleiscomplex van **Kubadabad** te vinden die sultan Alaeddin Keykubat in de 13e eeuw als zomerverblijf gebruikte. Het complex bestond uit 16 gebouwen, waaronder het hoofdpaleis en een botenhuis.

vergelijking: het IJsselmeer heeft een opervlak van 1100 km²). Het water bevat echter soda (natriumcarbonaat) en is dus niet drinkbaar. De oostelijke oever van het meer is vlak, de westelijke rijst daarentegen direct vanaf het water steil en rotsachtig omhoog. De uitgestrekte rietbegroeiing op de zuidelijke oever, nu een nationaal park, draagt bij tot de biologische diversiteit van het meer. De beboste berghellingen verlenen het gebied een grote landschappelijke charme.

Accommodatie

Aan het kanaal ▶ Beyaz Park Motel & Restaurant: Atatürk Cad. 1, Köprübapı, tel. 0332512 38 65, www.beyazpark.net. Goed geleid motel met populair restaurant direct bij de sluizen aan de monding van het Beyşehir Kanalı. De tuin is een ware oase. Nogal sobere kasmers, maar goede keuken met veel keus. 2 pk ca. €30.

In het centrum ▶ Haceliler Otel: Antalya Cad. 11, tel. 0322 512 25 17, hacelilerotel@hot mail.com. In 2002 geopend, maar vrij eenvoudig hotel in de lagere middenklasse, centraal gelegen, dakterras met uitzicht over meer. 2 pk ca. €20.

Eten en drinken

Vis uit het meer ▶ Beyaz Park: Atatürk Cad. 1, zie Accommodatie. Dit is het beste restaurant van de stad; het licht vlak bij de toegangssluizen van het kanaal. Bij voorkeur eet u hier uiteraard de vissen uit het Beyşehirmeer, maar ook alle klassiekers zijn hier te bestellen.

Alles van de grill ▶ Anıt Restaurant, Anıt Meydanı, in het centrum van de stad, tel. 0332 512 18 94. Typisch Turkse lokanta, voordelige grillgerechten (döner en kebab), het mooist zit u op het dakterras.

Vervoer

Er rijden minibussen naar de **Kubadabad Saray. Boottochten** worden onder meer door hotel Haceliler voor groepen van voldoende grootte groepen georganiseerd naar verschillende eilanden (met zwemstop) of naar Kubadabad Saray (zie links).

De Seltsjoekse 'bosmoskeeën'

Een bijzonder type moskee is de Seltsjoekse houtzuilenmoskee. De buitenkant is, op het rijk geornamenteerde portaal na, bijna altijd onopvallend en doet in niets denken aan het weelderige interieur.

Van binnen maakt deze hallenmoskee met vlak plafond door de warme houttinten, het fraaie beeldhouwwerk van de kapitelen, de gebedsnis (mihrab) en de vrijdagskansel (minbar) echter een overweldigende indruk. Om de talrijke, dicht bij elkaar geplaatste houten pilaren (bijvoorbeeld 40 in de Ulu Cami in Afyon en 46 bij de Eşrefoğlu Camii in Beyşehir) wordt deze bouwstijl ook wel als 'bosmoskee' aangeduid.

Het grondplan volgt dat van de basiliek, op zijn grootst bij de vijfschepige Arslanhane en de zevenschepige Eşrefoğlumoskee, beide uit eind 13e eeuw. Vroegere moskeeën met houten zuilen hebben meer van het 'Kufatype' van de hallenmoskee, zoals die in Afyon (ca. 1272) en in Sivrihisar (1231).

De oorsprong van deze houtzuilenarchitectuur ligt, net als de decoratieve opsmuk van de afzonderlijke zuilen, onmiskenbaar in Centraal-Azië. In West-Toerkestan zijn fraai versierde houten zuilen en planken uit de 10e tot de 112e eeuw bewaard gebleven, die als direct voorbeeld voor de houten zuilen in de Anatolische moskeeën moeten hebben gediend. Toerkmeense tenten hadden vaak met houtsnijwerk versierde tentpalen. Vermoedelijk baden de Toerkmeense nomadenstammen in Centraal-Azië, nadat zij zich tot het islamitische geloof hadden bekeerd, eerst in tenten. Later werden vaste moskeeën naar het voorbeeld van deze gebedstenten gebouwd voor zover ze niet met antieke zuilen uitgevoerd konden worden.

De plafonds van de 'bosmoskeeën' worden door soms wel 50 houten zuilen gedragen

Konya ▶ 7, C 4

Kaart: blz. 369

Ten oosten van het Beyşehirmeer strekt zich de weidse hoogvlakte van het Kobybekken uit. In het midden daarvan ligt **Konya**, met ca. 1 miljoen inwoners de op zes na grootste stad van Turkije. Het Romeinse Ikonium, oorspronkelijk een nederzetting van de Hettieten, was een van de metropolen van Klein-Azië, waar ook de apostel Paulus zending bedreef.

Onder sultan Alaeddin Keykubat beleefde Konya in de jaren 1219–36 als residentie en hoofdstad van de Seltsjoekse dynastie een bloeitijd. Talrijke moskeeën, türbes en enkele karavanserais bepaalden het beeld van de door een machtige muur omgeven stad. Met de invasie van de Mongolen en de ondergang van de Seltsjoekendynastie begon het verval, dat pas eind 19e eeuw tot staan kon worden gebracht. Tegenwoordig is Konya een stad met een sterk religieus stempel, waar de weten en geboden van de islam nog zeer nauw genomen worden. Zo geldt er in de wijde omgeving van het Mevlanaklooster een absoluut alcoholverbod.

Mevlanaklooster 1

De belangrijkste bezienswaardigheid in Konya is het **Mevlanaklooster** (Mevlana Cad., 9–12, 13–18 uur), het religieuze centrum van de 'dansende derwisjen' van de Mevlanaorde. Weliswaar werd deze orde in 1926 opgeheven en werd het klooster twee jaar laten een museum, maar de schaduw van de turkoois-blauwe koepel beheerst nog altijd het leven in Konya. Dit complex, dat bij zijn stichting buiten de stadsmuren lag, was oorspronkelijk een geschenk van Alaeddin Keykubat. Met de bouw werd in 1273 begonnen, direct na de dood van Celaleddin Rumi, de stichter van de orde.

U betreedt het klooster door de zogeheten derwisjpoort die toegang geeft tot de binnenplaats met de grote reinigingsfontein. Rechts staan de uit de 16e eeuw daterende türbes van Hurrem Paşa, Fatma Hatun, Sinan Paşa en Hasan Paşa, waarin zich

Osmaanse hoogwaardigheidsbekleders lieten bijzetten, en de vroegere kloosterkeuken.

Bij het betreden van het hoofdgebouw moet u sloffen over uw schoenen aantrekken. Rechts van de centrale ruimte ligt het **mausoleum** met de beroemde turkooisblauwe spitse koepel. Hier zijn de met een kunstig geborduurd kleed bedekte sarcofagen van andere leiders van de orde tentoongesteld die nog tot op de dag vandaag door pelgrims worden vereerd.

De koepelruimte ertegenover was de **Semahanı**, de dans- en vergaderruimte van de derwisjen. In deze door galerijen omringde ruimte zijn naast kostbare tapijten talrijke voorwerpen uit het leven en werken van de soefimonniken te bewonderen, waaronder muziekinstrumenten en manuscripten (zoals een originele *Mesnevi*, een leerboek van Celaleddin).

Aan de Mevlana Caddesi

Aan de Mevlana Caddesi, de straat van het Mevlanaklooster naar het stadscentrum en de verlenging daarvan, staan nog meer moskeeën. Meteen voor het museum verheft zich de in de 16e eeuw in klassieke Osmaanse stijl gebouwde **Selimiye Camii** 2. Verder stadinwaarts is de boulevard omzoomd met hotels en nog meer naar het zuiden strekt zich een nog echt traditioneel ogende bazaarwijk uit. Het interieur van de **Aziye Camii** 3 is verfraaid met een beschildering in Turkse rococostijl.

Aan het Hukumetplein, het zakencentrum van de stad waar ook het provinciebestuur is gezeteld, verheft zich de **Şerafettin Camii** 4, met daarachter de Şems Tebrizi Türbesi met het graf van de spirituele vriend van Mevlana. Ten zuiden van dit plein, waaronder een grote goudbazaar is gelegen, staat het postkantoor in laat-Osmaanse stijl en verder stadinwaarts ziet u de **İplikçi Camii** 5. Deze moskee dateert nog uit de tijd van de Seltsjoeken en werd onder sultan Alaeddin voltooid. Van buiten is het bouwwerk opgetrokken uit sobere baksteen, van binnen rust de koepelconstructie op twaalf machtige pilaren. Van de bijbehorende

Dansen tot de extase – de Mevlanaorde

Hoewel het Mevlanaklooster in het hart van Konya als meer dan 70 jaar als museum fungeert, wordt deze grafstee van de op 17 december 1273 gestorven Celaleddin Rumi door de talrijke pelgrims nog altijd als heilige plaats beschouwd. Van zijn leerlingen kreeg deze stichter van de orde der derwisjen van de Mevleviyye de bijnaam Mevlana, wat zo veel als 'onze meester' betekent.

De in 1207 in Balkh (Afghanistan) geboren Celaleddin vluchtte in 1219 met zijn familie voor de Mongolen naar Anatolië en vestigde zich rond 1228 in Konya. Na de dood van zijn vader, een mystieke theoloog, studeerde hij negen jaar bij de grote mysticus Burhaneddin Termizi uit Kayseri, waarna hij zelf in Konya begon te doceren. Zijn verdere denken werd vooral beïnvloed door de ideeën van Şemseddin uit Tebris. De nauwe geestelijk-erotische band van Celaleddin met deze rondtrekkende prediker wekte het wantrouwen van zijn volgelingen. Şemseddin vluchtte naar Damascus, maar Mevlana liet hem al gauw terughalen. Toen Şemseddin in 1248 door de volgelingen van Rumi werd gedood, vond Celaleddin – in de geest van de mystieke leer – zijn geliefde ten slotte in zichzelf terug. Zijn gedichten uit deze periode schreef hij dan ook uitsluitend onder de naam Şemseddin.

Het levenswerk van Mevlana is de *Mesnevi*, een compendium van acht delen in de Perzische taal. In meer dan 26.000 dubbele verzen beschrijft de mysticus zijn wereldbeeld en voorschriften in de vorm van parabels en zinspreuken. De hoofdleer van de pantheïstisch georiënteerde Mevlanaorde is de mystieke vereniging met de alomvattende liefde van God en de wereldziel. Dit gebeurt vooral door middel van gebed (*dikr*) en meditatie (*sema*) in een trance opwekkende dans. Vanwege deze ongewone vorm van meditatie wordt de ook wel als 'dansende' of 'draai-ende' derwisjen aangeduid. De derwisj wervelt op één voet in een kring rond. Met één hand naar de hemel, en met de andere naar de aarde wijzend, om zo aan te geven hoe de liefde van God aan de mensen wordt doorgegeven. Mevlana zelf zou deze dans ontwikkeld hebben. Zijn vaste regels heeft hij echter pas later ontvangen.

In de 12e en 13e eeuw ontstonden in Anatolië talrijke orden op basis van het **soefisme**, een naam die is afgeleid van het wollen gewaad (*suf*, 'wol') van de ascetisch levende bedelmonniken. Deze van mystiek doordrenkte religie groeide al snel uit tot een massabeweging, omdat veel mensen er elementen in terugvonden die in de 'officiële' godsdienstbeoefening zelden gepraktiseerd werden: muziek, poëzie en dans. Naast de orde van de Mevlevi ontstond verder de Bektaşıorde (zie blz. 474). Beide orden oefenden een wezenlijke invloed uit op de politieke geschiedenis van het land. Zo genoten de leiders van de orde in het Mevlanaklooster het privilege om de inhuldiging van de sultan met de overhandiging van het zwaard van Osman wettig te verklaren.

Na de vestiging van de republiek verbood de Atatürk de orde in 1925. Sinds 1960 vindt van 14 tot 17 december in Konya het Mevlana Festival plaats ter herdenking van de dood van Celaleddin Rumi. De belangrijkste attractie van dit evenement is de opvoering van de derwisjdansen.

367

Konya

Hoogtepunten
1. Mevlanaklooster
2. Selimiye Camii
3. Aziye Camii
4. Şerafettin Camii
5. İplikçi Camii
6. Alaeddin Camii
7. Karatay Medrese
8. İnce Minare Medrese
9. Sırçalı Medrese
10. Sahip Ata Camii
11. Archeologisch Museum

Accommodatie
1. Hotel Bera
2. Hotel Mevlana Sema
3. Çatal Aile Pansiyonu

Eten en drinken
1. Cadde Restaurant
2. Şifa Lokantası
3. Bey Konağı
4. Alaeddin Çay Bahçesi

Winkelen
1. Ketenciler Turistik Esya
2. Saylik Kilim
3. Ceylan Deri (Piri Mehmet Paşa Çarşısı)
4. Bazaarwijk
5. Sarraflar Yeraltı Çarşısı

Uitgaan
1. Mevlevi Sofrası

medrese, waarin Celaleddin ooit preekte, is helaas niets bewaard gebleven.

Rondom de citadelheuvel

Het tweede oriëntatiepunt van de stad is de in het centrum gelegen citadelheuvel (Alaeddin Tepesi), een al uit de vroege oudheid daterend verdedigingswerk waarop later de residentie van de Seltsjoeken werd gebouwd. De **Alaeddin Camii** 6 (1155-1220) is in het oostelijke gedeelte uitgerust met een zevenbeukige gebedshal met aan de westkant een overkoepelde ruimte met de gebedsnissen. In deze moskee heeft men enkele van de oudste volledig bewaard gebleven tapijten ter wereld ontdekt.

In het noordoosten grenst de voorzijde van het Seltsjoekse **sultanpaleis** aan de moskee. Onder aan de straat is een deel van de **citadelmuur**, die ooit 108 torens had, met een deel van de omloop door middel van een overkapping beschermd. Een paar theetuinen met een kinderspeelplaats noden tot even bijkomen van het kijken.

Direct hiertegenover ligt de **Karatay Medrese** 7, in 1251 gesticht door de invloedrijke grootvizier Celaleddin Karatay en nu dienstdoet als faiencemuseum (di.-zo. 8-12.30, 13.30-17.30 uur). Het indrukwekkende interieur met tegels in turquoise, blauw en zwart is nog intact. Op een deel van de tegels staan teksten met namen van profeten en koranverzen in het monumentale koefischrift. Aandacht verdienen ook de Seltsjoekse faience uit het paleis in Kubadabad aan het Beyşehir-meer

Op de westzijde van de heuvel staat de **İnce Minare Medrese** 8 uit 1265, die tegenwoordig wordt gebruikt als museum van Seltsjoeks steen- en houtwerk (dag. 8-12.30, 13.30-17.30 uur). Via een weelderig versierd portaal met teksten die elkaar kruisen komt u uit in de overkoepelde hoofdruimte. De hier getoonde reliëfs in steen met figuratieve voorstellingen zijn afkomstig uit de torens van de vroegere citadel en weerleggen op indrukwekkende wijze de wijdverbreide misvatting dat menselijke beeltenissen onder de vroege islam taboe waren.

Naar het Archeologisch Museum

Ten zuiden van de citadelheuvel (voorbij de St.-Pauluskerk) ziet u de **Sırçalı Medrese** 9 ('Geglazuurde Medrese') uit 1242 liggen, waarin tegenwoordig het **Mezar Anıtlar Müzesi**, een museum voor Seltsjoekse en Osmaanse grafstèles, (di.-zo. 9-12 en 13.30-17.30 uur) is gehuisvest. De eyvan is met kostbare faience versierd. Via een wandeling door de oude stadswijken komt u vervolgens uit bij de **Sahip Ata Camii** 10, die in het midden van de 13e eeuw werd gesticht door Izzeddin Keykavus II, een invloedrijke grootvizier van de Seltsjoekse sultan. Van dit gebouw is echter alleen het rijkelijk met beeldhouwwerk versierde portaal in de oorspronkelijke staat bewaard gebleven.

Het **Archeologisch Museum** 11 iets verderop aan de dwarsstraat presenteert vondsten uit de antieke tijd, zoals een Romeinse sarcofaag met Herculesvoorstellingen uit de 3e eeuw en

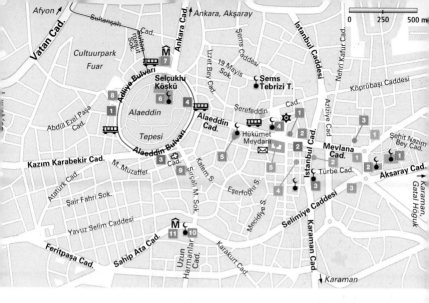

vroeg-Byzantijnse vloermozaïeken uit Cumra (Sahip Ata Cad, di.–zo. 8.30–12.30, 13.30–17.30 uur).

Kilistra ▶ 21, B 1

Als dagexcursie is het antieke rotsstadje **Kilistra** te bereiken. Vandaar rijdt u zuidwaarts naar Hatunsaray – het Lystra uit de oudheid waar Paulus' eerste zendingsreis eindigde – waarna u de afslag neemt naar **Gökyurt** (ca. 50 km), een van de 'verborgen' vestigingen waar de eerste christenen van Anatolië zich in de Romeinse keizertijd terugtrokken. Gökyurt beleefde zijn grootste bloei in de Byzantijnse tijd.

Net als in Cappadocië zijn hier over een groot gebied verspreid huizen, graven en kerken uit de tufsteenrotsen gehouwen. Deze nederzetting wordt weinig door toeristen bezocht en u kunt zich dan ook het best door

Tip: Derwisjmuziek

In de vertrekken van het Mevlanaklooster worden bezoekers in een wolk van etherische muziek gehuld die het spirituele karakter van dit gebouwencomplex op zachte wijze in het bewustzijn oproept. Wie de ogen sluit, voelt al gauw dat deze muziek zich ook uitstekend leent voor allerlei ontspanningsoefeningen.

Dans en ritueel van de derwisjen zijn ondenkbaar zonder begeleidende muziek. Het belangrijkste muziekinstrument om de juiste concentratie door meditatie en dans te bereiken, is de open dwarsfluit *ney*, een bijzonder moeilijk te bespelen instrument, de tere klanken waarvan Mevlana zelf met 'de woor-

den van een wijs en godvrezend man' vergeleken zou hebben. Kudsi Ergüner en zijn broer beheersen de ney met virtuoze perfectie. Zij gelden als de belangrijkste kunstenaars van de Turkse muziek en vertolken op hun cd naast eigen werk ook de composities van Mevlevi voor derwisjrituelen uit de 17e en 18e eeuw.

Kudsi & Süleyman Ergüner, '*Sufi Music of Turkey*' wordt uitgebracht door CMP Records (CD3005) en gedistribueerd door Silva Screen Records. Spannend klinkt ook de combinatie met jazz, zoals te horen is op het album *Kudsi Ergüner, Islam Blues*, ACT-Label (CD 9287-2 - LC 07644).

een plaatselijke gids uit het nog zeer traditionele plaatsje Gokyurt laten rondleiden (vergeet de fooi niet!).

Sille ▶ 7, C 4

Ten noordwesten van Konya, op ca. 11 km van het centrum, ligt het vriendelijke dorpje Sille in een door een boomloze steppe omgeven vallei. Achter het dorp loopt het riviertje uit in een stuwmeer..

De van lemen stenen opgetrokken huisjes bieden met elkaar een schilderachtige, oer-traditionele aanblik. Ook Sille werd ooit door Grieken bewoond; de nu verlaten kerk Hagia Eleni, gewijd aan de moeder van keizer Constantijn de Grote, werd vanbinnen nog rond 1880 opnieuw in traditionele stijl beschil-derd. Bij de ruïne van de kapel op de heuvel in het noorden, de Küçük Kilise, kunt u genieten van een zeer fraai uitzicht over het plaatsje, dat als een kleine oase in het kale landschap ligt.

De rit erheen loont alleen al voor een bezoek aan een eenvoudig, maar sympathiek restaurant, het **Sille Konağı** (tel. 0332 244 92 60) de moeite. In een mooi gerestaureerd, in boerenstijl gedecoreerd Grieks huis, serveert men een goed ontbijt en een uitstekende traditionele keuken.

Informatie

Informatiebureau: Mevlana Cad. 65, aan het plein voor het Mevlanacomplex, tel. 0332 353 40 20, fax 0332-353 40 23.

Schoolkinderen in uniform voor het Mevlanaklooster

Accommodatie

Aan de Mevlana Caddesi liggen veel midden-klassehotels. Het kan echter de moeite waard zijn te zoeken in naburige straten ten noorden.

Comfortabel ▶ Bera 1: Mevlana Cad. 55, tel. 0332 350 42 42, fax 0332 353 59 59, www.bera.com.tr. Goed geoutilleerd hotel in de bovenste middenklasse met restaurant op het dakterras. De kamers bechikken over een internetaansluiting. 2 pk €58, tijdens het Mevlanafestival €100.

Traditioneel hotel ▶ Mevlana Sema 2: Mevlana Cad. 59, tel. 0332 350 46 23, fax 0332 352 73 72, www.semaotel.com. Goede middenklasse dicht bij Hükümet Meydanı. Enigszins oubollige kamers, maar behoorlijke leiding. Restaurant waar alcohol wordt geschonken in achterzaal. 2 pk €35–55.

Pension ▶ Çatal Aile Pansiyonu 3: Naci Fikret Sok. 14/A, tel. 0332 351 49 81. Gunstig geprijsd logies, gelegen tussen informatiebureau en Mevlanaklooster. Eenvoudige kamers, maar vriendelijke hotelier, mooie daktuin met fraai uitzicht op het klooster. 2 pk €25–40.

Eten en drinken

Alle grotere hotels bechikken over een restaurant, maar goed eten is het vooral in hotel (begin Mevlana Cad.). De specialiteit van Konya is de *firin kebap*, fijn, maar nogal vet stooflam (ook *tandır* genoemd), te bestellen in de eenvoudige lokanta (bijvoorbeeld ten zuiden van het postkantoor, maar niet in de hotels; ook de ramadan wordt vrij strikt nageleefd (overdag zijn alleen de theetuinen op de citadel geopend).

Moderne keuken ▶ Cadde Restaurant 1: Adliye Bulv., naast İnce Minare Medrese. Op de bovenste verdieping, boven de MacDonald is een modern restaurant dat ook bier en rakı serveert, goede keuken.

Goede traditionele keuken ▶ Şifa Lokantası 2: Mevlana Cad. 29, tegenover Hotel Şifa, tel. 0332 352 05 19. Populaire gelegenheid met Turkse keuken, ook stoofgerechten en *firin kebap*.

Traditionele keuken ▶ Bey Konağı 3: Mimar Muzaffer Cad. 38. Turkse lokanta met een *nargile salonu* (waterpijpenzaal in een oud gebouw aan de zuidzijde van de citadelheuvel.

Relaxen in het groen ▶ Alaeddin Çay Bahçesi 4: In de theetuin op de Citadelheuvel (Alaeddin Tepesi) kunt u in een idyllische parkachtige omgeving ook kleine hapjes eten.

Winkelen

Kalligrafie ▶ Ketenciler Turistik Esya 1: Mevlana Cad. 60/B, tel. 0332 352 36 03. Islamitische religieuze voorwerpen en fraaie kalligrafieën, Mevlanacitaten, e.d.

Tapijten ▶ Saylik Kilim 2: İstanbul Cad. 116, Eski Tellal Pazarı, tel. 0332 351 09 59, wwwsaylikkilim.com. Handgeknoopte tapijten in oude en moderne dessins met natuurlijke verfstoffen.

Lederen kleding ▶ Ceylan Deri 3: Piri Mehmet Paşa Çarşısı, tel. 0332 353 24 40. Alles van leer in goed gesorteerde winkel in het grote marktcentrum ten zuiden van de moderne Mevlana Çarşısı (achter de parkeergarage).

Als op de vlooienmarkt ▶ De bazaarwijk 4 ten zuiden van de Mevlana Caddesi is nog oriëntaals, hier vindt u zelfs souvenirs zoals de viltmutsen van de nomadenherders.

Goud ▶ In de **Sarraflar Yeraltı Çarşısı 5** onder de Hükümet Meydanı kunt u in tal van winkels mooie gouden sieraden kopen – goede kwaliteit (14/21 karaat) b.v. bij **Özboyacı Altın**, tel. 0332 351 14 29.

Uitgaan

Semadansen ▶ Mevlevi Sofrası 1: Şehit Nazim Bey Cad. 1, tel. 0332 353 33 41. Links van het Mevlanaklooster. Met openluchtterrassen, een traditionele ambiance en uitstekende gerechten, vanaf 21 uur een show met semadansen.

Agenda

Mevlanafestival: Jaarlijks van 14–17 december met lezingen en dansvoorstellingen.

Vervoer

Busstation aan noordelijke rand (ca. 15 km van centrum), bereikbaar met tram;

Nagebouwd prehistorisch woonhuis in Çatal Höyük

stadsbussen aan de Alaeddin Bulvarı. Goede verbindingen naar alle grotere plaatsen omdat Koyna een van de belangrijkste knooppunten voor het busvervoer is.

Ook verbindingen per **trein** (Kayseri, Ankara, Adana) en per **vliegtuig** (Istanbul).

Via Karaman naar Silifke

Van Konya kunt u via Karaman naar de kust terugrijden, maar vergeet dan vooral niet nog even een bezoek te bremgen aan Çatal Höyük. Ten zuiden van Karaman bereikt u na 70 km het laatantieke kloostercomplex van Alahan (zie blz. 328) en na nog eens 82 km de stad Silifke aan de zuidkust. Onderweg kunt u bijkomen in een restaurant langs de Sertavulpas, die in een eenvoudige ambiance geroosterd vlees, zelfgemaakte ayran en honing serveert.

Çatal Höyük ► 21, C 1

Voor een reis in het prehistorische verleden moet u naar de ruïneheuvel **Çatal Höyük** bij **Çumra,** een van de oudste steden ter wereld (7e –6e millennium v.Chr.; hele jaar door toegankelijk, alleen te bezichtigen met de opzichter). Op de zuidwestelijke helling van de hoofdheuvel zijn tot wel twaalf verschillende bewoningslagen aangetoond.

Behalve gereedschappen uit het dagelijks leven, sieraden en beeldjes van klei en albast (tegenwoordig in het Museum van de Anatolische Beschavingen in Ankara, blz. 404), vond men hier ook een complete stadsstructuur: de woonhuizen op een rechthoekig fundament waren gebouwd van zongedroogde stenen in een houten vakwerk en waren toegankelijk via een luik in het dak. De huizen stonden dicht opeen en boven op elkaar. Straten of paden waren er niet. Sommige vertrekken werden vermoedelijk voor rituelen gebruikt en hadden muren die waren beschilderd met afbeeldingen om geesten te weren of waren opgesmukt met vruchtbaarheidssymbolen zoals stierenschedels. De bewoners voorzagen in hun levensbehoeften door de jacht, veeteelt en landbouwproducten als gerst en erwten. Verder moet er een levendige handel in vuurstenen, obsidiaan en ijzererts met naburige nederzettingen bestaan hebben.

Sinds 1993 vinden er nieuwe opgravingen door Turkse en Engelse archeologen plaats. Deze wetenschappers onder leiding van prof. Ian Hodder werken hier doorgaans van juni tot september. Bezoekers worden door een opzichter rondgeleid door het voor toeristen toegankelijke gedeelte, dat gedeeltelijk tegen weersinvloeden is overdekt (de opzichter verkoopt ook een recente, door de Engelse opgravers geschreven gids voor ca. €5. Verse opgravingen zijn verboden toegang!

Direct bij de ingang is speciaal voor de bezoekers een huis uit de stad nagebouwd. Iets verderop staat het museum dat met een videofilm, vondsten en reconstructies van de gevonden muurschilderingen over de cultus informeert. Op het met gras begroeide, heuvelachtige terrein herinnert niets aan de stad; alleen in twee overdekte gedeelten zijn de bouwstructuren aan de fundamenten te herkennen. In het eerste overdekte deel is heel goed de honingraatachtige bouwstructuur te zien; onder de vloeren waren vaak mensen begraven, vermoedelijk voorouders. Onder de tweede overkapping bevindt zich een deel van de stad dat afloopt naar het riviertje, waaraan de stad haar ontstaan dankt.

Informatie

Actuele informatie over de opgravingen kunt u vinden op www.catalhoyuk.com

Karaman ▶ 22, D 2

Aan de rand van de bebouwde kom van **Karaman** wordt de bezoeker begroet door een bronzen beeld van een vriendelijk lachende vrouw die een sappige appel aanbiedt en vergezeld van het symbool van de streek, het Karamanvetstaartschaap. Karaman, een knooppunt van door de Taurus voerende handelswegen, dankt zijn rijkdom en betekenis van oudsher aan de landbouw. Het als bijzonder smakelijk en productief bekend staande vetstaartschaap graast op de weiden en velden rondom de stad tot in de berggebieden van de Kara Dağı.

Karaman, het Byzantijnse **Laranda,** behoorde al vanaf 1165 tot de invloedssfeer van de Seltsjoeken, maar groeide pas onder het heersersgeslacht van de Karamaniden, waaraan de stad zijn huidige naam dankt, uit tot een belangrijk regionaal centrum. Van de oorspronkelijke driedubbele muur van de **citadel** (12e eeuw) op de heuvel boven de stad, is alleen de binnenste nog bewaard gebleven. In de theetuinen onder deze muur is het aangenaam verpozen. Aan de voet van de heuvel staat in het zuiden de Alaeddin Bey Türbesi, de graftombe van de Karamanidenvorst die in 1397 bij de verovering door de Osmaanse sultan Beyazit I terechtgesteld werd.

De **Hatuniye Medrese** ten oosten van de vesting (Turgut Ozal Caddesi) werd in 1382 gesticht door Nefise Sultan, de dochter van sultan Sultan Murat I en echtgenote van de plaatselijke vorst Alaeddin Bey. Blikvanger van de façade is het hoge, rijkelijk versierde portaal met een muqarnasnis van marmer. Het vlakbij gelegen **Karaman Museum** toont in twee afdelingen archeologische en etnografische voorwerpen uit de Romeinse en de islamitische tijd (di.-zo. 8.30-12.30, 13.30-17 uur); in de tuin staan stenen vondsten uit de dezelfde perioden opgesteld, zoals grafstèles en Sidamarasarcofagen.

De boven de entree geschilderde hoge derwisjmuts geeft al aan dat de nog iets verder oostelijk gelegen **Ak Tekke Camii** een voormalig derwijsklooster is. Ondanks de opheffing van de orde in 1925 bleef dit een belangrijk pelgrimsoord van de Mevlevi, omdat hier de moeder van Celaleddin, Mumine Hatun, en zijn broer begraven liggen.

Het complex werd in 1371 gebouwd. De overkoepelde hoofdruimte (de vroegere türbe) is nu een moskee en bewaart achter een houten hek aan de linkerkant de aanbeden cenotaaf.

Accommodatie

Eenvoudige hotels aan de hoofdstraat. bijvoorbeeld:

Doorreisverblijf ▶ Nas Oteli, Ismetpaşa Cad. 30, tel. 0338 213 82 00. Hotel uit de lagere middenklasse (2*), vriendelijke service. 2 pk ca. €20.

Eten en drinken

Historische architectuur ▶ Hatuniye Karaman Sofrası: Hastane Cad. 4, Müze Bahçesi, tel. 0338 214 65 62. Turkse keuken met een ruime keus op de overdekte binnenplaats van de Hatuniye Medresesi.

Kebap en meer ▶ Ender Lokantası: İsmet Paşa Cad. 34, tel. 0338 214 52 51. Populaire gelegenheid met karakteristieke gerechten aan de hoofdstraat in het centrum.

Vervoer

Busstation buiten het centrum aan de weg naar Konya. Meermalen per dag bussen van de lijn Konya–Silifke.

Binbirkilise ▶ 22, D 1

Ten noordwesten van Karaman verheft zich het tot in de wijde omtrek zichtbare vulkanische bergmassief van de Kara Dağı. In deze onherbergzame streek vol bizarre schoonheid ligt de streek **Binbirkilise** ('1001 Kerken'), een unieke, over meerdere dorpen verspreide concentratie van Byzantijnse kloosters en kerken. Deze gebouwen worden echter steeds meer met verval bedreigd en zijn voor het merendeel alleen op lange wandelingen te ontdekken.

Vanuit Karaman bereikt u via Kilbasan, na de afslag bij Dinek over een grindweg eerst het dorp **Madenşehir**. In Byzantijnse tijden heette dit dorp Barata en was het de residentie van een bisschop. Tussen de huizen van de dorpelingen – grotendeels opgetrokken uit de stenen van geplunderde en verwoeste historische gebouwen – is aan de rand van de bebouwde kom een basiliek uit de 10e–11e eeuw te bewonderen.

Via een grindweg komt u vervolgens in het vrijwel verlaten dorp **Üçkuyu**, waar enkele halfnomaden van de traditionele schapen-teelt leven. Midden in het dorp staat de ruïne van een driebeukige basiliek met daarachter een gebouw met een markante poortboog, die vermoedelijk van een klooster is geweest. Met een omwonende (denk aan de fooi!) kunt u nog meer overblijfselen van Byzantijnse architectuur bewonderen, die echter zo beschadigd en vaak als stal of schuur worden gebruikt dat hun oorspronkelijke functie zich slechts laat raden. Alleen al om het schitterende landschap met zijn grandioze panorama's is dit berggebied van de Kara Dağı echter een bezoek waard.

U kunt de weg nog verder volgen tot aan de grote krater onder de **Mahalaç Dağı** (2275 m), de hoogste top van het Kara Dağımassief. Beter is echter de afslag 4 km voor het Dinek in de richting van het al van verre zichtbare televisiezendstation te nemen. Vanaf dit zendstation kunnen wandelaars langs een pad de top beklimmen.

Aan het Tuz Gölü

Horuzlu Han en Sadeddin Han ▶ 7, C 4

Van Konya in de richting van Ankara rijdend, bereikt u twee karavanserais die zeker een bezoek waard zijn: Horuzlu en Sadeddin. De **Horuzlu Han** ligt achter een cementfabriek, de route erheen is met borden aangegeven. De in 1956 gerestaureerde, imposante hal met een verhoogd middenschip en centrale baksteenkoepel dateert uit de 13e eeuw. Het met een achthoekige middentoren bekroonde magazijngewelf is nu een restaurant (www.horozluhan.com).

Een eindje van de weg naar Ankara af ligt bij het dorp Tomek de **Sadeddin Han** (23 km, volg de wegwijzers). Deze indrukwekkende, 90 m lange ruïne ligt volledig geïsoleerd op de boomloze steppe en is al uit de verte te herkennen. De door massieve torens onderbroken buitenmuren zijn verfraaid met talrijke hergebruikte elementen uit de Romeinse en Byzantijnse tijd, dubbele zuilen en bogen. Een indrukwekkendf portaal van afwisselend marmer- en kalksteenblokken geeft toegang tot de

binnenplaats met aan de linkerzijde de driebeukige hal.

Obruk Han ▶ 8, D 4

Aan de hoofdweg van Konya naar Aksaray (zie
blz. 484) ligt de **Obruk Han** (75 km ten oosten
van Konya), een Seltsoekse karavanserai uit
1320. De voorkant is goed bewaard gebleven,
maar het achterste deel van het complex is gedeeltelijk ingestort. Direct achter de karavanserai ligt een grote, 45 m diepe, met water gevulde doline met een diameter van zo'n
120–130 m. De doline maakt deel uit van een
onderaards karstbronnenstelsel, waartoe ook
de dolinen ten zuiden van de weg bij het dorp
Cukurkuyu behoren. Daar liggen nog eens 20
van dergelijke dolinen met een diameter van
soms wel 500 m.

Via Ereğli naar Adana

Vanuit Konya kunt u via Karapınar en Ereğli
weer de zuidkust bij Tarsus en Ardana bereiken. Daar steekt u het Taurusgebergte over via
de 'Cilicische Poort', de pas waar ooit ook de
heerlegers van de Hettieten en de Arabieren
overheen trokken.

Karapınar ▶ 8, D 4

Via de oostelijke uitvalsweg vanuit Konya naar
Ereğli komt u in **Karapınar**. De belangrijke, in
1563 door Selim II gebouwde Selimiye Külliyesi, maakte deel uit van een winterkamp voor
nomaden en was een rustplaats voor pelgrims
die naar Mekka reisden. Dit omvangrijke complex met medrese, karavanserai, armenkeuken en hamam werd recentelijk grondig gerestaureerd en met een groot winkelcentrum
uitgebreid. De moskee kreeg er twee minaretten bij.

Het landschap rondom Karapınar lijkt op
het eerste gezicht eentonig, de hoogvlakte is
boomloos en niet echt aantrekkelijk, maar
biedt toch een aantal vulkanische verschijnselen die een kleine omweg lonen. Ca. 5 km
voorbij het naambord van Karapınar voert een
landweg naar het 2 km verderop gelegen **Meke
Gölü**, een rond, geheel in de vulkanische as ingebed kratermeer. In het midden van het
meer verrijst een al even ronde secundaire ke-
gel van 50 m hoog, ook met een krater.

Nog verder naar het zuiden verheft zich de
1265 m hoge **Meke Dağımı**t met een kratermeer op de top. Op de weg erheen verandert
het landschap ten westen van de piste plotseling en belandt u in een woestijnlandschap
met tot 8 m hoge sikkelvormige duinen, de
laatste getuigen van een meer uit de ijstijd. De
spleten en holen van de kratermeren zijn een
broedplaats voor een groot aantal vogelsoorten. Adelaarbuizerds en aasgieren broeden
hier naast torenvalken, kauwen, holenduiven
en scharrelaars.

Rotsreliëf van İvriz ▶ 22, F 1

Even naast de weg, op de noordrand van de
Taurus, ligt het laat-Hettietische **rotsreliëf van
İvriz**, een van de interessantste bezienswaardigheden van de Centraal-Anatolische hoogvlakte. Sla bij het stadje Ereğli naar het zuiden af, rij door het plaatsje heen en steek
vervolgens de spoorlijn (Bagdadlijn) over. Volg
dan de wegwijzers. Na 17 km bereikt u het
dorp **Aydınkent** (voorheen İvriz). Voorbij het
dorp ligt een snelstromende bronrivier die direct achter een brug in een stuwmeer uit-
loopt.

Langs de rand van dit kleine stuwmeer
noodt een picknickplaats tot het bewonderen
van het beroemde, in een 10 m hoge, gladde
rotswand uitgehouwen rotsreliëf, met rechts
de Hettietische koning Warpalawas van Tu-
wanuwa en tegenover hem de weergod Tar-
hunzas met een sikkel. De koning huldigt de
god, die met aren en druiven het land symbolisch vruchtbaarheid schenkt, ter gelegenheid van het lentefeest. Het reliëf wordt op
grond van de stijlkenmerken in de periode
rond 730 v.Chr. gedateerd.

Het is alleszins de moeite waard nog wat
verder door het dal te wandelen via het pad
door de steeds smaller wordende kloof. Aan
de rechterkant is een natuurlijke rotsbrug en
even verder komt u bij de resten van een Byzantijns klooster, Kızlar Sarayı geheten, met
een tweede, wat grover uitgehakt Hettietisch
rotsreliëf.

Frygië dringt zich niet op, maar moet het hebben van het detail en de voortdurende afwisseling van vormen en kleuren. Het rijkelijk gevarieerde landschap en de bizarre rotsformaties zorgen voor steeds weer nieuwe visuele indrukken met warmgele en -roze tinten die vooral bij lage zon zeer intensief zijn. Bekoorlijk zijn ook de oude dorpjes met hun lemen muren aan bochtige steegjes. Een contrast daarmee vormen de grote steden Ayfon met zijn machtige burcht en de faiencestad Kütahya.

Afyon ▶ 16, D 2

Kaart: blz. 379

De stad **Afyon** op de door de rivier de Aka Çayı doorsneden vlakte, die ook wel **Afyonkarahisar** ('Zwarte Opiumburcht') wordt genoemd, was in de middeleeuwen een knooppunt van karavaanwegen van de Egeïsche Zee naar Konya en vanaf de zuidkust naar het noorden van het land. Tegenwoordig is Afyon met 130.000 inwoners een overslagplaats voor wol en graan, beroemd om zijn tapijten en de productie van intarsia, maar vooral ook als centrum van papaverbouw. De opium leverende papaversoort wordt al sinds de antieke oudheid in Klein-Azië verbouwd en ook toen was het gebruik ervan als slaapmiddel en als pijnstillend middel bekend.

Over de oudste geschiedenis van Ayfon is weinig bekend. Vermoedelijk woonden er toen reeds Hettieten op de berg met de burcht. De oude naam van de stad, **Akroënos**, duidt echter op een Frygische oorsprong. In de 13e eeuw kwam Ayfon in handen van de Seltsjoeken en werd de stad de zetel van de heerschappij van de grootvizier Sahip Ata, een van de belangrijkste persoonlijkheden van het tijdperk der Seltsjoeken. In 1922 vonden in en rondom Ayfon de beslissende slagen tussen Grieken en Turken in de onafhankelijkheidsoorlog plaats, waarbij de stad zware schade leed. Bij **Dumlupınar**, ongeveer 50 km ten wes-

ten van Ayfon, werd het Griekse leger verpletterend verslagen. Atatürk had de slagen geleid vanaf de Kocatepe, een berg ten westen van Afyon, reden waarom men in 1953 een standbeeld op de top oprichtte

Aan deze overwinning herinnert ook het **Zafer Anıtı** ('Monument voor de Overwinning') voor het raadhuis aan het Hükümet Meydanı van Afyon dat Atatürk met zijn beide veldheren Fevzi Paşa en İsmet Paşa (İsmet İnönü, de tweede staatspresident) voorstelt. Het **Zafer Müzesi 1** naast het plein bezit documenten die aan de slag herinneren (ma.-vr. 8.30-12, 13.30-17 uur).

Aan de Kurtuluş Caddesi

De hoofdas van de stad is de Kurtuluş Caddesi, waaraan ook de Külliyewijk van de **İmaret Camii 2** is gelegen die in 1472 werd gebouwd door Gedik Ahmet Paşa, een vizier van sultan Mehmet II. Deze moskee is een typisch voorbeeld van de vroeg-Osmaanse baksteenstijl: het grondplan wordt gevormd door twee tegenover elkaar staande, overkoepelde kubussen die binnenin door een grote boog van elkaar gescheiden zijn. In een zijvleugel toont het **Afyon Etnografya Müzesi** (di.-zo. 8.30-12.30, 13.30-17.30 uur) traditionele kledingstukken en handarbeid

Verder buiten de stad, richting Konya, staat het **Archeologisch Museum 3** (di.-zo. 9-12, 13.30-17 uur), dat een grote collectie antieke stukken uit opgravingen in Frygië bezit (voornamelijk Hettietische, Frygische en Lydische cultuur; kroonstuk van de collectie is een meer dan levensgroot borstbeeld van Herakles uit Prymnessos. In de tuin zijn talrijke Romeinse architectuurdelen en onvoltooide sarcofagen uit Dokimeion (zie blz. 392) te bewonderen.

Op de burchtberg

Het stadsbeeld wordt overheerst voor de boven alles uitstekende burchtberg, op de steile flanken waarvan de pittoreske oude stad met een bezienswaardige bazaarwijk is gelegen.

Onder aan de zuidzijde van de burcht ligt verscholen tussen oud-Turkse huizen de **Mevlevihane Camii** 4, een moskee met kloostercomplex van de 'dansende derwisjen' (zie blz. 366) uit het einde van de 13e eeuw. De zoon van Celaleddin Rumi, Veled Sultan, had in Afyon het grootste Mevlevicentrum na dat van Konya laten bouwen. De **Kuyulu Cami** 5 een blok verder geldt met zijn opvallende, spiraalvormig gecanneleerde minaretten als een van de fraaiste Seltsjoekse gebouwen van de stad.

De **Ulu Cami** 6 in het bovenste gedeelte van de oude stad werd in 1272 gebouwd in opdracht van Nüsreddin Hasan Bey, de zoon van de vizier Sahip Ata. Het is een van de weinige nog intacte houtzuilmoskeeën van Anatolië (zie blz. 365). Bijzonder kostbaar is de originele deur van de kansel, die het Perzische jaartal 671 draagt.

Het vestingcomplex van de **Afyon Karahisar Kalesi** 7, te bereiken via een steile trapopgang, is in meerdere binnenplaatsen met toegangspoorten onderverdeeld. De ruïnes van een toren, van de Kız Kulesi en de overblijfselen van dikke muren, ooit onderdeel van een paleis, en een kleine moskee maken alle deel uit van de vesting die voor het merendeel uit de tijd van de Seltsjoekse sultan Salaeddin Keykubat I (1219-1236) dateert. Vanaf de rots hebt u een schitterend uitzicht over de stad en de vlakte van Afyon.

Informatie

Informatiebureau: Hükümet Konağı, tel. 0272 213 76 00, fax 0272 213 76 01.

Accommodatie

Veel hotels rondom het verkeersplein in het centrum.

Met zwembad en hamam ▶ **Çakmak Marble Hotel** 1: Süleyman Gönçer Cad. 2, tel. 0272 214 33 00, www.cakmakmarblehotel.com. Met 4 sterren het beste hotel ter plaatse met prima lobby, grote kamers met marmeren bad, zwembad met warm bronwater in het sousterrain plus fraaie Osmaanse hamam. 2 pk €60, suites vanaf €80.

In het centrum ▶ **Hotel Soydan** 2: Turan Emeksiz Cad. 2, tel. 0272 215 60 70, fax 0272 212 21 11. Ouder, maar aardig gerenoveerd 2*-hotel, kamers met satelliet-tv en zelfs centrale verwarming. Niet te verwarren met het buiten de stad gelegen Soydan Termal (www.soydantermal.com). 2 pk €30.

Kuuroorden met warmwaterbronnen rond Afyon zijn Ömer (14 km), Gazlıgöl (22 km, blz. 384), Hüdai (66 km) en Gecek (18 km). Hier zijn tal van hotelcomplexen ontstaan.

Luxe warme bron ▶ **Oruçoğlu Thermal Resort:** Aan de weg naar Kütahya (14 km), tel. 0272 251 50 50, fax 0272 251 50 60, www.orucoglu.com. Hotel met warmwaterbron (5*) annex overdekt bad, modern wellnesscentrum en groot zwembad met waterglijbaan. 2 pk vanaf €70.

Hete bron ▶ **Sandıklı Hüdai Kaplıcası:** Op 8 km van Sandıklı, tel. 0272 535 73 00, http://hudai.sandikli.bel.tr. Iets eenvoudiger badgelegenheid, bestaande uit een 2*-hotel en een 3*-hotel met een warme bron. De bron is met bijna 70 °C de heetste van de streek; er zijn ook speciale modderbaden (fango) aanwezig. 2 pk met halfpension €60.

Eten en drinken

Verzorgde ambiance ▶ **İkbal** 1: Dervişpaşa Cad., Uzun Çarşı (vanaf hoofdplein richting bazaar Basar), tel. 0272 215 12 05. Degelijk geleid traditioneel restaurant waar Atatürk al kwam eten. Uitstekende keuken, specialiteit is *Afyon sucuk*, een knoflookworst. Geen alcohol.

Kaymakgerechten ▶ **Nur Lokantası** 2: Uzun Çarşı, Ziraat Bankası Geçidi, tel. 0272 215 33 35. Traditioneel restaurantje in het centrum,

Afyon

Hoogtepunten
1 Zafer Müzesi
2 İmaret Camii
3 Archeologisch Museum
4 Mevlevihane Camii
5 Kuyulu Cami
6 Ulu Cami
7 Afyonkarahisar Kalesi

Accommodatie
1 Çakmak Marble Hotel
2 Soydan

Eten en drinken
1 İkbal
2 Nur Lokantası
3 AVM Kadınana

Winkelen
1 Altınay Şekerleme
2 Eski Bedesten

Uitgaan
1 Art Cafe

Actief
1 İmaret Hamamı

veel kipgerechten en ook specialiteiten met *kaymak*, de waterbuffelroom uit Bolvadın (zie bla. 263).

Modern leven ▶ AVM Kadınana 3**:** Bankalar Cad., tel. 214 79 00. Deze AVM-supermarkt op de hoek van Kadınana Caddesi is de grootste van de keten; met een modern restaurant en een café op de bovenverdieping (met groot tv-scherm en terras).

Winkelen

Zoete lekkernijen ▶ Altınay Şekerleme 1**:** Millet Cad. 5, www.altinaysekerleme.com. In zijn eerste winkeltje aan het plein met de Papaverbron verkoopt deze nu in heel Turklije actieve fabrikant zoetigheden zoals *lokum* (Turks fruit), *helva* (Turkse honing), *pismaniye* (krokant gebak) en ook suikergoed van *kaymak*, de room van waterbuffelmelk.

Markthallen ▶ Eski Bedesten 2**:** Köprübaşı Cad. In de oude bazaarhal en ook in het nieuwe Belediye Çarşısı daartegenover vindt u tal van traditionele en moderne winkeltjes. Ideaal voor souvenirs.

Uitgaan

Romantisch café ▶ Art Cafe 1**:** Gediz Ali Sok. Veel is er 's avonds niet te doen in Afyon. Op de binnenplaats van de oude Taş Medrese bij de İmaret Camii is echter een romantisch café, dat tot middernacht open is.

Actief

Turks bad ▶ İmaret Hamamı 1**:** Kurtuluş Cad. 4. Het historische hamam bij de İmaret Camii is een bezoek waard. Het is een dubbele hamam met baden voor mannen en vrouwen; u kunt dus ook tegelijk in bad.

Agenda

In september vindt in Bolvadın ten zuidoosten van Ayfon, vlak bij de stad Çay (zie blz. 263) drie á vier dagen lang het **Kaymak-** of **waterbuffelfeest** plaats met folkloristische voorstellingen, een jaarmarkt en andere evenementen.

Vervoer

Busstation aan Ankara Yolu; zeer frequente verbindingen, zoals met Ankara, Antalya, Konya, Pamukkale. Afyon is ook een knooppunt van het Turkse spoorwegnet.

Kütahya ▶ 2, F 4

Op ca. 100 km ten noorden van Afyon ligt **Kütahya**, een tussenstop op weg naar de belangrijke antieke stad Aizanoi (zie blz. 381). De stad dankt zijn naam aan Frygische vruchbaarheidsgodin Kotys (Cybele of Kybele). In de Byzantijnse tijd werd de stad bisschopszetel en kwam hij tot welstand omdat hij aan een belangrijke handelsroute van Anatolië lag. Zijn grootste bloei beleefde Kütahya onder de heerschappij van het Koerdisch-Turkse vorstengeslacht der Germiyaniden, voordat de stad als gevolg van dynastieke relaties Osmaanse handen viel.

Na de succesrijke veldtocht van Selim I tegen de Perzen in 1514 werden hier Azerbeidzjaanse ambachtslieden naar toe verbannen die de basis legden voor de traditie van de befaamde Kütahyakeramiek. Deze verwierf weliswaar nooit de faam van İznik (zie blz. 175), maar omdat men hier al vroeg niet alleen in opdracht van het hof werkte, is deze

traditie tot op de dag van vandaag levend gebleven. In Kütahya werden zelfs tegels vervaardigd met christelijke motieven voor de orthodoxe kerken van Armenië en Oost-Europa.
Wat betreft de gebruikskeramiek herinneren
vooral de voorwerpen uit de 16e eeuw aan het
Chinese Mingporselein uit de 15e eeuw, temeer omdat men behalve pioenrozen en andere bloemen uit het Turkestaans-Mongoolse
cultuurgebied (tulpen, hyacinten, anjers) ook
Aziatische motieven zoals de Chinese wolken
of draken, feniksen, slangen en reigers over-
nam.

Tegenwoordig is Kütahya, een moderne
stad met ca. 202.000 inwoners, een belangrijk
regionaal economisch centrum. Naast de nog
altijd florerende faience-industrie heeft de
stad een cement-, een suiker- en een grote,
door I.G. Farben gevestigde stikstoffabriek.

De musea

U kunt de rondgang langs de musea het best
beginnen op het Belediye Meydanı, het hoofdplein van de stad. Hier staat een bron in de
vorm van een enorme aardewerken vaas. In
het aangrenzende oude stadskwartier lijkt alles nog zoals vroeger: nauwe straatjes met
rijen karakteristieke, twee verdiepingen hoge
huizen met uitstekende erkers en oude houten tralies voor de ramen.

Aan het einde van de Cumhuriyet Caddesi
ligt de **Vacidiye Medrese** uit 1314, ooit opgericht als theologische hogeschool met een observatorium en een onderzoeksinstituut voor
natuur- en wiskunde. Sinds 1956 is in dit gebouw met zijn indrukwekkende Seltsjoekse
portaal het **Archeologisch Museum** gevestigd
(di.-zo. 9-12.30, 13.30-17 uur). Het pronkstuk
van de interessante collectie is een Romeinse

Het oude stadscentrum van Kütahya met de koepels van de Ulu Cami

sarcofaag uit de 2e eeuw die in 1990 in Aizanoi werd gevonden. De fraaie reliëfs op de uitstekend bewaard gebleven zuilensarcofaag beelden de strijd van de Amazonen met de Grieken uit.

De bouw van de **Ulu Cam**i achter de Vacidiye Medrese begon voor 1400 onder sultan Sultan Beyazıt I en kwam gereed onder Fatih Meh-

Tip: Osmaanse tegels

In Kütahya vindt u in het centrum talrijke faienceateliers die de aloude Osmaanse keramiektraditie voortzetten. U kunt hier niet alleen keramiek kopen, maar ook gadeslaan hoe moderne designs worden ontworpen en aardewerk wordt beschilderd.

met II. Tegenover de noordelijke ingang staat een rijk met faience en marmer beklede bron. Op de tegenoverliggende zijde van het plein staat de **Mevlevi Hanı**, een klooster van de dansende derwisjen dat tegenwoordig onderdak biedt aan het **Çini Müzesi** (Faiencemuseum, di.-zo. 9-12.30, 13.30-17 uur) voor de keramische historie van de stad

Bazaarwijk en kasteel

Boven de Ulu Cami strekt zich een bezienswaardige oude stadswijk uit. Aan de weg naar het kasteel staat het **Kossuth Konağı** (Macar Evi), het huis waarin de Hongaar Lajos Kossuth (1802-1894) in 1850 als balling onderdak vond. Nu is het een museum voor de Osmaanse wooncultuur van de 19e eeuw (di.-zo. 9-12.30, 13.30-17 uur).

Als u voorbij een kleine koepelmoskee, de **Kurşunlu Cami**, en de **Paşam Sultan Türbesi** wandelt, komt u uit bij de **Tabakhanı Camii** uit de 15e eeuw en bij de ingang van de bazaarwijk. Middelpunt van het bazaarcomplex vormen de **Takkaçilar Camii** en de **Küçük Bedesten**, een overdekte markthal, met aansluitend de later gebouwde **Bedesten**, nu een groentemarkt

De uitgestrekte **citadel** dateert uit de Byzantijnse en Seltsjoekse tijd. De klim naar boven loont de moeite. In de theetuinen met fraai uitzicht is het aangenaam verpozen. Vanaf het museum leidt een rijbaan naar een uitkijkpunt in de vesting.

Informatie

In de zomer een **informatiekiosk** aan de Belediye Meydanı (oostzijde).

Accommodatie

Tegels alom ▶ Gül Palas: Belediye Meydanı, aan het verkeersplein in het centrum, tel. 0274 216 12 33, fax 0274 216 21 35, www.gulpalas.com. Een paar jaar geleden gerenoveerd, het beste hotel van de stad in een met blauwe tegels gedecoreerd gebouw achter het raadhuis. De kamers zijn enigszins ouderwets. 2 pk €45.

Met hamam ▶ Hotaş Hotel: Menderes Cad., Akabe Sok. 5, tel. 0274 224 89 90, fax 0274 224 20 24, www.hotashotel.com.tr. Middenklassehotel even terzijde van de grootste doorgangsstraat, met hamam, kamers in bloemendecor. 2 pk €40.

... buiten de stad

Kuurhotel ▶ Tütav Termal: Yoncalı, tel. 0274 249 42 12, www.tutavtermal.com.tr. Groot, modern kuurhotel in de betere categorie aan de weg naar Tavşanlı (ca. 18 km). 73 kamers, 10 appartementen, 20 motelkamers. Grote binnen- en buitenbaden, hamam, fitness-studio, veel kuurgasten. 2 pk €90.

Eten en drinken

Aan het hoofdplein (Belediye Meydanı) en de Atatürk Bulvarı veel eenvoudige kebablokanta, wel zonder alcoholvergunning. Alcohol wordt alleen geschonken in de restaurants van de betere hotels, zoals dat van **Hotel Hotaş** (zie boven).

Modern ▶ Mülayımoğulları: Atatürk Bulvarı 11, tel. 0274 224 92 03. Modern kebabrestaurant, grillgerechten en lahmacun, populair bij de jeugd.

Op de burcht ▶ Döner Gazino: Kütahya Kale, tel. 0274 226 21 76. Naast een theetuin staat op de burchtheuvel het Döner Gazinosu, vroeger een nachtbar, maar gaandeweg veranderd. Tegenwoordig worden hier bij een uitzicht van 360° goede gegrilde gerechten geserveerd.

Museaal ▶ Kütahya Konağı: Kurşunlu Sok. ten westen van de Ulu Cami. In het fraai gerestaureerde huis in de oude stad worden traditionele recepten bereid.

Winkelen

Rondom de Belediye Meydanı vindt u talrijke faienceateliers met karakteristieke Kütahyakeramiek.

Kütahyakeramiek ▶ Klas Çini, Eskişehir Yolu 4 km, tel. 0274 225 11 20. Deze werkplaats met verkoopuitstalling ligt aan de uitvalsweg naar Eskişehir en staat bekend om zijn goede handwerksproducten. **Manufaktur Altın Çini:** Als u er bij de poort om vraagt, kunt u ook de grote faiencefabriek aan de weg naar Eskişehir (8 km) bezichtigen, tel. 0274 225 04 45. Het bijbehorende atelier, dat moderne tegels voor de badkamer maakt, staat in de buurt van de Belediye Meydanı in de Sebirenler Cad., tel. 0274 212 29 75.

Vervoer

Busstation aan de uitvalsweg naar Eskişehir. Minimaal 1 maal per uur naar alle grote steden van Turkije.

11 Aizanoi ▶ 15, B 1

Een kilometer of 50 van Kütahya, bij het dorp Cavdarhisar, liggen de resten van de ooit belangrijke stad **Aizanoi**. Deze fraai aan de Koca Su, de antieke Penkalas (Rhyndakos) uit de klassieke oudheid, gelegen plaats dankt zijn naam aan de Toerkmenenstam van de Cavdaren die zich in de 13e eeuw in Aizanoi (Latijn:

Aezani) vestigde. Bij een zware aardbeving in 1970 werd het oude dorp vrijwel geheel verwoest en aan de andere kant van de hoofdweg opnieuw opgebouwd. Een paar huizen in oud-Turkse stijl tussen de antieke ruines worden echter nog bewoond (alleen de tempel en het tempelplein zijn omheind (dag. 8.30–17 uur), de rest van de opgravingen is vrij toegankelijk.

Op deze sinds oude tijden bewoonde locatie zouden Eumenes II van Pergamon en Prusias I van Bithynië, die in een constante vete met elkaar leefden, ten slotte gezamenlijk een cultus gesticht hebben). In de Romeinse keizertijd groeide Aizanoi uit tot een welvarende stad waar ter ere van verschillende keizers sportwedstrijden werden gehouden. Onder Hadrianus (117–136) en in de decennia daarna werd de stad verder verfraaid en uitgebreid.

Tempelplein en omgeving

De ruïnes worden beheerst door de kolossale **Zeustempel**, die rond 125 als hoofdtempel van de stad verrees, boven op een oud Cybeleheiligdom in een met een tongewelf overdekte ruimte onder de cella van de tempel. Van de oorspronkelijke 48 zuilen staan er nu nog 16 overeind die voor een deel door architraven met elkaar zijn verbonden. Voor de westgevel staat het monumentale fragment van een akroterion met het door acanthusranken omlijste gezicht van een godin, vermoedelijk Cybele. Met zijn luchtige bouwstijl en elegante proporties wordt deze tempel als een schoolvoorbeeld van de zogeheten Hadriaanse renaissance van de 1e eeuw.

De tempel stond midden op een representatief, door zuilengalerijen omgeven plein, met aan de oostzijde de **agora** die via een bijna 40 meter brede trap met een propylon vanaf het tempelplein te bereiken was. Oostelijk van de agora stond een kleine **podiumtempel** die men als heroon duidt. De zichtbare delen van dit gebouwtje waren van marmer, alle niet zichtbare muren van het plaatselijk ruimschoots aanwezige, zeer poreuze kalksteen.

Zo'n 500 meter ten noorden van de Zeustempel ligt midden in de velden het unieke **stadion-theatercomplex** dat ondanks de aard-

beving van 1970 nog in goede staat verkeert. Met de bouw van dit complex werd rond 160 begonnen al duurde het werk tot halverwege de 3e eeuw. Het stadion was ongeveer 220 meter lang en eindigde bij het toneel van het theater met ruimte voor ca. 7000 toeschouwers. Het stadion bood plaats aan 12.000 toeschouwers. De rijen zitplaatsen waren gebogen, zodat iedereen de voorstelling kon volgen. De afstand bedroeg in het midden 44 m en aan de smalle uiteinden 29 m. De marmeren gevel aan de achterzijde van het stadion vormde een fraaie achterwand voor het toneel. Delen van de marmeren bekleding staan tegenwoordig opgesteld in het stadion. De marmeren bekleding van het toneel met fragmenten van een jachtfries is ingestort en ligt in het orchestra.

Tussen de Zeustempel en het stadion verrijst een groot **thermencomplex** uit de 2e eeuw, een van de grootste in zijn soort in Klein-Azië. Om de centrale ruimte heen liggen twee zalen met apsiden.

Bij de brug van het tempelplein naar het dorp staan een religieuze inscriptie en twee reliëfplaten met afbeeldingen van een schip, een zeepaardje en een zeemonster. De inscriptie van de stichter Eurykles vertelt van de zeereis van deze prominente burger van de stad die deze tussen 153 en 157 vertegenwoordigde bij het Panhellenion, een Griekse stedenbond.

Een tweede brug met drie bogen leidt naar het **macellum**, een rond gebouw dat als levensmiddelenmarkt fungeerde. In de buitenmuren van dit gebouw werd in 304 onder Diocletianus een prijzenedict gebeiteld waarmee de keizer de inflatie in zijn rijk probeerde te bestrijden door vaste prijzen te verordonneren voor alle waren, niet alleen voor levensmiddelen, maar ook voor marmer, goud en leder, en zelfs slaven en dieren. Een maatregel die te laat kwam, want ook met deze rem op de prijzen was de maatschappelijke en economische crisis in het laat-Romeinse rijk niet meer op te lossen.

Achter het macellum werd recentelijk een brede **avenue** blootgelegd die pas in de 4e eeuw is aangelegd en die goed laat zien hoe

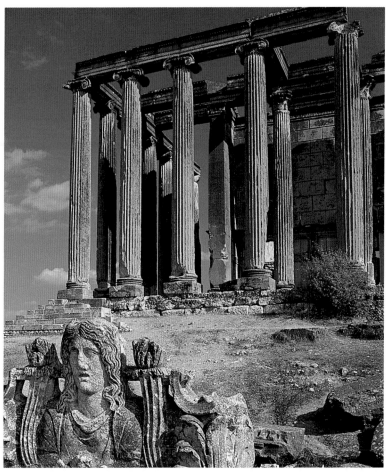

De Tempel van Aizanoi, een van de best bewaard gebleven van Turkije

er ook in de klassieke oudheid al aan 'recycling' werd gedaan. Uit oude huizen en tempels werden zuilen en beelden verzameld voor een doorlopende overkapping van de zuilengalerij.

In het noordoosten ligt een tweede **thermencomplex** waarin in de Byzantijnse tijd een bisschoppelijk paleis werd ingebouwd. In een van de ruimten is een schitterend bewaard gebleven mozaïek te bewonderen, met in het midden 'achtervolgingsscènes' die in de klas-

sieke oudheid erg populair was: een zich afwendende bacchante die zich een wellustige sater van het lijf probeert te houden. Onder een afdak staat ook een beeld van de godin Hygieia.

Het heiligdom van de Meter Steunene

De weg naar het ca. 3,5 km buiten de stad gelegen heiligdom van de Meter Steunene voert langs het riviertje door het dal omhoog naar een rotswand. Op de hoogvlakte boven de nu bedolven grotten staan twee ronde bouwsels. Alles wijst erop dat dit ooit de locatie van het 'bloeddoop' (taurobolium, criobolium) was, waar de inwijdingsriten van de Cybelecultus gevierd werden. Hierbij werd een versierde stier (voor Cybele) of ram (voor de god Attis) geslacht, waarvan het bloed over de dopeling vloeide, die nu boete had gedaan en daarna als gereinigd en herboren werd begroet. Beide vormen van de bloeddoop raakten in de 2e eeuw vanuit Klein-Azië in zwang in het westen van het rijk, waar de cultus van Cybele en Attis vermoedelijk in de tijd van Antonius zijn hoogtepunt bereikte

Het Frygische hoogland ▶
15/16, C 1/2–D 1/2

Kaart: blz. 387
Het Frygische hoogland rijst uit de Anatolische hoogvlakte omhoog en bereikt met de top van de Turkmen Daği ten oosten van Kütahya een hoogte van 1829 m. Het grootste deel van het bergland is met vulkanische tuf bedekt. Door erosie ontstond vooral in het zuidelijke deel een uiterst afwisselend landschap met dalen vol kloven en spleten, geïsoleerde plateaus en tafelbergen. Op de verhoogde tufsteenplateaus bouwden de Frygiërs hun versterkte nederzettingen en burchten en in de steile wanden hakten ze hun grafkamers, rotsreliëfs en cultusmonumenten.

De dalen lopen in de regel van noord naar zuid. De natuurlijke tracés van de verkeerswegen werden ook in de oudheid al gebruikt. De oostelijke helft van het hoogland wordt doorsneden door het dal van de Bel Dere die zich met de Seyit Su verenigt en bij Seyitgazi het Frygische hoogland verlaat. In dit dal, waarvan het middelste gedeelte ook wel Kumbet Dere wordt genoemd, zijn nog tal van resten uit de tijd van de Frygische bewoning te vinden. Vanhier zijn ook de hooggelegen dalen rondom de Midasstad te bereiken. In tegenstelling tot de vrijwel boomloze Anatolische hoogvlakte, die meer iets van een steppelandschap heeft, is de vegetatie van het

hoogland verrassend gevarieerd. Jeneverbessen, wilde amandelen, peren, appels en pruimen en hazelnoten gedijen hier welig. Hoger op de bergen vinden zich nog uitgestrekte dennenwouden.

Döğer en omgeving ▶ 16, D 1
Rijd vanuit Afyon in noordelijke richting. Ga bij de splitsing voor de plaats Gazlıgol verder naar Ihsaniye. Met zijn hete bronnen biedt het kuuroord **Gazlıgöl** de plaatselijke bevolking enig bescheiden badcomfort; hier wordt ook het sodahoudende mineraalwater (Kızılay Madensuyu) gebotteld. Van de sodahoudende modder wordt in Kütahya faience gemaakt (zie blz. 378). In het centrum van het thermencomplex ligt het **İçme Hamamı**, een Osmaans bouwwerk met Romeins-Byzantijnse zuilen en kapitelen (ook wel Roma Hamamı genoemd).

Van İhsaniye voert de nog geteerde weg naar **Döğer**. Aan het hoofdplein staat een Osmaanse karavanserai uit de tijd van Murats II, die de sultan in 1434 liet bouwen. De binnenplaats en de grootste hal met bovenverdieping en twee koepelruimten langs de zijkanten zijn overdekt. Twee uit de ommuring naar voren stekende poorten geven toegang tot de han.

Na een kleine wandeling bereikt u het rotsmonument **Aslankaya** en de **Emre Göl** (zie blz. 385); met de auto rijdt u naar de feeënschoorstenen *(peribaçaları)* van **Üçlerkayası** en **Bayramaliler**.

Ayazini (Metropolis) ▶ 16, D 1
Van de weg van Gazlıgol naar Seyitgazi slaat u bij **Kunduzlu** af op een geteerde weg naar de grottenstad **Metropolis**. Met zijn vele Byzantijnse en Romeinse bouwsels is de stad voor een deel loodrecht tegen en in de steile rotswand gebouwd. Links van de weg ligt eerst halverwege de wand de hamam genoemde grote **basiliek**. Dit belangrijkste religieuze gebouw van de stad was in de Byzantijnse tijd het wereldlijke en religieuze centrum van de regio. De hoofdapsis, de zijabsissen en de hoofdkoepel zijn niet alleen van binnen uit uitgehakt, maar ook van buitenaf zichtbaar.

Wandeling vanaf Döğer rond het Emremeer

Informatie

Begin: Hoofdplein van Döğer.
Lengte: Rondwandeling van 7 km.
Duur: Ca. 2-2,5 uur.
Belangrijk: Trek stevige wandelschoenen aan en zorg dat u onderweg voldoende water bij u hebt.

De weg naar de belangrijkste rotsmonumenten bij Döğer volgt eerst de richtingborden naar Aslankaya. Via de dorpsstraat komt u na ongeveer 300 m uit bij een onverharde, stoffige weg. Houd bij de eerste aftakking rechts aan en loop langs een hoogspanningsmast 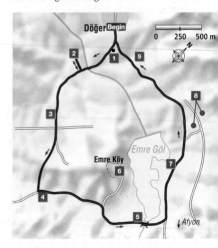 tot u na ongeveer 2,5 km een landweggetje, meer een karrenspoor, naar rechts afbuigt. Achter een beekje, na ca. 150 m, staat u voor het rotsaltaar **Kücük Kapıkaya** 2 . Dit rotsaltaar is gewijd aan de Frygische godin Cybele, wier reliëf in de omlijste nis staat. De gevel van het altaar is helaas maar gedeeltelijk bewaard gebleven. Grafrovers hebben een deel van de façade opgeblazen.

Als u de hoofdweg verder volgt, komt u in **Aslankaya** 3 , het belangrijkste Frygische rotsmonument in het zuiden van de streek. De 'Leeuwenrots' is een 14 m hoog, geïsoleerd staande tufsteenkegel waarvan in de kunstmatig afgevlakte zuidkant een 7 m hoge nissenfaçade is uitgehakt. De nis met daarin het beeld van Cybele, is net als bij het Midasmonument met geometrisch vlechtwerk versierd. Twee rechtopstaande leeuwen flankeren de godin en raken met hun voorpoten haar hoofd aan.

Volg over de steeds slechter wordende weg onmiddellijk na de kruising de naar naar rechts afbuigende weg door een open dennenbos, hier en afgewisseld met eikenbomen. Daar waar een karrespoor bij de weg uitkomt, ca. 900 m van Aslankaya verwijderd, ligt het Cybeleheiligdom **Büyük Kapıkaya** 4 . De fi-

guur van de godin is in haut-reliëf in de rots uitgehakt.

Blijf nu de weg naar het oosten volgen. Na ongeveer 600 m slaat u bij een van rechts komende weg naar links af en loopt u om het drassige gebied van het stuwmeer **Emre Gölü** heen. Bij de eerstvolgende kruising houdt u rechts aan om daarna weer links af te slaan tot u over een bruggetje 5 de oostelijke oever van het meer bereikt.

Aan de overkant van de brug komt u terecht op een bredere weg die u naar links blijft volgen om weer terug te lopen naar Döğer. Op de tegenoverliggende zijde van het meer verheft zich de **kasteelberg** 6 , waarop een Byzantijnse nederzetting ligt met een kerk en rotswoningen. Deze woningen worden *Kırk Mevdiven* (40 trappen) genoemd. Op de terugweg komt u langs vier **Frygische graven** 7 . Op de berghelling ertegenover kunt u rotswoningen en -graven uit de Frygische en Byzantijnse tijd zien liggen, met onder meer een **dubbele kerk** 8 met diepe nissen. Langs de kapel **Kadıkaya** 9 wandelt u ten slotte terug naar Döğer.

Het graf van Midas boven de hutten van het dorp Yazilikaya

Ze doen wel denken aan kerken die in steen zijn gebouwd, maar hier is alles uit het zachte tufsteen is gehouwen.

De weg voert onder de steile wand langs naar het huidige dorp. Onderweg komt u nog een kleine kapel tegen en 150 m verder ziet u een kerk in een geïsoleerd staand rotsblok. Interessanter is waarschijnlijk een **Romeins graf** met een voorgevel die bestaat uit twee zuilen met een timpaan en twee tegenover elkaar staande leeuwen. Nog weer 250 m verder zijn links in de rotswand woon- en opslagruimten uitgehouwen, die via trappen langs de rotswand te bereiken zijn. Boven het islamitische kerkhof zijn in de rotswand de portalen van nog meer Byzantijnse kapellen en Romeinse graven te zien, die het gemakkelijkst te bereiken zijn via een smal pad dat boven over het plateau loopt. Op de terugspringende rotswand ligt een uitgebreid gravencomplex met een grote voorhal en een imposante deur die geheel in laatklassieke stijl is nagemaakt. De halfronde gevel wordt geflankeerd door twee leeuwen.

Midas Şehri ▶ 16, E 1

In het midden van het hoogland, ongeveer halverwege tussen Afyon en Seyitgazi, slaat u via Yapıldak af naar Midas Şehri. De 'Midasstad' beleefde haar culturele bloei weliswaar

Frygisch hoogland

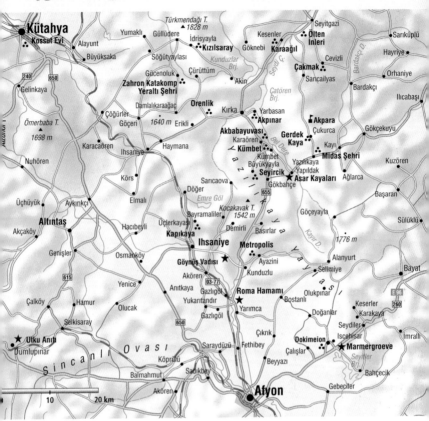

niet ten tijde van koning Midas, maar in het rijk van de Lydiërs, die de erfenis van het Frygische rijk aanvaardden. Alexander de Grote heeft de stad nog op zijn doortocht door het hoogland aanschouwd. Onder zijn opvolgers werd hij verlaten. Dat de plek in later tijden opnieuw bewoond werd, bewijzen de Byzantijnse huizen en graven in het losstaande tufsteenblok ten noorden van het Midasmonument. In de 5e–6e eeuw begon de ontvolking van het Frygische hoogland. Tegenwoordig ligt onder de Midasstad het uitgestrekte dorp Yazılıkaya, bewoond door Tsjerkessen die hier in de 19e eeuw naar toe moesten verhuizen.

Het **Midasmonument** (Midas Mezarı) uit de 8e eeuw v.Chr. is eigenlijk de façade van een cultusoord, vergelijkbaar met de voorgevel

van een tempel. In het middelste gedeelte van het complex, dat zoals alle Frygische gewijde plaatsen, naar het oosten gericht is, bevindt zich een nis met het beeld van de moedergodin Cybele. Boven de met geometrische patronen in vlakreliëf versierde façade is aan de linkerkant een grote Frygische inscriptie te zien, waarvan nog twee woorden te lezen zijn FANAKTEI en MIDAI; het laatste woord associeerden vroegere onderzoekers met de naam van de beroemde Frygische koning Midas (zie blz. 376).

Als u vanhier rechts om de berg heenloopt, komt u na ongeveer 500 meter bij de façade van het onvoltooide monument **Küçük Yazılıkaya** aan de noordzijde van de akropolis. De goed bewaard gebleven fries is versierd met

actief

Grotmonumenten in het Göynüşdal

Informatie

Begin: Afyon-Eskişehir Yolu (D665).
Lengte: Vanaf de parkeerplaats ca. 5 km heen en terug.
Duur: Ca. 1,5 uur.
Belangrijk: Lichte wandeling in het Göynüşdal.

Drie andere Frygische rotsheiligdommen liggen ten westen van Ayazini in het Göynüşdal (Göynüş Vadısı ▶ 16, D 1, vaak ook Köhnüşdal genoemd). De weg van Afyon naar Seyitgazi heeft vlak voor na de afslag naar Ayazini nog een afslag naar links, aangegeven met het bord 'Aslantaş'. Deze weg eindigt op een kleine parkeerplaats vanwaar een voetpad naar de Frygische rotsgrafcomplexen Aslantaş en Yilantaş op de linkerhelling van de rots leidt.

Het rotsmonument **Aslantaş** staat aan de noordrand van een plateau, dat op dit punt ca. 11 m hoog is. Twee rechtopstaande, naar elkaar toegewende leeuwen steunen in een heldhaftige houding met de achterpoten op een vooruitstekende trede. Tussen de poten en de nis liggen nog twee leeuwen. De trappen opzij, de rijkelijk bewerkte randen en de door de leeuwen omlijste nis, waarin de godheid als baitylos (niet-antropomorfe figuur) is uitgebeeld, duiden op een heiligdom voor Cybele.

Een paar meter verderop ligt nog een ritueel monument. De **Yılantaş,** of 'Slangensteen', is versierd met reliëfs, die helaas door de aangerichte verwoestingen van het monument nog maar voor een deel te zien zijn. Het beschadigde leeuwenrelief is nog steeds indrukwekkend.

Als u vervolgens de landweg die het dal over de moerassige rivierbedding doorkruist volgt, komt u na ca. 700 m uit bij de façade van het **Maltaşmonument** tegen de steile wand van een laag plateau. Het onderste gedeelte van het monument is bedekt met de modder van het riviertje, het bovenste deel met een breedte van 9 m en een hoogte van 3,5–4 m is echter nog duidelijk zichtbaar.

om en om lotusbloemen en palmetten

Een rondwandeling door het stad- en burchtcomplex begint onder aan het Midasmonument en buigt dan af naar links. Vanaf het smalle pad ziet u in de rotswand Frygische **rotsgraven**. Aan het einde van het pad voert een **trap omhoog** naar het plateau van de akropolis.

Het mooiste voorbeeld van een vrijstaand Frygisch monument is de uit de rots gehouwen **troon** met een grote Frygische inscriptie op het plateau van de akropolis. De trap leidt er rechtstreeks naar toe en maakte waarschijnlijk deel uit van een processieweg.

Aan de noordzijde van de burchtberg leiden trappen, die voor een gedeelte open en voor een gedeelte overdekt zijn, naar het binnenste van de berg om daar in lange tunnelschachten te eindigen. Ze liepen naar bekkens en grotten en dienden voor de watervoorziening van de stad, maar waren ook met de Cybeleverering verbonden

De Midasstad was het centrum van een reeks Frygische bolwerken en nederzettingen. Kijkt u vanaf het plateau van de vesting in noordelijke richting over het dorp Yazılıkaya heen, dan zijn er vier van deze burchten te herkennen: Akpara Kale op enige afstand, Gokgoz Kale aan de overkant van het dal, Pişmiş Kale en Kocabaş Kale. De indrukwekkendste is de Pişmiş Kale, die eveneens te beklimmen is, al kan de klim naar boven wel vermoeiend zijn.

Als u van Yazılıkaya naar het dorp Cukurca rijdt, kunt u links in de rotswand de **Arezastisfaçade** onderscheiden, die uit het midden van de 6e eeuw dateert. Deze façade dankt haar naam aan twee woorden uit de lange Griekse inscriptie: MATEPAN APEZASTIN. Vanuit Çukurca leidt een onverharde weg onmiddellijk bij de ingang van het dorp naar links, naar de façade Gerdek Kaya, een grafcomplex uit de Romeinse tijd, dat al uit de verte zichtbaar is.

Kümbet ▶ 2, F 4

Het mooie plaatsje Kümbet, ongeveer 3 km ten oosten van de weg (38 km voor Seyitgazi), is met zijn markante türbe op het rotsplateau al van verre te onderscheiden. Het ligt op een scherpe rotsrichel die aan de oostkant loodrecht afloopt en het weidse, van noord naar zuid lopende Kumbetdal beheerst (het zuidelijke uiteinde van het dal wordt gemarkeerd door de imposante vesting Asar Kayaları bij Yapıldak). In het hoge gedeelte van het dorp ligt aan de oostzijde een rotsgraf dat vanwege de figuren die erin zijn uitgehakt Arslan Kaplan

Türbesi ('Graf met de Leeuwen en Tijgers') heet, maar ook wel bekend is als 'Graf van Solon'. Het huidige reliëf dateert uit de Romeinse tijd, toen het graf opnieuw gebruikt werd. Rechts is een stier en links een Gorgoon te herkennen. Op het plateau werd een tekke gebouwd en een kleine, achthoekige türbe opgericht die door een oud Turks kerkhof wordt omgeven.

In de tweede helft van de 18e eeuw was Kumblet de residentie van de Derebey Yarım Ağa, wiens woonstee strategisch op de rotspunt was gelegen. De fundamenten en enkele muurdelen daarvan werden uit de rots gehouwen.

Seyitgazi ▶ 3, A 4

Op de oostelijke flank van het Frygische bergland ligt de plaats Seyitgazi, met het boven alles uitstekende **klooster van de Bektaşıorde** (dag. 8–19 uur) met bijbehorend museum (dag. 8–19 uur).

Boeren in het Frygische hoogland

Herinneringen aan de verbitterde strijd tussen Arabieren en Byzantijnen, tussen de islam en het christendom, zijn in deze landstreek met zijn talrijke legenden in de eerste plaats verbonden met het bedevaartsoord Seyitgazi. Seyit Battal Gazi uit Malatya was de aanvoerder van een van de talrijke Arabischislamitische legerafdelingen die aan het begin van de 8e eeuw tot diep in het christelijk-Byzantijnse Klein-Azië oprukten. Zijn legendarische successen bezorgden hem veel roem en de naam dat Allah hem bijzonder gunstig gezind was.

De omstandigheden van zijn ongewone dood in 740 bij de belegering van Akroënos (Afyon) waren stof voor een groot aantal legenden: de dochter van de Byzantijnse keizer zou namelijk op het eerste gezicht verliefd op de aanvoerder van de vijandelijke troepen zijn geworden. Op een dag zag ze hem slapend voor de muren van de stad liggen en gooide ze, om hem voor een naderende legerbende te waarschuwen, een steen naar hem die hem doodde. Uit verdriet daarover stortte ze zich in de stadsmuur. De tragiek wil dat het aanstormende leger werd aangevoerd door de zonen van Battal die op zoek waren naar hun vader. Battal en de prinses werden zij aan zij op de plek van het huidige klooster begraven. Lange tijd werd gedacht dat het graf zoek was, totdat de bewuste plek in een droom aan Fatima, de moeder van de Seltsjoekse Giyasaddin Keyhusrev I, werd geopenbaard.

Het klooster was op het hoofdklooster na het grootste van de orde. Na het uitmoorden van de janitsaren onder sultan Mahmut II in 1826 en het verbieden van de orde, die nauwe betrekkingen met hen had onderhouden, werd het klooster deels verwoest. Na de wederopbouw in de jaren 1950 zie het er nu weer indrukwekkend uit.

Alle belangrijke gebouwen zijn om een rechthoekige binnenplaats gegroepeerd, waar ook voorwerpen en bouwresten uit de antieke, Byzantijnse en islamitische tijden bijeen zijn gebracht. In de opgang naar de binnenhof bevindt zich in het poortgebouw rechts de **türbe van Çoban Baba**, een derwisj

uit Toerkestan, die als heilige wordt vereerd. Naast de moskee ligt de **türbe van Seyit Battal Gazi** met diens ca. 7,5 m lange sarcofaag die met zijn royale omvang de buitengewone betekenis van de martelaar moet uitdrukken. De sarcofaag ernaast zou de laatste rustplaats zijn van de Byzantijnse prinses. Tot dit oudste gedeelte van het complex behoort ook de medrese, het **Kızlar Manastır** ('Maagdenklooster'). In het 'koor' van het basiliekachtige gebouw ligt het graf van de Ümmühan Hatun, de sultana Fatima. De gebouwen in het oostelijke deel dateren uit de hoog-Osmaanse tijd en waren bestemd voor de sjeiks van het klooster.

Aan de noordzijde staat het **soephuis** met acht puntmutsvormige ovens dat vroeger ook zes enorme soepketels had, symbolen van de spreekwoordelijke gastvrijheid van de Bektaşderwisjen. Daarnaast ligt de ruimte met bakovens met aansluitend het vertrek van de zesde sjeik die verantwoordelijk was voor het eten en drinken van de broederschap. De ruimte waar de derwisjen vroeger bijeenkwamen doet nu dienst als museum. De **minaret** dateert uit een latere tijd; de Bektaşiorde kende nog geen openbaar vrijdaggebed en de *ezan* als oproep tot dat gebed. Volgens de regels van de orde leidde een derwisj op zaterdag het gebed op een grote steen die op het kloosterhof stond. De gelovigen daarentegen baden wel op vrijdag in de moskee, maar zonder aanwezigheid van de derwisjen. In het achterste gedeelte van het kloostercomplex ligt het kerkhof met de graven van de sjeiks.

Ondanks de secularisering van het klooster in 1925 is het gebouw altijd een bedevaartsoord gebleven. Het klooster wordt niet alleen bezocht door de alevitische Yuruken uit de nabije omgeving, maar ook door de aanhangers van de Bektaşiorde uit Centraal-Azië, die niet het officiële heiligdom van de orthodoxe islam in Mekka, maar de centra van deze orde, als hun heilige plaatsen beschouwen.

İscehisar (Dokimeion) ▸ 7, A 3

Ongeveer 30 km ten noordoosten van Afyon, aan de weg naar Sivrihisar, ligt **İscehisar** met

actief

Tufsteenlandschap bij Seydiler

Informatie

Begin: Seydiler, midden in de plaats.
Lengte: 3–4 km.
Duur: Afhankelijk van uw interesse 2–3 uur.
Belangrijk: Goede schoenen aan te raden; water meenemen!

Op 7 km ten oosten van **İscehisar** ▶ 7, A 3 kunt u op een wandeling een fascinerend landschap ontdekken dat met zijn tufsteenkegels, geërodeerde bergflanken en vrijstaande rotstoppen vol gaten en holen al enigszins een indruk geeft van wat de reiziger in Cappadocië te wachten staat.

Van de weg van Afyon naar Sivrihisar voert, 7 km na de ringweg van **İscehisar**, een weggetje naar Seydiler (bewegwijzerd). Dit dorp ligt onder een tufsteenkegel vol uitgehakte woningen en stallen, op de spits waarvan de resten van een kasteel verrijzen. Rondom het hoofdplein staan nog talrijke oude huizen in de voor dit Frygische landschap typerende leembouw met houten balken. Het dorp strekt zich tegen de berghelling uit tot onder de vroegere rotswoningen. Smalle, onverharde steegjes lopen omhoog en zorgen zo voor de indruk van een zeer traditioneel Anatolisch boerendorp.

U kunt de auto eventueel bij de ingang van het dorp laten staan en het charmante plaatsje te voet doorkruisen; gaat u toch liever met de auto, rijd dan door het dorp heen, stop bij het dorpsplein links, neem de weg naar boven en ga aan de andere kant van het dorp een veldweg naar links. U kunt natuurlijk ook een beroep doen op een plaatselijke gids.

De weg loopt door een meestal droogstaande beekbedding. Echte wegen zijn er niet, maar er lopen wel goed herkenbare paden de zijdalen in of tegen de berg omhoog. Al met al is het gebied echter goed te overzien en is het terrein overzichtelijk en goed te bewandelen.

De weg voert naar steile, stralend gele, steile rotsen die voor wind en water tot de meest bizarre formatie zijn geërodeerd en die hier en daar doen denken aan de rugzak van een prehistorisch reptiel. Geologisch gezien bestaan de rotsen uit versteende vulkanische as (tufsteen), waarvan de geërodeerde en weggewaaide of weggespoelde resten de wegen met een vaak enkelhoge laag fijn stof bedekken.

Ten noorden van de weg Afyon–Seydiler loopt een weg naar het dorp **Karakaya**. In de omgeving van dit dorp zijn nog meer tufsteenkloven, holenhuizen en woeste ravijnen te vinden. Het dorp met zijn pittoreske houten huizen heeft zijn oorspronkelijke karakter nog grotendeels behouden en zelfs een oude korenmolen is nog in bedrijf.

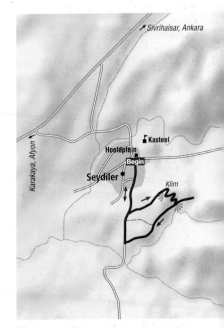

zijn **Romeinse brug** op hoge bogen die de stadsdelen van het antieke Dokimeion met elkaar verbond. Dokimeion was een befaamd centrum van de marmerwinning en vooral van de marmerverwerking in het Romeinse Rijk. De plaats behield zijn economische en artistieke betekenis tot in de 11e eeuw.

Uit deze **steengroeven** kwam het 'Frygische marmer', een grijswit, fijnkorrelig gesteente waarvan in de Romeinse keizertijd aan de 'aan de lopende band' guirlande- en zuilsarcofagen werden gemaakt.

De marmergroeven zijn nu particulier bezit, maar wel te bezichtigen. Volg de afslag naar rechts (ca. 3 km) direct tegenover de afslag naar de huidige plaats. Behalve de moderne marmergroeve zijn hier ook nog de puinhopen en onvoltooide werkstukken uit het nu gesloten Romeinse marmergroevencomplex te zien.

Sivrihisar en Pessinus

▶ 7, B 2

Direct bij het binnenrijden van **Sivrihisar**, aan de voet van de indrukwekkende, 1690 m hoge Cal Dağı, wordt u begroet door een meer dan levensgroot standbeeld van de Turkse volksheld Nasreddin Hoca, die in de buurt van deze stad werd geboren. Net als in Akşehir (zie blz. 361) vindt ook in Sivrihisar jaarlijks op de 8e juni een festival ter ere van deze Turkse uilenspiegel plaats.

In het centrum van de oude stad staat de tussen 1232 en 1272 gebouwde **Ulu Cami**, een van de vrij zeldzame voorbeelden van een Seltsjoekse houtzuilenmoskee in Anatolië (zie blz. 356). In de moskee dragen 60 houten pilaren een plafond met een platte, centrale koepel zodat er een beetje licht in het interieur van de lage hal valt. De rijkelijk gebeeldhouwde kansel van walnotenhout heeft nog de originele deur met een met Seltsjoeks vlechtwerk versierde leuning. In de wijk rondom de oude moskee staan een paar oud-Turkse huizen en de achthoekige türbe van Alemşah uit 1327.

Pessinus (Ballıhisar)

Vanaf het kruispunt onder Sivrihisar loopt een smalle, verharde weg van de E 90 in zuidelijke richting naar het dorpje Ballıhisar, dat op de ruïnes van het antieke Pessinus is gebouwd. De naam Pessinus is volgens de oude kroniekschrijvers afgeleid van het Griekse woord voor 'vallen' en zou verwijzen naar een gebeurtenis die zich hier voor de komst van de Frygiërs zou hebben voltrokken. Volgens de overleveringen zou er een meteoriet uit de hemel zijn gevallen waarin sinds die tijd Cybele als Magna Mater (Grote Moedergodin) zou zijn vereerd, met Pessinus als centraal heiligdom.

De Frygische koning Midas zou voor Cybele en ook voor haar zoon en geliefde Attis een grote tempel hebben gebouwd en een jaarlijks offerfeest ingesteld hebben. In de Romeinse tijd werd Cybele in het hele keizerrijk vereerd en aanbeden, maar de stad Pessinus bleef het geestelijk-religieuze centrum van de godin.

Op aandrang van de heersers in Pergamon, die nauwe betrekkingen met de priesterstaat van Pessinus onderhielden, liet hogepriester Attis van Pessinus de baitylos, de offersteen, in 205 v. Chr. naar Rome overbrengen. Het sibillijnse orakel had namelijk voorspeld dat Hannibal alleen door de Romeinen verslagen kon worden als de godin naar Rome werd overgebracht. Sindsdien werd de orgiastische cultus van Cybele ook op het Capitool in Rome gevierd, vanwaar deze zich over alle delen van het imperium verspreidde.

In de periode van vrede onder keizer Augustus werd het oude bedevaartsoord weer in ere hersteld en onder zijn opvolger Tiberius, waarschijnlijk in 31 n. Chr., werd het archeologische meest interessante bouwwerk van Pessinus opgericht: een fraai tempelcomplex in de vorm van een peripteros (6 bij 11 zuilen in de Korinthische bouworde) dat op de plaats van een laat-Frygische monumentale tempel voor Cybele werd gebouwd. Ervoor ligt een grote bordestrap met 30 treden, met aan weerszijden zitrijen die onder een stompe hoek op de trap aansluiten, zodat het geheel aan een theater doet denken. De monumentale trap en de rijen zitplaatsen zien uit op het westen en omlijsten een open plein waar vermoedelijk religieuze handelingen hebben plaatsgevonden.

Yunusemre

Ongeveer 10 km ten oosten van Sivrihisar heeft de E 90 een afslag naar het noorden, die naar het 30 km verderop gelegen **Yunusemre** leidt. Deze moderne plaats in het dal van de Porsuk Cayı is genoemd naar de eerste Turkse volksdichter die hier rond 1320–1321 zou zijn gestorven. Yunus Emre bezong zijn mystieke ervaringen en zijn liefde voor God in eenvoudige Turkse gedichten en verzen in een tijd waarin er aan het hof nog Perzisch werd gesproken. Zijn liederen werden door de derwisjen, en vooral die van de Bektaşıorde, overgenomen en verbreid en zijn gedichten werden populaire volksliederen die met hun heldere en eenvoudige taal mensen van uiteenlopende komaf aanspraken. Dat verklaart ook de grote populariteit die de volksdichter nog steeds geniet. Zijn graf in een groot park is het middelpunt van het jaarlijks Yunus Emrefestival.

Gordion ▶ 7, C 2

De vroegere hoofdstad van het Frygische rijk ligt bij het huidige dorp **Yassıhöyük** aan de rivier de **Sakarya**, die in de oudheid Sangarios heette.

Bij het oversteken van de Sakarya ziet u rechts het plateau van de heuvel waarop de stad gebouwd is. Iets links daarvan verrijst de grote tumulus die door talrijke kleinere tumuli is omgeven (museum en tumulus dag. 8.30–19, 's winters tot 17.30 uur; akropolisheuvel doorlopend toegankelijk tot aan de omheining).

De kunstmatige grafheuvel van koning Midas in Gordion

De Gordiaanse knoop, Gordios en Midas Thema

Op zijn veldtocht tegen het Perzische rijk van de Achaemenidenkoningen bracht Alexander de Grote de winter van 334–333 v.Chr. door in de Frygische stad Gordion. In de Zeustempel van de stad stond een gewijde wagen waarvan de geschiedenis teruggaat tot de tijd dat Gordion gesticht werd.

Het juk en de dissel van deze wagen waren met elkaar verbonden met een vernuftige knoop, 'een knoop uit de bast van de kornoelje waarvan begin noch einde te zien waren', zoals Arrian, de hofbiograaf van Alexander, ons vertelt in zijn *Anabasis* II,3. Met het geheim van deze knoop hangt de voorspelling samen dat wie deze knoop kon ontwarren, voorbestemd was om over de hele wereld te heersen. Ook Alexander probeerde dit raadsel op te lossen, tot hij op het idee kwam de knoop met een houw van zijn zwaard door te hakken.

Deze wagen zou overigens volgens antieke bronnen het voertuig van de mythische koning Gordios geweest zijn, de eerste van de Frygische vorstendynastie. Toen de inwoners van het latere Gordion erover redetwistten wie de heerschappij moest uitoefenen, had een orakel namelijk het advies gegeven om die persoon tot koning uit te roepen die zij als eerste met een ossenwagen naar de tempel zagen rijden. De eerste die hen tegemoet kwam, was Gordios, toen nog een eenvoudige boer. Nadat hij met het koningschap was bekleed, zou hij de wagen aan Zeus hebben gewijd en werd deze in diens tempel opgesteld

Ook over Midas, de zoon en opvolger van Gordios, vertelt de mythologie dat hij de bos- en bronnendemon Seilenos met wijn dronken had gevoerd en daarna gevangen genomen had. Voor zijn vrijlating verleende de god Dionysos hem de gave dat alles wat hij aanraakte in goud zou veranderen. Deze vaardigheid bleek al spoedig rampzalig, omdat ook zijn eten en drinken in goud veranderde. Om weer van de in een vloek verkeerde 'zegen' bevrijd te worden, zou koning Midas in de rivier de Paktolos hebben moeten baden. Deze rivier werd daardoor goudhoudend, een eigenschap waarop later de rijkdom van de Lydische koning Croesus (zie blz. 225) gegrondvest zou zijn.

Midastumulus

De grote tumulus is waarschijnlijk het grafmonument van koning Midas, de belangrijkste vorst van de Frygiërs. Het goed bewaard gebleven graf was zeer sober ingericht; zo zijn er geen voorwerpen van edelmetaal in gevonden, wat nogal verwonderlijk is voor een koning van wie de legende zegt dat alles wat hij aanraakte in goud veranderde.

Oorspronkelijk was de tumulus 70 à 80 m hoog en aan de basis 250 m in diameter. Door erosie is de top echter tot de huidige hoogte van 53 m afgesleten. De grafkamer bestaat uit een houten constructie, waar een tweede steunwand van ronde balken omheen is opgetrokken. Nadat de koning was bijgezet, werd de holle ruimte tussen de kamers met steengruis opgevuld en met steenlagen afgedekt – alleen zo kon de grafkamer de enorme druk van de kunstmatige heuvel doorstaan. Binnenin trof men een ligbed aan met daarop het skelet van de ongeveer 65 jaar oude en

1,59 m lange man. Alles lag er nog precies zo bij als het 2700 jaar geleden was neergelegd en opgesteld, met vaatwerk, twee met inlegwerk versierde scheidingswanden en drie grote, met alledaags gebruiksvaatwerk gevulde bronzen vaten. Aan het hoofdeinde lagen de sieraden van de koning uitgespreid – 145 bronzen fibulae, gewikkeld in een eenvoudige linnen doek (de meeste vondsten zijn tegenwoordig te bezichtigen in het Museum van de Anatolische Beschavingen in Ankara, zie blz. 404)

Museum

In het museum zijn vondsten te bezichtigen van opgravingen uit de vroege bronstijd tot de preklassieke en hellenistische periode, waarbij de nadruk ligt op de Frygische tijd. Links van de ingang geeft een overzichtskaart uitleg over de verschillende perioden waaruit de tentoongestelde voorwerpen afkomstig zijn. In een aparte vitrine staat een van de drie bronzen vaten met het graf van koning Midas dat met gevleugelde sirenen is versierd. In andere vitrines zijn schalen, kruiken, lepels en fibulae tentoongesteld, die ook afkomstig zijn uit het graf.

Heel aandoenlijk zijn de grafgiften uit de 12 m hoge tumulus P, ook wel het het 'Prinsengraf' of 'Prinsessengraf' genoemd. In dit graf lag een koningskind in de leeftijd van vier à vijf jaar begraven. De grafgiften doen denken aan een Frygisch-koninklijke kinderkamer: dierenfiguren van hout, zoals leeuwen en griffioenen, een paard en andere dieren van aardewerk.

Stad en paleis

Het opgravingsterrein is te bezichtigen vanaf uitkijkpunten met informatietafels in de Engelse taal. De huidige overblijfselen laten de situatie in de Frygische tijd zien; latere bebouwingen zijn bij de opgravingen verwijderd. Het indrukwekkendste bouwwerk is het monumentale poortgebouw met een 6 m brede oprit aan de zuidoostelijke kant van de stadsheuvel.

Direct achter het poortgebouw ligt het hart van de stad, de **paleisgebouwen**. Om de paleishof heen stonden grote gebouwen in megaronstijl, met muren van leemsteen op een natuurstenen fundament. Het grote megaron 3 was het eigenlijke paleis van de Frygische koningen. Het dak rust op twee rijen van vier pilaren; de gaten in de zijmuren wijzen op een galerij die aan drie zijden om het gebouw heen liep. Gebouw M 4 op een verhoogd terras was vermoedelijke een tempel van Cybele. Achter de megaronhuizen werd op een hoger gelegen terras een meer dan 100 meter lang gebouwencomplex met opslagruimten uitgegraven.

Gavur Kalesi ► H 4

Het Hettitische bergcomplex van Gavur Kalesi ligt ten noorden van de weg van **Haymana** (ten zuiden van Polatlı) naar Ankara, achter het dorp Derekoy. Een goed vertrekpunt voor het bezoek aan Gavur Kalesi - de naam betekent 'Burcht der Ongelovigen' is de stenen brug in het centrum van de plaats. Rijd vanuit Haymana direct voorbij de brug naar links en volg de weg langs de beek. Na ongeveer 1,5 km komt u weer een brug tegen, waarachter u rechts afslaat. Al naar gelang het jaargetijde zijn de weiden hier drassig, zodat u de auto bij een populierenbosje beter kunt laten staan. Als u van hieraf rechtuit loopt, kunt u bij gunstige zonnestand 's middags reeds in de verte de **rotsreliëfs** in de berg onderscheiden.

De beide mannelijke figuren in korte rok en met puntschoenen dragen als symbool van hun goddelijkheid een puntmuts met korte horens aan de voorkant. Ze lopen naar links op een kleine godheid af die aan de andere kant van een rotsspleet op een troon zit. Vermoedelijk worden hier de drie oppergoden van het Hettitische pantheon uitgebeeld: de weergod Tesup (achter, met baard) en de zwaardgod Scharruma, zijn zoon, begroeten Hepat, de moedergodin. Het rotsmassief was aan drie zijden met cyclopische muren omgeven, waarvan boven het reliëf nog interessante resten bewaard zijn gebleven. Waarschijnlijk gaat het hier om een 'steenhuis' van de Hettitische bron, een cultusgebouw of een mausoleum.

De hoofdstad van Turkije was tot de ondergang van het Osmaanse Rijk in 1918 een onbetekenende Anatolische provinciestad. Tegenwoordig is Ankara een moderne miljoenenmetropool en een vat vol tegenstrijdigheden. Chicque boulevards contrasteren met de eindeloze *gecekondu* (illegaal gebouwde woonwijken) aan de stadsrand en ook het enorme Atatürkmausoleum met de oude Seltsjoekse Citadel.

Ankara ▸ 4, D 4

Als een octopus strekt Ankara zijn tentakels onstuitbaar uit in het landschap: kloofachtige dalen in het noorden en oosten en opener terrein in het zuiden en westen zijn bepalend voor het stadsbeeld. De stad ligt op een hoogte van 850 m (het treinstation) tot 1100–1200 m. Een probleem voor de megastad in het droge landklimaat is de watervoorziening voor de 4,7 miljoen inwoners. Het oude Ankara was op onderaardse resevoirs en bronnen aangewezen, tegenwoordig liggen er rond de stad stuwmeren, die tevens dienen als nabijgelegen recreatiegebieden. Een ander probleem is de luchtvervuiling, vooral veroorzaakt door uitlaatgassen van auto's en kolenkachels in de winter.

De stormachtige ontwikkeling van de stad creëerde een stadsbeeld zonder eenheid: ten zuiden en westen van de historische kern rond de Citadel ligt de moderne stad met zijn planmatig aangelegde stadswijken en representatieve gebouwen. Rond de Oude Stad strekken zich de zogeheten *gecekondu* (zie blz. 403) uit. Daartussen liggen, vooral op de laagste delen van het bekken van Ankara, groene zones, die dienen voor sport en spel, maar deels ook voor militaire doeleinden.

Volgens Pausanias is Ankara gesticht door de met allerlei sagen omgeven Frygische koning Midas. De heuvel met de Citadel werd echter al door de Hettieten gebruikt en heette

toen Ankala of Ankuwasch. Na korte tijd bij het rijk van de Lydiers gehoord te hebben, kwam de stad door de nederlaag van koning Croesus (Kroisos) in 546 v.Chr. onder Perzische heerschappij. Ook toen al moet de stad belangrijk zijn geweest, want hij lag aan het tracé van de beroemde Koningsweg van Sardes naar Susa, de hoofdstad van het Perzische Rijk.

In 278 v.Chr. veroverden de Keltische Galaten dit gebied, dat toen voortaan Galatië werd genoemd en maakten Ankara tot centrale plaats van hun grondgebied. In 25 v.Chr. werd de toen Ankyra genaamde stad bij de nieuwe territoriale indeling van Klein-Azië door Augustus tot hoofdstad van de provincie Galatia aangewezen. In de Romeinse keizertijd was Ankyra een bloeiende nederzetting en een belangrijk handelscentrum met zo'n 200.000 inwoners. In de tijd van het vroege christendom werd de stad bisschopszetel, en vonden er in 315 en 358 conciles plaats.

In 1402 woedde voor de stadsmuren de gedenkwaardige slag tussen de Osmaanse sultan Beyazıt I en de Mongoolse veroveraar Timur Lenk (Tamerlan), die uitliep op een totale nederlaag voor de Osmanen. In die tijd heette de stad Engüriye, maar hij stond in Europa bekend als Angora. Hieraan ontleent angorawol zijn naam. Deze fijne, zachte wol werd uit de vacht van een bijzonder type langharige geit gekamd, dat door Turkse nomaden was meegenomen uit het Kaukasusgebied.

Na de nederlaag van het Osmaanse Rijk aan het einde van de Eerste Wereldoorlog werd Ankara op 13 oktober 1923 de hoofdstad van de Republiek Turkije.

De moderne stad

Kaart: blz. 400

In 1923 was de Oude Stad nog nauwelijks uit zijn middeleeuwse kern gegroeid. Een ring van uitgestrekte begraafplaatsen begrensde de stad in het westen en het zuiden en het kloofachtige dal van de Hatip Çayı vormde een natuurlijke barrière in het noorden en noordoosten, maar royale ontsluitingsplannen voor de nieuwe hoofdstad leidden al snel tot een explosieve ontwikkeling. De centrale as is heden ten dage de van noord naar zuid lopende **Atatürk Bulvarı**, die de Oude Stad bij de westelijke voet raakt,dwars door de stadsdelen Şihhiye und Kavaklıdere loopt en omhoog leidt naar Çankaya.

Genclik Parkı en Şihhiye

Alle belangrijke stads- en staatsinstellingen liggen aan de Atatürk Bulvarı of in de onmiddellijke nabijheid ervan. Ten zuiden van de Ulus Meydanı strekt zich het centrum van de 19e-eeuwse stadsuitbreiding uit met banken en het vroegere parlementsgebouw. In het westen grenst hieraan het **Genclik Parkı** ('Park van de Jeugd') met een groot aangelegd meer, restaurants en recreatievoorzieningen (zie blz. 406). Hier staat ook de **opera** **1**, en verder naar het zuiden volgen de gebouwen van de in 1935 opgerichte **universiteit** **2**.

Achter de spoorbrug begint het moderne stadsgedeelte *(yenişehir)* met de stadswijk **Şihhiye**, wiens vorm wordt bepaald door een in waaiervorm aangelegd wegennet. Overdwarse brede verkeerswegen vormen de verbindingen tussen oost en west.

Kızılay

Op het kruispunt van Atatürk Bulvarı en Gazi Mustafa Kemal Bulvarı ligt het **Kızılayplein**, genoemd naar het gebouw van de 'Rode Halve Maan', de Turkse zusterorganisatie van het

'Rode Kruis'. Hier ontwikkelde zich na de Tweede Wereldoorlog het moderne centrum van de stad (zie blz. 406). Verder naar het zuiden grenst hieraan de wijk met regeringsgebouwen, die in optische zin wordt afgesloten met het kolossale gebouw van het Turkse **parlement** **3** (Türkiye Büyük Millet Meclisi).

De aanblik van Kızılay wordt gedomineerd door de **Kocatepe Camii** **4**, een van grote afstand zichtbare moskee, die in de jaren 1967–1988 met hulp van privégiften werd gebouwd. Er is plaats voor circa 20.000 gelovigen. Daarmee is zij een van de grootste moskeeën van Turkije. Voor de opzet, het concept en de inrichting heeft de Süleymaniyemoskee in Istanbul model gestaan.

Atatürkmausoleum **5**

Het in 't oog springende mausoleum van de grondlegger van de staat, Atatürk, in het Turks **Anıtkabir**, ligt op de Anıt Tepe hoog boven het nieuwe deel van de stad. Het werd gebouwd tussen 1944 en 1953, zodat Atatürk op de 15e herdenkingsdag van zijn overlijden (op 10-11-1938) naar zijn laatste rustplaats kon worden gebracht (Tandoğan, dag. 9–17, 's winters tot 16 uur, elk uur aflossing van de wacht). Aan de uiteinden van de 260 m lange en 30 m brede ereweg met aan weerszijden beelden van Hettitische leeuwen staan vier torentjes, waarin – net als in de galerijen rondom de binnenplaats– musea zijn ingericht.

Aan de oostkant van de binnenplaats ligt het immense mausoleum met op de façade vergulde letters, die delen van de rede van Atatürk weergeven bij de tiende jaardag van de oprichting van de republiek evenals zijn waarschuwende woorden aan de Turkse jeugd. Binnen staat de 40 ton zware marmeren sarcofaag van de grondlegger van de staat.

Kavaklıdere en Çankaya

De meeste buitenlandse ambassades in de mooi gelegen tuinen van **Kavaklıdere** zijn gebouwd in de jaren 1930. In **Çankaya,** een moderne wijk, ligt de ambtswoning van de president (Çumhurbaşkanlığı Köşkü), in het aangrenzende park het **Çankaya Atatürk Evi** **6**, het woonhuis van Atatürk uit de eerste tijd na de oprichting van de republiek. Tegenwoordig is hierin het **Atatürkmuseum** ondergebracht (uitsluitend zo. 13.30–17.30 en feestdagen 12.30–17.30 uur).

Iets verder naar het westen ligt ook de botanische tuin *(botanik bahçesi)*, waarboven de markante toren uitsteekt van het **Atakule Shopping Center** met zijn beroemde draaiende restaurant (zie blz. 406).

De Oude Stad

Kaart: blz. 400

Het beste startpunt voor een bezichtiging van de Oude Stad ten westen en ten zuiden van de heuvel met de Citadel is de **Ulus Meydanı** met het ruiterstandbeeld van Atatürk.

Ankara Palas en Julianuszuil

Vlak onder het plein ligt het **Ankara Palas**, het vroegere parlementsgebouw. In het voormalige Osmaanse bestuursgebouw kwam op 23 april 1920 de Grote Nationale Vergadering voor het eerst bijeen. Tegenwoordig kan het gebouw als **Republieksmuseum** (Cumhuriyet Müzesi) bezichtigd worden (di.–zo. 9–17 uur).

Vanhier komt u bij de Hükümet Meydanı met zijn 15 m hoge **Julianuszuil** uit de 4e eeuw. Deze was aan de Romeinse keizer Julianus Apostata (361–363) opgedragen, de 'Afvallige', die na de tijd van Constantijn de Grote probeerde om het geloof in de Romeinse goden te laten herleven.

Augustustempel

Aan de overkant van de Hükümet Caddesi ligt de **Augustustempel** (di.–zo. 8.30–12.30, 13.30–17.30 uur), die waarschijnlijk tussen 25 en 20 v.Chr. op de muurresten van een Frygisch heiligdom van de maangod Men en de moedergodin Cybele werd gebouwd en aan de keizer en de godin Roma was gewijd. De toegangspoort is van een immense hoogte. Omdat de tempel in de Byzantijnse tijd werd verbouwd tot kerk, is hij vrij goed bewaard gebleven. De drie in de zuidoostmuur ingezette ramen en de uitbreiding met een koorruimte in het noordoosten zijn duidelijk Byzantijns.

Erewacht voor het Atatürkmausoleum Anıtkabir

Aan de binnenzijde van de anten is het beroemde **Monumentum Ancyranum** in de Latijnse taal aangebracht. Op de buitenwanden van de tempel staat dezelfde tekst in het Grieks, dat destijds de taal van het volk was. Deze uitvoerige levensbeschrijving liet keizer Augustus vlak voor zijn dood opstellen en na zijn begrafenis werd zij bij alle aan hem gewijde tempels van het rijk in de muur gebeiteld. Het origineel is verloren gegaan, alleen de inscriptie op de tempel van Augustus in Ankara bleef bewaard.

De tekst opent met de woorden (aan de linkerzijde in de pronaos): 'Rerum gestarum divi Augusti, quibus orbem terra(rum) imperio populi Rom(a)ni subiecit ...'; in het Nederlands: 'Over de daden van de goddelijke Augustus, waarmee hij het wereldrond onderwierp aan de heerschappij van het Romeinse volk...'Vervolgens beschrijft de keizer zijn met vreedzame dan wel krijgshaftige middelen behaalde successen en legt hij speciaal de nadruk op zijn zorg voor het volk, hetgeen voor de Romein vooral inhield dat er spelen werden ingesteld. Ook de volkstelling wordt vermeld, waartoe Augustus in het jaar 8 v.Chr. had opgedragen en die Maria en Jozef ertoe aanzette om naar Bethlehem te vertrekken. Tegenwoordig is de inscriptie om redenen van milieuvervuiling afgeschermd, maar zij is al onherstelbaar beschadigd.

Aan de noordwesthoek van de Augustustempel sluit de **Hacı Bayram Camii** 10 aan, die – net als de graftombe die ervoor is geplaatst – in haar oorsrpronkelijke vorm dateert van de vroege 15e eeuw. In de 18e eeuw werd zij gerestaureerd en bekleed met faiencetegels uit Kütahya. Hacı Bayram was een lokale heilige, die nu nog steeds wordt vereerd. Hij stichtte in Ankara de Bayramiyeorde, die zich wijdde aan sociaal werk. Ook nu nog vinden op het plein voor de moskee dagelijks uitvaarten plaats.

Aan de Çankırı Caddesi ten noorden van de Ulus Meydanı liggen de ruimbemeten **Caracallathermen** 11 (3e eeuw, di.–zo. 8.30–12.30 en 13.30–17.30 uur) met een grote *palaestra* (worstelschool). Te zien zijn nog de fundamenten van enkele zalen en de beslist in-

Tip: Romantiek op de Citadel

In Ankara heeft de Citadel de meeste uitstraling: recent geopende café's naast theehuizen in smalle steegjes, waar steeds meer huizen worden gerestaureerd. Vanaf het terras aan de rand van de berg heeft de bezoeker een goed uitzicht op de gecekondu's in het oosten en zuiden en op de nieuwe woonwijken in het westen en noorden. Via de rondlopende muur, waarin ooit buitgemaakte wapens verwerkt zijn, komt u bij de tegenovergelegen Alaeddinmoskee. Bij de laatste poort staan marktkramen waar u gedroogde vruchten, pistachenoten en andere lekkernijen kunt kopen, alvorens de terugweg te nemen door de wirwar van steegjes door de Oude Stad.

drukwekkende overblijfselen van het hypocaustische verwarmingssysteem onder de ruimten. In de *palaestra* is tegenwoordig een omvangrijke collectie Romeinse grafstenen ondergebracht.

Bazaarwijk

De oude Bazaarwijk, een van de meest pittoreske en historische stadsdelen van Ankara, ligt ten zuiden van de Hısarparkı Caddesi. Een bezoek aan de kronkelige stegen, smalle winkelstraten en ruime binnenplaatsen van de bazaar, de ruim opgezette levensmiddelenmarkt en de **Vakıf Saduhan Çarşısı** is zeer de moeite waard. Hier kan nog de sfeer van een Anatolische stad worden geproefd met zijn verscheidenheid aan mensen, oriëntaalse bedrijvigheid en kleurrijke levendigheid. Kuikens en kaas, schapen en schoenen, serviesgoed en stoffen, muziek en meloenen – hier is alles te vinden, tot aan handwerkslieden in hun werkplaatsen, kleine lokanta's en door kenners geroemde Turkse lekkernijen.

Citadel

Op de route naar de Citadel liggen aan de linkerkant van de Hısarparkı Caddesi de restanten van een **Romeins theater** 12 uit de tijd van

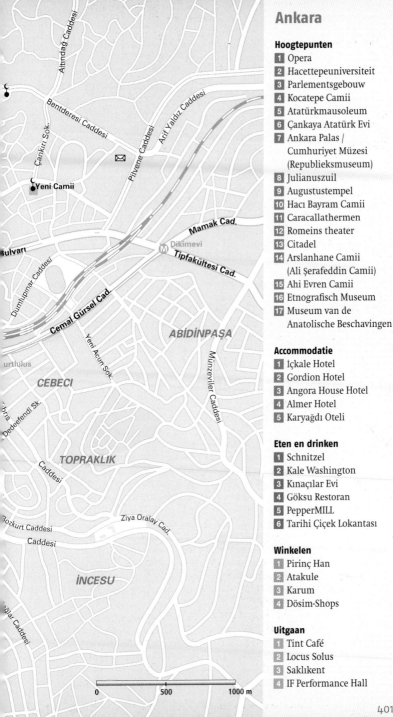

Ankara

Hoogtepunten
1. Opera
2. Hacettepeuniversiteit
3. Parlementsgebouw
4. Kocatepe Camii
5. Atatürkmausoleum
6. Çankaya Atatürk Evi
7. Ankara Palas / Cumhuriyet Müzesi (Republieksmuseum)
8. Julianuszuil
9. Augustustempel
10. Hacı Bayram Camii
11. Caracallathermen
12. Romeins theater
13. Citadel
14. Arslanhane Camii (Ali Şerafeddin Camii)
15. Ahi Evren Camii
16. Etnografisch Museum
17. Museum van de Anatolische Beschavingen

Accommodatie
1. İçkale Hotel
2. Gordion Hotel
3. Angora House Hotel
4. Almer Hotel
5. Karyağdı Oteli

Eten en drinken
1. Schnitzel
2. Kale Washington
3. Kınaçılar Evi
4. Göksu Restoran
5. PepperMILL
6. Tarihi Çiçek Lokantası

Winkelen
1. Pirinç Han
2. Atakule
3. Karum
4. Dösim-Shops

Uitgaan
1. Tint Café
2. Locus Solus
3. Saklıkent
4. IF Performance Hall

keizer Hadrianus (2e eeuw), die pas enkele jaren geleden bij saneringswerkzaamheden werden ontdekt.

De **Citadel** `13` van Ankara, waarvan de grondstructuur stamt uit de tijd van keizer Heraclius (610–641), troont dominant op een 120 m hoge, kegelvormige berg van andesiet boven de Oude Stad. Van de buitenste muurring (1500 m lang) zijn 15 van de voormalige 18 bastions en torens bewaard gebleven. De toegang vormt de door twee imposante bastions geflankeerde **Hısar Kapısı**, waar tegenwoordig een klokkentoren bovenuit steekt. Op weekdagen wordt op het plein voor de poort een levendige markt gehouden van gedroogde vruchten en specerijen. De straatjes leiden vanaf dit plein naar de aantrekkelijkste wijk van het oude Ankara.

Het binnenste van de vesting is te bereiken via de **Parmak Kapısı**, een doolhofachtig poortgebouw. Binnenin leiden trappen naar de bovenrand van de muur die een panorama op de stad biedt. Achter de poort rijst de markante **Alaeddin Camii** op, een van de oudste moskeeën van de stad. De Seltsjoekse sultan Izzeddin Kiliç Arslan II liet haar in 1178 bouwen. Zij werd in de Osmaanse tijd herhaaldelijk gerestaureerd. Vooral opmerkelijk is de kunstig gebeeldhouwde kansel, een meesterwerk van Seltsjoekse houtsnijkunst.

Kaleiçi, de kern van de burcht, raakte in de Osmaanse tijd bewoond en was lange tijd een verarmde sloppenwijk. Na een omvangrijke sanering ziet deze er nu een stuk vriendelijker uit. Kleine groenstroken met fonteinen, gerestaureerde oud-Turkse woonhuizen, pittoreske straatjes en zeker ook het geweldige uitzicht vanaf een terras bij de **Ak Kale** (nu ontoegankelijk militair terrein) maken de Citadel weer een bezoek waard. Een van de oude vakwerkhuizen is overigens als **Old Turkish House Museum** te bezichtigen.

Arslanhane Camii

Onder Hisar Kapısı ligt de **Arslanhane Camii** `14` ('Leeuwenhofmoskee'), die zo genoemd is vanwege een marmeren leeuw uit de oudheid, die vroeger op de binnenplaats stond. Zij werd in 1290-1291 door Ahi Şerifeddin als *kül-*

liye gesticht. Ahi's waren leden van een middeleeuwse broederschap van koop- en ambachtslieden die zich inzetten om de sociale nood onder de bevolking te verlichten. Deze broederschap had in haar bloeitijd, in de 13e eeuw, aanzienlijke politieke invloed in het Seltsjoekenrijk.

Van de bijgebouwen is alleen de graftombe van de stichter op een aangrenzende binnenplaats bewaard gebleven. De moskee heeft houten zuilen (zie blz. 365), de enige uiterlijke versiering vormen het marmeren voorportaal en de minaret. De cederhouten zuilen zijn met stucwerk afgewerkt en beschilderd. Op de Romeinse en Byzantijnse kapitelen rust een houten dak met enorme balken. De kansel *(minbar)* behoort met zijn gedetailleerde beeldhouwwerk – achthoekige vlakken en vijfpuntige sterren, omlijst door bloemenslingers – tot een van de eminentste werken van Seltsjoekse houtsnijkunst.

Wie de helling afdaalt door de Çan Sokağı, waar tapijthandels en winkels voor messing- en koperwaren gevestigd zijn, komt al snel bij de kleine **Ahi Evren Camii** `15`, eveneens een moskee met houten zuilen uit de Seltsjoekse tijd.

Etnografisch Museum `16`

Oud-Turkse kunst is in het **Etnografya Müzesi** onderaan de helling van de Oude Stad naast het Genclik Parkı te zien (Türk Ocağı Sok., Talat Paşa Bulv.; di.-zo. 8.30–12.30, 13.30–17.30 uur). Voor het gebouw, dat in 1927 voor het museum werd gebouwd, staat het ruiterstandbeeld van Atatürk, met op de sokkel scènes uit de Turkse onafhankelijkheidsoorlog. Het museum, waarin Atatürk van 1938 tot 1953 lag opgebaard, toont een grote collectie Seltsjoekse, maar vooral ook Osmaanse kunst en Turkse ambachtskunst. In de rechtervleugel zijn wapens, gewaden en Anatolische tapijten uit de 18e tot 20e eeuw tentoongesteld, in de linkervleugel Osmaanse kalligrafie, muziekinstrumenten en meesterwerken van Seltsjoeks houtsnijwerk. Meteen daarnaast toont het **Museum voor Schilder- en Beeldhouwkunst** (Resim-Heykel Müzesi) Turkse kunst uit de 20e eeuw (zelfde openingstijden).

Gecekondu – dorpen in de stad

Aan de randen van de Turkse grote steden liggen overal sterk uitdijende woonwijken. Zij worden *gecekondu* ('in één nacht gedekt') genoemd. Volgens oud islamitisch recht mogen huizen met een dak namelijk niet gesloopt worden, zodat migranten van het platteland sinds eeuwen 'in één nacht' een huis bouwden om een nieuw onderkomen te vinden.

De *gecekondu*-wet van 1966 stond voor het eerst de legalisering toe van op staatsgrond door mensen zelf gebouwde woonwijken – onder andere vanwege de enorme toestroom van boeren naar de grote steden. Zo ontstonden er zelf georganiseerde woonwijken met vele honderden woningbezitters.

De gecekondu's zijn nauwelijks met krottenwijken te vergelijken. De woonwijken vormen hechte 'buurtschappen', die gebaseerd zijn op een gemeenschappelijke herkomst uit een bepaalde streek. Wanneer de mensen er eenmaal zijn, moet de staat ook de hygiënische en infrastructurele basisvoorwaarden scheppen. De bouw van moskeeën en scholen en de aansluiting op het water- en electriciteitsnet en op de riolering zijn stappen op weg naar de 'verstedelijking'. Toch blijft een dorpse sfeer veelvuldig behouden. Er worden vaak boerderijdieren gehouden en er zijn moestuinen voor privégebruik.

Deze wijken hebben een aanzienlijke omvang. Het aantal inwoners van gecekondu's bedraagt 70% van de totale bevolking van Ankara. De grote bevolkingstoename op het platteland, in het licht van de grenzen aan de bestaansmiddelen in de landbouw, de betere kansen op werk in de stad, de sociale voordelen – medische zorg, opleidingsmogelijkheden voor de kinderen, enzovoorts – zijn belangrijke redenen voor de trek naar de steden en het ontstaan van de gecekondu's.

Ongeveer 70 % van de bevolking van Ankara leeft in gecekondu's

Museum van de Anatolische Beschavingen 🔢

Kaart: blz. 400

Het hoogtepunt van een bezoek aan Ankara is ongetwijfeld het **Anadolu Medeniyetleri Müzesi** (Kadife Sok., Hisar, dag. 9–19 uur, laatste entree 18 uur, toegang 15 TL). Dit museum bezit de omvangrijkste collectie Hettitische en Anatolische oudheden vanaf de steentijd tot en met de Romeinse tijd en bestaat uit twee gebouwen uit de Osmaanse tijd. De **bedesten** met zijn overkoepelde binnenplaats en omringende winkelstraat liet de grootvizier Mahmut Paşa vanaf 1466 bouwen. De **Kurşunlu Han** werd door zijn opvolger Ahmet Paşa (1467–70) gebouwd als stichting, waarvan de inkomsten aan een armenkeuken in Istanbul ten goede kwamen. Atatürk wilde de archeologische vondsten van Anatolië op een centrale plaats tentoonstellen en daarom werd in 1930 begonnen de twee bouwwerken tot een museum om te vormen.

Paleolithicum en neolithicum

De rondgang begint met vondsten uit het paleolithicum, die uit de grot van **Karain** bij Antalya stammen. Het belangrijkste Anatolische centrum van het neolithicum was **Çatal Höyük,** waarvan de oudste lagen rond 6800 v.Chr. gedateerd worden. Indrukwekkend is de reconstructie van een gebedsruimte: de muren waren met stierenkoppen, geometrische motieven, plantendessins en voorstellingen van dieren en mensen gedecoreerd. Jachtscènes en een moedergodin als jonge vrouw, in barensweeën en als heerseres over de dierenwereld verwijzen naar rituele afbeeldingen uit het begin van de oudheid.

Late neolithicum en bronstijd

De objecten van **Hacılar** documenteren het late neolithicum (5700–5600 v.Chr.) en de kopertijd (5500–3000 v.Chr.). Het vaatwerk – waaronder schalen met een ovaal mondstuk, dikbuikige potten, vierkante schotels – hebben al gepolijste oppervlaktes en zijn kunstig beschilderd met geometrische patronen in rode verf op een lichte ondergrond. De brons-

tijd (circa 3200–2000 v.Chr.) wordt vertegenwoordigd door de vondsten uit de Hattische vorstengraven van **Alaca Höyük**: grotendeels zijn dit grafgiften van goud, zilver en elektron, maar ook de beroemde bronzen standaarden, die waarschijnlijk disselopzetstukken waren op de jukken van vierwielige wagens. Herten, stieren en zonneschijven zijn veel voorkomende thema's.

Assyrische handelskolonies en Hettieten

De tijd van de Assyrische handelskolonies (1950–1750 v.Chr.), toen in Anatolië de eerste schriftelijke getuigenissen werden opgetekend, wordt vertegenwoordigd door de kleitabletten van **Kanesj** (Kaneš). Op een bronzen dolk staat de naam van Anitta, de koning van **Kussara** (Kuššara), in spijkerschrift gegraveerd. Met hem begint de eigenlijke geschiedenis van de Hettieten. Uit **Hattusa** (Hattuša, Turks Hattuşaş) stammen de twee goddelijke stieren Seri en Hurri in de vorm van plengoffervazen van klei, die vervaardigd werden ten tijde van het Hettitische Rijk (1400–1200 v.Chr.). Zij waren de begeleiders van de weergod van Hatti en trokken zijn cultuswagen. Ook de opvallende klei- en schrifttabletten verdienen belangstelling. De curatoren van het museum hebben bijvoorbeeld in vitrine 88 de tekst van het verdrag na afloop van de Slag van Kadesj tussen de Hettieten en de Egyptenaren tentoongesteld. Dit is het oudste bewaarde vredesverdrag van de oudheid.

Hettitische kunst

Kenmerkend voor de Hettitische kunst zijn de monumentale stenen afbeeldingen die in de binnenruimte tentoongesteld zijn. Wie vanaf de entreekant binnenkomt, raakt gelijk in de ban van een gedetailleerde voorstelling van de weergod in het gereconstrueerde poortgebouw van **Arslantepe** bij Malatya. De Hettietenkoning Sulumeli biedt de weergod van Hatti een drankoffer aan (9e–10e eeuw v.Chr.). De koning is afgebeeld in traditionele kledij, met een lange koningsmantel, puntschoenen en een ronde kap die al een laat-Hettitische hoedrand te zien geeft. In zijn linkerhand houdt hij een ceremoniële twijg vast, met de rechterhand giet hij olie uit een plengkan in een offerkruik met twee handvaten. Achter hem wordt een ram vastgehouden, klaar om geofferd te worden. Tegenover hem staat de weergod van Hatti, de oppergod van de Hettieten, die met zijn rechterhand een boemerang en met zijn linker een bundel bliksemschichten vasthoudt. Links van de beschreven scène is de aankomst van de god afgebeeld. Hij komt aangereden op zijn strijdwagen, die door de twee heilige stieren Seri en Hurri getrokken wordt. De twee hiërogliefen tussen de afbeeldingen geven de identiteit van de god aan. Het bovenste teken, een onderverdeeld ovaal, is een ideogram voor een god, het onderste teken dat aan een 'W' doet denken en een bundel bliksemschichten voorstelt, is het monogram van de weergod van Hatti.

Vergelijkbaar met het poortgebouw van Arslantepe is het poortgebouw van **Sakçagöz** bij de tegenoverliggende ingang. Reliëfs uit **Karkamiş** met jacht- en oorlogsscènes, met fabelwezens en voorstellingen van gevechtensieren de lange wanden van de centrale hal. Zij stammen allemaal uit de late tijd van de Hettitische kunst. De reliëfs uit de tijd van het Hettitische Rijk, afkomstig uit **Alaca Höyük** geven offerscènes weer, waarbij de koning in begeleiding van de koningin en van priesters met offerdieren het altaar van de weergod van Hatti nadert, die hier in de gedaante van een stier aanwezig is. Voor de westelijke ingang naar de hal bevindt zich de voorstelling van een god afkomstig van de koningspoort van **Hattusa**. Het loont de moeite om de details nader te bekijken. Vingernagels, tepels, knieën, gelaatstrekken en de weergave van kleding en wapens getuigen van het hoge artistieke niveau van die tijd.

Frygische kunst

De hierna volgende afdeling is gewijd aan de Frygische kunst (750–600 v.Chr.). De meeste museumstukken zijn afkomstig uit de grafheuvels van **Gordion**, met name uit tumulus A, het vermoedelijke graf van de legendarische koning Midas, wiens grafkamer geheel intact werd teruggevonden. Het vaatwerk ver-toont evenwichtige geometrische en figuratieve decoraties in organisch opgebouwde vormen. Tussen de standbeelden van Cybele, die aan het eind van de winkelstraat staan, valt een levensgroot figuur op, die een vogel in de hand houdt – ten teken dat zij als beschermvrouwe van de natuur gold. Twee muzikanten met de *kithara* en de Frygische dubbelfluit begeleiden de godin.

Kunst uit de Urarteese tijd

Uit de Urarteese periode zijn behalve voorbeelden van fresco's vooral bronzen voorwerpen te zien. Tegenover de oostelijke toegang tot de binnenhal staat het indrukwekkende reliëf uit het grote paleiscomplex van de citadel van **Kafkalesı**. Op de sokkel staan levensbomen afgebeeld. Leeuwen staan tussen de paleistorens tegenover elkaar, met daarbovenop twee gevleugelde geniëen. Met een blad en een schaal voeren zijn een bevruchtingsrite uit. Op de tinnen van het dak staan paren roofvogels tegenover elkaar, die een palmet tussen zich in dragen. Met hun snavels houden zij hazen bij de staart vast. De inscriptie op de bovenrand geeft aan, dat (koning) Rusa II (685–845 v.Chr.) deze ruimte voor het drankoffer ter ere van koning Haldi liet bouwen.

De tuin

In de tuin staan tal van beeldhouwwerken uit de Romeinse en Byzantijnse tijd opgesteld, onder meer enkele rompen van leeuwen en adelaars. Een afgietsel van de Hettitische **stèle van Fasıllar** domineert het tuinterrein: een berggod wordt geflankeerd door twee leeuwen, op zijn hoofd staat een zware, baardloze mannenfiguur in loophouding. Deze figuur heeft aanzetten van hoorns op zijn hoofd en een hoge ronde muts op, zijn rechterarm houdt hij in groethouding omhoog.

Informatie

Informatiebureau: GKM (Gazi Mustafa Kemal) Bulv. 121, naast Ankaray-Station Maltepe, tel./fax 0312 231 55 72.
Luchthaven Esenboğa: tel. 0312 398 00 00
Internet: www.ankara.com; www.mymerha ba.com

Tip: Uitgaan in Ankara

Het populairste trefpunt voor de inwoners van Ankara is het **Genclik Parkı,** het 'Park van de Jeugd', een uitgestrekte groenzone tussen de opera en het station. Op dit voormalige moerasgebied werd een kunstmatig meer met cascaden en fonteinen aangelegd, met daaromheen theehuizen, parken en aan de buitenrand ook schiettenten en kermiskramen. Boven dit recreatiepark torent een reuzenrad.

Het beste uitzicht over de stad en de hoogvlakte heeft de bezoeker vanaf het **panoramaterras van het Atakule**, een supermodern winkel- en kantorencomplex met uitzichttoren in de wijk Çankaya. In de restaurants in de koepel van de 125 m hoge toren wordt ook gedineerd door politici en zakenlieden. Het gehele complex, dat hoofdzakelijk is opgetrokken uit glas en staal, wordt gezien als het pompeuze erfstuk van de overleden president Turgut Özal.

Nabij het **Kızılayplein** in het centrum liggen visrestaurants en cafés in de buurt van de drukke voetgangerszone van de **Sakarya Caddesi** en zijn zijstraten naar de **Tuna Caddesi.** De cafés in Ankara zijn tot diep in de nacht geopend, en ook al wordt niet overal alcohol geschonken, wel kan er buiten (binnen geldt een streng rookverbod!) een *nargile* (waterpijp) worden gerookt. In de ambassadewijk **Kavaklıdere** liggen bekende bars en nachtclubs.

Dankzij de herontdekking van de **Citadel** als toeristische attractie zijn ook daar restaurants gekomen. Zij bieden echte Turkse gerechten in een sfeervolle ambiance met muziek en dansoptredens – hoewel ook hier op sommige plekken de sfeer van een rosse buurt hangt.

Nederlandse ambassade: Hollanda Caddesi, 5, Yildiz, tel. 0312 409 1800, fax 0312 409 1898, ank@minbuza.nl; http://turkije.nlambassade.org

TTOK Ankara (Turkse Touring en Automobielclub): 54. Cadde, 50. Sokak 7, Bahçelievler, ma.–vr. 8.30–12, 13–17 uur, tel. 0312 213 98 76, fax 0312 215 46 53.

Accommodatie

In Kızılay en richting Çankaya liggen tal van hotels van de betere middenklasse; eenvoudige hotels liggen bij elkaar in de wijk Ulus aan de voet van de Oude Stad, bijvoorbeeld in de straten Rüzgarlı Caddesi en Sanayi Caddesi.

Luxeklasse ▶ İçkale 1 : GMK Bulv. 89, tel. 0312 231 77 10, fax 0312 230 61 33, www.hotelickale.com. Deze hoteltoren overtuigt door zijn traditionalistische uitstraling met een inrichting in de stijl van de belle époque, waarbij het ook alle moderne comfort biedt tot aan wifi toe. Met sauna, hamam en overdekt zwembad. 2 pk circa €150.

Historische luxe ▶ Gordion 2 : Büklüm Sok. 59, Kavaklıdere, tel. 0312 427 80 80, fax 0312 427 80 85, www.gordionhotel.com. In de deftige ambtenarenwijk overtuigt dit nieuw ingerichte hotel: het interieur is historisch stijlvast met laat-Osmaanse uitstraling – in combinatie met lcd-tv's en dvd-spelers. Met sauna en fitness-studio. 2 pk circa €150.

Romantisch ▶ Angora House 3 : Citadel (Kaleiçi), Kalekapısı Sok. 16, tel. 0312 309 83 80. Charmant klein hotel in een gerenoveerd Osmaans huis in de Oude Stad. Comfortabele kamers, ingericht met antiquiteiten. 2 pk €70.

Nabij de Oude Stad ▶ Almer 4 : Çankırı Cad. 17, Ulus, tel. 0312 309 04 35, fax 0312 311 56 77, http://almer.com.tr. Dit modern-functionele hotel ligt handig bij de Caracallathermen en is dus een goede uitvalsbasis om de Oude Stad te bezichtigen. 2 pk €60.

Basic ▶ Karyağdı 5 : Sanayi Cad., Kuruçeşme Sok. 4, Ulus, tel. 0312 310 24 40, fax 0312 312 67 12. Eveneens dichtbij de Oude Stad; relatief voordelig, maar toch alle kamers met bad, tv en centrale verwarming. 2 pk €45.

… in de omgeving

Hotel aan het meer ▶ Patalya Lakeside Resort: Haymana Bulv., aan het Gölbaşımeer ten zuiden van de stad, tel. 0312 484 44 44, fax 0312 484 46 46, www.patalya.com.tr. Groot vakantiecomplex in de stijl van een badhotel aan het meer. Niet goedkoop, wel rustig. 2 pk vanaf €80.

Camping ▶ Altınok: Susuzköy, aan de weg naar Istanbul, 20 km van het centrum vandaan, tel. 0312 366 72 51. Schaduwrijk terrein, staanplaatsen deels met elektriciteit. Er is ook een restaurant.

Eten en drinken

Oostenrijk op z'n Turks ▶ Schnitzel 1: Hotel Mega Residence, Tahran Cad. 5, Çankaya, tel. 0312 468 54 00, www.megaresidence.com.tr. Oostenrijkse specialiteiten (Wiener schnitzel!) in de exclusieve ambiance van een luxehotel, 's zondags brunch, goede wijnkelder. Hoofdgerechten ongeveer €13.

Panorama ▶ Kale Washington 2: Doyuran Sok. 5, Kaleiçi, tel. 0312 311 43 44, www.washingtonrestaurant.com.tr. Verfijnde keuken in de Oude Stad in een mooie Osmaanse *konak*, grote keuze aan Frans geïnspireerde gerechten. Beroemd vanwege het fraaie panoramische uitzicht op de oude stad. Hoofdgerechten vanaf €10, selectie voorgerechten *(ordövr tabağı)* €5.

Op de heuvel van de Citadel ▶ Kınaçılar Evi 3: Kalekapısı Sok. 26, Dişhisar, tel. 0312 311 10 10. Vis, kebab en *mezeler* in een oude Osmaanse *konak*, erg populair bij toeristen, dus in het seizoen vaak vol. Zeer goede wijnkeuze. Hoofdgerechten €7.

Meyhane ▶ Göksu Restoran 4: Bayındır Sok. 22, tel. 0312 431 22 19, tgl 11–23 uur. Een van de beste *meyhane* (bierhuizen) in het uitgaanscentrum van Kızılay. Geroemd wordt de grote keuze aan Turkse *mezeler*, waarbij traditioneel rakı wordt gedronken. 's Avonds is er soms livemuziek. Hoofdgerechten €7.

Chic en hip ▶ PepperMILL 5: Emek 4. (Kazakistan) Cad. 159/14, Emek – Bahçelievler, tel. 0312 222 99 33, www.peppermill.com.tr. Italiaans beïnvloede keuken voor de yuppen uit de studentenwijk Bahçelievler in een chicque designambiance. Sandwiches circa €4, pizza vanaf €5.

Traditioneel ▶ Tarihi Çiçek Lokantası 6: Necatibey Cad. 15B, Sihhiye. Midden in het Turkse gewoel van alledag een traditionele *lokanta* met oorspronkelijk Turkse keuken. Goede kwaliteit, kleine prijsjes, geen nep.

Winkelen

In de **Oude Stad** (Kaleiçi) zijn ambachtskunst, sieraden, leer, tapijten en dergelijke te koop. De **Bazaarwijk** van Ulus aan de voet van de burcht (aan weerszijden van de Anafartalar Caddesi) heeft nog een enigszins oriëntaalse uitstraling. Elegante winkelstraten zijn in **Kızılay** de straten tussen Atatürk Bulvarı en Ziya Gökalp Paşa Caddesi, evenals verder zuidwaarts de **Tunalı Hilmi Caddesi** in Kavaklıdere.

Antiquiteiten ▶ Pirinç Han 1: Pirinç Sok., Ulus, www.pirinchan.net. In een vroegere karavanserai tien antiquiteitenwinkeltjes en een prettig café.

Winkelcentra ▶ Atakule 2: Çankaya Cad. Winkelcentrum met een 125 m hoge uitzichttoren (met ronddraaiend restaurant, www.atakule.com). **Karum 3:** İran Cad. 21, GOP, www.karum.com.tr, het grootste winkelcentrum in het centrum van Ankara, overwegend mode.

Souvenirs ▶ Dösim-Shops 4: Gazi Mustafa Kemal (GKM) Bulv. 121, Tandoğan; Mithatpaşa Cad. 18, Kızılay. De winkels van het Turkse ministerie voor Toerisme.

Uitgaan

Tal van luxehotels bieden amusement met disco en folkloristisch cabaret . Er wordt vaak gewaarschuwd voor rosse clubs (Citadel, Cankaya): de afrekening is er vaak niet correct.

Leuk café ▶ Tint Café 1: Tunus Cad. 63/A, Kavaklıdere, tel. 0312 427 81 06, www.tintcafe.com. Fris gestylde café-bar, waar in een moderne omgeving een lekker biertje geschonken wordt.

Electro & rock ▶ Locus Solus 2: Bestekar Sok. 60, Kavaklıdere. Voornamelijk nogal westerse muziekstijlen, ofwel liveoptredens of dj-sessies, met name punkrock, drum-'n-bass en techno.

Metal & Turkse pop ▶ Saklıkent 3: Akay Cad. 25/A, Çankaya, www.saklikent.com. Grote club met lasershow en veel studenten tegenover het Dedeman Hotel, af en toe liveconcerten (van Apocalyptica tot Hande Yener).

Livemuziek ▶ IF Performance Hall 4 : Tunus Cad. 14/A, Kavaklıdere, tel. 0312 418 95 06, www.ifperformance.com. De meest uiteenlopende liveoptredens van Turkse funk tot İlhan Erşahin.

Opera en ballet ▶ Devlet Opera ve Balesi 1 Atatürk Bulv., Opera Meyd., Ulus, tel. 03 12 324 14 76. Turkse en Europese programma's; het culturele seizoen begint op 1 oktober en duurt tot de eerste week van mei.

Actief

Turks bad ▶ Eynebey Hamamı: Adnan Saygun Cad. 11, Ulus, Tel. 0 312 309 68 65, www.eynebeyhamami.com. Historisch badhuis uit 1502, in het jaar 2001 gerestaureerd, open dag. 4–24 uur alleen voor mannen. **Şengül Hamamı:** Anafartalar Cad., Acıçeşme Sok. 3, Ulus, tel. 0 312 311 03 63, www.sengulhamami.com. Historisch badhuis in de vroegere Joodse wijk ten westen van de Anafartalar, pas opgeknapt en met een vrouwenvleugel, dag. 5.30–22 uur (mannen) 6.30–19.30 uur (vrouwen).

Vervoer

Station: bij het Gençlik Parkı, kop van de Hippodrom Cad. Hogesnelheidstreinen rijden tussen Ankara en Eskişehir, vandaar een exprestrein naar Istanbul (4 x daags heen en terug). Nachttreinen naar Istanbul: Fatih Express (normaal, voordelig) en Ankara Express (slaapwagens, duurder). Reserveren verplicht. (tel. 0312 309 05 15, informatie: www.tcdd.gov.tr).

Langeafstandsbuslijnen: Het busstation *(Yeni Garaj)* aan de rand van de stad is vanaf het centrum bereikbaar met de metro Ankaray (zie onder). Kantoren van busmaatschappijen aan de Kızılay, vandaar ook shuttlediensten.

Stadsbussen: Het net van buslijnen is onoverzichtelijk. De wijk waar de bus heen gaat staat aangegeven op de voorruit. Kaartjes dienen voor de rit te worden gekocht bij de kiosken van busmaatschappij EGO. Een chipkaart is handig en iets goedkoper.

Metro Ankaray: Snelle verbinding dwars door de stad (www.ankaray.com.tr). Belangrijke stations: Maltepe (informatiebureau), Kızılay (centrum), Aşti (busstation Yeni Garaj), Tandoğan (Atatürkmausoleum).

Ankara Metrosu: Een tweede metro en stadsspoor vanaf Kızılay via Ulus richtung het noorden (www.ankarametrosu.com.tr).

Luchthavenshuttle: Havaşbus vanaf het station, zie blz. 74 (www.esenbogaairport.com).

Huurauto's: Tal van autoverhuurbedrijven op de luchthaven Eşenboga. In de stad zitten er veel aan de Atatürk Bulvarı in Kavaklıdere.

Omgeving van Ankara

De **Atatürk Orman Çiftligi**, een ooit door Atatürk in het leven geroepen modelboerderij voor bos- en landbouw, is via het stadsspoor vanaf Kızılay in circa 50 minuten te bereiken. In het uitgestrekte park met het woonhuis van de stichter van de staat (museum) bevinden zich restaurants en een zwembad in de vorm van de Zwarte Zee. Hier ligt ook de dierentuin van Ankara (Hayvanat Bahçesi, www. ankarazoo.gov.tr), waar het vooral in het weekend erg druk kan zijn, en de staatsbegraafplaats (Devlet Mezarlığı).

Nog idyllischer is het stuwmeer **Çubuk I. Barajı**, ongeveer 10 km ten noorden van het centrum aan de snelweg naar de luchthaven Eşenboga. Op de vaak vrij steile, beboste hellingen liggen tal van picknickplaatsen. Langs de rivieroever in het park onder de stuwdam staan tal van restaurants naast elkaar.

Iets verder weg bevindt zich het bronnenrijke gebied rondom het **Karagöl** ▶4, D 3, een meer op circa 64 km ten noorden van Ankara. Talloze bronnen en het kleine vulkanische bergmeer met zijn kristalheldere water in een fraai berglandschap met allerlei wandelpaden, een hotelcomplex, campings en picknickplaatsen maken deze plek tot een juweel van een bestemming voor een uitstapje. Vanaf Ankara eerst de afslag naar de luchthaven nemen, daarna de borden volgen.

Op circa 85 km afstand van Ankara ligt het bosgebied van het **Kızılcahamam Soğuksu Milli Parkı** ▶ 3, C 3, dat in 1959 tot nationaal park werd uitgeroepen. Het ligt op een hoogte van 1000 tot 1700 m langs het dal van de Kırmırdere en zijn talrijke zijrivieren. Het water van

Café op de Pirinç Han bij de heuvel van de Citadel

de thermale bronnen, die al in de Romeinse tijd in gebruik waren, kan temperaturen bereiken tot 45 °C. In een badhuis *(kaplıca)*, ca. 2 km verderop kan gebaad worden in een marmeren waterbassin of in kleinere badkuipen. Het nationale park is bijzonder interessant voor ornithologen. Er leven meer dan 160 soorten vogels, waaronder de met uitsterven bedreigde baardgier, die in de steile rotswanden ten westen van de Kırmırdere nestelt.

In het zuiden van Ankara, aan de weg naar Konya, ligt bij **Gölbaşı** ▶ 4, D 4 de Mugan Gölü. Behalve kolonies met vakantiehuisjes zijn hier ook stranden met cafés en restaurants te vinden, zoals het Gölbaşı Restoran bij de afslag naar Haymana, met mooi uitzicht op het meer. Op 35 km ten zuiden van Ankara, aan de weg naar Kırsehir (via Bala), liggen de restanten van wat ooit een groot bos was, het **Beynam Ormanı** ▶ 4, D 4, midden in een boomloos steppelandschap. Vlak bij het dorp Beynam zijn picknickplaatsen aangelegd, vanwaar lange wandelingen gemaakt kunnen worden door de uitlopers van de Elma Dağı. Deze 1862 m hoge berg nabij Ankara heeft zich ontwikkeld tot een deftig **skicentrum** (met twee skiliften, berghutten, restaurants en een hotel).

De reis van Ankara naar Istanbul kan worden afgelegd over twee zeer verschillende, maar landschappelijk even aantrekkelijke routes. De noordelijke route biedt de mogelijkheid tot afwisselende bezoekjes aan de toeristisch nog nauwelijks ontsloten Köroğlu Dağları, met oud-Turkse stadjes
als Beypazarı, Mudurnu en Göynük, of de fascinerende rotsformaties bij
het Sakaryastuwmeer. De zuidelijke route via Eskişehir leidt door het
prachtige Bithynische hoogland langs Söğüt en Bilecik en dan omhoog
naar Sakarya (Adapazarı), waar de routes weer bij elkaar komen.

Van Ayas naar Mudurnu

U verlaat Ankara in westelijke richting. De
eerstvolgende plaats die u tegenkomt is het
stadje **Ayas** ▶ 3, C 3, dat zijn oud-Turkse karakter en zijn kleine houten moskee nog heeft
bewaard. De vakwerkhuizen, in de voor het
Zwarte Zeegebied typische, zogenaamde Pontische stijl, geven een fraaie indruk van de
stedenbouw in de laat-Osmaanse tijd.

Zo'n 30 km ten westen van Ayas, halverwege de weg naar Beypazarı, leidt een klein
doodlopend weggetje naar **Ayas İçmeçesi**.
Deze warmwaterbron ligt te midden van een
boomloos steppelandschap op een oaseach-
tige dalbodem. Het moderne hotel, de restaurants en de motels maken dit een geschikt recreatiegebied, dat druk wordt bezocht door
inwoners van Ankara.

Ongeveer 22 km verder ligt de stad **Beypazarı** ▶ 3, B/C 3, die 35.000 inwoners telt, maar
desondanks in het centrum nog altijd de
charme bezit van een oud-Turkse stad. Vanaf
het hoofdplein leiden drie stegen omhoog
naar de oude stad, waar de Alaaddin Camii
uitsteekt boven een door wijnranken over-
schaduwde bazaarwijk. Het gebouw stamt uit
de tijd van de Seltsjoeken. Het heeft een nagenoeg vierkant grondplan en een vlak houten plafond, omzoomd door een omgang en
gedragen door houten zuilen. De kleinere

İncili Cami uit 1219 bezit een houten minaret
en herbergt op de begane grond een hele
reeks winkeltjes. Wanneer u vanaf het hoofdplein de licht stijgende straat ingaat, komt u
na ongeveer 150 m uit op de Akşemseddin
Sokağı. Deze loopt naar een wijk met de talloze oud-Turkse huizen rond de Akşemseddin
Camii.

Een weg in westelijke richting voert over
een vrijwel geheel dorre hoogvlakte en langs
het **Sakarya Nehristuwmeer** naar Nallıhan. De
fascinerende afwisseling van rood zandsteen,
gele mergel, witte kalksteen en andere kleurige rotspartijen op de geërodeerde berghellingen maakt deze route zeer de moeite
waard. De weg komt langs de 13.000 inwoners
tellende provinciestad **Nallıhan** ▶ 3, B 3, waar
twee kleinere moskeeën staan. Hier gaan de
twee routes uiteen. De noordelijke route loopt
naar Mudurnu, de westelijke volgt de rivier de
Sakarya en steekt deze over bij Beyköy om verder te gaan naar Eskişehir (zie blz. 412).

Mudurnu ▶ 3, B 3

Mudurnu, een stadje van 7500 inwoners, is
landschappelijk fraai gelegen, diep in de plooi
van een enigszins oplopend rivierdal. Het
stadsbeeld wordt gekenmerkt door talrijke
oud-Turkse huizen in Pontische stijl. In deze
oude stad rond de vroeg-Osmaanse moskee
kunt u een bezoek brengen aan de oude **ha-**

mam. Wat opvalt is het grote aantal smederijen en metaalhandels in de bazaarwijk; deze tak van nijverheid gaat terug tot de 16e en 17e eeuw. Mudurnu stond in die tijd bekend om de messenfabricage – met andere woorden, als het Turkse Solingen. De stad bezit tevens een lange traditie op het gebied van Turks worstelen en is beroemd om de festivals en de vele bekende worstelaars die hier vandaan komen. Ook tegenwoordig nog vinden hier elk jaar de *yağlı güreş*-wedstrijden plaats, het typisch Turkse olieworstelen. Vanuit Mudurnu kunt u een uitstapje maken in noordelijke richting naar het 1150 m hoog gelegen **Abant Gölü** en het verder gelegen Bolu.

Bolu ▶ 3, B 2

De provinciestad **Bolu** telt ongeveer 120.000 inwoners en ligt aan de hoofdroute tussen Ankara en Istanbul. Het is een populaire tussenstop voor de rondreisbussen, omdat hier en in het nabijgelegen plaatsje Mengen de beste chef-koks van het land werken – althans, dat wordt gezegd. De stad is het centrum van de regionale bosbouw en graanhandel en er is een kleine wol- en pelzenindustrie.

Vermoedelijk werd Bolu gesticht door koning Prusias I (235–183 v.Chr.); destijds was de naam van de plaats Bithynion. Onder de Romeinse keizer Hadrianus kreeg de stad de bijnaam Hadriana, een eerbetoon aan zijn minnares Antinous, die hier is geboren. Van de oude stad resteert vrijwel niets, omdat deze in 1668 werd getroffen door een zeer zware aardbeving.

De Turkse oude stad ligt verdeeld over oplopende terrassen ten noorden van de hoofdstraat. Midden in een kleine bazaarwijk en deels omgeven door schilderachtige winkeltjes verrijst de machtige **Yıldırım Beyazıt Camii** uit 1901, die met zijn beide minaretten en enorme zilverkleurige, loden koepel overal is te zien. De andere belangrijke moskeeën staan aan de hoofdstraat, zoals de kleine **Sadaç Hanı Camii** en de **Ulu Cami**, de oudste moskee van de stad. Circa 5 km ten zuiden van Bolu liggen de warmwaterbronnen *(büyük kaplıca)* van

Karacasu, die worden gebruikt voor hydrotherapieën. Er staat daar ook een goed hotel, het Bolu Termal Oteli (blz. 412).

De **Abant Gölü** is vanwege het aangename klimaat en de uitstekende hotels een populair recreatiegebied voor inwoners van Ankara en Istanbul. Het meer wordt omgeven door met naaldbossen overgroeide bergen. In het zuidelijke deel, dat geheel is overwoekerd door waterplanten en russen, broeden de dodaars en de casarca, de halfgans *Tadorna ferruginea*. Ornithologen kunnen in de omringende naaldbossen dwerg- en slangenarenden, buizerds en valken spotten.

Köroğlu Dağları

Voor wandelaars zijn de **Köroğlu Dağları**, die zich ten zuiden van Bolu over een afstand van zo'n 400 km uitstrekken, een nog nauwelijks bekende aanrader. Deze dunbevolkte bergketen ligt ver van de toeristische centra verwijderd en in de zomer heerst er een aangenaam koel bergklimaat. De eindeloze naaldbossen, uitgestrekte zonnige weiden en schitterend gelegen vakantienederzettingen *(yayla)* maken een ongestoord genieten van de natuur mogelijk.

De afgelopen jaren is nabij de Köroğlu Tepesi (2378 m), de hoogste bergtop ten zuidoosten van Bolu, een wintersportgebied op een hoogte tussen 1900 m en 2350 m tot ontwikkeling gekomen rond het skioord **Kartalkaya**.

Tip: Door het Bithynische bergland

Van de hoofdroutes voeren doorgaans goed begaanbare zijwegen door het toeristisch nog nauwelijks ontsloten **Köroğlugebergte**, een Bithynisch berglandschap met oud-Turkse steden als Beypazarı, Mudurnu, Göynük en Taraklı, waar het leven in de theehuizen en op de schilderachtige markten al eeuwen op dezelfde kalme wijze verloopt. Ook de oud-Turkse huizen van walnotenhout roepen de sfeer van de 18e en de 19e eeuw weer overtuigend tot leven.

Informatie

Informatiebureau: Stadyum Cad., Kültür Sitesi, tel. 0374 212 22 54, fax 0374 212 39 45.

Accommodatie

Businesshotel ▶ Köroğlu Hotel: İzzet Baysal Cad., Belediye Meyd., tel. 0374 212 53 46, fax 0374 212 53 45, www.bolukorogluotel.com.tr. Het beste hotel in het centrum, 50 keurige kamers met douche, wc, telefoon en centrale verwarming. 2 pk vanaf €50.

Middenklassenfamiliehotel ▶ Kaşmir Hotel: İzzet Baysal Cad. 85, tel. 0374 215 86 14, fax 0374 213 27 99, www.otelkasmir.com. Functioneel stadshotel (3 sterren) met een restaurant in het centrum. 2 pk €40.

... buiten het centrum

Kuurhotel ▶ Bolu Termal Oteli: Op 6 km ten zuiden van de stad in het kuuroord Karacasu, tel. 0374 262 84 72, fax 0374 224 50 11, www.bolutermalotel.com. Modern kuurhotel (4 sterren) met een fitnessruimte en een wellnesscentrum. 2 pk €60-70.

Meerresort ▶ Taksim Abant Köşk: aan het Abantmeer, 34 km van Bolu, tel. 0374 224 51 66, fax 0374 224 51 65, www.taksimotelcilik.com.tr. Overzichtelijk luxehotel met 13 comfortabel ingerichte kamers aan de oever van het meer (S-categorie). U mag gebruikmaken van de fitnessruimte en het wellnesscentrum van het nabijgelegen Taksimhotel Abant Palace. 2 pk €100-160.

Vervoer

Busstation aan de rondweg, ca. 1 km van het centrum van Bolu; zeer regelmatige verbindingen.

Dolmuşstation voor rondritten naar het Abantmeer of naar de Köroğlubergen; op het hoofdplein van Bolu.

Via Taraklı naar Eskişehir

Als u niet de snelweg wilt nemen, kunt u van Mudurnu verder rijden over de niet overal goed onderhouden weg langs het fraaie stadje **Göynük ▶** 3, A 3 (6000 inwoners, ca. 50 km naar het westen). In het centrum, met nog veel oud-Turkse huizen in Pontische stijl, staat het mausoleum van Akşemseddin uit 1494.

Dit was de eerste *hoca* die na de verovering van Constantinopel (1453) in de Hagia Sophia moslims opriep tot gebed.

Ook het ongeveer 30 km ten westen van Göynük gelegen **Taraklı ▶** 3, A 3 bezit nog een oud-Turks stadsbeeld. De indrukwekkendste panden staan aan het hoofdplein, evenals de Yunus Paşa Camii uit 1517 en de konak, de voormalige zetel van de provinciale overheid. Veel woningen in de tegen de berghelling aangebouwde wijk met een kleine moskee worden niet meer bewoond. Een korte wandeling omhoog is de moeite waard voor het fraaie uitzicht over het stadje, het rivierdal en het omringende berglandschap.

De route voert nu verder door het afwisselende Bithynische bergland naar het dal van de rivier de Sakarya en de plaats **Geyve ▶** 3, A 3, waar ook de route vanuit Eskişehir uitkomt. De brug over de rivier werd gebouwd in 1495 door Beyazıt II; een gedenksteen met een opschrift in het Turks en het Arabisch herinnert aan dit feit.

Eskişehir ▶ 3, A 4 en 2, F 4

Door de aanleg in 1890 van een spoorlijn groeide dit tot dan toe ingeslapen provinciestadje uit tot een belangrijke industriestad met circa 620.000 inwoners. **Eskişehir** is tegenwoordig een centrum van leer-, textiel-, cement- en levensmiddelenindustrie; tevens vormt de plaats een belangrijk knooppunt van spoorwegen. Toch staat Eskişehir het meest bekend om de delving en verwerking van meerschuim – zijn reputatie reikte in de 19e eeuw zelfs tot in Europa (zie blz. 413).

Het verleden van de provinciehoofdstad gaat niet alleen terug tot het antieke **Dorylaion**, maar zelfs nog verder, tot Frygische en zelfs prehistorische tijden. Toen lag de nederzetting veel noordelijker, op de heuvel Sarhöyük. Pas in de Osmaanse tijd is deze versterkt. In 1097, tijdens de eerste kruistocht, versloeg een leger onder leiding van Godfried van Bouillon bij Dorylaion het leger van de Seltsjoekensultan Kılıç Arslan I. Dit kon de zegetocht van de islam in Klein-Azië echter geen

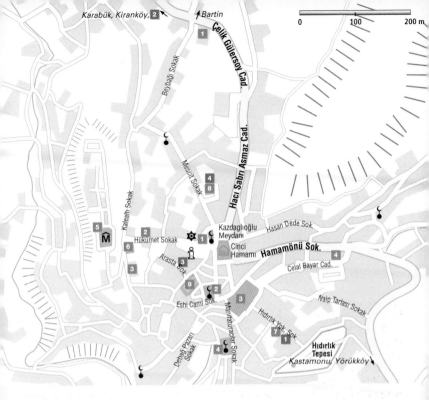

Safranbolu

Hoogtepunten

1 Kazdağlı Camii
2 Köprülü Mehmet Paşa Camii
3 Cinci Hanı
4 İzzet Mehmet Paşa Camii
5 Tarihi Kent Müzesi (stadsmuseum)
6 Mümtazlar Gezi Evi
7 Kaymakamlar Gezi Evi
8 Karaüzümler Gezi Evi
9 Yemenciler Arastası

Accomodatie

1 Havuzlu Asmazlar Konağı
2 Gülevi Hotel
3 Pension Paşa Konağı
4 Çarşı Pansiyon

Eten en drinken

1 Taşev Restaurant
2 Gözü Mavı Lokantası
3 Kadıoğlu Şehzade Sofrası
4 Karaüzümler Gezi Ev

de Hıdırlık Sokağı vindt u het **Kaymakamlar Gezi Evi** 8 dat in het begin van de 19e eeuw voor de gouverneur van Safranbolu werd gebouwd. In het **Yemenciler Arastası** 9 in de Eski Hamam Sokağı is een bazaar speciaal voor toeristen gevestigd, er is ook een geheel ingerichte oude schoenmakerswerkplaats te zien.

In de omgeving kunt u de grote druipsteengrot **Mencilis Mağarası** bezoeken, 7 km richting Bağlar (aangegeven), of het bergdorp **Yörükköy** (11 km oostelijk, richting Kastamonu). Het dorp is bijna net zo schilderachtig als Safranbolu, maar veel minder toeristisch en niet zo uitgebreid gerestaureerd.

Informatie

Informatiebureau: In centrum van de oude stad, Arasta Çarşısı 7, tel./fax 0372 712 38 63, dag. 8–17.30 uur (plattegrond beschikbaar).

De oude Osmaanse huizen die Safranbolu zo aantrekkelijk maken

Accomodatie

Tegenwoordig zijn veel **konaks** verbouwd tot hotel. Ze behoren tot de mooiste hotels van heel Turkije. Op de website www.safran bolu.gov.tr ('Konaklama Tesisleri' aanklikken) vindt u een overzicht van deze hotels. Het nieuwste tophotel, het **Cinci Han Hotel** in de karavanserai (**3**, www.cincihan.com) opende in 2004 haar deuren.

Historische Luxe ▶ Havuzlu Asmazlar Konağı 1 : Gülersoy Cad. 18, tel. 0372 725 28 83, fax 0372 712 38 24, www.safranbolukonak. com. Dit hotel, gevestigd in een historische villa, is door de Turkse automobielvereniging (TTOK) gerenoveerd en op historisch verantwoorde wijze ingericht. Er zijn ook twee moderne bijgebouwen in dezelfde stijl. Een romantisch hotel met een stijlvolle ambiance én een goed restaurant. 2 pk €80-105.

In het centrum ▶ Gülevi 2 : Hükümet Sok. 46, tel. 0372 725 46 45, fax 0372 712 50 51, www.canbulat.com.tr. Dit hotel is gevestigd in een 19e eeuwse konak. Het is verfijnd ingericht en combineert een chique elegantie met een traditionele stijl. 2 pk vanaf €70.

Mooi in het groen ▶ Paşa Konağı 3 : Kalealtı Sok., aan de voet van de burcht, tel. 0372 712 35 72, www.safranboluturizm.com.tr. Sympathiek pension in de oude stad. Een afgezette grootvizier trok zich ooit terug in deze konak uit 1808. Prettige sfeer, grote kamers in eenvoudige 'Osmaanse' stijl, maar wel minder voornaam. 2 pk €35.

Budget ▶ Çarşı Pansiyon 4 : Cincihanı Sok. 1, aan het plein bij Cinci Hanı, tel. 0372 725 10 79, www.carsipansiyon.com.tr. Eenvoudig pension zonder historische elementen, maar met vriendelijk personeel. 2 pk €20.

Eten en drinken

In het **Havuzlar Konağı** van de TTOK en in het **Hotel Cinci Han**, vindt u goede restaurants. Tijdens een uitstapje kunt u lekker eten in het **Kadi Efendi Çevrikköprü** (www.kadiefendi. com), dit restaurant ligt aan de weg naar Kastamonu en Yörükköy (7 km oostelijk).

Kunst- en wijncafé ▶ Taşev Restaurant 1: Hıdırlık Yokuşu 14, tel. 0370 725 53 00, www.tasevsanatvesarapevi.com. Verfijnde keuken, mooie wijnkaart in een statig natuurstenen gebouw, met kunstgalerie. Hoofdgerechten, rond de €9.

In Kiranköy ▶ Gözü Mavı Lokantası 2: Arapçı Sok., tel. 0370 712 71 72, www.safranbolucelikpalas.com. Ook in de moderne stad Kiranköy staan verschillende lokanta. Bij mooi weer kunt u romantisch tafelen in de mooie tuin van het luxe Hotel Çelikpalas.

Romantisch ▶ Kadıoğlu Şehzade Sofrası 3: Arasta Sok. 8, tel. 0370 712 50 91, vlak bij het grote plein in oud-Safranbolu (Çarşı). Mooi natuurstenen gebouw, de binnenplaats is overdekt met wijnranken. Turkse specialiteiten.

Museumcafé ▶ Karaüzümler Gezi Evi 4: Mescit Sokağı, ten noorden van het grote plein in de tuin van de 'Konak van de Zwarte Druiven' een kleine zaak met eenvoudige snacks.

Winkelen

De **bazaar** is een bezoek waard. Hier vindt u kunstvoorwerpen, sieraden en koperwerk. Let op: ook hier komt een groot deel van de producten uit Pakistan of China.

Weekmarkt ▶ Elke zaterdag: grote markt.

Agenda

Safranbolu Festival voor het behoud van de historische stad en de regionale volkskunst, op het eerste weekend in juni.

Vervoer

Busstation voor interregionale bussen in Kiranköy, Sadrı Artunç Cad. Verschillende keren per dag rijden bussen naar Ankara, Kastamonu, Bartın. Betere verbindingen vanuit de 'Staalstad' Karabük (12 km). **Dolmuş** in Kiranköy vanaf de rotonde naar oud–Safranbolu (Çarşı) elk halfuur.

Kastamonu ▶ J 2

Ongeveer 110 km ten oosten van Safranbolu ligt de provinciehoofdstad Kastamonu. Deze stad met zijn 115.000 inwoners ligt in het golvende land tussen het kustgebergte in het noorden en de bergwand van de Ilgaz Dağları in het zuiden. De naam van de stad in het dal van de Gökırmak is afgeleid van Castra Comneni ('Vesting van de Comnenen'). In Turkije is de stad vooral verbonden met de rede die Atatürk er op 30 augustus 1925 op het balkon van het museum hield. Toen proclameerde hij het verbod op de fez en de invoering van de hoed voor alle Turken.

Rond de Nasrulla Camii

In het centrum van de stad ligt de **Nasrulla Camii** met een heel mooi open gebouw voor de rituele wassing onder een schaduw gevende koepel met arcaden. Het complex is in 1506 gesticht. Het centrale plein wordt aan de noordzijde begrensd door twee hans, de **Asir Efendi Hanı** en de **İsmail Bey Hanı**. Daarachter begint de overdekte bazaar, de **Karanlık Bedesten** uit de 15e eeuw. Daar vindt u onder meer een antiekmarkt.

Het vlakbij gelegen **Kastamonu Museum** (di.–zo. 8.30–17 uur) biedt een allegaartje van antieke vondsten uit de regio. Iets noordelijker ligt het **Etnografisch Museum** in de Livapaşa Konağı, (di.–zo. 8.30–17 uur), waar op overzichtelijke wijze oud-Turkse kunst en ambachtelijke technieken worden getoond.

De oude stad

Aan weerszijden van de Gökırmak liggen verschillende stadswijken terrasvormig tegen de hellingen. De oude huizen uit de Osmaanse tijd, met hun versierde erkers en typische flauw hellende daken bepalen het beeld. De oude stad aan de voet van de burcht is een bezoek waard. Daar staat de oudste moskee van de stad, de **Atabey Camii**, die in 1273 werd gebouwd. Dit is een van de weinige moskeeën met houten zuilen die bewaard gebleven zijn in Anatolië (zie blz. 365). In de moskee staat de türbe (grafmonument) van de stichter Cobanoğlu Atabey.

Het traditionele Turkse woonhuis

Thema

De ontwikkeling van de oud-Turkse woonhuisarchitectuur is sterk beïnvloed door de nomadische afstamming en de islamitische tradities. Vooral in de uitlopers van de Anatolische bergen en aan de kust was hout het belangrijkste bouwmateriaal. In Centraal-Anatolië werden de huizen uit leemsteen of in een gemengde bouwstijl opgetrokken. Alleen de pasja's bouwden hun huizen in steen.

Het Turkse huis bezat meestal één verdieping. Op de begane grond waren de werkruimten en de keuken ondergebracht en het gezinsleven speelde zich op de eerste verdieping af. De afstandelijk aandoende, zonder enige versiering witgepleisterde buitenmuren van de benedenverdieping weerspiegelde de voor de islamitische maatschappij typisch tegenstelling tussen het leven binnen en buiten, tussen het privé- en het openbare leven.

Een wezenlijk kenmerk was de scheiding tussen het domein van de huisvrouw en de mannenvertrekken. Zelfs kleinere huizen die maar uit twee kamers bestonden waren gescheiden in een *haremlik* en een *selamlık*. De heer des huizes kwam alleen in de harem om te slapen, terwijl het nuttigen van de maaltijd en het ontvangen van bezoek zich altijd afspeelde in de *selamlık*, de 'openbare ruimten' van het huis.

De beide domeinen waren door de *sofa*, een soort hal, van elkaar gescheiden. In de loop van de tijd kreeg deze ruimte meer en meer de functie van woonkamer, de belangrijkste plek in huis. De *sofa* kwam uit op de tuin en was deels als loggia gebouwd. Daardoor was het de koelste plek in huis en de favoriete ruimte van de vrouwen, die de meeste tijd in huis doorbrachten. Omdat de andere kamers eropuit kwamen, fungeerde de *sofa* als overloop én als woonkamer.

De kamer als ruimtelijke eenheid onderscheidde zich in zijn functie en vormgeving

aanzienlijk van westerse voorstellingen op dit gebied. Een opdeling in woon-, eet- en slaapkamers kende men niet. Alle kamers werden voor verschillende doeleinden gebruikt en ze waren eenvoudig en snel voor een andere functie geschikt te maken. In de regel stonden er geen stoelen of tafels. In plaats daarvan stond er onder de ramen een meestal L-vormige zitbank *(sedir)*, die met zachte tapijten en kussens was bedekt. Voor de raamloze muren werden stellingen geplaatst of er werden nissen ingebouwd met kasten waarin overdag bijvoorbeeld het beddengoed werd opgeborgen. De kamer veranderde in een eetkamer als een groot plateau van messing of koper op een voet werd binnengebracht, waaraan men op kussens omheen ging zitten om te eten.

Een ander kenmerk van het Turkse huis is de erker, die nog steeds het straatbeeld in menige oude wijk bepaalt. De erker zorgde door de vergroting van het aantal ramen voor meer licht in de kamer en maakte het bovendien mogelijk dat de vrouwen de gebeurtenissen op straat konden volgen. Het obligate houten hekwerk voor de ramen verhinderde inkijk.

De eenvoud van de buitenkant van de huizen stond in schril contrast met de bijzondere inrichting van de binnenruimten. Plafondversieringen, bovenlichten, schoorsteenmantels en van prachtig inlegwerk voorziene geraffineerd geordende kasten en nissen, die tot de hoogtepunten behoorden van Turkse houtsnijkunst.

De wijk rond de moskee, de **Yakub Ağa Külliyesi**, een wirwar van steegjes, is in 1547 door een keukenmeester van Süleyman de Prachtlievende gesticht. Het complex bestaat uit een koepelmoskee met een rijkversierd portaal, deuren met prachtig houtsnijwerk en een grote medrese.

De **İsmail Bey Külliye** aan de oostkant van de stad is honderd jaar ouder. Ze werd in 1454 door İsmail Bey (1443–1461) gesticht. Hij was de laatste heerser van de İsfendiyaroğulları-dynastie, die heerste over het gebied tussen Safranbolu en Kastamonu.

Op de 110 m hoge rotspunt aan de zuidkant van de stad liggen de ruïnes van de **vesting**, die door de Comnenen, de Byzantijnse keizersdynastie van de 12e eeuw, werd gebouwd. Grote delen van het binnendeel van de burcht, de imposante muren (met ooit veertien) torens zijn bewaard gebleven. Het prachtige uitzicht vanaf de vesting is de klim zeker waard.

Omgeving van Kastamonu

Ongeveer 40 km ten zuiden van Kastamonu ligt de dichtbeboste bergketen **Ilgaz Dağları**, een goed geoutilleerd en populair skigebied. In de zomer is dit gebied dankzij de heldere lucht, de prachtige natuur met zijn rijke flora en fauna aantrekkelijk voor wandelaars. Sinds een paar jaar is het een officieel een nationaal park. Op de bergweiden ten noorden van Araç en bij Daday in het dorp Çömlekçiler kunt u paarden huren en onder leiding van een gids prachtige ritten maken. In het dorp staan veel traditionele huizen en boerderijen.

In het dorp **Kasaba Köy**, 18 km ten noordwesten van Kastamonu in de richting van Daday, staat een prachtig voorbeeld van Seltsjoekse houtbouwarchitectuur: de in 1366 gebouwde Mahmut Bey Camii geldt als een van de mooiste moskeeën met houten zuilen in Anatolië. Vier zuilen met enorme architraven ondersteunen het plafond en de imposante galerij boven de ingang. Resten van schilderingen zijn in hun originele staat bewaard gebleven. Bijzonder kunstzinnig is de zeer fijn bewerkte deur die is versierd met florale ornamenten.

Bij het dorp **Donalar**, bereikbaar via Taşköprü, ligt het Frygische rotsgraf van **Kalekapı** met een indrukwekkende puntgevel. De voorgebouwde zuilen en ornamenten, deels uit de Perzische, deels uit de Griekse tijd, met fabeldieren en een dubbele adelaar versieren de rijk ingedeelde gevel. Het graf stamt ongeveer uit de 5e eeuw v.Chr. Onderweg naar Kalekapı rijdt u door de typische dorpen van het Pontisch Gebergte, met opmerkelijke vakwerkhuizen.

De **İlgarini Mağarası** bij Pinarbaşı is een van de grootste grotten van Turkije. Om de grot te bereiken, moet u wel een wandeling van ongeveer 90 min. door een groot bos maken. Een must voor de liefhebber,

Informatie

Informatiebureau: Kültür Müdürlüğü, tel. 0366 214 22 18, fax 0366 214 97 95.

Accommodatie

Charmant ▶ Osmalı Saray Oteli: Belediye Cad. 81, tel. 0366 214 84 08, http://ottomanpalace.awardspace.com. Stijlvolle accommodatie in het oude Osmaanse raadhuis, de kamers zijn met veel hout en antiquiteiten ingericht. 2 pk €40-60.

Business Class ▶ Mütevelli: Cumhuriyet Cad. 46, in het centrum, tel. 0366 212 20 20, fax 0366 212 20 17, www.mutevelli.com.tr. Modern tweesterrenhotel, eenvoudige maar keurige kamers. 2 pk €35.

Budget ▶ Selvi Otel: Banka Sok. 10, tel. 0366 214 17 63, fax 0366 212 11 64. Eenvoudig hotel in een steegje aan Cumhuriyet Cad. Vlakbij het centrum, grote kamers, niet allemaal met badkamer. 2 pk €20.

Eten en drinken

Aan de Cumhuriyet Cad. liggen veel eenvoudige lokanta. *Etli ekmek*, de specialiteit van Kastamonu is gehakt in pideeg, in de oven gebakken. Bij de **Saat Kulesi**, de klokkentoren in het zuidoosten van het centrum, ligt een **café** met een mooi uitzicht over de stad.

In de medrese ▶ Münire Sultan Sofrası: Mehmet Feyzi Efendi Cad., tel. 0366 214 96 66, www.muniresultansofrasi.com. Een aardige zaak in een voormalige medrese van de Nasrullah Camii; traditionele keuken, grill- en stoofpotgerechten. Geen alcohol.

In de hamam ▶ Frenkşah Sultan Sofrası: Nasrullah Meyd. 12, tel. 0366 212 19 05. Gevestigd in een hamam uit de tijd van de Seltsjoeken; voornamelijk verschillende variëteiten van *etli ekmek.*

Winkelen

Markten ▶ Traditionele **boerenmarkt**, di, wo. en za. bij het raadhuis (belediye). **Arts and craftsmarkt** (Münire Medresesi El Sanatları Çartısı:) in de Münire Medresesi.

Actief

Turkis bad ▶ Araba Pazarı Hamamı: Bij Hotel Osmanlı Saray, Belediye Cad. Historische dubbelhamam (mannen en vrouwen); voor vrouwen tot 18 uur.

Vervoer

Busstation aan de Yalcın Cad. bij Gökırmak, richting İnebolu. Dag. vertrekken verschillende bussen naar Ankara, Samsun, Sinop, Karabük (Safranbolu).

Tussen Amasra en İnebolu

De kustweg langs de Zwarte Zee tussen İnebolu en Cide in het westen is van een unieke schoonheid. Voor een deel loopt deze weg pal langs de kust, deels kronkelt hij in wilde bochten over de groen beboste hellingen en dan weer even door het binnenland, waarbij hij vele kilometers lang volledig verlaten is. Aantrekkelijk zijn de lange stranden en verborgen baaitjes aan de Zwarte Zeekust.

Een bijzonder mooie plek is de beschutte, bijna cirkelvormige baai van het antieke **Gideros** vlak bij **Cide ▶** 4, D 1. Dit is een klein dorp met een vissershaven, een mooi strand, overnachtingsmogelijkheden en restaurants, op ongeveer 90 km ten westen van İnebolu.

Verder naar het westen tot aan Amasra zijn vooral de badplaatsen **Kurucaşile** en **Çakraz** de moeite waard, hoewel de pensions daar tamelijk spartaans zijn.

Accomodatie

Vertrouwd ▶ Yalı Otel: Liman Yolu, Cide, tel. 0366 866 20 87, fax 0366 866 33 10, www.yali otel.com. Klein, gezellig hotel tussen het strand en de haven. Eenvoudige kamers met veel hout, airconditioning en koelkast. 2 pk €25.

İnebolu ▶ 4, E 1

Dit stadje met ca. 11.000 inwoners is een typische Zwarte Zeehaven met indrukwekkende voorbeelden van Turkse bouwkunst en veel houten huizen die karakteristiek zijn voor de Pontosregio en die wijzen op de Griekse oorsprong. In de oude stad liggen de historisch belangrijkste gebouwen, de Eski Cami, de Yeni Cami, de Küçük Cami en de oude christelijke wijk, met de ruïne van een kerk.

Ten oosten van İnebolu strekken zich brede stranden uit, die helaas niet altijd even schoon en uitnodigend zijn. De moderne vakantiekolonies bij **Abana** tonen wel aan dat het toerisme in de regio aantrekt.

Accomodatie

Niet veel toeristen verblijven lang in İnebolu. Aan zee:

Eenvoudig aan het strand ▶ Yakamoz Tatil Köyü: İsmetpaşa Cad., aan het westelijke strand, tel./fax 0366 811 31 00. Dit is het grootste vakantiepark van de stad. Het complex, met zwembad, ligt direct aan zee. Eenvoudige motelkamer, 2 pk €35 en blokhutten, voor 4 p €60.

In Abana ▶ Saraçoğlu: Abana, tel. 0366 564 26 75, www.otelsaracoglu.com. Keurig eenvoudig middenklassehotel tegenover de moskee, aan het plein van de badplaats Abana. Eenvoudige kamers met airconditioning en tv, 2 pk €25.

Eten en drinken

De specialiteit van de Zwarte Zeekust zijn de zilverkleurige *hamsi*-vissen, een soort ansjovis. Ook worden er vaak hazelnoten gebruikt, bijvoorbeeld gecombineerd met in melk gekookte rijst. Goede restaurants: **Liman Lokantası** aan de haven (ook vis) en het vergelijkbare **Şehir Lokantası** in het centrum tussen de zee en het standbeeld van Atatürk.

Vervoer

Goede **busverbindingen** met Kastamonu en Ankara, naar Sinop en Cide aan de Zwarte Zee kust rijden **minibusjes**.

Sinop ► 5, B 1

Kaart: blz. 424

Het oude Sinope stond van oudsher bekend als een belangrijke en veilige natuurlijke haven en als eindpunt van veel karavanen uit Centraal-Anatolië en het Tweestromenland. Als oudste Griekse kolonie (gesticht in de 6e eeuw v.Chr.) nam Sinope een leidende plaats in onder de Griekse kolonies aan de Zwarte Zee. Vanuit Sinope werden de baaien van Samsun (Amisos) en Trabzon (Trapezos) gekoloniseerd. De beroemde filosoof Diogenes (die van de regenten) werd hier in 413 v.Chr. geboren. In de 1e eeuw v. Chr. riep de eveneens hier geboren Mithradates VI, Sinop uit tot hoofdstad van het koninkrijk Pontos. Onder Romeinse heerschappij kwam het herbouwde Colonia Julia Felix Sinope tot bloei als handelsstad.

Byzantijnen, Seltsjoeken, de emirs van Kastamonu, vervolgens Genuese kooplieden en ten slotte sinds 1458 de Osmanen onder Mehmet II Fatih eigenden zich de lucratieve handelsstad toe. In de Osmaanse tijd nam Samsun meer en meer de vooraanstaande positie in de Zwarte Zeehandel van Sinop over. In 1853 kwam de naam van de stad voor het laatst onder de aandacht van het Westen toen een Russische vloot de stad vernietigde en ook de Turkse oorlogsvloot die in de haven voor anker lag. Dit betekende het begin van de Krimoorlog (1853–1856). Tegenwoordig is Sinop, met zijn zeer goed beschutte haven en prachtige ligging aan het begin van het schiereiland Boztepe, een landerig provinciestadje met 35.000 inwoners. De bevolking leeft van visvangst, handel en in toenemende mate van het toerisme.

Onder de Seltsjoekse sultan Alaeddin Keykubat werden rond Sinop zware **vestingmuren** opgetrokken. Ook nu nog kunt u over delen van die muren lopen en genieten van het

Tip: De kust van de Zwarte Zee

Het uitstapje van İnebolu naar Cide loopt langs een nog maar weinig ontsloten kust met zandstranden. Behalve een aantrekkelijk landschap zijn er traditionele dorpjes en klassieke ruïnes te vinden. Aan veel van de fraaie baaien treft u, meestal eenvoudige, pensions aan en buiten het hoogseizoen zijn de stranden ook nog stil en leeg.

uitzicht op de stad, de bergen en de zee. Landinwaarts bij het busstation staat de **Kumkapı** 1, een van de (vroeger zeven) stadspoorten.

Rechts daarvan is de **Tarihi Cezaevi** 2 te bezichtigen, de oude gevangenis (di.-zo. 9–18 uur). Wat betreft de ommuring zijn er verschillende perioden te herkennen. Zo zijn de vestingsmuren van de Griekse Pontoskoningen met de typisch hellenistische quaderstenen, vierkant gehouwen (zand)steen, erin opgenomen.

Ook de haven werd verdedigd door een, tegenwoordig schilderachtig begroeide toren, **Sinop Kalesi** 3 genoemd. De klim (naar Café Burç, blz. 425) is de moeite waard vanwege het prachtige uitzicht.

De belangrijkste moskee van de stad is de omstreeks 1270 onder Alaeddin Keykubat gebouwde **Büyük Cami** 4. Daartegenover ligt de **Süleyman Pervane Medresesi** 5 (Alaiye Medresesi), die in 1262 werd gebouwd als hogeschool in klassieke stijl met cellen rondom een rechthoekige binnenplaats en twee *eyvan* (hallen).

In het **Sinop Müzesi** 6 aan het Marinepark (di.-zo. 8.30–17.30 uur) worden vondsten uit de oudheid tentoongesteld, zoals een beeldengroep van twee leeuwen die een merrie verschalken en vloermozaïeken. In de tuin van het museum liggen de fundamenten van een **Serapistempel** uit de tweede eeuw v. Chr.. Hier werd een god vereerd die de Grieken hadden overgenomen van de Egyptenaren en die in de Romeinse tijd vooral onder zeelui populair was.

Sinop

Hoogtepunten

1 Kumkapı
2 Tarihi Cezaevi
3 Sinop Kalesi
4 Büyük Cami
5 Süleyman Pervane
   Medresesi
6 Sinop Müzesi /
   Serapistempel
7 Etnografya Müzesi
8 Balatlar Kilise

Accomodatie

1 Diyojen Oteli
2 Zinos Country Hotel
3 Melia Kasım Hotel
4 Otel 57

Eten en drinken

1 Saray
2 Kule
3 Ayışığı

Winkelen

1 Ayhan's Boat Shop

Uitgaan

1 Burç Cafe
2 Liman Cafe

Actief

1 Aşağı Hamamı
2 Sinope Tours

In het **Etnografya Müzesi** 7, zijn Turkse interieurs met levensgrote poppen te zien, maar ook gereedschap en een belangrijke collectie iconen. De vervallen **Balatlar Kilise** 8 op de plaats van een antieke tempel, herinnert nog aan de oorspronkelijk Griekse bevolking die de stad in 1923, tijdens de grote bevolkingsruil moest verlaten.

De oostkust van het **schiereiland Boztepe** is afgezoomd met lange zandstranden, die vanuit de stad gemakkelijk te bereiken zijn. Het **Karakum Plaj** met zijn goede toeristische voorzieningen is zeker een bezoekje waard.

Tip: Ontdekkingstochten

Sinope Tours biedt georganiseerde tochten aan naar de nog weinig bezochte bergwereld van de Küre Dağları, het kustgebergte van de Zwarte Zee: naar watervallen, kloven, oorspronkelijke dorpjes, oude moskeeën.
Sinope Tours 2: Adem Tahtacı, Kıbrıs Cad. 3, tel. 0368 261 79 00, fax 0368 261 08 10, www.sinopetours.com.

Informatie

Informatiebureau in het park aan zee, bij Hotel Melia Kasim, tel. 0368 261 52 98, 's zomers dag. 10–20 uur, anders Valiliği Binası, tel. 0368 261 52 07.

Accomodatie

Strandhotel ▶ Diyojen 1: Korucuk Köyü, DSI yanı, tel. 0368 261 88 22, fax 0368 260 14 25, www.oteldiyojen.com. Eenvoudig, maar idyllisch gelegen tweesterrenhotel aan het badstrand van Korucuk (3,5 km naar het zuiden), met zwembad en buffetmaaltijden. Lichte, keurige kamers met zeezicht. Spreek de naam van het hotel uit als 'diosjeen', dit betekent Diogenes. 2 pk €60.

Vakwerkidylle ▶ Zinos Country Hotel 2: Enver Bahadır Yolu 75, Karakum Plaj (3 km), tel. 0368 260 56 00, fax 0368 260 56 03, www.zinoshotel.net. Een nieuw gebouwd boetiekhotel in de stijl van Safranbolu, met veel countryelementen, maar moderne kamers met houten vloeren en Turkse tapijten. 2 pk €55.

Aan de haven ▶ Melia Kasım 3: Dr. Riza Nur Cad. 41, tel. 0368 261 42 10, fax 0368 261 42 11, www.hotelmeliakasim.net. Iets ouder mid-

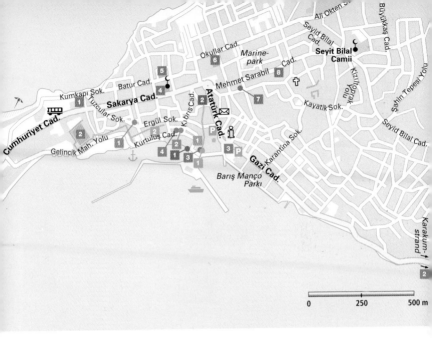

denklassehotel, maar het beste hotel in het centrum, met een goed restaurant, vlak bij de zeehaven en direct achter de Sinop Kalesi. 2 pk €35.

In de oude stad ▶ Otel 57 4: Kurtuluş Cad. 29, tel. 0368 261 54 62, fax 0368 261 60 68, www.otel57.com. Lagere middenklasse in het centrum van de oude stad en dicht bij de haven. Eenvoudige kamers met badkamer en airco. 2 pk €27.

Eten en drinken

De haven en de boulevard, richting Karakum, zijn de belangrijkste ontmoetingsplaatsen. Ruime keuze rond de haven, zoals …

Vis en meer ▶ Saray 1: İskele Cad. 18, tel. 0368 261 17 29. Populair restaurant aan de haven met een terras boven de zee, specialiteit: vis en zeevruchten.

Kebabs ▶ Kule 2: Atatürk Cad., tel. 0368 260 28 28. Als het op regenachtige dagen aan de haven te onbehaaglijk is, kunt u hier, tussen de oude stad en de moderne overheidsgebouwen in, goede kebab krijgen.

Behaaglijk aan het strand ▶ Ayışığı Restaurant 3: Gelincik Mah., Ordu Cad. 21, tel. 0368

261 66 77, www.sinopayisigi.com. Knus strandrestaurant op een rots aan het zuidelijke strand. Uitgebreid mezelerbuffet, gegrilde vis en vlees, za.-zo. Turkse livemuziek.

Winkelen

Voor botenliefhebbers ▶ Ayhan's Boat Shop 1: İskele Cad. 3. Een hele winkel volgeladen met de meest uiteenlopende scheepsmodellen.

Uitgaan

Uitzicht vanaf de toren ▶ Burç Cafe 1 (Sinop Kalesi, Tersane Cad.) De bar op de toren aan de haven is 's avonds romantisch verlicht. Het uitzicht op de haven is prachtig. Soms livemuziek, anders Turkse popmuziek.

Havenkroeg ▶ Liman Cafe 2: Kurtuluş Cad. Leuk havenkroegje met groot terras, heerlijke warme en koude dranken, of snacks als *simit* (sesamkrakeling), met uitzicht op de vissersboten.

Actief

Turks Bad ▶ Aşağı Hamamı 1: Tuzcular Sok., mannen dag. 8-21 uur, vrouwen 8-20

De vestingmuren van Sinop bij Kumkapı

uur. Een wat ouder en nog zeer traditioneel Turks badhuis.

Vervoer

Busstation (ook dolmuş) voor de zuidelijke stadsmuur; geregelde verbinding langs de kustweg (Samsun, İnebolu) en naar Ankara en Istanbul.

Samsun ▶ 5, C 2

De weg die in oostelijke richting naar Samsun loopt, schampt de buurtschappen **Gerze** en **Yakakent**, vissersplaatsjes met schone zandstranden, kleine hotels, campings en restaurants.

Verder naar het oosten ligt **Bafra**, enigszins landinwaarts bij de delta van de Kızılırmak. Bafra is een centrum van tabaksteelt en verwerking van kaviaar. Een moskeecomplex uit de 15e eeuw, een badhuis uit de 13e eeuw en een klein museum nodigen uit tot een kort bezoek.

Samsun is de belangrijkste haven- en handelsstad aan de Turkse Zwarte Zeekust. Deze provinciehoofdstad, die ca. 430.000 inwoners telt, heeft zich in korte tijd tot een van de modernste steden van het land ontwikkeld. De tabaksproduktie en tabaksveredeling is de belangrijkste economische activiteit, maar in de stad worden ook hazelnoten, mais, graan en katoen verhandeld. Verder zijn er kunstmestfabrieken en kopergieterijen gevestigd. Het in het Pontisch Gebergte gewonnen kopererts wordt hier verwerkt.

In de 6e eeuw v Chr. stichtten Miletische kolonisten uit Sinop, ongeveer 3 km ten noordwesten van de huidige stad de nederzetting Amisos. Tot de 13e eeuw leefde de kolonie in de schaduw van de moederstad, zelfs toen zij voor enige tijd regeringszetel van de koning van Pontos was. Maar dankzij de gunstige ligging tussen de deltavlakten van de Kızılırmak en de Yeşilırmak en de goede verbindingen met het centrale hoogland, kwam onder Seltsjoekse heerschappij de economische groei, ten koste van Sinop.

In de 14e eeuw namen de Genuezen de macht over en maakten van Amisos het belangrijkste handelscentrum aan de Zwarte Zee. In 1425 bezetten de Osmanen onder Mehmet II de stad, die vlak voor de vlucht van de Genuezen door hen volledig in de as was gelegd. De stad speelde een rol in de moderne Turkse geschiedenis door de landing van Mustafa Kemal (later Atatürk) op 19 mei 1919, die hier zijn succesvolle weerstand tegen de geallieerde overwinnaars van de Eerste Wereldoorlog begon.

De **Pazar Camii** (Yalı Camii), de voormalige hoofdmoskee in de marktwijk, werd in de 14e eeuw gebouwd. In het **Samsun Müzesi** (di.–zo. 8–12, 13.30–17.30 uur) worden archeologische vondsten uit het antieke Amisos en etnografica tentoongesteld. Het monumentale **Atatürkruiterstandbeeld**, dat niet te missen is in het plantsoen aan de Cumhuriyet Meydanı, is het grootste in Turkije. In het voormalige Manikata Palas Hotel, waar Atatürk de opstand tegen de sultan en de westelijke mogendheden plande, is tegenwoordig het **Gazi Müzesi** gevestigd, dat de opstand uitgebreid en vooral vanuit militair oogpunt belicht (di.–zo. 8–12, 13.30–17.30 uur).

Informatie

Informatiebureau: Cumhuriyet Meyd., in het park, tel. 0362 431 29 88.

Accomodatie

Luxe met zwembad ▶ **Büyük Samsun:** Cumhuriyet Meyd., Atatürk Bulv. 629, tel. 0362 432

49 99, fax 0362 431 07 40. In het centrum, pal aan zee. Dit is een groot vijfsterrenhotel, met alle comfort en een zwembad aan het terras bij de zee. 2 pk €100.

Modern en elegant ▶ **Gold Otel:** Cumhuriyet Meyd., Orhaniye Gecidi 4, tel. 0362 431 19 59, www.samsungoldotel.com. In het centrum, mooi gerenoveerde kamers, 2 pk €45.

Budget ▶ **Otel Cem:** Necipbey Cad. 33, tel./fax 0362 431 15 88. Klein hotel in hoogbouw vlak bij de klokkentoren, middenklasseniveau, met aangenaam dakterras. 2 pk €35.

Eten en drinken

De klassieke zaken liggen aan de Kazımpaşa Caddesi bij het bazaarterrein, de moderne restaurants aan de Cumhuriyet Caddesi.

Traditionele keuken ▶ **Cumhuriyet Lokantası:** Şeyh Hamza Sok. 3, bij Saathane Meydanı, tel. 0362 431 21 65. Ordentelijk, grill- en stoofschotels, ruime keuze. Hoofdgerechten rond de €6.

Zwarte Zeespecialiteiten ▶ **Restoran Oscar:** Belediye Meyd. 5, tel. 0362 431 20 40. Keurig restaurant met typische Zwarte Zeespecialiteiten. Hoofdgerechten rond de €8.

Vis, alleen vis ▶ **İtimat Balık Lokantası,** Cumhuriyet Cad. 66, tel. 0362 420 05 24. Goed visrestaurant aan de moderne grote winkelstraat bij het Atatürkpark. Hoofdgerechten vanaf €10.

Winkelen

De İstiklal Caddesi is de belangrijkste winkelstraat.

Bazaar ▶ Bezienswaardig: de bazaar rond de Pazar Camii, ten westen van de konak (Cumhuriyet Meydanı).

Agenda

Stadsfeest op 19 mei, de Samsundag; **Volksdansfestival** 15–30 juli.

Vervoer

Busstation ligt op ongeveer 2 km buiten de stad aan de kustweg (het station is te bereiken met de stadsbus). De verbindingen met alle grotere steden zijn prima. **Dolmuşhalte** aan de Kapalı Spor Salonu.

Ten oosten van Ankara komt u na het oversteken van de Kızılırmak in het hart van het Hettitische Rijk uit de bronstijd, waarvan de hoofdstad Hattusa een van de belangrijkste antieke steden in Turkije is. Kolossale gebouwen uit de Osmaanse en Seltsjoekse tijd zijn te bezichtigen in Amasya, Tokat en Sivas, waar Anatolië in het Oost-Turkse hooggebergte overgaat.

U verlaat Ankara over de hoofdweg in de richting van Samsun met uitzicht op de keten van de Elma Dağı (1862 m) en de Hüseyingazi Dağı (1988 m). Het ruiger wordende berglandschap intrigeert door zijn steeds wisselende vormen- en kleurenspel: zwarte basaltbergen bij de Kızılırmak, sterk geërodeerde rode tufsteenformaties bij Delice en witte steenzoutlagen bij Sungurlu.

 Hattusa (Hattuşaş) ▶
▼ 5, A 4

Kaart: blz. 431

Bij het naderen van het op ca. 950 m hoogte gelegen **Boğazkale** (vroeger Boğazköy, 2000 inwoners) ziet u al van verre een bergmassief dat aan de cavea van een reusachtig theater herinnert. Hier lag Hattusa, de oude stad van de Hettieten. Dit gebied moet ooit zeer bos- en waterrijk geweest zijn, want alleen al in het stadsgebied van Hattusa bevinden zich nog zeven bronnen.

Dit glooiende gebied, waarover de ruïnes verspreid liggen, is duidelijk geleed in rotsen, flauwe hellingen en waterrijke dalen. Het strekt zich uit van de Grote Tempel (950 m) tot de Sfinxpoort (Yerkapı), het hoogste punt van de stadsplattegrond (1242 m). Een bijzondere plaats wordt ingenomen door de burchtberg Büyükkale (1128 m), die als losstaand rotsplateau heel zichtbaar van de rest van de stad is

gescheiden. Aan de andere kant van de kloof ligt de rots Büyükkaya, die bekroond wordt door een kleine nederzetting en die vroeger door een brug en een stadsmuur met de stad was verbonden.

Dag. geopend van 8.30 tot een uur voor zonsondergang. De kaartjes zijn ook geldig voor Yazılıkaya; museum dag. 8.30–18 uur. Het terrein is gemakkelijk te voet te verkennen. De zwerm taxichauffeurs (voor 'rondritten per taxi') wil vooral aan u verdienen. Ter voorbereiding raden we u aan om eerst het kleine plaatselijke museum te bezoeken.

De Benedenstad

Het complex van de **Grote Tempel** [1] omvat naast het sacrale gebied grote magazijnruimten die door een brede straat in een noordelijk en zuidelijk deel is onderverdeeld. Het heiligdom zelf heeft een oppervlak van 42 x 65 m en bestaat uit een ommuurd binnenhof en een noordelijke aanbouw met de eigenlijke cultusruimten.

Het complex is in de eerste helft van de 13e eeuw onder Hattusili III (1275-1250 v.Chr.) gebouwd en was gewijd aan het opperste godenpaar van de Hettieten, de weergod van Hatti (Tesup of Tarhunna) en de zonnegodin van Arinna (Hepat). Boven de stenen sokkel verhief zich een vakwerkconstructie die met een plat dak van hout en leem was afgesloten. De muren waren bepleisterd en soms ook beschilderd.

De magazijnen, die twee tot drie verdiepingen hoog waren, omheinden het heiligdom als het ware. Het areaal ten zuiden van de grote geplaveide straat was door een ringmuur geheel afgescheiden van de overige delen; een poort aan de noordkant vormde de enige toegang. Tot op heden is de betekenis niet opgehelderd van de bijna dobbelsteenvormige groene steen van nefriet, die in een magazijnruimte ligt.

Op de helling van de Büyükkaya ('Grote Rotsen') ten oosten van de hoofdpoort, be-

vindt zich een bouwwerk uit de 13e eeuw v.Chr. dat **'Huis op de Berg'** wordt genoemd. De functie van dit bijna vierhoekige gebouw (32 x 36 m) is nog niet opgehelderd. Maar zijn opvallende ligging aan de weg van de Koningsburcht naar de tempel zou op een cultische betekenis kunnen duiden.

De Koningsburcht **2**

De huidige zichtbare resten van de Koningsburcht, **Büyükkale** ('Grote Burcht') genaamd, stammen uit het Hettitische imperium onder

Blik door een stadspoort van Hattusa

Hattusili III (1275-1250 v.Chr.) en Tuthaliya IV (1250-1220 v.Chr.). Door ophoging en terrassering werd een gebied van 30.000 m² voor de oprichting van het paleiscomplex bouwrijp gemaakt. De ingang was het poortgebouw in de zuidwesthoek van het areaal maakte deel uit van de vestingwerken die de hele berg omringden.

Het paleis vormde een complex dat van de rest van de stad was afgescheiden. Eerst betreedt u het **onderste burchthof**. Aan de overzijde leidde een volgende monumentale poort naar het binnengedeelte. Hier ontsloot zich het hele paleiscomplex tot aan het bovenste burchthof en alle gebouwen die aan deze hoven lagen. Zij vormden een zuidwestelijk-noordoostelijk georiënteerde as, waarop alle gebouwen, omgeven door zuilenhallen, gericht waren.

In de gebouwen rond het **middelste burchthof** zat het bestuurscentrum van de burcht. De paleizen bij het **bovenste burchthof**, die grotendeels verdwenen zijn, maakten deel uit van de privévertrekken van de Hettietenkoningen. Het grootste gebouw, dat 39 x 48 m meet, zou als **audiëntiezaal** zijn gebruikt. In het souterrain zijn een groot aantal verzegelde oorkonden van klei en ca. 100 afdrukken van zegels van de belangrijkste koningen uit de 14e en 13e eeuw v.Chr. gevonden. De **kanselarij** bevond zich aan de zuidwestzijde van het hof. Daarin was op de bovenverdieping een groot archief van kleitabletten en een kantoor ingericht.

De Bovenstad

Ten zuiden van de Büyükkale strekt zich de Bovenstad uit die vooral dankzij de bouwactiviteiten van de laatste machtige koningen van de Hettieten ontstaan is. Twee **viaducten** over een kunstmatig uitgraven dal verbinden de burcht met de Bovenstad. Het links van de weg liggende viaduct leidde rechtstreeks naar **Nişantepe 3**, de 'Berg met Tekens'. Een Hettitisch hiëroglyfenschrift is in de schuine rotswand gebeiteld. Als schrijver wordt Suppiluliuma II genoemd, boven wiens naam een gevleugelde zon zichtbaar is.

Direct ten zuiden van de rotsinscriptie voert een breed pad door een rotsspleet omhoog naar een uitgestrekt bouwwerk boven op Nişantepe dat een godsdienstige functie zal hebben gehad.

Daartegenover ligt de **Zuidburcht 4**, een heiligdom, dat bestond uit een kunstmatig aangelegde **gewijde vijver**, een stuwdam met twee eredienstruimten en een tempel (tempel 31). De vijver had een oppervlakte van 6000 m² en was door zacht glooiende, deels met stenen beklede aarden wallen omgeven.

Aan de voorgevel van de opnieuw opgetrokken **hiërogliefenkamer** (kamer 2) is de afbeelding van een zonnegod met lange tuniek en ronde kap onder een gevleugelde zon te zien. Links van de ingang is het reliëf te bewonderen waarop Suppiluliuma II als gewapende krijger staat afgebeeld. Een hiërogliefeninscriptie op de rechterkant spreekt van een 'goddelijk ondergronds stenen pad'. Hiermee wordt de kamer zelf bedoeld, die onder het waterniveau van het meer ligt en met de dodencultus in verband wordt gebracht.

Tijdens de 13e eeuw werd de **stadsmuur** uitgebreid. Het enorme stuk muur van het vestingwerk dat bij de Yerkapı zijn hoogste punt bereikte, sloot in het westen bij de Kızlarkaya en in het oosten bij de Koningsburcht aan op de al bestaande vestingmuur van de oude stad. De nieuwe muur had vijf poorten, allen op dezelfde manier gebouwd: machtige torens flankeerden het voorplein en de openingen werden door parabolisch toelopende monolieten gevormd. De poortkamers waren afgesloten door zware, met metaal beslagen houten deuren en met balken vergrendeld. Op de muur liep een met kantelen afgeschermde omloop.

In 2005 is een 65 m lang stuk stadsmuur van leemsteen in het lage deel van de Benedenstad, meteen naast de ingang bij de kassa, weer opgebouwd: drie 8 m hoge muurstukken met twee tot 13 m hoge torens, volgens de oude werkwijze en met oorspronkelijke materialen.

Volgt u het pad van de Büyükkale naar boven dan stuit u eerst op de **Koningspoort 5**, waarvan de betekenis op een misverstand berust. Archeologen verklaarden in 2007 dat het

Hattusa

Hoogtepunten

1 Grote Tempel
2 Büyükkale
3 Nişantepe
4 Zuidburcht
5 Koningspoort
6 Sfinxpoort
7 Leeuwenpoort
8 Yenice Kale
9 Sarı Kale

Accomodatie

1 Aşikoğlu Hotel
2 Hattuşas Pension/
  Hotel Baykal
3 Başkent Motel
4 Galata Çamlık Hotel

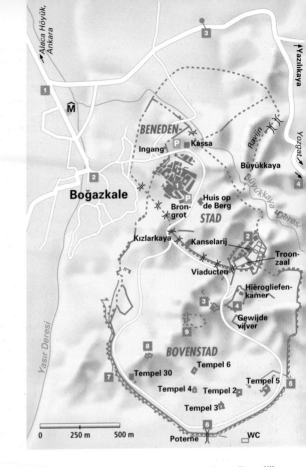

reliëf aan de binnenkant van de poort (het origineel bevindt zich in het Museum van de Anatolische Beschavingen in Ankara, zie blz. 404) een koning zou uitbeelden. De meer dan levensgrote mannelijke gestalte in Hettitische krijgersdracht – met dolk en strijdbijl gewapend – stelt echter een god voor, die te herkennen is aan zijn spitse helm met stierenhoorn.

De uitbreiding van de stad is van hieruit goed zichtbaar. Een 6 km lange stadsmuur omringde een gebied van 170 ha.

De bij de Koningspoort gelegen **tempel 5** is het op een na grootste godsdienstig bouwwerk in Hattusa. In tegenstelling tot de andere tempels van de Bovenstad bevatte hij twee cultusruimten zowel een aan de zuidoost- als aan

de noordoostzijde van het gebouw. Kennelijk was ook deze tempel aan de twee oppergoden Tesup en Hepat gewijd.

De **Sfinxtoren** 6 (Yerkapı) werd vernoemd naar de op die plaats ontdekte beelden, die bijna vrijstaand aan de binnen- en buitenkant van de poort waren geplaatst. Nu is alleen nog de sfinx bij de westelijke buitenste deurpilaar te zien. Een 250 m lange, aan de voet 80 m brede aarden wal vormde het fundament van de boven op de helling gebouwde ommuring met vestingwerken en zes torens. In het midden van het geheel, direct onder de poort, loopt een onderaardse gang onder de aarden wal door als een soort geheime uitvalspoort. Drie grote monolieten sluiten de gang naar buiten af.

De archieven van de Hettieten Thema

Het systematisch bewaren van oorkonden is een vereiste voor ieder ontwikkeld bestuur. Alle centra van het oude oosten bezaten archieven,
die in paleizen, als zetel van de heersers, en in tempels, als plaats van
goddelijke bescherming, werden bewaard. In Hattusa zijn verscheidene
grote archieven gevonden, waaronder ook de omvangrijke koninklijke
briefwisseling met naburige koninkrijken.

In zijn beroemd geworden boek *Description de l'Asie Mineure* uit 1839 schreef de Fransman Charles Texier over ruïnes bij Boğazköy en Yazılıkaya, maar historisch plaatsen kon hij ze nog niet. In 1880 tekende Carl Humann, een Duits wegenbouwkundig ingenieur en ook enthousiast amateurarcheoloog, de eerste plattegrond. Hij maakte gipsafdrukken van het reliëf van Yazılıkaya, die nu in het Pergamonmuseum in Berlijn te zien zijn.

Toen ook in andere plaatsen van Anatolië vergelijkbare rotsmonumenten waren gevonden, waagde de Engelse archeoloog A. H. Sayce zich aan de stelling dat deze alle tot een cultuur moesten behoren, die in de bijbel 'Hettitisch' werd genoemd.

Hoewel deze naam nu ingeburgerd is, werd later duidelijk dat het ging om Indo-Germaanse migranten die zichzelf als 'Heren van het land Hatti' beschouwden. In hun cultuur bewaarden ze zoveel mogelijk de tradities van de Hattische en Hurritische oerbevolking.

De eerste systematische opgravingen in Hattusa leidden in 1906 tot de ontdekking van het centrale stadsarchief dat ca. 2600 spijkerschrifttabletten bevatte, die in de Akkadische taal geschreven waren.

Tot nu toe zijn drie koninklijke archieven op de Büyükkale ontdekt, een in het westelijke bouwgedeelte bij Nişantepe, een in de magazijnruimten van de Grote Tempel en ver-schillende kleinere in de jongere tempels van de bovenstad. Het gaat in de archieven om kleitabletten. De schrifttekens werden in het vochtige kleitablet gedrukt, dat vervolgens werd gebakken. Als waarmerk gebruikten de Hettieten meestal een stempelzegel (terwijl in de Mesopotamische culturen het rolzegel domineerde).

Al in 1915 lukte het de Tsjechische linguïst, Bedrich Hrozny, de onbekende taal te ontcijferen, waardoor een unieke historische bron ontsloten werd – namelijk berichten uit het 2e millennium voor onze jaartelling. Tot dan toe waren gebeurtenissen uit die periode in Klein-Azië alleen uit de Griekse mythologie en Egyptische oorkonden toegankelijk – nu kon een betrouwbaar verhaal van de Anatolische-Egeïsche regio geschreven worden. De ontcijfering en verwerking van de staatsverdragen, koninklijke testamenten en brieven, tempelregisters en allerlei wet- en regelgeving, tot aan geschiedkundige annalen en literaire getuigenissen aan toe is nog lang niet afgesloten.

Toch konden de onderzoekers al talrijke dwarsverbindingen leggen, zowel met de Egyptische als de Griekse bronnen, van Ramses en Toetanchamon tot aan de vorsten van Ahijawa, bij wie het om de Griekse Achaeërs of Myceners gaat. Ook Wilusa, het Ilion of Troje uit het Homerische heldenepos, wordt hier vermeld.

Een uitgebreide **tempelwijk** beslaat het brede dal tussen de Bovenstad en de Zuidburcht. Tot op heden heeft men in dit gebied 26 tempelbouwen uitgegraven. De zichtbare fundamenten stammen bijna allen uit de tijd van koning Tuthaliya IV (1250-1220 v.Chr.). Zijn doel was het om de vele over het rijk verspreide cultusplaatsen in de hoofdstad te verenigen. Al deze heiligdommen zijn ondanks hun uiteenlopende grootte opmerkelijk gelijkvormig ontworpen. Een binnenhof en van daaruit toegankelijke godsdienstige ruimten zoals de cella, die uitkwam op een zuilengang waren algemeen voorkomende bouwkenmerken.

Direct voor de Yerkapı liggen de **tempels 2, 3 en 4**, die tot een vroegere bouwperiode van de Bovenstad behoren. Ze vallen op door hun afgezonderde positie op hogere rotsen en vooral ook door de massieve voetstukken die heel zorgvuldig gevoegd zijn, in tegenstelling tot de losser gebouwde fundamenten van latere tempels.

In het zuidwesten van de vestingwerken staat de **Leeuwenpoort 7**. De poortopeningen zijn nog tot een hoogte van 3,5 m bewaard gebleven. De poortkamers waren aan beide zijden met twee vleugeldeuren afsluitbaar. Aan de buitenkant van de enorme deurpilaren vallen rechts en links de monumentale, zeer gedetailleerde en welgevormde leeuwen op. De komvormige uitholling tussen hun voorpoten was voor plengoffers bestemd.

Op twee natuurlijke rotsformaties in het vlakke deel van de Bovenstad waren zwaar versterkte burchten gebouwd: **Yenice Kale 8**. ('Nieuwere Burcht') ca. 150 m oostelijk van de Leeuwenpoort en **Sarı Kale 9**. ('Gele Burcht') midden tussen de Yenice Kale en de Zuiderburcht. Deze bouw wordt in een cultisch verband gebracht met de tempelwijk. Daarin stonden vermoedelijk 'rotspunthuizen', die in Hettitische bronnen worden genoemd.

Accomodatie

Keurige middenklasse ▶ Aşikoğlu 1: Dichtbij het museum, tel. 0364 452 20 04, fax 0364 452 21 71, www.hattusas.com. Goed geleid middenklassehotel, aardige lobby in Osmaanse stijl, ordentelijke kamers; ook kampeermogelijkheid. Het hotel-restaurant Ottoman geldt als de beste van de plaats. 2 pk vanaf €40.

Het oergesteente ▶ Hattuşas Pension 2: Boğazkale, Cumhuriyet Meyd. 22, tel. 0364 452 20 13, www.hattusha.com. De eerste accommodatie die op deze plaats is gebouwd; 21 eenvoudige kamers met pension op het hoofdplein, zeer vriendelijk, in 2007 gerenoveerd. Daaraan verbonden een restaurant dat tevens een informatiebureau is; 2 pk €15. Sinds 2003 is er ook het pas gebouwde, betere hotel Baykal, 2 pk €30.

Eenvoudig motel ▶ Başkent 3: Yazılıkaya Yolu, tel. 0364 452 2037, www.baskenthat tusa.com. Landelijk motel met kampeergelegenheid halverwege Yazılıkaya. Eenvoudige kamers, maar met mooi uitzicht vanaf het terras. De ruïnes zijn makkelijk lopend bereikbaar. 2 pk €20.

... bij Yozgat

Rustig in bos ▶ Galata Çamlık Hotel 4: im Çamlık Nationaal park, 25 km zuidelijk van Hattusa, tel. 064 217 53 00, fax 0364 212 53 18, www.galatahotel.com. Rustig aan de rand van het Camlikbos gelegen, in 1997 geopend upper-classhotel met sauna en overdekt zwembad; de beste accommodatie dicht bij de Hettitische opgravingen, 2 pk €70.

Vervoer

Reis per bus via Sungurlu (30 km), is elk uur mogelijk vanaf Ankara, Samsun of Amasya. Alleen **bussen** van de maatschappij 'Sungurlu Birlik' rijden naar het minibusstation in het centrum met directe overstap naar Boğazkale. Van Boğazkale naar Yozgat kunt u alleen reizen per taxi, vandaar rijdt een bus naar Sivas en Cappadocië.

Alaca Höyük   ▶ 4, F 3

Halverwege de terugweg naar Sungurlu loopt bij een populierenbosje een weg oostwaarts naar de opgravingsplaats Alaca Höyük (dag. 7.30-17.30 uur), een van de centrale prehistorische vindplaatsen van Anatolië. De oudste

Wandeling naar Yazılıkaya

Informatie

Begin: Museum, Hattusa/Boğazkale.
Lengte: 2,5 km tot Yazılıkaya.
Duur: Anderhalf tot twee uur.
Belangrijk: Lichte wandeling bergopwaarts met mogelijke omweggetjes in het Büyükkale Deresidal.

De wandeling begint bij het museum. Een rijweg gaat over de Yasır Deresi en loopt langs het motel – zijwegen naar het ruïnegebied worden genegeerd – tot aan een afslag naar links; rechtdoor gaat het naar Yozgat (deze weg is aangegeven).

Aan de rechterkant ligt heuvelafwaarts de rotspartij Osmankayası, die in de Hettitische tijd als begraafplaats diende. Hier volgt u links de weg, waarover ook touringcars rijden, omhoog tot aan het rotsheiligdom van **Yazılıkaya**.

Het rotscomplex betreedt u door een afgezonderd poortgebouw dat naar een binnenhof leidt, waaromheen kleinere ruimten waren gegroepeerd. In de kleine gebouwen tegenover de ingang was een altaar opgesteld. Vanhier voerde de weg door een volgende poort naar het allerheiligste: twee naar boven geopende rotskamers, waar in de wanden talrijke godenreliëfs zijn ingebeiteld.

In kamer A staan in twee lange processies mannelijke en vrouwelijke godheden aan weerszijden van een centraal rotsbeeld in een rij afgebeeld, waarbij de oppergoden aan het hoofd van hun respectievelijke stoet elkaar tegemoet treden. Het dominante reliëf toont aan de linkerkant Tesup, de weergod van Hatti, die helaas niet goed geconserveerd is gebleven.

Deze god draagt een puntmuts met ideogrammen; door de uitstekende hoorns aan beide zijden van de muts onderscheidt hij

zich als oppergod van de Hettieten. Hij staat op de nekken van twee berggoden. Naar hem toegekeerd staat de zonnegodin Hepat, die als hoofdbedekking een tiara draagt. Haar rechterarm is naar voren gestrekt en boven de gebalde vuist zijn de hiërogliefentekens he-ba-tu te zien. De godin staat op de rug van een panter. Beide goden worden door de heilige stieren Scheri en Hurri begeleid. Achter godin Hepat is haar zoon zichtbaar, de zwaardgod Scharruma.

Het ca. 3 m hoge reliëf van koning Tuthaliya IV beslaat op de tegenoverliggende kant de hele rotswand. Het behoort tot de best geconserveerde rotsreliëfs van Yazılıkaya.

Tuthaliya IV heeft met deze rotstempel tevens een plaats voor zijn dodencultus gecreëerd. De grootse voorstelling van de dodenscène, waarop Scharruma de koning naar het dodenrijk begeleidt, is vooral in de late ochtend vanwege de lichtval het best te bekijken.

De god heeft zijn linkerarm om de schouder van de koning gelegd, een betekenisvol gebaar, dat zowel bescherming als eerbetoon uitdrukt. Net als in kamer A bevindt zich ook hier een processie van 'twaalf goden', die beter geconserveerd is.

Daartegenover ziet u de afbeelding van de 'zwaardgod' Scharruma, een opvallende godheid, wiens schouders en lichaam op die van een leeuw lijken. De gedaante eindigt in een zwaard, die schijnbaar in de grond is gestoken.

In de rotstempel van Yazılıkaya werd het lentefeest gevierd. Deze plaats was het huis van de weergod. In dit huis verzamelden zich aan het begin van elk jaar de duizend goden van Hatti, zoals op de rotsreliëfs te zien is. De tempel lijkt dus de eredienst van het lentefeest in de grotere kamer A te verenigen met de dodencultus voor Tuthaliya IV in de kleinere kamer B.

De spreekwoordelijke 'duizend goden van Hatti' zijn zeer waarschijnlijk voortgekomen uit politieke berekening van de Hettieten, die als veroveraars naar het veelvolkerenland Anatolië gekomen waren.

Religieuze tolerantie was verstandig, want zo konden goden uit allerlei regio's zich in hun pantheon thuis voelen. Ook als de functies van de goden zich verdubbelden of elkaar overlapten, dan behielden ze toch hun eigen karakter als vertegenwoordiger van hun herkomstgebied. De pluralistische godenwereld werd evenwel beheerst door het Hurritische godenpaar: Hepat, de zonnegodin van Arinna, en Tesup, de weergod van Hatti.

Op de terugweg biedt zich nog een kleine omweg aan. Als u de weg volgt die omlaag naar de Grote Tempel loopt, dan ziet u vlak voor de brug een pad naar links, dat langs de Büyükkale Deresi voert. Dit pad kunt u naar boven volgen, met mooi uitzicht op Büyükkale en op het dal. Op de terugweg gaat u dan bij de brug naar links, de rijweg volgend, tot aan de Grote Tempel en de uitgang van de opgravingsplaats.

Reliëf van de Hettitische koning Tuthaliya IV. in kamer B van Yazılıkaya

435

cultuurlaag dateert uit het chalcoliticum of kopertijd (ca. 4000 v.Chr.). Daarop ligt de cultuurhistorisch belangrijkste nederzetting uit de vroege bronstijd (ca. 3000 v.Chr.), toen de autochtone Hattibeschaving hier haar centrum had. Waarschijnlijk was dit de offerplaats **Arinna**, waar de zonnegodin van het Hettitische pantheon uit voorkomt

In de Hattische vorstengraven zijn de beroemde standaarden en zonneschijven gevonden die in het Museum van de Anatolische Beschavingen in Ankara (zie blz. 404) te bezichtigen zijn. De fundamenten, die nu te zien zijn, stammen uit de tijd van de Hettieten (1950-1200 v.Chr.).

De **Sfinxpoort** geeft toegang tot een uitgebreid tempelpaleiscomplex. Achter een groter plein, waarop verschillende wegen uitkomen, ligt het binnenste van het 'tempelpaleis' dat ten oosten van een langgerekt middelgroot binnenhof was gebouwd en een gebied van ca. 5000 m² beslaat. Ten westen van het complex is een woongebied met een regelmatig stratenpatroon te onderscheiden. De Sfinxpoort was 10 m breed en werd aan beide zijden door torens geflankeerd. De buitenzijden van deze enorme monolieten zijn als sfinx afgebeeld, met een leeuwenlichaam en een mensenhoofd, waarvan de haardracht aan Egyptische voorbeelden doet denken. Aan de binnenzijde van de rechtertoren houdt een dubbelkoppige adelaar twee hazen in zijn klauwen.

Aan beide zijden van de oprit zijn **reliëfreeksen** te zien, waarvan de gestalten uit de sokkelstenen van de poort zijn gemaakt. De processie op de linker reliëfreeks leidt naar een altaar, waarachter de stier van de weergod op een podium wacht. Voor het altaar staat de koning in gebedshouding, herkenbaar aan zijn typische kleding en kalmoes, de ceremoniële twijg. In zijn hand houdt hij een offerschaal, die hij gebruikt voor het offer aan de weergod. Achter hem schrijdt zijn gemalin. Daarachter worden rammen en schapen als offerdieren meegevoerd, gevolgd door een groep priesters, kunstenmakers met vrijstaande ladders en muzikanten met fluiten en luiten. De reliëfreeks aan de rechterkant van de oprit is minder goed bewaard. Alle figuren

zijn heel vlak afgebeeld, hun lichamen, spieren en andere details zijn slechts vluchtig weergegeven.

Ten westen van het middenhof liggen op 6-8 m onder het opgravingsterrein de **koningsgraven** uit de bronstijd. Deze grote graven bestonden uit betrekkelijk ondiepe, rechthoekige kuilen van ongeveer 1 m diep, die oorspronkelijk door een houten deksel met leemlaag erop waren afgesloten. In de Hattische vorstengraven tussen 2300-2100 v.Chr zijn grafgiften gevonden als gereedschap, standaarden en sieraden van brons, goud, zilver, elektron – een goud-zilverlegering – en zelfs van ijzer, toen een zeer waardevolle en zeldzame grondstof.

De beste vondsten zijn in het Hettietenmuseum in Ankara te zien. Het kleine plaatselijke museum (di.–zo. 8.30–17.30 uur) conserveert uit alle historische nederzettingen voorwerpen zoals bronzen afgietsels en biedt een aanschouwelijk documentatie van het opgravingsproces.

Çorum en Merzifon

Çorum   ▶ 5, B 3

Çorum is met 210.000 inwoners een opkomende moderne provinciehoofdplaats. Karakteristiek voor de stad is een hoge klokkentoren *(saatkulesi)* met houten opbouw uit de 19e eeuw, die op het centrale plein Cumhuriyet Meydanı staat. Het Byzantijnse burchtcomplex **Çorum Kalesi** met zijn goed onderhouden vestingmuur bevat een doolhofachtig woonwijkje. Ten zuiden van de burcht bevindt zich de wijk van de kopersmeden. Een ambacht dat hier sinds de oudheid wordt uitgeoefend.

De oude hoofdmoskee ten noorden van de burcht, de **Murad Rabi Ulu Cami**, werd in de 13e eeuw geschonken door een vrijgelaten slaaf van sultan Alaeddin Keykubat, die als stadscommandant was aangesteld. Op het voorplein staat een fontein onder een beschilderd paviljoen. In het westen van de plaats staat op een heuvel de **Hıdırlık Camii**, die eind 19e eeuw bij de vermoedelijke graven van twee kameraden van de profeet Mohammed werd gebouwd.

Het **Çorum Müzesi** is sinds 2003 in een prachtig laat-Osmaans gebouw ondergebracht (di.–zo. 8.30–17 uur). Er zijn talrijke belangrijke Hettitische vondsten te bewonderen, zoals vazen, kleizegels, beeldjes en ook een ceremoniëel zwaard van koning Tuthaliya II. Daarnaast bevinden zich in het museum nog afdelingen met Romeinse en Seltsjoekse voorwerpen en een etnografische afdeling.

Informatie

Informatiebureau: Valılık Binası, op het hoofdplein, tel. 0364 213 85 027.

Accomodatie

Hotels zijn er vooral in de buurt van de İnönü Cad., aan de westzijde van de stad, zoals:

Luxe klasse ▶ Anitta Hotel: İnönü Cad. 80, tel. 0364 213 85 15, fax 0364 212 06 13, www.anit tahotel.com. Modern, elegant en goed ingericht 5*-hotel aan de zuidwestelijke stadsrand met wellness- en fitnesscenter, indoorzwembad, bowlingbaan, restaurant en disco, 2 pk vanaf €80.

Eenvoudige kamers ▶ Çorum Büyük: İnönü Cad. 90, tel. 0364 224 60 92, fax 0364 224 60 94, www.corumbuyukotel.net. Modern middenklassehotel, (3*), de eenvoudig ingerichte kamers zijn wat haveloos, 2 pk €40.

Eten en drinken

Specialiteit van de stad zijn kikkererwten (*leblebi*), die in vele verschillende varianten op de markt te vinden zijn.

Zoals bij Pascha ▶ Kaptipler Konağı: Karakeçili 2. Sok. 20, tel. 0364 224 96 51. Goede traditionele keuken in een gerenoveerd houten huis ten noordoosten van de Ulu Cami.

Agenda

Hitit Festivalı (Hettietenfestival) jaarlijks in de eerste week van juli.

Merzifon ▶ 5, B 2

De stad Merzifon met 52.000 inwoners ligt als regionaal centrum met agrarisch georiënteerde industrie tegen de helling van het hier

licht stijgende Pontisch Gebergte. In het centrum staan de **Sultan Mehmet Camii** van 1414 en de **külliye van de Mustafa Kara Paşa Camii**, die in 1666 in hoog-Osmaanse stijl is gebouwd.

Deze külliye is in 1620 gesticht door de in Merzifon geboren Kara Mustafa Paşa, van 1676 tot 1683 grootvizier onder sultan Mehmet IV (1638–1693). Aan zijn naam is de mislukte tweede belegering van Wenen verbonden, waarna hij met een zijden koord werd terechtgesteld. Er is hem afpersing, omkoping, hebzucht en mateloze, willekeurige wreedheid toegeschreven. Gebeurtenissen uit zijn leven zijn, inclusief prikkelende details, uitgebeeld aan de onderkant van het paviljoen boven de fontein voor de rituele wassing bij de moskee.

Ten zuiden van de moskee ligt de **bedesten**, een overdekte bazaar, die door een poort aan de zijkant toegankelijk is. De tegenoverliggende karavanserai, de **Taş Hanı**, is overkoepeld en zal na renovatie weer in gebruik genomen worden.

Gümüşhacıköy ▶ 5, B 2

Een aardig uitstapje voert naar de 20 km westelijker gelegen provinciehoofdstad Gümüşhacıköy. De **Ulu Cami**, de moskee in het centrum, werd in 1666 door grootvizier (de eerste minister) Mehmet Köprülü Paşa gesticht. Hij was een van de belangrijkste bestuurders uit de Osmaanse geschiedenis. Het lukte hem om het rijk halverwege de 17e eeuw uit een diepe crisis te halen en door verstrekkende hervormingen het leiderschap van de sultans weer te consolideren.

De stad werd aan het einde van de 16e eeuw als legerplaats aan de weg naar Amasya gesticht ter vervanging van de oude plaats Eski Gümüş, die zo'n 5 km verderop tegen een berghelling ligt. De **Yergüç Rüstem Paşa Camii** op het centrale plein stamt uit de vroeg-Osmaanse tijd (1426); het interieur is van een indrukwekkende grootsheid. Fraai is ook het met bomen en bloemen begroeide binnenhof van de in 1415 gebouwde **medrese** (op ca. 200 m afstand van het centrale plein) met het graf van Ibrahim Hakki Gül, een Korangeleerde uit Erzurum.

Amasya

Hoogtepunten
1 Bedesten Kapalı Çarşı
2 Taş Hanı
3 Burmalı Minare Cami
4 Bimarhanı
5 Mustafa Bey Hamamı
6 Mehmet Paşa Camii
7 Bayezıd Paşa Camii
8 Büyük Ağa Medresesi
9 Hazeranlar Konağı
10 Yıldız Hamamı
11 Kızlar Sarayı

12 Citadel
13 Aynalı Mağara
14 Sultan II Beyazıt Külliye
15 Amasyamuseum
16 Gök Medrese Camii
17 Halifet Gazi Türbesi
18 Yörgüç Paşa Camii

Accomodatie
1 Büyük Amasya Hotel
2 Harşena Hotel
3 Melis Hotel
4 İlk Pansiyon

Eten en drinken
1 Bahçeli Oçakbaşı
   Kebap Salonu
2 Şehir Derneği
3 Pasha Restoran
4 Ali Kaya Restoran

 **14 Amasya** ▶ 5, C 3

Stadsplattegrond: rechts

De provinciehoofdstad **Amasya** (82.000 inw.), ingebed in het dal van de Yeşilırmak, de 'Groene Rivier', geldt als een van de mooiste plaatsen van Centraal-Anatolië. Er bevinden zich hier talrijke fraaie moskeeën, mausolea en plekjes zoals een schilderachtige rij oud-Turkse woonhuizen aan de rivieroever. Aan beide zijden hiervan stijgen bosrijke berghellingen omhoog. Door de overvloed aan fruit – de appelen van Amasya zijn in heel Turkije vermaard – en de uitgestrekte moerbeiboomgaarden ontstond hier een belangrijke agrarische industrie.

Het belangrijkste deel van de stad ligt op de rechteroever van de rivier, die door vijf bruggen overspannen wordt. Links van de rivier verschuilt zich de wijk Hatuniye, de oude binnenstad, onder een steil omhoog rijzende berg, die wordt gedomineerd wordt door de

Tip: De vesting van de Pontische koningen

De berg waarop de burcht van Amasya ligt, is gemakkelijk te beklimmen. Een weg loopt tot onder de muren van de burcht, die u door een vervallen poort betreedt. Over bijna dichtgegroeide paden klimt u naar het bovenste plateau van het complex. Vandaar heeft u een grandioos uitzicht op de ver beneden u liggende stad.

ruïne van een citadel en majestueus in de rotswand uitgehouwen Pontische koningsgraven.

Het hoogtepunt van zijn historische betekenis beleefde Amasya als hoofdstad van het Pontische koninkrijk dat zich aan het begin van de 3e eeuw v.Chr. uit de nalatenschap van het rijk van Alexander losmaakte en zelfstandig werd. De meer dan 200 jaar durende heerschappij eindigde met de dood van Mithradates VI Eupator in 70 v.Chr. Na de veldslag bij Zela (Zile) in 47 v.Chr. lijfde Julius Caesar de stad in bij het Romeinse Rijk. Amasya was bovendien de geboortestad van de geograaf Strabo (64 v.Chr.–20 n.Chr.), die na vele reizen onder de titel *Oikumene* een 17-delige beschrijving van de toentertijd bekende wereld liet verschijnen. Onder de Mongolen maakte Amasya een wetenschappelijke en culturele hoogtijperiode door tot in 1392 de Osmaan Beyazit I de stad veroverde.

Tijdens de bloeitijd van het Osmaanse Rijk was Amasya een 'stad van de kroonprinsen'. De zonen van sultan Murat II, Mehmet II, Beyazıt II, en Murat III groeiden hier op en werden gouverneur om het besturen te leren. Vanwege de rijkdom van de stad en de vele medreses – Georges Perrat noemde de stad in 1861 het 'Oxford van Anatolië' – werd Amasya wel met Bagdad vergeleken. Daarna zakte de stad weg in provincialisme, maar behield een groot deel van zijn bezienswaardige historische gebouwen ondanks zware aardbevingen in de 18e en 19e eeuw en een verwoestende brand in 1915.

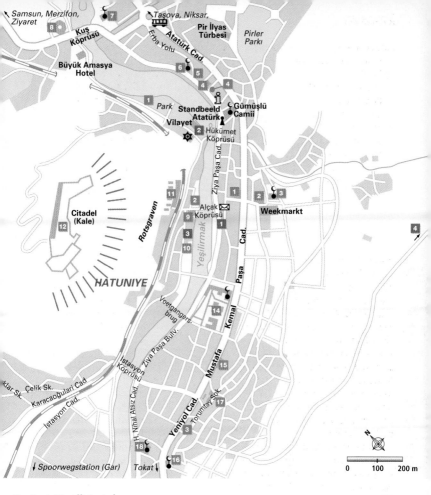

Op het Atatürkplein

Het centrum van de stad is het plein met het **Atatürkstandbeeld** bij de Hükümetbrug; achter dit standbeeld herinnert het appelkloktorentje aan Amasya's beroemdste product. Ten zuiden voert de hoofd- en winkelstraat, de Mustafa Kemal Caddesi (ook Atatürk Caddesi geheten) naar de **Bedesten Kapalı Çarşı** ⬛1: Deze markthal werd gesticht door Hüseyin Aga, het hoofd van de Witte Eunuchen in de harem van Beyazit II, in 1483.

Hij wordt nog steeds gebruikt, in tegenstelling tot de tegenover liggende **Taş Hanı** ⬛2 In deze grote karavanserai (1758) hebben alleen nog traditionele kopersmeden hun ate-

lier. Daarboven ligt de **Burmalı Minare Cami** ⬛3 die nog uit de Seltsjoekse tijd dateert en zijn naam aan de typisch gedraaide minaret ontleent.

Ten noorden van het Atatürkplein vindt u aan de oever achter het informatiebureau bij het **Bimarhanı** ⬛4 (of Timar Hanı), een laat-Seltsjoeks ziekenhuis *(darüşşifa)* met pompeus beeldhouwwerk in het portaal. Het werd in 1308–1309 gesticht door de Mongoolse Ilkhan Ölceytü (Uldschaitu), onder wiens bewind met de moord op de laatste sultan van de Seltsjoeken een einde kwam aan het sultanaat van de Rûm-Seltsjoeken.

Daarachter staat de **Mustafa Bey Hamamı**

Blik over de oude stad van Amasya op de Pontische koningsgraven

, die van 1436 dateert en altijd nog in bedrijf is, evenals de in 1486 gebouwde **Mehmet Paşa Camii** . De weg langs de oever is boeiend en biedt een mooi uitzicht op het oude centrum Hatuniye en de citadel op de berg.

Aan de Künç Köprüsü staat de **Bayezıd Paşa Camii** , die door een grootvizier van sultan Mehmet I, tussen 1414 en 1419 is gebouwd. Schuin daartegenover, aan de andere kant van de rivier stichtte de al eerder genoemde Hüseyin Aga in 1488 de **Büyük Ağa Medresesi**, dat het eerste gebouw van dit type met een achthoekige plattegrond moet zijn geweest. Sinds zijn restauratie dient deze medrese weer als Koranschool, die u zonder schroom bezoeken kunt.

Hatuniye

Bijzonder aan te bevelen is een bezoek aan het stadsdeel Hatuniye op de linker rivieroever. Het is bereikbaar over de Alçak Köprüsü, waar-

van de Romeinse fundamenten bij een lage waterstand zichtbaar zijn. De achtergevels van de oud-Turkse **stadshuizen** aan de oever vormen een schilderachtige huizenrij. Ze zijn gerestaureerd en voor een deel als horecazaak toegankelijk.

Een ouder Osmaans herenhuis uit 1872, de **Hazeranlar Konağı** , is een goed voorbeeld van Osmaanse burgerlijke architectuur (zie blz. 420) en is als museum ingericht. De **Yıldız Hamamı** , iets verderop, is in de 15e eeuw gebouwd en nog steeds in bedrijf.

Daarboven verheft zich de rotsburcht, waar op de helling nog resten van het paleis van de Pontische koningen te zien zijn, tegenwoordig **Kızlar Sarayı** genaamd. Het is sinds de Seltsjoekse tijd als arsenaal gebruikt. De ingang is gerestaureerd en op het binnenhof is nu een horecazaak gevestigd.

Boven de terrassen liggen duidelijk zichtbaar de voorname **rotsgraven** van de Pontische koningen, die tussen 300 en 44 v.Chr. zijn aangelegd en via trappen met elkaar zijn verbonden. Ze zijn tot 12 m hoog in de kalkstenen rotswand gehouwen. De gaten aan de voorzijde doen vermoeden dat ze ooit met marmeren platen bedekt waren.

Vanaf het oosteinde van de Kızlar Sarayı leidt een steile trap omhoog naar de **citadel** 12 die ook via de weg te bereiken is. Naast Byzantijnse, Seltsjoekse en Osmaanse muren zijn de resten van twee hellenistische torens uit de tijd van Mithradates bewaard gebleven. Vanaf de burcht, waar ook een picknickplaats is, heeft u het beste uitzicht over de stad.

Zo'n 3 km van de stad verwijderd, op de weg naar Marzifon, is er een afslag naar **Aynalı Mağara** 13, de 'Spiegelgrot'. Het is het meest zorgvuldig bewerkte rotsgraf in de streek, waarvan de voorkant als een spiegel zou functioneren. Binnen staat een sarcofaag; de Byzantijnse muurschilderingen van de twaalf apostelen en een deësis zijn nog zichtbaar.

Beyazıt Külliye en Torumtay Türbe

Het religieuze centrum van Amasya is de **Sultan II Beyazıt Külliye** 14. Deze moskee, de reinigingsfontein (*şadirvan*) en de overige gebouwen van het uitgebreide complex zijn zeer romantisch gelegen op een terras bij de Yeşilırmak onder oude bomen.

In het in 1980 gebouwde **Amasyamuseum** 15 (di.–zo. 9–12, 13.30–17 uur) zijn zuilen, kapitelen, sarcofagen en grafstenen uit de Romeinse tot Seltsjoekse tijd te zien. Pronkstuk in de benedenzaal is een ivoren deur uit de Gök Medrese Camii (zie onder), een hoogtepunt van Seltsjoekse houtsnijkunst. Op de eerste verdieping bevinden zich stukken uit de bronstijd tot en met de Romeinse periode. In de tuin van de **Sultan Mesut Türbe** worden onder glas zes mummies van vorsten uit de tijd van de Ilkhans getoond.

Aan de uitvalsweg richting Tokat staat de **Gök Medrese Camii** 16 uit het begin van de 14e eeuw. De gerestaureerde 'Moskee van de Türkismedrese' verkreeg zijn naam vanwege de faience-inrichting van de markante, twee ver-

diepingen hoge **Torumtay Türbe** uit 1277–1278 aan de straatzijde, waarin de Seltsjoekse provinciegouverneur Seyfeddin Torumtay begraven is. Op de bovenste verdieping zijn de wanden bedekt met turquoise tegels.

Tegen de helling boven de Gok Medrese Camii loopt een route die naar nog meer türbes voert. Een van de belangrijkste is de **Halifet Gazi Türbesi** 17, in 1145 opgericht door een vizier van de Danisjmenden. Een prachtige antieke marmeren sarcofaag met ramskop en Medusahoofd tussen bloemenranken dient als cenotaaf.

Aan de overkant van de straat (in de richting van de rivier) ligt het külliyecomplex van de **Yörgüç Paşa Camii** 18 uit het jaar 1468.

Informatie

Informatiebureau: Atatürk Cad. 27, tel. 0358 218 50 02, fax 0358 218 33 85
Internet: www.amasya.gov.tr

Accommodatie

Eigentijds aan de rivier ▶ Büyük Amasya 1: Nergiz Mahalle 1, tel. 0358 218 50 80, fax 0358 218 40 85, www.buyukamasyaoteli.com.tr. Dit goed geleide, drie verdiepingen hoge hotel ligt met fraai terras aan de rivier en biedt eigentijdse accommodatie, 2 pk €90.

Turks herenhuis ▶ Harşena Hotel 2: PTT Çarşısı, Yalıbolu, tel. 0358 218 39979, fax 0358 218 39 80, www.harsenaotel.com. Mooi gerenoveerd oud herenhuis direct aan de oever van de Yesilirmak. Acht oud-Turks ingerichte kamers, met bad, sommigen met hemelbed, 2 pk €40.

Romantisch ▶ Melis 3: Yeniyol Cad. 135, Torumtay Sok. 135, tel. 0358 212 36 50, fax 0358 218 20 82, www.melishotel.net. Klein hotel met 12 mooie kamers met bad, satelliet-tv, verwarming, net buiten Torumtay Türbesi. Vriendelijke, huiselijke sfeer, de lobby is 'Osmaans' ingericht, een Duits sprekende hotelhouder, 1 pk €35.

Voor backpackers ▶ İlk Pansiyon 4: Gümüşlü Mah., Hitit Sok. 1, tel. 0358 218 16 89, fax 0358 218 62 77, http://ilkpansiyon.com/. Een 200 jaar oud woonhuis van een Armeense familie, in stijl gerenoveerd. Niet luxueus, maar voldoende comfortabel. Hier gaat het om de charme. 6 kamers, 2 met eigen bad. Reserveren aan te raden, 2 pk vanaf €28.

Eten en drinken

Naast hotel-restaurants vindt u in het centrum (Atatürk Meydanı) kleinere lokanta met smakelijke, traditionele keuken. Lokale specialiteiten zijn *bakla dolması* (gevulde bonen) en *keşkeş* (bulgur met honing, kaas en walnoten).

Aan de rivier ▶ Bahçeli Oçakbaşı Kebap Salonu 1: Ziyapaşa Bulv., dichtbij Hazeranlar Konagi, tel. 0358 218 56 92. De moderne en ook populaire horecazaak ten westen van het postkantoor heeft een fraai terras aan de rivier en serveert gegrilde gerechten.

Mezeler bij de brug ▶ Şehir Derneği 2: Tegenover het Vilayetgebouw aan de noordzijde van de Hükümet Köprüsü, tel. 0358 218 10 13. Hier in de 'stadsclub' treft men elkaar bij de *rakı sofrası* (rakitafel) met veel mezeler.

Gezellige binnenplaats ▶ Pasha Restoran 3: Mısırlı Konağı, Hatuniye Mah., Tevfik Hafız Sok. 5, tel. 0358 212 41 58. Aardige zaak aan een binnenplaats op de noordelijke oever, er worden lekkere mezeler en standaard grillgerechten geserveerd. In de kelder is een music-bar voor nachtbrakers.

Amasyapanorama ▶ Ali Kaya Restauran 4: Çakallar Mevkii, tel. 0358 218 15 05, www.ali kaya.net. Geliefd doel voor uitstapjes met goed restaurant, tuin en picknickmogelijkheid. Bijzonder mooi is het uitzicht in het rivierdal op de rotsburcht.

Winkelen

Weekmarkt ▶ Op woensdag is er een grote markt bij het busstation. Interessant is ook de bazaar met kleine koperwaren.

Vervoer

Busstation aan de westelijke stadsrand ca. 2 km ten noorden van het Atatürkmonument. Vandaar rijden er dagelijks regelmatig bussen naar Ankara, Çorum, Samsun, Tokat, Kayseri en Nevşehir. **Treinstation** ten westen van de burcht op de berg. Treinen naar Sivas en Samsun.

Van Amaysa naar Tokat

Zile ▶ 5, C 3

Rijdend naar Tokay slaat u ca. 13 km ten zuiden van Amasya af naar Zile, het oude Zela (46 km). De plaats werd bekend door de veldslag tussen Julius Caesar en de Pontische koning Pharnaces (47 v.Chr.). Caesar versloeg hem in vier uur. Terug in Rome meldde hij de veldslag laconiek met de beroemde woorden 'Veni, vidi, vici.' (Ik kwam, zag en overwon). Zile was sinds de bronstijd bewoond en een belangrijke handelsplaats in de vallei van de Yeşilırmak.

In het centrum van de stad verheft zich een tumulus, een van de oudsten in Anatolië, waarop de **citadel** en enkele officiële gebouwen liggen. Het uitgestrekte burchtcomplex diende tenslotte als opleidingskazerne voor rekruten.

Op de oostelijke helling van de rotsburcht zijn in steen gehouwen rangen van een **Romeins theater** te zien. Midden tussen de statige huizen in Pontische stijl en vele gebouwen uit de Seltsjoekse en Osmaanse tijd staat de in 1267 onder Keyhüsrev III gebouwde **Ulu Cami**, die in 1909 in neoclassicistische stijl is gerestaureerd.

Turhal en Pazar ▶ 5, C 3

Van uit Zile bereikt u na 21 km de stad **Turhal**, een sterk groeiende stad aan de Yeşilırmak. De binnenstad met de Ulu Cami (1453), de Keşikbaş Camii bij de brug en de türbe van Mehmet Dede (1312) en de Ahi Yusuf (1324) – strekt zich uit van de rivier tot op de helling van de bovenstad.

Halverwege tussen Turhal en Tokat slaat u rechtsaf naar de 6 km verder gelegen plaats **Pazar ▶** 5, C 3. Hier bevond zich een knooppunt van oude karavaanwegen. De **Mahperi Hatun Hanı**, een karavanserai, gebouwd in hoog-Seltsjoekse stijl, werd in 1238 op bevel van Mahperi Hatun, de lievelingsvrouw van sultan Aleaddin Keykubat I opgericht. Oostelijk daarvan overspant een brug uit dezelfde tijd de Yeşilırmak. De Cuma Cami werd in 1336 onder het bewind van de Mongoolse Ilkhans gesticht.

Via Erbaa naar Tokat

Ten westen van **Taşova**, 63 km ten oosten van Amasya, biedt de **Borabay Gölü**, een door beboste berghellingen omringd meer, talloze ontspanningsmogelijkheden. Ca. 10 km voor de districtshoofdstad Erbaa ligt in het dorp Akça Köyü, 2 km van Değirmenli (Hacıpazar) verwijderd, de **Silahtar Ömer Paşa Camii**. Deze moskee met houten pilaren en Seltsjoekse tegels heeft een interieur in Osmaanse barokstijl. Vondsten uit nederzettingen op de heuvel **Horoztepe** bij **Erbaa** ▶ 5, C 3 gaan tot 2000 jaar v.Chr. terug. Ze zijn in het Museum van de Anatolische Beschavingen in Ankara te bezichtigen.

Niksar ▶ 6, D 3, het oude Neocaesarea ligt aan weerszijden van een rotsburcht midden in een groen heuvellandschap. Overblijfselen uit de Seltsjoekse tijd zijn als ruïnes behouden gebleven of worden, zoals bij de Lülecizadefontein, in een andere functie gebruikt. Vanaf de burcht van de Pontische koningen hebt u een mooi uitzicht op de stad. Het belangrijkste gebouw uit de Danisjmendentijd is de in 1165 gebouwde Ulu Cami, een van de oudste moskeeën van Anatolië.

Vlak voor Tokat treft u bij **Gömenek** de ruïnen van de eens aanzienlijke stad **Comana Pontica**. Dit was de hoofdstad van een priestervorstendom en centrum van de cultus van Cybele, die hier als de Perzische vuurgodin Ma werd vereerd.

Tokat ▶ 5, C 3

Een van de interessantste Anatolische plaatsen is provinciehoofdstad **Tokat** met 124.000 inwoners. De oude binnenstad op de berg en de wijk rond de Hatuniye Camii reflecteren de vervallen glorie van een lange geschiedenis. Al in de Hettitische tijd bewoond, in de oudheid bekend onder de naam Dazimon, was de stad tot in de Osmaanse tijd een vast knooppunt van karavaanwegen die naar Centraal-Azië voerden. Onder de Seltsjoeken en Mongolen was Tokat de op vijf na grootste stad van Anatolië en als handelsplaats met Bagdad en Bursa vergelijkbaar. De bewerking van koper

en leer, evenals de textielnijverheid maakten Tokat tot een welvarende stad.

Met de neergang van de karavaanhandel en voortschrijdende mechanisering verloor de stad steeds meer aan betekenis. De aardbevingen van 1939 en 1941 hebben veel oude gebouwen verwoest. Door het verval zijn vooral de karavanserais getroffen, die eens de trots van deze stad op de Zijderoute waren.

De oude binnenstad

Op het moderne centrale plein Cumhuriyet Meydani met **belediye** (raadhuis) en **vilayet** (provinciebestuur) staat de 1565-1572 in hoog-Osmaanse bouwstijl met koepel op een vierkante plattegrond gebouwde **Ali Paşa Camii**, de grootste moskee van de stad. Daartegenover staat uit dezelfde tijd de **Ali Paşa Cifte Hamam** met afdelingen voor mannen en vrouwen, die nog steeds in bedrijf is.

Rechts naast de Ali Paşamoskee begint de **Sulu Sokak**, die door de zeer bezienswaardige binnenstad voert: te midden van oude Turkse huizen rijgen de resten van een verloren cultuur zich aaneen: op de rechterzijde de in

Tip: De yazmadoeken van Tokat

In de **Yazmacılar Hanı** (vanaf de Taş Hanı neemt u de eerste zuidelijke zijstraat naar rechts de binnenstad in) waren eens de ateliers van beroemde stofdrukkers van Tokat gevestigd. Het gebouw wordt inmiddels niet meer voor de textielproduktie gebruikt, want de ateliers werden naar nieuwe, moderne gebouwen aan de weg naar Amasya verplaatst (*'Yazmacılar Sitesi'*). Daar worden de bedrukte Tokatdoeken (*yazma*), met repetitief dessin dat aan Zuidoost-Aziatische batik doet denken, nog steeds gemaakt. De oude techniek om lappen stof met houten stempels te bedrukken, is allang door moderne zeefdruk vervangen. In de Taş Hanı en ook op andere plaatsen in de bazaar zijn deze doeken – voor een deel ook nog met originele ontwerpen – te koop.

1234 gebouwde **Ebülkasim Türbesi**, het graf van een vizier, Alaeddin Keykubats I., dan de **Sulu Han**, een met negen koepels overdekte **bedesten**, het voormalige handelscentrum van de stad, dat nu als markthal wordt gebruikt. Daarnaast staat de gerestaureerde **Takiyeçiler Camii** tegenover de **Çukur Medresesi** uit 1156, nu jammer genoeg een ruïne. Aan het einde van de straat bevindt zich de **Develik Hanı**, waarin antiquairs hun nieuwe domicilie hebben.

Op de spitse rots boven de binnenstad troont de **Tokat Kale** met een vijfhoekige ommuring en 28 vestingtorens. Imposant is de ingang van een tunnel met 362 treden, die als gazellenpad wordt aangeduid en waarschijnlijk als ontsnappingsroute naar buiten fungeerde (tegenwoordig is de ingang door keien geblokkeerd). Bij het zuidelijke bastion is een rotsgraf uit de Pontische tijd te zien.

Gök Medrese (Tokatmuseum)

Ten noorden van de Cumhuriyet Meydani ligt aan de hoofdstraat het belangrijkste gebouw van de stad, de Gök Medrese, met een indrukwekkend stalactietportaal. Het werd in 1277 opgericht door Muineddin Pervane, een van de laatste Seltsjoekse grootviziers, die door de Mongolen is terechtgesteld. In de Osmaanse tijd diende het eerst als onderkomen voor derwisjen, daarna als ziekenhuis, en nu fungeert het gerestaureerde prachtgebouw als **Tokat Müzesi** (di.–zo. 9–12, 13–17 uur) met Hettitische vondsten uit Maşat Höyük, relicten uit de Pontische tijd, een interessante iconenverzameling en een etnografische afdeling.

Nog ten tijde van Evliya Çelebis bezat Tokat 13 grote hans. De **Taş Hanı** (ook Voyvoda Hanı) naast het museum stamt uit de Osmaanse tijd (1631); tegenwoordig zijn in het toeristenseizoen op het grote binnenhof winkeltjes met artisanale kunst geopend. Een theesalon nodigt tot een pauze in de schaduw uit.

Aan de Tokat Su

Loopt u aan de overkant van de Gök Medrese naar de rivier, dan komt u op het oude hoofdplein met de **Hatuniye Camii** (ook **Meydan Ca-**

mii). Deze typisch Osmaanse eenkoepelmoskee, begonnen in 1474, is uit gladde stenen gehouwen met een vijfkoepelige zuilenhal. De fraaie houten deur met Seltsjoeks patroon dateert nog uit de oprichtingstijd.

Volgt u de Tokat Su aan de oostzijde naar het zuiden dan zijn het gerestaureerde **Mevlana Hanı**, een gemeenschapshuis van de 'dansende derwisjen' en de huizen van voorname handelaren in de **Bey Sokağı** de aandachtstrekkers.

Weer terug op de westoever passeert u de **Saat Kulesi**, een klokkentoren uit de 19e eeuw, waarna u aankomt bij de **Latifoğlu Konağı** op de hoofdstraat. Dit grote paleis uit de Osmaanse tijd is gerestaureerd en met originele meubels als museum ingericht (di.–zo. 9–17 uur).

Meer historische gebouwen liggen aan de uitvalsweg naar Amasya: de in 1292 gebouwde **Sümbül Baba Tekkesi** maakt indruk met een fraai marmeren portaal; dit kloostercomplex werd gesticht door een leerling van Hacı Bektaş, de grondlegger van de Bektaşıorde.

In 1246 liet de Seltsjoekse grootvizier Celaleddin Karatay een flink stuk noordelijker de 151 m lange en 7 m brede **Hıdırlık Köprüsü**, een vijfbogige brug, over de Yesilirmak bouwen. Deze is nog steeds in gebruik.

Informatie

Informatiebureau: Hükümet Binası/3, Vilayet-Gebäude, tel. 0356 214 86 24. Een informatiekiosk in het hoogseizoen bij de Gök Medrese.

Accomodatie

Met pool ▶ Büyük Tokat: Demirköprü Mev., iets buiten richting Samsun (aangegeven). tel. 0356 228 17 00, fax 0356 228 17 06, www.buy uktokatoteli.com. Groot comforthotel (4*), een beetje bedaagd. Met zwembad, sauna, kamers met airco (eerst even kijken of deze werkt), 2 pk €69.

Osmaanse flair ▶ Beykonağı Otel: Cumhuriyet Meyd., tel. 0356 214 33 99, www.otelbey konagi.com. Een leuk gerestaureerde Osmaanse konak op het centrale plein met 24 lichte kamers en keurig restaurant, 2 pk 40 €, suite €70.

Budget ▶ Burcu Otel: Gazi Osman Paşa Bulv., 19. Sok, 1, tel. 0356 212 75 70.Een centraal gelegen hotel aan de hoofdstraat (2*) met eenvoudige kamers (vanwege het verkeerslawaai is het aan te raden om een kamer achter in het hotel te nemen!), 2 pk €30.

Eten en drinken

Specialiteit van de stad is *Tokat kebap*, lamsvlees met aardappelen en groenten, in de oven gestoofd. Ook om zijn worst *(Tokat sucuk)* is de plaats Tokat bekend, evenals vanwege zijn wijn: hier wordt uit de narincedruif onder andere de aromatische Mahlepwijn gemaakt.

Traditionele keuken ▶ Sultan Restoran: Cumhuriyet Meyd., naast het Vilayet, tel. 0356 214 81 47. Een modern restaurant met goede tokat kebab. Dit geldt ook voor de traditionelere **konak** in de buurt. Meer lokanta op de Gazi Osman Paşa Bulvarı en in de zijstraten, zoals **Huzur Lokanta**, tel. 0356 214 26 85; soms wordt hier livemuziek gespeeld.

Winkelen

Zondags wordt er een grote **weekmarkt** gehouden op de oostoever van de Tokat Su tegenover de klokkentoren. In de binnenstad kunt u fraai **koperwerk** kopen. De lokale **Winzerei Diren** heeft een proeverij en een verkoopstand in de Taş Han.

Actief

Turks bad ▶ Ali Paşa Hamamı: GOP Bulv., Sulu Sokak, vlak bij de Ali Pasa Camii. Dit is een mooi historisch dubbel badhuis voor mannen (geopend tot 22 uur) en voor vrouwen (tot 18 uur).

In de oude binnenstad van Tokat

Sivas

Hoogtepunten
1 Kongre Binası (Congrescentrum)
2 Yeni Cami
3 Çifte Minareli Medrese
4 Şifaiye Medrese
5 Bürüciye Medrese
6 Mehmet Paşa Camii

7 Ulu Cami
8 Gök Medrese
9 Kale Parkı

Accomodatie
1 Büyük Sivas Hotel
2 Otel Köşk Sivas
3 Sultan Oteli

Eten en drinken
1 Güleryüz
2 Büyük Merkez Lokantası
3 Kangal Ağası Konağı
4 Şifaiye Çay Bahçesi

Vervoer

Busstation aan de noordelijke stadsrand richting Nasar, aan de Yeşilırmak (vanuit het centrum een dolmuşverbinding). Goede verbindingen met Ankara, Sivas, Yozgat, Amasya.
Dolmuşstation bij Cekenni Ishane tegenover de Taş Han, verbindingen in de omgeving.

Sivas ▶ 6, D 4

Stadsplattegrond: rechts
De opkomende industriestad **Sivas** op de drempel van het Oost-Anatolische bergland leeft hoofdzakelijk van de verwerking van agrarische producten uit de streek, maar ook ambachten zoals de tapijtknoperij spelen een belangrijke rol in deze stad met 290.000 inwoners.

Onder de Seltsjoeken was Sivas een van de leidende steden van het Rûmsultanaat. Sinds de 11e eeuw zetelden hier de emirs van de Danisjmendendynastie. Al in de voorislamitische tijd kreeg de stad naam als handelscentrum aan de Perzische Koningsweg. Onder keizer Augustus werd de stad versterkt en onderscheiden met de naam Sebasteia ('Verhe-

Tip: Theetijd in Sivas

Gelegenheid voor een theepauze biedt de **Şifaiye Çay Bahçesi 4**, vlak bij de gelijknamige medrese. Stijlvol met tapijten en kelims gestoffeerde nissen en zitmeubels voeren u terug naar oud-Osmaanse tijden. In de theehuizen in het **Kale Parkı** (zie blz. 448) die u via de Gök Medrese kunt bereiken, geniet u van een fraai uitzicht op de stad.

vene'), naar het Griekse woord voor Augustus. 40 soldaten van het Romeinse Legioen XII Fulminata gingen als Martelaren van Sebaste de geschiedenis in. Tijdens de vervolging van christenen onder keizer Licinius in het jaar 320 werden ze het ijskoude water van de Kızılırmak in gedreven, waarna ze bevroren (zie blz. 473).

In 1402 veroverde Timur Lenk de stad en richtte onder bevolking een vreselijk bloedbad aan, waarna hij een van zijn beruchte piramiden van schedels liet opstapelen. Van deze slag kon de stad zich met moeite herstellen. Een belangrijke datum in de stadsgeschiedenis is Atatürks oproep tot verzet op het Congres van Sivas in september 1919. Groot nieuws was in 1993 ook het Bloedbad van Sivas, toen islamistische fundamentalisten een door Aziz Nesin geïnitieerd congres van liberale schrijvers aangrepen om een hotel in brand te steken. Daarbij kwamen vele congresdeelnemers om.

In het stadscentrum

Het bekende Congrescentrum **Kongre Binası Müzesi 1** (di.-zo. 9-12, 13.30-17 uur) huisvest een etnografisch museum en een tentoonstelling over de Onafhankelijkheidsoorlog. Ook archeologische vondsten uit de omgeving zijn er te zien. Gebouwd in 1892, geldt het centrum als een van de beste voorbeelden van Osmaanse architectuur uit de late 19e eeuw. Het grenst aan de Hükümet Meydanı (meestal Meydan genoemd), het centrale stadsplein. Aan de noordoostzijde maakt nog een markant laat-Osmaans overheidsgebouw indruk. Als blikvanger in het nieuw Sivas geldt de enorme **Yeni Cami 2** aan de Atatürk Bulvarı, die van het Konakplein tot in de moderne za-

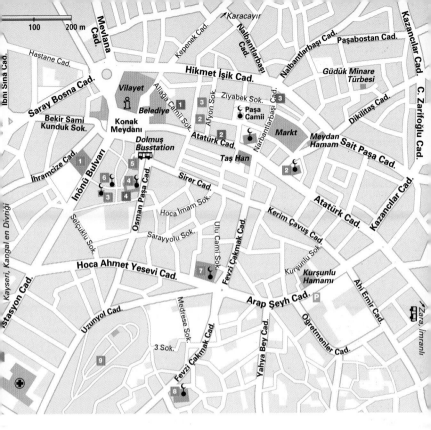

kenwijk voert. Onder de moskee hebben juweliers hun winkels ingericht.

Selçuklu Parkı

In het stadspark ten zuiden van de Meydan verheft zich de prachtige gevel van de **Çifte Minareli Medrese** 3 met zijn kunstig vormgegeven portaal. De vizier Şemseddin Güveyni heeft de naar de beide minaretten vernoemde Koranschool (van *çift*, 'dubbel') in 1271, in de tijd van de Ilkhans, laten bouwen. Naast de Gök Medrese (zie onder) geldt hij als het mooiste voorbeeld van Seltsjoekse bouwkunst in Anatolië.

Tegenover de ingang ligt de **Şifaiye Medrese** 4, die in 1218 als hospitaal en geneeskundige school door de Seltsjoekse sultan Izzedin Keykavus I gesticht werd. De zuidelijke eyvan aan het binnenhof diende als tombe van de stichter; de façade is met turquoise tegels, ster-

renpatronen en een koefi-inschrift gedecoreerd. Bij de hoofdeyvan zijn onder het gewelf van de bogen rechts een maansikkel en sterren, links stralen en planeten waarneembaar.

Naast de Sifaiye Medrese staat de in 1271 opgerichte **Bürüciye Medrese** 5. Het opvallende portaal uit gelig zandsteen wordt omlijst door geometrische patronen en plastische medaillons. Rechts van de ingang bevindt zich de tombe van de stichter Muzzafer Bürücerdi met een fascinerende faienceversiering. De **Mehmet Paşa Camii** 6 uit de tijd van de Osmaanse sultan Murat III (1580) completeert als vierde gebouw dit fraaie 'architectuurpark'. Het gebouwtje met bijzondere gebedsnissen is een typisch voorbeeld van hoog-Osmaanse bouwkunde.

Zuidoostelijk richting stadsheuvel aan de Gemal Gürsel Caddesi ligt de **Ulu Cami** 7, het oudste islamitisch bouwwerk in Sivas uit 1197. Zij werd onder de Danisjmende-heerschappij met een typische Seltsjoekse minaret van baksteen gebouwd. De donkere, met machtige pilaren en bogen ingedeelde ruimte maakt indrukt door zijn kracht en omvang.

Burchtberg

De **Gök Medrese** 8 op de oostelijke helling van de burchtberg (Cumhuriyet Cad.) werd in 1271–1272 door de belangrijke vizier Sahip Ata gesticht. Deze medrese geldt als het grootste Seltsjoekse bouwwerk in Anatolië. Het marmeren portaal met rijke slingerversiering, geometrische randen, met bloem- en bladwerk, granaatappelen, andere florale motieven en achthoekige sterren toont een onmetelijke volheid van vormen. In de hoeken van de poortboog zijn bladornamenten met dierenkoppen te zien. Het zijn symbolische voorstellingen van dierentekens van de Oeigoerse dierenkalender, uit een voorislamitische wereld van motieven.

Op de Toprak Tepe, de oude nederzettings- en burchtheuvel van Sivas vindt u in **Kale Parkı** 9 rustige theehuizen, goed voor een rustpauze met panoramablik.

Paşabahçe

Een geliefd doel voor uitstapje dat in het boomloze steppelandschap ligt, is het **Park van Paşabahçe**, op 8 km ten noorden van het centrum van Sivas, met grotten een waterval en theetuin in een bosje.

Informatie

Informatiebureau: Hükümet Meydanı, in het gebouw van Vilayet, tel. 0346 221 31 35.

Accomodatie

Met wellnesscentrum ▶ Büyük Sivas Hotel 1: İstasyon Cad. 7, tel. 0346 225 47 63, fax 0346 225 47 69, www.sivasbuyukotel.com. Beste hotel van de stad (4*) met wellnesscentrum, moderne grote kamers met tv en minibar, aan de voorkant nogal gehorig, 2 pk €60.

Opgeknapt ▶ Köşk Sivas Otel 2: Atatürk Bulv. 7, vlakbij Konad Meyd, tel. 0346 221 11 50, fax 0346 22393 50, www.koskotell.com. Middenklassehotel in een modern opgeknapt

flatgebouw; elegant gerenoveerde kamers, centraal gelegen, met restaurant, 2 pk vanaf €50.

Middenklasse ▶ Sultan Oteli 3: Eski Belediye Sok. 18, achter het postkantoor aan de Atatürk Bulv., tel. 0346 221 29 86, 0346 225 21 00, www.sultanotel.com.tr. Relatief rustig gelegen hotel, nu met 3 sterren. Nette kamers, fraai restaurant op dakterras, 2 pk vanaf €30.

Eten en drinken

Populaire **lokanta** bevinden zich in de omgeving van de Meydan zoals op de Atatütk Bulvari. Specialiteiten zijn de *Sivas köftesi*, platte gehaktballen, geserveerd op een pitabroodje met geroosterde tomaten en peperoni.

In de eetstraat ▶ Güleryüz 1: Aliağa Camii Sok., tel. 0346 224 20 61. Een van de vele eenvoudige zaken in de 'eetstraat' rechts van het postkantoor; met pita, kebab en stoofgerechten, niet duur, goed, Sivas köftesi €3,50.

Verzorgd ▶ Büyük Merkez Lokantası 2, Atatürk Cad. 13, tel. 0346 223 64 34. Een van de beste restaurants van de stad, achterin wordt ook bier geserveerd. Hoofdgerechten rond €5.

Met internet ▶ Kangal Ağası Konağı 3, Hikmet İşik Cad., Nalbantlarbaşı Cad., tel. 0346 223 74 73. Iets afgelegen en verstopt in een historisch houten huis, kebabkeuken en internetcafé.

Rustpauze ▶ Şifaiye Çay Bahçesi 4: Selçuklu Parkı. In de Şifaiye Medrese is een **theehuis** ingericht, ideaal voor een pauze in de buurt van het centrum. Rustig in het groen zijn ook de lokanta en theehuizen in het Kale Parkı op de stadsheuvel.

Vervoer

Busstation buiten, aan de rondweg Erzurum-Ankara (Yeni Otogar). Kantoren van de busmaatschappijen tussen postkantoor en Konak Meydanı.

Kangal ▶ N 5

Op de route van Sivas naar Divriği ligt de kleine plaats **Kangal** dat vanwege zijn hondenfokkerijen bekend is geworden. In de omgeving worden deze Anatolische schapenhonden getraind.

Dicht in de buurt van Kangal ligt de **Balıklı Kaplıca**, de 'Bron met Vis'. In de bassins van deze geneeskrachtige bron zwemmen twee verschillende, tot 10 cm lange vissoorten, die bij psoriasis helpen. Het ene soort knabbelt de aangetaste huiddeeltjes af, het andere bedekt de wonden met een helend slijmvliesje, zodat ze niet geïnfecteerd raken. Een behandeling duurt ca. 3 weken. De volledig afgelegen liggende plaats met zeer eenvoudige accommodatie trekt voornamelijk Turkse zieken. Een proefbad in het 36° C warme water en de onalledaagse – tintelende – ervaring om door visjes beknabbeld te worden, mag u eigenlijk niet missen!

Divriği ▶ 6, E 4

Twee verschillende routes leiden naar Divriği. De ene voert naar het oosten over Zara, door het dal van de rivier de Kızılırmak. Vandaar rijdt u zuidelijk door de uitlopers van het Tecesgebergte, waar u al een voorproefje van de bergwereld van Oost-Anatolië krijgt voorgeschoteld en dan over Sincan het dal van de Tatlı Çayı in. Landschappelijk is de weg naar Zara zeer attractief. De rivier heeft zich hier een breed dal uitgeslepen, waarvan de dalhellingen van rode zandsteen, gips en mergel een onaards kleurenspel bieden. De plateaus zijn door dolines (trechtervormige instortingen) uitgehold. Op de hellingen liggen tot aan de rivier 50–100 m brede en tot 30 m diepe trechters en zeer kleine dolines met grondmeertjes (ponoren). De andere route voert over een prima weg van Sivas naar het zuiden via Kangal en de KaraşarPass (1950 m).

Het kleine stadje **Divriği** ligt op 1250 m hoogte in het dal van de Çaltı Çay, die ongeveer 35 km ten oosten van de stad in de Eufraat uitmondt. Het oude Tephrike was sinds de 9e eeuw het centrum van de Paulicianen, een radicale beeldvijandige, christelijke sekte. Na de nederlagen van de Byzantijnen bij Malazgirt kwam de stad onder het gezag van de Mengücikidendynastie, die zich tot 1275 tussen de rijken van de Seltsjoeken en de Mongolen wist te handhaven. Tegenwoordig heeft de plaats wetenschappelijk belang vanwege het omvangrijkste ijzerertsvoorkomen van Turkije.

Ulu Cami

Het belangrijkste historische gebouw is de Ulu Cami, dat met een hospitaal *(darüşşifa)* was verbonden. Via een schenking van Ahmet Şah Mengüçoğlu en zijn vrouw Turan Malik werd het complex op een kunstmatig aangelegd terras rond 1228 door twee Armeense architecten gebouwd. Het geldt als een van de belangwekkendste cultuurmonumenten uit de Seltsjoekse tijd en staat op de Werelderfgoedlijst van de Unesco. Vooral indrukwekkend zijn de portalen. In de abstracte en plantaardige ornamentsvormen zijn naast Seltsjoekse ook Georgische en Armeense invloeden herkenbaar. Het pronkstuk van de moskee is het hoofdportaal aan de noordzijde dat een ornamentiek met een unieke dieptewerking laat zien. De ingang van het hospitaal wordt door zuilen, lotusbloemenreliëfs, vlechtwerk en medaillons omlijst.

Het interieur van de moskee is door zware pilaren en bogen in vijf schepen verdeeld. Ze worden overspannen door ton- en kruisgewelven, die allen verschillend zijn ingericht. Daardoor maakt de ruimte een levendige indruk. Ook de grote mihrab en vooral de kunstzinnig gesneden kansel zijn buitengewoon mooi.

Citadel en Şahin Şah Türbesi

Van de moskee is het maar enkele passen omhoog naar het plateau van de **citadel**, die door een bijna bedolven burchtpoort op de zuidwesthoek toegankelijk is. Op de top van de berg ligt bouwvallige **Kale Camii** uit het jaar 1180. Vanhier uit opent zich een grandioos uitzicht op de kloof van de Çaltı Çay met het spoorwegtracé.

In de stad zelf liggen enkele Seltsjoekse grafmonumenten zoals de achthoekige **Şahin Şah Türbesi** met een piramidevormig dak uit het jaar 1196. Bakstenen huizen met fraai gesneden houtwerk en reliëfs herinneren aan betere tijden.

De 'Liefdesvallei' bij Göreme met de beroemde feeënschoorstenen.

Cappadocië

In het zuidoosten van Anatolië ligt Cappadocië (in het Turks Kapadokya), waarvan het unieke tufsteenlandschap rondom Göreme met zijn beschilderde, in de zachte steen uitgehakte kerken uit de Byzantijnse tijd het hoogtepunt vormt van iedere rondreis door Turkije. Als gevolg van de erosie door water en wind werden de vulkanische afzettingen tot een sprookjesachtig landschap omgevormd. Deze streek wordt al eeuwenlang gekenmerkt door een agrarische cultuur. Bij voldoende irrigatie biedt de vulkanische ondergrond een vruchtbare bodem, waarop kikkererwten, abrikozen, suikerbieten en vooral ook wijndruiven uitstekend gedijen.

Als historisch doorgangsgebied heeft Cappadocië veel heersers zien komen en gaan: Hettieten, Perzen, Kelten (Galatiërs) en Romeinen. In het bijzonder de Byzantijnen, de Seltsjoeken na de verovering van Anatolië (bij de Slag van Manzikert in 1071 n.Chr.) en vervolgens de Osmanen hebben de streek onmiskenbaar hun stempel opgedrukt door bezienswaardige monumenten neer te zetten. De kerken van Göreme en İhlara, de grafmonumenten en moskeën van Kayseri en Niğde worden beschouwd als cultureel werelderfgoed en maken in combinatie met het unieke landschap een bezoek aan Cappadocië tot een onvergetelijke belevenis.

Vanuit de vakantiecentra aan de zuidkust bieden reisorganisaties meerdaagse reisjes naar Cappadocië aan, waarbij meestal ook is voorzien in een tussenstop in Konya. Kayseri in het noordoosten is voor individuele reizigers per vliegtuig te bereiken vanaf Istanbul en İzmir en vanuit veel Europese grote steden. De meest nabijgelegen internationale luchthaven bevindt zich in Ankara.

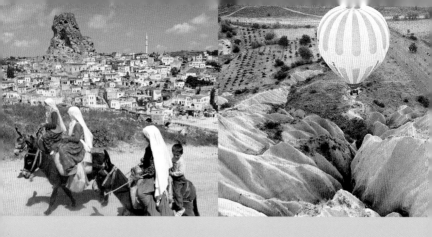

In een oogopslag
Cappadocië

Hoogtepunten

15 **Nationaal Park Göreme:** Byzantijnse monniken hakten in het zachte tufsteen kerken uit, zelfs hele kloostercomplexen, die zijn versierd met kleurrijke, aansprekende fresco's die bijbelse verhalen voorstellen (zie blz. 454).

Kayseri: Omgeven door saaie flatgebouwen zijn hier belangrijke bezienswaardigheden uit de tijd van de Seltsjoeken en een reusachtig bazaarterrein te zien (zie blz. 477).

Fraaie routes

Van Ürgüp naar Uçhisar: Langs deze weg bevinden zich tal van bewegwijzerde uitkijkpunten met uitzicht op de dalen van de streek. Water en wind hebben op elk van de dalen weer anders ingewerkt en beroemde landschapsaanzichten gevormd. Cappadocië van zijn fraaiste kant (zie blz. 465).

Van Ürgüp naar Soğanlı: Een tocht naar het zuiden van Cappadocië langs de rivier de Damsa. Ook een prettige binnenwegroute voor mountainbikers (zie blz. 472).

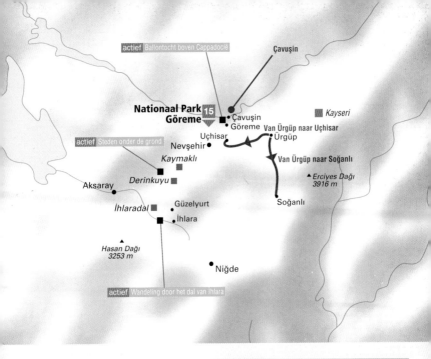

Nationaal Park Göreme 15

actief Ballontocht boven Cappadocië

Çavuşin

Çavuşin
Göreme
Van Ürgüp naar Uçhisar
Uçhisar
Ürgüp

Kayseri

actief Steden onder de grond
Nevşehir
Kaymaklı
Van Ürgüp naar Soğanlı
Derinkuyu
Aksaray
Ерciyes Dağı
3916 m
Soğanlı

İhlaradal
Güzelyurt
İhlara

Hasan Dağı
3253 m
Niğde

actief Wandeling door het dal van İhlara

Tips

Logies in een rots: Het traditionele bouwmateriaal van Cappadocië is tufsteen. Of het nu gaat om duur en chic verbouwde grotten of om opgemetselde gewelfkamers – in Göreme, Uçhisar en Ürgüp kunnen onconventionele logementen worden gehuurd (zie blz. 461, 463, 465 en 466).

Wijnproeverij in Ürgüp: In Cappadocië worden sinds enkele decennia weer met succes wijndruiven verbouwd. Toonaangevend zijn de droge rode wijnen van de Turasan Şarap Fabrikası in Ürgüp. Half september wordt de oogst in het dorp gevierd met een sfeervol wijnfeest (zie blz. 466).

Wandeling door het dal van de Güllü Dere: Rondom Çavuşin kunnen fraaie wandelingen worden gemaakt door dalen met zachte tufsteenformaties, die al naar gelang de stand van de zon van geel tot rozerood verkleuren (zie blz. 470).

actief

Ballontocht boven Cappadocië: Een onvergelijkbaar genot voor vroege vogels – ballonvaren vanaf Göreme boven de rotsen van Cappadocië staat garant voor een onvergetelijke belevenis (zie blz. 460).

Steden onder de grond: Onder het aardoppervlak van Cappadocië liggen op steden lijkende complexen verscholen, waarvan de vertakte gangenstelsels diep in de zachte rots doordringen. Kaymaklı en Derinkuyu zijn de spectaculairste complexen (zie blz. 475).

Wandeling door het dal van İhlara: De door de rivier de Melendiz gevormde 'Grand Canyon' van Cappadocië gaapt als een wond in het boomloze landschap. Tussen de steile wanden kan een lange wandeling gemaakt worden onder schaduwgevende populieren – cultuur inbegrepen (zie blz. 488)!

Het centrale deel van Cappadocië, het Göreme Milli Parkı (Nationaal Park Göreme), heeft veel gezichten, maar is vooral beroemd vanwege zijn hoog oprijzende rotskegels. Op andere plaatsen freesden rivieren van smeltwater diepe kloven in het zachte tufsteen.

Verantwoordelijk voor het unieke rotskegellandschap bij Göreme zijn de bergen Erciyes Dağı (3916 m) en Hasan Dağı (3253 m), die zich circa 60 miljoen jaar geleden hebben gevormd. Door de erupties van deze nu uitgedoofde vulkanen kwamen diverse lagen vulkanisch materiaal van verschillende hardheid en dikte over elkaar te liggen en ontstond een rotsplateau. Overal waar een beschermende laag hardere basaltlava bovenop het tufsteen terecht kwam ontstonden barsten, waaronder het zachtere tufsteen sneller erodeerde dan de bovenlaag. Aldus vormden zich de typische rotskegels (in het Engels *fairy chimneys*, feeënschoorstenen genaamd). *Peribacaları* noemen de Turken deze vaak fallusvormige steenformaties, die bijvoorbeeld in het 'Monnikendal' bij Zelve en in de Ak Vadı ('Liefdesvallei') bij Göreme te bewonderen zijn.

Het klimaat van Cappadocië kenmerkt zich door hete zomers en koude, sneeuwrijke winters, van november tot mei zijn veel hotels en bezienswaardigheden gesloten. Het late voorjaar vanaf eind april–begin mei is een belevenis: tal van endemische plantensoorten bloeien dan en leggen over het in hartje zomer vaak schrale landschap een waar bloementapijt. Zelfs in de zomer wordt het koel in de avond, daarom mogen een trui en een windjack niet ontbreken in de bagage. Stevig schoeisel en een zaklantaarn vergemakkelijken de verkenning van de grotkerken en de onderaardse steden.

Göreme en omgeving ▶
9, A 2

Kaart: blz. 456

Het dorp **Göreme** ligt in een keteldal met tientallen kegelvormige rotsformaties en wordt door een irrigatiekanaal onderverdeeld in het nieuwere benedendorp en het traditionele bovendorp. Hier voegen de opgemetselde huizen zich harmonieus tussen de talloze rotskegels, die zelf ook weer dienen als woningen, stallingen of werkplaatsen.

Aan het dorpse karakter en de sociale struktuur van Göreme (dat vroeger Avcılar werd genoemd) is door het expansieve toerisme naar Cappadocië veel veranderd in de laatste twee decennia. Toch wordt er wel op gelet, dat het uiterlijke voorkomen niet al te zeer wordt aangetast door moderne hotel- en utiliteitsgebouwen. Het doel is het historisch erfgoed te behouden. Tal van vindingrijke investeerders hebben oude grotwoningen en Osmaanse huizen verbouwd tot met liefde inge-

Tip: Konak Türk Evi

In het **Konak Türk Evi** heeft de actieve Göreme Charity Trust zijn zetel, een vereniging van lokale architectuurliefhebbers en huiseigenaren, die het historisch erfgoed van Göreme en zijn dorpse structuur willen behouden (www.goremecharity.com). Iets dergelijks probeert ook de etnoloog Andus Emge met de **Cappadocia Academy**. Meer informatie op www.fairychimney.com (overigens ook een adres voor een goed pension!).

richte hotels, die met hun luxueuze presentatie het pionierende karakter van de pensions voor rugzaktoeristen uit de jaren 1980 ver achter zich laten. Door het toegenomen toerisme leeft inmiddels toch nog maar ongeveer een derde van de bevolking van de land- en tuinbouw.

De dorpskern van Göreme

De oudste sporen van bewoning dateren van de Romeinse tijd: het **Roma Kalesi 1** is een graf uit de oudheid met een tempelachtige façade in de top van de hoge rots in de dorpskern, waarvan nog slechts resten bewaard zijn gebleven. Een tweede blikvanger is het op een kleine heuvel gelegen **Konak Türk Evi 2**. Dit versterkte gebouwencomplex diende ooit als woonplaats voor een Osmaanse beambte. Bij de restauratie werd niet alleen gezorgd voor renovatie, getrouw naar het origineel, van het houten plafond en het interieur, maar ook voor een herstel van de muurschilderingen.

Niet ver vandaar aan de dorpsrand ligt de **Yusuf Koç Kilisesi 3**. Dit meerschepige gebouw met zijn twee apsissen maakt vooral indruk doordat de zogenaamd voor de stabiliteit noodzakelijke steunpilaren volledig zijn weggebroken. Het gewelf lijkt te zweven. De serie afbeeldingen uit de 13e eeuw bevat met een annunciatie maar één tafereel uit de in de Byzantijnse liturgie belangrijke beeldencyclus van de hoogfeesten van het kerkelijk jaar. De meeste schilderingen zijn afbeeldingen van apostelen (onder wie Petrus en Paulus), heiligen en martelaren. In het midden van het gewelf bevinden zich twee koepels met afbeeldingen van de aartsengelen.

Het naastgelegen **Bezirhane Manastır 4** (ca. 11e eeuw) is een voormalig kloostercomplex, dat op het laatst in gebruik was als duiventil. De pilaren van de kruisvormige kerk zijn met afbeeldingen van heiligen getooid. Vanaf het klooster leidt de weg naar de **Durmuş Kilise 5** (6e eeuw). Met name opvallend

Göreme ligt midden in een sprookjesachtig tufsteenlandschap

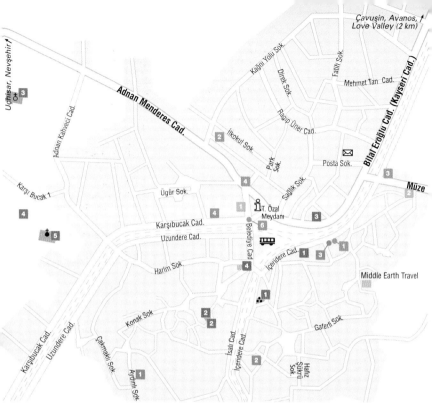

is het in de rots uitgehakte interieur. Het voorportaal bevat tal van in de vloer ingezonken graven, de kerkruimte heeft de vorm van een drieschepige basiliek. In de apsis wordt het altaargedeelte van de kerkruimte afgescheiden door een hefboomconstructie. In het midden van het kerkschip staat een vroegchristelijke preekstoel, die voor de preek en de lezing vanaf beide kanten via een trappetje kon worden beklommen.

De **Saklı Kilise** 6 ('Verborgen Kerk') uit de 11e-12e eeuw ligt halverwege op weg naar het openluchtmuseum van Göreme (zie borden); er leidt een smal pad naar toe. De in 1957 ontdekte dwarsbeukkerk was oorpronkelijk aan Johannes de Doper gewijd. Aan het plafond van de eerste ruimte zijn drie plastische kruisen met lichtgroene en rode beschildering bewaard gebleven, die gevat zijn in een ornamentele decoratie. Behalve heiligen en apostelen toont de figuratieve schilderkunst tafe-

relen uit de cyclus van hoogfeesten. Wat opvalt is het landschap: de schilder heeft zijn eigen werkelijkheid laten meespelen, want de steil oprijzende rotsen die de beelden vaak omlijsten, geven duidelijk de tufstenen rotsformaties van Cappadocië weer.

In het dal onder de Saklı Kilise ligt de pas enkele jaren geleden volledig gerestaureerde **El-Nazar Kilise** 7 (9–17 uur, toegang 8 TL). Het ooit afgebroken stuk rots van de door erosie verwoeste apsis is afgesloten; de muurschilderingen van deze kerk op een kruisvormig fundament (11e eeuw) staan nu niet langer bloot aan weer en wind.

Göremeopenluchtmuseum

Op ongeveer 2 km vanaf Göreme werd een hele dalketel tot openluchtmuseum uitgeroepen, het **Göreme Museum Parkı**. Het verscholen terrein was al in de bloeitijd van het Byzantijnse Rijk een centrum voor vrome, in

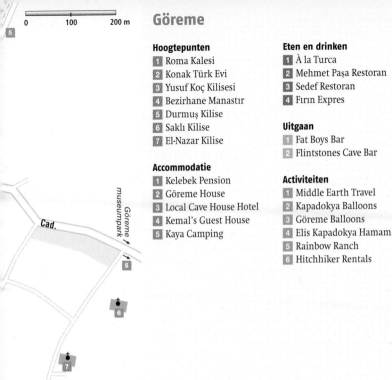

Göreme

Hoogtepunten
1. Roma Kalesi
2. Konak Türk Evi
3. Yusuf Koç Kilisesi
4. Bezirhane Manastır
5. Durmuş Kilise
6. Saklı Kilise
7. El-Nazar Kilise

Accommodatie
1. Kelebek Pension
2. Göreme House
3. Local Cave House Hotel
4. Kemal's Guest House
5. Kaya Camping

Eten en drinken
1. À la Turca
2. Mehmet Paşa Restoran
3. Sedef Restoran
4. Fırın Expres

Uitgaan
1. Fat Boys Bar
2. Flintstones Cave Bar

Activiteiten
1. Middle Earth Travel
2. Kapadokya Balloons
3. Göreme Balloons
4. Elis Kapadokya Hamam
5. Rainbow Ranch
6. Hitchhiker Rentals

afzondering levende gemeenschappen van monniken. In rotswanden en vrijstaande tuf-steenformaties werden destijds tal van kerken en kloostercomplexen gebouwd, die een unie-ke architectuur en beschildering hebben en door de Unesco op de Werelderfgoedlijst zijn geplaatst (dag. 9-19 uur, laatste entree 17.30 uur, 15 TL inclusief Tokalı Kilise, toegang Karanlık Kilise 8 TL).

Majestueus begroet de **Nonnenrots,** in het Turks **Kızlar Manastır** ('Meisjesklooster') genaamd, de bezoeker van het openluchtmuseum. Bij de Nonnenrots liggen twee kerkjes met een behouden interieur met wandschilderingen (kapel 16 en kapel 17). Niet ver daarvandaan staat de uit de 11e-12e eeuw stammende kapel 18, de **Aziz Basil Şapeli** ('Sint-Basiliuskapel'). Het voorportaal met zijn graven geeft toegang tot een dwarsgelegen kerkruimte, waarvan de wandschilderingen in aparte beeldvlakken zijn onderverdeeld. Op

de noordwand is de naamgever, de kerkvader Basilius van Caesarea (nu Kayseri), afgebeeld.

De **Çarıklı Kilise** ('Kerk met de Sandalen') uitde 12e-13e eeuw lijkt op een kruiskoepelkerk, maar wel met maar twee van de anders gebruikelijke vier steunpilaren. De schilderstukken tonen vooral taferelen uit het Nieuwe Testament. De weergave van het leven van Christus begint in de westelijke timpaan met Zijn geboorte en wordt in de gewelven voortgezet. In de hoofdapsis is een deësis afgebeeld. In de hoofdkoepel verschijnt Christus als Pantokrator, die wordt begeleid door zes aartsengelen. Op de zwikvullingen zijn de vier evangelisten te zien. Onder de kerk ligt een refter, waar de monniken de maaltijd gebruikten. De muur bij de kop van de tafel wordt toepasselijk gesierd door een fresco van het laatste avondmaal.

Verder naar het zuiden ligt de belangrijke **Karanlık Kilise** ('Donkere Kerk'), waarvan de schilderstukken ruim tien jaar geleden met steun van de Unesco zijn gerestaureerd. Het gebouw maakte deel uit van een kloostercomplex met verschillende vertrekken (waaronder een grote refter), die allemaal met elkaar verbonden waren door een binnenplaats. De narthex van de kerk met zijn tongewelf is van buitenaf zichtbaar door een afgebroken stuk rots. De uit de tufsteen uitgehakte binnenruimte is een kruiskoepelkerk met vier steunpilaren, zes koepels en drie apsissen.

De schilderingen uit de 11e-12e eeuw worden tot het beste gerekend dat in Göreme bewaard gebleven is. Terwijl in het narthexgewelf de hemelvaart van Christus en de uitzending van de twaalf apostelen is afgebeeld, begint de Christuscyclus op de muren en plafonds van de kerk met taferelen uit de kindertijd (waaronder de annunciatie en de geboorte) en het passieverhaal (het verraad van Judas, de kruisiging, enzovoort). De koepels tonen tweemaal de zegenende Pantokrator met zijn boek, evenals aartsengelen. De beeldenreeks omvat verder tal van heiligen, profeten en koningen uit het Oude Testament.

Wie de bewegwijzerde route door het dal met de klok mee volgt, ziet naast de Karanlık Kilise **kapel 25** liggen, een kruiskoepelkerk met een sobere decoratie van ornamenten. In het complex bevinden zich ook twee refters met van tufsteen vervaardigde zitbanken en eettafels.

De kruisvormige **kapel 27** bevat zowel geometrische schilderstukken als figuratieve voorstellingen.

De nabije **Yılanlı Kilise** ('Slangenkerk', kapel 28) uit de 11e eeuw is een vierkant vertrek

Tip: Schatkamer van schilderkunst

De Tokalı Kilise wordt beschouwd als de fraaiste en belangrijkste kerk van Cappadocië. Welbeschouwd zijn het zelfs drie kerken uit de 10e tot de 13e eeuw die fascineren door hun kleurrijke fresco's en uit de rots gehouwen architectuur en die op geen enkel reisprogramma zouden mogen ontbreken.

met een tongewelf. Naast een roodgerande rechthoeksvorm, zijn in de ton afbeeldingen van heiligen bewaard: rechts Basilius, Thomas en Onufrius, daartegenover onder meer de bereden heiligen Joris en Theodorus, in gevecht met de slangachtige draak naast Constantijn de Grote en zijn moeder Helena met het Heilig Kruis. In de timpaan in de zuidmuur staat een zegenende Christus naast de schenker van de schilderstukken.

Geschilderde rechthoeken zijn ook te vinden in de **Barbara Şapeli** ('Barbarakapel') aan de overkant. Het binnenste daarvan wordt slechts gesteund door twee pilaren met eenvoudige kapitelen. De geometrisch-abstracte beschildering – op enkele dierenafbeeldingen en schildvormige kopieën van Byzantijnse legervaandels na – zou erop kunnen duiden dat het gebouw zijn decoraties kreeg ten tijde van het beeldverbod. De figuratieve afbeeldingen van de naamgeefster St.-Barbara en die van St.-Joris en St.-Theodorus zijn in elk geval later aangebracht.

De **Elmalı Kilise** ('Appelkerk') uit de 12e eeuw heeft negen koepels die op vier pilaren rusten. De muren en gewelven zijn versierd met taferelen uit het Oude en het Nieuwe Testament. De middelste koepel toont een Christus Pantokrator, in de zwikken daaronder zijn medaillons met de vier evangelisten te zien. Overal waar het stuc afbladdert, komen oudere abstracte schilderingen tevoorschijn met roodachtige kruismedaillons en ornamenten.

Tokalı Kilise

De **Tokalı Kilise** ligt buiten het museumterrein aan de straat die naar het dorp Göreme leidt. Het gebouw bestaat eigenlijk uit drie kerken die in verschillende perioden zijn gebouwd. Naast de kerk in de kelder is rond de 10e eeuw de Oude Tokalı Kilise gebouwd als een langwerpige ruimte met tongewelven. De apsis daarvan werd later opgeofferd aan de Nieuwe Tokalı Kilise, een breedgebouwde kerk met drie apsissen, waarvoor nog een galerij met arcaden werd aangebouwd. Omdat de schilderstukken in het onderste gedeelte door bezoekers werden beschadigd, worden zij door houten constructies afgeschermd.

De kunst van de Cappadocische monniken

De Cappadocische monniken wisten al vroeg de bijzondere gesteldheid van het tufsteenlandschap te uit te baten, om te kunnen voldoen aan de strenge eisen van de ascese (vasten, eenzaamheid en gebed). Kluizenaars en heremieten trokken zich terug in onbewoonde, onherbergzame gebieden en woonden aanvankelijk in natuurlijke grotten en holen. Zogeheten reclusen lieten zich zelfs levend inmetselen, om in volledige contemplatie God te zoeken.

Mettertijd vormden zich echter kloostergemeenschappen die zich toelegden op charitatieve bezigheden en daardoor belangrijke sociale taken op het platteland vervulden: als heelkundigen bevrijdden zij mens en dier van ziekten en waren ze in de landbouw actief. Zoals nu nog te zien is in Göreme, Selime en Eski Gümüş, leefden de monniken en de burgerbevolking nauw samen. Het geheel aan kloostergebouwen, inclusief de cellen, keukens en refters, werd volledig in de rots uitgehouwen. Voor de kerken stonden Byzantijnse bouwvormen zoals de basiliek model: de kerken werden ex negativo in het zachte tufsteen gebouwd.

Vanaf de 9e-10e eeuw werden ook complexere vormen als de kruiskoepelkerk geïntroduceerd in de grotkerkenarchitectuur. Deze bouwvorm bleek bijzonder geschikt voor decoratie met schilderkunst, want de talrijke muurvlakken waren als geschapen voor een goed doordachte reeks schilderstukken. In het middelpunt stond het levens- en lijdensverhaal van Jezus Christus. De afbeelding van wonderen zoals de opstanding van Lazarus dienden daarbij als bewijs van de bovennatuurlijke gaven van de Zoon van God. Triomfantelijk verschijnt Christus als Pantokrator of 'Albeheerser', in de koepel of in het motief van de deësis ('voorspraak') op een versierde troon in de apsis, die de Moeder Gods en de apostel

Johannes als smekelingen benaderen.

Na het Concilie van Efeze (431), waar werd vastgelegd dat Maria de *theotokos* ('Moeder Gods') was, nam de verering van haar sterk toe. De Cappadocische kerkvaders Basilius van Caesarea, Gregorius van Nyssa en Gregorius van Nazianze onderkenden de betekenis van Maria als tussenpersoon tussen God en de mensen en stelden haar in het middelpunt van hun theologische verlossingsleer, wat wordt weerspiegeld in tal van muurschilderingen. Taferelen uit het Oude Testament werden vaak als voorspelling van het leven en de goede daden van Christus gepresenteerd, alsof het Oude Testament in het Nieuwe in vervulling zou zijn gegaan. In aanvulling op de bijbelse taferelen werden de kerkmuren bevolkt door apostelen, profeten, kerkvaders en heiligen, die veelal als schutspatroons aan het plaatselijke kloosterleven gerelateerd waren. Zonder de Griekse naamsaanduidingen zijn zij nog maar lastig te identificeren.

De meeste Cappadocische muurschilderingen zijn vermoedelijk in de 10e en 11e eeuw vervaardigd. Toch moeten er ook lang na de verovering van Anatolië door de Turken, in een periode van religieuze tolerantie, nog belangrijke kerkversieringen zijn aangebracht. Indrukwekkende voorbeelden daarvan zijn de Tokalı Kilise in Göreme en de Kırkdamaltı Kilise bij İhlara (zie blz. 489).

actief

Ballontocht boven Cappadocië

Informatie

Duur: 1,5 uur.

Belangrijk: Boeking zie blz. 462, circa €230 inclusief ophaalservice, champagne en groepsfoto. Neem warme kleding en een fototoestel mee!

Het is 4.30 uur 's morgens: voor dag en dauw verlaten wij het hotel. Belachelijk, we zijn toch op vakantie! Op het open veld tussen Göreme en Avanos staat een klein ontbijt voor ons klaar: wat gebak en thee. Maar bijna niemand neemt echt iets. Wij zijn veel te gespannen, want maar enkele meters verderop rollen helpers het omhulsel van een grote luchtballon uit, die ons bij zonsopgang over Cappadocië heen moet dragen.

Enorme ventilatoren blazen het omhulsel van ballonzijde onder oorverdovend lawaai op. Er is geen weg terug meer. Weliswaar stijgt de ballon maar langzaam op, maar de gevlochten gondelrand reikt net tot aan de heup. Eén verkeerde beweging en ... Wij bevinden ons tenslotte al op 300 m hoogte boven de bodem van het dal. De nagenoeg geluidloze zweefpartij wordt zo nu en dan door een sissend geluid onderbroken, wanneer de brander de lucht in het omhulsel verder opwarmt. Scherp tekent zich in de ochtendzon het indrukwekkende profiel van het tufsteenlandschap af: het panorama is werkelijk adembenemend.

De jonge piloot vliegt rechtstreeks op een van de feeënschoorstenen af en ... stijgt pas op het allerlaatste moment weer op. Als in slow motion glijden wij over de rotskegel heen. De top hadden we met de handen kunnen aanraken. Na ongeveer een uur is de landing overigens net zo zacht als het opstijgen. Diverse agentschappen bieden tochten met ervaren piloten aan. Dit luchtige genot, inclusief champagne na de geslaagde landing en een deelnemerscertificaat, kost circa €160 voor een tocht van 45 minuten en €230 voor 90 minuten.

Onvergetelijk: in een heteluchtballon boven het rotskegellandschap van Göreme

In de Oude Tokalı Kilise zijn over twee registers in het bovendeel en de zijwanden en het tongewelf verhalende fresco's met taferelen uit het evangelie aangebracht. De bijna 'expressionistisch' aandoende schilderingen tonen scènes uit het leven van Christus en Johannes de Doper. Op de west- en oosttimpanen zijn een annunciatie en een hemelvaart van Maria te zien, op het onderste deel staan heiligen. De reeks schilderingen uit de 10e eeuw begint in het zuidwesten en eindigt in het noordoosten met de kruisiging en de wederopstanding.

De kwalitatief hoogstaande schilderkunst in de Nieuwe Tokalı Kilise kwam – volgens recent onderzoek – in de 13e eeuw tot stand. De stukken werden dus vervaardigd in een tijd van religieuze tolerantie onder de islamitische veroveraars en overtuigen door de pakkende uitwerking van de figuren, die geenszins onderdoet voor de kunst uit de hoofdstad Constantinopel. Het heldere blauw van de achtergrond is indrukwekkend. Beginnend in de noordhoek van het gewelf is een reeks taferelen uit het leven van Christus afgebeeld.

Accommodatie

Het dichtsbijzijnde toeristenbureau van de overheid is in Ürgüp. Het **Accomodation Office,** een particuliere toerismecoöperatie bij het busstation in de dorpskern, bemiddelt in accommodatie. Er is keuze uit ongeveer 50 tot 60 locaties.

Boetiekstijl ▶ Kelebek Pension [1]: Aydınlı Mah. 22, tel. 0384 271 25 31, fax 0384 271 27 63, www.kelebekhotel.com. Dit hotel beschikt over zowel eenvoudige kamers in feeënschoorstenen alsook over vertrekken in een smaakvol gerenoveerd stenen huis. 2 pk €45–90, suite €120.

Van alle markten thuis ▶ Göreme House [2]: Eselli Mah. 47, tel. 0384 271 20 60, fax 0384 271 26 69, www. goremehouse.com. Dit stijlvol gerenoveerde historische gebouw was ooit een karavanserai. Met veel antiquiteiten ingerichte kamers met gewelven. 2 pk €60–100.

Goed en voordelig ▶ Local Cave House Hotel [3]: Gaferli Mah. Cevizler Sok. 11, tel. 0384 271 21 71, fax 0384 271 24 98, www.localcave house.com. Veel van de nieuwere pensions in Göreme liggen qua prijs op een zeer hoog niveau, maar dit adres is een uitzondering. Het kleine, tegen de bergwand gelegen hotel is het hele jaar open, beschikt over een eigen zwembad en met liefde ingerichte rotskamers tegen bescheiden prijzen. De groenten voor het avondeten worden in de eigen tuin verbouwd, 2 pk €50.

Rustiek ▶ Kemal's Guest House [4]: Zeybek Sok., tel. 0384 271 22 34, info@kemalsguest house.com. Gezellig familiepension geleid door een Cappadociër en een Nederlandse. Het heeft verschillend ingerichte kamers en een mooie bloementuin. Met restaurant. 2 pk €40.

Camping met uitzicht ▶ Kaya Camping [5]: tel. 0384 343 31 00, ca. 5 km buiten Göreme aan de weg naar Ürgüp ten noorden van het museumpark. Op het boom- en schaduwrijke terrein zijn een kleine bar en een zwembad met panoramisch uitzicht te vinden.

Eten en drinken

Specialiteiten van de streek zijn *pastırma*, op ham lijkend gedroogd rundvlees, *sucuk*, een pikante worstsoort, en *testi kebab*, in een aardewerken pot gestoofd lamsvlees met groenten.

Voor een romantisch diner ▶ À la Turca [1]: İçeridere Cad., tel. 0384 271 28 82, www.ala turca.com.tr. Een van de mooiste restaurants van Göreme, zeer elegant in Turkse stijl ingericht. Van ontbijt tot avondeten wordt hier

Tip: Stevig in het zadel

Op de rug van paarden kunnen ook ongeoefenden tijdens tochten onder leiding vanuit een nieuw perspectief genieten van het rotslandschap van Göreme. Wees gerust, het zitten op een hoog ros went heel snel als het dier stapvoets loopt.

Rainbow Ranch [5]: Vlak achter Göreme aan de weg naar Çavuşin, tel. 0384 271 24 13. Twee uur durende ritten te paard onder leiding, telkens 's ochtends van 9–11 en 's avonds van 18–20 uur (circa €15 per persoon).

overal voor gezorgd, in de tuinbar kunnen de hete uren heerlijk worden weggesufd op zitkussens. Veel geroemde Turkse gerechten, die echter wel in Europese stijl geserveerd worden. Hoofdgerechten vanaf € 10.

Historische ambiance ▶ Mehmet Paşa Restoran 2: Konak Sok. 6, tel. 0384 271 24 63, in het Konak Türk Evi, ten zuiden van de Karşıbucak Cad. Dit restaurant in een gerestaureerd herenhuis heeft een buitengewone ambiance, maar is alleen in het hoogseizoen ook 's avonds open.

Schaduwrijk terras ▶ Sedef Restoran 3 Bilal Eroğlu Cad., tel. 0384 271 23 56. Restaurant met een lange traditie in Hotel Lalezar met een grote keuze aan gerechten van 't spit tot pizza. Het extraatje: in de zomer is het terras voorzien van een waterverstuiver – heel aangenaam! Hoofdgerechten vanaf € 6.

Lahmacun en pide ▶ Fırın Expres 4: Belediye Cad., tegenover Roma Kalesi. Eenvoudige *lokanta* met ongecompliceerde gerechten uit de oven: meestal *pide* en *lahmacun*, maar ook stoofgerechten zoals *tavuk güveç*. Vanaf € 3.

Uitgaan

Bier en biljart ▶ Fat Boys Bar 1: Belediye Cad. Deze bar tegenover het busstation is een populaire uitgaansgelegenheid, met poolbiljart en tv-programma's; 's avonds is er muziek voor iedere smaak.

Tip: Wandeling door de Liefdesvallei

De Ak Vadı onleent zijn bijnaam 'Liefdesvallei' aan de indrukwekkende rotsfalussen die er een erehaag vormen. De ingang van het dal ligt 2 km buiten Göreme richting Çavuşin links van de geasfalteerde weg, vanwaar opnieuw links een veldweg afbuigt. Omdat de route grotendeels door het rivierbed loopt, zijn tamelijk stevige schoenen aan te raden, evenals voldoende water en bescherming tegen de zon. Aan het einde kan het dal worden verlaten achter Uçhisar (bij de onyx- en zilverwinkel) en kunt u na een pauze op het dorpsplein de bus nemen, terug naar Göreme.

Yabba dabba doo ▶ Flintstones Cave Bar 2: Müze Cad., Afatevler Sokağı 46. Wanneer het er laat op de avond in deze populaire bar met dj-muziek flink hard aan toegaat, roept het gevoel van de danslustigen soms het gevoel op in een grijs verleden met prehistorische rituelen terecht gekomen te zijn. Fred Flintstone zou het hier naar zijn zin hebben gehad …

Aktiviteiten

Trektochten ▶ Middle Earth Travel 1: Gaferli Mah. Cevizler Sok. 20, tel. 0384 271 25 59, fax 0384 271 25 62, www.middleeearthtravel.com. Tussen april en november meerdaagse trektochten in het gebied van de Hasan Dağı en de Erciyes Dağı; met bungee jumping tussen feeënschoorstenen!

Heteluchtballon ▶ Kapadokya Balloons 2: Göreme, A. Menderes Cad., tel. 0384 271 24 42, www.kapadokyaballoons.com. **Göreme Balloons 3:** Ürgüp, Sivritaş Mah., Koyunyolu Mevkii 1, tel. 0384 341 56 62, www.goreme balloons.com; bureau in Göreme aan de weg naar het museumpark van Göreme.

Hamam ▶ Elis Kapadokya Hamam 4: tel. 0384 271 29 74, www.elishamam.com. Eindelijk heeft ook Göreme een eigen hamam – en wat voor een: een ware wellnesstempel! Maar ook in de 21e eeuw hebben vrouwen en mannen nog hun eigen afdelingen en personeel van hun eigen sekse. Van 10–24 uur wordt er gemasseerd, geschrobd en gezweet.

Fiets- en scooterverhuur ▶ Hitchhiker 6: Turgut Özal Meyd., tel. 0384 271 2169, www.cappadociahitchhiker.com. Verhuurt auto's, scooters, quads en moutainbikes.

Vervoer

Busstation in de dorpskern; bus minstens eens per 2 uur naar Nevşehir; *dolmuş* eens per uur naar Avanos, Çavuşin, Ürgüp, Ortahisar.

Uçhisar

De uitgehakte gewelven in de burchtberg van het buurdorp **Uçhisar** dienden als woning en in de Byzantijnse tijd deels ook als klooster. Uçhisar ('Grensburcht') was in de oudheid ook als verkenningspost van militaire betekenis. De beklimming ervan leidt eerst binnendoor,

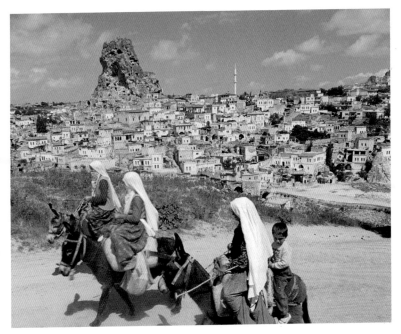

Blik op Ortahisar met zijn rots vol woongrotten

daarna buitenom via trappen naar de top (dag. 8–20 uur, toegang 3 TL). Boven is het uitzicht op de dalen in de omgeving grandioos, op heldere dagen is in het oosten de met sneeuw bedekte top van de Erciyes Dağı te zien. Net als in veel dorpen en dalen in de streek zijn ook in Uçhisar tal van duiventillen te vinden, die met de typische geometrische motieven beschilderd zijn.

Accommodatie

De plaats is net als Göreme en Ürgüp een geschikt uitvalsbasis voor een meerdaags verblijf in de streek. Omdat hier veel repatrianten uit Frankrijk geïnvesteerd hebben, spreekt menigeen Frans.

Luxe dorpshuizen ▶ Les Maisons de Cappadoce: Semiramis A.Ş., Belediye Meydani 6, tel. 0384 219 28 13, fax 0384 219 27 82, www.cappadoce.com. Een Franse architect verbouwde met veel liefde voor details een rij huizen tot 12 gerieflijke studio's en appartementen van

uiteenlopend formaat. Elk daarvan heeft zijn eigen charme en allemaal bij elkaar hebben ze een typisch Cappadocische uitstraling. Studioappartement €190–480.

Moderne luxe ▶ Museum Hotel: Tekeli Mah. 1, tel. 0384 219 22 20, fax 0384 219 24 44, www.museum-hotel.com. Het in 2001 smaakvol nieuw gebouwde hotel met eigen zwembad ligt aan de voet van de burchtberg van Uçhisar. De kamers zijn gedeeltelijk uit de rots gehouwen, de inrichting heeft klasse – veel kamers zijn voorzien van een jacuzzi. Vanaf het terras valt er van een geweldig panorama te genieten. 2 pk €100–200.

Klassiek ▶ Kaya Hotel: Yukari Mah. 15, tel. 0384 219 20 07, fax 0384 219 23 63, www.uchisarkayahotel.com. Heel aangenaam clubhotel (van de Club Medketen) met panoramaterras, restaurant, verwarmd zwembad en een veelzijdig sportaanbod. 2 pk €80.

Rotskamers ▶ Les Terrasses d'Uçhisar: Eski Göreme Yolu, tel. 0384 219 27 92, fax 0384 219

27 62, www.terrassespension.com. Net als veel andere hotels Frans georiënteerd; met liefde in oude stijl ingerichte kamers, deels in de rots. Met uitstekend restaurant (Frans-Turkse keuken) en discobar. 2 pk €32, suite €70.

Voordelig en gedegen ▶ Kaya Pansiyon: tel. 0384 219 24 41, fax 0384 219 26 55, www.kayapension.com. Een aardig, door een familie geleid pension in een pand in de oude stad met een mooi ontbijtterras en een tuin. Keurige kamers in Turkse stijl en een idyllisch restaurant. 2 pk €26.

Eten en drinken

Veel Turkse eetgelegenheden bevinden zich in het centrum, zoals bijvoorbeeld het **Uçhisar Restoran** aan het centrale plein bij de Belediye, met een groot assortiment kebabs en verder stoofgerechten zoals *güvec*. Hoofdgerechten vanaf €6.

Bekroond ▶ Restaurant Lil'a: In het Museum Hotel, tel. 0384 219 2220, www.lil-a.com.tr. Het beste restaurant aan het plein voor een avondlijk diner. Bekroonde eigentijdse Turkse keuken met haute-cuisinekarakter. De twee chefs geven ook kookcursussen. Menu inclusief wijn circa €40.

Lekker met uitzicht ▶ Elai Restaurant: Eski Göreme Sok., tel. 0384 219 31 81. Goede Turkse en Franse keuken met een spectaculair uitzicht, in een voormalig koffiehuis. Hoofdgerechten vanaf €10.

Winkelen

Onyx en zilver ▶ Özler Centre Artisanal: Göreme Yolu Üzeri, tel. 0384 219 20 26, www.ozleronyx.com. Vanouds bestaande werkplaats voor mooie voorwerpen van het doorschijnende onyxmarmer, alsmede van zilver, meerschuim, edelstenen en goud.

Aktiviteiten

Uitstapjes ▶ Görtur: Fatih Cad., tel. 0384 271 22 11. Agentschap aan het dorpsplein, voor het huren van voertuigen en het boeken van uitjes naar de hoogtepunten van Cappadocië.

Ortahisar

Ortahisar is het centrum van de fruitteelt in Cappadocië. Direct buiten het dorp beginnen

Een bijzonder hotel: tot appartement verbouwde voormalige rotswoning

Tip: Logies in een rots

In vroeger tijden had het Cappadocisch tufsteenlandschap vooral twee soorten bewoners. Enerzijds waren er monniken, die de afzondering van de streek benutten ter contemplatie, anderzijds boeren aan wie de vruchtbare bodem aanzienlijke oogsten opleverde. Deze twee 'beroepsgroepen' hadden gemeen dat zij de natuurlijke hulpbronnen van de streek exploiteerden. In de eerste plaats was dat het goedkope alternatief voor de twee-onder-eenkapwoning: wonen in een rots.

Het relatief gemakkelijk te bewerken tufsteen stelde de boeren in staat om in deze houtarme omgeving alle benodigde voorzieningen voor de broodwinning uit de rots uit te hakken. Van duiventillen, stallingen, opslaghallen, korenmolens en werkplaatsen tot en met driekamerwoningen met een keuken, een hal en een balkon. Badkamers werden indertijd overbodig gevonden, mensen gingen liever naar de hamam. De monniken creëerden tevens allerlei ruimten voor hun sacrale behoeften: refters, kapellen, kerken en zelfs hele kloosters bevinden zich, deels kostbaar ingericht, overal in de rots. Wanneer een aanbouwsel nodig werd, werden van hetzelfde materiaal opgemetselde panden bijgebouwd.

De ijver van hun bewoners werd menige 'woonrots' uiteraard fataal. In Eski Çavuşin bijvoorbeeld leidde dat tot een ramp. Vanwege de verregaande uitholling brak in 1963 een groot stuk van de plaatselijke rots af waardoor lager gelegen huizen en tal van inwoners bedolven raakten. De overlevenden verlieten het dorp en vestigden zich in het laaggelegen dal.

In Göreme werd iets vergelijkbaars gevreesd. Vanaf de jaren 1970 werden bewoners van tufsteenwoningen met instortingsgevaar daarom geherhuisvest in de nieuwbouwgebieden ten westen van het kanaal. Bewoners die zonder toestemming extra kamers uit de rots houwen, hangen gevoelige geldboetes boven het hoofd, tot aan gevangenschap toe.

Toch is ook gebleken dat met hoogwaardig ingerichte grotkamers met jacuzzi een aardige lira te verdienen is. De meeste hotel- en pensionexploitanten houden zich echter aan de voorschriften en iedereen die zelfstandig reist zou de voordelen van de prehistorisch aandoende woonvorm zelf eens moeten ondervinden. Of het nu gaat om een eenvoudig ingerichte woongrot of om een luxueus opgeknapt terrassenhotel: de grotkamers en tufsteenhuizen in de omgeving van Ürgüp, Göreme en Uçhisar bieden tijdens de hete zomers een aangenaam koel toevluchtsoord met optimaal microklimaat – gedurende de wintermaanden zijn ze gemakkelijk te verwarmen en niet in de laatste plaats stralen de 'muren van tufsteen' binnenin precies datgene uit wat de monniken ooit zo wisten te waarderen: hemelse rust.

de grote fruitgaarden. De oogst wordt in de omliggende grotten opgeslagen, die al eeuwenlang dienen als koelcellen. Net als in Uçhisar kan ook hier de ongeveer 100 m hoge woonrots vol gaten beklommen worden (dag. 8-20 uur, toegang).

Een kloostercomplex uit de 11e eeuw ten noordoosten van de plaats wordt **Hallaç Manastır** genoemd. Het vloerniveau van de binnenplaats, waaromheen de in de rots uitgehouwen vertrekken gegroepeerd zijn, kwam door de eeuwen heen zo ver omhoog, dat van de façade van de aangrenzende kruiskoepelkerk alleen nog de bovenste helft zichtbaar is.

Ürgüp ▶ 9, B 2

Deze plaats heeft zich in de afgelopen decennia tot een van de belangrijkste toeristische steunpunten van Cappadocië ontwikkeld, ook al heeft hij wat minder charme dan het veel dorpsere Göreme. Achter Ürgüp met zijn tegenwoordig ongeveer 10.000 inwoners rijst een heuvel op die vroeger als woonrots diende. Net als in Çavuşin brak ook hier in de jaren 1950 van de vorige eeuw een deel daarvan af als gevolg van de verregaande uitholling.

Het vervolgens gebouwde moderne Ürgüp strekt zich in oostelijke richting uit tot in het dal van de Damsa Çayı. In de Seltsjoekse tijd was Ürgüp een belangrijk handelscentrum. Tegenwoordig zijn groente- en fruitteelt, toerisme en wijn de belangrijkste inkomstenbronnen. Aan de uitvalsweg naar Nevşehir kan een bezoek worden gebracht aan de de **Turasanwijnkelder** om de kwaliteit van de Cappadocische wijnen te proeven.

Van de historische bloeitijd van Ürgüp getuigen tal van Seltsjoekse graven: het **Kılıçarslan Türbesi,** het **Altıkapılı Türbe** – een graf met zes deuren – en het door Vecihi Paşa in 1268 gebouwde **Rükneddin Türbesi.** Langs de route naar de burchtberg, die door de oude dorpskern leidt, rijst de **Büyük Cami** uit de 14e eeuw op.

De burchtrots, waarop ooit een Seltsjoekse vesting stond, biedt tenslotte een fraai uitzicht naar alle kanten over Ürgüp en de aangrenzende dalen. In het stadspark ligt het **Ürgüpmuseum** (di.-zo. 8–12 en 13–17 uur, toegang) met archeologische en etnografische vondsten uit de omgeving.

Omgeving van Ürgüp

Het **Devrentdal** is een bezoek waard vanwege zijn pittoreske rotsformaties. Met enige fantasie kunnen in deze rotsformaties een zeeleeuw, een haas en zelfs dinosaurussen worden herkend. De beste tijd voor een wandeling door dit nog volslagen ongerepte dal is de vroege ochtend of de laatste uren voor zonsondergang, omdat het licht en de schaduw de vormen van de rotsen dan bijzonder plastisch laten uitkomen.

Tip: Onyx

Onyx is een marmerachtige halfdoorschijnende steensoort van vulkanische oorsprong, die vooral rond Çavuşin wordt gevonden en tot veel gevraagde souvenirs wordt verwerkt. Het snijden, slijpen en in elkaar zetten van de witachtige, beige of zwarte stenen wordt in de werkplaatsen aan de rondweg om het dorp gedemonstreerd. Hoogst zeldzaam zijn voorwerpen van groen onyx, dat tegenwoordig in Cappadocië niet meer voorkomt.

Via de ten oosten van Ürgüp gelegen plaatsen **Karacaören** en **Karain** leidt de weg na ca. 20 km naar het dorp **Yeşilöz**. De omweg is de moeite waard, want hier bevindt zich op de berghelling boven het dorp een belangrijke Byzantijnse holenkerk uit de 11e eeuw met figuratieve muurschilderingen. De *bekçi* in het dorp, die de sleutel beheert en steeds op bezoekers wacht, geeft een rondleiding. De koepelkerk heeft een kruisvormige plattegrond; drie uiteinden van de vier kruisbeuken zijn als apsissen gebouwd en vormen aldus een drie-conchastructuur. De langere westbeuk bleef onvoltooid.

Informatie

Informatiebureau: In een park nabij het centrum bij het museum aan de Kayseri Cad., tel./fax 0384 341 40 59.

Accommodatie

Ürgüp is *de* uitvalsbasis voor georganiseerde groepsreizen. Daarom zijn hier tientallen moderne hotelblokken verrezen, het merendeel daarvan aan de Kayseri Cad. ten oosten en aan de İstiklal Cad. ten westen van het centrum. Maar het is verreweg het leukste om te logeren in de traditionele onderkomens van tufsteen.

Met klasse en stijl ▶ Yunak Evleri: Yunak Mah., aan de weg naar Nevşehir, tel. 0384 341 69 20, fax 0384 341 69 24, www.yunak.com. Een stijlvol logement met klasse, opgezet als een holendorp, dat bestaat uit zes huizen en 27 kamers, maar toch ook een zwembad heeft. Echt heel bijzonder! 2 pk €100–160.

Klassiek Cappadocië ▶ Alfina: İstiklal Cad. 25, tel. 0384 341 48 22, fax 0384 341 24 24. Keurig hotel met restaurant. Het is gebouwd volgens de typische architectuur van de streek, de meeste kamers zijn in de rots uitgehakt. 2 pk €80.

Daktuin met vergezicht ▶ Elkep Evi Cave Houses: Esbelli Mah. 26, tel. 0384 341 60 00, fax 0384 341 80 89, www.elkepevi.com. De drie kleine, bij elkaar behorende hotels liggen iets ten noorden van Ürgüp en hebben elk zeven mooi ingerichte kamers, het merendeel daarvan in de stijl van een grotwoning. Veel

Wandeling van het 'Monnikendal' naar Zelve ▶ 9, A 2

Informatie

Begin: Aan de weg van Göreme naar Avanos de aftakking naar Zelve nemen, het Paşabağı Vadısı ligt rechts van de straat. Vandaar te voet verder naar Zelve.

Lengte: ± 6 km (inclusief de weg naar Zelve).

Duur: 2,5 uur (heen en terug).

Belangrijk: Stevig schoeisel, bescherming tegen de zon, water en zo mogelijk een zaklantaarn meenemen!

De bekendste herkenningstekens van het **'Monnikendal'**, in het Turks Paşabağı Vadısı, zijn de befaamde feeënschoorstenen met hun hoeden van tufsteen. Het beste uitzicht op dit fascinerende landschap met zijn talrijke rotspieken, die er uitzien als reusachtige paddestoelen, krijgt de wandelaar vanaf de eerste bergrug aan de rechterkant. In de uitgeholde St.-Simeonskegel woonde ooit een heremiet. Bovenin was zijn cel en op de benedenverdieping een nu nog zichtbare kapel. In de 'tuin van de paşa' worden toeristen verwacht: zoals zo vaak op fotogenieke plekken zijn hier ambulante handelaren neergestreken.

Wie de route parallel aan de weg in oostelijke richting verder volgt, komt in Zelve uit. Het dal van Zelve valt vlak achter de ingang ervan uiteen in drie delen, die deels door de natuur en deels door mensenhand met elkaar verbonden zijn. Het noordelijke dal is vanwege gevaar voor steenslag echter niet toegankelijk. Terwijl de 'bouwkoorts' in Göreme ooit voortvloeide uit religieuze overwegingen, dienden de uithollingen in Zelve bijna uitsluitend als woningen. Tot in de jaren 1950 van de vorige eeuw bood het dal honderden mensen onderdak. Vanwege acuut instortingsgevaar moesten zij vervolgens allemaal verhuizen naar Nieuw-Zelve.

Het **dal van Zelve** is nu een openluchtmuseum (dag. 8.30–17.30 uur, toegang 8 TL). Indrukwekkend zijn de woonrotsen in het eerste dal. De smalle en bochtige gangen, die deels door verrolbare stenen afgesloten kunnen worden, verbinden tal van vertrekken en nissen met elkaar. Met een zaklantaarn kan een verbindingstunnel tussen het eerste en het middelste dal verkend worden.

De kerken van Zelve zijn versierd met in de rots uitgehouwen reliëfbeelden en eenvoudige tekeningen. Sculpturen van kruisen zijn vaak voorzien van vroegchristelijke symbolen zoals een vis, hert, lam of wijnranken. Door deze symbolen kregen de kerken in de volksmond namen als Balıklı Kilise ('Kerk met de Vis') of Üzümlü Kilise ('Kerk met Wijndruiven'), die bij de entree tot het linkerdal staan.

De Vaftızlı Kilise ('Doopkerk', middelste dal) werd als kerk met één ruimte in de rots uitgehakt. De muren zijn getooid met loze nissen en kruisen. De overgang van het tweede naar het derde dal wordt gemarkeerd door een smalle rotskam. Daar staan de resten van de helaas op instorten staande Geyikli Kilise ('Kerk met de Hert'). Verderop in de zuidarm van het dal ligt een eveneens in de rots uitgehouwen moskee, waarvan de ciboriumachtige minaret typisch is voor de streek.

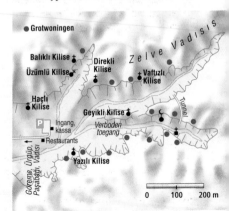

vertrekken hebben een eigen terras, en er is een zwembad. 2 pk €70, suite €110.

Smaakvol en gezellig ▶ Esbelli Evi: Esbelli Sok. 8, tel. 0384 341 33 95, www.esbelli.com. Tien kamers en vijf suites in een door een familie beheerd logement, mooi ingericht in Turkse stijl. Sommige kamers liggen in grotten, maar alle zijn ze smaakvol voorzien van een houten vloer. Fraai dakterras voor het ontbijt, 2pk €65, suite €135.

Voordelig onderkomen ▶ Hitit: İstiklal Cad. 46, tel. 0384 341 44 81, fax 0384 341 36 20. Aanlokkelijk hotel van tufsteen met een vriendelijke, huiselijke sfeer. De kamers zijn eenvoudig, maar tamelijk voordelig, 2pk €35.

Eten en drinken

Lekker en voordelig ▶ Şömine: Cumhuriyet Meyd. 9, tel. 0384 341 84 42, www.somines taurant.com. In het centrum in een voormalige opslagplaats, fraai opgeknapt. Uitgebreide kaart en saladebar, een populaire eetgelegenheid in het dorp. Voorgerechten €3–4, hoofdgerechten €10.

Zoete verleidingen ▶ Şükrüoğulları Pastanesi: Cumhuriyet Meyd. Schuin tegenover Şömine, met een ruime keuze aan gebak en Turkse zoete lekkernijen.

Meer dan şiş kebab ▶ Han Çirağan: Cumhuriyet Meyd., tel. 0384 341 23 64. In het centrum boven het Şömine Restoran, met tuin. Lekkere, maar toch voordelige gerechten, de specialiteit is *mantı*, met gehakt gevulde pastabuideltjes in een knoflook-yoghurtsaus.

Stardust ▶ Ziggy Cafe: Yunak Mah., Tevfik Fikret Cad. 24, tel. 384 341 71 07, www.ziggy cafe.com. In een oud stenen huis aan de weg naar Göreme heeft een bewonderaar van David Bowie dit sympathieke café-estaurant ondergebracht, dat 's avonds ook dienst doet als cocktailbar.

Winkelen

Souvenirs ▶ Ürgüp Halıcılık: Kavakliönü Mah., Kışlalı Cad. 4, tel. 0384 341 33 33. Het assortiment van de vele tapijt- en antiquiteitenhandelaren in het centrum maakt de keuze lastig. Maar wees alert: niet alles wat hier te koop is, mag worden uitgevoerd (zie blz. 73).

Wijnhandel ▶ Turasan Şarapcılık: Tevfik Fikret Cad., www.turasan.com.tr. Goede droge witte en rode wijnen.

Uitgaan

Live-muziek ▶ Sirios Wine House: Yeni Cami Mah., İstiklal Cad. 20/A, tel. 0384 341 88 78, www.siriosbarprokopi.com. Café-bar en wijnkelder nabij het centrum, 's avonds vaak met livemuziek (jazz, blues, folk).

Een goeie rooie ▶ Ailanpa Wine Bar: 0384 341 69 72, Yeni Camii Mah., İstiklal Cad. 22, www. ailanpawinehouse.com. Bij dit gezellige wijnlokaal met huiselijke sfeer staan Turkse wijnen en kleine gerechten op de kaart.

Aktiviteiten

Turks badhuis ▶ Ürgüp Şehir Hamamı: www.urgupsehirhamami.com. Een klein badhuis uit de tijd rond de vorige eeuwwisseling;

niet ver van het centrum aan de İstiklal Cad., dag. 7–23 uur.

Vervoer

Autoverhuur: Europcar: İstiklal Cad., tel. 0384 341 88 55. Budget: Cumhuriyet Meydani 4, tel. 0384 341 65 41.

Çavuşin ▶ 9, B 2

Onderweg van Göreme naar Avanos ligt aan de rechterkant van de weg een van de twee bezienswaardige kerken van **Çavuşin**, de Büyük Güvercinlik Kilisesi, de 'Grote Duiventilkerk' (dag. 8.30–12, 13.30–17.30 uur, toegang 8 TL). De toegang bevindt zich hoog bovenin de rotswand. De narthex is inmiddels afgebroken; het binnenste deel is uitgehakt uit de rots. Het is een kerk die bestaat uit één ruimte met een tongewelf. De muurschilderingen laten onder meer taferelen zien uit het leven van Christus. In de concha links van de hoofdapsis is de familie van de Byzantijnse keizer Nicephoros II Phocas afgebeeld, die de beschildering van de kerk in de 10e eeuw heeft gedoneerd. Het familieportret houdt de herinnering levend aan de bedevaart van de keizer in 964–965 naar de Byzantijnse grotkloosters van Cappadocië.

Verderop in het dorp ligt links achter de moskee de oude dorpskern: achter de **Eski Çavuşin** rijst een afgebroken rotswand van tufsteen op die al van grote afstand is te zien. Wat er tegenwoordig op het eerste gezicht schilderachtig uitziet, is soms in feite een ramp: vanwege de verregaande uitholling brak in 1963 een groot rotsblok af en bedolf huizen en bewoners. Bij de in de rotswand gelegen, vandaag de dag half afgebroken Johanneskerk, met zijn ooit zo kostbare façade, had

De woongrotten in het dal van Zelve vormden ooit een hele stad

men geprobeerd de architectuur van een basiliek in de rots te kopiëren.

In Çavuşin komen ook souvenirjagers aan hun trekken. Aan de hoofdstraat liggen kleine **onyxverwerkende werkplaatsen** die hun producten ter plaatse verkopen. Hier zijn asbakken, vazen, borden en allerlei snuisterijen te koop die van dit gladgeslepen steen zijn gemaakt.

Een wandeling naar de **Ayvalı Kilise** ('Kerk met de Kweeperen'), die gerekend wordt tot de weinige bewaard gebleven beschilderde kerken uit de tijd van het iconoclasme (9e–10e eeuw), leidt door het groene **Güllü Deredal**. Van oudsher wordt dit landschap gekenmerkt door wijnteelt en akkerbouw. De idyllische inhammen van het dal worden omlijst door heuvels, waarvan de glooiende tufsteenvormen de toeschouwer zullen blijven boeien.

Avanos ▶ 9, A 2

Het schilderachtige stadje **Avanos** ligt aan de voet van een zachtglooiende heuvelketen. De Kızılırmak ('Rode Rivier'), met zijn 1355 km de langste rivier van Turkije, verdeelt de plaats in twee helften. De oude wijk op de noordoever nodigt door de bochtige straatjes uit tot flaneren. De belangrijkste bron van inkomsten en toeristische attractie van de stad zijn de ter plaatse vervaardigde producten van aardewerk en keramiek. De grondstof voor deze productie levert de Kızılırmak, die zijn naam te danken heeft aan de enorme massa's rode klei, die de overstromingen in het voorjaar elk jaar weer op de oever achterlaten.

Op 6 km ten oosten van de stad ligt de gerenoveerde karavanserai **Sarıhan** uit de 13e eeuw (dag. 9–20 uur, toegang 6 TL). Het gebouw heet vanwege het gebruik van gele hardsteen 'Gele Han' en markeerde een pleisterplaats op de belangrijke karavaanroute naar Kayseri en vervolgens in de richting van de zijderoute. Toegang tot het complex biedt een uitbundig gebeeldhouwd portaal. Aan drie kanten van de vierkante binnenplaats liggen vertrekken. Naast de gastenverblijven, badhuizen en stallingen ligt een meerbeukige hal

met tongewelf. Het rijk gedecoreerde hallenportaal is helaas niet compleet bewaard gebleven.

Informatie

Informatiebureau: Atatürk Cad., tel./fax 0384 511 43 60. Tochtjes, hotelbemiddeling en dergelijke via reisbureau Kirkit Voyage (Atatürk Cad. 50, tel. 0384 511 32 59, www.kirkit.com).

Accomodatie

Veel van de kleinere pensions liggen in de buurt van hoofdstraat, bijvoorbeeld:

Hotel met dorpsplein ▶ **Sofa Hotel:** Orta Mah., Gedik Sok. 9, tel. 0384 511 51 86, fax 0384 511 44 89, www.sofa-hotel.com. Het Sofa Hotel bestaat uit 13 met elkaar in verbinding staande historische panden op de heuvel in de oude stad en is liefdevol ingericht met antiquiteiten. Het is het hele jaar open en beheert ook een prima restaurant. Fraaie binnenplaats! 2 pk €40.

Voordelig in prijs ▶ **Kirkit Pension:** Atatürk Cad., tel. 0384 511 32 59, fax 0384 511 21 35, www.kirkit.com. Dit centraal gelegen, voordelige pension met 17 kamers is vriendelijk van sfeer en het hele jaar open. Hier overnachten veel francofone gasten. 2 pk vanaf €30.

Eten en drinken

Anatolische keuken ▶ **Bizim Ev:** Orta Mah., Baklacı Sok. 1, tel. 0384 511 55 25, www.bizim-ev.com. In dit gezellige restaurant kan op drie etages gedineerd worden. Er is een overvloedige keuze aan vlees- en visgerechten.

Nagebouwde karavanserai ▶ **Hanedan Kervansaray Restaurant:** Nevşehir Çevre Yolu, tel. 0384 511 50 06. Dit enorme middenklasse restaurant bevindt zich in een nagebouwde karavanserai met een hoge toegangspoort en een volledig overdekte binnenplaats. Hier stoppen veel bussen met groepen toeristen. Ontbijt, middag- en avondeten à la carte.

Winkelen

Pottenbakkerij ▶ **Kapadokya Çömlek Atölyesi:** Yukarı Mah., Yayıkcı Sok. 64, ruime keuze aan aardewerk.

Aktiviteiten

Paardrijden ▶ **Akhal Teke Horse Center:** Camikebir Mah. Kadi Sok. 1, tel. 0384 511 51 71, www.akhal-tekehorsecenter.com. Deze manege organiseert korte of meerdaagse ritten te paard onder vakkundige leiding. Dagtochten al naar gelang de duur tussen €18 en 100.

Cursussen pottenbakken ▶ **Chez Galip:** Posta Karşısı, tel. 0384 511 57 58, www.chezgalip.com. Keramiek en cursussen pottenbakken onder vakkundige leiding. Als curiositeit heeft Galip een waarachtig haarmuseum in de kelders van zijn atelier opgezet. Met name vrouwen die er komen moeten telkens een paar lokken achterlaten.

Vervoer

Busstation in het zuiden van de stad, veel intercitybussen van de lijn Kayseri–Nevşehir; regionale bussen naar Göreme en Ürgüp.

Nevşehir ▶ 9, A 2

De provinciehoofdstad **Nevşehir** ligt aan de westrand van het Cappadocisch tufsteenlandschap. Jammer genoeg domineren tegenwoordig tal van betonnen gebouwen de aanblik van de stad, die zijn economische betekenis in feite aan de nabijheid van het toeristisch centrum Göreme te danken heeft. De Seltsjoekse **citadel** op de heuvel boven het dorp getuigt nog van de glans van het verleden (di.–zo. 8–12 en 13–17 uur). De overblijfselen van de historisch gegroeide stadsdelen bevinden zich aan de voet van de burchtberg.

Zijn naam en opkomst heeft de stad te danken aan de grootvizier van Ahmet III, Damat İbrahim Paşa. Hij bouwde de plaats in de 18e eeuw, tijdens de zogeheten Tulpentijd, uit tot een soort Osmaanse modelstad en gaf hem daarom de nieuwe naam Nevşehir ('Nieuwe Stad'). Hij stichtte onder meer de **İbrahim Paşa Külliye** aan de voet van de burchtberg. In het complex uit 1726 zijn naast de moskee ook de medrese, een bibliotheek, de armenkeuken *(imaret)* en de hamam behouden gebleven.

In het **Museum van Nevşehir** (di.–zo. 8–12 en 13–17 uur, toegang) aan de uitvalsweg naar Uçhisar zijn vondsten uit de Hettietische, hellenistische, Romeinse en Byzantijnse periode te bezichtigen. Op de bovenverdieping wordt Turkse kunst tentoongesteld.

Informatie

Informatiebureau: Atatürk Bulvarı, naast het ziekenhuis, tel./fax 0384 212 95 73.

Accomodatie

In Nevşehir zelf zijn geen hotels aanbevelenswaardig; in het nabije Uçhisar of in Göreme en Ürgüp is de accommodatie veel beter. Even buiten de stad ligt:

Goed motel ▶ **Dinler Resort:** Ürgüp Yolu, 2 km, tel. 0384 213 99 68, fax 0384 213 99 69, www.dinler.com. Ruimbemeten motel buiten de stad met lichte, ruime kamers in internationale stijl. Met restaurant, zwembad, kinderspeelplaats en een grote tuim met beekjes. 2 pk vanaf €60.

Eten en drinken

Kebab bij het park ▶ **Lale Park Restoran:** Atatürk Cad., Ecke Lale Cad. Dit restaurant bij het stadspark aan de hoofdstraat serveert *mezeler* en Turkse gerechten van 't spit.

Topkeuken van het buffet ▶ **Lykia Lodge Restaurant:** in het gelijknamige hotel, Ürgüp Uçhisar Yol Kavsağı 48, tel. 0384 213 99 45, www.lykialodge.com, ook niet-gasten zijn welkom. Uitgebreid avondbuffet met Turkse, Italiaanse en internationale gerechten voor ongeveer €20 (zonder drankjes). Opmerkelijk is de echt verbluffende keuze aan nagerechten.

Vervoer

Busstation aan de noordrand van de stad, Gülşehir Cad. Langeafstandslijnen naar Ankara, Istanbul, Mersin, Alanya, Antalya en İzmir.

Nevşehir Kapadokya Airport: Tussen Nevşehir en Gülşehir ligt een klein vliegveld. Tot nu toe werd het meestal voor binnenlandse vluchten vanuit Istanbul en Antalya gebruikt. Vanuit Duitsland bestaat er in het hoogseizoen een verbinding vanaf Hamburg met Freebird Airline. Meer internationale lijnvluchten zijn er naar Kayseri (zie blz 480).

Achter het hart van Cappadocië strekt zich tussen de bergen Erciyes Daği en Hasan Daği een vlakke hoogvlakte uit. Op het eerste gezicht is alles hier niet zo spectaculair, maar de schijn bedriegt. De erosie heeft ook in deze vaak boomarme regio idyllische oasen als het İhlaradal of het Soğan-lıdal geschapen. Zowel de provinciehoofdstad Kayseri als de steden Niğde en Kırşehir kunnen op een afwisselende geschiedenis terugzien. De tal-rijke historische monumenten maken een bezoek aan deze streek zeker de moeite waard.

Van Ürgüp naar Soğanlı

Een rit van Ürgüp naar het zuiden van Cap-padocië is niet alleen interessant vanwege de vele bezienswaardigheden, maar ook door het aantrekkelijke landschap langs deze route. Tot aan Taşkınpaşa loopt de weg door het mooie Damsadal dat door zijn vruchtbare bo-dem ook economisch belangrijk is.

Mustafapaşa ▶ 8, F 3

Vlak voor Mustafapaşa passeert u de **Sarıca Ki-lise**, die recentelijk met veel beton weinig es-thetisch werd gerestaureerd en vol hangt met eenvoudige muurschilderingen uit de periode 10e‑13e eeuw.

Bij deze kruising ligt ook de afslag naar de **Pancarlık Kilise**, een kerk met slechts een ruimte, die in een majestueuze rotskegel is uitgehakt. De kunsthistorisch belangrijke fresco's dateren uit de zogeheten Macedoni-sche renaissance (10e eeuw). In schitterende groen-rode tinten worden taferelen uit het le-ven van Christus uitgebeeld. Door een gids kunt u zich ook naar de **Tavşanlı Kilise** in het naburige dal laten begeleiden, waar eveneens muurschilderingen uit de 10e eeuw te be-zichtigen zijn.

Mustafapaşa heette tot de grote uittocht van 1923 nog **Sinassos** en werd tot die tijd voornamelijk door Grieken bewoond. Toen deze hun geboortegrond moesten verlaten, raakten de huizen en kerken in verval. De me-dewerkers van het toeristenbureau (aan de ro-tonde) zijn begonnen met het openstellen van de Griekse woonhuizen voor toeristen en be-geleiden u ook graag naar de minder bekende rotskerken in de dalen rond de plaats.

In een van de historische huizen zijn be-halve de ingebouwde kasten en plafonds van hout ook de resten van een merkwaardige wandversiering bewaard gebleven van een trein met locomotief die door het Londen van de 19e eeuw ratelt. Enkele huizen zijn inmid-dels tot gezellige pensions of hotels met nos-talgische charme getransformeerd. De **Aiyos Konstantinos-Eleni Kilesesi** ('Constantijn-He-lenakerk') aan het dorpsplein heeft een ge-beeldhouwd portaal en is van binnen be-schilderd met fresco's uit het jaar 1895 (dag. 8.30–17.30 uur, 8 TL).

Interessant is een bezoek aan de rand van de bebouwde kom gelegen kerk **Aiyos Vasilios**, die pas rond de vorige eeuwwisseling in de rots is uitgehouwen (dag. 8.30–17.30 uur toe-gang 8 TL). Op witte pleister zijn heiligen af-gebeeld die qua stijl een voortzetting zijn van de Byzantijnse manier van uitbeelden. Loopt u het heuveltje boven het dorp op dan wordt u daar verrast door de aanblik van een geheel uit gloeilampen opgebouwd portret van Ata-türk dat wordt aangezet als het donker is.

Accommodatie

Als een pasja ▶ Gül Konakları – Rose Mansions: Sumer Sok. 1, tel. 0384 353 54 86, fax 0384 353 54 87, www.rosemansions.com. Een luxueus, in de stijl van de vroege 20e eeuw ingericht hotelcomplex in twee mooie oud-Griekse baksteenpaleizen, met een fraaie tuin en een goed onderhouden hamam. Ook koningin Sofia van Spanje heeft in de romantische bedden met baldakijn overnacht. 2 pk vanaf €80.

Romantisch ▶ Old Greek House: Tel. 0384 353 51 41, www.oldgreekhouse.com. Hotel met bijzondere ambiance in een oud-Grieks huis met binnenhof en interne hamam. De kamers zijn eenvoudig, maar voor een deel met oud meubilair ingericht. Het bijbehorende restaurant biedt een volop keus uit smakelijke stoof- en groentegerechten. 2 pk €35.

Mazı Yeraltı Şehri ▶ 8, F 3

Van Musafapaşa rijdt u in ongeveer 45 minuten via Ayvalı naar **Mazıköy**, waar u een van de ondergrondse steden van Cappadocië kunt bezichtigen (zie ook blz. 475, dag. 8.30-17.30 uur, toegang 8 TL. In de klassieke oudheid heette deze plaats **Mataza**; de gangen zijn in de steile hellingen boven het dorp in de tufrotsen gehouwen. Met een goede zaklantaarn kunt u hier veestallen, kelders en een kerk verkennen die met enorme rolstenen voor vijanden afgesloten konden worden. De op nog grotere diepte gelegen verdiepingen, mogelijk net zo diep als die in Kaymaklı, zijn nog niet uitgebreid onderzocht en zijn alleen te bereiken via schachten met in de rots uitgehouwen traptreden.

Door het Damsadal

Ten zuiden van Mustafapaşa ligt de **Damsa Barajı**. Voor de watervoorziening in deze streek is de rivier de Damsa hier over een lengte van 3 km tot een meer opgestuwd, op de schaduwrijke oevers waarvan Turkse families in het weekend graag komen picknicken.

Ongeveer 1,5 km achter het dorp Cemil ligt het vroegere aan de aartsengelen gewijde Griekse **Archangelosklooster** (Keşlik Manastır), met onder meer een in de rots uitgehouwen kerk, een refectorium en een doopruimte

waarvan het doopvont met een baldakijn is overwelfd. De schilderingen in de tweebeukige koepelkerk zijn zwart geworden en alleen met een zaklantaarn goed te zien. Ze beelden taferelen uit de Marialegende en de jeugd en het lijden van Jezus. Een inscriptie bij het schilderij tegenover de ingang verwijst naar het jaar 1912, waaruit valt op te maken dat de kloosterkerk nog door Griekse christenen tot hun verdrijving in 1923-1923 werd gebruikt. Het kunsthistorisch belangrijkste gebouw van het klooster is de Stefanuskapel uit de 9e eeuw, een zaalkerk met vlak plafond waarin een een schitterend kruis van edelstenen is aangebracht.

Voorbij het dorp Taşkınpaşa laat u de loop van de Damsa achter u. Aan de linkerkant van de doorgangsweg zijn nog de resten van een saraygebouw uit de 14e eeuw te bezichtigen. In een rotskegel op de helling een eindje van de weg bij Şahinefendi staat de Kırk Şehitler Kilise ('Kerk van de 40 Martelaren'). Twee ruimten met tongewelf zijn door een arcade met drie bogen van elkaar gescheiden. De schilderingen dateren uit het jaar 1216. Opmerkelijk is de afbeelding van 40 mannen die slechts in lendendoek gekleed op een bevroren meer staan. Dit tafereel beeldt de marteldood uit van 40 legionairs die in de buurt van Sebasteia (het huidige Sivas, zie blz. 446) gelegerd waren. Ze werden voor de keus gesteld dood te vriezen of hun geloof af te zweren, waarna ze zich in het naburige badhuis weer konden verwarmen. Slechts één van hen bezweek voor de verleiding. Zijn plaats wordt echter ingenomen door de badmeester die zich van zijn gewaad ontdoet en zich bij de gelovigen voegt.

Het Soğanlıdal ▶ 8, F 3

In het met kloven en spleten doorgroefde **Soğanlıdal** (bezichtiging dag. 8.30-17.30 uur, toegang) staan talrijke zeer bezienswaardige rotskerken die tussen de 9e en 13e eeuw zijn gebouwd. Voordat u het dal inrijdt, kunt u de met eenvoudige lijnenpatronen versierde kerk **Tokalı Kilise** al bezichtigen. De in de rots uitgehakte treden leiden omhoog naar de onopvallende ingang. Volgt u voorbij het kassahuisje de naar rechts afbuigende weg, dan komt u bij de **Karabaş Kilise** (13e eeuw). Deze kerk maakte waarschijnlijk deel uit van een kloostercomplex en bestaat uit een catholicon (kloosterkerk) en een parecclesion (zijkapel). De muurschilderingen zijn zwart geworden, de apostelcommunie in de altaarapsis verwijst naar het misoffer. Interessant zijn ook de graffiti van 19e-eeuwse reizigers naar Cappadocië.

De **Yılanlı Kilise** is een eenvoudige kerk met tongewelf en een paracclesion aan de zuidzijde. De schilderingen in de kerk zijn sterk beschadigd.

Aan de andere kant van het dal verheft zich de al van verre zichtbare **Kubbelli Kilise**, een uit één rotskegel uitgehakte kruisvormige koepelkerk met bijruimten. De cilindervormige koepel buiten aan de rots is versierd met imitaties van vierkante bouwblokken en tandlijsten, waardoor de kerk vrij lijkt te staan. Binnenin, en ook in de benedenkerk, zijn nog resten van muurschilderingen te zien. De rotskegel recht ertegenover herbergt eveneens een boven- en een benedenkerk.

De **Tahtalı Kilise** (of Barbarakerk) met zijkapelletje en grote hal staat in het noordwestelijke deel van de Soğanlı. Deze kerk met één ruimte en tongewelf werd ingericht door de officier Basileios (1006 of 1021 n.Chr.). Op de koepel staat een kruis en in de naos zijn taferelen uit het Nieuwe Testament uitgebeeld. De apsis is gevuld met een majesteitelijke Christusfiguur en in een aparte nis van de apsisconcha zijn de pilaarheiligen Simeon en Daniel Stylites afgebeeld. Uniek voor Cappadocië is de uitbeelding van de 'Zevenslapers van Efeze'. De portretten hebben geschilderde lijsten en hangen soms zelfs aan op de muur geschilderde spijkers.

De wijze derwisj

Mystieke meditatie en diepgelovig gebed zijn overal voelbaar in het derwisjklooster van Hacıbektaş waar de alevieten het graf van de stichter van de orde Hacı Bektaş Veli eer bewijzen.

Van Nevşehir naar Kırşehir

Op een rit door het landschappelijk wat minder spectaculaire, aan karstverschijnselen rijke noorden kunt u in Hacıbektaş kennismaken met uitingen van alevitische vroomheid en in Kırşehir met de cultuur van religieuze broederschappen

Gülşehir   ▶ 8, F 3

Het vermoedelijk in de 11e eeuw ontstane grottencomplex van het **Açık Saray** bij Gülşehir wordt tegenwoordig niet meer als klooster, maar als een soort karavanserai beschouwd. Het complex met grotwoningen en paddenstoelvormige tufsteenformaties is toegankelijk als openluchtmuseum (dag. 8.30–17.30 uur).

De nabijgelegen, aan de H. Johannes gewijde **Karşı Kilise** of **St. Jean Kilise** bevat muurschilderingen die op het jaar 1212 gedateerd kunnen worden (dag. 8.30–12.30, 13.30–17.30 uur, toegang 8 TL). Een heuvel met tal van grotwoningen steekt als een vesting hoog boven de plaats zelf uit. Onder aan de rotsen liggen de gebouwen van de **Karavezir Seyyit Mehmet Paşa Külliye**. Dit kleine stichtingscomplex rond de moskee kwam tot stand in het jaar 1779.

Hacıbektaş   ▶ 8, F 3

In Hacıbektaş is het het **Bektaşiye Tekkesi**, het graf van de in 1337 gestorven stichter van de orde Hacı Bektaş Veli, de moeite van het bezichtigen waard. De door hem gestichte derwisjgemeenschap speelde een belangrijke religieuze, maar ook politieke rol in het Osmaanse rijk en stond bekend om haar liberale rechtsopvattingen. Hoewel de orde door Atatürk werd verboden, heeft deze plek voor de vrome pelgrims nog niets aan mystiek en aantrekkelijkheid ingeboet. Het klooster, waarin tegenwoordig een museum is ondergebracht, is voor alevitische gelovigen, die de derwisj als een der hunnen beschouwen, ook nu nog een druk bezocht bedevaartsoord (dag. 8–18.30 uur, toegang 10 TL).

Op de eerste binnenplaats staat rechts een

Actief

Steden onder de grond: Kaymaklı en Derinkuyu ▶ 8, F 3

Informatie

Begin: Göreme.
Lengte: Ca. 110 km, tocht per huurauto.
Duur: Ca. 5 uur.
Belangrijk: Zaklantaarn en warme kleding meenemen.

De prehistorische Cappadociërs wisten de geologische eigenschappen van het land waar zij woonden al goed te benutten en vestigden hun steden niet alleen boven de grond, maar hakten ze ook ondergronds in het tufsteen uit. Zo ontstonden bijna 100 onderaardse steden *(yeraltı şehri)*, waarvan die in Kaymaklı en Derinkuyu ten zuiden van Nevşehir wel de indrukwekkendste zijn.

Dergelijke steden worden voor het eerst vermeld in Xenophons *Anabasis* (4e eeuw v.Chr.). De sterkste uitbreiding beleefden deze complexen in de Byzantijnse tijd. De wijd vertakte gangen boden bescherming tegen vijandige indringers en vormden met een constante temperatuur van ca. 10 °C ook uitstekende voorraadruimten.

In 1964 werd ca. 20 km ten zuiden van Nevşehir in **Kaymaklı** (dag. 8–18 uur, toegang 15 TL) de verborgen ingang van een tunnel- en holenstelsel, waarvan de werkelijke omvang nog altijd niet bekend is, omdat veel gangen zijn ingestort. Men neemt aan dat tot nu toe pas een tiende van het complex is verkend. Momenteel kunnen vier verdiepingen worden bezichtigd. Het bezoek aan dit goed verlichte tufsteenlabyrint is opgezet als rondwandeling (rode pijlen voeren de diepte in, blauwe pijlen weer naar boven). De tocht omlaag begint in de vroegere stallen. De doorgang naar de laagste verdieping kon door middel van een rolsteen worden van binnenuit worden afgesloten. Onderweg passeert u een kerk, woon- en opslagruimten en werkplaatsen. De toevoer van frisse lucht vond plaats door middel van een vernuftig systeem van ventilatieschachten.

Op een km of tien van Kaymaklı ligt **Derinkuyu** (dag. 8–18 uur, toegang 15 TL), lange tijd de grootste ondergrondse stad van de regio. Net als in Kaymaklı is het een schier onafzienbaar labyrint van gangen en ruimten op verschillende niveaus. Tot nu toe zijn acht verdiepingen tot een diepte van 40 m ontsloten. De rondwandeling is goed verlicht. Een zaal op de op een na laagste verdieping heeft een kruisvormig grondplan en is daarom misschien een kerk geweest. De watervoorziening voor de bewoners werd gewaarborgd door onderaardse regenputten.

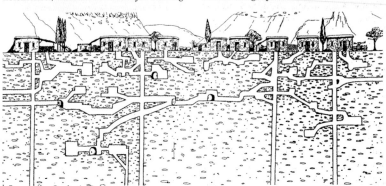

grote bron, de Üçler Çeşmesi. Links is een hamam. Via de 'Poort der Bomen' komt u op de
tweede binnenplaats. Rechts staat de leeu-
wenbron die nu nog als reinigingsbron wordt
gebruikt. Links van de armenkeuken *(aş evi)*
staat een door sultan Mehmet II gestichte
moskee. Ertegenover is de toegang tot de vergaderruimte van de derwisjen in het Meydan
Evi ('Hofhuis') met de troon van de *pir* of *şeyh*
(ordehoofd). Geschilderde portretten en foto's
van beroemde derwisjen, geschriften en rituele gewaden geven een indruk van het kloosterleven. Op het derde binnenhof ligt het complex met de türbe met daarin de cenotaaf van
Hacı Bektaş Veli. Een kleine collectie toont onder meer een fragment van een vroegislami-
tisch manuscript dat wordt toegeschreven
aan Ali, de door de sjiitische alevieten hoog-
vereerde schoonzoon van de profeet Mohammed. Links van de türbe staat de Balım Sultan
Türbesi, waarvan het spitse dak met een derwisjmuts wordt bekroond.

Het plaatselijke **museum** (di.-zo. 8-12 en
13.30-17 uur) aan de weg naar Nevşehir bewaart vondsten uit de vroege bronstijd van de
nederzettingsheuvel van Suluca-Karahöyük –
sporen van de oudste bewoning van Hacıbektaş. Op de etnografische afdeling zijn sieraden, kleding en wapens uit de Osmaanse tijd
tentoongesteld.

Informatie

Informatiebureau: Kültür Merkezi, tel. 0384
441 36 87, fax 0384 441 36 87.

Kırşehir ▶ 8, E 3

De Romeinen maakten al gebruik van de hete
bronnen die in **Kırşehir** ontspringen. De
warmwaterbaden brachten deze 'Stad op de
Steppe' ook tijdens de overheersing door de
Seltsjoeken tot bloei. Er verrezen tal van sacrale gebouwen en ook een citadel. In de 13e
eeuw stichtte Nasreddin Ahi Evran in Kırşehir
de celibatair levende Ahisekte, waarvan de leden zich verplichtten tot eerlijke arbeid en
liefdadige werken.

De berg met de vesting van Kırşehir is de
kiemcel van de oude stad. De Seltsjoeken hadden oog voor de gunstige strategische ligging
van de stad en bouwden er een versterking.

Het belangrijkste sacrale gebouw is de aan
het centrale plein gelegen **Cacabey Camii**. Dit
werd in 1272-1273 in opdracht van de emir
Cebrail ibn Bahaeddin Caca als medrese gebouwd en werd pas later tot een moskee getransformeerd. De met faience versierde türbe
was bedoeld als graftombe voor de stichter. De
moskee heeft vier eyvanen en een breed koe-
pelgewelf. In de 13e eeuw was het oculus van
de koepel open en fungeerde het mogelijk als
als astronomisch observatorium gebruikt. Let
binnenin vooral op het kunstzinnige beeldhouwwerk.

Als u de straat oversteekt, komt u bij de **Melik Gazi Kümbeti**, het enige overblijfsel van
een medresecomplex, waarvan het portaal nu
voor de Alaeddin Camii in de nabijheid van de
vestingheuvel staat. Het graf werd in 1228 gebouwd voor Gazi Melik, de stichter van de medrese. Vanaf het spits toelopende dak van het
achthoekige gebouw lopende brede, driehoekige stenen steunberen naar de voet van het
gebouw, alsof men het piramidedak hiermee
in de aarde heeft willen verankeren. Hieraan
is wel te zien dat de architectuur van een
Seltsjoekse *kümbet* waarschijnlijk van de tent-
vormen van nomadische Turkse stammen is
afgeleid.

De warmwaterbaden *(kaplıcası)* in het zuiden van Kırşehir, met bronnen die een temperatuur van 50 °C hebben, trekken ook nu
nog Turkse badgasten die hier van allerlei
kwalen verlost hopen te worden. De aan de
rand van de stad gelegen türbe van Aşık Paşa,
een islamitische dichter en mysticus, die dateert uit de tijd van de Karamiden (1333), is
voorzien van een schitterende façade met in-
gangsportaal.

Accommodatie

Hotel met warmwaterbad ▶ **Grand Hotel Terme:** Terme Cad. 132, tel. 0386 214 47 97, www.
termecity.com. Dit in 1998 gebouwde kuurhotel ligt aan een thermische bron. De kamers zijn sober en functioneel – maar het bad
is een buitengewoon verkwikende ervaring.
2 pk €55.

Gebed voor het moskeecomplex Huant Hatun in Kayseri

Kayseri ▶ 9 B 1/2

Kaart: blz. 479

De historische betekenis van **Kayseri**, het antieke Caesarea, als centrum van theologie en wetenschap is vooral te danken aan de vroeg-Byzantijnse kerkvader Basilius van Caesarea. Ook onder de Seltsjoeken behield deze in 397 gestichte stad deze spirituele dimensie. In de vele medreses onderwezen belangrijke islamitische geleerden en de stad beleefde een periode van langdurige bloei.

Van deze tijden is in de huidige stad nog maar weinig te zien. Als provinciehoofdstad en handelscentrum sterk gemoderniseerd en door een brede gordel van monotone flatbouw omgeven, moest steeds meer in deze stad met zijn historisch gegroeide doolhof van straatjes en steegjes voor de sloopkogel wijken. Achter het Hilton is een gigantische vlakte platgewalst en opnieuw ingericht als park.

Niet alleen de machinebouw en de agrarische industrie zijn in de afgelopen jaren de steeds belangrijker geworden voor de economie, maar ook de textielindustrie. Kayseri, zetel van de Erciyes Universiteit en een centrum van islamitische groeperingen, heeft tot op de dag van vandaag niet meer dan een rudimentaire toeristische infrastructuur. De hotels en weinige restaurants worden vooral bezocht door zakelijke reizigers. Toch zijn hier wel degelijk bezienswaardigheden.

Van de Cumhuriyet Meydanı met het Atatürkgedenkteken en de klokkentoren uit de

Kayseri

Hoogtepunten
1 Çifte Medrese
2 Citadel (İç Kale)
3 Bürüngüz Camii (Yeni Cami)
4 Ulu Cami (Cami-i Kebir)
5 Güpgüpoğlu Konağı
6 Huant Hatun Külliyesi
7 Döner Kümbet
8 Kayseri Museum

Accommodatie
1 Grand Eras Hotel
2 Hotel Almer
3 Hotel Turan
4 Sur Oteli

Eten en drinken
1 Elmacioğlu Kebap Salonu
2 Beyaz Saray

3 Tuana Restoran

Winkelen
1 Bedesten (Halıcılar Çarşısı)
2 Kayseri Park

Actief
1 Kadi Hamamı

19e eeuw komt u bij de **Çifte Medrese** 1 uit de Seltsjoekse tijd (wo.–zo. 8.30–12 en 13–17 uur, toegang). De volgens een inscriptie in 1206 door Giyaseddin Keyhüsrev I gebouwde moskee is de oudste medische school van Anatolië en heeft twee aan elkaar gebouwde binnenplaatsen *(çifte* betekent 'dubbel'), school en ziekenhuis.

De aangrenzende **türbe van Gevher Nesibe** is achthoekig en heeft een piramidedak met inwendige koepel. Zeer interessant is de vleugel waarin de zieken worden verpleegd. Aan weerszijden van een gang met tongewelven met op regelmatige afstanden in het plafond aangebrachte ventilatiekanalen, liggen rijen ziekencellen die via lage deuren toegankelijk zijn. Via kanalen in de plafonds valt licht naar binnen en wordt frisse lucht toegevoerd.

Citadel en bazaar

De Seltsjoekse citadel **İç Kale** van Kayseri dateert vermoedelijk al uit de Byzantijnse tijd en heeft mogelijk muren waarmee keizer Justinianus Caesarea de stad in de 6e eeuw liet omringen. Het op enkele plaatsen meerwandige murenstelsel bood een effectieve bescherming tegen indringers. De buitenste ring is grotendeels verwoest, maar de met kantelen en 19 torens versterkte binnenring is nog intact. Binnen de muren ligt rechts van de hoofdingang de Fatih Camii, die in de 15e eeuw op een rechthoekig grondplan werd gebouwd.

Tegen de burcht aan ligt de **Kapalı Çarşı**, een modern gerestaureerde, overdekte bazaar. Daarvoor verrijst in schril contrast met het reusachtige Hilton Hotel de in 1977 gebouwde

Bürüngüz Cami 3. De traditionele Kayseritapijten worden verkocht achter de bazaarwijk in de **bedesten** 1, De Seltsjoekse **Ulu Cami** 4 (ook wel Cami-i Kebir) genoemd, vormt te midden van al deze bedrijvigheid een oase van rust. Deze hallenmoskee met dubbele koepel, direct achter de bedesten van de bazaarwijk, is al van verre te herkennen aan de bakstenen, met keramiek versierde minaret. De moskee werd in 1142 met Romeinse en Byzantijnse kapitelen gebouwd.

De **Güpgüpoğlu Konağı** 5, schuin tegenover de Atatürk Konağı, was ooit de woonstede van een grootgrondbezitter of handelaar uit de 18e eeuw. Het gebouw bestaat uit een aparte woonvleugel voor de vrouwen *(haremlık)* met een groot, verguld balkon en een woongedeelte voor de mannen *(selamlık)*. Het huis heeft verder nog een kleine hamam (bad) en een buitenkeuken die alleen in de zomer wordt gebruikt. Het complex is nu ingericht als een volkenkundig museum (di.–zo. 8–17 uur, toegang).

Seltsjoekse mausolea

De **Huant Hatun Külliyesi** 6 wordt beschouwd als het belangrijkste complex uit de Seltsjoekentijd van Kayseri. Hij werd gebouwd in opdracht van een vrouw van Alaeddin Keykubat I en onder haar zoon Keyhüsrev II in 1237–1238 voltooid. Het complex bestaat uit een hallenmoskee op 48 pilaren met de türbe van Huant Hatun, een medrese en een hamam. Tijdens de rondgang kunt u ook de türbe van Huant Hatun met cenotaaf en een mihrabnis bezichtigen (dag. 9–17.30 uur, toegang)

De **Döner Kümbet** 7 ('Draaiende Tombe') is een twaalfhoekig mausoleum dat in 1276 voor

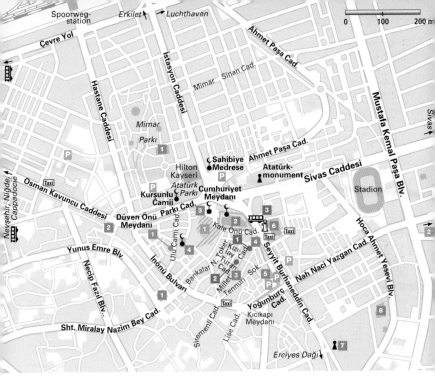

prinses Şah Cihan Hatun werd gebouwd. De
gevel wordt onderbroken door met guirlandes
versierde bogen. Boven de deur bewaken twee
sfinxen en een dubbelkoppige adelaar de ingang, de bogen aan weerszijden vormen de
omlijsting voor een dadelpalm met adelaar.
De palm wordt beschouwd als de 'boom des
levens' terwijl de adelaar de ziel op zijn laatste reis symboliseert.

Het **Kayseri Museum** 8 is vooral belangrijk
vanwege Hettitische kunstvoorwerpen uit de
streek en de Erciyes Dağı (di.–zo. 8.30–12, 13–
17.30 uur). Heel bijzonder zijn ook de vondsten uit de Assyrisch-Hettitische stadruïnes
van Kültepe en uit de nederzetting Bünyan.
Afgietsels van de beroemde Hettitische rotsreliëfs van Develi en Fıraktın (alleen te bereiken via een vermoeiende dagtrip) en de originele tors van een koningsbeeld uit Kululu (700
v.Chr.) completeren het panorama. In de tuin
is nog het leeuwenreliëf te zien van Göllüdağ,
een Hettitische nederzetting op een berg bij
Niğde.

Informatie

Informatiebureau: Kağnı Pazarı 61, tel. 0352
222 39 03, fax 0352 222 08 79. In de nabijheid
van de citadel.

Accommodatie

In Kayseri is men ingesteld op zakelijke klanten. Toeristenhotels met sfeer zult u er tevergeefs zoeken.

Businesshotel ▶ Grand Eras Hotel 1: Şehit
Miralay Nazım Bey Cad. 6, tel. 0352 330 51 11,
tax 0352 330 49 49, www.granderashotel.com.
Dit centraal gelegen zakelijke hotel met vier
(Turkse) sterren biedt standaard business-
comfort en is daardoor wat gunstiger geprijsd
dan het nieuwe Hilton aan de Cumhuriyet
Meydani. 2 pk €80.

Moderne ambiance ▶ Hotel Almer 2: Osman
Kavuncu Cad. 15, tel. 0352 320 79 70, fax 0352
320 79 74. Dit is een gunstig, want centraal in
de stad gelegen middenklassehotel, maar zonder speciale charme. Met bijbehorend restaurant. 2 pk €55.

Tip: Pastırma en sucuk

De culinaire specialiteit van Kayseri is *pastırma*, een soort rookvlees van luchtgedroogd rundvlees. Ook in de bazaar volgens overgeleverd origineel recept verkrijgbaar: *Kayseri sucuk*. Deze luchtgedroogde harde worst met een pikante omhulling van scherpe kruiden is eveneens van rundvlees gemaakt.

Bij de tapijthandelaar ▶ Hotel Turan `3`**:** Turan Cad. 8, tel. 0352 222 55 37/38, fax 0352 231 11 53. Een vrij eenvoudig hotel in het levendige zakencentrum van de stad. In 2004 gerenoveerd, met dakterras. De eigenaars hebben beneden een zeer goed gesorteerde tapijtzaak die alle gasten op zijn minst moeten 'bezichtigen' (maar u moet vooral niets kopen!) 2 pk €35.

Backpackershotel ▶ Sur Oteli `4`**:** Talas Cad. 12, tel. 0352 222 43 67, fax 0352 221 39 92. Backpackershotel direct aan de citadel, eenvoudige kamers (neem er een aan de voorkant, met uitzicht!). 2 pk €25.

Eten en drinken

Eenvoudige **lokanta** zijn overal langs de Millet Caddesi te vinden, bijvoorbeeld **Elmacıoğlu Kebap Salonu** `1`, Millet Cad. 5, of **Beyaz Saray** `2`, Millet Cad. 8. Beide gelegenheden serveren inheemse, echte traditionele Turkse gerechten, goede kebab vanaf €3.

Betere lokale keuken ▶ Tuana Restoran `3`**:** Sivas Cad., M. Alemdar İş Merkezi, Kat. 2, tel. 0352 222 03 65, www.tuanarest.com.tr. Dit in de buurt van de Cumhuriyet Meydanı gelegen restaurant is aan te bevelen vanwege de grote keuze aan voorgerechten. Verder zijn er pittig gekruide vleesgerechten te krijgen en *Kayseri mantı*, gevulde deegpakketjes die wel wat op ravioli of tortellini lijken. Hoofdgerechten rond €5.

Winkelen

De **Millet Caddesi** is de flaneer- en winkelroute met veel moderne winkels, boetieks en kebab-restaurants. Ook het traditionele **bazaar-kwartier** noodt tot slenteren en de ogen uitkijken Behalve levensmiddelen, lederwaren, sieraden en stoffen vindt u hier, net als 100 jaar geleden ook oud handwerk en heel veel winkeltjes.

Tapijten ▶ Bedesten (Halıcılar Çarşısı) `1`**:** Ulucami Cad., Burç Sok. In de de Osmaanse markthal zijn vooral tapijtzaken gevestigd. Zie voor het kopen van tapijten blz. 56

Shopping Centre ▶ Kayseri Park `2`**:** Eşref Bitlis Bulv. 10, tel. 0352 223 30 30, www.kayseripark.com.tr. Modern winkelcentrum met supermarkt, elektronica, fotozaken en ook een bioscoop.

Actief

Tuks bad ▶ Kadi Hamamı `1`**:** Camii Kebir Mah., Ulucami Cad. 20, tel. 0352 231 26 21, www.kadihamami.com. Een historisch, in 1542 gebouwd dubbelbad in de nabijheid van de Ulu Cami. Mannen en vrouwen baden ook hier gescheiden, de mannen tot ca. 22 uur, de vrouwen tot 18 uur.

Vervoer

Kayseri is een belangrijk busverkeersknooppunt, met goede verbindingen in de richting van Ankara, Adana, Sivas, Gaziantep, Konya en Antalya. .

Hoofdbusstation (Otobüsü Terminalı) 2 km buiten het centrum, aan de weg naar Nevşehir. Pendelbussen rijden naar het centrum tot de Huant Hatun Külliye (bestemming Merkez). dolmuşbussen vertrekken vanaf diverse pleinen in de stad.

Het **station** ligt aan het einde van de Hastane Cad.; treinen naar Ankara, Afyon, Adana enzovoort.

Het internationale **Kayseri-Erkelit Airport** ligt ca. 5 km ten noorden van de stad. dag. meerdere vluchten naar Istanbul; ook verbindingen met İzmir (Sunexpress), Schiphol-Amsterdam Airport, Brussel Airport, Rotterdam The Hague Airport, Eindhoven Airport.

Huurauto's: Rent a Car vindt u op het vliegveld en in de stad bijvoorbeeld Sixt, Sahabiye Mah., Alpaslan Cad., tel. 0352 232 77 47, fax 0352 231 26 79.

Van Kayseri naar Niğde

Vanuit Kayseri is de provinciehoofdstad in een trip van een dag te bereiken. De machtige top van de Erciyes Dağı verdwijnt daarbij geen moment uit het gezicht. De weg voert langs het stadje **İncesu** met de uitgestrekte **Kara Mustafa Paşa Külliyesi**, in 1660 gebouwd in opdracht van de grootvizier Kara Mustafa Paşa. Koepelmoskee en medrese staan in één hof bij elkaar. Het complex omvat verder een hamam, een karavanserai en een winkelstraat waarvan de ruimten nu nog als werkplaats en door bedrijfjes worden gebruikt.

Tussen de vier plaatsen Dörtyol, Yeşilhisar, Yahyalı en Develi strekt zich het **Sultan Sazlığı Milli Parkı** uit, een van de ecologisch belangrijkste beschermde natuurgebieden van Turkije. Dit natte gebied is het leef- en doortrekgebied voor ongeveer 250 vogelsoorten. In **Ovaçiftlik** worden tochten per punter door de zuidelijke moerassen aangeboden. Behalve ooievaars en allerlei soorten waadvogels, meeuwen, eenden en zwaluwen kunt u hier met een beetje geluk in de trektijd in het voorof najaar ook pelikanen, flamingo's en valken observeren. Een klein museum geeft met tal van opgezette dieren een indruk van de soortenrijkdom in deze moerassen. Een hoge uitkijktoren vlakbij het museum biedt ornitologen een goed uitzicht over de weidse omgeving van dit natuurgebied.

Eski Andaval en Eski Gümüş ▶ 8, F 4

Niet ver van **Aktaş** staan de resten van de Constantijnbasiliek van **Eski Andaval** uit de 5e–6e eeuw n.Chr. Deze kerk was vroeger een drieschepige basiliek met een veelhoekige apsis waarvan de zijschepen door gaanderijen met pilaren en bogen van het middenschip werden gescheiden. Op de door middel van drie portalen ingedeelde westelijke muur en op de noordelijke muur van het middenschip zijn nog resten te onderscheiden van schilderingen uit een vroegere inrichtingsfase.

In het plaatsje **Gümüşler** staat het Byzantijnse kloostercomplex **Eski Gümüş** uit de 11e eeuw (dag. 9–13 en 14–18.30 uur, toegang, verbinding met dolmuşbussen uit Niğde). De in

Theepauze in een klein dorp

Niğde

Hoogtepunten
1 Selçuklu Kalesi
2 Rahmaniye Cami
3 Uhrturm (Saat Kulesi)
4 Alaeddin Camii
5 Sunğurbey Camii
6 Sunğurbey Çarşısı

7 Ak Medrese
8 Niğde Museum
9 Hudavent Hatun Kümbeti

Accommodatie
1 Grand Hotel Niğde
2 Otel Şahiner

Eten en drinken
1 Arı Soylar Lokantası
2 Kale Çay Bahçesi
(Theetuin)

de rots uitgehakte ruimten liggen om een vierkante binnenplaats heen. Gaten voor balken in het gesteente duiden erop dat het hof ooit met een houten constructie overdekt was. Tegenover de ingang ligt aan de noordzijde de kerk en aan de oostzijde het refectorium (eetzaal). De ruimten aan de westzijde werden vermoedelijk als woon- en bedrijfsruimten gebruikt.

De rijkelijk met wandschilderingen versierde kruiskoepelkerk is verder verfraaid door middel van een gevelstructuur met blinde bogen en een gebeeldhouwd Maltezer kruis. De ruimten boven in de kerk waren vroeger alleen te bereiken via een verborgen tunnel. Op grond van deze veiligheidsvoorziening heeft zich hier in vroeger tijden mogelijk een schatkamer of een bibliotheek met kostbare manuscripten bevonden. De profane schilderingen van vogels en andere dieren lijken te zijn geïnspireerd door de fabels van Aesopus .

Niğde ▶ 8, F 4

Kaart: blz. 483

In de Byzantijnse tijd stond **Niğde**, vermoedelijk het Hettitische Nakida, in de schaduw van de toenmalige bisschopsresidentie Tyana (tegenwoordig Kemerhisar). Pas na de verwoesting daarvan door binnenvallende Arabieren in de 9e eeuw ontwikkelde Niğde zich in het teken van de islam tot een belangrijke nederzetting. Tegenwoordig is Niğde met zijn ca. 50.000 inwoners provinciehoofdstad.

Op de **burchtheuvel** midden in de oude stad van Niğde lag ooit de **Selçuklu Kalesi** 1 , de Seltsjoekse vesting, waarvan de resten nu de coulissen voor een park met een grote theetuin vormen. Deze groenvoorziening ligt pit-

toresk tussen de **Rahmaniye Cami** 2 uit 1747 aan de noordzijde en de **klokkentoren** *(saat kulesi)* 3 .

De **Alaeddin Camii** 4 , in 1222-1223 gebouwd onder sultan Alaeddin Keykubat I, is een van de oudste Seltsjoekse moskeeën van Cappadocië. Het robuuste exterieur met een cilindervormige minaret, is gebouwd in eenvoudige roodachtig gele zandstenen blokken. Het portaal is versierd door middel van subtiel ingedeelde banden met ornamenten en twee hoofden, die als personificatie van de zon en de maan worden geïnterpreteerd. De moskee wordt overwelfd door drie koepels die de ruimte met de mihrabnis accentueren. Het interieur wordt door arcaden verdeeld in vijf schepen van elk drie traveeën.

De aan de voet van de burchtheuvel liggende hallenmoskee **Sunğurbey Camii** 5 uit 1335 is gesticht door de Mongoolse vorst Eretna. Bijzonder indrukwekkend zijn de portalen, waarvan de ornamentiek aan gotisch maaswerk doet denken, en de Byzantijnse spoliakapitelen in het interieur. Vlak bij deze moskee staat de **Sunğurbey Çarşısı** 6 uit de 17e eeuw, een overdekte winkelstraat met pakhuizen en rijen bedrijven. De doorgaans gesloten **Ak Medrese** 7 uit 1409 dankt zijn naam 'Witte Medrese' aan zijn fraaie hoge portalen van wit marmer met stalactiethalfkoepel.

Het **Niğdemuseum** 8 aan de Öğretmenler Caddesi geeft informatie over de grote opgravingen in de regio: Acemhöyük (tegenwoordig Yeşilova bij Aksaray) en Tyana/Kemerhisar. Pronkstukken van het museum zijn Frygisch metaalwerk en de schat met zilveren munten van Tepebağları (di.-zo. 8-12 en 13-16.30 uur, toegang).

Ten noorden van de binnenstad staan verschillende grafmonumenten, waaronder de **Hudavent Hatun Kümbeti** 9 (Hatun Caddesi). Dit achthoekige grafmonument met zestienhoekig dak is in 1312 voor een dochter van de Seltsjoekse sultan Rüknettin Kılıç Arslan II gebouwd en toont een fraaie mukarnasversiering. De oostzijde wordt bijzonder benadrukt door kostbare ornamentiek. Naast de noordelijke vensteropening verschijnen twee harpijen – wezens in de gedaante van een roofvogel met een mensenhoofd.

Informatie

Informatiebureau: Belediye Saray, tel. 0388 232 33 92, fax 0388 232 47 04.

Accommodatie

De hotels van deze stad zijn niet bijzonder aanbevelenswaardig. Het is een goed idee om de kamers eerst te bekijken!

Beste adres ▶ Grand Hotel Niğde 1: Hükümet Meydanı, tel. 0388 232 70 00, www.grand hotelnigde.com. Groot hoogbouwhotel in het centrum, niet te missen aan de hoofdstraat; een doelmatige overnachtingsmogelijkheid tijdens meerdaagse trips. Met restaurant, hamam en sauna. 2 pk €50.

Eenvoudig ▶ Otel Şahiner 2: Zijstraat van de de Ayhan Şahenk Bulv. (vroeger Bankalar Cad.), bij de Ziraat Bankası, tel. 0388 232 21 21, fax 0388 233 14 02. Gebouw uit de jaren 1980, echt schoon, met restaurant (geen alcoholvergunning), internetaansluiting. 2 pk €25.

Eten en drinken

Echt goede restaurants zult u in Niğde tevergeefs zoeken; in het centrum bij de klokkentoren staan wel kleinere, uitstekende **lokanta**; alcohol wordt hier niet geschonken.

Traditionele keuken ▶ Arı Soylar Lokantası 1: Dr. Sami Yağız Cad., tussen de Dışarı Cami en het postkantoor, tel. 0388 232 50 35. De kaart biedt een goede keuze, ook met stoofgerechten en de karakteristieke grillgerechten.

Om even te pauzeren ▶ Kale Çay Bahçesi 2: Kale Tepe. Tussen alle bezichtigingen door kunt u even bijkomen in de rustige theetuin op de burchtheuvel.

Aksaray en omgeving ▶ 8, E 3/4

Aksaray, gelegen ten zuiden van de Tuz Gölü aan de rivier de Melendiz, was al in de oudheid een belangrijk verkeersknooppunt. De in de Byzantijnse tijd Koloneia genoemde stad is onder de Seltsjoeken in de 12e eeuw herbouwd na door binnenvallende Turkse stammen te zijn verwoest. In de 15e eeuw liet sultan Mehmet II inwoners van Aksaray zich vestigen in het veroverde Constantinopel en nog vandaag de dag draagt een stadswijk van Istanbul de naam van deze Anatolische stad. Naast auto-industrie en handel speelt ook het toerisme een steeds belangrijker rol in Aksaray omdat de stad een goede uitvalsbasis is voor trips in het İhlaragebied aan de voet van de Hasan Dağı en de bezienswaardigheden langs de oude karavaanroute naar Konya.

In het centrum van Aksaray staat de van tufsteenblokken gebouwde **Ulu Cami** aan de Hükümet Caddesi. De vijfschepige hallenmoskee met twee koepels werd rond 1431 voltooid. Ten zuiden daarvan komt u aan op het centrale plein van Aksaray, het **Hükümet Meydanı**, met overheidsgebouwen uit het laatste kwart van de 19e eeuw in neo-Osmaanse stijl.

De **Zinciriye Medrese**, die dateert uit de tijd van de Karamanidenheerschappij, is in het jaar 1336 gebouwd onder İbrahim Bey. De monumentale poort in Seltsjoekse stijl wordt bekroond door een mukarnasnis. In het gebouw is een klein **museum** ingericht dat etnografische voorwerpen en archeologische vondsten uit de streek laat zien, waaronder een kanon van Krupp (di-zo 8-12 en 13-17 uur).

Tip: Motel voor paard en ruiter

De **Sultan Han bei Aksaray** is een van de historisch belangrijkste karavanserais in Anatolië, die enkele jaren geleden uitgebreid is gerestaureerd en de toeschouwer nu in herstelde glorie veel van de interculturele geschiedenis langs de de grote handelsroutes laat beleven.

De uit de Seltsjoekse tijd daterende **Kızıl Minare Camii** ('Moskee met de Rode Minaret') bezit een bezienswaardige minaret van baksteen, waarop talrijke resten zichtbaar zijn van de ooit kostbare decoratie met blauwe faiencetegels. In de volksmond wordt deze minaret vanwege zijn nogal gevaarlijk ogende scheve stand ook wel Eğri Minare ('Scheve Minaret') genoemd.

Informatie

Informatiebureau: Taşpazar Mah., Kadıoğlu Sokak 1, tel. 0382 213 24 74, fax 0382 212 35 63.

Accommodatie

Zakelijke charme ▶ **Aksaray Eras Hotel:** Zafer Mah., Esentepe Mevkii, tel. 0382 212 08 08, www.granderas.com. Een loot van de Erashotelketen, die ook in Kayseri vertegenwoordigd is. Betrouwbare service en schone kamers. De locatie is voor de verkenning van het İhlaradal (zie onder) geschikt, want u bent hier snel buiten de stad. 2 pk €80.

In het groen ▶ **Ağaçlı Turistik Tesisleri:** Ankara Adana Asfaltı, tel. 0382 215 24 00, www. agacli.com.tr. aan de uitvalsweg naar Ankara, bij de afslag naar Nevşehir. Groot, modern complex: aan hotel Melendiz in een groen tuingebied met zwembad en fitness-studio is ook een goed restaurant verbonden. De kamers zijn misschien met wat te veel formica ingericht, maar het sanitair is goed. Het zwaartepunt ligt hier vooral op groepsbusreizen. 2 pk ca. €40.

Eten en drinken

Traditionele **lokanta** aan de Bankalar Caddesi en in de stegen rond het postkantoor.

Sultan Han ▶ 8, D 4

Aan de weg naar Konya ligt 42 km voorbij Aksaray de plaats Sultanhanı. Hier staat de karavanserai **Sultan Han** uit de tijd van de Seltsjoeken die in 1229 in opdracht van Alaeddin Keykubat I werd gebouwd en vandaag de dag een van de historische pronkstukken is langs de oude karavaanroute die van Konya naar Kayseri leidde (dag. 9-13 en 14-16 uur, toe-

Zout, zo ver het oog reikt – aan het Tuz Gölü

gang 6 TL). De vele Romeinse en Byzantijnse hergebruikte materialen *(spolia)*, ook in de andere hans langs deze handelsweg, doen vermoeden dat deze hun oorsprong hebben in oude Romeinse militaire posten of Byzantijnse herbergen *(xenodochiai)*. Het vestingachtige complex van sultan Han is gebouwd in vierkante steenblokken met voorgeplaatste halfzuilen en pijlers.

Het rijkelijk versierde, vooruitspringende marmeren portaal dat toegang geeft tot het hof geldt als een van de meesterwerken van Seltsjoekse steenhouwkunst in Anatolië. Boven de latei is de volgende inscriptie gebeiteld: 'Aan God de heerschappij'. De hoge nissen boven de poort zijn versierd met mukarnaselementen en op de rechthoekige omlijsting van de poort zijn gebeeldhouwde banden te zien met bijzonder rijke meander-, zigzag-, bloem-, ster- of guirlandemotieven.

Op het geplaveide, 44 x 48 m grote hof onderscheidt zich allereerst het op een platform staande, uit vier bogen oprijzende *mesçit* (gebedshuis). Aan de rechterkant strekt zich een gaanderij uit met tien ruimten die naar het hof toe open zijn. De reeks ruimten aan de linkerkant is naar het hof toe afgesloten; hier werden de reizigers, kamelen en handelswaren ondergebracht.

Tuz Gölü ▶ 8 D 3–F 3

Als u wat langer in Cappadocië verblijft, is het de moeite waard een uitstapje te maken naar het **Tuz Gölü** ('Zoutmeer'), het op een na grootste binnenmeer van Turkije. Met een oppervlakte van 1500 km² bereikt het van noord naar zuid een lengte van 80 km, terwijl de grootste breedte 50 km bedraagt. Ongelofelijk is de geringe gemiddelde diepte van 30 cm. Alleen in een smalle geul midden in het meer is

Tip: Uitvalsbasis Güzelyurt

Aan de voet van de Hasan Dağı kunt u in Güzelyurt geheel tot rust komen. Het in een ver verleden tot Griekenland behorende Gelveri is onmiskenbaar een van de mooiste dorpen in het zuiden van Cappadocië en biedt met het Karballa Hotel ook een aantrekkelijke accommodatie in een historisch gebouw. Bijzonder sfeervol!

de diepte 1,5 m. Het zoutgehalte van het Tuz Gölü bedraagt 31–36%, bijna 10% meer dan de Dode Zee. Romeinen en Byzantijnen wonnen hier al het witte goud. Sultan Murat IV liet in 1639 bij Kaldırım in het noorden van het schiereiland Büyükada een stuwdam bouwen om de zoutwinning te vergemakkelijken. Tegenwoordig transporteert een smalspoorbaan het gewonnen zout naar grote zoutbergen, waarna het in een van de fabrieken in de omgeving wordt gereinigd en verzendklaar gemaakt.

Aan de weg naar het İhlaradal

Ten zuiden van Aksaray, aan de weg naar de Hasan Dağı, ligt bij Akhisar de ruïne van de **Çanlı Kilise** ('Kerk met de Klok'), waarin resten van muurschilderingen bewaard zijn gebleven. De bijzonder zorgvuldig door middel van zuilen, blinde nissen en geschilderde bakstenen muren vormgegeven gevel van de naos (13e eeuw) getuigt van de rijke verbeeldingskracht van de Byzantijnse architecten.

De kleinere tufsteenkegels in het pittoresk aan de voet van een rotsplateau gelegen plaatsje **Selime** ▶ 8, E 4 bevatten een reeks kerken, die zonder gids echter moeilijk te vinden zijn. De steile rotsformaties op deze plaats zijn al een voorbode van het canyonachtige karakter van het İhlaradal.

Boven het dorp bevindt zich, verborgen in de rots, een van de grootste en best bewaarde Byzantijnse kloostercomplexen van Cappadocië, dat tegenwoordig **Selime Kalesi** wordt genoemd. Het complex is toegankelijk via het tweede kloosterhof, waaraan links de keuken

ligt: een vierkante ruimte met schoorsteen en een oven. Door een voorhal komt u in het oostelijke deel van het hof bij een grote ruimte met omlopende gaanderij die op een kruisgang lijkt. Een tunnel leidt door de tufsteenkegel naar nog meer ruimten die onder meer met een monumentaal kruis op het plafond zijn versierd.

Het eerste hof wordt in het oosten begrensd door de kloosterkerk. Deze **Kale Kilise** is een drieschepige basiliek. De muurschilderingen op witte kalkpleister zijn helaas door een brand bijna volledig verwoest, zodat er nog maar weinig taferelen te herkennen zijn (kindertijd van Maria, leven van Christus, hemelvaart). Op de westelijke muur lieten de schenkers van de schilderingen zich afbeelden: een grote figuur (waarschijnlijk de Moeder Gods, legt een deemoedig naderende man en vrouw zegenend de handen op. Beiden zijn in kostbare gewaden gehuld. De man, de linker figuur, biedt een model van de kerk aan. Het paar wordt door notabelen en familieleden omringd.

In het zuiden kijkt u tegen de verblijven van de monniken aan, versierd met wereldse reliëfvoorstellingen en een imitatiecassetteplafond op de bovenverdieping.

Güzelyurt en de Kızıl Kilise ▶ 8, E/F 4

Voordat u de plaats Güzelyurt bereikt, ontrolt zich vanaf een hoogte een prachtig panorama: in de verte verheffen zich de imposante toppen van de bijna altijd met sneeuw bedekte Hasan Dağı (3258 m). Een klein stuwmeer en de als een vesting ogende **Yüksek Kilise** (19e eeuw) zorgen voor een passende voorgrond.

De nauwe straatjes van **Güzelyurt**, een dorp dat nog veel van zijn oorspronkelijke charme heeft behouden, lopen door tot in het zuiden van het dal. Ze nodigen uit tot een lange wandeling vanaf het levendige dorpsplein. In Güzelyurt woonde tot het begin van de 20e eeuw een grote Griekse gemeenschap, waarvan nog vele traditionele stenen stenen huizen getuigen. In Gelveri, zoals de plaats vroeger werd genoemd, bouwden de Grieks-orthodoxen in 1896 de koepelkerk **Hagios Gregorios,** die tegenwoordig als moskee dienst doet en die via de naar het dal afdalende weg te bereiken is.

Achter de laatste huizen van Güzelyurt ligt in de rotswand de **Haçı Saadet Koç Kilise** met fresco's uit de 11e eeuw en de **Cafarlar Kilise** uit de 9e eeuw. Een band met ornamenten van vlechtwerk verdeelt het tongewelf in tweeën.

Een straatweg leidt van Güzelyurt naar het goed bewegwijzerde **Manastır Vadısı.** In dit 'kloosterdal' zijn verscheidene kerken en kloostergebouwen te vinden, zoals de **Fırıntaş Kilise** met een indrukwekkende reeks blinde nissen aan de voorgevel.

Sivrihisar en Kızıl Kilise

In het dorp **Sivrihisar** in het zuiden waarboven een burchtruïne uitsteekt, herinnert nog maar weinig aan het Byzantijnse verleden. Wel ligt in deze omgeving het laatantieke plaatsje **Arianzos**, waar in 329 n.Chr. de theoloog Gregorios Nazianzos (Gregorios Theologos) werd geboren. Na jarenlang in Constantinopel te hebben onderwezen en gepredikt, trok de theoloog zich op zijn Anatolische landgoed terug waar hij polemische verhandelingen en gedichten schreef.

De ruïne van de **Kızıl Kilise** ligt op een eenzame hoogvlakte ten zuiden van Sivrihisar. Architectuurhistorisch gezien behoort de 'Rode Kerk' tot het beste en mooiste van wat er aan religieuze bouwkunst in Cappadocië bewaard is gebleven. Aan de vierkante viering van het bouwwerk zitten drie kruisarmen vast, plus een verlengde westelijke arm met narthex (voorhal), die aan de noordzijde gezelschap krijgt van een dwarsbeuk. De hoefijzervormige apsis heeft een veelhoekige ommuring. Dak en gewelf zijn gedeeltelijk ingestort. De koepel rustte door een achthoekige tamboer met vensters omlijst.

Het interieur en de sterk overheersende vrije, nergens door pilasters onderbroken muurvlakken wijzen op een ontstaanstijd in de 6e eeuw. De frescoresten in het oostelijke deel van de kerk dateren echter uit een latere tijd, maar zijn inmiddels wel erg verweerd en nauwelijks nog te identificeren.

Ten zuiden van de Kızıl Kilise bevindt zich een 'heilige' fontein. De vele graffiti en ingekerfde kruisen op de muur zouden erop kunnen wijzen dat deze kerk een bedevaartsoord met het graf van een heilige is geweest.

Gaziemir

Met de **Gaziemir Yeraltı Şehri** ten noorden van Güzelyurt is sinds 2007 wederom een ondergrondse stad voor bezoekers geopend (dag. 8.30–12, 13.30–17.30 uur, toegang 8 TL). De stad is tot dusver slechts gedeeltelijk toegankelijk – alleen de bovenste verdiepingen – maar hij behoort door zijn ruimtelijke inrichting tot de grootste ondergrondse complexen van Cappadocië. Zelfs kamelen zouden hier kunnen worden gestald. Gaziemir is bovendien de tweede onderaardse stad waarin een toilet werd aangetroffen (de eerste stad is Tatların ten noorden van Acıgöl). Beide complexen worden door onderzoekers overigens niet zozeer als steden, maar als een soort kazernes en karavanserais beschouwd.

Informatie

Een **informatiebureau** is hier niet aanwezig, maar op het hoofdplein van de stad staat een tableau met informatie over de bezienswaardigheden in de omgeving en hoe u deze kunt bereiken.

Accommodatie

Hemelse rust ▶ Karballa Hotel: Çarşı İçi, Güzelyurt, tel. 0382 451 21 03, fax 0382 451 21 07, www.karballahotel.com. Dit hotel leent zich goed voor uitstapjes in de omgeving (bijvoorbeeld naar het İhlaradal). De kamers met tongewelf van de voormalige kloosterschool in het centrum vormen een unieke ambiance. Het hotel organiseert ook sportieve activiteiten als mountainbiking, trekking en tochten te paard. 2 pk €58–70.

Gezellig ▶ Hotel Karvalli: Karvalli Cad. 4, Güzelyurt, tel. 0382 451 27 36, fax 0382 451 27 36, www.karvalli.com. In 2001 geopend hotel in historische stijl met ordentelijke, functioneel ingerichte kamers. Vanaf het terras van het bijbehorende restaurant is het uitzicht prachtig. 2 pk €44.

Wandeling door het İhlaradal ▶ 8 E 4

Informatie

Begin: İhlara.
Lengte: Ca. 10 km.
Duur: 4 uur.
Belangrijk: Voor een korte bezichtiging begint u aan de ingang bij het dorp İhlara (dag. 8–19 uur, 8 TL). Een wandeling van een hele dag is ook mogelijk vanuit Selime (ongeveer 10 km langs de rivier naar İhlara en vandaar per taxi terug naar het vertrekpunt). Trek in ieder geval stevige schoenen aan en neem water mee!

Voorbij **Yaprakhisar** krijgt het kale landschap een andere aanblik. Hier trekt het İhlaradal een diepe canyon door de boomloze hoogvlakte. De op vele plaatsen afgebrokkelde rotsen geven de hellingen hun karakteristieke ruige vorm.

De canyon volgt de loop van de Melendiz Suyu met zijn vele bochten en wordt om die reden in het Grieks **Peristrema**, 'Draaiende Dal', genoemd. De Melendiz is helder en koel. De oevers worden beschaduwd door talrijke populieren en wilgen. Kikkers, hagedissen, vogels en vlinders hebben hier een beschermd leefgebied. Vanwege de natuurlijke watervoorziening wordt in het noorden op bredere delen van de canyon met zijn vruchtbare bodem landbouw bedreven. Om die reden was het İhlaradal al in vroege tijden geliefd als vestigingsplaats, getuige de vele rotswoningen en kerken, die overal in de kloof te vinden zijn. De namen van de kerken in de volkstaal, zoals 'Met Kruid Omgroeide Kerk', 'Geurende Kerk' of 'Hyacintenkerk' weerspiegelen tot op de dag van vandaag de nauwe symbiose tussen mens en natuur.

Na een lange afdaling naar de bodem van het dal stuit u aan uw rechterhand op de **Ağaçaltı Kilise**, die op een kruisvormig grondplan in de rots is uitgehouwen. Boven in de trompenkoepel is de hemelvaart uitgebeeld,

begeleid door profeten en apostelen. Andere schilderingen sieren de muren: Daniël in de leeuwenkuil, de annunciatie, de geboorte van Christus en de aanbidding van de wijzen uit het Oosten, die hier als 'vreemdelingen' een spits toelopende, zogenaamde Frygische muts dragen. De eenvoudige schilderingen hebben een zeer oorspronkelijk stilistisch karakter. Ze steken met hun gereduceerde kleurgebruik in rood, groen en geel af tegen het lichte gipspleister.

De **Pürenli Seki Kilise** ('Met Kruid Omgroeide Kerk') werd in de 11e eeuw als dubbele kerk in de rots uitgehakt. De beide ruimten zijn door pijlerarcaden gescheiden en versierd met schilderingen in een archaïserende stijl.

Ook in de verder naar het zuiden gelegen **Kokar Kilise** ('Geurende Kerk') zijn fresco's uit de 11e eeuw bewaard gebleven. De tongewelven zijn versierd met geometrische patronen in schitterende rode, groene en witte kleuren die spontaan en niet-schematisch aandoen. In het middenveld van het met juwelen rijk versierde kruis verschijnt de zegenende hand van Christus. De taferelen uit het leven van Christus op de muren word door een fries met illusionistische bogen in de vorm van gordijnen afgesloten. In gewelven zitten de apostelen met opgeslagen boeken op tronen die met juwelen zijn bezet. De stijl van deze fresco's doet vooral daardoor zo abstract, bijna 'primitief' aan omdat de figuren slechts door enkele dikke omtrek- en plooilijnen gekarakteriseerd zijn.

De **Sümbüllü Kilise** ('Hyacintenkerk'), ooit deel van een kloostercomplex, kunt u door zijn markante voorgevel bijna niet missen. De fresco's zijn, te oordelen naar hun stijl, vermoedelijk in de 10e eeuw geschilderd. Aan de andere zijde van de houten brug ligt de laatste, nog duidelijk met wegwijzers aangegeven kerk aan de weg naar Belisırma: de **Yılanlı Kilise**, waarvan de naam ('Slangenkerk') verwijst naar de bijzondere iconografie van het laatste oordeel met draken en slangen op de westelijke muur. Een engel beslist hier op bevel van Christus met zijn weegschaal tussen eeuwige verdoemenis en hemelse gelukzaligheid. Terwijl de zondaars in de hel branden, belooft de hemelvaart in de apsis hoop op verlossing. De kerk, die met goed bewaard gebleven fresco's is versierd, wordt gedateerd in de 11e eeuw.

Niet ver vandaar staat op de oostelijke helling van de rots de **Karagedik Kilise** uit de 11e eeuw. Dit is een kruiskerk waarvan de koepel door vier pijlers wordt gesteund. De resten van schilderingen, met onder meer zelden uitgebeelde taferelen met Salome en het afgehouwen hoofd van Johannes de Doper, verbleken steeds meer. De **Bahatın Samalığı Kilise** is een zaalkerk uit dezelfde tijd, met een tongewelf waarin de kindheid van Jezus tot aan zijn doop in beelden wordt verteld. In de muurnissen wordt de lijdensgeschiedenis van Christus uitgebeeld.

Vlak voor Belisırma kunt u over een bruggetje de Melendiz oversteken. Volgt u het pad tegen de helling op, dan stuit u daar op de **Direkli Kilise** ('Kerk met de Pilaren'). Vier machtige, met afbeeldingen van heiligen beschilderde tufsteenpijlers dragen hier het gewelf en de koepel. De ruimte wordt door bogen verdeeld in drie schepen, met aansluitend een zijkapel die met ornamenten versierd is. In de apsis van het middenschip is een schildering van de deësis te zien, vermoedelijk uit de 11e eeuw.

Op de terugweg naar İhlara komt u nog langs de historisch belangrijke **Kırkdamaltı Kilise**. Deze hoog tegen de rotswand liggende kerk is duidelijk te herkennen aan een fresco met de Heilige Joris. De schilderingen op de noordwestelijke muur zijn bijzonder interessant. In het midden is de Heilige Joris als ruiter afgebeeld, links nadert de emir en de con-sul Basileios Giagoupes, een christen die de sultan in Konya als vazal diende, in oosterse dracht met tulband. Rechts draagt zijn vrouw Thamar, een Georgische prinses, het model van de kerk. In de begeleidende tekst worden de Seltsjoekse sultan Masut II (1282–1304) en de Byzantijnse keizer Andronikos (1282–1328) genoemd.

Deze 'multiculturele' voorstelling maakt duidelijk dat meer dan 200 jaar na de slag bij Mantzikert, waarna de Turkse Seltsjoeken de heerschappij in Anatolië overnamen, christen en moslims in Cappadocië nog vreedzaam naast elkaar konden leven.

489

Register

aaardbevingsgevaar 17
Abana 423
Abant Gölü 411
Abdülaziz 182
Abdülhamit II 33, 36
Abdülmecit 33, 141,
142
accommodatie 80
Adada 352, 357, 359
Adana 333
Adapazarı 415
Adatepe 204
Adrasan 295
Adrianopel 32, 164
Aegae 212
afdingen 88
Afyon 26, 34, 376
Ägäisküste 191
Ahmet I 122
Ahmet III 113, 120
Aigai 193, 212
Aizanoi 352, 381
Akbük 257
Akroënos 376
Akşehir 361
Aksaray 484
Aktaş 481
Akyarlar 258
Alaca Höyük 24, 404,
405, 433
Alaçatı 228
Alaeddin Keykubat I
30, 298, 316, 317,
318, 364, 366, 377,
423, 436, 442, 482,
484
Alahan Manasteri 328
Alaia 210
Alalah 341
Alanya 90, 272, 317
Alarahan 316
alarmnummers 97
Alexander de Grote
27, 116, 188, 198,
207, 208, 218, 248,
154, 304, 326, 338,
339, 340, 387, 394,
438
Alexandria Troas 201
Alibey Adası 206

Alinda 244
Alsancak 216
Altınkum, Çeşme 228
Altınkum, Didim 248
Amasya 352, 438
ambassades 68
Anamur 324
Anazarbos 339
Anazarva 339
Anemourion 324
Ankara 14, 15, 20, 28,
34, 55, 96, 352, 395
– Museum van de Ana-
tolische Beschavin-
gen 404
Ankara, luchthaven 74
Antakya 272, 340
Antalya 18, 298
Antalya, luchthaven 74
Antiochia (Antakya)
29, 340
Antiochia ad Cragum
321
Antiochia ad Pisidiam
357, 361
Aperlai 288
Aphrodisias 239
Apollo Smyntheion-
tempel 201
Apollonia 288
apotheken 97
appartementen 81
Arezastisfaçade 388
Armenia Inferior 30,
31
Armeniërs 22, 36,
111, 178, 214,317,
321, 325, 326, 327,
330, 331, 333, 334,
337, 338, 339, 345,
349, 441, 449
Arslan Kaplan Türbesi
389
Arslanhane Camii, An-
kara 365, 402
Arslankaya 385
Arslantepe 404
Artemision 26, 231
artsen 97
Arykanda 293

Asi Nehri 18, 340
Aspendos 27, 272,
306, 357
Assos 193, 201
Atatürk, Mustafa Kemal
34, 36, 111, 118,
141, 196, 215, 255,
298, 317, 343, 367,
376, 377, 397, 398,
402, 408, 419, 427,
446, 475
Augustus 28, 198, 399
autorijden 77, 78
Avanos 470
Avşa Adası 189
Avsallar 316
Ayas 410
Aydın 239
Aydıncık 325
Ayvalık 205

Babakale 201
Bademli 210
Bafameer 249, 250
Balçova 220
Balıkesir 34
Ballıhisar 392
Bandırma 187
Barbaros 173
Barla 358
Bayır 265
Bayraklı 220
Beçin Kale 251
bedelaars 91
Behramkale 201
Bektaşiorde 390, 474
Belek 272, 309
Bergama 207
bevolking 15, 22
Beyazıt I, Yıldırım 32,
52, 179. 180, 361,
373, 396
Beyazıt II Veli 130,
168, 170, 179, 299
Beyazıt Külliyesi 170
Beynam Ormanı 409
Beypazarı 410
Beyşehir 364
Bilecik 415
Binbirlilise 374

Bintepe 225
Birecik 348
Birgi 230
Bitez 258
Bithynië 28, 175
Blauwe Reizen 84,
193, 256
Bodrum 31, 90, 192,
252, 257, 266
Bodrum, luchthaven 75
Boğazkale 428
Bolu 411
Bolvadın 363, 378
Bornova 220
Bosporus 16, 19, 76,
109, 152
Boyalık 228
Boz Dağları 18, 225,
230
Bozburun 265
Bozcaada 197, 201
Bozukkale 257, 265
buikdans 53
Burdur 354
Bursa 21, 28, 32, 34,
52, 162, 178
bus 75
Büyük Kapıkaya 385
Büyükmenderes 16,
18, 239
Byzantion 29, 110

Caesar 28, 280, 283,
438, 442
Caesarea 477
Çakraz 422
Çalış 274
Camel Beach 258
Çamlık 237
Çanakkale 194
Çandarlı 210
Cappadocië 451
Çatal Höyük 24, 372,
404
Çavuşin 452, 469
Çay 363
Çaycağiz 257
Çekirge 184
Celaleddin Karatay,
vizier 368, 444

Centraal-Anatolië 350
Çeşme 33, 227
Chios 229, 240
Cide 422
Çiftlik Liman 257
Cilicië 30, 324, 331
Cilicische Poort 333
Çiller, Tansu 43
Cimmeriërs 26
Çine Çayı 192, 244
Çıralı 295
Cleopatra 28, 38, 320, 333
Cleopatra Island 265
clubhotels 81
Çökertme 257
Comana Pontica 443
Comnenen 120, 133, 134, 419, 421
concerten 90
Constantijn de Grote 29, 110, 118, 127, 164, 175, 183, 201
Constantinopel 14, 29, 30, 32, 38, 110, 111, 118, 121, 134, 135, 150
Çorum 436
Croesus (Kroisos) 26, 205, 225, 232, 256, 304, 396
Çubuk 408
Çukurovavlakte 18, 22, 331
Cumalıkızık 184
Cunda 206
Cybele 211, 223, 225, 378, 382, 384, 385, 387, 388, 392, 395, 398, 405, 443

Dalaman, luchthaven 75
Dalyandelta 256
Dalyan, Çeşme 228
Dalyan, Muğla 269
Damsadal 473
Dardanellen 16, 24, 26, 34, 77, 194, 197, 199

Datça 266
Değirmenbükü 257
Demre 291
Denizli 241
Derinkuyu 452, 453, 475
Devrentdal 466
Didim 248
Didyma 192, 248
Dikili 210
Dilek Milli Parkı 236
Dimçaydal 273, 322
Diocletianus 29, 116, 174, 245, 339, 342, 382
Diokaisarea 327
Discos 90
Divriği 449
Doğancay 415
Döğer 353, 384, 385
Dokimeion 392
dolmuş 76
Dorylaion 412
douane 73
drugs 91
Düdenwatervallen 301
duiken 84
Dumlupınar 376

Edirne 162, 164
Edremit 205
Eflatun Pınar 364
Eğirdir 356
Ekincik 268
Elaiussa Sebaste 331
elektriciteit 93
Elmalı 293
emiratentijd 31
Efeze 26, 192, 232
Erbaa 443
Erciyes Dağı 15, 454
Erdek 188
Ereğli 375
Erythrai 229
Eşen Cayı 279
Eski Andaval 481
Eski Doğanbey 237
Eskişehir 412
Euromos 251

Fasıllar 405
feestdagen 44
festivals 44, 47
Fethiye 274
Fethiyegolf 256, 279
film 55
Finike 292
Foça 211
fooi 95
foto 91
Frederik I Barbarossa 327
Frygisch hoogland 352, 384

Galaten 28, 396
Galatië 396
Gallipoli 36, 193, 196, 197
Gavur Kalesi 395
Gaziantep 343
Gaziemir Yeraltı Şehri 487
Gazipaşa 321
Gazlıgöl 377, 384
Gecekondu 403
Gediz Nehri 192, 222
gehandicapten 70
geld 94
Gelibolu 197
Gelibolu Yarımadası 196
Gemiler 279
Genuezen 31, 136, 140, 201, 210, 213, 227, 229, 236, 339, 423, 427
Gerdek Kaya 389
Geyve 412
gezondheid 97
Gideros 422
Gobunbaai 256
Göcek 275
Gök Medrese, Sivas 448
Gök Medrese, Tokat 444
Gökçeada 195, 197
Gökova 257
Gölbaşı 409

Gölcük Gölü 356
golfen 82, 309
Göltürkbükü 258
Gordion 26, 393, 405
Göreme 452, 454
Göynük 412
Göynükcanyon 273, 297
Göynüşdal 353, 388
Granikos 27, 188, 208
Grieken 22, 25, 27, 32, 33, 34, 36, 51, 110, 134, 135, 159, 193, 197, 199, 201, 202, 206, 210, 211, 212, 213, 214, 218, 220, 223, 224, 227, 232, 236, 244, 246, 251, 258, 267, 274, 275, 284, 286, 290, 295, 280, 306, 325, 326, 358, 370, 376, 382, 392, 415, 416, 422, 423, 472, 473, 486, 488
Griekenland 240, 290
Gülşehir 474
Gümbet 258
Gümüşhacıköy 437
Gümüşlük 258
Gündoğan 258
Günlüklü 279
Güvercinada 236
Güvercinlik 258
Güzelbağ 316
Güzelyalı 195
Güzelyurt 486

Hacıbektaş 474
Hacılar Höyük 24, 354, 404
Hadrianopolis 164
Hadrianus 50, 164, 175, 183, 209, 210, 233, 241, 292, 295, 299, 300, 320, 382, 402, 411
Halfeti 349
Halikarnassos 252
hamam 45

Register

Harbiye 343
Hatay 34, 339, 340
Hattusa 25, 352, 353, 404, 405, 428
Haymana 395
heenreis 73
hellenisme 27, 48
Herakleia 250
Hereke 174
Hermos 223
Hettieten 25, 116, 183, 199, 220, 280, 306, 331, 333, 338, 345, 346, 355, 366, 364, 376, 396, 404, 428, 432, 434, 479
Hierapolis 241
Hisarönü (Golf van) 257, 265
Hoiran 288
Horoztepe 24, 443
Horuzlu Han 374
hotels 80
Hurrieten 25
huurauto's 77

İçmeler 260
Idagebergte 18, 204
İhlaradal 453, 488
Ikonium 31, 366
Ilkhans 31, 439, 441, 442
İlgarini Mağarası 421
İncekum 316
Ilgaz Dağları 421
Ilıca 228
İncesu 481
industrie 20
İnebolu 423
İnönü, İsmet 34
internet 66, 99
Iotape 320
İscehisar 391, 392
İskenderun 339
islam 41
Isparta 356
Issos 27, 339
Istanbul 20, 29, 107
– Aksaray 128, 133

– Arnavutköy 152, 154
– Anadolu Hisari 153, 154
– Anadolu Kavağı 153
– antieke haven 112, 118
– Apostelkerk 133
– Arasta Bazaar 145
– Archeologisch Museum 116
– Askeri Müze 141
– Atatürk Internatio nal Airport 147
– Atatürk Kültür Merkezi 141
– At Meydanı 121
– Babylon 146
– Balıkcı Sabahattin 143
– Balık Pazarı 141
– banliyö tren 143, 149
– Bebek 152, 154
– Beşiktaş 141
– Beyazitmoskee 130
– Beylerbeyi 157
– Beyoğlu 110, 136
– Blauwe Moskee 122
– Boğaziçi Köprüsü 143
– Bosporus 109, 152
– Büyükada 112, 158
– Büyükdere 156
– Byzantion 110
– Cağaloğlu Hamamı 109, 126
– Çamlıca 157
– Çemberlitaş 127
– Çemberlitaş Hamamı 128
– Cengelköy 153
– Changa Restaurant 144
– Chorakerk 134
– Çiçekpassage 141, 144
– Cisterna Basilica 121

– Çırağan Palace Hotel 143
– Constantijnforum 127
– Constantijnzuil 127
– Deniz Müzesi 142
– Divan Edebiyatı Müzesi 140
– Dolmabahcepaleis 108, 141
– Edirnekapı 135
– Egyptische Bazaar 128, 131
– Eminönü 132
– Emirgan 156
– Eski Şark Eserleri Müzesi 116
– Etiler 154
– Eyüp 110, 150
– Fatih 110
– Fatihmoskee 133
– Fatih Sultan Mehmet Köprüsü 154
– Fener 110
– Fethiyemoskee 134
– Franse Straat 109, 136
– Fransız Sokağı 109, 136
– Galatabrug 132
– Galatasaray Hamamı 147
– Galatatoren 109, 140
– Gar Casino 146
– Ghetto 146
– Gotenzuil 118
– Gouden Hoorn 132, 150
– Grote Bazaar 128
– Gülhanıpark 118
– Hafifmetro 112, 149
– Hagia Eirene 113
– Hagia Sophia 108, 118
– Haliç 132
– harem 117
– Haydarpaşa 157

– Hippodroom 108, 121
– Horhor Pit Pazarı 128
– hotels 142
– Hürriyet Meydanı 130
– İbrahim Paşa Sarayı 122
– informatiebureaus 142
– İnönüstadion 141
– İstanbulfestival 147
– İstanbul Sanatları Çarşısı 128
– İstanbul Üniversitesi 130
– İstiklal Caddesi 108, 110, 128, 140
– janitsarenkapel 141
– Joods Museum 137
– Kadıköy 110, 157
– Kanlıca 153
– Kapalı Çarşı 128
– Karaköy 136
– Kariye Camii Müzesi 134
– Kiva Han 144
– Kız Kulesi 156
– Kücük Ayasofya- moskee 122
– Kumkapı 122
– Kuruçeşme 152, 154
– landmuur 134
– Leandertoren 156
– Malta Köşkü 142
– Marinemuseum 142
– Marmaray 112, 157
– Marpuçcularbazaar 145
– Maxigala 146
– Meşrutiyet Caddesi 140
– metro 149
– Mevlevihane- museum 140
– Mihrimah Camii 135

- Militairmuseum 141
- Miniaturk 151
- Mısır Çarşısı 131
- Mozaïekmuseum 122
- Museum İstanbul Modern 108, 136
- Museum voor Turkse en Islamitische Kunst 121
- Nardis Jazz Club 147
- Nevizade Sokağı 141, 144
- Nişantası 128
- Orient Express 144
- Ortaköy 110, 142, 145
- Otto Santral 151
- Pammakaristoskerk 134
- Pandeli 144
- Pano 144
- Panorama 1453 Müzesi 135
- Pantokratorklooster 133
- Patisserie de Pera 140
- patriarchaat, Grieks-orthodox 134
- Peramuseum 109, 140
- Pera Palace Hotel 140
- Peyote 147
- Pierre Loti, Café 150
- Porta Aurea 127, 136
- Prinseneilanden 108, 158
- Rahmi Koç Müzesi 151
- Reina 147, 154
- Resim ve Heykel Müzesi 142
- restaurants 143
- Roxy 147
- Rumeli Hisarı 152

- Rüstem Paşamoskee 131
- Sabiha Gökçen Airport 147
- Sadberk Hanım Müzesi 156
- Sahaflar Çarşısı 130
- Sakıp Sabancı Müzesi 156
- Santralistanbul 151
- Sarnıç 143
- Schilderijen- en Sculpturenmuseum 142
- Şehzademoskee 133
- Suada 147
- Sülemaniyemoskee 108, 130
- Süleymaniye Hamamı 147
- Sultan Ahmet-moskee 108, 122
- Taksim Meydanı 141
- Tarabya 156
- Tekfur Sarayı 135
- Theodosiusforum 130
- Topkapıpaleis 108, 112
- tramvay 149
- Tünelkabelspoor 137
- Üsküdar 110, 156
- Valensaquaduct 133
- Vali Konağı Caddesi 128
- Verheven Poort 118
- Yedikule 136
- Yenikapı 112
- Yeniköy 154
- Yerebatancisterne 121
- Yeşil Ev 112, 142
- Yıldız Sarayi 142
- Yıldızpark 108, 142
- Zeyrek Kilise Camii 133

- Zülfarissynagoge 137
- İvriz 375
- İzmir 20, 192, 193, 214
- İzmir, luchthaven 74
- İzmit 174
- İznik 162, 175
- İzzeddin Keykavus I 363, 447
- İzzeddin Keykavus II 368
- İzzeddin Kiliç Arslan I 402, 414

- janitsaren 32, 33, 113, 135, 136, 141, 172, 390
- johannieters 31, 252, 261, 274, 326
- Julianus Apostata 398
- Jong-Turken 34
- Justinianus 29, 118, 121, 122, 175, 179, 231, 292, 478

- kaarten 67
- Kadianda 275
- Kadıkalesı 258
- Kafkalesı 405
- Kalamaki Beach 236
- Kalekapı 421
- Kaleköy 287
- Kalkan 284
- kamperen 81
- Kanesch 25, 404
- Kangal 448
- Kanlıdivane 331
- Kanytelis 331
- Kapıkırı 249
- Kaputaş Plaj 285
- Kara Mustafa Paşa 437, 481
- Karagölmeer 408
- Karagözschaduwspel 55, 185
- Karain 404
- Karaincir 258
- Karakaya 391
- Karaman 373

- Karapınar 375
- Karataş 334
- Karatepe 273, 338
- Karier 26, 251
- Karkamiş 346, 405
- Kartalkaya 411
- Kaş 286
- Kasaba Köy 421
- Kastamonu 419
- Kastellórizo 2909
- Katrançı 279
- Kaunos 254, 269
- Kayaköy 275
- Kaymaklı 453, 475
- Kayseri 452, 477
- Kaystros 230
- Kaz Dağı 18, 204
- Kekova 273, 287, 288
- Kelendris 325
- kemalisme 34
- Kemer 257, 293
- Kemeraltıbazaar 193, 219
- keuken, Turkse 58
- Kilistra 369
- Kilitbahir 194, 195
- kinderen 72
- Kırşehir 476
- Kızıl Kilise 487
- Kızılırmak 16, 18, 26, 426, 428, 446, 449, 470
- Kızkalesi 273, 329, 330
- Klaros 237
- kleding 92
- Kleopatra Hamam 256, 279
- klimaat 17, 96
- Knidos 257, 266
- Kocaeli 174
- Koergancultuur 25
- Könüşdal 388
- Konaklı 316
- Koningsweg 225, 396, 446
- Konya 352, 353, 366
- Köroğlu Dağları 352, 411
- kortingen 95

Register

Korykische Grot 331
Korykos 31, 329
Kós 240
Köyceğiz 268
kranten 100
Kriek İnce 257
Kubadabad 364
Küçük Kapıkaya 385
Küçükmenderes 230
Kula 226
Kültepe 24, 479
Kumbağ 173
Kümbet 389
Kumlubük 265
Küplü 415
Küre Dağları 15
Kurucabük 257
Kurucaşile 422
Kuşadası 236
Kuşcenneti, Nationaal Park 187
Kütahaya 378
Kyaneai 288
Kyme 210, 212

Labranda 251
Lade 246
Laodikeia 244
Lausanne, Verdrag van 34
Lesbos (Lésvos) 202, 207, 240
Letoon 283
Liefdesvallei 462
Limyra 293
Loryma 257, 265
Lüleburgaz 162, 173
Luwiërs 24
Lyder 26, 205, 217, 223, 225, 226, 232, 356, 376, 387, 396
Lyciërs 26, 275, 282, 283, 291, 293, 280
Lyrbe 313
Lysimachos 28, 198, 207, 232

Madenşehir 374
Magnesia ad Maiandros 237

Mamelukken 31, 291, 339, 341, 349
Mamure Kalesi 325
Manavgat 273, 313, 314
Manisa 223
Maria, Huis van de Maagd 235
Marmara, Zee van 161
Marmaris 260
Mausoleion 253
Mausolos (Maussollos) 27, 252
Mazı Yeraltı Şehri 473
Mazıköy 259
Meander 239
Mehmet I Çelebi 168, 180
Mehmet II Fatih 32, 111, 116, 117, 118, 129, 133, 135, 136, 152, 194, 318, 376, 380, 423, 427, 438, 476, 484
Meis 286, 290
Meke Gölü 375
Melendiz Çayı 453
Mersin 20, 332
Meryemlik 326
Merzifon 437
Mesudiye 266
Mevalanaklooster 366, 367
mezeler 58
Midas 26, 392, 394
Midasmomument 387
Midas Şehri 386
Middellandse Zeekust 271
Milas 251
Milete 26, 27, 192, 246
Mitanni 25
mobiele telefoon 100
Mongolen 31, 32
Monumentum Ancyranum 399
moskeebezoek 92
mountainbiken 82
Mudurnu 410

Muğla 245
Murat I 164, 177, 183, 184
Murat II 32, 166, 182, 314
Murat III 116, 134, 155, 224
Murat IV 115, 116
Mustafapaşa 472
Mut 328
Myndos 258
Myra 291
Myrina 210

Nallıhan 410
Narlıkuyu 331
Nasreddin Hoca 361, 362, 363
Neandria 201
Neocaesarea 443
neolithische revolutie 24
Nesin, Aziz 41, 446
Nevşehir 471
Nicomedia 32
Niğde 482
Nikaia (Nicaea) 30, 32, 175
Nikomedeia 28, 174
Niksar 443
Notion 237
Nur Dağları 338
Nyssa 239

Obruk Han 375
Ödemiş 230
Olba 28, 327
Olimpos Beydağları, Nationaal Park 294
Ölüdeniz 272, 275
Olympos 295
onyx 211, 248, 464, 460, 470
openingstijden 70, 88
Ören 205
Orhan I Gazi 52, 172, 175, 182, 415
Orhaniye 265
Orontes 340
Ortahisar 464

Ortakent 258
Osman I Gazi 32, 151, 179, 182, 415
Osmanen 32

paardrijden 84, 284, 296, 471
Palamutbükü 257, 266
Pamucak Beach 237
Pamukkale 241
paragliding 82
Paşabağı Vadısı 467
Paşabahçe 448
Patara 284
Paulus, apostel 29, 233, 252, 292, 333, 357, 360, 361, 365, 369
Pazar 442
Pergamon 28, 192, 207
Perge 49, 272, 305, 357
Perikles (Pirekli) 27, 293
Peristrema 488
Perperene 210
Perzen 25, 26, 46, 51, 188, 198, 208, 225, 246, 248, 251, 252, 254, 275, 283, 339, 344, 396
Pessinus 28, 392
Phaselis 295
Pinara 282
Pitane 210
politie 92
Pontos 28, 423
post 99
Pozanı 337
Priene 27, 192, 245

rafting 83
reisorganisaties 70
reisperiode 96
Reşadiyeschiereiland 266
reserveren 81
Rhodos (Rodos) 31,

240, 261, 265
ronselaars 89
Roxelane 117, 131
Rumkale 273, 349

Sadeddin Han 374
Safranbolu 353, 416
Sagalassos 352, 355
Sahip Ata, vizier 363,
  368, 376, 377, 448
Sakarya 415
Sakarya Nehri 16,
  393, 410, 415
Sakçagöz 346, 405
Saklıkent 272, 282,
  295
Salda Gölü 354
Samandağı 343
Sámos 240
Samsun 426
Sardis 26, 192, 225
Sarıgerme 269
Sarımsaklı 205
Sarköy 173
Savaşan 349
Sedir Adası 257, 264
Selçuk 230
Selemiye Külliyesi 375
Seleukia in Pamphylia
  313
Seleukia Pieria 343
Selge 273, 307
Selim I Yavuz 32, 114,
  178, 223, 275, 414
Selim II 117, 165,
  169, 375
Selime 486
Selimiye Camii 165
Selinus 320
Seltsjoeken 30, 39,
  51, 116, 224, 251,
  295, 298, 308, 309,
  316, 317, 344, 354,
  363, 366, 373, 375,
  362, 364, 365, 376,
  379, 390, 392, 402,
  410, 412, 421, 423,
  439, 441, 442, 443,
  444, 446, 447, 449,
  466, 471, 476, 477,

478, 482, 484
Septimius Severus
  121, 300, 338
Serçe Liman 257
Sertavulpas 372
Sèvres, Verdrag van 34
Seydiler 353, 391
Seyitgazı 390
Side 28, 310
Sidyma 282
Silifke 21, 326
Sille 370
Simena 287
Sinan, Koca Mimar 52,
  116, 122, 128, 130,
  131, 133, 135, 156,
  169
Sinassos 472
Sinop 353, 423
Şirince 232
Sivas 352, 446
Sivrihisar 392, 487
Sığacık 229
Smyrna 30, 34, 214
Softa Kalesi 325
Soğanlı 452, 473
Söğüt 415
Söğüt Liman 257
Sokakağzı 201
Söke 237
Soloi Pompeiopolis
  332
Soma 210
souvenirs 88
St. Paul Trail 353, 357
stranden 86
Stratonikeia 245
Süleyman Kanuni (de
  Prachtlievende) 32,
  113, 116, 117, 122,
  130, 133, 169, 223,
  261
Sultan Han 484
Sultan Sazlığı Milli
  Parkı 481
surfen 84
Suzuz Han 354
Sými 240, 266

Tahtalı Dağı 295

tankstations 78
tapijten 56
Taraklı 412
Tarsus 28, 333
Taşkınpaşa 473
Taşucu 326
taxfreeshops 89
taxi 76
Tekirdağ 173
telefoneren 99
Tell Açana 341
Tenedos 201
Teos 229
Termessos 304
terrorisme 98
Tersane Adası 279,
  256
Theodosius I 121, 130
Theodosius II 111,
  118, 135
Thracië 22, 161, 162
Timur Lenk 32, 362,
  363, 396, 414, 446
Tire 230
Tlos 282
toiletten 93
Tokalı Kilise 458
Tokat 443
Toprakkale 339
Torba 258
Trajanus 50, 209, 233,
  300, 320
trein 76
trektochten 85,
Troas 201
Troje 24, 25, 192,
  195, 197
Truva 197
Tulpenperiode 33
Turgutlu 225
Turgutreis 258
Turhal 442
Turunç 265
Tuz Gölü 16, 374,
  485

Üçağız 288
Uçhisar 462
Ulu Dağ 186
Uluçınar 338, 340

Urartu, Urarteeërs 25,
  405
Ürgüp 452, 453, 465
Uşak 226
Uzuncaburç 327

valuta 94
veerverbindingen 77
verkeerscontrole 78
verkeersbureaus 66
verkeersregels 78
Vezirhan 415
volksdansen 53
vrouwen 91

wandelen 85
Wilusa 199, 432
wintersport 85
woordenlijst 101

Xanthos 272, 280,
  282

Yağlı Güreş 172
Yahşi Beach 258
Yakacık 339
Yalıkavak 258
Yalvaç 361
Yanartaş 295
Yassica Adası 256, 279
Yazılı Kanyon 360
Yazılıkaya 353, 434
Yediadalar 257
Yenifoça 213
Yeşilırmak 427, 438,
  442, 444
Yeşilyurt 204
Yümüktepe 24
Yumurtalık 337
Yunt Dağı 18, 212
Yunusemre 393

Zeevolken 25
zeilen 84
Zeki Müren 55, 258
Zelve 467
Zeugma 345, 348
Zile 442
Zindan-Höhle 359
Zwarte Zeekust 350

ROEMENIË

OEKRAÏNE

Boekarest

Kara Deniz
(Zwarte Zee)

BULGARIJE

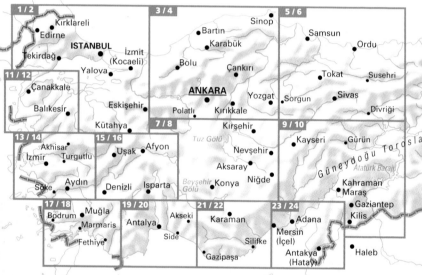

1 / 2
Kırklareli
Edirne
ISTANBUL
İzmit
(Kocaeli)
Tekirdağ
Yalova

3 / 4
Bartın
Sinop
Karabük
Samsun
Ordu
Bolu
Çankırı
Tokat
Susehri
ANKARA
Yozgat
Sorgun
Sivas
Eskişehir
Polatlı
Kırıkkale
Divriği
Kütahya

5 / 6

11 / 12
Çanakkale
Balıkesir

13 / 14
Akhisar
İzmir
Turgutlu
Söke
Aydın

15 / 16
Uşak
Afyon
Denizli
Isparta

7 / 8
Kırşehir
Tuz Gölü
Nevşehir
Aksaray
Beyşehir
Gölü
Konya
Niğde

9 / 10
Kayseri
Gürün
Güneydoğu Torosla
Atatürk Barajı
Kahraman
Maraş
Gaziantep
Kilis

17 / 18
Bodrum
Muğla
Marmaris
Fethiye

19 / 20
Antalya
Akseki
Side

21 / 22
Karaman
Silifke
Gazipaşa

23 / 24
Adana
Mersin
(İçel)
Antakya
(Hatay)
Haleb

GRIEKEN-
LAND

SYRIË

LIBANON

Middellandse Zee

Beiroet

Damascus

RUSLAND

GEORGIË

ARMENIË

Ararat ▲
Ağrı 5137 m

IRAN

Van Gölü

Van

Batman

Hakkâri

Mosul

IRAK

Legenda

==○ 0-31 -13==	Autoweg met aansluiting
════○════	Snelweg met aansluiting
▰▰▰ 200 ▰▰▰	Nationale weg met wegnummer
══════	Hoofdweg
──────	Secundaire weg
······	Onverharde weg
------	Zandweg (alleen 4WD)
═ ═ ▰▰	Weg in aanleg; geplande weg
➤➤➤─┤	Tunnel
▰▰▰▰	Spoorweg
----------	Veer, bootverbinding
▰▰▰▰▰	Landsgrens
////// 🌳	Nationaal Park; natuurpark
E 80	Europees wegnummer
✈	Internationale luchthaven
⊛	Nationale luchthaven
✈	Vliegveld
⊖	Grensovergang
★	Bezienswaardigheid
∴	Archeologische opgraving
⌁	Kasteel, citadel
⌂	Kasteelruïne
⌂	Karavanserai
⦚	Waterval
∩	Grot
▲	Bergtop
)(	Bergpas
⤢	Strand

Atlas
Turkije

A | **B** | **C**

ASKOVO
Toplovgrad
Kiten
Carevo
Čerepovo
Zvedec
Kondolvo
Harmanli
Ustrem
Strandža
Malko
Tarnovo
Ljubimec
Levka
Kofçaz
Dereköy
İğneada
Svilengrad
Stit
Lalapaşa
Yoğuntaş
Kırklareli
Sırpsındığı
Süloğlu
Üsküp
Demirköy
Dabovec
Dikea
EDİRNE
Hasköy
Üsküpdere
Sergen
Kömara
Filáki
İnece
Pınarhisar
Poyralı
Krumovgrad
Ivajlovgrad
Havsa
Karakasım
Karacaoğlan
Vize
Orestiáda
Ládi
Babaeski
Saray
Mikró Dério
Didimóticho
Kırcasalih
Lüleburgaz
Béyazköy
Méga Dério
Mándra
Pehlivanköy
Büyükkarıştıran
Uzunköprü
Çöpköy
Dambaşlar
Muratlı
Soufli
Meriç
Hayrabolu
Çorlu
Sápes
Küplü
Sultanköy
Susuzmüsellim
Banarlı
Essími
İbriktepe
Şahin
İpsala
Malkara
Yürük
İnecik
Tekirdağ
lexandroupoli
Féres
Keşan
Bahçeköy
Ballı
Barbaros
Enez
Karahisar
Kadıköy
Kuru Dağı
Orhaniye
Yerlisu
Evreşe
Tekir Dağı
Suluca
Mecidiye
İbrice
Mürefte
Marmara Ad.
Baklaburun
Şarköy
Marmara
Saros Körfezi
Bolayır
İnce Br.
Avşa Ad.
Kapıdağı Yarımadası
Akr. Kipos
Gelibolu Yarımadası M.P.
Tayfur
Gelibolu
Karabiga
Paşalimanı Ad.
Kapıdağı 782 m
Erdek
Kaleköy
Bademli
Büyük Kemikli Br.
Lâpseki
Balıkçeşme
Gümüşçay
Edincik
Bandır
İmroz
Kabatepe
Eceabat
Beyçayırı
Sinekçi
Kuşcenneti M.P.
Kömürlimanı
Gökçeada
Kilitbahir
ÇANAKKALE
Umurbey
Gündoğdu
Biga
Sarıköy
Buğdaylı
Kuş Gölü
Alçıtepe
Abide
Bakacak
Kirazlı
Çan
Gönen
Mehmetçik Br.
Troje (Truva)
Salihler
Etili
Armutçuk Dağı Kiraz T. 963 m
Tütüncü
Şevketiye
Manyas
Bozca Ada
Geyikli
Yiğitler
Biga Yarımadası
Yenice
Danişment
Ilıca
Susurluk
Alexandria Troas
Ezine
Bayramiç
Bayramiç Barajı
Hamidbey
Pazarköy
Şamlı
Ömer
Uluköy
Neandreia
Evciler
Kalkım
Balya
Yeniköy
Kepsut
Gülpınar
Ayvacık
Kaz Dağı
Akçay
BALIKESİR
Apollon Smyntheion
Behramkale
Assos
Küçükkuyu
Altınoluk
Edremit
Havran
İvrindi
Gökçeyazı
Çağış
Baba Br.
Akra Karakas
Mithymna
Lepetímnos 980 m
Alibey Ad.
Edremit Krf.
Ören
Thebe Aureliane
Burhaniye
Korucu
Kayapa
Konakpınar
Gömeç
Karadere
Sarıbeyler
Savaştepe
Ayvalık
Madra Dağı
Eresú
Ág. Paraskeví
Turanlı
Ömer Dağı

Kara Deniz

(Zwarte Zee)

0   25 km   50 km

D   E   F

İnce Br.

Kerempe Br. Doğanyurt
İnebolu Abana Çatalzeytin Usta Br. Ayancık Kızılabalı SİNO
İncipınar Şerefiye 010 Toyuk
Köpekkaya Br. Sakallı Özlüce Bozkurt Türkeli Helaldı Kestanelik Erfelek Kabalı Kervans
Cide 010 Kestanelik

D i k m e n D a ğ ı
Dağlı Geçidi 950 m Şenpazar Küre Göynük Dağı 1804 m Işırganlı Geçidi 1170 m Yenikonak Dirinaz Geçidi 1350 m Çakıldık H
Aydınlar Kartaltepe Geçidi 1240 m Çatak Yaralıgöz Dağı 2019 m Akgöl Geçidi 1330 m Çangal Dağı 1586 m Elma Dağı 1282 m Dikme
Kerpiçli Karakuz Dağı 1435 m Kayrak Ağlıköy Yaralıgöz Geçidi 1450 m Hanönü Sakız Karandı
Örencik Geçidi 990 m Azdavay Seydiler Devrekâni Küçüksu Kalekapı Çuhalı
Pınarbaşı Ballıdağ Geçidi 1580 m Kasaba Köy Yukarıbatak 030 Taşköprü Karacaören Boyabat Durağan
Kababayır Geçidi 1060 m Daday Oyruk Geçidi 1210 m Pompeiopolis Korucu Erdoğası
Ovacuma Karacaören Akpınar KASTAMONU Saraycık Dağı 1729 m Saraydüzü Fakıllı Mezraa
Eflâni Budamış 775 Akkaya Ç. Aşağızeytin Beşpınar
Muhacir Araç 030 765 Kıyık Akkaya Kargı Kuzköy
İğdir Sarıgömü İhsangazi Kuzyaka Kırık Sinderli Hacıhamza Sarmaşıkkaya Osmancık
Şamlar Maamlar Ilgaz Dağı 2587 m Tosya Ilgazı Geçidi 1625 m 100 Saray
Ovacık Gürgenli Dağı 1806 m Boyalı Ilgaz Dağı Geçidi 1775 m Ilgaz Dağı Milli Park TOSYA E 80 Kös Dağı 2065 m Gümüşhacıköy
Pelitçik Bayramören Ilgaz 765 Çeltikbaşı Türbe Geçidi 1625 m Hacıhalil 775 Dodurga Gümüş
Köçekler Belören Düzağaç D. Geçmiş Dağları 2044 m Kaybeli 1305 m 765 Lâçin Yukarıovacık
Doğlacık Kurşunlu İndağı Geçidi 1420 m Yapraklı Elmabeli 1080 m Dabyra Oğuzlar Hama
Çerkeş Atkaracalar 100 E 80 765 Yüklü İkizören İskilip Meçhul A
Işık Dağı 2034 m Korgun Bayat Köse Dağı Geçidi 1215 m
D a ğ Orta Eldivan ÇANKIRI Osmaniye
Aydos Dağı 1754 m Şabanözü Eldivan Dağları 1809 m Karadibek 180 Seydim ÇORUM
ahamam asekmez Geçidi Karamusa Dedeköy Uğurludağ 180 Cemilbey Orta
Karagöl Çubuk II Barajı Kızılırmak Kızılırmak Karşut 785 Kürebeli 1165 m Çopraşık
Çubuk Çubukbeli Geçidi 1200 m Camilibeli Geçidi 1240 m Dayakkıranbeli 940 m Dağhalılinceli Karaçay Alaca Höyük Alaca 190 Ayd
Esenboğa Sünlü Hasayaz Çandır 765 Yeşilyazı Sungurlu Eskiyapar Yenice Eymir
irkeli Yenice Baykuşbeli Geçidi 1365 m Sulakyurt Faraşlı Akpınar Salmanköy Yekbaş 795 Deremahal B o
ANKARA Akyurt İdris Dağı 1992 m Kaleçik Battaloban Büyükyağlı Zincirli Dağı 1625 m Boğazkale Yazılıkaya Hatuşaş Külhüyük
1312 Çubuk Barajı 765 Karagüney Dağı Delice Ç. Muslubelen Geçidi 1440 m Çalatlı
E 88 200 Elmadağ Geçidi 1200 m Balışeyh Beyobası Delice Salmanlı Musabeyli YOZGAT
ELMADAĞ İmak Yahşihan Çerikli Arslanhacılı Çamlık Milli Park
Gölbaşı Karaoğlan Bahşili KIRIKKALE Tatlıcak E 88 Sekili Salamakatal Gelingölü Barajı
Beynam Elmadağ 1862 m 200 Osmanpaşa
E 90 Küre Dağı Hacılar Ceritmüminli Akçakent Çiçekdağı Yerköy Yassıhağul Şefaatli
Ahiboz 750 Karaali Keskin Kapulukaya Barajı Kösefakılı Çiçekdağı Geçidi 1300 m Yenipazar
Bezirhane Dinek Dağı Karakeçili Köprüköy 765 Demirli
Balâ 260 Çelebi Akpınar Göllü Sarıkent
Karacaören Bayramözü Kaman İsahacılı Körpınar Kartalkaya Karahasanlı Karasenir
Kesikköprü Barajı Hirfanlar Yelekköy Sofular Boztepe
Pasadağ

A **B** **C**

İnce Br.

SİNOP
Kızılabalı
İncipınar
Sinop Br.
Çatalzeytin
Ayancık
Şerefiye · 010
Türkeli
Heladı
Kestanelik
Toyuk
Işırganlı Geçidi
1170 m
Erfelek
Kabalı
Kervansaray
Yenikonak
Gerze
Karalıgöz Dağı
2019 m
Dirinaz Geçidi
1350 m
Hızarçayı
Çakıldak · 010
ıgöz
ji
m
Akgöl Geçidi
1330 m
Çangal Dağı
1586 m
Elma Dağı
1282 m
Dikmen
Eskiköy
Hanönü
Sakız
Karandı
Yakakent
Alaçam
Harız
Bafra
Karaboğaz Gölü
Bafra Ovası
Balık Gölü
ekapı · 030
Gök Ir.
Çuhalı
Dütmen Geçidi
1440 m
Kızlan
Kolay
Boğazkaya
Ondokuzmayıs
Dereköy
Pompeiopolis
Taşköprü
Karacaören
Boyabat
Durağan
Gölgerişi
Taflan
Çavuş
J
Saraycık Dağı
1729 m
Korucu
Çerçiler
Türkmenli
Esençay
Derbent
Barajı
SAMSUN
Amisos
Di
Sindirli
osya Ilgazı Geçidi
5 m
Saraydüzü
Fakılı
Erdoğası
Kabakoz
Kuruçay
Altınkaya
Barajı
Mahmuz Geçidi
670 m
Kayusuflu
795 · Kiran
Tekkeköy
Çayırkın
Çakmak
Barajı
a
ğ
arı
Kargı
Aşağızeytin
Mezraa
Oymaağaç
Belalan
Cakallı
Hacılar Geçidi
780 m
Asarcık
Ayvacık
e Geçidi
1625 m
arı
Hacıhamza
Kuzköy
785
Beşpınar
Vezirköprü
Köprübaşı
İlıca
Karadağ Geçidi
900 m
Kavak
Şeyhli
Çarşıköy
D
Kös Dağı
2065 m
Sarmaşıkkaya
Osmancık
Saraycık
Güvenbeli
875 m
Havza
Lâdik
Destek
Hasan U
Bara
Hacıhalil
Dodurga
Gümüşhacıköy
Merzifon
Ortaova
Meşepınarı
030
Alpaslan
Kayıbeli
1305 m
785
Lâçin
Gümüş
Yukarıovacık
Hamamözü
Alıcık
Çaybaşı
Sarıbuğday
Suluova
Akdağ
2061 m
Akdağ
Taşova
Elmabeli
1080 m
Dahyra
Oğuzlar
Gökçebel
Meçhul Asker
Geçidi 1215 m
Amasya
Tekke
Esençay
Erbaa
İskilip
Osmaniye
Doğantepe
Kayaban
Gökyüyük
Kozlu
Bayat
180
Seydim
Köse Dağı
Çakır Dağı
Gözlek
İlyas
Ezinepazarı
Sakarat
D
İveröl
Mı
180
Uğurludağ
Mecitözü
Kıflar Dağı
Gediksaray
Turhal
180
Dazya Hanı
Çerçi
Coma
Pont
Cemilbey
ÇORUM
Göynücek
Buzluk
Dağı
Zile
Zile Ova.
Dökmetepe
Tokat
Karşut
Kürebeli
1165 m
Çorum Ir.
Karadağ
İğdır
Karayünbeli
1160 m
Tatlıcak
Pazar
Karaçay
Alaca Höyük
Ortaköy
Çekerek Ir.
Boztepe
Sungurlu
Alaca
Çopraşık
Bazlamaç
Reşadiye
190
Yalınyazı (Masat)
050
Haranbe
Akpınar
Salmanköy
Eskiyapar
190
Aydıncık
Maşat-Hüyük
Deveci
Dağı
Artova
Çar
Yekbaş
Boğazkale
Ekmekçi Beli
1100 m
795
Yenice
Çekerek
Sulusaray
Yeşilyurt
Çekerek Ir.
Zincirli Dağı
1625 m
Hatuşaş
Yazılıkaya
Eymir
Deremahal
Koyunculu
Kadişehri
Sebastopolis
Çamlı Beli
1646 m
elice
ikli
Salmanlı
Arslanhacılı
Musabeyli
Külhüyük
Bozok
Yaylası
Beyyurdu
Doğanlı
Rüzgarbeli
1520 m
E 88
Sekili
Muslubelen Geçidi
1440 m
Çalatlı
Aşağıekcik
E 88
200
Yavu
Kava
200
YOZGAT
Sorgun
Çamlık
Milli Park
E 88
Silahtar
Yaylak
Saraykent
Yedişehir
Akdağmadeni
a
Çiçekdağı
Sarıhamzalı
Karaveli
Oluközü
Bozhüyük
Bozkurt
Akçakışla
Sekili
Salamakafal
Osmanpaşa
Geyikli Dağı
1933 m
d
Çiçekdağı
Yerköy
Yassıağul
Karayakup
Hasbek
Akçakışla
Sıklıdağı
2090 m
Karababa Dağı
2327 m
Ortaköy
Sarıka
Çiçekdağı
Geçidi
1300 m
Kadılı
Sarıkara
Çatkoy
Gedik Hanı
Apınar
Demirli
Göllü
Şefaatli
Yenipazar
Yenikışla
Eşikli
Şarkışla
artalkaya
Sarıkent
Babayağmur
Gevencik Dağı
Sızır
Çayırşeyhi
pınar
Boztepe
Karahasanlı
Karasenir
Sırçalı
Han Kilisesi
Çavıralan
Çokradan
Burhan
9

Kara Deniz

(Zwarte Zee)

Dumanlı Gölü

Çarşamba Ovası
Themiskira
Terme
yık
Çarşamba
010
Ünye
İkizce
Yasun Br.
Çam Br.
Eynesil
Görele
Tirebolu
Çambaşı
Fatsa
Perşembe
Sakarya Kalesi
Çanakç
Tekkiraz
Ordu
Gülyalı
Bulancak
Keşap
010
Espiye
İlküvez
Çamaş
Piraziz
Giresun
Yağlıdere
Doğankent
Kumru
Çatalpınar
Uzunisa
877
Korgan
Ulubey
Karabulduk
Akkuş
Gürgentepe
Kovanlık
Dereli
Kabataş
Gölköy
Yavuzkemal
865
Aybastı

Suatgürlü Barajı

Çamiçi
Topçam
Kümbet
Şehitler Geçidi
Hasan Dağı
tepe
Niksar
Bozçalı
Yeşilce
Karagöl Dağı
2475 m
2937 m
Gökçeli
Başçiftlik
Bereketli
355
3107 m
Tamdere
lu
Gökdere
100
Reşadiye
Mesudiye
Ortakent
Karadağ
Dağı
Bakımlı Dağı
Köse
Dağları
Koyulhisar
Gökçekent
Şebin Karahisar
040
Alucra
3331 m
Almus
Almus Barajı
Doğanşar
865
Eğme Dağı
Sarıçiçek Dağı
iniş Geçidi
Toraç Dağı
Asmalıdağ
Kılıçkaya Barajı
2411 m
Çamoluk
0 m
2129 m
2416 m
Tekeli Dağı
Şuşehri
Suşehri Ovası
Gölova
Dağları
260 m
Yıldız Dağı
2649 m
E 80
100
el
2552 m
Şerefiye
Akıncılar
Çatalçam
Çırçır
Kurbağalı Beli
865
Kızıldağ
E 88
Akarsu
Çeltek Dağı
1800 m
Töfürge Gölü
3025 m
200
Refahiye
2067 m
Zara
İmranlı
Gümüşakar
Cengerli
Yeni Han
Karaçayır
Pülür Gölü
Acısu Ir.
Doğanbey
Yıldızeli
Paşabahçe
E 88
200
Hafik
Karacaören
Bozçalı
Bozoğlak
Saray Hanı
SİVAS
Seyfibeli Geçidi
Kuruçay
Kemah
Direkli
1435 m
Celâlli
Buluçan
Bey Dağı
ğ
Cengelli Dağı
Kamakha
851
Karayün
Karabel Geçidi
2802 m
2596 m
Armutlu
Sahintepe
Oğuz
Karaca Dağı
Tuzla Han
1810 m
Gürlevik Dağı
a
Gedikbaşı
Yılan Dağ
1710 m
Budaklı
2688 m
Beypınarı
İliç
Çal Dağı
2950 m
Bedirli
850
260
Te
Sincan
Göl Dağı
2342 m
260
Yılanlıdağ
Kırkgöz
Demirdağ
2309 m
Kayadibi
Ulaş
2600 m
Karabel Ir.
Hanlı
Tecer
Deliktaş
Divriği
Kemaliye
Başpınar
al
Yağdonduran Geçidi
Balıklı Kaplıca
Höbek
Sarıçiçek Yaylası
1750 m
Tahtalı
Kavak
Karaşar Geçidi
Mercan Dağları
Altınyala
Kangal
Çetinkaya
260
1950 m
Mursal
Danişment
Dutluç

2

3

4

6

10

Ankara, Konya, Tuz Gölü

A **B** **C**

Geyve
Kazkıran Geçidi 800 m
150
Kaçıayaz Geçidi 1080 m
160
Taş Ba Geçidi
Mudurnu 1610 m
Çökeler
Köroğlu T. 2400 m
Geçidi 1580 m
Çamlıdere
Güvem
Derebarda

Taraklı
160
Göynük Geçidi
Atyalası Geçidi 1270 m
Karaçamak
Yazıca
Kıbrıscık
Seben
Bayındır Barajı
Bayındır
Peçenek
Soğuksu Milli Parkı
Kız

Gölpazarı
Meyitler Geçidi 1180 m
Susuz
170
Çalıçaalan
Kabaca
K o
Karşar
Kerbanlar
Karlık Dağı
Uruş
Çeltikçi
E 89

Esenköy
Beydili
Aktepe 985 m
Nallıhan
140
Ş
Beypazarı
Taşören
Güdül
Kızan

Yenipazar
Uluköy
Çağa
Aysanti Geçidi 1190 m
Mürtet

İnhisar
Sarıcakaya
Dağküplü
Çayırhan
Ayaş içmecesi
140
Ayaşbeli 1195 m

Mihalgazi
Hekimdağ
Gökçekaya Barajı
Sarıyar Barajı
Kırbaşı
Uğurçayırı
Ayaş
Sincan
Yenikent

Sündiken Dağları
Kartal Geçidi 1550 m
Mihalıççık
Çile Dağı 1440 m
Malıköy
İncek
E 90

ESKİŞEHIR
Ağapınar
Alpu
Doğanoğlu
Kayı
Yukarığdeağacı
Temelli
200

Sevinç
Güneli
Beylikova
Yunusemre
Porsuk Ç.
Yassıhüyük

Akpınar
665
Hamidiye
Balçıkhisar
Dümrek
Gordion
Polatlı
Gökçehüyük
260

Doğançayır
Yazıdere
Sivrihisar Dağları
Sivrihisar
Hamamkarahisar
200
E 90
Şeyhali
Oyaca
Gavur Kalesi

Seyitgazi
Mahmudiye
Kaymaz
Yıldızören
Kepen
260
Günyüzü
695
Yenimehmetli
Haymana

Kırka
Çifteler
İlıcabaşı
675
Pessinus
Eryiğit Dağı
Çakmak
Mangal Dağı 1414 m
Yenice
Baltalın

Kümbet
Karaören
Yapıldak
Şaphane Dağı 1765 m
Gülçayır
İlyaspaşa
Haymana
Sinanlı

Gokbahçe
Göynüş Vadısı
Midas Şehri
Gözeli
Umraniye
Gömü
Çekirgeköy

Ayazını (Metropolis)
Bayat
Emirdağ
Suvermez
Hisarköy
Çeltik
Gökdağı 1257 m
Güzelyayla

İncehisar
Köroğlubeli 1400 m
Emir Dağları
Davulga
Yarıkkaya
Sülüklü

Dokimeion
Seyitler Barajı
Kemerkaya
29
Yunak
Kurşunlu Dağı
Cihanbeyli yaylası
Böğrüdelik

AFYON
Sülümenli
Cobanlar
Bolvadin
Kızılkuyu
Kuzören
695
Turgut
Pınarbaşı

Salar
300
Çay
Derekarabağ
Eber Gölü
Gölcük Dağı

Şuhut Ovası
Karamıkkaracaören
Sultandağı
Akşehir Gölü
Pazarkaya
Tuzlukçu
Konarı
Atlantı
Çavuşçu Gölü

Uzunpınar
Çayıryazı
Karadilli
320
Kumdanlı
Akşehir
Karabulut
Çavuşçul
Kurtbasanlı
Dedeler

Karakuş
Bozdurmuşbeli 1420 m
Yalvaç
695
Karahüyük
Engilli
300
Argıtham
Orhaniye
Kervansaray
Sarayönü

nirkent
Akkeçili
Gelendost
Kötürnik
Bağkonak
Reis
Koçaş
Ilgın
Kadınhanı
300
Halıcı
Fakra Dağı 1446 m

uborlu
Gelincik Dağı 2799 m
Yakaköy
Şarkıkaraağaç
Doğanhisar
Bozdağ 2126 m
Dokuz
Aşağı Pınarbaş
Sade

Atabey
Barla
Mamatlar
Kaya Beli 1630 m
Destiğin
Aşağıçiğil
Derbent
Altınapa Barajı
Sille Barajı
Horozlu Han
Sille

Eğirdir Gölü
Eğirdir
Yılanlı
Aksu
Gedikli
Kireli
Hüyük
İmrenler
Yunuslar
330
Kızılören
Kervansarayı
KONYA

ISPARTA
Bağıllı
Yenişarbademli
Sarıköy
Yenidoğan
Doğanbey
Erenkaya
Hatip
696

Çamlıdere
685
Kovada Gölü
Beyşehir Gölü
Beyşehir
695
Çavuş
Bayat
715

1 cm = 17,5 km 1 : 1.750.000

0   25 km   50 km

D   Eldivan   **ÇANKIRI**   **E**   **F**   Seydim   **ÇORUM**

Aydos Dağı 1754 m   Şabanözü   Eldivan Dağları 1809 m   Karadibek   Uğurludağ   Cemilbey   Köseli

raham   Karagöl   Çubuk II Barajı   Karamusa   Tüney   Kızılırmak   Kızılırmak   Kürebeli 1165 m   Ortal

sekmez Geçidi   Çamilibeli Geçidi 1240 m   Dayakıranbeli 940 m   Dağlalilinceli   Karşut   Alaca Höyük   Çopraşık

Çubuk   Hasayaz   Çandır   765   Yeşilyazı   Karaçay   Alaca   190

Sünlü   Baykuşbeli Geçidi 1365 m   Sulakyurt   Sungurlu   Eskiyapar   Aydın

Esenboğa   Akyurt   İdris Dağı 1992 m   Kaleçik   Faraşlı   Akpınar   Salmanköy   Yekbaş   Ekmekçi Beli 1100m   795   Yenice   Eymir

keli   Yenice   İdris Dağı   Battalobası   Boğazkale   Yazılıkaya   Külhüyük

ANKARA   Çubuk Barajı   765   Elmadağ Geçidi 1200 m   Balişeyh   Büyükyağlı   Zincirli Dağı 1625 m   Hatuşaş   Deremahal

Elmadağ   İrmak   Yahşihan   Beyobası   Delice   Salmanlı   Musabeyli   Muslubelen Geçidi 1440 m   Çalatlı

Elmadağ 1862 m   **KIRIKKALE**   Çerikli   Tatlıcak   Arslanhacılı   Musabeyli   **YOZGAT**

Gölbaşı   Bahşili   200   Sekili   Salamakafa   Çamlık Milli Park

Karaoğlan   Hacılar   Ceritmüminli   Akçakent   Çiçekdağı   Yerköy   Yassıağıl   Osmanpaşa   Gelingölü Barajı

Baynam   Keskin   765   Köprüköy   Kösefakılı   Demirli   Çiçekdağı Geçidi 1300 m   **Şefaatli**

Karaali   Karakeçili   Çelebi   Isahocalı   Akpınar   Kartalkaya   Göllü   Sarıkent   Karahasanlı   Karasenir   Sırcalı   Yenipazar

Ahiboz   260   Bala   Bayramözü   Sofular   Körpınar   Boztepe   Karaarkaç   Kozaklı   Yenifakılı

Bezirhane   Kaman   Hirfanlı   Yelekköy   Savcılı   Seyfe   Seyfe Gölü   Budak   1250 m   Büyüköz

Karacaören   Paşadağı 1367 m   Kesikköprü Barajı   Tokluman   **KIRŞEHİR**   Kervansaray Dağı   Yeniyapan   Kalacık D.   Emali

Karahamzalı   Hirfanlı Barajı   Seker   Evren   Mucur   Avucköy   Topaklı   805   Himm

nsan Gölü   Düdün Gölü   Akın   Sarıyahşi   Kızıldağ 1768 m

Gökmeri Hüyüğü   **Kulu**   Bozan   E90 750   Ağaçören   **Hacıbektaş**   Özkonak   Göynük

Yeniceoba   Zincirlikuyu   715   **Şereflikoçhisar**   Gümüşkent   Yeşilöz   **Avanos**   Su

Yavşan Tuzlası   Pecenekozu D.   Kültepe Barajı   Tuzla   Zelve   Aksalur

Cihanbeyli   Tuz Gölü   **Ortaköy**   Balcı   **Gülşehir**   Çavuşin   **Urgüp**   767

Tersakan Gölü   Ilıca Yaylası   Gö);yazı   Ekecek Dağı 2137 m   **Göreme**   **Göreme Milli Park**   Mustafapaşa   Akköy   805

Kırkışla   Yapalı   Ufukışla   Acıpınar   **NEVŞEHİR**   Hodul Dağı 1949 m   Başköy

Bulak Gölü   715   Altınekin   Yeşiltepe   Yeşilova   **AKSARAY**   Gülağaç   Acıgöl   Kaymaklı   Mazıköy   805   Soğanlı

Eskil   Peristrema   Mamasun Barajı   **Derinkuyu**

konak   Esmekaya   Bezirci Gölü   Yapılcan   Selime   Güzelyurt   Bağlama   Gölcük   Cappadocia

Obruk Hanı   Obruk   300   **Sultanhanı**   Ihlara   Sekkin Boğazı   Çiftlik Geçidi 1630 m   Araplı Geçidi 1400

belen   İpekler   Başgötüren   Güneşli   Taşpınar   Svrihisar Geçidi 1770 m   805

m   Kızören   E90 750   Hasan Dağı 3268 m   Melendiz Dağı 2963 m   Aktaş   Elmalı

Obruk Yaylası   Hamburun Geçidi 1335 m   **Gümüşler**   **Eski Gümüş**

1130 m   Hodulbaba Dağı 1746 m   Emirgazi   Belkaya   Altunhisar   **NİĞDE**

konak   Yarma   Kayalı   Gölören   **Bor**   Kemerhisar   Çamardı

330   Salur   Karacadağ 2030 m   Zengen   805   Kolsuz Geçidi 1490 m   Aladağlar Tasan   Kalı

Selimiye Külliyesi   **Karapınar**   Acı Gölü   **22**   **23**   Çakmak   **8**

Meke Gölü   330   sılı Ovası

A 5 B C

artalkaya
Der Göllü
Yenipazar
Yontisla
2090 m
Çatköy
Ortaköy
Gedik Hanı
Eşikli
Şarkışla
Körpınar
Sarıkent
Karahasanlı
Karasenir
Sırçalı
Babayağmur
Gevencik
Çokradan
Sızır
Burhan
Çayırşeyhi
Boztepe
Karaarkaç
805
Han Kilisesi
Çayıralan
Seyfe
Seyfe Gölü
Kozaklı
Yenifakılı
Boğazlıyan
Çandır
Gemerek
Yeniçubuk
Beştepeler Geçidi
1350 m
851
260
Budak
Yeniyapan
1250 m
Büyüköz
Müftükışla
Özvatan
Sarıoğlan
260
Malaköy
Akkışla
Hınzır Dağı
2641
Mucur
Elmalı
Felâhiye D.
Felâhiye
Hacıbektaş
Avucköy
805
Kurşunlu Dağı
1786 m
Tuzla Gölü
Güneşli
Lâlbeli Geçidi
1360 m
Bünyan
Kaynar
Kızıldağ
1768 m
Himmetdede
Erkilet
Kültepe
Korumaz Dağı
Pınarbaşı
Gümüşkent
Yeşilöz
Göynük
Bünyan Ç.
Gezi
Elbaşı
Pazarören
Dokuzdolanbaç Geçidi
1710 m
Tuzla
Susuz Dağı
KAYSERİ
Talas
300
Kültepe Barajı
Avanos
Zelve
Aksalur 1759 m
Göreme Milli Parkı
Çavuşin
Ürgüp
İncesu
Hacılar
Hisarcık
Sakaltutan Geçidi
1575 m
Kaylaklar
kecek Dağı
137 m
NEVŞEHİR
Göreme
Akköy
767
Erciyes Dağı
3917 m
Tekir Geçidi
2225 m
Özlüce
815
Acıgöl
Mustafapaşa
Hodul Dağı
1949 m
Mazköy
Dörtyol
Çayırözü
Tomarza
Toklar
Soğanlı Dağı
2925 m
300
Kaymaklı
Erdaş Dağı
1982 m
Başköy
805
Çaylıca
Pusatlı
Yalıköy
RAY
Derinkuyu
Soğanlı
Yeşilhisar
Develi
Yazıbaşı
Süveğen Dağı
1968 m
Bey Dağı
3075 m
Tufanbeyli
Mamasun Barajı
Gülağaç
Güzelyurt
Bağlama
Gölcük
Sırkansazlığı Milli Parkı
Sarıca
Bakırdağı
Saraycıkbeli Geçidi
1720 m
Kan Geçidi
1565 m
815
Selime
Ihlara
Svrihisar Geçidi
1770 m
Çiftlik
Sekkin Boğazı
Çiftlik Geçidi 1630 m
Araplı Geçidi
1400 m
Ovaçiftlikköy
Bakır Dağı
2721 m
Obrukbeli
1630 m
Hasan Dağı
3268 m
Melendiz Dağı 2963 m
Hamburun Geçidi
1335 m
Derebağı
Yahyalı
Tahtafırlatan Dağı
2495 m
Saimbeyli
Altunhisar
Aktaş
Gümüşler
Elmalı
Kavlaktepe Geçidi
1720 m
Feke Dağı
1838 m
NİĞDE
Eski Gümüş
Demirkazık T.
3756 m
Zamantı Ir.
Mansurlu
Feke
Çokak
Bor
Kemerhisar
Çamardı
Göllüce Dağı
1943 m
Üskiyen Geçidi
920 m
Andırın
Zengen
Kaldı Dağı
3736 m
Aladağlar Tasarı Milli Parkı
Tokmaklı
Ovas
Kolsuz Geçidi
1490 m
Akinek Dağı
2010 m
Cömlük
815
Çakmak
Gayrayak Geçidi
1584 m
Karanfil Dağı
3059 m
Aladağ
Ereğli
Ulukışla
Çiftehan
Kamışlı
Postkabasakal
Kozan
Kadirli
Halkapınar
Darboğaz
Medetsiz
3452 m
Pozantı
Gerdibi
Yüksekören
Çukurköprü
Aslantaş Barajı
dinkent
ivriz
Aydos Dağı
3430 m
Hacımusalı
Tepecikören
İmamoğlu
Ayşehoca
Anazarbos
Karatepe
Domuz
Karatepe
Berendi
Karaisalı
Çatalan
Köşefakılı
Karatepe-Aslantaş Milli Parkı
Çamlıyayla
Buçak
Kırıklı
Seyhan Barajı
Kösreli
817
Tecirli Milli Parkı
Osm
Gülek
Salbaş
Kurttepe
Sağkaya
Mercimek
Tırtar
Meşelik
Bayram
750
O-52
Ceyhan
Toprakk
Arslanköy
Gözne
Berdan Barajı
E-90
O-51
Erzin
ney Dağı
19 m
Yavca
Yenice
ADANA
Yakapınar
Nur Dağı
817
O-51
Dörtyol
Fındıkpınarı
O-51
Tarsus
Doğankent
Uyuz Dağı
Yakacık
üzeloluk
Kuzucubelen
Kazanlı
Seyhan N.
815
Tuzla
Yumurtalık
Portakal Br.
İskenderun
Elvanlı
400
Sorgun D.
MERSİN
(İÇEL)
İskenderun Körfezi
Kepirce
Erdemli
Akyatan Gölü
Kuş Cenneti
divane
Akdeniz
(Middellandse Zee)
Karataş Br.
Karataş
Ulucınar

A   B   C

1

Samothráki

Paleópoli
Thérma
Kamariótissa
Paleópolis **Samothráki**
Xiropótamos Mnimaria
Lákoma *Óros Fengári* Kerasiá
1611 m

Sultaníca Abdürrahim Erikli
Vakıf Yaylaköy
İbrice

Saros Körfezi
Yıldızköy
Körfezi

Ocaklı

1

Ege Denizi

Fındıklı
Tayfur
Tayfurköy **Gelibolu**
Karainebeyli Bayırköy
Lâpseki

Büyükkemikli Br.
Anafarta Limanı Küçükanafarta

200

Yalova **E 87** Suluca
550 Umurbey
Kabatepe Eceabat Yapıldak

Kaleköy Bademli
Gökçeada Kuzulimanı
Tepeköy **İmroz**
(Gökçeada)
Dereköy
Zeytinli
Brj.
Aydıncık
Kömürlimanı Barbaros **Gökçeada**

Kilitbahir **Çanakkale**
Kilitbahir
Behramlı **Kale-i-Sultaniye**
Hamidiye *814 m*
Kocakır

Gelibolu
Yarımadası
Milli Parkı *Atikhisar*
Brj.

Gökçeada

Gökçeada

İlyasbaba Br.
Abide Ortaca
İntepe Kirazlı

Kum Br. **Kumkale** Denizgöründü *Kayacı D.*
Achilleum Halileli *877 m*
Troje (Truva) Dümrek Ovacık
Tavşan Ad. Tevfikiye Salihler Kuşçayır
Yeniköy Akçapınar Camlıca
Üvecik Pınarbaşı Yiğitler **17-29**
Kumburun
Batı Br. Bozcaada **550** Sacaklı

Odunluk Geyikli
Bozcaada İskelesi **Ezine** Pazarköy Bayramiç
Gökçebayır *Y a*
Alexandria Kemallı Türkmenli Daloba
Troas Uluköy **E 87** Kebrene Serhat
Tavaklı **Neandreia** *g* *K*
17-52 Yaylacık Bahçeli
Kösedere Sapanca Baharlar
Naldöken Ahmetler **Ayvacık** Bahçedere
Tuzla **17-51** Ahmetçe Altınolu
Karanlık Br. Gülpınar Pasaköy Küçükkuyu
Tuzla Ç. **Assos** Büyükhusun
Apollon Smyntheion *Kadırga*
Baba Br. Babakale Bademli Behramkale *Edremit Körfezi*
Sürüce Br.

Maden Ad.

GRIEKENLAND *Lesvos*
Mithimna Skala
Akr. Ploridi *Lepetimnos* Sikamineas *Cuma Adası*
968 m Mantamádos Doğanköy **Ayvalık**
Andissa **Şeytan Sofrası** **550**
Skalohori *Çıplak Ad.*
Sigrí Ag. Paraskevi N. Kidónies Sarmısaklı **E 87**
Kalfoni *Stenón Mitilinis*
36 Pigi Altınov.
Agra Achladeri Moria
Skala Eresou *Kólpos* Ippio **Mitilini**
Apothikes *Kallonis* *Kólpos* Loutra
Olimbos Agiasos *Geras*
968 m
Vatera Akrasi Perama Kratigos Kill.

11 **13**

1 cm = 10 km   1 : 1.000.000

0   15 km   30 km

D   **E**   **F**

Kocaçeşme
Büyük Ada
Evrese (Kadıköy)   550
Gölcük   Mürefte
Yeniköy   555
Saraylar   *Marmara Adası*
Çınarlı   *İlyas Dağı*   Asmalı
Bakla Br.   Ortaköy   120   Şarköy
İnce Br.   Marmara   Topağaç   *Marmara Denizi*
Bolayır   E 90
Kapıdağı Yarımadası

1

Ekinlik Ad.   Koyun Ad.
Avşaadası   Yiğitler   Ballıpınar   Çayağzı   Çakıl D.
Şevketiye   *Avşa Ad.*   Paşalimanı   *Kapı Dağı*   Çakılköy
Parion   Bodrum Br.   Aksaz   Poyrazlı   Karşıyaka
Lampsakos   Kemer   Beyoba   Karabiga   *Paşalimanı Ad.*   Tuzla   Ocaklar   **Kyzikos**   Tatlısu   Yenice
Şahinli   E 90   200   Kule Br.   Ortülüce   Çeşmealtı   Bozlar   *Bandırma Körfezi*   **Erdek** **Artaki**   **Bandırma**   Erikli
17-04   Balıkiçeşme   555   Adreste   Güvemalanı   *Erdek Körfezi*   Edincik   Ömerli
Kemer D.   Yenicifttlik   Şirinçavuş   200
Dede D.   Beyçayır   Gündoğdu   **Biga**   Osmaniye   Havutça   Kuş Cenneti   1
719 m   Bakacak   **Pegao**   Sazoba   Bosatncı   Buğdaylı   Milli Parkı
Hacıgelen   Balcılar   Dereköy   Kapanbelem   10-80   Ilıcak   Kuşçenneti   Tophisar
Danapınar   Kapanbelem   Gündoğan   *Kuş Gölü*   565   Aksakal
Kocalar   *Karadağ*   Bostandere   Maltepe   Dumanalanı   Hasanbey   **Dazkila** (Iyonum)   10-03
749 m   **Çan**   Beyoluk   **Gönen**   10-78   Yeniköy   10-04
210   Şerbetli   Etili   Aladağ   Ekşidere   Hacıvelioba   **Melitopolis**
Hacıkasım   Terzialanı   Çalköy   969 m   Ortaoba   Alaşar   Manyas   Soğuksu
Muratlar   Bardakçılar   Nevruz   Soğucak   *Gönen Ç.*   Kocapınar   Hacıosman   **Poemanenos**
Söğütalan   Çınarlık   Sazak   *Gönen Brj.*   Fındıklı   Yenikavak   İrşadiye   Balıklıdere
Korucak   **Cotylus**   *Sakar Dağı*   Yeşilköy   Orhanlar   Yeşilova   2
ramiç   Hamdibey   Haydaroba   10-76   Ilıca   Reşadiye
Çırpılar   Örencik   Pazarköy   Kayapınar   Kurtdere   Yaylabayır
iclina   Akçakoyun   **Argiza**   Büyükpınar   İbirler   Çaypınar   565
Daği   Kalabakbaşı   Alancık   10-75   Eşeler   Babaköy
Kaz Dağı T.   10-08   Bengiler   Balya   Ovacık   Aysebacı   Kenşi
1774 m   Yağdıran   **Çakallar**   Beyköy   Karaman   3
Kaz Dağı Milli Parkı   Armutçuk   Dörtyol   555   Işıklar   Çandır
Güre   Zeytinli   Camcı   Evciler   Akbaş   **Balıkesir**   Osmaniye
Tahtakuşlar   Yaşyer   Osmanlar   Gökçeyazı   *Balıkesir Ovası*
Akçay   Büyükşapcı   Gökçeyazı   Dallımandıra   iyaköy
Kara Br.   **Edremit**   İvrindi   Büyükfındık   Çandır
Çoruk   **Havran**   Hüseyinpaşalar   Paşaköy   Çağış   Yeniköy
Kum Br.   Ören   **Borhaniye**   230   Mallıca   10-55   Soğucak   *İkizçatepeler*
Kızıklı   Çakırdere   Minnetler   Çiftçidere   *Brj.*   Mecidiye
Yaylacık   Büyükyenice   Karacalar   Konakpınar   555
Armutova   Süleydere   Sarıbeyler   Dedeburnu   **Bigadiç**
Hacıhüseyinler   Kuyumcu   Bölcek   **Savaştepe**   Akçakısrak   555
Hacıveliler   Ulubelen   Hacıbozlar   Büyükışıklar   Esmedere
tlu   Bağyüzü   Hacıhamamlar   Turanlı   Alhatlı   Gölcük   Karakaya   *Çaygören*
Başıkepe Kö.   **Perperene**   Karaveliler   Pireveliler   *Gölcük Dağları*   Söğütalan   565   10-31   **Sındırgı**
nak   434 m   Göbeller   Kozak   Göçbeyli   45-04   Karakaya   Kertil   Ilıcalı
Göbeller   Kaplanköy   Bölcek   **Gözetleme Kulesi**   Şahinkaya T.   240   *Sındırgıbeli Ge*
Nebiler   35-04   35-06   Kadıköy   **Soma**   Gelenbe   1025 m   725 m   4
Alacaklar   *Pergamon*   240   Musahoca   *Kepez Da*
Dikili   Sağancı   **Bergama**   Kınık   **Kırkağaç**   Kurtulmuş   *Seydan D.*
Teuthrania   Karahıdırlı   *köy*   İlyaslar   **Attaleia**   1383 m   12
Bademli   Çiftlikköy   14

Kalloni
Agra
la Eresou
Apothikes
Achladeri
Moria
Ippio
Mitilini
Olimbos
968 m
Agiasos
Loutra
Kratigos
Kilik Br.
Vatera
Akrasi
Perama
Plomári
Akr. Kefalos

Lesvos

Ege Denizi

Sakmak 434 m
Altınova
Göbeller
Kaplanköy
Kozak
Pireveliler
Göçbeyli
Nebiler
Kadıköy
35-04
Pergamon
35-06
Bergama
Dikili
Sağancı
Alacaklar
Karahıdırlı
Çiftlikköy
Teuthrania
Çalıbahçe
Bademli
Yeniköy
35-81
Yunt
Çandarlı
Elaia
Zeytindağ
Pitane
Örlemiş
Yuntdağ
Yuntdağköseler
Recepli
35-80
Seklik
Yenişakran
Kapıkaya
Kılıç
1084
Myrina
Bağömerli
Ilıca Br.
Güzelhisar
Bris
Nemrut Limanı
Aliağa
Aigai
Maldan
Kyme
Yenifoça
Çıtak
Osmançalı
Kara Tepe
668 m
Yıldırımkaya Br.
Aslan Br.
Dumanlı Dağı
1098 m
Orak Ad.
35-79
Ilıpınar
Larisa
Foça
Yenibağarası
250
Neonteichos
Muradiye
Kömür Br.
Karaburun
Phokaia
Menemen
Değirmendere
Manisa
35-83
Sarpıncık
Emiralem
250
Gürle
Manisa
1513
Küçükbahçe
Ak Dağ
505
1212 m
Seyrek
550
Sancaklı
Çamiçi
Yamanlar Dağı
Ayvacık
N. Inousses
Mordoğan
Tuzla Br.
Süzbeyli
Yakaköy
Inousses
Bölmeç Dağı
848 m
Aşağıovacık
Uzun Ad.
Ansızca
N. Pasas
Çamaltı İskelesi
35-76
Bağarası
Nif Dağı
1506 m
Pitious
Kiraz Br.
İnce Br.
Karşıyaka
Bornova
Kara Ad.
Gülbahçe
Körfezi
Kokala Br.
İzmir Körfezi
Vrondados
796 m
Chios
Erythrai
Balıklıova
Mentes
İZMİR
Moni
Dalyan
Ildır
Klazomenai
300
Balçova
Buca
Çeşme
Koca Dağ
490 m
Urla
Güzelbahçe
Kaynaklar
Kırıklar
Çiftlikköy
Boyalık
Ilıca
Şifne
300
550
Q-31
Dağkızılca
Altınkum
Alaçatı
Q-32
Uzunkuyu
Bademler
35-26
Zeytineli
Menderes
Karakuyu
Sığacık
35-39
Deliömer
35-51
E 87
Teos
Seferihisar
Keler
Harbar
Çakalla
Kilik Br.
Ürkmez
Değirmendere
Q-51
Ince Br.
Teke Br.
Sığacık Körfezi
Tahtalı Barajı
Kolophon
Metropolis
Ahmetli
Doğanbey
Karacadağı
770 m
35-51
Çakaltepe
Keçi Kalesi
Doğanbey Br.
Gülmüldür
Ahmetbeyli
Gölova
Özdere
Klaros
Sünger Br.
35-39
Notion
Şince
Şelçuk
Pamucak
Çamlimanı Br.
Efeze
Meryemana
550
Çamlık
Kuşadası
Gümüş
Manolates
Aslan Br.
Durmuş Dağı
1019 m
Drakei
Leka
Karvouni
1153 m
Samos
Gökçealan
Soğucak
Yamaç
525
Söke
Akr. Fanari
Mesogi
Chora
Sámos
Posidoni
Davutlar
Ağaçlı
Perdiki
Paleochori
Ormos
Marathokambo
Güzelçamlı
Yenidoğan
Ikaria
Spatharei
Potokaki
Samsun Dağı
Nalbantlı
Evdilos
Therma
K. Marathokambou
Dip Br.
Karine 1237 m
Priene
Güllübahçe
Fourni
N. Ag. Mina
Tuzburgazı
Nalbantlı
Fourni
BÜYÜK MENDERES
Sarıkemer
Yeşilköy

GRIEKENLAND

Chios

Kuşadası Körfezi

Samos

DILEK MILLI PARKI

Çandarlı Körfezi

1 cm = 10 km 1 : 1.000.000

0 15 km 30 km

Çamlık
Akdağ
2089 m

GÖKTE
1692

Dedeler

Yusufçami
1769 m

Kiçir

Sındırgı
Osmanlar
Kertil
Ilıcalı

Düvertepe

240

Söğütalan

Karakaya

10-31

Göcük Dağı

12

D

E

F

Bölcek

45-04

Gözetleme Kulesi

Soma

Gelenbe

Şahinkaya T.

Kepez Dağı

Simav Dağları

Simav Ova

Söğütcük

Mahmutlar

Aksaz

Bayrak
1696 m
Minne

240

Kırkağaç

Musahoca

K 1025 m

240

Kurtulmuş

Yüreğil

Bardakçı

Çiftlikköy

İlyaslar

Attaleia

Seydan D.
1383 m

Kocakağan

Kıhra

Güneşli

Demirci

45-10

Evkafteke

Gökçeahmet

Hanpaşa

Efendili

240

Zeytinliova

Görenez D.
1295 m

Kulalar

Tekeler

Yarbasan

Arabacıbozköy

45-06

Akhisar

Asi T.
1526 m

Ismailler

Seyitoba

555

Yayakırıklık

Gördes

585

Köylüce

Ariondos

Yağci T.
1511 m

Meçidiye

Akhisar Ovası

Boyalı

Balıklı

Armutlu

Corta

Gökbel

Gökçe

Kayakalan

Yeniköy

Kürekçi

Kınık

Saittai

Slandos

Saruhanlı

565

Beyoba

Nuriye

Akselendi

Alanyolu

Köprübaşı

Borlu

İçikler

Mütevelli

Halitpaşa

45-03

Gölmarmara

Arpacı

Tokmaklı

Yabacı

Börtlüce

Midıklı

Yeniköy

Gümülceli

Çal D.
1040 m

555

Yeniköy

Kemer

Kucur T.
1100 m

Hacıköseli

Kenger

Hamidiye

250

Kibele

Hacıhaliller

Temrek

Cambazlı

Kemerdamları

Karataş

Dombaylı

Meonia

Gökçeören

Kabartma

Karaoğlanlı

Marmara Gölü

Bin Tepe

Karaköy

Dereköprü

Kula

300

E 96

PIL DAĞI
LI PARK

Turgutlu

Ahmetli

Sarısığırlı

Hayalli

45-34

Sardis

Yeşilova

malpaşa

300

Bahçecik

Salihli

585

Mo

35-25

Allahdiyen

Damatlı

Piyadeler

Tepeköy

Caberfakıllı

Umur

15

Armutlu

Dağyeniköy

45-29

Boz D.
2137 m

Horzumembelli

Alaşehir

1555 m

Yukarıkızılca

Karabel

Elmabağı

Azitepe

Yeşilyurt

O   Z   D   a   ğ   l   a   r   ı

Gül D.
1192 m

Dolaylar

Çatak

Belenyaka

Gözfü baba D.
1890 m

64-51

Yel

Osmaniye

Helvacı

Kızılkaova

Bayındır

Üzümlü

Birgi

Kiraz

De

Pınarlı

Kayaköy

310

Gerçekli

310

Sarıgöl

Bahadırlı

Çırpı

Tokatbaşı

Derebaşı

Ödemiş

Kaymakçı

Uluderebent

Dadağli

Atalan

310

İkikurşunköy

Mahmutlar

Seyrekli

Yenişehir

Sarıpınar

Çal Dağ
1430 m

Karacaali

Gökçen

Ovakent

35-36

Tire

Küre

Bademli

Beydağ

Aşağıyakacık

Sarıcaova

Buldan

Büyükkale

Yermişler

Üzümler

A y d ı n   D a ğ l a r ı

Cevizli D.
1603 m

Somak

Samaillı

Bayındır

Kara Dağ
1353 m

Dampınar

İsafakılar

09-50

Akçaköy

Başçayır

Pamucak

Gencelli

Horsunlu

320

E 6

Balatçık

Ortaklar

Yukarıyakacık

Nyssa

Nazilli

Kuyucak

Pamukören

Bucak

Saray

Musallı

Germencik

Tralles

AYDIN

Sultanhisar

Pirlibey

Karapınar

Magnesia a.M.

İncirliova

E 87

320

Kösk

Yazırlı

Yenice

Karacaören

Tahtacı

Karaatlı

09-53

Çiftlikköy

09-25

Karıncalı Dağı
1545 m

Beyerli

Babadağ

4

Koçarlı

Cincin

Gölhisar

Dalama

Kuloğullar

Karacasu

Hacıhıdırlar

Güdüşlü

550

Yenipazar

Geyre

Aphrodisias

Bağarası

Çakırbeyli

Hallaçlar

Elderesi

585

Çeşmırköy

Karaağaç

Doğu   Menteşe

Yazıkent

Dandalaz Ç.

Kayap

Kısır

Bozdoğan

Doğu Menteşe
1792 m

09-28

18

Binnen

14

Sayrakçı

Abak

Alabanda

Cine

Altıntaşköyü

nseki

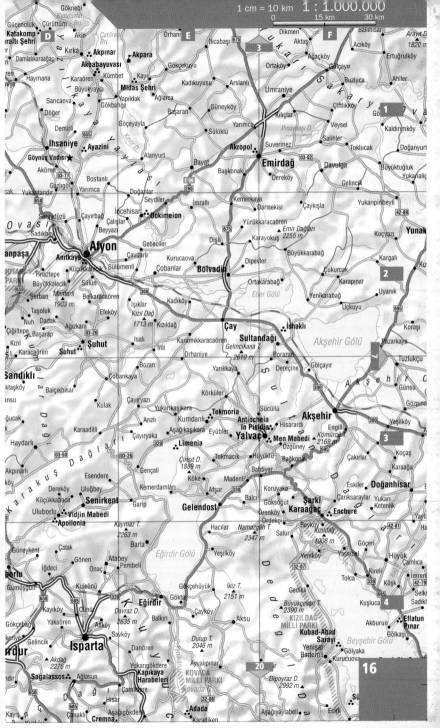

DILEK MILLI
Samsun Dağı
Priene
Karine 1237 m
Güllübahçe
Nalbantlar
Tuzburgazı
ÜYÜK MENDERES
MILLI PARK
Milete
Balat
Akköy
Dalyan
Ak-Yeniköy
Sarıkemer
Yeşilköy
Kızılcabölük
Kısır
Çavdar
Agaçlı
Yenidoğan
Bağarası
Çeşmiköy
Çakırbeyli
Hallaçlar
Elderesi
Karaağaç
Abak
Hacılebbelesi
Çine
Bozdoğan
Doğu Mentese
1792 m
Altınköyü
Haydere
Yazıkent
Beyerli
Kara

Alabanda
Alinda
Karpuzlu
Bölüntü
Akçaova
Gerga
Eskiçine
Güre
Salkım
Kavaklıdere
Ormepinar
Sırma

Kapıkırı
Herakleia
Pınarcık
Çamiçi
Hatipkışla
Gökbel Dağ
1412 m
Söğütcük
Memişler

Denizköy
Didyma
Didim
Tekağaç Br.
Altınkum
Akbük
Kazıklı
Kazıklıbucak
Dibekdere
Labranda
Kızılağaç
Ortaköy
Euromos
Aksivri T.
1083 m

İlbir
Dağı
525
Selimiye
Hacımamlar
Aksivri T.
1376 m
Kozağaç
330
Eskihisar
Yeşilbağcılar
Yatağan
48-81
Stratonikeia
Bozhüyük
Bozarmut
Yumaklı
Kozağaç
Gök Tepe
1892 m
Olukbaşı
Çavdar

Güllük
Körfezi
Kara
Br.
Güllük
Mylasa
Milas
Iasos
Hamzabey
Oya
Kalınağılköy
Akdağ
1206 m
Bozhüyük
Bahçeyaka
Çukuröz
550
Karaca
Muğla
Kurdbük
1612 m
Ortaköy

Güllük Limanı
Agaçlıhüyük
Beçin
Kale
Çamköy
Hamzabey D.
Çiftlikköy
Yeşilyurt
Gülağzı
Ula

Gündoğan
Türkbükü
Salih Ad.
Yalıkavak
Gölköy
Boğaziçi
Güvercinlik
Kuzyaka
Çiftlikköy
Sekköy
48-78
Kavak Dağı
Bağyaka
Yerkeşik
Pınarköy

Myndos
Gümüşlük
Pazar Dağı
Ortakent
Torba
Mumcular
Gürceğiz
Kalemköy
Sarnıçköy
Kıranköy
Akyaka
Gökova
Çitlik

Turgutreis
Kargı
Yalı
Bilaz
Gümbet
Halikarnassos
Bodrum
Kızılağaç
Çiftlikköy
Yukarımazı
Mazıköy
Kayaönü
Ören
Akbük
Keramos
Turnalı
Akçapınar
Çetibeli
Kızılyaka
Doğu

Akyarlar
Koca Br.
Kara Ad.
Yalıçiftlik
Orak Ad.
Kargılı Br.
Akbük
Sedir
Adası
Kedreai
Çam
Taşbükü

Kos
Zipari
Platani
Akr. Skandari
Akr. Psalidi
Gökova
Körfezi
Tuztutan Br.
Koyun Br.
Karaca
Oluk Limanı
Geçitbeli Geç.
550 m
Balaban Dağı
Büyükkaraağaç
Sultan
400

Akr. Ag. Fokas
Aşağıbörtlek
Değirmenyanı
Marmaris
İçmeler
Adaköy
Ekincik

Görmen Br.
Yumrukaya Br.
Körmen
Karaköy
Emecik
Reşadiye
Alayar
Yarımadası
Hisarönü
Orhaniye
Turgut
Turunç
Amos
Osmaniye
Turnalı
Kızıl Ad.
Ybnck Ad.
E
Dişibilir

Knidos
İskandil Br.
Feşmeköy
Döşeme
400
Datça
Kargı
Kalemlik Br.
Bozalan Br.
Hisarönü Körfezi
Bozburun
Selimiye
Bayır
Söğüt
Akyar Br.
Çiftlik

Arslanlı
Mesudiye
Palamutbükü
Divan Br.
İnce Br.
Ağıl Br.
Cumhuriyet
Sömbeki
Körfezi
Kardırga Br.

Pali
Avlaki
Nissyros
Nimos
Emborio
Simi
Simi
Panormitis
Sesklio
Kızıl Br.
Orta Br.
Kara Br.
Taşlıca
Loryma
Gökçe Br.
Kale Br.

Akr. Orfos
Megalo Chorio
Tilos
Ag.
Pandeleimonas
Livadia
Akr. Trachilos
Antitilos

GRIECHENLAND

Alimia
Akr. Kopria
Chalki
Kastellos
Embonas
Chalki
Akr. Armenistis
Akr. Minas
Kamiros
Salakos
Psinthos
Apollona
Archipoli
Kremasti
Maritsa
Ixia
Pastida
Akr. Zonari
Rhodos
Akr. Vodi

Ródos
(Rhodos)
Kolimbia
Akr. Vagia
Akr. Ladiko
Moní Tsambika
Archangelos
Akr. Archangelos

Monolithos
Akr. Fourni
Ag. Isidoros
Profilia
Laerma
Malonas
Moní
Kamirou
Moní Ipsenis
Lardos
Lindos
Akr. Aemilianos

Apolakkia
Asklipio
Pefka
Gennadi

13
17

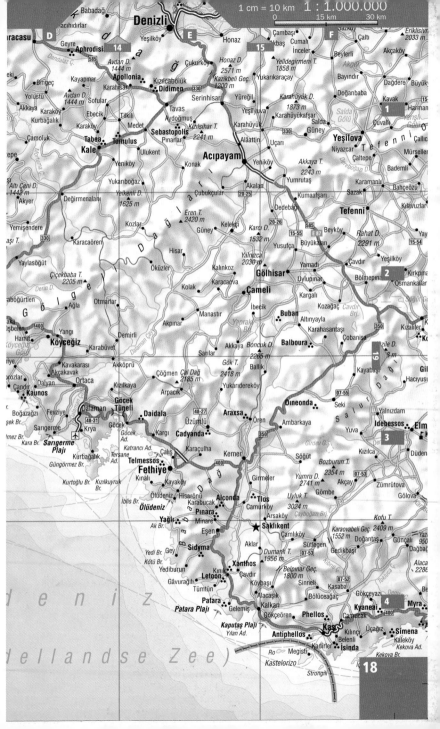

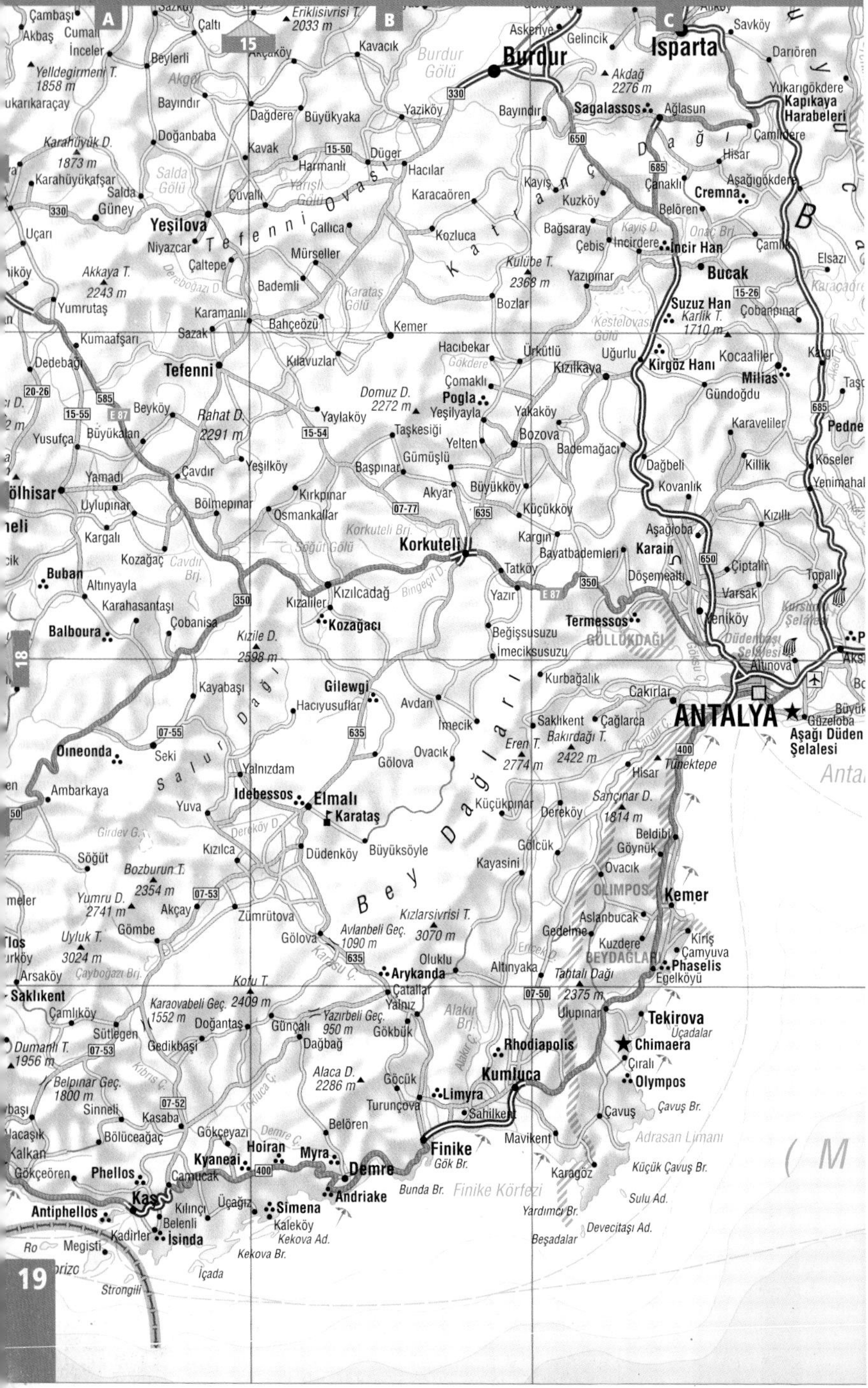
A
B
C
15
18
Çambaşı
Akbaş
Cumalı
İnceler
Beylerli
Çaltı
Eriklisivrisi T.
2033 m
Akçaköy
Kavacık
Burdur Gölü
Burdur
Askeriye
Gelincik
Isparta
Savköy
Darıören
Yelldegirmeni T.
1858 m
Akgöl
Akdağ
2276 m
Yukarıgökdere
Kapıkaya Harabeleri
Bayındır
Dağdere
Büyükyaka
Yaziköy
Sagalassos
Ağlasun
Doğanbaba
Karahüyük D.
1873 m
Kavak
Düger
Harmanlı
Hacılar
Çamlıdere
Hisar
Karahüyükafşar
Salda Gölü
Salda
Güney
Çuvallı
Yarışlı Gölü
Karacaören
Kayış
Kuzköy
Çanaklı
Aşağıgökdere
Cremna
Belören
Yeşilova
Niyazcar
Çallıca
Kozluca
Bağsaray
Çebis
İncirdere
İncir Han
Onaç Brj.
Çamlık
Elsazı
Uçarı
Tefenni Ovası
Mürseller
Çaltepe
Kulübe T.
2368 m
Yazıpınar
Bucak
Akkaya T.
2243 m
Dereboğazı D.
Bademli
Karataş Gölü
Bozlar
Suzuz Han
Karlik T.
1710 m
Çobanpınar
Yumrutaş
Karamanlı
Sazak
Bahçeözü
Kemer
Kestelovası Gölü
Kumaafşarı
Hacıbekar
Ürkütlü
Uğurlu
Kırgöz Hanı
Kocaaliler
Milias
Dedebağı
Tefenni
Kılavuzlar
Gökdere
Kızılkaya
Çomaklı
Domuz D.
2272 m
Pogla
Gündoğdu
Beyköy
Rahat D.
2291 m
Yaylaköy
Yeşilyayla
Yakaköy
Yusufça
Büyükalan
Taşkesiği
Yelten
Bozova
Bademağacı
Karaveliler
Pedne
Gümüşlü
Dağbeli
Killik
Köseler
Yamadı
Çavdır
Yeşilköy
Başpınar
Büyükköy
Kovanlık
Yenimahal
Gölhisar
Uylupınar
Bölmepınar
Kırkpınar
Akyar
Küçükköy
Osmankallar
Kızıllı
Kargalı
Korkuteli Brj.
Söğüt Gölü
Korkuteli
Kargın
Aşağıoba
Kozağaç
Cavdır Brj.
Bayatbademleri
Karain
Buban
Tatköy
Çiptalı
Altınyayla
Döşemealtı
Topallı
Karahasantaşı
Kızılcadağ
Kızaliler
Bingeçit D.
Yazır
Varsak
Çobanisa
Kozağacı
Termessos
Güllükdağı
Yeniköy
Balboura
Kızıle D.
2598 m
Beğişsusuzu
İmeciksusuzu
Düdenbaşı Şelalesi
Altınova
Kurbağalık
Kayabaşı
Gilewgi
Hacıyusuflar
Avdan
Çakırlar
ANTALYA
Güzeloba
Aşağı Düden Şelalesi
Saklıkent
Çağlarca
Oineonda
Seki
Salur Dağı
İmecik
Bakırdağı T.
2422 m
Eren T.
2774 m
Ovacık
Gölova
Yalnızdam
Hisar
Tünektepe
Ambarkaya
Yuva
Idebessos
Elmalı
Karataş
Küçükpınar
Dereköy
Sarıçınar D.
1814 m
Girdev G.
Dereköy D.
Beldibi
Göynük
Kızılca
Düdenköy
Büyüksöyle
Gölcük
Söğüt
Bozburun T.
2354 m
Kayasini
Ovacık
Olimpos
Kemer
Yumru D.
2741 m
Akçay
Bey Dağları
Kızlarsivrisi T.
3070 m
Aslanbucak
Gömbe
Zümrütova
Gedelme
Kiriş
Tlos
Uyluk T.
3024 m
Gölova
Avlanbeli Geç.
1090 m
Kuzdere
Çamyuva
Oluklu
Altınyaka
Beydağları
Phaselis
Arsaköy
Çayboğazı Brj.
Arykanda
Tahtalı Dağı
2375 m
Egelköyü
Saklıkent
Kofu T.
2409 m
Çatallar
Yalnız
Ulupınar
Tekirova
Karaovabeli Geç.
1552 m
Çamlıköy
Sütlegen
Doğantaş
Güncalı
Yazırbeli Geç.
950 m
Gökbük
Alakır Brj.
Üçadalar
Chimaera
Dumanlı T.
1956 m
Gedikbaşı
Dağbağ
Rhodiapolis
Çıralı
Belpınar Geç.
1800 m
Alaca D.
2286 m
Göcük
Kumluca
Olympos
Limyra
Sinneli
Kasaba
Turunçova
Sahilkent
Çavuş
Çavuş Br.
Bölüceağaç
Gökçeyazı
Belören
Hacaşık
Kalkan
Hoiran
Myra
Finike
Mavikent
Adrasan Limanı
Gökçeören
Phellos
Kyaneai
Gök Br.
Karagöz
Küçük Çavuş Br.
Çamucak
Demre
Kaş
Andriake
Bunda Br.
Finike Körfezi
Sulu Ad.
Antiphellos
Kılınçlı
Üçağız
Simena
Yardımcı Br.
Belenli
Kaleköy
Devecitaşı Ad.
Kadirler
İsinda
Kekova Ad.
Beşadalar
Megisti
Kekova Br.
İçada
Strongili
E 87
330
585
350
635
650
685
400
15-50
15-54
15-55
15-26
20-26
07-77
07-55
07-53
07-52
07-50

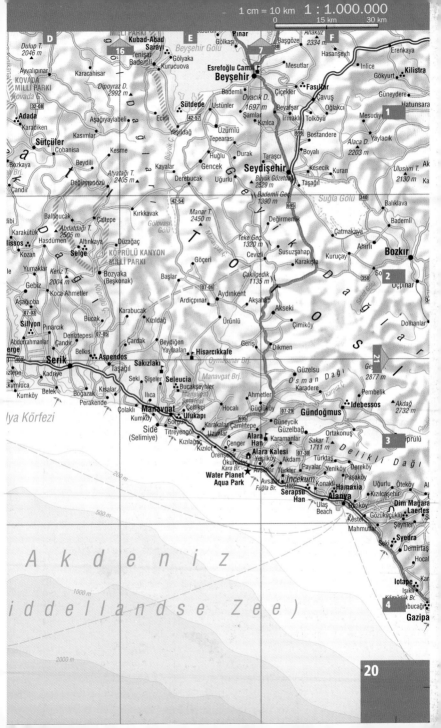

A B C

Mesutlar
İnlice
Gökyurt
Kilistra
Bayat
Kaşınhanı
çükköy
Çatal
Hüyük
Karkın
Türkm

oğlu Camii
eyşehir
Bademli
inler
Çiçekler
Fasıllar
Çavuş
Oğlakcı
Güneydere
Hatunsaray
Kavak
İçeriçumra
Çarıklar
715
Cumra
Türkmencamii
Süleyma

Ovacık D.
1697 m
Şamlar
Kızılca
Beyağşar
Irmaklı
Tolköyü
Mesudiye
Yaylacık
Süleymaniye
Gökhüyük
İnli
Yassıtre

696
Bostandere
Boyalı
Alaca D.
2203 m
Akören
705
Balçıkhisar
Yürükcamili
Anıkören
Durak
Taraşçı

Seydişehir
Büyük Gözetağ
2529 m
Kesecik
Kuran
Taşağıl
Ulusivri T.
2130 m
Karahüyük
Alanköy
Dineksaray
Apa
715
İslihisar
De

Bademli Geç
1390 m
695
Suğla Gölü
340
Balıklava
Belkuyu
Apa Brj.
Dinek
Aydoğmus
Kızılkuyu
Çiçekli

Değirmenlik
Bademli
Afşar
Karasınır
350
Özyurt
Mesudiy

Teke Geç
1320 m
Çatmakaya
Ahırlı
Bozkır
350
Belören
Özyurt
Dağı
Kazım Karabekir
Mecidiy
Yolla

Cevizli
Susuzşahap
Kuruçay
Hacılar
Kayaağzı
Ağaçoba
Kızılyaka

Çakılgedik
1135 m
Karakışla
Sorkun
340
Üçpınar
Esenler Dağı
1963 m
Dereici
Bağbaşı
Aşağıesenler
42-38
Habiller
Alanözü
Bucakkışla
Göçer

dinkent
Akşahap
Akseki
Dolhanlar
705
Ataдağ
Çatak

Ürünlü
Çimiköy
Hadım
Yerköprü
Kartal Dağı
2182 m
Çukurköy
Ay

Geriş
Dikmen
Yukarıkızılkaya
Keçimen
Afşar
Yukarıkızılca
Bayırköy
Yukarı

ale
nar Brj.
Güzelsu
Karadere
Geyik D.
2877 m
Taşkent
Çetmi
İhsaniye

20
Osman
Dağı
Karpu
Pembelik
Beyreli
Dağ

Ahmetler
Güçlüköy
07-29
Gündoğmus
İdebessos
Akdağ
2732 m
Başyayla
Bağkusan
Kızıl
M

Hocalı
695
Çamlıtepe
Çenger
Güneycik
Güzelbağ
Güzelbağ
Karamanlar
Ortakoruş
Sakar T.
1711 m
Köprülü
Sulugöl
2579 m
Civandere
Tepebaşı
340
Ulucami
Göl

Alara
Han
Alara Kalesi
07-30
Yeşilköy
Türktaş
Payalar
Dereköy
Göktepe
Ermenek
Ya

ara Br.
Planet
ua Park
Avsallar
Türkler
Yeniköy
Uğurlu
Öteköy
Alacami
Şeyhler
Ermenek Ç.
Üçbölük
Ilısu

Serapsı
Han
Fuğla Br.
İncekum
Konaklı
Paşaköy
Gümüşkavak
Dumlugöze
Daran
Ardıçkaya
Kazancı
Bucak
Oluk

Ulaş
Beach
Alanya
obaköy
Gözüküçüklü
Dim Mağarası
Laertes
Sapadere
Yunt D.
2227 m
Yaylapazarı

Keste
Mahmutlar
Şeyhler
Syedra
Seki
Demirtaş
Ilıca

Hocalar

İotape
Karala
Çakmak
Çığlık
Yaylası
Taşeli

Işıklı
Kömürlük D.
Selinus
Hasdere
Karaçal T.
2339 m
Sügözü
Çukurabanoz
Dereko

Kışlabucağı
Gazipaşa
Beyrebucak
Güneyköy
Çamlı
Pınaralanı
Akına
Kükür
Evciler

A k d e n i z
(Middellandse Zee)
Kesik Br.
Antiocheia
ad Cragum
Uçarı
Ovabaşı
Softa Kalesi
Beyreli
Bozya

Karga Br.
400
Anamur
Emirşah
Mamure
Kalesi

Anemourion

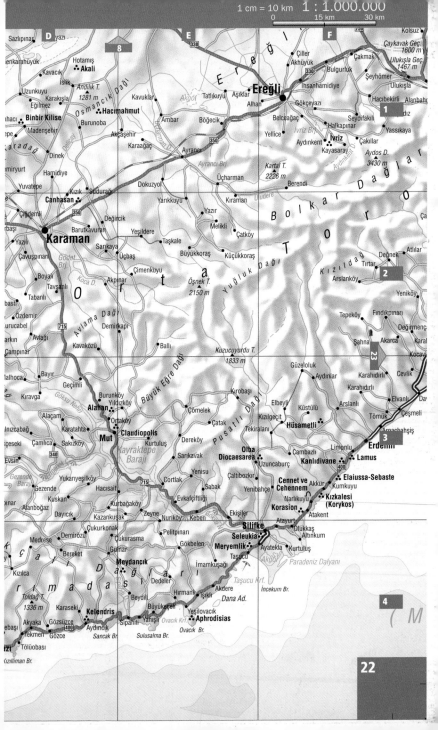

Çiller
Akhüyük
Çakmak
160
Uluḳışla Geç.
1467 m
Çanakçı
Kamışlı
rantil D.
3059 m
Büyü

Ereğli
330
İhsaniyehamidiye
Buğ. 8
Şeyhömer
Uluḳışla
Bayağıl
750
Çiftehan
Çiftehan Çayı
Karakuz

Aşıklar
Alhan
Gökçeyazı
Hacıbekirli
Alanbahçesi
Alihoca
S
ü
z
g
e
ç
D
a
ğ
ı

Belceağaç
Halkapınar
Seydifakıllı
Yeniyıldız
Madenköy
Bozantı

Yellice
İvriz Brj.
İvriz
Çakıllar
Yassıkaya
Medetsiz T.
3524 m
0-21
Hacılı

Aydınkent
Kayasaray
Aydos D.
3430 m
Tekir
Gülek Boğazı
1050 m
Karaisalı

Kartal T.
2226 m
Berendi
Kervansaray
Kandilsiru
1370 m
Keşli
Bekirli

ıharman
Kıraman
Uludere
Olukkayağı
Camalan
Bucak

B   o   l   k   a   r   D   a   ğ   l   a   r   ı
Çamlıyayla

Çatköy
T
o
r
o
s
Darıpınarı
Kuzgun

Küçükkoraş
uğluk Dağı
Kızıldag
Değnek
Atlılar
Sebil
Meşelik
Bayramlı
750
Şambayadı

Arslanköy
Tırtar
Değirmendere
Karadirlik
Berdan
Brj.
Yenice
Büyükdikili

Yeniköy
Gözne
Parmakkurdu
Gökçeler

Tepeköy
Fındıkpınarı
Camili
0-32
Nacarlı
Kargılı
Çiçekli

Şahna
Değirmençayı
Akarca
Karahamzalı
Tarsus
Deliminnet
Yaramış

ızucuyurdu T.
1833 m
Güzeloluk
Kocavilayet
Kazanlı
400
Kazanlı
Seyhan N.

22
Aydınlar
Karahıdırlı
Cevlik
MERSİN
(İÇEL)
Gümüşyazı

ırobaşı
asatlı Dağı
Elbeyli
Karahıdırlı
Pompeiopolis
İncekum Br.
Tuzla

Küstülü
Arslanlı
Elvanlı
Davultepe

Kızılgeçit
Tekiralanı
Hüsametli
Tömük
Çeşmeli
A k d

Limonlu
Arpaçbahşiş

Olba
ocaesarea
Cambazlı
Uzuncaburç
Kanlıdivane
400
Erdemli
Lamus

Çaltıbozkır
Cennet ve
Cehennem
Akkur
Elaiussa-Sebaste
Kumkuyu

Yenibahçe
Narlıkuyu
Korasion
Atakent
Kızkalesi
(Korykos)

Ekişler
Atayurt
Olukkaş
Altınkum

Silifke
Seleukia
eryemlik
Ayatekla
Kurtuluş

Taşucu
ağı
Akgöl
Paradeniz Dalyanı

Taşucu Krf.
dere
İncekum Br.
Dana Ad.

as

A k d

(M i d d e l l a n d s

Hulp gevraagd!
De informatie in deze reisgids is aan verandering onderhevig. Het kan dus wel eens gebeuren dat
u ter plaatse een andere situatie aantreft dan de auteur. Is de tekst niet meer helemaal correct,
laat ons dat dan even weten: anwbmedia@anwb.nl of
ANWB Media, Uitgeverij Reisboeken
Postbus 93200
2509 BA Den Haag

Omslagfoto's: Voorzijde omslag: Devrentdal bij Zelve, Cappadocië; voorflap: Kaputaşstrand bij
Kalkan
Fotoverantwoording: AKG, Berlin: 33; Bildagentur Huber, Garmisch: 108 r., 155 (Huber); 8 b.,
192 l., 226/227 (Schmid); 455. Dorn, Wolfgang, Isernhagen: 347, 435. DuMont Bildarchiv, Ostfildern: 188/189 (Spitta); 1 m., 4 b., 4 o., 5 b., 6 b., 7 o., 59, 104/105, 190, 192 r., 198, 202/203,
214/215, 222, 237, 242, 253, 268, 278, 281, 288/289, 291, 294, 302/303, 305, 308, 312, 324,
334/335, omslag 4 o. (Wrba). Hackenberg, Rainer, Keulen: 2 o., 3 m., 3 o., 5 m., 5 o., 6 o., 7 b.,
7 m., 9 o., 17, 19, 45, 52, 54, 57, 64/65, 71, 79, 127, 129, 132, 160, 162 l., 165, 173, 174,
180/181, 186, 320/321, 328, 338, 350, 352 l., 365, 380, 383, 386, 389, 393, 398, 403, 413,
426, 450, 452 l., 463, 477, 485. laif, Keulen: 46, 100 (Butzmann); 370, 409, 429, 445 (Har-
scher); 106 (Keribar); 452 r., 460, 464, 469 (Le Figaro Magazine/Martin); 360 (Ogando); 3 b., 83,
114, 270, 272 l., 285, 481 (Tophoven); 2 b., 9 b., 10/11, 37, 148/149, 193 l., 256/257 (Türe-
miş). Latzke, Hans E., Bielefeld: 1 r., 8 o., 9 m., 13, 49, 86/87, 249, 264, 287, 332, 357, 372,
voorflap. Liese, Knut (Ottobrun): 352 r., 440 Look (München): Voorzijde omslag (AGE Fotostock);
1 l., 108 l., 119, omslag 4 b. (Pompe). Mauritius Images (Mittenwald): 418 (AGE Fotostock). Mielke,
Harald (Sachsenried): 41. Ohl, Volker (Bonn): 109 l., 123, 137, 158. Spitta, Wilkin (Loham): 35.
Stankiewicz, Thomas (München) 131. Tekening Derinkuyu: 475, uit: Vorland. Zeitschrift für Eu-
ropäische Vorgeschichte, Martin Urban, 1973, A. Beig Verlag, Pinneberg.

Productie: ANWB Media
Uitgever: Marlies Ellenbroek
Coördinatie: Els Andriesse
Boekverzorging: *de Redactie,* Amsterdam
Vertaling: Bert Bakker, Rob Enthoven, Annette Förster, Petra van Hulsen, Wiet de Klerk,
Mariëlle Lam, Dominique van der Lingen, Rigobert Schaap, Willem Witteveen
Bewerking: Paul Krijnen
Grafisch concept: Groschwitz, Hamburg
Nederlandse bewerking grafisch concept en omslag : Studio Jan Brand, Amsterdam
Cartografie: © Dumont Reisekartografie, Fürstenfeldbruck; © DuMont Reiseverlag, Ostfildern

© 2011 Dumont Reiseverlag, Ostfildern
© 2011 ANWB bv, Den Haag
Eerste druk, alle rechten voorbehouden.
ISBN: 978 90 18 03165 7

Deze uitgave werd met de meeste zorg samengesteld. De juistheid van de gegevens is mede
afhankelijk van informatie die ons werd verstrekt door derden. Indien de informatie onjuist-
heden bevat, kan de ANWB daarvoor geen aansprakelijkheid aanvaarden.

www.anwb.nl

Aantekeningen

Aantekeningen